中物联应急委

为提高国家应急管理水平，有效应对突发公共事件，维护社[...]11月，经国家民政部批准，正式成立了中国物流与采购联合会应[...]称中物联应急委），以引导和促进应急物流事业的发展。

中物联应急委是服务于应急物流行业的唯一全国性专业社团组织，是政府和军队开展应急物流、军地物流协同建设与管理的辅助力量，是政府和企业、军队和企业、相关企业之间的桥梁和纽带。在国家相关部委和中国物流与采购联合会的领导下，担负引领行业发展、促进行业规范的重任。

中物联应急委拥有数十位军地著名管理专家、物流专家组成的专家团队，以及清华大学、北京交通大学、北京科技大学、北京工商大学、上海海事大学、合肥工业大学、应急管理大学（筹）等合作伙伴，在应急物流理论研究、技术创新、标准制定、决策咨询、人才培训、物流拥军等方面广泛开展工作，得到了社会各界的广泛认可。

中物联应急委将立于中国物流事业的潮头，认真履行职责，充分发挥职能作用，敞开博大的胸怀，团结物流界朋友，为促进我国应急物流和军地协同物流事业发展，维护社会稳定、构建和谐社会，满足人民美好生活的物流需求作出积极贡献。

青岛研讨会

优秀案例颁奖

《中国应急物流发展报告（2003—2013）》

标准研讨会

大唐发电项目

应急物流
中物联应急委

普天物流技术有限公司是中国电科旗下中电科机器人有限公司全资子公司，注册资本2.62亿元。总部位于北京，并设有上海研发中心、贵阳产业基地、珠海软件基地。公司50多年来一直专注于物流自动化、信息化技术装备的创新与发展，集售前、研发、生产实施和售后于一体，是国内一流的物流自动化、信息化系统集成商和服务商。

公司先后成功为700多个物流建设项目提供了全球主流的物流自动化、信息化和智能化解决方案与技术装备。产品成功覆盖物流仓储、分拣、输送、收发货等多个关键领域，业务涉及烟草、电力、电商、医院、医药、邮政及速递、图书、新能源、智能制造及物流园区规划等多个行业。在军事物流和应急物流领域，承担了国家、部委、地方和军队的多个技术装备研发、标准制定和工程建设方案设计等任务，完成了多个军事和应急项目的科研、工程设计和建设任务。

公司依托自动化装备及系统产业技术创新战略联盟以及国内、国际一流的大学、科研院所和企业，构成了完整又强大的技术支撑体系和产业支撑体系。取得290多项专利，制定了十多项国家和行业标准，获得了大量的资质和荣誉，创新设计了大量物流系统方案、系统模式和技术装备形式，填补了国内外空白，创造了物流史上的许多第一。目前，公司正以大数据、机器人、AI等技术为抓手，推动物流自动化行业向更高水平、更高效率、更高智能化的方向发展。

我们以融合创新科技、提高社会运作效率为使命，致力于成为智慧物流设备领域的引领者，以科技力量改变物流行业的未来，让物流更简单、更高效、更智慧，为客户提供卓越的价值和服务，推动物流行业的智能化发展。

扫码关注公众号

CETC 普天物流

普天物流技术有限公司
地址：北京市丰台区纪家庙188号10B-1
电话：010-62418015

普天物流上海研发中心
地址：上海市徐汇区虹漕路30号
电话：021-64367300-301

近年重大科技攻关项目

国家重点研发计划应急物流关键技术研究及应用示范项目

全国区域性应急救援中心建设标准研究

军队WRJ技术研究

军队智能仓库研究

物资分拣组套系统研发

高效应急仓储系统

航空集装器自动组板系统

末端快速精准投送调度平台

智能化综合指挥调度系统和管理平台

无人值守物流中心系统研究及应用

基于5G 技术创新型AGV 系统

智慧烟草系统解决方案及应用

医院综合物流体系研究及应用

数字孪生系统

智慧盘点系统

行李自动分拣系统

高速垂直分拣系统

自动卸货机器人

 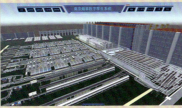 

军事行业经典案例

福州某仓库　桂林某仓库　成都某仓库　海军某基地仓库

龙海某仓库　黄陂某仓库　哈尔滨某仓库　西安某仓库　富平某仓库

医院物流行业　　　商业烟草行业

应急管理部
应急仓储物流与救灾物资保障
重点实验室

（ELSPLAB,MEM）

应急管理部应急仓储物流与救灾物资保障重点实验室，在应急管理部救灾和物资保障司直接指导下，依托应急管理大学（筹）、应急管理部紧急救援促进中心和中国科学技术大学建设。实验室致力于构建全面、高效的应急仓储物流与救灾物资保障体系，以救灾物资的需求预测—采购—储备—调度—运输—分配—发放—处置全流程及其相关要素为研究对象，重点围绕物资储备、信息化、调度决策、技术标准、队伍建设、供给保障六大核心方向进行深入探索，开展关键技术攻坚和示范工程的应用推广。力争建成应急仓储物流和救灾物资保障领域基础理论与技术创新的策源地，具有重要决策影响力、社会影响力、国际影响力的高端智库，具有精湛辅助决策和实战能力的应急物资保障技术应用中心，以及具有示范引领作用的应急物资保障高端人才培养示范基地。

实验室下设应急物资保障基础理论研究中心、应急物资管理辅助决策与技术应用中心（大数据中心）、安全应急产业创新发展研究中心等6个研究中心以及综合管理部，实行"开放、流动、联合、竞争"的运行机制。作为在应急仓储物流和救灾物资保障领域能够直接参与相关国家政策文件制定、参与国家救灾应急响应与国家应急物资保障实战的开放式科研平台，实验室愿为各级政府救灾和物资保障相关工作提供技术支持和智库支撑，欢迎国内相关高校合作共建联合研究基地、相关企业合作共建联合创新中心、相关专家加入实验室战略咨询委员会。

通信地址：河北省廊坊市三河燕郊经济开发区
学院大街467号华北科技学院

联系电话：010-61594846

合作意向请扫码留言

重庆市国防与应急物流技术创新战略联盟
Chongqing National Defense and Emergency Logistics Technology and Innovation Strategic Association

重庆市国防与应急物流技术创新战略联盟，简称重庆应急物流联盟，是在重庆市科学技术局指导下，由理事长单位中国邮政集团有限公司重庆市分公司及秘书长单位重庆商务职业学院牵头，联合重庆市及其他省区市在国防与应急物流技术创新领域有过相关研究或未来愿意投身国防与应急物流技术创新领域的企业、院校、研究机构自愿发起成立的非营利性、开放性行业协作组织。2021年11月，在重庆市科技局批准下，重庆应急物流联盟正式成立，承担起重庆市国防与应急物流深度融合技术创新体系建设任务。

【联盟宗旨】联盟秉持"科学发展，务实创新，快速反应"的理念，建立权责分明、相对独立和相互制约的科学管理体制和运行机制，充分发挥联盟企业、院校、专家、技术优势，致力于支持国防与应急物流业在技术、经济、管理、知识产权等方面的合作，更好地为政府、产业、企业及社会服务，助力重庆市国防与应急物流业高质量发展。

【联盟任务】联盟致力于建立国防与应急物流产业链生态系统，集合高校、研究院（所）、科技社团、生产企业和应用企业等多方技术与资源，实现国防与应急物流技术的产、学、研、用四维一体有机结合的作用。①开展产业前瞻性和战略性技术的工作计划；②筛选、凝练和解决行业的核心技术、关键技术和共性技术问题，形成产业技术标准的工作计划；③制订、完善与组织实施产业发展技术路线图的工作计划；④建立公共创新平台，创造新需求、新消费以及新的发展空间与方式；⑤建立和使用信息技术基础数据库实施科技交流和技术推广活动的计划；⑥高层次技术和管理人才的集聚和培育计划；⑦为应急物流保障体系建设与发展提供技术支撑和决策支持，整合行业科技资源；⑧融通行业研发标准，促进成果转化和产业创新。

【联盟成果】3年来，联盟组织技术交流研讨活动30多场，开展产学研对接活动10余次，组织高校师生实践教学和培训1600余人次，组织申报项目16项，完成技术创新与产业升级项目7项，获发明专利及著作权30余项，实现产业推广3000多万元，培育出一个国家级专精特新重点"小巨人"企业、一个国家级工业设计中心，拥有成员单位62家，国家级创新平台5个，省部级创新平台12个，已成为西南地区重要的国防与应急物流协同创新平台。

【联盟联系】

微信公众号
重庆市国防与应急物流联盟

联盟秘书长
姜大立 18996057980

国家级工业设计中心

应急物流标准

第十一届军事物流与应急物流研讨会

秘书长单位智慧物流实训中心

联盟调研

联盟团队

学校简介

　　重庆商务职业学院始建于1962年，是由重庆市政府举办、市商务委与市教委共建的全日制公办普通高等院校，是重庆市优质高职院校和重庆市高水平高职学校立项建设单位；是国家级高技能人才培训基地、全国示范性职工教育培训基地、世界技能大赛烘焙和西餐项目中国集训基地、重庆商贸人才培训基地、重庆餐饮高技能人才培训基地、重庆印刷包装职业教育培训基地、重庆国际引领服务人才培训基地、重庆市国防与应急物流技术创新战略联盟秘书长单位。学校现有大学城和南岸两个校区，占地面积1000余亩。在校学生近16000人。学校是全国职业教育管理创新学校、重庆市绿色学校建设示范学校、重庆市智慧校园建设示范学校、重庆市教学工作诊断与改进工作试点学校、重庆市职业教育以赛促教优秀学校等获得单位。

　　现代物流管理及智慧物流技术是重庆商务职业学院电子商务专业群的骨干专业。该专业群是重庆市"双高计划"建设专业，由重庆商务职业学院电子商务学院（二级学院）实施建设，设有电子商务、现代物流管理、智能物流技术、网络营销与直播电商4个专业，在校学生1700余人，教职工43人，其中教师25人，高级职称6人，聘有30余名重点高校教授和知名企业专家担任客座教授和专业建设指导委员会委员。依托重庆市国防与应急物流技术创新战略联盟、重庆市商务经济研究院、中科重庆大数据技术应用研究院、重庆现代服务业研究中心等产学研平台，电子商务学院积极组织和开展应急物流领域的科学研究、项目开发；与京东、阿里巴巴、苏宁等30余家商贸流通龙头企业合作，建有重商-京东重庆市电子商务现代产业学院、电子商务和物流管理两个重庆市高职教育"双基地"、重庆市高职院校实训基地-现代物流实训中心等，实训场地面积4000余平方米，实训设备总值3000余万元。立项重庆市国际化特色项目"一带一路"电子商务学院等市级项目，努力打造商贸流通领域技术技能人才培养高地和创新服务平台。

北京中农食迅供应链管理有限公司

地址: 北京市丰台区西四环中路128号楼
电话: 010-83666878
邮箱: sxmanagement@cahg.com.cn

我们用数据
改变中国农业

● 让农业生产省心　　● 让食材流通顺心　　● 让食物消费安心

24000+	13000+	7000+	360
涵盖八大品类 SKU24000+	SKU月活跃度 13000+	7000+非标品描述 达行业流通标准化	从源头到餐桌 360度安全管控

 关于我们　　　　**农产品供应链平台运维标杆企业**

源头集中筹措体系 ---- 自主研发数字平台 ---- 自建运营物流中心

● 北京中农食迅供应链管理有限公司是中国农业发展集团有限公司（国务院国资委唯一中央农业企业）的成员企业。是一家集源头采购、冷冻冷藏、仓储、配送等服务为一体的全品类生鲜食材直供电商平台。

● 公司涵盖八大品类、上万种产品，实现全品类一站式采购。

● 公司秉承"让大家吃上放心菜"的服务宗旨，从采购、分拣到配送全过程对产品质量严格把关，做到"食源可溯至产地、迅捷安全到万家。"

中国农业发展集团有限公司
国务院国资委下属97家央企唯一一家农业企业

↓

中国牧工商集团有限公司
引领畜牧产业 服务健康生活

粮油业务	农供产品链	畜与禽养育种殖

↓

北京中农食迅供应链管理有限公司
生鲜食材全品类一站式直供

中国应急物流发展报告

（2014—2024）

中国物流与采购联合会应急物流专业委员会
应急管理部应急仓储物流与救灾物资保障重点实验室
重庆市国防与应急物流技术创新战略联盟

中国财富出版社有限公司

图书在版编目（CIP）数据

中国应急物流发展报告.2014-2024/中国物流与采购联合会应急物流专业委员会，应急管理部应急仓储物流与救灾物资保障重点实验室，重庆市国防与应急物流技术创新战略联盟编.--北京：中国财富出版社有限公司，2024.7.--ISBN 978-7-5047-8198-7

Ⅰ.F259.221

中国国家版本馆 CIP 数据核字第 2024EU2738 号

策划编辑	郑欣怡	责任编辑	刘静雯	版权编辑	李　洋
责任印制	尚立业	责任校对	杨小静　卓闪闪	责任发行	敬　东

出版发行	中国财富出版社有限公司
社　　址	北京市丰台区南四环西路 188 号 5 区 20 楼　　邮政编码　100070
电　　话	010-52227588 转 2098（发行部）　　010-52227588 转 321（总编室）
	010-52227566（24 小时读者服务）　　010-52227588 转 305（质检部）
网　　址	http://www.cfpress.com.cn　　　　　**排　版**　宝蕾元
经　　销	新华书店　　　　　　　　　　　　　　**印　刷**　宝蕾元仁浩（天津）印刷有限公司
书　　号	ISBN 978-7-5047-8198-7/F·3725
开　　本	787mm×1092mm　1/16　　　　　　　**版　次**　2024 年 10 月第 1 版
印　　张	33.75　彩页　0.5　　　　　　　　　　**印　次**　2024 年 10 月第 1 次印刷
字　　数	669 千字　　　　　　　　　　　　　　**定　价**　198.00 元

《中国应急物流发展报告（2014—2024）》
编　委　会

顾　问：王宗喜　国防大学联合勤务学院原专业技术少将教授

　　　　　　　　中国物流与采购联合会应急物流专业委员会原主任

　　　　何黎明　中国物流与采购联合会会长

　　　　贺登才　中国物流与采购联合会副会长

　　　　梁瑞莲　应急管理大学（筹）副校长、教授

　　　　贾小波　重庆商务职业学院副校长、教授

　　　　魏际刚　国务院发展研究中心市场经济研究所副所长、研究员

　　　　　　　　国际物流与运输学会院士，中国物流学会副会长

　　　　恽　绵　中国物流学会专家委员会委员、副研究员

　　　　　　　　中国物流与采购联合会常务理事、特约研究员

　　　　崔济温　原国防大学少将教授

　　　　韩　涛　国防大学联合勤务学院科研学术处原大校处长

主　任：徐　东　中国物流与采购联合会应急物流专业委员会主任

　　　　　　　　中国物流学会兼职副会长

副主任：燕波涛　应急管理大学（筹）经济管理学院副院长（主持工作）

　　　　　　　　应急管理部应急仓储物流与救灾物资保障重点实验室执行主任

　　　　姜大立　重庆市国防与应急物流技术创新战略联盟秘书长

　　　　范学兵　中国物流与采购联合会应急物流专业委员会秘书长

　　　　王熹徽　中国科学技术大学管理学院副院长、教授，青年长江学者

李凤廷　河南工业大学管理学院院长、教授

刘德海　东北财经大学公共管理学院院长、教授

王卫军　普天物流技术有限公司总经理

孙济南　深圳顺丰泰森控股（集团）政企物流总监

付延成　北京中农食迅供应链管理有限公司总经理

傅楚寒　中国兵工物资集团有限公司军工服务事业部总监
　　　　骏安供应链科技有限公司总经理

委　员：王维莉　上海海事大学物流科学与工程研究院副教授

山红梅　西安邮电大学现代邮政（物流）学院教授

邵建芳　中国科学技术大学管理学院副教授

陈玲玲　应急管理大学（筹）经济管理学院副教授

袁　泉　同济大学交通学院副教授

杨浩雄　北京工商大学商学院教授

张喜才　北京物资学院商学院教授

刘　威　河南工业大学管理学院物流管理系主任、副教授

王　琳　河南工业大学管理学院物流管理系副教授

吉　勤　湖北九州云智科技有限公司副总经理

李　德　陆军勤务学院讲师

葛显龙　重庆交通大学研究生院副院长、教授

王　科　重庆交通职业学院教授、正高级工程师

张　旭　重庆商务职业学院讲师

赵　萍　陆军勤务学院副教授

刘　军　重庆财经学院正高级工程师、副教授

王维喜　重庆市冷藏冷链行业协会秘书长

徐路明　重庆机电职业技术大学副教授

管宇宁　深圳顺丰泰森控股（集团）政企物流高级经理

唐国策　中国牧工商集团有限公司科技信息部副总经理

王　良　北京中农食迅供应链管理有限公司专职董事

《中国应急物流发展报告（2014—2024）》
编 辑 人 员

主 编： 范学兵

副主编： 燕波涛　赵　培　赵连明

编 辑： 赵　晨　李天娇　王高峰　邹叶棵　杨鑫瑞

武小琴　马　焱　樊庆爽　杜凯鑫　成育红

张太毅　谭鹏宇　韩红霞　张媛媛　周　俊

武超茹　赵　季　向林双　虞　晶　郑宏娟

范　钰

序

　　廿一年前，我国应急物流这株刚刚破土而出的幼苗，而今已经长成参天大树了。呈现在我们面前的这本报告，真实地记录了我国应急物流十余年的创新发展史，我欣然为之写序。

　　翻开这本报告，我们仿佛走进了一座美丽的百花园，应急物流的各色花卉扑面而来。细心的读者不难发现，这本书彰显着如下特点：一是重点突出，主题鲜明。全书聚焦十余年来我国应急物流高质量发展的现状，凸显了发展的机理和经验。二是纵横交织，内容丰富。书中既有全面的概述，又有重点的探讨；既有横向论证，又有纵向的挖掘；既有对现状的精彩描述，又有对未来的深刻展望。三是体裁多样，生动活泼。书中文章，既有报告文学，又有案例分析；既有成果展示，又有数理统计。生动活泼地反映了我国应急物流走过的十余年历程。

　　回顾过去，我们为应急物流取得的辉煌战果而自豪；展望未来，我们深感任重而道远。为深入推进中国应急物流持续、高效发展，我们应扎扎实实做好以下几件事：一是继续加强对应急物流管理的研究与探索。尤其要对应急物流的发生背景作深入探索，找出管控的规律和策略。应尽早制定出应急管控预案，并组织预演。二是大力推进高新技术在应急物流领域的应用。结合实战，研发新技术装备，并不断改善应用环境，提升应用质量。三是下大力在实践中发现、培养、使用应急物流人才。人才旺则应急物流兴。我们一定要抓住这个根本不放松，以保证我国应急物流稳定而持久地高效发展。

二〇二四年九月

目　录

第一篇　综合报告

第二篇　专题报告

第三篇　创新成果

第四篇　典型案例

第五篇 资料汇编

第一篇 综合报告

过去的十年，是中国应急物流发展史上至关重要的十年，具有里程碑意义的十年。本篇从"中国应急物流发展综述""国外应急物流发展综述"两个维度，分别对国内外应急物流发展进行综合报告，并提出美、日等先进国家和国际组织应急物流建设发展经验对我国的启发和借鉴意义。其中，特别重点报告和翔实记录的是战"疫"应急物流保障这一重大实践活动。

应急物流在三年战"疫"中，有力保障了国计民生，为全面实现第一个百年奋斗目标作出了应有的贡献。习近平总书记关于"健全统一的应急物资保障体系""健全国家储备体系""加快建立应急物流体系"一系列重要论述的提出，标志着应急物流正式进入党中央决策部署；随着党的二十届三中全会的胜利召开，中国应急物流迈入全面建设社会主义现代化国家的新征程和中国式现代物流体系建设高质量发展的新时代。择一"物流诗"以纪之：

应急物流新纪元

筚路蓝缕百年梦，

风华正茂中国红。

山河无恙清澈爱，

应急应战为人民。

（编　者）

第一章 中国应急物流发展综述

十余年来，国际环境形势风云变幻、跌宕起伏，世界政治、经济、军事格局加速调整，全球经济社会发展面临诸多重大危机和严峻挑战，世界经历百年未有之大变局。在中国共产党的正确领导下，我国积极应对挑战，成功化解一系列危机，屡屡化"危"为"机"、转危为安，继续保持并实现了经济社会安全稳定持续发展，如期按计划完成各项发展任务和阶段目标。党的十八大以来，在以习近平同志为核心的党中央的坚强领导下，我国各领域全面深化改革、聚力攻坚，社会各方面生态加速"重塑"，各项事业全面发展，开启中国特色社会主义新时代。

第一节 中国应急物流发展回顾

2013 年召开的十八届三中全会指出，我国发展进入新阶段。2014 年召开的中央经济工作会议指出，我国经济发展进入新常态。进入"新阶段""新常态"以来，世界经济在国际金融危机后深度调整，中国经济连续多年保持中高速增长，直至新冠疫情暴发后，仍然保持连年增长态势，中国物流业飞速发展，成为支撑国民经济发展的先导性、基础性、战略性产业。十余年间，地震、洪涝、干旱、雨雪冰冻等自然灾害和安全生产事故不断，更有席卷全球的新冠疫情，给社会生产生活带来严重冲击。中国应急物流在应对重大灾害事故、抗击新冠疫情的服务保障中屡经考验，加速发展壮大，为人民美好生活贡献了中国物流之力，开启了中国应急物流新时代、新征程。回顾2014 年以来中国应急物流发展，主要特点如下。

一、社会大环境为应急物流大发展创造了有利条件

过去的十年，是中国经济社会发展浓墨重彩的十年：打赢脱贫攻坚战，全面建成小康社会，实现"两个一百年"奋斗目标中第一个百年奋斗目标，迈向第二个百年奋斗目标，开启了全面建设社会主义现代化国家的新征程。这为中国应急物流发展赋予

了鲜亮的时代背景，创造了有利条件。

（一）中国特色社会主义新时代引领应急物流大发展

十九大提出，中国特色社会主义进入了新时代。十九大确立了习近平新时代中国特色社会主义思想的历史地位。习近平新时代中国特色社会主义思想作为全党全国人民为实现中华民族伟大复兴而奋斗的行动指南，为新时代应急物流大发展提供了根本遵循。习近平总书记"总体国家安全观"重大战略思想、"平安中国"重要论述、"以人民为中心"发展理念，"一体化国家战略体系和能力"重要论述等，为立足"急时应急、战时应战、平时服务"的中国应急物流建设发展指明了方向，提出了明确要求。

（二）国家战略和计划规划促进应急物流全面发展

"一带一路"、京津冀协同发展、长江经济带等重大国家发展规划，综合交通运输、铁路、航空、商贸流通等物流相关以及应急管理、应急体系、应急物资保障等应急物流相关计划规划，从交通运输，物流基础设施，技术装备，物流组织、管理、协同等各个方面，对中国物流业发展包括应急物流发展做出了全面部署和安排，为包括应急物流在内的中国物流业全面发展提供了坚实基础和可靠支撑，有力地促进了中国应急物流的全面发展。

（三）国家治理能力现代化要求应急物流加快发展

党的十八届三中全会提出，"推进国家治理体系和治理能力现代化"。据此要求，2018 年 3 月，根据第十三届全国人民代表大会第一次会议批准的国务院机构改革方案，组建中华人民共和国应急管理部，组建国家粮食和物资储备局。国家治理体系和治理能力现代化为包括应急物流在内的应急管理相关工作指明了方向、明确了目标。而中华人民共和国应急管理部、国家粮食和物资储备局的成立及其职能定位，为应急物资储备、应急物资保障等应急物流相关工作整合了职权、厘清了分工、明确了责任，从而为应急物流更快更好发展提供了制度保证。

（四）经济社会高质量发展助推应急物流高质量发展

习近平总书记多次强调"高质量发展"，党和国家先后研究批复"高质量发展"有关意见和方案。党的二十届三中全会提出，"高质量发展是全面建设社会主义现代化国家的首要任务。必须以新发展理念引领改革，立足新发展阶段，深化供给侧结构性改革，完善推动高质量发展激励约束机制，塑造发展新动能新优势。"经济社会高质量发展，必将带动中国应急物流的高质量发展。

（五）物流大国向物流强国迈进带动应急物流同步发展

过去的十年是中国物流业从后发追赶到创新跨越发展的"黄金十年"，中国物流市场规模空前扩展，经济社会物流成本显著降低。2023 年，全国社会物流总额 352.4 万亿元，比 2013 年的 197.8 万亿元增加了 78.2%；全国社会物流总费用与 GDP 的比率 14.4%，比 2013 年的 18% 下降了 3.6%。全国公路货运量、铁路货运量、港口货物吞吐量、快递业务量等持续快速增长，多年位居世界第一。新冠疫情暴发以来，应急物流为抗击疫情、保供稳产、服务民生作出重大贡献，为产业链供应链安全稳定提供了重要支撑。十余年来，中国已成为全球物流大国，正在向物流强国加速迈进，带动中国应急物流同步发展壮大。

二、应急物流的地位作用和社会价值不断提升

过去的十年，是中国应急物流由虚转实的十年。应急物流在学术理论界的积极呼吁和建言中，逐渐进入政府议事日程和规划计划，特别是经过抗击新冠疫情的重大实践，地位作用和社会价值极大凸显，开始进入党中央决策议程，得到全社会的普遍关注。

（一）应急物流逐渐进入党中央决策议程

2014 年，《国务院办公厅关于加快应急产业发展的意见》（国办发〔2014〕63 号）印发，提出"加强应急仓储、中转、配送设施建设，提高应急产品物流效率"。2015 年，《国家发展改革委关于加快实施现代物流重大工程的通知》（发改经贸〔2015〕1776 号）发布，提出"应急物流工程"重点建设项目。2020 年，中央全面深化改革委员会第十二次会议上，习近平总书记强调，要健全统一的应急物资保障体系，把应急物资保障作为国家应急管理体系建设的重要内容；中央财经委员会第八次会议提出，要加快建立储备充足、反应迅速、抗冲击能力强的应急物流体系；《国务院办公厅转发国家发展改革委　交通运输部关于进一步降低物流成本实施意见的通知》（国办发〔2020〕10 号），明确"加强应急物流体系建设，完善应急物流基础设施网络，整合储

备、运输、配送等各类存量基础设施资源，加快补齐特定区域、特定领域应急物流基础设施短板，提高紧急情况下应急物流保障能力。"2021 年，中央全面深化改革委员会第二十一次会议提出，"要加快健全统一的战略和应急物资储备体系"。习近平总书记关于"健全统一的应急物资保障体系""健全国家储备体系""加快建立应急物流体系"重要论述的提出，标志着应急物流正式进入党中央决策部署。

（二）应急物流关系国计民生的重要度日益增强

十余年来，在历次重大自然灾害、事故灾难、社会公共卫生事件中，应急物资储备、应急物资管理分发等应急物流工作在保障生命救援和人民生活中的重要性和不可或缺性不断得到强化，"专业的人干专业的事"也日益为社会各界所接受和认可。二十大提出，"着力提升产业链供应链韧性和安全水平"。在社会生产中，从原材料、元器件的应急筹措或紧急替代，产品的应急生产或应急转产，到产品的应急运输、分拣、配送等供应链的各环节、全过程，应急物流是衔接、串联应急供应链体系的重要组成部分、重要载体，保障有物可流、物畅其流，应急物流在服务保障供应链韧性和安全中的重要度日益增强，特别是在特殊困难条件下，应急物流服务保障能力是确保供应链韧性和安全的一项基础能力的价值就体现得更加突出。

（三）应急物流的全社会认可度不断强化和提高

经过十余年学术研讨、科研开发、交流推广、宣传培育等大量工作和活动的积极推动，特别是经过三年艰苦战"疫"，应急物流的全社会认可度得到不断强化和提高，应急物流日益成为政府规划决策的重要议题、行业企业关注的业务领域、学术研究的热点亮点，越来越成为国家治理体系的重要内容、现代物流体系的重要组成、社会大众热议的民生话题。疫情期间，应急物流相关行业专家们就抗击疫情中我国供应链、物流领域存在的困难、问题和不足献计献策，向政府、企业提出了诸多真知灼见，引起全社会、各行业对应急物流相关领域的极大关注和广泛热议。中国物流与采购联合会应急物流专业委员会积极引导应急物流行业发展和社会舆论。

三、应急物流体系建设进入快车道、开启新征程

随着"加强应急物流体系建设"进入党中央决策部署，应急物流建设开始驶入快车道，迈入全面建设社会主义现代化国家的新征程和中国式现代物流体系建设高质量

发展的新时代。

（一）体制机制不断优化

2018 年应急管理部成立后，各级政府应急管理部门相继成立，建立起从中央到地方分级负责的国家应急管理体制，并建立四级应急响应及信息发布、预案预警等制度机制。在中央层面，将分散在原民政救灾、安全生产、消防等部门的应急物资保障职能整合，由应急管理部归口负责，并调整建立了应急物资储备购置计划、物资采购、储备管理、动用轮换、回收回补等一系列制度机制；同时，建立健全"中央—省—市—县—乡"五级应急物资储备机制以及从中央应急物资储备库到省、市、县三级政府应急物资储备库网络。

应急响应机制启动后，各级政府相应成立跨部门的指挥机构、工作专班等应急指挥机制，对包括交通运输、应急物资保障等应急抢险救援工作进行统一指挥调度；建立多部门协同、军地联动保障和企业、社会组织、志愿者等社会力量参与机制，加强对重特大灾害事故应急物资的调运管理，应急救灾期间开通运输绿色通道，提高应急物资保障效能。

（二）法规标准逐步健全

2023 年，国家粮食和物资储备局、应急管理部、财政部联合印发《中央应急抢险救灾物资储备管理暂行办法》。2024 年，第十四届全国人民代表大会常务委员会第十次会议修订颁发《中华人民共和国突发事件应对法》；国务院办公厅印发《突发事件应急预案管理办法》和《国家自然灾害救助应急预案》。以《中华人民共和国突发事件应对法》《中华人民共和国防洪法》《中央应急抢险救灾物资储备管理暂行办法》《中华人民共和国防汛条例》《中华人民共和国抗旱条例》《自然灾害救助条例》《森林防火条例》《草原防火条例》等法律法规、《国家突发公共事件总体应急预案》《国家自然灾害救助应急预案》等预案为支撑的涵盖应急物流在内的国家应急管理法规预案体系基本建立。

2023 年，国家发展改革委发布物流行业标准《企业应急物流服务能力评估指标》（WB/T 1133—2023）。以国家标准《应急物资投送包装及标识》（GB/T 30676—2014）、《应急物资包装单元条码标签设计指南》（GB/T 41916—2022）、《应急物流公共标识代码编制规则》（GB/T 40413—2021），行业标准《应急物流仓储设施设备配置规范》（WB/T 1072—2018）、《应急物流服务成本构成与核算》（WB/T 1099—2018）、《应急物流数据交换格式》（WB/T 1113—2021）、《应急物流数据交换通用要求》（WB/T 1114—2021）、《应急物流基础信息分类与代码》（WB/T 1122—2022）、《应急物流基础数据元》（WB/T 1123—2022）、《应急物流公共数据模型》（WB/T 1124—2022）、《企业应急物流服务能力评估指标》（WB/T 1133—2023）为基础的应急物流标准体系初步建立。

（三）计划规划密集实施

2014 年，国务院印发《物流业发展中长期规划（2014—2020 年)》，提出"应急物流工程""建立统一协调、反应迅捷、运行有序、高效可靠的应急物流体系"；国家发展改革委印发《促进物流业发展三年行动计划（2014—2016 年)》，明确"完善应急物流体系"重点工作任务。2015 年，国家发展改革委印发《关于加快实施现代物流重大工程的通知》，明确"应急物流工程"重点建设项目，"重点是建设应急仓储、中转、配送设施，提升应急物流设施设备的标准化和现代化水平"。

"十三五"时期特别是"十四五"时期密集推出应急物流建设发展的相关领域规划意见。2018 年，国家发展改革委、交通运输部发布《国家物流枢纽布局和建设规划》，明确"构建应对突发情况能力强、保障效率和可靠性高的应急物流服务网络。优化存量应急物资储备设施布局，完善枢纽综合信息平台应急功能，提升统一调度、信息共享和运行协调能力。研究制定枢纽应急物流预案，建立制度化的响应机制和协同机制，确保应急物流运行迅速、精准、顺畅。"2019 年，中共中央、国务院印发《交通强国建设纲要》。2021 年，《中华人民共和国国民经济和社会发展第十四个五年规划和 2035 年远景目标纲要》发布，明确提出"加快建立储备充足、反应迅速、抗冲击能力强的应急物流体系"。2021 年，中共中央、国务院印发《国家综合立体交通网规划纲要》，明确"完善交通运输应急保障体系"。2022 年，国务院办公厅印发《"十四五"现代物流发展规划》，提出"提升产业链供应链韧性和安全水平""提升现代物流安全应急能力""提升应急物流发展水平""应急物流保障工程"。2022 年，国务院印发《"十四五"国家应急体系规划》，提出"强化应急物资准备""完善中央、省、市、县、乡五级物资储备布局""建立涵盖铁路、公路、水运、民航等各种运输方式的紧急运输储备力量""健全社会紧急运输力量动员机制"。2022 年，国家发展改革委印发《"十四五"现代流通体系建设规划》，提出"建立健全应急物流快速响应机制""提高物流体系韧性""加强高效应急物流体系建设"重点任务。2022 年，应急管理部、国家发展改革委、财政部、国家粮食和储备局印发《"十四五"应急物资保障规划》，提出"健全统一的应急物资保障体系"，明确 5 个方面主要任务和 6 个重点建设工程项目等。计划规划的密集推出并落地实施，为中国应急物流建设发展创造了良好的政策环境。

（四）基础设施日益完善

十余年来，国家发展改革委、自然资源部、交通运输部、国家邮政局等多个部门，陆续部署开展国家示范物流园区、国家物流枢纽、国家骨干冷链物流基地、国家邮政快递枢纽建设，以及国家综合货运枢纽强链补链支持城市、多式联运示范工程、现代流通战略支点城市等工作，大力加强交通物流基础设施网络建设。截至 2023 年年底，累计纳入名单的有国家示范物流园区 100 个、国家物流枢纽 125 个、国家骨干冷链物流基地 66 个、国家综合货运枢纽强链补链支持城市 25 个、国家多式联运示范工程 116 个、现代流通战略支点城市 102 个。2022 年，亚洲第一个、世界第四个专业货运机场——鄂州花湖国际机场正式建成并开航运营。2024 年，全国 39 个铁路物流中心全部挂牌成立。此外，智慧物流基础设施建设发力，智慧物流园区、智慧港口、智能仓储基地、数字仓库等一批新基建投入使用，促进"通道 + 枢纽 + 网络"的物流基础设施网络体系加快布局建设，为应急物流提供了重要基础设施节点的支撑。

与此同时，应急管理部推进 6 个国家区域应急救援中心工程建设，集应急物资储备供应、应急救援装备集配等功能于一体，成为立体化、现代化应急物流网络重要节点。中央和各省区市积极推进"平急两用"公共基础设施建设，国家发展改革委、住房和城乡建设部、国家卫生健康委等部门要求，在"平急两用"公共基础设施建设中，超大特大城市要发挥引领示范作用。随着铁、水、公、空、管等交通基础设施的建设并贯彻应急要求，"平急两用"综合物流枢纽、园区、城郊大仓、公路港，应急物流基地、应急物资中转站等应急物流设施的加大建设，中国应急物流基础设施网络的建设发展进入加速期。

（五）技术装备加速迭代

以"5G + 物联网 + 人工智能"为标志的新一轮科技革命和产业变革深入发展，中国科技创新快速赶超世界，由"中国制造"向"中国智造"加速迈进。工业和信息化部组织开展大数据产业发展试点示范工作，加快推进大数据在应急等行业以及产业链、供应链等领域的融合应用。应急管理部加快建设国家级应急资源管理平台，实现应急物资"找得到、管得好、调得出、送得到、可追溯"，物资发运、接收等全流程可视化。随着网络化、数字化和智能化时代的来临，5G、物联网、大数据、云计算、区块链、人工智能、移动互联网等新技术进一步开发物流领域应用场景，智能驾驶、无人配送、无人货机、无人码头、物流机器人等"无人化"技术装备不断推广应用，北斗系统在交通运输重点领域逐步推广，网络货运、数字仓库、无接触配送、即时配送等"互联网＋"高效物流新模式新业态不断涌现，应急物流保障方式创新，应急物资储运设备集装单元化发展，应急运输调度、物流配送效率不断提升。人工智能、大数据、"互联网＋"等先进技术在战"疫"应急物流保障中得到实际应用并加速推广，科技赋能助力应急物流。

此外，随着《"十四五"国家应急体系规划》落地实施，应急物流信息化建设得到不断加强，实施智慧应急大数据工程，升级应急物流管理云计算平台，强化应急管理应用系统开发和智能化改造，构建"智慧应急大脑"。随着交通运输部、国家发展改革委、工业和信息化部等十三部门印发的《交通运输大规模设备更新行动方案》的逐步实施，国家物流枢纽、国家骨干冷链物流基地、国家级示范物流园区、城郊大仓基地范围内的多式联运场站和转运设施设备升级改造提档升级，智慧物流枢纽、物流园区智能化改造加快推进，同步带动应急物流技术装备升级换代。

（六）队伍力量不断强化

过去的十余年间，以中国邮政、中外运、国铁、民航以及国储系统等传统"国家队"，以及顺丰、京东、"三通一达"等大型民营头部企业为代表的中国物流企业队伍迅速发展壮大，并大力加强应急保障车队、船队、机队等队伍建设，在历次重大灾害事故应急保障中发挥"先锋"骨干作用，中国应急物流保障力量不断发展壮大。

同时，中国兵器工业集团有限公司成立国防军工物流与安保中心，打造"平时保工、战时保军、兼顾应急"的专业化、市场化服务保障力量。中国融通资产管理集团有限公司设立特种物流板块，聚焦发力军事物流社会化保障、物流军地协同业务，也成为应急物流保障一支重要的骨干力量。2021年12月，中国物流集团有限公司成立，其定位于"促进现代流通、保障国计民生"，以发展应急物流、民生物流、特种物流、危险品物流等为主营业务。

践行央企使命，聚焦主责主业，维护民生安全，维护产业链供应链安全稳定，物流"国家队"逐步发力，应急物流迎来"主力军"陆续加入"战场"的新格局，并由此引领社会物流加快投入应急物流保障队伍力量建设。此外，国家和各省区市国防动员部门也陆续组建包括网络货运在内的预备役、民兵、国防交通专业保障队伍，为中国应急物流保障队伍提供坚强的力量支撑。

（七）教育培训逐步加强

十余年来，多次灾害事故特别是新冠疫情凸显了应急物流的重要社会价值，提升了应急物流行业的地位和作用，扩大了应急物流的社会宣传和影响，也催生和加速了应急物流教育培训活动的发展。应急管理部加紧筹建应急管理大学，围绕"大安全""大应急"要求设置应急管理学科专业体系，加强包括应急物流在内的应急管理人才培养。截至 2022 年年底，全国共有 700 多个本科物流类专业点、1400 多个高职物流类专业点、500 多个中职物流类专业点，物流类在校生约 50 多万人。高等院校、科研院所、行业组织和物流企业纷纷建立应急物流研究培训机构，开展应急物流课题研究、专业培训和职业认证。应急管理大学（筹）联合应急管理部紧急救援促进中心、中国科学技术大学等单位，申报"应急仓储物流与救灾物资保障"应急管理部重点实验室，2024 年 8 月已经获批并开始建设。

同时，依托大型国有、民营快递物流企业，抽组建立国家级、省市级应急物流保障专业力量并定期开展训练演练，建立专职和兼职相结合的应急物流专家顾问队伍以及志愿者队伍，已逐步提上相关部门议事日程。应急物流专业学历教育和专业化队伍的任职培训及军地结合、实战化、常态化演练互为补充，"以人为本"的理念不断融入应急物流行业全面健康发展的生态体系。

（八）学术科研日益繁荣

2016 年，"应急物流关键技术研究及应用示范"课题列入首批国家重点研发计划项目。截至 2023 年，由中国物流与采购联合会发起并会同国防大学联合勤务学院等军地单位成功举办了 11 届"军事物流与应急物流研讨会"，已经成为中国应急物流行业知名品牌和物流军地协同的重要交流与协作平台，是应急物流体系建设的重要推动力量，得到了国家部委、军委机关、地方政府和物流行业的大力支持，新华社、CCTV"国防军事"、人民日报新媒体平台、人民网、中国军视网、中华网等媒体对会议进行公开全面报道和推介转发，社会反响热烈，形成广泛影响。新华社评论，会议"已成为业界引领理论创新，协同推进中国式现代物流体系和现代军事物流体系建设高质量发展的重要平台"。

新冠疫情期间，中国物流与采购联合会等相关行业组织，围绕应急物流、应急供应链、应急物资采购等主题，组织各种线上线下研讨和交流，发出积极正面的应急物流之声。2022年5月6日，中国物流与采购联合会、中国物流学会主办，《物流研究》编辑部、中国财富出版社有限公司承办的"应对突发事件物流保通保畅稳产稳链网络论坛"（即"双保双稳"网络论坛），围绕贯彻党中央、国务院决策部署，适应统筹推进疫情防控和经济社会发展需要，30位行业智库、院校专家和重点物流企业高管，为建立和完善常态化应急物流体系积极建言献策，结合实际展示了最新研究成果和鲜活案例，产生了一批基础性、应用性、创新性、前瞻性较强的核心观点。广大专家学者围绕战"疫"应急物流保障，提出了许多有益的思考、见解和建议，掀起了应急物流学术研究的高潮。

四、应急物流重大实践保障有力且高效

十余年来，全国各地洪涝、地震、台风、雨雪冰冻、山体滑坡等自然灾害频发，火灾、爆炸等安全事故时有发生，在每次灾难救援中应急物流都发挥了不可或缺的重要保障作用，其中尤以抗击新冠疫情的战"疫"保障为最。新冠疫情暴发，应急物流战"疫"先行，物流全行业逆行出征、连续作战，为战"疫"的胜利提供了坚强有力保障，书写了浓墨重彩的历史篇章。

（一）组织领导坚强有力

针对新冠疫情暴发及其后不断蔓延、反复的情况，全国各级、各地党和政府积极组织高效应对，及时发布应急响应，成立相应领导指挥机构及相关专业组织机构，部署开展战"疫"各项行动。习近平总书记果断决策部署，发出"坚决打赢疫情防控的人民战争、总体战、阻击战"战斗号令，政府、军队、行业、企业等全社会广泛参与的应急物流战"疫"全面打响。中央政治局多次召开会议，听取新冠疫情防控工作汇报，研究部署进一步优化防控工作的二十条措施，为确保交通物流畅通、确保重点产业链供应链做出工作部署。国务院建立应对新冠疫情联防联控机制、物流保通保畅工作领导小组，先后印发《国务院应对新型冠状病毒感染肺炎疫情联防联控机制关于切实做好货运物流保通保畅工作的通知》（国办发明电〔2022〕3号）、《关于进一步优化落实新冠肺炎疫情防控措施的通知》（联防联控机制综发〔2022〕113号）等一系列文件指令。

国家发展改革委、交通运输部、公安部、应急管理部等各相关部门，也陆续发布

系列相关配套政策措施。从中央到地方各级政府贯彻落实党中央、国务院关于新冠疫情防控工作的决策部署，切实加强疫情防控物流保障工作，积极发挥应急物流保障的强力主导作用，军民结合形成整体保障合力，为应急物流战"疫"保障任务及"六保""六稳"等提供了坚强有力的组织保证。

（二）全行业闻令而动

突如其来的新冠疫情拉开了应急物流的抗"疫"战幕。物流全行业积极响应党和政府决策部署，主动应战、逆行出征，打响了应急物流史上伟大战"疫"，为疫情防控取得战略性成果贡献了中国应急物流之力。数以万计的一线物流企业和百万一线物流人积极投身于伟大战"疫"，争当"先行官"，为各地防疫应急物资和生活用品提供物流服务，有效筑起了应急保供的"生命线"。

中国物流与采购联合会向全国物流行业发起《中国物流与采购联合会关于做好新型冠状病毒肺炎防控工作的紧急倡议》，联合 200 多家物流企业、行业协会及有关单位共同发起《驰援疫情防控阻击战一线卡车司机的倡议书》，应急物流专业委员会发出《防控新型冠状病毒感染肺炎疫情应急物流保障倡议书》，中国汽车流通协会、中国医药物资协会、中国建材流通协会、中国物资储运协会、中国物资再生协会等协会，发挥各自行业专业优势，纷纷发起行业倡议，并配合政府主管部门联合设立应急物流保障办公室，全力开展应急物流战"疫"保障行动。

2020 年武汉疫情期间，中国物流与采购联合会及其代管协会，会同国家发展改革委确定应急保障重点物流企业名单，储备应急物流运力资源 5000 多辆，并向交通运输部等部委提报《关于切实做好疫情防控和节后公路货物运输保障的情况反映和政策建议》《尽快恢复物流业平稳有序运行的 10 条建议》等，得到国家机关肯定并采纳。各分支机构充分发挥细分行业领域优势，大力开展"共同战'疫'""技术战'疫'""初心力量　使命担当"等系列宣传活动，极大鼓舞了会员企业的战"疫"士气，发挥了行业协会出色的动员能力和作用。中国物流与采购联合会应急物流专业委员会会同公路货运分会联合开设"抗疫通"——应急运输需求与运力资源共享平台，组织应急物资运输需求对接与援助，完成超过数万项全国运力的调配；同时，向国家发展改革委、应急管理部、国家粮食和物资储备局等部委机关提供相关材料和咨询建议，为习近平总书记关于"健全统一的应急物资保障体系""健全国家储备体系""加快建立应急物流体系"等重要论述的形成发挥了积极作用。

（三）企业自发逆行出征

在以武汉、上海、北京为代表的各个波次疫情期间，广大物流企业主动发起战"疫"应急物流保障活动，第一时间成立应急物流保障专门机构，开通应急物流保障专线，为政府和社会公益机构及个人开展应急物资无偿运输配送，向社会救援力量免费开放物流园区、仓库、公路港等仓储物流设施，向社会发布应急物流服务信息，号召动员所属单位和员工逆行出征，克服各种困难，积极投身战"疫"，并开展集中捐款捐物等爱心公益活动，为"坚决打赢疫情防控的人民战争、总体战、阻击战""保供稳链"以及支援全球战胜疫情提供了有力支撑。

1. 武汉战"疫"应急物流保障

国家示范物流园区发挥自身优势，通过组织园区内企业生产，利用全球供应链渠道境外采购等方式，积极应对医用物资等短缺局面。衢州工业新城物流园区组织生产并赠送190多家单位氯酸钠消毒液原液约115吨。重庆国际枢纽物流园区依托中欧班列（重庆）等国际物流通道，联系对接海外资源，对援助物资提供免费仓储服务。同时，示范物流园区主动加强与海关、交通、公安等相关部门沟通，多方协同、精准对接，为各地驰援疫区的防控物资开通绿色通道。广西凭祥综合保税区协调口岸联检部门，指派专人为黄冈市中心医院等70余家医院医用乳胶手套办理快速通关手续。深圳市前海湾物流园区完成多批防疫物资运输清关工作。宜昌三峡物流园充分发挥区域物资中转调运作用，承担宜昌及鄂西地区生活物资保障工作，有力保障了生活必需品市场供应。

中国邮政、中国物流、顺丰、京东、阿里、苏宁等物流企业纷纷捐助物资和数十亿元资金。100多家物流企业开通疫情防控物资绿色通道，为全国各地驰援武汉等地的疫情防控物资提供物流服务。顺丰航空有限公司临时增开直飞武汉的国内国际货运航班，运输各类防疫物资800多吨。京东物流将来自全国1300吨防疫物资以及民生应急物资送往武汉及周边地区。九州通医药集团物流有限公司协助武汉红十字会解决物资配送"瓶颈"问题。九曳供应链公司开放武汉仓免费提供冷冻冷藏类食品等物资仓储服务。赤湾东方等一批公路货运企业协助运输建材、医疗等物资驰援武汉雷神山医院建设。中外运向湖北等地发送30多台医疗应急设备，总价值过亿元。苏宁物流防疫物资绿色通道累计发车30多辆次，运送物资超过350吨。福佑卡车、狮桥运力、则一、华能智链、真好运、赤湾东方、壹米滴答、驹马、车满满、卡车宝贝、快狗打车、美菜网、货拉拉、凯东源、万邦迅捷、闪送、G7 17家物流平台展开联合行动，共同驰援湖北。传化智联股份有限公司全面开放全国 27 个省区市的 50 多个公路港城市物流中心，为防疫救援物资提供 20 万平方米免费仓储服务。普洛斯在全国 40 多个城市无偿开放 100 多个物流园区，用于应急仓储与中转服务。招商局慈善基金会联合中外运物流面向社会开放招商局"灾急送"应急物流平台，免费发运防疫物资 1400 多吨。苏宁集团通过线上平台以及旗下家乐福、苏宁小店等渠道，加强生活物资保障，并提供 24 小时送达服务。期间，顺丰货运无人机、京东物流智能配送机器人亮相武汉并投入现场作业，助力打赢疫情防控阻击战。还有一些企业纷纷开放或紧急开发基于人工智能、大数据、"互联网＋"等技术的应急物流调度、供应链管理、资源信息共享、公共服务等系统平台。京东集团发挥物资储备、仓网协同、运力整合的优势，仅用一周时间，就协助湖北省建设了应急物资管理平台，主要功能点超过 700 个、设计业务场景超过 130 个，100% 覆盖所有系统基本功能点，实现了主体功能上线试运行，全面实现了应急物资"找得到、管得好、调得出、送得到、可追溯"，物资发运、接收等全流程可视化。

其中，中国邮政、中外运物流以及各大航空公司等国有企业，发挥了"国家队"的重要支撑作用，并在道路严格管控的时期发挥了一定的通行优势。以顺丰、京东为代表的民营物流企业成为应急物流战"疫"的"主力军"，发挥了强大的物流实力、科技实力、组织动员能力和服务保障水平。圆通航空"疫"战成名，与中邮、顺丰航空共同组成战"疫"物流保障的空中运输突击队。军地航空运力在医疗队员和物资从多点向武汉集中快速输送中发挥了主要作用和优势。2020 年 1 月 24 日至 2 月 12 日，空军先后 3 批共出动大中型运输机 22 架，分别从西安、上海、重庆、沈阳、兰州、南京、广州等 12 地，紧急投送各军兵种近 3000 名医疗队员以及各种医疗物资驰援武汉。各省区市支援湖北的医疗队员主要通过民航包机进行输送，其中仅 2 月 9 日一天，就用 41 架民航包机输送近 6000 名医疗队员和各种医疗物资到武汉。此外，驻鄂部队抽组成立抗击疫情运力支援队，出动 130 辆军用卡车、260 多名官兵，承担武汉市民生活物资配送供应任务。

2. 上海战"疫"应急物流保障

国铁集团加强对上海蔬菜等重要生活物资的运力保障；中外运在"战疫情、保畅通、打造韧性供应链"重大行动之外，发起守"沪"行动；顺丰紧急开通生鲜食品补给驰援上海航线，动用华东无人机突击队 30 余架无人机，用于城市末端物流配送，为居民运送生鲜、抗原试剂、应急药品等物资，协助上海蔬菜集团每天点对点向 12 个区输送蔬菜 4000 吨；京东物流通过航空、海运、铁路、公路等立体交通方式，从北京、广州、武汉、成都、西安、济南等地紧急调拨民生保供和医疗应急物资，调派快递、分拣人员4000多名驰援上海，并紧急调运刚生产下线的第五代无人智能快递车在封控区域开展无接触配送。为解决保供运力难题，打通"最后一公里"，邮政、申通、中通、苏宁、盒马、美团、饿了么等多家保供企业从多地抽调数千名工作人员支援上海；普洛斯全方位服务35家保供企业的运营，为园区内近50家封闭运营的企业提供防疫、运营及生活支持，为近2300名企业客户一线运营及值守工作人员的防疫、工作和生活食宿提供保障，日均出货量近3000吨，支持城市防疫运行供给不间断。

3. 北京战"疫"应急物流保障

顺丰、京东等物流企业开启"夜派"模式，延长派件时长，同时设立帮扶基金、加强人员招聘、调配各方运力，帮助北京网点恢复产能，保障"最后一公里"快递畅通；中国邮政北京公司组建市区两级突击队800余人，开展重点帮扶，提升投递能力，同时利用智能包裹柜及自有代投点，尽可能通过"无接触方式"加快邮件投递；京东物流从上海、广东、陕西等全国16个省区市，抽调2000多名快递员，定向增援北京，同时使用在北京常态化运营的100台智能快递车，为社区提供无接触配送服务；菜鸟网络成立保障在京配送工作组，直送（丹鸟）北京站点全力开放配送，700多家菜鸟驿站在末端提供免费保管和送货上门，开通北京药品优先配送专线，保障民生物品快递及时接收；申通、韵达、圆通、德邦、中通、极兔等物流快递企业，也从增派人员、增加激励、安全保障等多个方面加强服务保障能力。

2021年，持续不断的疫情和突发洪涝等自然灾害相互叠加，应急物流重点应对河南、山西多地暴雨洪水突发灾情，有力保障了抢险救灾任务的顺利完成和民生需求。7月，河南郑州、新乡等多地发生持续极端强降雨。10月，山西晋中、吕梁等地连发暴雨洪涝灾害。河南省物流与采购联合会发出《关于物流行业众志成城抗洪救灾的倡议书》。中国物流与采购联合会应急物流专业委员会发出《关于征集河南洪灾应急物流保障建议和事迹的通知》，动员会员企业和有关单位为抗洪应急物流保障献计献策，及时发布河南、山西灾区救灾急需物资捐助信息，协调对接相关供需资源，以及会员企业、相关单位抗洪应急物资保障事迹和做法，营造应急物流保障浓厚氛围。中外运、顺丰、京东、韵达、中通、德邦等会员单位第一时间开通河南救援物资免费运输绿色通道，并组织捐款捐物，有力支援了防汛救灾及灾后重建工作。其中，中外运紧急启动"灾急送"公益应急物流平台，外运物流西北公司、湖南公司、天津公司启动西安、长沙、天津3个备灾仓运作，组织运输和仓储资源，调运壹基金救灾温暖箱、卫生包、睡袋6000件，救灾帐篷204顶，家庭救灾箱（日用品）10000套。顺丰调动全网应急资源支援抗灾，捐赠 2000 万元，用于河南受灾群众人身安全、紧急救灾物资采购与运输，以及灾后困难群众生活和医疗救助。韵达速递启动紧急预案，第一时间开通绿色通道驰援河南受灾地区，为当地提供包括救援物资运输和救援物资捐赠等。苏宁物流免费开放运转中心，面向政府、企事业单位、慈善公益组织免费开放全国仓储资源，为应急救援物资提供应急中转仓储和应急仓储运营服务。德邦快递开通救灾物资运输绿色通道，优先为公益机构、医疗机构、企事业单位等有组织的救援物资提供免费运输服务。货拉拉成立应急救援公益运输小组，在郑州城区开通救援物资运输绿色通道，免费提供救援物资运输服务。传化智联组织调动郑州传化中原物流小镇与郑州传化公路港，为因灾受困市民和救援人员提供临时场所，提供食物、饮水等生活保障；免费开放郑州传化中原物流小镇仓储资源，为政府机构、公益组织等提供救灾物资仓储。国家电网公司物资系统组建由国网物资部牵头，国网物资公司、河南公司和 26 家省公司组成的应急抢修保供电物资供应保障组织体系，紧急调用国家电网系统物资资源，全力支援河南防汛救灾，高效推进应急抢修保供电物资供应。

（四）跨境应急物流发力

新冠疫情暴发以来，世界友好国家和海外华人华侨积极捐赠卫生防疫物资。而随着新冠疫情在全球的暴发，我国成为口罩、防护服、疫苗、病毒检测试剂等卫生防疫物资的出口供应大国，向世界各国大量开展友好捐赠和商业贸易活动。中国应急物流跨境逆势起飞。

为加强境外捐赠物资运输保障，国家发展改革委指定中国邮政物流承担外国政府及国际组织捐赠防疫物资运抵中国后转运武汉的工作，先后完成多个国家捐赠物资转运。随着疫情在全球蔓延，海外个人物资特别是防疫医疗等物资寄递的需求激增。但受疫情影响，国际航班大幅减少，航空货运能力明显下降，境外港口压港严重，国际邮件积压问题突出。为保障国际邮路畅通，交通运输部会同外交部、工业和信息化部等 12 个部门成立了国际物流工作专班，畅通国际物流大通道。中远海运集团与中国邮政集团协调对接，创新提供国际邮件海运服务，针对国际邮件运输在目的地海关监管、分拨等方面的特殊要求，发挥各自优势和协同效应，并加强与相关国家邮政部门的沟通协调，积极推进开展海运邮件试点。菜鸟应急物流体系向全球 150 多个国家和地区运送疫苗、医疗和生活物资超过 2.5 亿件。

与此同时，乌克兰危机爆发，疫情管控与经济制裁的影响和措施轮番加码，国际航空货运通道受阻，中欧班列存在断路风险，海运集装箱大量积压港口，国际跨境物流面临严峻挑战。在口岸封闭、航班熔断、港口瘫痪，物流延迟、供应链中断的危难情况下，中国物流行业头部企业积极承担国际应急物流责任，成为国际应急物流"领头羊"，将大量药品、疫苗等卫生防疫物资源源不断地送往世界各地，体现了大国地位和担当，跨境应急物流逆势增长。中国物流集团发挥"国家队""主力军"作用，保障国际物流通道通畅，助力"中国制造"不断链、全球物流不断线，如期完成中信重工出口矿机、中铁建俄罗斯莫喀高速等国际物流项目任务；针对深港跨境陆路运输运力大幅下降问题，研发"粤港跨境通"平台，打造"深圳蛇口—香港屯门、青衣"供港物资水运新通道，通过"陆转水"使流程效率提升70%，有力保障了香港防疫及生活物资供应。

近十年特别是新冠疫情以来，中国物流全行业勠力同心、逆行鏖战应急物流战线，以生动的事迹和案例"把论文写在祖国的大地上"，书写了无数应急物流保障的精彩华章。中国应急物流在常态化战"疫"中，有力保障了国计民生，并开启了全面建设社会主义现代化国家的新征程。

第二节　中国应急物流发展中的主要问题

中国应急物流在近年来的历次灾难事故应急保障中逐渐为社会所认识和接受，特别是在新冠疫情中的勇毅担当和积极作为，发挥了中国应急物流保障国计民生的应有作用，证实了应急物流的重要地位和价值，赢得了全社会充分肯定和广泛赞誉，也赢得了中国应急物流发展的重大机遇。复盘反思和总结2014—2024年中国应急物流发展中的问题，主要有以下几个方面。

一、应急物流法规标准还不够完善

随着《中华人民共和国突发事件应对法》的最新修订颁布，连同《中央应急抢险救灾物资储备管理暂行办法》《突发事件应急预案管理办法》《国家自然灾害救助应急预案》等在内，国家治理体系应急管理领域的法律法规框架基本建立，但与应急物流保障法治化、标准化、规范化建设还不相适应。

（一）应急物流保障专门法规缺乏

现有涉及应急物流的法律法规比较分散，缺乏涵盖应急物资保障和应急物流全保障链条的系统性专门法规，应急物流在体制机制、指挥流程、单位协同、职责分工、动员补偿、第三方评估等方面无法可依。同时，现有法律法规的条文规范较为抽象，操作性不强，内容还不够全面，如社会力量的平时储备、应急动员征用等需要进一步明确。

（二）军地一体化的应急法规缺乏

兼顾应急应战和产业链供应链稳定安全的大国储备体系建设，急时需要军队支援、战时需要地方支援的军地协同应急应战物流保障等，需要制定军地应急应战综合法或增加规范军地联合行动的相关条款，破除军地二元化立法，对战略、战备、应急物资储备，军地联合指挥、力量运用与协同、信息保障等事项，以法律形式加以固化规范，提升军地联合应对突发事件的处置效率和综合效益。

（三）大应急的法规体系不够健全

针对紧急状态下涉及的国家权力运行问题和公民基本权利限制与保障、公共卫生监督执法管理活动合法性、重大公共卫生事件信息公开合法性等问题，还需要出台相应的"紧急状态法""紧急动员法""行政强制法""政府信息公开法"等。

（四）标准制定及其落地应用不足

应急物流相关的国家标准和行业标准先后出台十余项，应急物流标准体系框架基本建立，但还有很多空缺和不足，相关团体标准还属于空白，亟须补充制定和修订完善。同时，在标准的宣传、引用和落地实施等方面，还没有引起政府部门、企业和社会的足够重视和推广贯彻，没有达到标准立项预期的目标和效果，出现无标可据和有标不据并存的情况。

二、应急物流管理体制机制还不够健全

从中央到地方各级政府应急管理部门成立以来，国家统一的应急管理新体制逐步建立，但尚未真正形成统一指挥、专常兼备、反应灵敏、上下联动、平战结合的中国特色应急管理体制和工作机制，应急物流管理体制机制尚未健全。

（一）主管部门尚不明确

虽然成立了应急管理部门，明确"统筹应急力量建设和物资储备并在救灾时统一

调度"，但并未明确应急物流行业的主管部门或牵头部门。应对自然灾害、事故灾难、公共卫生事件、社会安全事件等突发事件所需的应急物资保障职能分属不同部门，应急物资管理体制并未统一。与产业链供应链安全稳定密切相关的战略物资储备也分属于不同职能部门，国家统一的战略物资、应急物资储备管理体制也未形成，涉及军队战备物资储备的大国储备体系管理体制远未建立。这种"分条块、分部门"模式，容易导致条块分割、职能模糊等现象；同时，企业接到各级相关政府部门多渠道分散的应急物流需求，也让企业难以有效调配资源和优化保障，大量应急物流需求不能得到及时保障。

（二）管理机制较为欠缺

社会物流资源应急征召动用，经济补偿、激励约束以及政府部门、军地物流应急联动、信息融合等机制较为欠缺。应急物流资源统一管理、统一指挥高效灵活的调度机制，应急物资保障需求、供应等信息报告、发布机制，以及突发事件相关信息互通、情报通报和工作协调机制，全国"一盘棋"的应急救援协调联动机制等尚不健全。此外，应急物资的采购、生产、接收捐赠、分发调拨、交通运输、邮政快递、仓储配送等职能分散在不同部门、地区和企业，中央有关部门之间、中央与地方之间以及中央、地方与企业之间的联动机制尚未健全。

（三）统筹建设管理不够

生产、采购、储备、运输、配送、分发等应急物流体系各环节建设和管理缺乏顶层设计、统筹规划，政府对社会应急物流资源缺乏统管，难以准确实时掌握和整合，紧急情况下无法直接指挥调度，亟须建立统筹协调与统一指挥的应急物资保障和应急物流统管机构，以及实时高效的应急物流社会资源统一调度系统。应对突发事件应急物流保障在信息获取渠道、报送手段等方面还不够丰富，信息报送速度、准确性等方面还有待提高。应急物流保障链条难以一体化运作，体系化程度低，应急物资采购、生产、储备、运输、快递、仓配割裂，"最后一公里"困难，供需难以适时匹配，保障效率和效益降低。

三、应急物流体系建设短板弱项还较为突出

在抗击新冠疫情中，物流全行业投入应急物流，全社会支援、全球筹措应急物资，

仍然发生一线医疗救援物资严重短缺、难以获得的现象，充分暴露了应急物资储备和供应调拨能力不足等问题，应急物流体系建设的一些短板弱项还较为突出。

（一）应急物资储备不足

从新冠疫情来看，应急物资储备结构性问题较为突出，自然灾害、灾难应急物资储备较为丰富，而突发公共卫生事件医疗、防疫应急物资储备不足，储备品种、数量、布局等都存在不同程度的问题，产能储备较为薄弱。疫情暴发初期，医用防护服、护目镜、医用外科口罩、N95口罩、相关药品等紧急医用应急物资严重短缺，各地医疗应急储备只能应对小规模的疫情，湖北省医用防护物资十分紧缺。政府组织企业加紧重点医疗应急防控物资生产，由于原材料缺少、员工不足等原因，医用口罩、医用防护服等产能跟不上医用物资需求。亟须针对各类突发事件应急保障，进一步优化应急物资储备品种、规模、结构、布局等，并采用产能储备等多种储备方式。

（二）应急物资储备库建设标准不高

目前，我国已初步建成以中央储备库和地方各级储备库组成的应急物资储备库网络。近年来国家储备系统对中央储备库建设加大投入，从中央到地方的五级应急物资储备库将逐步完善。但仍存在应急物资储备库布局不合理，中央储备库覆盖范围不足、辐射能力有限，储备库面积不达标，储备库应急物资储备数量和种类不完整等问题，没有按照应急物流相关标准体系进行统一规范建设；地方应急物资储备库更是没有明确的建设标准，建设质量参差不齐，很多地方用一些老旧仓库作为应急物资储备库，在实际应急物流保障时难以满足大范围、多灾种应急救援需要。

（三）应急物流保障队伍建设亟须加强

突发事件应急物资保障对应急物流提出了极高要求，各级政府应急管理相关部门需要具备高度社会责任感、相应实力和资质，预有准备、随时能用的企业物流队伍迅速投入应急物流保障。然而，由于平时对应急物流保障队伍的评估遴选较为欠缺，力量储备不足，政府部门很难迅速准确筛选出符合应急物流服务能力要求的企业。物流行业有自发成立的应急物流企业联盟，物流企业内部有抽组的应急保障队伍，但企业应急物流保障队伍训练演练、应急技能比武竞赛等极为缺乏，训练针对性不强、训练水平不高，且都属于自发行为，缺乏有力的组织形式，难以保证危急时刻完成使命任务。亟须从政府、行业企业层面加强应急物流保障队伍建设，建立国家级、省市级应急物流专业保障力量，必要时纳入民兵预备役力量体系进行建设管理，并加强相应的专业训练演练，不断提高应急物流保障能力。

（四）应急物流指挥调度系统平台建设亟须加强

由于国家在应急物资保障和应急物流建设管理上职责分离等原因，在建的应急物资保障、交通运输等应急资源管理平台以及其他应急管理相关信息系统和平台，均未能全要素、全流程体现应急物流保障功能，也没有一套独立的应急物流信息管理平台，亟须依托行业整合社会物流企业优质资源，统一搭建第三方的社会应急物流资源集中调度和信息共享平台，打造应急物流社会资源库，为政府及军队组织应急处置提供应急物流决策和指挥调度平台支撑。

四、应急物流与常态物流、应急供应链及产业链的融合还不够

在社会物流、物流企业、企业物流等不同层面，应急物流与常态物流、应急供应链及产业链的融合，不够密切、不够深入，发展不够快，发展质量不高。

（一）平急结合不够紧密

交通物流设施设备贯彻国防要求已经形成制度规范，贯彻应急要求则较为滞后，尚未形成刚性要求、固定机制模式。疫情中，针对实践证明行之有效的应急绿色通道、应急物资中转站、应急保障通行证明等，应从制度机制和标准规范上予以固化，形成统一模式、共认机制，在全国各地推广应用。物流企业结合常态运营开展应急保障能力相关建设，通过承担应急保障任务提升业务建设和形象价值，尚未形成良性互动，需要在应急任务经费结算以及相关财税等政策上予以支持。

（二）物流无人化未成体系

无人快递柜已经广泛普及应用，无接触配送在抗击新冠疫情中加速推广也渐成常态，但无人机、无人车物流配送仍在试点或局部应用，还处于刚刚起步阶段。在突发事件应急保障中大有可为的物流无人化需进一步加快发展，形成体系化和常态化。

（三）企业储备明显不足

应急物资生产企业、垄断性较强的企业，其重要原材料、关键元器件、半成品储

备薄弱，产能储备不足，企业物流与供应链融合不够紧密，在重大突发事件或"脱钩断链"等影响下，供应链产业链极易发生断裂。

此外，在乌克兰危机、加沙冲突以及"贸易战""脱钩断链"等背景下，着眼国内国际双循环新发展格局，围绕供应链产业链安全稳定，国内重大生产力布局调整、产能备份，产品走出去、"中国制造"走出去，高质量共建"一带一路"等，对国内物流、跨境物流及其应急物流提出了更高要求，中国应急物流亟须加紧适应新的形势任务和要求。

第三节　中国应急物流发展展望

当前和今后一个时期是以中国式现代化全面推进强国建设、民族复兴伟业的关键时期。新一轮科技革命和产业变革加速发展，世界百年未有之大变局加速演进，我国仍然处于重要发展战略机遇期。未来 5 年至 10 年，围绕 2035 年远景目标，贯彻落实习近平新时代中国特色社会主义思想和党的二十大、党的二十届三中全会等系列精神，全党全国进一步全面深化改革、推进中国式现代化，中国应急物流在中国式现代物流体系全面高质量发展中同步成长壮大。

一、应急物流法规标准制度不断完善

党的二十届三中全会指出，坚持全面依法治国，深化立法领域改革，完善中国特色社会主义法治体系，全面推进国家各方面工作法治化，深入推进依法行政，完善推进法治社会建设机制，深化跨军地改革等。随着《中华人民共和国突发事件应对法》的颁布实施，国家应急管理相关的法律、规定、条例、预案等一系列配套法规制度将陆续健全，地方与军队二元立法格局有望取得突破。随着《中华人民共和国标准化法》的颁布实施，中国物流相关的国家标准、行业标准、团体标准等一系列标准规范将日益健全。中国应急物流事业发展相关法规、标准制度保障支撑将逐渐完善。平急结合、平战结合，应急应战相结合的中国式应急物流体系建设将沿着法治化、标准化、规范化轨道不断深入发展。

二、应急物流管理体制机制逐步成熟

党的二十届三中全会指出，坚持以人民为中心，健全保障和改善民生制度体系，健全社会治理体系，完善公共安全治理机制，完善国家战略规划体系和政策统筹协调机制，推进国家治理体系和治理能力现代化，聚焦建设更高水平平安中国。全面贯彻总体国家安全观，坚持"大应急""大储备"思想，建立健全党中央统一领导下，主管部门（或牵头部门）归口管理，各相关职能部门按级按职、分工负责，职责明确、权责清晰的中国应急物流管理体系和治理模式，未来5年至10年，国家应急管理体制机制将逐步成熟，中国式国家应急管理体系将不断完善。着眼一体化国家战略体系和能力建设，战略物资、应急物资国家储备与军队战备物资储备深度融合，军地物流基础设施、保障力量等共建共用，依托现代物流体系与现代军事物流体系，军地融合推进发展的大国储备体系、中国应急物流体系逐渐形成。

三、应急物流技术装备加快升级迭代

党的二十届三中全会指出，坚持创新驱动发展战略，健全新型举国体制，提升国家创新体系整体效能。随着网络化、数据化和智能化时代的来临，5G、物联网、大数据、云计算、区块链、人工智能、移动互联网等新技术不断创新和应用，应急物流领域应用场景进一步拓展；随着智能驾驶、无人配送、无人货机、无人码头、物流机器人等"无人化"技术装备进一步推广应用，依托网络货运、数字仓库、无接触配送、即时配送等"互联网＋"高效物流新模式新业态创新应急物流保障方式，中国应急物流将从传统物流时代迈入智慧物流时代。

未来5年至10年，"交通强国"战略将逐步推进，国民经济和社会发展五年规划等规划、计划连续实施，"万亿国债"项目加大投入，国家物流枢纽、国家骨干冷链物流基地、国家示范物流园区，多式联运场站、城市郊区大型仓储基地加快建设，智慧物流园区、智慧港口、智能仓储基地、数字仓库等智慧物流新基建进一步投入，"通道＋枢纽＋网络"的现代物流运行体系加快布局建设，物流末端网点智慧化、网络化发展，物流基础设施不断提档升级、互联互通，应急物流可依托的设施条件更加完善。通过创新发展应急物流相关设施、装备、技术、模式，通过推进应急物流数字化转型，以数据资源赋能应急物流，实现需求、态势、资源及时感知和应急物资调度全程可控，应急物流信息化、智能化提质发展步伐加快，不断提升应急运输调度和物流配送效率，有效提高防灾减灾救灾和重大突发公共事件处置保障能力，满足人民群众和全社会日益增长的安全应急需求。

四、应急物流向应急供应链加速融合

二十大要求，着力提升产业链供应链韧性和安全水平。党的二十届三中全会指出，健全提升产业链供应链韧性和安全水平制度。当前至今后一段时期，全球产业格局深化调整，供应链核心企业带动产业链上下游协同发展，与物流、采购、金融等服务业深度融合，助力模式创新和价值增值，拓展产业链供应链深度。发达国家推动制造业回流计划，倒逼国内制造业向中高端延伸，提升国内配套能力，中间投入产品转向国内生产，缩短产业链供应链长度。数字供应链加快发展，现代信息技术广泛应用，结合智能制造实现大规模定制，提升产业链供应链运行速度。打通国内外物流循环，打造自主可控、安全高效的产业链、供应链变得日益重要而紧迫。应急供应链、产业链协同更加深化、紧密、高效，应急物流行业将沿着对接产业链、打通供应链、创造价值链的方向转型发展。

未来 5 年至 10 年，在加快供给侧结构性改革、降低全社会物流成本、构建形成全国统一大市场、因地制宜发展新质生产力的前提和背景下，围绕产业链供应链安全稳定，提高产业链供应链韧性弹性，支持企业走出去参与全球供应链重构，重塑全球供应链，保障生产方式转变等，中国应急物流的使命向保障产业链供应链韧性和安全水平不断拓展深化。

五、应急物流保障使命任务日益繁重

党的二十届三中全会指出，统筹国内国际两个大局，统筹发展和安全，着力推动高质量发展，推进国家安全体系和能力现代化，不断满足人民对美好生活的向往；推动构建人类命运共同体，完善推进高质量共建"一带一路"机制，坚定维护国家主权、安全、发展利益。未来十年，各种可预见和难以预见的风险因素明显增多，对应急物流提出了严峻的挑战与考验，保障任务更加复杂繁重。聚焦地震和地质灾害、洪水灾害、城市内涝灾害、冰雪灾害、森林草原火灾、城市特殊场景火灾、危化品安全事故、矿山（隧道）安全事故、紧急生命救护等场景应用，以人民为中心，生命至上、人民至上，应急物流保障将有新的更高要求。

随着"海外中国"的国家利益、国民安全利益拓展，中国制造业大国产能输出，着眼人类命运共同体大国形象担当、国内国际双循环新发展格局，跨国跨境应急物流服务保障任务将日益繁重。随着更高水平对外开放，高质量共建"一带一路"、区域全面经济伙伴关系协定（RCEP）的推进实施，东盟、中俄、中亚等国际物流大通道和网络建设，具有国际竞争力的现代物流和供应链服务企业，跟随"中国制造""中国基建""走出去"，发展全货机、跨境直达运输，并加快海外仓、海外基地等境外物流网点铺设，建设国际快递物流服务网络，更加紧密地融入国际物流网络，跨境应急物流服务保障能力不断增强。

到 2029 年，中华人民共和国成立 80 周年，《中共中央关于进一步全面深化改革推进中国式现代化的决定》提出的改革任务全面完成。到 2035 年，"2035 年远景目标"全面实现。中国应急物流任重而道远，蹄疾而步稳，必将在中国式应急物流现代化发展道路上加快前进，为满足人民美好生活需要，为中华民族伟大复兴的中国梦而贡献出中国特色应急物流力量！

（作者：中国物流与采购联合会应急物流专业委员会　范学兵）

参考文献

[1] 贺登才. 十年再回首——2011—2021 年《中国物流发展报告》综述 [M]. 北京：中国财富出版社有限公司，2021.

[2] 中国物流与采购联合会，中国物流学会. 中国物流发展报告（2021—2022）[M]. 北京：中国财富出版社有限公司，2022.

[3] 中国物流与采购联合会，中国物流学会. 中国物流发展报告（2022—2023）[M]. 北京：中国财富出版社有限公司，2023.

[4] 中国物流与采购联合会，中国物流学会. 中国物流发展报告（2023—2024）[M]. 北京：中国财富出版社有限公司，2024.

第二章　国外应急物流发展综述

自 21 世纪以来，全球范围内相继发生了 SARS 疫情、印度洋海啸、汶川地震、东日本大地震、新冠疫情等一系列重大自然灾害、公共卫生突发事件，不仅导致了巨大的人员伤亡和财产损失，而且对人类生命安全和社会经济发展产生了深远影响。因此，构建高效的社会应急救援管理体系已经成为一项刻不容缓的任务。作为应急管理体系的关键构成部分，应急物流在有效应对重大自然灾害、公共卫生等突发事件，确保应急物资供应等方面发挥着至关重要的作用。

第一节　国外应急物流发展现状

国外应急物流体系发展起步较早，其历程可追溯至上世纪中叶。历经数十年的实践与探索，这些体系已逐渐形成一套较为成熟的运作机制。该机制不仅涵盖了从预警、响应到恢复的全链条管理，还高度重视与国内外其他相关系统的协同配合，从而有效提升了应对复杂灾害的能力。其中，美国、日本和德国在应急物流发展模式上各具特色。本节将重点分析上述国家的应急物流以及国际人道主义物流的发展模式与实践特点，旨在为中国应急物流发展提供有益借鉴和参考。

一、国外应急物流的主要模式

（一）美国：联邦应急管理署领导，地方负责

1. 应急物流管理体制

美国应急管理体制采用的是国家、州政府、地方政府三级管理体系，其核心特征是"统一管理、属地为主、分级响应、标准运行"。国家层面，所有防灾救灾事务由美国联邦紧急事务管理署（Federal Emergency Management Agency，FEMA）负责统筹，组织协调做好灾前防范、灾中救援和灾后恢复相关工作，实行集权化和专业化管理。

FEMA成立于1979年，既是一个直接向总统报告的专门负责灾害的应急管理机构，又是一个突发公共事件应急管理协调决策机构。2003年，FEMA随同其他22个联邦机构一起并入美国国土安全部（Department of Homeland Security，DHS），成为该部四个主要分支机构之一。

在应急物流管理体系方面，美国的法律规定明确划分了管理权责。根据规定，应急行动的指挥权归属当地政府。仅在地方政府提出援助请求时，上级政府才会进行资源调配以提供支持，但资源的处置权和指挥权依然归属当地政府。当地方政府的应急能力和资源不足时，州一级政府会向地方政府提供必要的支持；同样，若州一级政府的应急能力和资源出现不足时，则由联邦政府层面提供支持。此种体制安排有效确保了应急物流能够在各级政府之间实现顺畅衔接与高效协作。

2. 应急物流运作模式

在美国国内救灾方面，FEMA设有物流管理的专门单位，平时主要负责救灾物资的管理储备、预测各级各类救灾物资需求、规划救灾物资配送路线，以及救灾物流中心设置等工作。对于一般灾害，各州调动本州资源开展应急救援行动。对于重大灾害，联邦政府按程序启动应急救援，总统指派专人担任联邦协调官，随后由联邦协调官、联邦相关部门和受灾州的负责官员联合成立应急救援现场办公室，调动和协调联邦应急救援资源，开展救援工作。应急物资调配运输流程如下：①启动应急响应。一旦突发事件发生，相关机构会立即启动应急响应机制，评估事件性质、规模和影响范围，确定应急物资的需求种类和数量。②资源调配。根据应急物资需求，FEMA会协调联邦、州和地方政府以及私营部门的资源，进行应急物资的调配。包括从储备库中调拨物资、采购新物资以及动员社会力量捐赠物资等。③运输安排。应急物资调配完成后，会通过各种运输方式（包括公路、铁路、航空和水路）迅速运往灾区。在运输过程中，会采取必要的安全措施，确保物资安全无损地到达灾区。④分发与接收。应急物资到达灾区后，会由当地政府或指定机构负责分发。分发过程中会确保物资能够迅速、准确送达受灾群众手中。同时，接收机构会做好物资的接收和登记工作，以便后续跟踪和管理。

（二）日本：行政首脑指挥，综合机构协调联络

1. 应急物流管理体制

日本的应急管理体制以中央为核心，实行垂直管理模式。内阁府是日本灾害管理的行政机构，负责统筹协调全国的防灾救灾工作。中央防灾委员会是综合防灾工作的最高决策机关，会长由内阁总理大臣担任，下设专门委员会和事务局，负责具体执行防灾救灾任务。

2. 应急物流协同机制

日本建立了由政府机构、物流企业、专家学者等多元主体参与的应急物流协同治理机制。日本充分依托现代化物流企业的专业设施设备和网络布局，整合全国甚至全球的应急救援物资，通过鼓励各地方自治体与物流企业签订各类合作协定，将大量民间物流资源整合到应急物流体系中，负责物资的采购、装卸、搬运、运输和中转分拨等工作，有效缓解了应急物流活动中设施设备不足和人员专业能力不足的问题。同时，通过完善组织机构建设、制定协同作业规范和标准等一系列制度保障措施，有效提升了应急物流体系的协同治理能力。并通过长期协同演练，不断强化、提升应急物资输送作业的协同效果。

3. 应急物流运作模式

将供应链管理理念融入应急物流中，实现"推式"与"拉式"供应的有机结合，以优化应急物资供应效率。对救灾物资进行分阶段管理，其配送工作分为以下3个阶段：①初期自救阶段，是在灾害发生后的前3天，主要依托地方政府的储备物资展开自救，由政府行政单位负责救援物资的运输，并协调军队实施交通管制以确保应急物资运输畅通。②过渡供应阶段，为灾害发生后的4～7天，随着灾情逐步得到控制，由中央政府基于对灾情的分析判断，无须等待地方政府的精准需求信息，而直接采取"推式"物资供应。通过物流公司负责配送，以降低成本、提升效率。③精准配送阶段，为灾害发生的7天后，在全面掌握受灾地物资需求信息的基础上，由"推式"供应转变为"拉式"供应。政府物流完全退出，全权委托第三方物流根据订单需求进行应急物资的运输配送。日本应急物资及信息流通机制如图2-1所示。

（三）德国：分权化管理，政府与社会组织协同

1. 应急物流管理体制

德国的应急管理体制植根于其联邦制国家结构，实现了联邦与地方间的合理分权，以各州为核心实施属地管理。在此体制下，联邦州的职责主要涵盖推动议会立法、构建消防与救援力量、集中开展应急培训、统一救援行动、指挥与协调灾难救援等多个方面。联邦政府仅在灾害超出州政府应对能力且州政府提出支援请求时，才会介入提供应急协调与灾难救助。

在联邦层面，专职负责应急管理与救援的机构包括联邦民事保护与灾难救助局

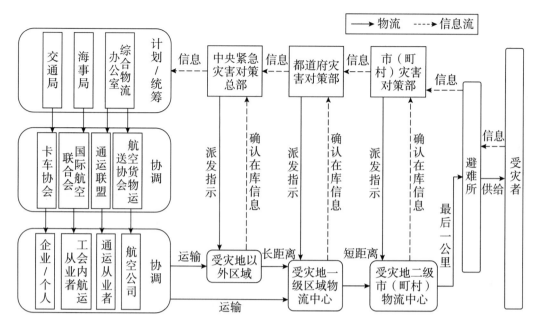

图 2 – 1 日本应急物资及信息流通机制

（BBK）和联邦技术救援署（THW）。BBK 作为联邦内政和社区事务部的下属执行机构，肩负民事保护和灾害救助的核心职责。在重大灾害事件中，BBK 负责向联邦各州提供信息共享、协调支持及稀缺资源管理，并定期组织危机管理演练。而 THW 是一个专注于提供技术性现场救援的战术指挥机构，下辖 668 个地方部门。在州层面，应急救援工作主要由 16 个联邦州的内政部统一领导。而州以下的地方政府层面，各行政区政府、县政府以及非县管辖市，则全面负责公民保护工作，并握有应急救援的指挥权。同时，州政府在财政支持、资源协调和信息报告等方面发挥着重要作用。

德国应急指挥部通常分为行政指挥部与战术指挥部。面对大型突发事件时，由事发地的最高行政长官，通常是大城市市长或县长，担任核心领导角色，负责协调与组织应急救援工作的全面展开。在此过程中，会同步设立行政指挥部和战术指挥部。行政指挥部作为后方支持单位，主要负责应急救援的行政决策与各部门间的沟通协调工作，其成员由政府相关部门与机构的高级代表组成。而战术指挥部则部署于前线，直接负责现场救援工作的具体实施，其成员包括专业救援机构与志愿者组织的精干力量。这种明确的分工与紧密的衔接机制，不仅有效避免了行政长官亲临现场可能承担的超出其专业能力的任务，还确保了战术指挥官能够全神贯注于救援行动本身，从而显著提升应急救援的整体效率。德国应急管理体制的"3＋2"模式如图 2 – 2 所示。

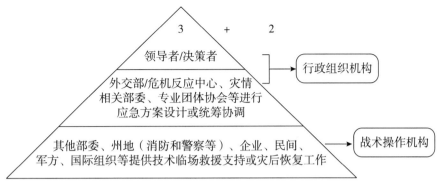

图 2 - 2 德国应急管理体制的"3 + 2"模式

2. 应急物流运作模式

在公共卫生突发事件以及洪灾、火灾等各类自然灾害发生时，BBK 肩负最高级别的协调指挥职责，统筹调度军队、警察以及各类社会组织，确保迅速响应并参与救援。地方层面的救援行动主要由消防部门、地方灾害管理部门、其他救援组织以及 THW 等机构负责执行。通过高效协同，德国能够迅速集结并调配各方资源，有效投入应急物流中，保障救援物资能够迅速、准确地送达灾区。此外，在应急物流领域，德国技术援助网络等专业机构发挥着核心作用，不仅提供专业知识和先进技术装备支持，还在救灾物资运输与供应等方面扮演关键角色，是整个救灾物流体系中不可或缺的组成部分。

（四）人道主义物流：依靠国际组织的紧密合作

1. 人道主义物流的特点

国际救灾方面，人道主义物流（Humanitarian Logistics，HL）旨在满足灾民需求、减轻灾民痛苦，对物资、材料和相关信息进行规划、实施、控制，确保从供应点至需求点的高效流动与合理储存。与应急物流相似，两者均着重于紧急情况下的快速响应和高效运作，以最大限度地减少灾害带来的损失和影响。但人道主义物流更侧重于救援的本质，秉持博爱、中立和公正的人道主义原则，并特别强调国际组织机构的协同合作。此外，人道主义物流的活动广泛依赖于国际组织、非政府组织以及民间力量的支持与参与，是基于人道主义救援原则而开展的物流活动。它不仅包含灾害发生时的应急物流响应，还涉及灾后重建与恢复阶段的相关物流支持，全面覆盖救援行动的各个阶段。

2. 人道主义物流的运作机构

作为国际公共和私营部门合作的典范，物流应急小组（The Logistics Emergency

Teams，LET）于 2005 年在达沃斯世界经济论坛上应运而生。该小组由世界知名的国际货运代理和物流公司 Agility、中东地区最大的港务集团之一的 DP World、全球最大的集装箱航运公司马士基，以及快递巨头联合包裹共同组成，旨在通过全球物流和运输公司的通力合作，全力支持联合国世界粮食计划署（WFP）的各项行动。LET 为 WFP 的"全球物流小组"（Global Logistics Cluster）提供人道主义应急救援项目的无偿服务。自成立以来，LET 的合作伙伴们所提供的应急服务已经对全球上千万人产生了深远影响，共同支援了 20 多场重大的自然灾害和危机救援行动，其中包括印度尼西亚的地震救援、菲律宾的台风救援、东非的龙卷风救援，以及西非埃博拉病毒危机救援和东北非干旱救援等。

美国设有对外灾害援助办公室（OFDA），负责处理各种国际救灾的紧急事务。目前，OFDA 在世界范围内设有 7 个应急仓库，这些仓库紧靠机场、海港，储存基本的救灾物资，一旦某个地区发生重大自然灾害，OFDA 就会从距离最近的仓库调拨救援物资送至灾区，以提供紧急援助。

德国健康促进会，作为一家非营利性的国际人道主义组织，在国际救灾物流管理中发挥着举足轻重的作用。该组织每年通过水路、公路、航空向世界 80 多个国家和地区配送 300 多万千克的供给品。一旦接到灾难通知，德国健康促进会将立即启用网络通信资源，迅速收集灾难的性质、范围等关键信息，并立即组织救灾物品的配送工作，确保将物资及时送达指定的救助地点。

二、国外应急物流的先进理念与实践特点

尽管各国应急物流模式因国情不同而各具特色，但其应急物流实践存在以下共同的特点。

（一）建立协调有效的应急物流管理体系

对于应急管理工作，国外通常由政府首脑担任最高领导者，负责组建国家层面的管理机构，实施统一协调管理。这种做法有助于树立权威、高效调动资源，并确保有效应对各类紧急情况。此外，美国、日本等国还设立了中枢机构，构建了立体化、网络化的应急物流管理体系。注重地方管理体制与中央管理体制的紧密对接，能显著提升紧急状态下社会整体联动响应能力。

（二）高度重视应急准备工作的制度设计

美国将全国性准备工作融入国家大安全战略中，涵盖了强化风险分析与评估的重要环节，并依据分析评估的结果来制定战略、规划和应急预案。同时，积极开展应急管理培训工作，并在演练中测试预案、组织、配备、培训等环节效果。基于演练的反馈，制订改进计划，评估演练工作的成效，总结经验教训，以进一步提升应急准备工作。日本则高度重视提升民众的防灾意识，每年都会举行防灾演习，以检验中央及地方政府相关机构的通信联络能力，以及救灾、救护、消防等各部门间的协同运转能力。在应急物流预案的制定上，根据不同类型的自然灾害事先规划陆、海、空运输的替代路线。同时，其救灾物流作业流程手册中明确规定了救灾物资的运输、机械设备的使用，以及其他各项分工合作事项。此外，还预先规划了"平灾两用"避难所，并将其作为救援物资的发放点。德国制定了详细的应急预案和作业流程手册等文件资料，为应急物流活动提供了科学指导和规范操作依据。

（三）高效实现应急管理多主体协同运作

世界各国尤其是发达国家，都高度重视运用先进信息技术提升对突发灾难与事故的应急处理能力。以美国为例，其联邦紧急事务管理署（FEMA）推出了"e-FEMA"战略，构建了国家突发事件应急管理系统、联邦应急管理信息系统以及网络应急管理系统等，实现各系统间的协同高效运作。此外，FEMA还设立了灾害急救通信项目、电子工作任务系统、应急物流公共信息平台等专项系统，这些系统能实时传递应急响应与需求信息至FEMA，助力政府更高效地调配应急资源。日本在全国范围内部署了包括中央防灾无线网、防灾相互通信无线网及灾情监测信息网在内的无线网络系统，有效解决了紧急情况下灾情信息传输不畅的问题。同时，针对应急物流需求，日本政府开发了物资调拨与输送调整支援系统。该系统自2020年投入使用后，基本实现了各都府道县、市（区）町村应急物资据点以及避难所之间在应急物资需求、调拨、输送等方面的信息共享，显著提升了灾害初期的快速响应能力。德国则建立了民防综合指挥保障中心，该中心不仅提供人员、设备和技术知识等各类民防服务资源，还确保预防和解决突发事件的各方之间信息交流畅通。中心能够为参与预防和应对突发事件的各机构、社会团体及企业提供协助，实现各方的协调整合与优势互补。

（四）积极实施推动应急信息管理标准化

各国都通过实施法律法规和政策文件来推动应急信息管理的标准化进程。美国已经形成以联邦法、联邦条例、行政命令、规程和标准为主体的较完备的法律体系。美国的《全国紧急状态法》不仅明确了政府在指挥系统、危机处理和全民动员等方面的职能定位，而且对公共部门如警察、消防、气象、医疗和军方等的责权做了具体的规范，同时明确了企业和个人在应急物流中的职责和义务。这些法规为应急物流的顺畅运作提供了法律保障。同时，美国突发事件管理系统（NIMS）建立了各级政府应对突发事件的统一标准，使突发事件管理实现了规范化和标准化，并在不同机构间定义了标准化的通信术语、指挥架构和管理规则。

日本实行立法先行，依托《灾害对策基本法》先后颁布了200多部具有强制性的标准化法律法规文件。除此之外，日本还高度重视业务连续性等基础通用性标准的制定，已发布的基础通用性标准达30多项。例如，制定的《"最后一公里"救援物资输送、据点开设/运营手册》从都府道县和市（区）町村两个层次出发，针对应急物资输送在不同阶段的具体任务目标，从组织体制设计到具体协同作业流程均提出了详细的应对措施，并明确了各方的职责，有效指导了"最后一公里"相关各方的协同作业。

德国为了明确各级政府在公民保护方面的具体职责，联邦政府及各州政府相继出台了《灾难保护法》《救护法》《公民保护法》等多部法律，这些法律法规的出台为德国应急救援工作提供了坚实的法律基础。此外，德国还非常注重应急物流的标准化建设，通过制定统一的标准规范，确保应急物资在储备、运输、分发等各个环节都能够按照统一的标准进行操作，从而显著提高应急物流的效率和协同性。

（五）调动社会力量参与应急物流全过程

在欧美主要发达国家，非政府组织及民众力量在应急救援中的参与情形极为普遍。以美国为例，为应对突发事件，广泛动员社会力量共同参与，构建了一个全社会共同参与的综合应急管理体系。在此体系下，非政府组织（如美国红十字会）、社区居民以及志愿者队伍，在救灾、应急物资运输等过程中均发挥了重要作用，成为政府主导力量的重要补充。德国志愿者服务体系极为发达，志愿者被视为应急救援的主力军，为专业救援队伍提供了坚实的后盾。据统计，德国8200万人口中，有2300万名志愿者从事各种类型的服务，其中专门从事灾难救援的志愿者就多达180万人。这支庞大的民防队伍都接受过专业的技术训练，并按地区划分组成了抢救队、消防队、维修队、卫生队以及空中救护队等。日本在应急物流方面则充分利用了现代商业物流的发展成果，通过推动缔结各种官民应急物流合作协定，成功将大量民间物流设施纳入应急物流体系。同时，还充分利用物流公司进行应急物资的配送与储存管理，有效提升了应急物流的效率。

第二节　国外应急物流发展展望

展望未来，国外应急物流的发展将着重强化规划的前瞻性和系统性，旨在构建一个全链条、紧密衔接且高效协同的管理体系。同时，随着全球化进程的深入，国际应急物流合作将成为常态，各国应急物流系统将在信息共享、资源调配、技术交流等层面深化协同，共同提升应对跨国灾害的能力。本节旨在梳理国外应急物流的规划要点，剖析其发展趋势，为中国应急物流的发展路径提供有价值的参考。

一、国外应急物流相关规划

各国政府对应急管理体系建设的重视程度不断提高，为应急物流的发展提供了有力的政策支持和保障。

（一）美国应急管理规划

FEMA 战略规划是指导美国国家应急管理工作的重要文件，旨在通过整合联邦、州、地方及社会各界的资源，全面提升国家在应对自然灾害、事故灾难、公共卫生事件等各类突发公共事件时的能力。该规划包括灾难准备、灾难预防、灾难反应、灾后恢复、技术与创新等方面的核心内容，并通过制定详细的实施计划和时间表，明确各方责任和任务分工，以确保战略规划得到有效执行。FEMA 于 2011 年、2014 年、2018 年，分别提出第一个、第二个和第三个应急管理发展的"五年规划"。而最新的《FEMA 战略规划（2022—2026）》于 2021 年 12 月发布，这一最新规划不仅延续了以往规划的核心理念，还针对应急管理中出现的新问题和新挑战进行了针对性的制定和调整。在此规划中，FEMA 明确提出了三个主要方向来进一步加强应急管理工作：一是强调应急管理的公平性；二是致力于提升社区应对气候灾害的韧性；三是推动和维持一个随时准备就绪的联邦紧急事务管理署，以确保国家始终处于有备无患的状态。

（二）日本综合物流规划

日本视物流业为驱动经济与商品流通的关键力量，同时，鉴于其高频的灾害风险，物流体系必须具备应对灾害等风险的强大韧性。自 1997 年起，经济产业省与国土交通省每四年修订并发布一次《综合物流施策大纲》，至今已发布七次。作为推进日本物流现代化的纲领性文件，该大纲明确规划了应急物流体系的发展方向，强调了物流系统的稳定性与弹性在灾害应对中的核心地位。2020 年，全球遭遇新冠疫情冲击，供应链中断频发，货物供给风险骤增。据此，《综合物流施策大纲（2021—2025）》着重提出，要针对自然灾害、事故灾难及新冠疫情等多重风险，构建能够适应后疫情时代无接触、数字化需求的物流基础设施。通过加强地方公共团体与物流企业间的信息共享，确保援助物资运输通畅，进而打造一个在传染病疫情、大型自然灾害等紧急情况下仍能维持稳定运行、兼具强韧性与可持续性的物流网络。

（三）人道主义物流相关规划

联合国人道主义事务协调办公室（Office for the Coordination of Humanitarian Affairs, OCHA），在人道主义物流中发挥着核心作用，负责协调各国政府、非政府组织（NGO）及私营部门间的合作，确保救援物资能够快速高效抵达受灾地区。其最新发布的《战略计划》明确了六大变革方向，包括"以人为本、灵活应变、增强社区适应力"等，旨在应对当前快速变化的环境带来的挑战，提升人道主义应对的效率和成效。红十字会与红新月会国际联合会（International Federation of Red Cross and Red Crescent Societies, IFRC），作为全球领先的国际人道主义组织，制定了一系列人道主义物流的标准与程序，保障其成员国在救援物资供应上遵循统一的原则与流程。为应对未来更复杂的挑战与机遇，IFRC 推出了《2030 战略》，旨在实现以下目标：一是加强人道主义行动效能，通过优化资源配置、提升应急响应速度和质量，确保在灾害和冲突发生时能够迅速提供援助。二是推动社区韧性构建，助力社区发展，提升居民自救互救能力，减少灾害与冲突对社区的影响。三是促进可持续发展，聚焦气候变化、减贫等全球性议题，推动人道主义与发展工作的融合，为实现可持续发展目标贡献力量。

此外，欧盟积极应对全球人道主义危机，采取了包括启动海上走廊计划、强化空中与地面援助等多重措施，并特别强调与联合国等国际组织保持紧密合作。为进一步提升人道主义物流的效率和可持续性，欧盟计划投资 70 亿欧元，用于铁路、港口、内陆水道等基础设施的升级，以及智能运输系统与服务的发展。

二、国外应急物流发展趋势

（一）加强应急物流网络建设，打通物资传递"最后一公里"

在全球化的背景下，应急物流体系正经历着深刻的变革。面对自然灾害的频发以及公共卫生事件对各国应对能力的持续挑战，应急物流的迅速响应、高效运作与精准执行已成为衡量国家韧性的关键指标。美国、日本、德国等众多发达国家正积极建设与强化其应急物流网络，运用技术创新、完善法规体系及加强跨部门协同合作等多种策略，以持续提升应急响应的速度与效率。其中，打通物资传递的"最后一公里"被视为应急物流体系构建的核心环节。为此，各国正积极探索新兴物流技术与供应链管理的优势，通过优化配送路线、提升配送效率以及加强社区层面的参与合作，以确保应急物资能够迅速且安全地送达受灾区域。

（二）优化应急物流协同机制，形成合力应对突发事件

在应急物流领域，公私合作模式展现出广阔的应用与推广前景。该模式旨在通过高效整合社会资本与技术资源，显著提升应急物流的运作效率与可持续性。各国政府正采取政策引导、资金支持等多种措施，积极调动企业、社会组织以及志愿者群体的积极性与参与度。同时，构建多方协同的工作平台与信息共享机制，确保各方沟通顺畅、协作紧密，携手推进应急物流体系的持续优化与完善。

（三）强化技术创新与应用，提升应急物流运作效率

随着全球自然灾害的频发以及社会经济活动的日益复杂化，应急物流体系的高效运作成为维护社会稳定与保障民生安全的关键。技术创新被视为推动应急物流发展的核心驱动力。各国正利用大数据分析和人工智能预测技术，提前识别潜在风险，并据此优化应急物流预案，以确保在灾害发生时能够迅速响应、精准调配各类资源。此外，无人机、无人驾驶车辆等自动化运输工具的应用，不仅能显著提升应急物流的配送效率，还能进一步增强其灵活性并扩大覆盖范围，为应对各类突发事件提供更为有力的支持。

（四）加强国际合作与交流，共同应对全球性灾难

当前，欧盟各国在应急物流领域建立紧密的合作机制，通过信息共享与资源共享，提升跨国应急响应的协同能力。展望未来，各国将继续致力于加强区域间的应急物流网络建设，以实现更高效的资源共享和快速响应。针对全球化背景下日益凸显的跨国界挑战，各国将进一步加强合作与交流，共同制定应急物流跨国界协同的标准与规范，以携手应对全球性的灾难和危机。为此，各国将通过共享救援资源、协调救援行动，建立跨国界的协同平台和信息共享机制，显著提高国际救援的效率和效果。

（五）不断调整应急物流策略，适应新出现的威胁

近年来，随着全球范围内气候变化、地缘政治冲突、公共卫生事件等不确定因素频发，应急物流所面临的外部环境日益复杂多变。为应对这些挑战，应急物流系统必须具备高度的灵活性与适应性，以确保能够迅速响应各类突发事件。新冠疫情的暴发进一步凸显了物流在公共卫生突发事件中的关键作用，并加速了疫苗及医疗用品供应链管理领域的创新与发展。针对未来可能更加频繁和严重的自然灾害，各国越发重视气候韧性建设，并将持续调整和完善应急物流策略，以期在危机应对中取得更好的效果。

第三节 国外应急物流建设启示

通过对美国、日本、德国等代表性国家应急物流发展现状的系统梳理，深入剖析其发展趋势，并积极汲取其发展经验，对于解决我国应急物流体系建设遇到的瓶颈问题、构建多主体参与的应急物流协同机制以及显著提升我国防灾减灾能力，具有重要的启示意义和宝贵的借鉴价值。

一、建立常态化应急物流管理机构

秉持总体国家安全观的指导思想，需加强应急管理体制的整体设计，明确中央层面的最高应急管理领导机构，加强应急管理体系的平急结合、平战结合的制度设计。在此基础上，建立以应急管理部为核心的应急指挥调度系统。一旦突发事件发生，该调度运作系统能够立即启动应急响应机制，评估事件性质、规模和影响范围，确定应急物资的需求种类和数量，并实现各类资源的高效调配，促进应急物流主体之间的协同与合作，以有效应对各类突发公共事件。

二、构建高效应急物流协同机制

改变传统应急管理中政府独揽的状况，充分发挥"有形之手""无形之手"和"志愿之手"的作用，加强应急协同机制建设，促进灾害应急多元主体参与局面的形成。具体而言，应采取以下措施：①构建联合调度机制。在突发事件发生时，由应急物流调度

部门统一指挥，根据物资需求和运输能力进行联合调度。通过优化运输路线、整合运输资源，确保应急物资能够迅速、准确地送达灾区，以满足应急响应的紧迫需求。②构建长效合作机制。政府应通过政策扶持、税收优惠等方式，鼓励企业积极参与应急物流体系建设。推动各地应急管理部门和基层行政组织与物资供应企业、物流企业等相关主体签订应急物流合作协议，以有效整合社会物流资源，优化应急物流资源配置，并强化应急救援行动中的物资供应保障能力。③构建多元化的补偿机制。政府应发挥主导作用，提高资本市场的参与水平，引导"基金"与"保险"作为应急物流补偿的主要模式。可以借鉴美国的经验，加强金融保险对应急工作的支持，以降低政府在应急财政支出方面的压力，确保应急物流体系的可持续运行。④完善应急物资储备机制。实现应急物资储备多样化，充分调动社会力量、社会资源和市场力量，采取行政机制与市场相结合的形式，实现政府储备与社会储备、集中储备与分散储备、生产技术储备与实物储备的有机结合，以提高应急物资储备的效率和响应速度。

三、持续完善应急物流专业法规

当前，我国出台的应急管理相关法规主要以综合性法规为主，而针对应急物流方面的专业法规尚不完善，难以为应急物流协同作业提供充分的制度保障。鉴于此，我们可以借鉴日本的经验，在国家应急相关法律法规中，增加有关应急物流的具体内容，明确应急物流作业中所涉及的责任、权利和义务关系，进一步完善我国的应急物流保障制度。

四、建立健全应急物流标准体系

通过政产学研协同合作，制定一系列关键标准，包括主要物资的储存及配送标准、基础设施使用标准、救援人员执行工作标准，以及应急物流信息系统的数据交换、信息共享等标准。通过标准化建设，提升应急物流的规范化和专业化水平，确保应急物资能够实现高效流转和精准送达，以不断提升应急物流体系的灾害应对和支援能力。

五、构建应急物流信息共享平台

利用现代信息技术手段，建立全国统一的应急物流信息平台，实现应急物资需求、供给、运输等信息的实时共享和智能调度，以有效保障应急救援活动中的信息传递和共享，消除物资供需信息不对称的现象。同时，平台应具备数据分析、预测预警、决策支持等功能，为应急物流决策提供科学依据。

六、加强物联网等新兴技术应用

通过物联网技术的运用，实现应急物资的实时追踪和智能调度，同时利用大数据技术对应急物流数据进行深度挖掘和分析，以提高应急响应的精准度和时效性。同时，加强人工智能、边缘计算、区块链等技术在应急物流领域的应用研究，以提升应急物流体系的预警能力、研判能力、监控能力、决策能力和执行能力，从而推动应急物流体系的智能化升级。

七、多措并举提升"社区防灾力"

借鉴美国的经验，通过多种措施共同提升社区的防灾减灾能力：一是利用乡镇居民委员会等社区管理的优势，有效整合社区与基层各种力量，构建社区灾害应急救援体系，并在全国范围内进行推广实施。二是政府要在法律、财政、设备技术等方面为基层应急力量提供物质保障，确保其能够有效应对各类灾害事件。三是做好顶层设计，建立以政府专业消防救援队伍为核心、各类社区防灾组织等社会力量为辅助的基层应急管理体系。

八、强化应急物流人才保障机制

借鉴国外应急物流发展的成功经验并结合我国实际情况进行创新和完善，从以下方面不断提升我国应急物流人才保障的能力：一是加强高素质的师资队伍建设，建立层级化、标准化的培训体系，组建专业化师资队伍，开发模块化、科学化的课程体系，培养具备专业知识和技能的应急物流人才；二是积极引入社会力量提升专业实践性，通过定期组织应急物流实战演练和模拟训练，提高应急物流人才的应对能力和协同作战能力；三是对于专业救援人员，建立系统完善的职业培训体系以及任职资质认证考核体系和制度。同时，定期举办应急物流培训班和研讨会，提升现有从业人员的专业素养和实战能力。

（作者：上海海事大学物流科学与工程研究院　王维莉）

参考文献

［1］李南．日本应急物流体系建设及对我国的启示［J］．中国流通经济，2023，37（6）：27－39.

［2］李严锋．国外救灾物资应急物流经验分享［J］．中国减灾，2013（19）：24－25.

［3］姜旭，胡雪芹，王雅琪．社会化应急物流管理体系构建——日本经验与启示［J］．物流研究，2021（1）：14－20.

［4］袁莉莉，冯璟玥，索玮岚．浅谈应急物资保障信息化的国际经验［J］．中国减灾，2024（11）：44－45.

［5］姜旭，赵凯，吴懿迪，等．日本七次《综合物流施策大纲》连续演变及启示［J］．供应链管理，2023，4（6）：14－28.

［6］马晓东．政府、市场与社会合作视角下的灾害协同治理研究［J］．经济问题，2021（1）：18－22.

［7］燕怡文，李宁，周玉．日本应急管理体系现状及对我国的启示研究［J］．城市与减灾，2024（3）：61－64.

第二篇 专题报告

根据《中华人民共和国突发事件应对法》，突发事件"是指突然发生，造成或者可能造成严重社会危害，需要采取应急处置措施予以应对的自然灾害、事故灾难、公共卫生事件和社会安全事件"。根据《企业应急物流服务能力评估指标》（WB/T 1133—2023），应急物资是"为应对自然灾害、事故灾难、公共卫生事件及社会安全事件等突发事件所必需的保障性物资"，应急物流是"为应对突发事件提供应急生产物资、生活物资供应保障的物流活动"。

本篇中"典型场景应急物流保障"一章，从自然灾害、事故灾难、公共卫生事件三类主要突发事件典型场景，分别介绍物流保障情况。后三章从典型系统领域、重点行业领域应急物流和应急物流技术装备三方面，全面描述应急物流发展现状及展望。当前新一轮科技革命和产业变革加速发展，世界百年未有之大变局加速演进，我国仍然处于重要发展战略机遇期。未来5年至10年，围绕2035年远景目标，贯彻落实习近平新时代中国特色社会主义思想和党的二十大、党的二十届三中全会等系列精神，进一步全面深化改革、推进中国式现代化，中国应急物流在中国式现代物流体系全面高质量发展中同步成长壮大。择一"物流诗"以纪之：

盛世物流歌

冰雪有幸逢华年，

盛会绽放大国春。

虎啸龙吟新气象，

踔厉奋发物流人。

（编　者）

第三章　典型场景应急物流保障

《中华人民共和国突发事件应对法》规定的突发事件，包括自然灾害、事故灾难、公共卫生事件和社会安全事件四类，为应急物流保障提供了典型场景。本章重点从前三类分场景进行报告。

第一节　自然灾害应急物流保障

自然灾害应急物流是以应对地震、气象、水旱、地质、海洋、森林等自然灾害为目的的物流活动，是将应急物资、人员和装备从供应地向接收地的实体流动过程，包括筹集、储存、运输、调度、分配、发放和信息处理等基本功能的实施及有机结合。2014—2024 年，十余年间自然灾害应急物流快速发展，基础保障逐步增强，在自然灾害应对过程中发挥了显著作用。

一、自然灾害应急物流保障发展现状

（一）树牢"大安全、大应急"系统观念，筑牢应急物流救援之本

我国应急物流保障体系围绕"大安全、大应急"框架，全力完善应急物资保障格局，提升自然灾害应急物资的整体保障水平，应对人民对美好生活的追求和向往。完善"中央—省—市—县—乡"五级应急物资储备网络，使储备品种、规模和布局更加科学合理，使应急物资社会化协同保障更加有序，形成中央储备和地方储备补充联动、政府储备和社会储备相互结合、实物储备和产能储备相互衔接的应急物资储备体系。不断提升应急物资企业生产能力，产能区域布局更加优化合理，应急物资协议储备和集中生产调度等机制不断完善。健全政府、企业、社会组织等共同参与，统一指挥、资源共享、调度灵活、配送快捷的应急物资快速调配体系。应急期间供应渠道有效拓宽，做到应急物资在关键时刻拿得出、调得快、用得上，使应急物资送达救援救灾一

线更加迅速，"最后一公里"物资分发时效性和精准性显著提高。完善各类应急物资政府采购需求标准，细化技术规格和参数，加强应急物资分类编码及信息化管理。完善应急物资分类、生产、储备、装卸、运输、回收、报废、补充等相关管理规范。建成统一权威、权责清晰、运转高效的应急物资保障体制机制和科学规范的应急物资保障法治体系。

优化国家森林草原防灭火物资、中央防汛抗旱物资储备、大震应急救灾物资、中央生活类救灾物资等中央应急物资结构布局。推进省—市—县—乡人民政府参照中央应急物资品种要求，结合本地区灾害事故特点，储备能够满足本行政区域启动Ⅱ级应急响应需求的应急物资，并留有安全冗余。重点加强中西部和经济欠发达高风险地区地市和县级应急物资储备。推动交通不便或灾害事故风险等级高的乡镇应急物资储备。根据灾害事故风险分布特点和应急物资储备库布局短板，优化应急物资储备库地点分布，在改扩建现有应急物资储备库并推动整合的基础上，新建一批自然灾害应急物资储备库。尤其是对没有中央救灾物资储备库的省区市，充分利用国家现有储备仓储资源，重点在交通枢纽城市、人口密集区域、易发生重特大自然灾害区域增设中央生活类救灾物资储备库。统筹利用国家储备仓储资源，科学合理增加中央防汛抗旱物资储存仓容，不断推进储备设施设备和管理现代化。推动在自然灾害多发易发地区，建设一批省级和地市级综合应急物资储备库。重点加强中西部和灾害事故多发区等薄弱地方应急物资储备设施建设，重点完善中西部经济欠发达灾害高风险地区应急物资储备体系。最终形成统一领导、综合协调和各方齐抓共管、协同配合的应急物资保障格局。

据应急管理部统计，目前我国全国共有中央、省、市、县、乡级救灾物资储备库6000余个，防汛抗旱物资储备库4000余个，森林防火物资储备库100余个。中央各类应急物资储备库，包括救灾物资储备库、防汛抗旱物资储备库和森林防火物资储备库等，共有100余个。目前中央应急物资储备库已增加至126个，存放的中央应急物资已实现31个省份全覆盖，储备品种也从124种增加到165种。2024年上半年应急管理部会同财政部下达18.22亿元中央自然灾害救灾资金，会同国家粮食和储备局调运总价值8361万元的中央防汛抗旱物资和39.7万件中央救灾物资支持地方。应急管理部救灾司会同财政部预拨3批次生活救助方向中央救灾资金6.48亿元，会同国家粮储局调拨9批次22万件中央救灾物资，支持灾区满足群众临时避险、转移安置、过渡安置不同阶段的差异化救助需求。2014—2024年自然灾害应急物资图谱如图3-1所示。

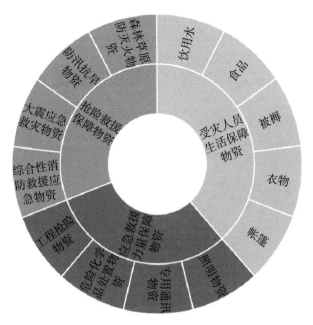

图 3-1 2014—2024 年自然灾害应急物资图谱

（二）坚持"人民至上、生命至上"根本立场，筑就应急物流命脉通道

自然灾害应急物流基础设施网络和交通运输网络在十年间逐步增强，保障关键基础设施正常运转，持续加强重要基础设施安全防护，确保应急交通物流畅通，全力推动打造应急物流基础设施和交通运输保障体系。整合储备、运输、配送等各类存量基础设施资源，加快补齐特定区域、特定领域应急物流基础设施短板，提高紧急情况下应急物流保障能力。充分利用国家储备现有资源及各类社会物流资源，加强应急物流基地和配送中心建设，逐步建立多层级的应急物资基础设施中转配送网络。优化应急物流紧急运输基础设施空间布局，加快专业设施改造与应急功能嵌入，在重大物流基础设施规划布局、设计建造阶段充分考虑"平急两用"需要，健全应急物流基地和配送中心建设标准。推进综合应急物流基础设施网络体系建设，合理规划布局物流基础设施，完善综合运输通道和交通枢纽节点布局，构建便捷、高效的物流基础设施网络。灾后抓紧抢修交通受损基础设施，加强巡查值守，强化次生灾害点监测，盯牢重点部位和薄弱环节，强化安全防护。建设随断随抢、随抢随通、强固高韧的维护抢修体系。持续开展重大地质、水毁、地震、气象灾害条件下基础设施抗灾水平评估。统筹加强抗震、森林草原防灭火、防汛抗旱救灾等各类应急物资储备设施和应急物流基础设施在布局、功能、运行等方面相互匹配、有机衔接，提高紧急调运能力。"平急两用"基础设施如图 3-2 所示。

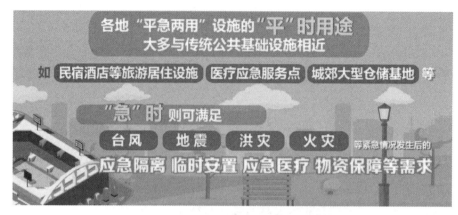

图 3-2　"平急两用"基础设施

加快重要交通运输基础设施建设，解决突出的运输"卡脖子"问题。优化航空货运网络布局，加快国内航空货运转运中心、连接国际重要航空货运中心的大型货运枢纽建设。推进"港站一体化"，实现铁路货运站与港口码头无缝衔接。依托大型骨干物流企业，统筹建设涵盖铁路、公路、水运、民航等各种运输方式的应急物流紧急运输储备力量，发挥高铁优势构建力量快速输送系统，保障重特大自然灾害应急资源快速高效投送。发挥不同运输方式规模、速度、覆盖优势，构建快速通达、衔接有力、功能适配、安全可靠的综合交通应急物流运输网络。深化应急物流交通联动机制，落实铁路、公路、航空应急交通保障措施。加强区域统筹调配，建立健全多部门联动、多方式协同、多主体参与的综合交通应急物流运输管理协调机制。制定运输资源调运、征用、灾后补偿等配套政策，完善调运经费结算方式。创新应急物流组织方式，采取甩挂运输、托盘单元化运输等先进运输组织方式，在中转园区实现接驳运输。对于偏远地区的应急物流调运需求，可探索进行无人机配送。创新发展配送终端实体，推广智能配送机器人、智能快递柜，实现"无接触配送"。加快与 5G 等新型基础设施建设结合，推广智慧物流装备在应急物流中使用，打通应急物流"最后一公里"。

例如，湖北省锚定救灾物资"4 小时物流圈"，实现省内救灾物资最长运抵时限从 8 小时压缩到 4 小时。加快推进"237"应急重点项目建设，包括 2 个华中区域中心、3 个省级救援基地、7 个市级应急物资储备库，打通湖北省全省关键应急物资供应链节点。具体是，国家华中区域应急救援中心、华中区域应急物资供应链与集配中心 2 个项目，在襄阳、宜昌、黄冈建设 3 个区域性应急救援基地，在黄石、咸宁、随州、荆门、荆州、十堰和恩施建设 7 个市级应急物资储备库。

2020 年以来，交通运输部组织全国交通运输行业对公路水路承灾体的基础设施属性信息以及自然灾害风险信息进行全面普查，完成 528 万公里的公路设施和灾害风险调查，取得了公路、桥梁、隧道、高边坡等各类设施属性和自然灾害风险数据450万余条，形成了一套交通运输行业自然灾害风险区划图，建成了一个交通运输行业自然灾害数据库，提升了交通运输基础设施抗灾能力，改善了维修防护能力。

（三）建设"科技信息化、创新现代化"关键抓手，打造应急物流智慧引擎

信息化是构建新时代大国应急管理体系的基础工程，也是提升应急保障能力的必由之路。信息化工作是一项全局性、系统性、战略性的工作。我国应急物流体系是在缺乏信息技术支持的背景下创建的，随着大数据、人工智能、5G等新技术的涌现，应急物流的信息化建设逐步增强，应急物流科学化、专业化、智能化、精细化水平得到了提升。

完善应急资源管理平台，为应急抢险救援救灾提供应急物资指挥调度和决策支持服务。加强应急物资保障数据共用共享，整合政府、企业、社会组织等各类主体的数据资源，汇聚中央、省、市、县和社会应急物资保障信息。利用大数据、区块链和物联网等技术手段，开展应急物资生产、采购、储备、调拨、运输、发放和回收全生命周期信息化管理，实现全程留痕、监督追溯和动态掌控。构建应急物资需求预测、供需匹配、智能调拨和物流优化等关键模型算法并实现业务化应用，提升应急物资管理决策支撑能力。依托应急管理部门中央级、区域级、省级骨干库建立应急物资调运平台和区域配送中心。

建立和完善应急物流信息系统，规范协调调度程序，优化信息流程、业务流程和管理流程，推进应急生产、流通、储备、运输环节的信息化建设和应急信息交换、数据共享。充分利用物流信息平台和互联网、大数据等技术，提高应急物流调控能力。建设政企联通的应急物流紧急运输调度指挥平台，提高供需匹配效率，减少物资转运环节，提高救灾物资运输、配送、分发和使用的调度管控水平。推广运用智能机器人、无人机等高技术配送装备，推动应急物资储运设备集装单元化发展，提升应急物流运输调度效率。利用物联网、大数据和云计算等技术手段，实现应急物资管理的全程留痕、监督追溯和动态掌控。使用人工智能、大数据分析等手段，提升应急物资需求分析精确性，优化应急物资供应路径，提高供需匹配度，为应急物资保障决策提供快速、科学、精确和可视化技术服务。广泛吸引各方力量共同参与应急管理信息化建设、信息基础设施和信息系统集约建设。推动跨部门、跨层级、跨区域的互联互通、信息共享和业务协同。推进应急物资保障数据整合。开展应急物资保障数据资源建设，统一应急物资需求、调拨、运输和发放等信息的表达形式，促进多主体、多层级、全流程

的信息互联互通，预留信息扩充空间和接口。推进应急物资储备库、配送中心等仓储物流设施的机械化、自动化、网络化、信息化建设，提升应急物资储存管理效率和智能化监控水平。着眼智慧化物联网建设，为储备应急物资配备信息化标签，为车辆等运输工具配备定位装置，为分发站点配备应急物资识别设备。

例如，2019年12月，三省一市（上海、江苏、浙江、安徽）应急管理部门在上海召开"长三角一体化应急管理协同发展会议暨理论研讨会"，签署了《长三角一体化应急管理协同发展备忘录》。2021年起，上海市应急管理局利用融合通信技术牵头搭建区域应急管理音视频会商平台。2022年起，梳理并分批制定长三角区域应急管理数据共享目录，促进三省一市灾害预警、风险感知、资源调度、协同救援等信息资源共建共享。

永州市创新推进建设应急综合防控体系、应急指挥体系"一网四图"。市级应急综合防控"一张网"横向接入了市气象、水利、水文、住建、自然资源、交通、教育、公安、交警、消防、高速公路、城管、高警支队等19个部门共22个应急监控视频资源和相关系统，接入电信、移动、联通三大运营商、铁塔公司及国网永州供电公司固定式视频资源合计3万多路，接入湘江干流及水库资源视频监控共90路，建成了由19张子网组成的应急综合防控"一张网"。构建风险隐患图、物资保障图、应急力量分布图和响应预案图，推进全市应急物资管理仓库化、队伍管理信息化、预案响应模块化、成果运用实战化，通过"四图"统筹管理调用全市应急物资、装备、力量、队伍。

辽宁省自2020年上线了应急资源管理平台，实现了全省各级各类救灾物资储备底数实时可查，全省所有市、县（区）救灾物资储备库现存物资数量、批号等属性数据全部录入应急资源管理平台，实现应急物资储备管理信息的互联互通共享。平台实现了物资采购计划建议方案提报、灾情物资需求建模与报送、物资运用指令下达、物资调拨运输跟踪监管、物资发放与回收等环节全链条掌控，可借助电脑和手机实时查询储备物资的分布、数量等信息，强化集约化统一管理，提高了科学管理和统筹调度效率。北京市也开发了北京市应急物资管理信息平台，实现全市三级政府应急物资、机构、队伍等信息，企业协议储备、社会化储备等信息的管理；实现市应急局储备物资的仓储、捐赠需求管理；具备一定的应急物资辅助决策功能，具备基于全市"一张图"软件实现全市应急物资的可视化管理功能，并具备接入本市各级应急指挥中心、应急部应急物资物流平台、相关局办信息数据源的功能。

（四）发展"新质生产力"引擎，强化应急物流人才保障

应急物流保障离不开产业新质生产力的发展，新质生产力的发展离不开高技能、

高素质的应急队伍人才。习近平总书记在中央政治局第十九次集体学习时强调，要加强应急救援队伍建设，建设一支专常兼备、反应灵敏、作风过硬、本领高强的应急救援队伍。要采取多种措施加强国家综合性救援力量建设，采取与地方专业队伍、志愿者队伍相结合以及建立共训共练、救援合作机制等方式，发挥好各方面应急队伍力量作用。《"十四五"应急救援力量建设规划》指出要建设规模适度、布局科学、结构合理、专长突出的应急救援力量体系，实现专业应急救援力量各有所长、社会应急力量有效辅助、基层应急救援力量有效覆盖。加强职业培训，提高仓储管理、运输配送等队伍专业化水平和应急物资、设备系统的使用操作能力。建立供应、仓储、运输等重要环节的应急联络人机制。组建了应急管理部自然灾害工程应急救援中心和救援基地，建成国家级应急救援队伍 90 余支计 2 万余人。各地建成专业应急救援队伍约 3.4 万支计 130 余万人。截至 2023 年年底，我国国家综合性消防救援队伍力量总规模增至 22 万人。配备了超过 7 万辆各类消防和救援车辆，装备了大量先进的救援设备，如破拆工具、生命探测仪、无人机等。五年来，国家综合性消防救援队伍共接警出动 900 余万起，出动人员 9363 万人次、车辆 1670 万辆次，营救疏散被困群众 295 万余人。截至 2023 年年底，全国登记在册的社会救援组织超过 5000 个，这些组织参与了全国范围内的各类救灾行动，提供了重要的救援和物资支持。

在支持应急物流发展方面，教育部推进应急学科建设，支持有条件的高等院校、职业学校开设相关专业，抓紧培养专业技术人才和管理人才。有 70 余所学校开设了应急管理、应急技术与管理等本科专业，致力于培养具备跨学科背景的应急管理人才，保障应急物流发展。筹建应急管理大学，致力于为全国提供高层次的应急管理人才，其培养模式以"全灾种、大应急"为核心，培养兼具理论和实践能力的复合型人才。建立健全应急物资保障领域专家库，完善专家技术咨询制度，充分发挥专家决策咨询作用。加强应急管理干部的培训体系建设，各地通过党校、行政学院等平台，培训干部掌握防灾减灾救灾、应急指挥、应急物流管理等专业技能，增强实际操作能力。2018—2023 年，国家和各地应急管理部门组织了超过 1 万次的职业培训，累计培训了超过 30 万名的应急管理人员。

二、自然灾害应急物流保障存在的主要问题

（一）应急物资保障的不均衡性和相关法律法规、标准体系亟待改善

目前在应急物资储备网络、储备基础、储备模式不断提升的基础上，应急物资保

障的不均衡性依然存在。省级和市级储备库已达到 100% 覆盖率，县级储备库还未 100% 全面覆盖，乡镇级储备库覆盖率较低，分布极不均匀，广东、四川、贵州、西藏的乡镇级储备库建设较为完善。河北、黑龙江、河南和安徽的乡镇级储备库建设仍有待进一步完善。应急物资储备在各省也存在不同程度的不均衡性，帐篷、床、被子、衣物、照明灯等存在不同程度的过多或过少，其他物资的不均衡性更为突出。

应急物资保障尚未建立集中统一、运转高效的管理体制，工作机制不完善，专项法律法规和应急物资管理规范和标准体系支撑不足。应急物资分类、生产、采购、储备、装卸、运输、回收、报废和补充等相关管理规范尚不完善。应急物资的分类在实践过程中存在诸多问题。各类应急物资的采购标准尚处于缺乏状态，大多依靠商业物品的采购标准，无法更好地满足应急物资储备时间长的特殊要求。应急物资资产管理制度尚不明确，需明确规范和加强对应急物资资产管理相关要求，制定法律法规。

（二）应急物流专业人才和专业救援队伍紧缺

我国加强了专业应急救援力量、基层应急救援力量和社会应急力量的建设。但应急专业人才建设和应急救援力量建设处于打基础、攻难关、上水平的关键阶段，发展不平衡、不充分问题仍然突出。现有抗洪抢险、地方森林（草原）灭火、地震和地质灾害救援等专业救援能力还不能满足复杂灾害救援需要，社会应急力量和基层应急救援力量还处在起步阶段，航空救援、工程抢险、勘测保障等新型救援力量不足，全社会参与应急救援的局面还没有完全形成。在中西部自然灾害易发多发、经济欠发达地区，特别是四川、云南、青海、西藏等灾害严重省份，专业应急救援力量、社会应急力量和基层应急救援力量亟待加强。现代化的指挥人才和实战经验丰富的专家不足，应急人才队伍仍需持续加强巩固。

应急物流保障活动涉及跨地区甚至跨国界的多层级、多地区及诸多管理部门，需要政府、军队、企业、基层社区组织以及人民群众的广泛参与，具体运作又涉及应急物资的管理、运输、配送等多个环节，同时大量自然灾害救灾物资要及时发放到受灾群众手中。缺乏专业的应急物流管理人员、缺乏专职或兼职的应急物流专家顾问，就很难进行科学统筹规划、统一调度，从而使应急物流效率、保障水平、可靠性大打折扣。

（三）应急物流科技信息化支撑尚不完善

应急物流科技信息化水平总体较低，智能应用水平不高，风险隐患早期感知、早期识别、早期预警、早期发布能力欠缺，应急物资、应急通信、指挥平台、装备配备、紧急运输、远程投送等信息化保障尚不完善。迫切需要深入运用云计算、大数据、物联网、区块链、人工智能、5G 等新技术，提升应急物流现代化能力建设。缺乏统一的应急物流信息共享和发布平台，应急指挥机构就无法准确掌握自然灾害的详细资料及应急物流的运作情况，造成分析判断不准确。

自然灾害应急物流涉及多个部门（如应急管理部、交通运输部、国家粮食和物资储备局、财政部等），同时也涉及多层上下级部门，如应急管理部、省应急管理厅、市应急管理局、县应急管理局，各部门之间的数据共享和协调能力较弱，数据的时效性和准确性不足，影响应急物资的快速调度和分发。各省应急物流信息化系统属于自主开发和使用，在不同地区和不同部门存在技术标准和功能不统一的问题，未与全国性统一平台实时连接，数据更新不及时，信息传递效率较慢，不同系统间数据接口不兼容、数据统计指标和口径不统一。应急物流信息化系统中的物资定位和追踪技术仍不够完善，尤其在复杂的地形条件下（如山区或农村地区）无法追踪物资运输过程中的问题，容易导致物资配送的延迟。

三、自然灾害应急物流保障展望

（一）强化灾害应对准备，凝聚同舟共济的应急物资保障合力

加强应急物资实物储备，完善中央、省、市、县、乡五级应急物资储备布局，改善乡镇级应急物资储备不均衡现象。扩大人口密集区域、灾害事故高风险区域和交通不便区域的应急物资储备规模，丰富储备物资品种、完善储备仓库布局，重点满足流域大洪水、超强台风以及特别重大山洪灾害应急的物资需要。建立应急物资储备目录清单，合理确定储备品类、规模和结构并动态调整。支持政企共建或委托企业代建应急物资储备库。建立完善应急物资更新轮换机制。

提升应急物资产能保障。制定应急物资产能储备目录清单，加强生产能力动态监控，掌握重要物资企业供应链分布。实施应急产品生产能力储备工程，建设区域性应急物资生产保障基地。选择符合条件的企业纳入产能储备企业范围，建立动态更新调整机制。完善鼓励、引导重点应急物资产能储备企业扩能政策，持续完善应急物资产业链。加强对重大自然灾害应急物资需求的预判研判，完善应急物资储备和集中生产调度机制。

建立中央和地方、政府和社会、实物和产能相结合的应急物资储备模式，加强应急物资资产管理，建立健全使用和管理情况的报告制度。建立跨部门应急物资保障联动机制，健全跨区域应急物资协同保障机制。依法完善应急处置期间政府紧急采购制度，优化流程、简化手续。完善各类应急物资政府采购需求标准，细化技术规格和参数，加强应急物资分类编码及信息化管理。完善应急物资分类、生产、储备、装卸、运输、回收、报废、补充等相关管理规范。完善应急捐赠物资管理分配机制，规范进口捐赠物资审批流程。

（二）统筹应急运输动脉，健全交通网络保障通道

统筹建立涵盖铁路、公路、水运、民航等各种运输方式的紧急运输储备力量，发挥高铁优势构建力量快速输送系统，保障重特大灾害事故应急资源快速高效投送。发挥不同运输方式规模、速度、覆盖优势，构建快速通达、衔接有力、功能适配、安全可靠的综合交通应急运输网络。深化应急交通联动机制，落实铁路、公路、航空应急交通保障措施。依托大型骨干物流企业，健全社会紧急运输力量动员机制。优化紧急运输设施空间布局，加快专业设施改造与功能嵌入，健全应急物流基地和配送中心建设标准。加强交通应急抢通能力建设，进一步提高紧急运输能力。加强紧急运输绿色通道建设，完善应急物资及人员运输车辆优先通行机制。建设政企联通的紧急运输调度指挥平台，提高供需匹配效率，减少物资转运环节，提高救灾物资运输、配送、分发和使用的调度管控水平。推广运用智能机器人、无人机等高技术配送装备，推动应急物资储运设备集装单元化发展，提升应急运输调度效率。

（三）打造信息支撑保障，增进科技创新驱动的智慧建设发展动能

广泛吸引各方力量共同参与应急管理信息化建设，集约建设信息基础设施和信息系统。推动跨部门、跨层级、跨区域的互联互通、信息共享和业务协同。强化数字技术在自然灾害应急物流方面的应用，全面提升应急物流救援效率。系统推进"智慧应急"建设，建立符合大数据发展规律的应急物流数据治理体系，完善监督管理、监测预警、指挥救援、灾情管理、统计分析、信息发布、灾后评估和社会动员等功能。使用人工智能、大数据分析等手段，提升应急物资需求分析精确性，优化应急物资供应路径，提高供需匹配度，为应急物资保障决策提供快速、科学、精确和可视化技术服务。提升应急物资保障信息化水平。继续加强各类信息资源的汇聚加工，运用大数据的深度学习算法构建模型，为各类自然灾害的指挥调度提供更坚实的技术支撑。依托

国家应急资源管理平台，搭建应急装备物资数据库和信息管理系统，围绕应急装备研制、配置、推广和应急物资生产、采购、储备、调拨、运输、发放、回收等各环节，开展全生命周期信息化管理，构建应急装备物资供需匹配、适用分析、智能调配和物流优化等关键模型算法，实现业务化推广应用。组织应急避难场所管理信息化建设，开展全国应急避难场所建设管理情况调查，完善应急避难场所信息管理系统，实现应急避难场所信息化、账册化、动态化管理，形成平时管理、灾时指挥和公众查询功能。

（四）构建应急人才高地，夯实强劲引擎的队伍力量保障基础

加强应急物流专业人才培养。建立应急物流专业人才目录清单，拓展急需紧缺人才培育供给渠道，完善人才评价体系。实施应急物流管理科技领军人才和技术带头人培养工程。加强应急物流管理智库建设，探索建立应急物流管理专家咨询委员会和首席专家制度。将应急物流管理纳入各类职业培训内容，强化现场实操实训。鼓励各地依托现有资源建设一批应急物流管理专业本科院校和职业学院。加强应急物流管理学科专业体系建设，鼓励高校开设应急物流管理相关专业。加强综合型、复合型、创新型、应用型、技能型应急物流管理人才培养。统筹建设自然灾害防治领军人才队伍，组建自然灾害防治高端智库，发挥决策咨询作用。推动自然灾害综合风险防范、应急物流管理相关学科和专业建设，鼓励支持有条件的高等院校开设防灾减灾相关专业，积极培养专业人才。

制定出台加强社会应急力量建设的意见，对队伍建设、登记管理、参与方式、保障手段、激励机制、征用补偿等作出制度性安排，对社会应急力量参与应急救援行动进行规范引导。开展社会应急力量应急理论和救援技能培训，加强与国家综合性消防救援队伍等的联合演练，定期举办全国性和区域性社会应急力量技能竞赛，组织实施分级分类测评。鼓励社会应急力量深入基层社区排查风险隐患、普及应急知识、就近就便参与应急处置等。推动将社会应急力量参与防灾减灾救灾、应急处置等纳入政府购买服务和保险范围，在道路通行、后勤保障等方面提供必要支持。

（作者：中国科学技术大学管理学院 王熹徽 邵建芳）

第二节 事故灾难应急物流保障

随着社会经济的快速发展，各类事故灾难的频发性和危害性日益凸显，对应急救

援工作提出了更高的要求。应急救援物资装备的及时运输和有效供给，是保障救援工作顺利进行、降低人员伤亡和财产损失的关键因素。本报告旨在分析当前事故灾难应急物流保障现状，梳理存在的主要问题，并对未来发展予以展望，为完善应急物流体系、提高应急救援能力提供参考。

一、事故灾难应急物流发展现状

近年来，我国高度重视应急物资保障体系建设，取得了一定的成效。各级政府加大了应急物资储备投入，建立了较为完善的物资储备体系，储备种类和数量逐步增加，区域分布也日趋合理。同时，应急物流体系建设也取得了积极进展，信息平台建设、运输通道建设等方面取得了一定成果，有效提升了应急物资运输效率。然而，应急物资保障体系仍存在一些问题，如物资储备总量不足、种类单一、区域分布不均，物资调配效率有待提高，专业救援力量不足等，这些问题制约了应急救援工作的开展。

（一）针对各类突发事件，应急物流实现精细化保障

从近十年发生的事故灾难应急救援保障情况来看，各级政府能够根据不同类型突发事件及时调配相应的应急物资，保障应急救援工作开展。大型复杂的事故，如长沙自建房倒塌、天津港爆炸、丰城电厂坍塌等，造成重大人员伤亡和财产损失，现场环境复杂，救援难度大。政府通过实施精细化管理来调配大量专业救援力量和物资，包括生命探测设备，如雷达生命探测仪、搜救犬等用于搜寻被困人员；大型机械，如挖掘机、起重机等用于清理废墟，打通救援通道；医疗救护设备，如救护车、医疗救护站、手术设备等用于救治伤员；防疫物资，如口罩、防护服、消毒剂等用于防止疫情传播；生活保障物资，如帐篷、食品、饮用水等用于保障救援人员和受灾群众的基本生活。对于中小型事故，如香格里拉古城火灾、日照石化火灾、泉州淹溺事故等，事故规模相对较小，所需要的相应救援设备和物资比较单一，政府部门第一时间调配专业对应的应急物资来开展应急救援工作，包括消防器材，用于扑灭火灾，如灭火器、消防水枪、消防水带等；搜救设备，用于搜寻被困人员，如搜救犬、照明设备等，医疗救护设备，用于救治伤员，如急救箱、急救药品等。

（二）针对突发事件不同阶段，应急物流保障实现动态调整

在应对各类突发事件时，我国政府部门能够根据应急救援行动的进展和灾情的变

化，动态调整应急物资的保障工作。在初期救援阶段，救援行动的重点是生命探测、搜救和医疗救治，通过重点保障生命探测仪、搜救犬、挖掘设备、医疗救护车、药品等物资，帮助救援人员快速定位被困人员、开展搜救，并提供及时的医疗救治。在中期救援阶段，随着救援行动的进展，救援重点会转向受灾人员的安置和生活保障，通过保障帐篷、食品、饮用水、衣物、取暖设备等生活物资，以及学校、医院等基础设施的重建物资来保障灾害人员的生产生活。在后期重建阶段，通过保障建筑材料、机械设备、资金等重建物资，以及心理疏导、技能培训等社会服务资源，帮助受灾地区尽快恢复正常的生产生活秩序。而对于一些特殊事故，如化学品泄漏、核辐射事故等，通过配备专业的防护设备和处置工具，如储备防化服、防毒面具、洗消设备、辐射检测仪等专业防护设备，专业的处置工具和药剂，以及配备专业的救援人员有效地开展救援行动。

（三）构建了基本完善的应急物资保障体系

当前，我国逐步形成了服务于不同需求的应急物资保障体系，主要有救灾物资储备体系、防汛抗旱物资储备体系、安全生产应急装备物资储备体系、消防救援战勤物资保障体系、医药应急储备体系等。大部分省份建设有覆盖省、市、县三级的救灾物资储备体系，一些省份逐步在乡镇层面也建立了救灾物资储备体系。在应急救灾物资储备库方面，在中央和地方财政的支持下，我国建设了中央和省级救灾物资储备库、中央和省级防汛抗旱物资储备库、部消防局战勤保障中心和省级战勤保障基地等。2018 年党和国家机构改革后，应急管理部负责统筹应急物资储备并在救灾时统一调度，与国家粮食和物资储备局、工业和信息化部、财政部等部门共同推动统一的物资保障体系建设。目前，省级层面大部分已经与粮食和物资储备系统完成了救灾物资的交接工作，在地市层面的调整模式则更为多样化，既存在应急物资储备的一体化模式，也存在应急物资储备的协同化模式。应急物资保障领域的央地事权划分尚处于探索中。

一些省区市在推动统一的应急物资保障体系建设上做出了新的尝试。例如，2020 年 12 月，山东省发布了面向未来十年的应急物资储备体系建设规划，统筹考虑了四大类突发事件的应急物资保障需求。近几个月，东营、威海等地市根据各地情况也相应出台了面向未来十年的应急物资储备体系建设规划。江西省 2020 年 12 月就《江西省重要应急物资储备应急预案（征求意见稿）》《江西省重要应急物资储备区域规划（征求意见稿）》，向社会公开征求修改意见，尝试以预案为抓手做到重要应急物资的统一管理。

二、事故灾难应急物流保障存在的主要问题

尽管我国在事故灾难应急救援物流保障方面取得了显著进展，但仍存在一些主要问题需要进一步解决，尤其是物流保障的全面性、信息获取难度和应急救援的及时性等方面。

一是事故灾难现场混乱、信息沟通不畅导致应急物资保障无法有序开展，增加了救援难度。例如，在天津港"8·12"瑞海公司危险品仓库特别重大火灾爆炸事故中，由于该事故波及范围广，伤员分散，市急救指挥中心在8月12日11：34接警时，对事故性质、波及范围、伤员情况等无法掌握，使得救护人员装备和救护力量去向安排受影响，导致第一批到达现场的救护人员防护严重不足。消防、公安、医疗多部门信息不通，无法形成有机联动，影响重伤员救治效率。爆炸现场秩序混乱，急救人员无法有效进行现场检伤分类，致使救护车到达后迅速被轻伤员截占，无法进入核心区域现场救治和运送重伤员。又比如，在2022年发生的"4·29"长沙自建房倒塌事故中，由于倒塌的建筑结构复杂，包含大量预制板、梁柱和砖块等，救援空间极为狭窄。面对这样的复杂环境，初期救援到达的大型机械和工具因担心可能会对被埋压的人员造成二次伤害而无法使用，救援队伍不得不采取边加固边掘进的方式小心翼翼地进行作业，极大增加了救援难度。

二是应急救援物资保障与实际需求不匹配，无法有效满足事故灾难应急救援的需要。在道路运输过程中，由于各种原因导致的交通事故给当事人带来严重的身心伤害和财产损失。据国家统计局发布的《中华人民共和国2023年国民经济和社会发展统计公报》，道路交通事故万车死亡人数1.38万人。分析多起重大道路交通事故接受捐赠情况，存在以下问题：首先，部分捐赠的食品在到达时已是临期产品；其次，一些捐赠的旧衣物不受受灾者欢迎，导致这些物资长期积压，未能得到妥善处理。这一案例反映出，在救灾物资分配和善后两个关键环节，存在严重的供需不匹配问题。在救灾物资分配环节，由于缺乏对受灾区实际需求的准确了解，导致救灾物资未能及时、有效地发放到需求者手中；在善后环节，由于没有建立完善的剩余物资处理机制，导致部分物资长期积压甚至浪费。

三是当地应急救援装备和专业人员储备不够，需要从外地调配物资，导致应急救援工作进展缓慢。在应对事故灾难突发事件时，当地应急救援装备和专业人员的储备往往成为决定救援效率的关键因素。不幸的是，许多情况下，地方应急救援力量并不

足以应对大型灾害或事故，这就需要从外地调配物资和专业人员，从而不可避免地影响了应急救援工作的进展速度。2021 年 1 月 10 日发生的烟台金矿爆炸事故便是一个典型的例子。该事故造成了 22 名工人被困，面对如此紧急的情况，当地的应急救援装备和人员明显不足。在这种情况下，应急管理部迅速介入，从外地调派了国家矿山应急救援力量等 70 余人支援事故现场。救援人员携带了雪姆 T200 钻机、雷达生命探测仪、螺杆式水泵等国内先进的救援设备，为救援工作带来了转机。在救援过程中，这些先进设备发挥了至关重要的作用。例如，救援人员利用雪姆 T200 钻机在 1 月 17 日成功打通了 3 号钻孔，这不仅为被困矿工提供了生命通道，也让救援工作取得了重大进展。值得注意的是，这些关键的应急救援物资并非当地政府自身储备，而是由应急管理部统筹调配而来。

这些案例表明，当地应急救援装备和专业人员储备不足，不仅会延误救援时机，还可能增加救援工作的难度。在紧急情况下，从外地调配物资和人员往往需要更多的时间和资源，这无疑对受灾群众的生命安全构成了更大的威胁。因此，加强地方应急救援力量的建设、提高应急救援装备和专业人员的储备水平，是提高应急救援效率、减少灾害损失的关键所在。

三、事故灾难应急物流保障展望

未来十年，事故灾难应急物流保障将朝着更加精准化、智能化、专业化的方向发展，应急物流保障体系建设将更加完善，应急物流协同机制将更加健全，可持续的应急物流模式将得到推广，应急物流安全保障将更加重视。

（一）应急物流保障和响应将更加精准化和动态化

随着科技的进步和大数据、人工智能等新技术的应用，事故灾难应急物流保障和响应能力正朝着精准化和动态化方向发展。

（1）精准化，利用大数据分析技术，对历史事故灾难数据、人口分布、交通状况等进行深度挖掘，精准预测应急物资需求，确保物资储备的科学性和有效性。如利用人工智能算法，结合实时交通状况、灾难影响范围等因素，动态规划最优运输路径，避免拥堵，缩短运输时间。利用无人机、机器人等装备，进行物资运输、物资分发等工作，提高物资运输效率和安全性，尤其在人员难以到达的区域，无人机可以发挥重要作用。

（2）动态化，利用物联网、传感器等技术，实时采集灾区交通、气象、环境等信息，并根据信息变化动态调整应急物流方案。建立弹性供应链管理体系，根据事故灾难发展情况，动态调整供应链结构，确保应急物资供应的连续性和稳定性。建立动态调度机制，根据事故灾难发展和救援进展，实时调整物资运输计划，确保物资及时送达灾区。建立应急物流资源池，整合社会物流资源（包括运输车辆、仓储设施、人员等），根据需求进行动态调配，提高应急物流资源利用率。

（二）应急物流保障技术将更加自动化和智能化

在应急物流保障技术发展上，也将更加自动化和智能化。这两个趋势将彻底改变应急物流的模式，实现更加高效、精准、安全的应急物资配送，为事故灾难应急救援保障工作提供强有力的支撑。

（1）自动化，体现在利用无人机、无人驾驶车辆等无人化运输工具，实现应急物资的快速配送，避免人员伤亡，提高运输效率。建立自动化应急物资仓储系统，实现物资的自动化储存、管理和调配，提高物资周转效率，降低物资损耗。利用智能机器人进行应急物资搬运、分拣、包装等工作，提高工作效率，减少人员劳动强度。

（2）智能化，利用人工智能算法，对应急物流数据进行深度分析，打造人工智能决策支持系统，为应急物流决策提供科学依据；利用物联网技术，实现应急物资的实时跟踪和监控，确保物资运输的安全和高效；利用区块链技术，建立应急物流信息共享平台，实现信息的安全透明，提高应急物流效率。

（三）应急物流保障体系建设将更加完善

应急物流保障体系建设的完善，将为应对事故灾难突发事件提供更加坚实的技术支撑和制度保障。通过建立健全应急物流保障法律法规和标准体系、加强应急物流基础设施建设、发展专业化应急物流队伍等措施，可以有效提升应急物流保障的整体效能，确保救援行动的顺利进行。随着应急物流保障体系的不断完善，未来将能够更加高效、有序地应对事故灾难等各类突发事件，保障人民群众的生命财产安全。

通过制定相关法律法规和标准，规范应急物流的管理流程、物资储备、运输调度等方面，从而提高应急物流保障的整体效能。法律法规和标准体系的建立，还为应急物流保障的监管提供依据，保障应急物流活动的合法性和规范性。随着应急物流保障法律法规和标准体系不断建立健全，各方责任将进一步明确，应急物流行为将更加规范，确保在突发事件发生时，应急物流活动能够有序、高效进行。

随着"万亿国债"项目的落地，事故灾难应急物流基础设施包括应急物资储备库、应急运输通道、应急物流信息平台等将进一步加大建设力度。应急物资储备库的建设，可以确保在突发事件发生时，救援物资能够迅速、准确地调配到位，满足受灾群众的基本生活需求；应急运输通道的建设，可以提高救援物资的运输效率、缩短救援时间；应急物流信息平台的建设，可以实现信息的实时监控和高效调度，提高应急物流的整体效能。

通过加强专业化应急物流保障队伍建设、培养专业化的管理人员和操作人员，应急物流保障的整体响应水平将有效提升。这些专业人员具备丰富的应急救援知识和技能，能够迅速有效地应对突发事件，提高救援效率。专业化应急物流队伍的建立，不仅可以加快应急物流的响应速度，还可以提升救援行动的质量和效果。

（四）应急物流保障协同机制将更加健全

随着我国应急管理体系的不断完善，应急物流保障协同机制也将更加健全，这主要体现在政府部门之间的协同、企业之间的协同以及军民协同三个方面。

通过建立健全政府部门之间的信息共享、协同调度机制，提高应急响应效率，在突发事件发生时，不同政府部门之间可以迅速共享信息、协调行动，形成统一的救援力量。这种协同机制的建立，将有效地整合政府资源，形成合力，提高救援效率。

通过建立健全企业之间应急物资的调拨、运输协作机制，提高应急物资供应能力，在突发事件发生时，企业可以迅速响应，提供所需的物资和运输服务。这种企业之间的协同，将有助于确保救援物资充足和及时供应，为救援行动提供有力支持。

通过建立健全军民应急物流保障协同机制，发挥军队在应急物流保障中的作用，在突发事件发生时，军队可以迅速出动，提供救援物资的运输和分发。这种军民协同，将有利于充分发挥军队的资源优势，提高救援效率。

[作者：应急管理大学（筹）经济管理学院　陈玲玲]

参考文献

[1] 吕孝礼，马永驰. 面向"十四五"应急物资保障体系建设的初步思考 [J]. 中国减灾，2021（9）：26 - 29.

［2］金霞，张丽华. 天津港8·12特大火灾爆炸事故救援中物资保障的几点体会［J］. 解放军预防医学，2016，34（2）：241 - 242.

［3］柴艳芬，寿松涛，么颖，等. "8·12"天津港危化品库特大爆炸事故医学救援的经验与反思［J］. 中华急诊医学杂志，2015（10）：1065 - 1069.

第三节 公共卫生事件应急物流保障

应急物流体系是公共卫生事件中保障应急物资供应的"生命线"，为保护人民群众生命财产安全提供了坚实保障。公共卫生事件应急物流保障涉及公共卫生事件预防、监测、预警、处置和救援等多个方面。2014—2024 年，十余年间应急物流快速兴起、不断发展，在公共卫生事件应对中发挥了重要作用。

一、公共卫生事件应急物流发展现状

（一）防控风险，牢筑应急物流安全防线

2014—2024 年，十余年间，我国应急物流保障体系立足"防大汛、抗大险、救大灾"，坚持底线思维、首善标准，不断提升应急保障能力，成为应对自然灾害与突发公共卫生事件的有力保障与稳固安全防线。应急物流保障是应对公共卫生事件的重要支撑。公共卫生事件防控工作中，医用口罩、防护服、护目镜、医用酒精和消毒剂等重点物资的生产、采购、调配和供应都需要应急物流全程参与。新冠疫情中，应急物流保障了防控区群众的生产生活和日常物资供应，已逐步成为公共卫生事件防控总体战中的"生命线"，成为保障生产生活平稳有序运行的"先行官"。

据交通运输部统计，新冠疫情防控期间，截至 2020 年 2 月 7 日，全国通过铁路、公路、水路、民航、邮政等运输方式向封控地区运送防疫物资和生活物资 13.77 万吨，运送电煤、燃油等生产物资 59.8 万吨，公路运输车辆运送医用酒精、消毒液、医疗器械、口罩、测温仪、应急帐篷、防护服等疫情防控物资及相关生活物资 9.5 万吨。2014—2024 年突发公共卫生事件应急物资分类图谱和应急物流总额如图 3 - 3 所示。

2014—2024 年，十余年间为筑牢应急物流安全防线，各地区、各部门全力完成货运物流保障任务，特别是医疗防控物资、生活必需品、邮政快递等民生物资和农业、能源、原材料等重要生产物资的运输任务，切实维护了人民群众正常生产生活秩序。

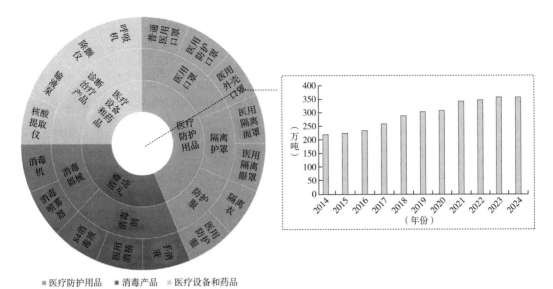

图 3 - 3　2014—2024 年突发公共卫生事件应急物资分类图谱和应急物流总额
资料来源：中国物流与采购联合会。

智慧物流也被广泛运用于公共卫生事件防控，骨干物流企业和创新型企业积极运用大数据、人工智能、5G 等新技术，大幅提高了物流效率、减少人员交叉感染，切实提升了突发公共卫生事件应急物流体系的保障能力。

（二）多措并举，全力保障应急物流畅通

2014—2024 年，十余年间公共卫生事件应急物流保通保畅工作不断改进，多措并举保障主干道和微循环畅通，保障港口、站场等集疏运正常运行，打通堵点，加强路网监测调度，及时解决了路网阻断堵塞等问题。针对新冠疫情防控中，部分地区对货车通行层层加码、航运业过度管控、港口航道过度监测等问题，应急管理部已经协同各地政府科学合理设置防疫检查点并按时通报，统筹调度部署，加强问题督办转办，有效解决了通行受阻问题，全力保障了突发公共卫生事件中的应急物流畅通。

相关数据显示，2020—2024 年全国铁路货运受公共卫生事件影响，货运发送量有所下降，但地方铁路货运量实现了逆势增长，显示出铁路货运在面对挑战时的适应性和发展潜力；全国水路货运量、货物周转量同比分别增长 4.8% 和 5.5%，港口航道运行平稳有序；同时，国内航空公司竞争力呈现增长态势，国际航班腹舱载货能力进一步提升，通航 71 个国家和地区，航班量同比增长 2.9 倍。突发公共卫生事件应急物流保障更应侧重加强交通物流网络运行监测分析，抓好重点物流枢纽疫情防控，指导各地依法依规关停关闭交通物流基础设施，科学精准实施通行管控措施。

突发公共卫生事件防控中，为保障重点应急物资运输畅通，我国聚焦能源、民生物资、医疗防控物资等运输需求，多方确保产运销各环节衔接有序、流通顺畅。在此次新冠疫情防控中，对重点涉疫地区跟踪调度，各地建设启用应急物资中转站，切实保障了各类重点物资运输畅通。已有相关举措包括：为保障交通运输畅通，各地区相关部门迅速启动部省站三级调度，推行路警联动、区域协调的保通保畅工作机制；优化防疫通行管控措施，防疫通行管控措施分别由地市级、省级联防联控工作组批准并公布；各地区全力组织应急物资中转，启用物资中转调运站、接驳点或分拨场地；实行京津冀、长三角、珠三角、东北三省、成渝等重点区域货运物流保通保畅协同联动，保障涉疫地区港口码头、铁路车站、航空机场的集疏运畅通，同时保障重点物资和邮政快递通行，充分发挥区域统筹协调作用；为从业人员提供服务保障，鼓励有条件的地区对货车司机、船员等提供免费检测服务等。

（三）政企联动，应急物流网络不断完善

公共卫生事件防控中，我国已建立政企联防联控机制，面对突发的巨大物资需求和不确定因素，借助专业供应链和物流管理力量，相关企业积极参与到应急物流体系建设中。政企协同依托周边物流园区、高速公路服务区等，加快设立启用物资中转调运站、接驳点、分拨场地，政府应急响应部门和相关物流企业实行通信行程卡"白名单"管理模式，有力保障封控地区应急物资和生活必需品供应。

政府不断完善应急物流网络，加强与交通运输部门对接，优化防疫检查点工作流程。例如，河北省政府为保障京津冀区域应急物流畅通，依托现有交通运输条件和物流园区，建设 17 家应急物资中转调运站，重点保障京津和雄安新区物资调运。中转调运站包括中转区、临储区、消毒区和封闭管理区，平时确保正常经营秩序，应急期保证立即启动运营。在物流园区进口、出口区域，规划专门场地，配建停车等待区和出口缓冲区，布置消杀和测温设备，设置核酸采样点，提供抗原检测服务。同时，开通专用绿色通道，加快电子通行证办理效率，让应急物流运输司机"亮证"即可畅行。

我国已拥有中国国家铁路集团、中国邮政集团、中国远洋海运集团等一批规模大、实力强、网络广的中央直属大型国有运输企业。2014—2024 年，以菜鸟、顺丰、京东物流等为代表的民营物流企业，也积极运用大数据、人工智能、无人机、自动分拣等智慧物流设备，提高应急物流和专业化运作效率。例如，菜鸟结合自身优势和能力，构建立体的应急物流体系，包括备灾管理、紧急运输、中转调拨，联合各方力量应对突发公共卫生事件；顺丰协调应急管理部建立应急物流联动工作机制，24 小时联络，

并利用无人机等先进技术装备进行生鲜、抗原试剂、应急药品等物资运送，为应急物资及时运达灾区提供保障；京东积极参与国家"路空一体"立体交通体系建设，依托仓储网络、物流运力和科技优势，构建路空协同网络，逐步形成了覆盖全国的应急响应体系。

（四）科技创新，推动应急物流快速发展

应急物流的不断发展依托于科技进步与创新。《"十四五"国家应急体系规划》提出，要加强应急通信和应急管理信息化建设，构建基于天通、北斗、卫星互联网等技术的卫星通信管理系统。2016年，交通运输部综合应急指挥中心就正式投入运行了。在江苏无锡，"无人配送之城"正在建设中。相比于传统陆运交通，无人机运输可缩短65%运输时间，节省近30%运输成本。无人机、无人车、无人仓、无人驿站，一幅未来智慧都市的无人应急物流场景已经照进现实。现有智慧应急物流新技术如图3-4所示。

图3-4　智慧应急物流新技术分类

重大突发公共卫生事件防控中，应急物流基础设施和硬件提升至关重要。交通运输部已着力推动应急物流末端微循环，指导各地精准实施社区末端配送管理，推广无接触投递设施，切实解决应急物流配送"最后一公里""最后100米"难题。创新应急物流组织方式。宁夏在疫情期间全面建成28个生活物资中转接驳站，采取甩挂运输、托盘单元化运输等先进运输组织方式，力保跨省应急物流高效通畅。为了抗击新冠疫情，保障群众基本生活，美团外卖于2020年1月26日率先推出"无接触配送"，推广智能配送机器人、智能快递柜等配送技术。加快5G等新型基础设施建设。江苏常州提出科技赋能疫情防控，推出"云上管理"和"大数据物流"，运用智能机器人协助医护人员完成餐品和药品的配送工作。除了基础设施和硬件提升外，还积极推动互联网、云计算、大数据、人工智能、区块链、5G等信息技术在应急物流管理方面的应用，实施智慧应急大数据工程，升级应急管理云计算平台，构建"智慧应急大脑"。

目前，在应急物流新技术应用中，我国已迈出长足的步伐，但作为一项系统工程，应急物流建设任重道远。如何打造国家应急物流体系、有效增强公共卫生事件国家应急物流保障能力，已成为国家和物流业界今后的一项重要任务。

二、公共卫生事件应急物流保障存在的主要问题

（一）应急物流体系还不完善

应急物流建设在我国公共卫生事件防控中取得了一定的成绩和效果，在公共卫生事件的应对中发挥了关键性作用。但在此次新冠疫情防控前期，应急物流体系也暴露出供需信息不对称、过程透明度差等问题。出现这种现象的主要原因是应急物流缺乏现代信息交互平台，不能清晰展示应急物资的需求信息、物流资源信息、通道以及运输等相关信息。参考重大突发公共卫生事件的作用机理，其产生的影响和破坏性不能提前预知。因此，很难清晰辨别供需各方信息和物流过程。

目前，我国应急物流体系缺乏专门的现代应急物流信息互动共享平台。当重大公共卫生事件发生时，医疗物资如口罩、护目镜、防护服、一次性手套、检测试剂盒以及生活物资频繁告急，短时间内需求出现爆发式增长，供需信息不对称导致了整个物流链条上的信息共享障碍。新冠疫情防控中，物流配送企业面临着如何防护员工安全、如何及时送达救援物资、如何精准送达应急物资等严峻考验。"互联网＋"背景下，我国应逐步建立一个资源共享、信息规范透明、物流及物资信息实时更新的统一应急物流信息平台，使应急物流各方力量能够进行有效沟通和信息共享，提高应急物资快速保障能力，推动公共卫生事件防控工作快速高效展开。

我国应急物资储备实行多部门管理，应急、医疗、公安、消防等部门管理职能分散，分别管理各自的应急物资储备，不同地方应急物资储备标准也未形成条块互补优势，造成储备物资相对过剩与不足并存的问题。公共卫生事件发生后，大量防疫物资如口罩、防护服、护目镜、药品、试剂、医疗器械等运抵受助地，海量物资的储存、

管理、盘点、发放和分配是一个动态复杂的系统工程，不管是前端调度、采购，还是后续管理都成为难题。现代物流体系建设借助区块链技术，对捐赠物资进行科学管理，使捐赠流向和使用更透明，这些重要信息的汇总有助于资源匹配和流程调控，从而更高效率地筹集、调配、输送、分发应急物资，实现应急物流高效保障。

（二）应急物流体系韧性不足

重大突发公共卫生事件难以判断发生时间、发生地点、持续时间、影响范围和各类物资的需求，使得应急物流保障具有突发性，应急物流的及时调度就显得至关重要。重大公共卫生事件中，我国应急物流的运力和调度存在明显不足。新冠疫情发生后，医疗物资需求呈现爆发式增长，大多数企业停工停产，"封城、封路、封村"等措施再度给应急物资运输增加了难度，非常需要增强应急物流韧性以有效应对突发公共卫生事件。

目前我国应急物流行业尚未形成统一的工作标准和技术标准体系。例如，新冠疫情防控中，一线货车司机既会遇到车辆通行受限、客户生产不稳定、频繁核酸检测等困难，也会面临部分城市交通管控造成的出行受限问题。此类问题导致应急车辆在运输调度和路径安排上达不到快速、安全与经济的要求。传统应急物流系统在突发公共卫生事件中无法快速响应物资运输要求，且信息闭塞、发展落后，道路的网通度和衔接程度不高，均会导致应急物资调运能力不足，难以满足各地对物资的多样化需求。

突发公共卫生事件中，应急物流运输能力和调配能力不足，政府需建立应急物资调配中心，健全应急物资调度机制，提高应急物资分配的专业化。应急物流调配中心需由国家组织成立，统一对物资进行调配和管理，进一步完善供应链体系和交通网络建设。突发公共卫生事件时，应急物资调配中心与应急物流领域专家的合作需要进一步加强，并与各省区市应急物资储备基地建立有效沟通机制，同时完善与应急物资生产企业、仓储物流企业、电商企业、商超、医药平台的合作机制。

（三）缺乏应急物流管理人才

公共卫生事件的应急处置往往依托于国务院及各级政府应急办临时搭建的专业团队，随着我国应急体系的逐渐发展，应急管理也开始在专业化道路上迈进，但是应急管理专业人才缺口仍然巨大，尤其是应急物流方面的专业人才。以江苏省为例，尽管在 2021 年江苏省已推行应急管理人才三年培养计划，但是江苏各类市场主体众多，需要专业应急物流管理人才的企业有 5 万家之多，对应急管理专业人员的需求非常大。

2019年江苏省安全工程等应急管理相关专业本科毕业生不足800人，远远无法满足江苏省内企业的人才需求。重大公共卫生事件发生时，参与应急物流的管理人员，大多从其他行业临时转入，如政府人员、企业人员和部分志愿者等，在缺乏专业培训的情况下临时受命，很难进行科学统筹，出现物资管理混乱，物资分错、配错的情况在所难免。

国家对物流人才的培养力度需进一步加强，建立多层次多类型的应急物流人才队伍，着力培养高层次、创新型、复合型的核心技术研发人才和科研团队，培育具有国际视野的经营管理人才，造就一批领军人物，解决应急物流人才短缺问题。支持更多有条件的高等学校开设应急产业相关专业；依托有关培训机构、高等学校及科研机构，开展应急专业技术人才继续教育；利用各类引才引智计划，完善相关配套服务，鼓励海外专业人才回国或来华创业。同时，针对应急物流缺乏实际的作战配合经验问题，引导更多的高校尝试应急管理"校企合作"，培养全方面、多元化的应急物流专业人才，进行应急物流相关专业训练，注重实践和理论相结合，不定期举行应急物流预案演练，设计并提供具有针对性的应急解决方案，提高应急物流专业的实践性。

三、公共卫生事件应急物流保障展望

（一）以人民为中心的应急物流体系建设加快发展

我国人口众多、地域广阔，医疗资源不足且分布不均，是世界上受公共卫生事件影响最为严重的国家之一。种类多、频度高、损失严重，严重危害公共安全的紧急事件催生出巨大的应急物流需求。我国仍然处于突发公共卫生事件的高发时期，未来也将面临公共卫生事件所带来的严峻考验。政府作为应急响应主导力量，已经并且还将陆续出台大量规划政策应对突发公共卫生事件，以人民为中心强化应急物流对社会民生的服务保障，完善商贸、快递、冷链物流网络，健全城市特别是超大特大城市应急物流设施网络，加强重点生活物资保障能力，应急物流将得到政府更多的资金支持和政策鼓励；同时，应急物流将带动一系列相关产业链发展，致力于公共卫生事件场景保障的应急物流行业未来的市场规模将进一步扩大，市场前景广阔。

（二）以创新为驱动的应急物流技术装备不断应用

国家科技计划加大应急产业相关科研和技术装备科技支持力度，推动应急领域科

研平台体系建设，集中力量突破应急产业发展的关键核心技术。优势企业联合高校、科研机构建立产学研协同创新机制，在应急产业重点领域成立产业技术创新战略联盟已成为趋势，有助于促进应急科技成果资本化、产业化，推动商业模式创新取得新突破。以科技创新为动力，聚焦"智慧应急，安全新时代"，展望应急产业的新技术、新应用与新趋势，推动应急管理与防灾减灾救灾的现代化。例如，中车石家庄公司在疫情期间研发的蓄冷式智能冷链装备，配合铁路、公路部门将新鲜的蔬菜、水果、鲜花运送到湖北，保障群众日常生活需求。在未来，依托国家卫生防疫、远程医疗信息系统及国家应急物资大数据平台等，借助物联网、区块链、人工智能等新一代信息技术，推动构建共享联动的国家应急物流保障大数据平台，实现突发公共卫生事件国家应急物流响应、运力调配、指挥协调的网络化、数字化、智能化运行，将进一步提高国家应急物流保障能力和效率。

（三）以安全为核心的应急物流新业态不断拓展

应急物流安全服务，包括安全工程设计与监理、标准规范制定、检测与认证、评估与评价、事故分析与鉴定等传统安全服务业态不断拓展。例如，京津冀三地工（经）信部门联合印发《京津冀安全应急装备先进制造业集群发展规划（2024—2028年）》，推动实施30个应急物流安全服务重点项目，以及安全管理与技术咨询、产品展览展示、教育培训与体验、应急演练演示等安全服务，重点发展基于物联网、大数据、人工智能等技术的智慧安全云服务，积极拓展应急物流安全服务新业态。以应急能力和提质增效为核心，建设安全高效的应急物流体系，强化应急产业链供应链韧性和安全，加强应急产业链供应链安全风险监测、预警、防控、应对等能力建设，增强应急供应链弹性，在未来不断拓展以安全为核心的应急物流新业态。

（四）以合作为趋势的应急保障体系网络逐步建立

国家通过积极推动多层次、多渠道、多方式的国际科技合作与交流，鼓励企业引进、消化、吸收国外应急管理领域先进技术和先进服务理念；鼓励跨国公司在我国设立研发中心，引进更多应急产业创新成果在我国实现产业化；支持企业参与全球市场竞争，鼓励企业以高端应急产品、技术和服务进一步开拓国际市场；组织开展展览、国际论坛及贸易投资促进活动，利用相关平台使应急产品和服务进一步革新等；不断提升我国包括卫生防疫、应急物流在内的应急保障相关行业企业核心技术能力和应急保障能力。各地应急管理部门也通过创办长三角国际应急减灾和救援博览会、国际安全生产论坛、国际安全和应急博览会等，不断充实应急管理对外合作网络，积极拓展应急管理国际合作机制及网络。同时，随着中欧班列稳步发展，通过高质量共建"一带一路"、高水平对外开放，积极开展国际应急援助与合作，与合作国家共同推动国际物流运输和应急救援产业，逐步建立公共卫生应急物流保障全球网络。

（作者：东北财经大学公共管理学院　刘德海　李天娇）

第四章　典型系统领域应急物流

作为物流的"两大支柱"，仓储和运输在物流系统中属于不可或缺的关键环节，即有物可流、物畅其流。国家储备系统和交通运输系统在突发事件应急物流保障中发挥着首当其冲的关键作用，是应急物流的典型系统领域。而城市特别是大型城市，是应急物流保供的重中之重，也属于应急物流的典型系统领域。本章从上述三个典型系统领域分别进行阐述。

第一节　国家储备系统应急物流发展现状及展望

在国家应急管理体系中，国家储备系统应急物流作为关键领域，其发展与完善直接关系到国家应对突发事件的能力与效率。近年来，随着国家对应急管理工作的日益重视，国家储备系统应急物流取得了显著成效，但同时也面临着一些问题和挑战，在未来的规划与发展中，需要针对这些问题给予高度关注，并积极探索有效的解决策略与路径，以确保国家储备系统应急物流能够持续进步，更好地适应和应对各种复杂多变的应急挑战。

一、国家储备系统应急物流发展现状

当前，国家储备系统正步入一个全面发展的新阶段，体制机制、储备体系、信息化建设和预案体制已经初步形成，为维护国家安全与稳定、促进经济社会发展发挥着越来越重要的作用。

（一）体制机制不断完善，应对突发事件高效

1. 中央地方上下联动，统筹物资储备调度

国家储备系统主要由中央、省、市、县等级构成，形成了一个从中央到地方的完整网络。中央储备系统由多个部门和机构共同管理和协调，包括国家发展改革委、应

急管理部、国家粮食和物资储备局等。这些机构负责制定和执行政策和计划，确保各类应急物资的有效储备和调度。在中央的统筹下，各省、市、县级的地方政府也设有相应的储备管理机构，如各省应急管理厅、粮食和物资储备局等。这些地方机构负责地方层面的物资储备、日常管理和应急响应等工作。地方管理机构在紧急情况下与中央管理机构协调合作，迅速调动资源。

2. 区域联动形成机制，相关部门协调配合

国家储备系统应急物资调度需要跨部门和跨区域的合作，各类储备物资的管理涉及如应急管理、交通运输、卫生、能源等多个部门的协调合作，确保物资调配和运输过程中的无缝对接。各省区市之间建立了区域联动机制，以确保在某一地区发生突发事件时，周边地区能够迅速支援，提供物资和人员支持。此外，主管部门紧急下达调运指令，当地可从地方储备库调运物资，同时可从中央救灾物资当地储备库调运紧急物资，确保应急物资调运的时效性和可达性。例如，2024年广西桂林"6·19"特大暴雨灾害期间，应急管理部迅速组织周边省区市向受灾严重地区提供医护人员和生活必需品，确保各个受灾区都能以最快的速度得到有力支援，形成"一方有难，八方支援"的国家储备应急物流调配协调局面。

（二）储备体系持续完善，调运效率不断提升

1. 储备能力持续增强，设施设备优化升级

近年来，国家储备物资的品类不断丰富，仓储规模持续提升，储备能力显著增强，总体达到世界先进水平。目前，国家储备涵盖应急救灾物资、医药、粮食、能源、战略性矿产品和关键原材料等多个品类。在储备规模方面，我国粮食储备数量充足、质量良好，确保了口粮绝对安全；石油战略储备规模扩大，战略性矿产品和关键原材料储备进一步优化；应急救灾物资储备规模创历史新高，应对重特大灾害物质基础更加坚实。储备基础设施布局不断优化、功能逐步完善，已初步形成覆盖全国、门类齐全、功能适用的储备网络。90%的地区在6小时圈内设有中央应急物资储备库与粮食中央直属库，80%的地区在12小时圈内设有国家石油储备库及通用储备库。在仓型方面，通过拆旧建新和升级改造，仓储设施显著改善；在性能方面，"十四五"以来，各地积极推进绿色仓储行动，仓房气密性、隔热性等关键性能明显提升，现代化仓库的比例不断增加。在储备能力上，部分标准粮仓的完好仓容稳步提升；国家石油储备基地投入使用，成品油储备能力持续增强。通过整合优化储备设施资源，各类储备设施功能逐步完善，为落实储备任务提供了有力支持。

2. 物流资源有机结合，调运能力显著提升

国家储备系统拥有铁路专用线、储运基地和装载设备，能够满足部分调运需求。近年来，随着国家储备物资流通形势的变化，在沿海、沿江重要节点和交通枢纽建设了一批中转和接卸设施，形成了承担国家政策性调运任务的基础网络。目前，物资调运 90% 以上主要依托社会物流。企业是承担国家储备物资应急保障任务的主体，在应急保供中发挥重要作用。通过与社会储运企业签订合同，运用社会资源进行物资调动，积极整合多种储运方式，显著提升了物资调运水平和效率。例如，2020 年，应急管理部救援协调和预案管理局与顺丰集团签订协议，利用顺丰集团航空、铁路、公路等物流联运手段，为国家储备应急物资装备及时运达灾区提供保障。

（三）信息化建设逐步推进，智慧物流初现雏形

1. 智能仓库建设推进，智能监管初见成效

近年来，国家储备系统在信息化建设方面取得了一定进展，国家储备仓库正逐渐从传统的、劳动密集型的人工管理模式逐步迈向高度自动化、智能化的新阶段。这不仅优化了储备物资的监管模式，还提升了仓储管理的效率与精确度。当前，部分储备仓库已率先实现技术升级，装备了先进的信息化设备，如视频监控设备、高精度传感器等，实时感知并即时推送仓内的温度、湿度等关键环境参数，为物资的安全储存提供了数据支持。依托信息化系统，国家储备系统实现了从物资收购、入库、储存到出库全过程的信息化监管，覆盖了每一个关键环节与操作链条，确保了储备物资管理的透明化、精准化和高效化。

2. 技术创新驱动发展，智慧物流初步应用

当前，国家储备物流信息化建设正在逐步推进。国家储备体系高度重视以数字化、网络化、智能化为突出特征的新一代智慧物流信息技术建设，合作的物流企业已经建成相关的信息平台，各物资主管部门也在努力建设相关信息平台，同时不断推进各个系统间的对接，实现实时监控。在运输环节，逐渐从人工跟车转变为使用大数据进行路线预测，同时逐步融合应用北斗定位、物联网、人工智能等技术，确保国家储备物资运输的时效性和安全性。通过相关技术，储备物资在运输途中的位置信息能够实时上传至系统，实现全程可视化追踪，有助于调度中心快速作出决策并在必要时进行路线调整；实时监测物资的温湿度、震动等状态数据，确保货物安全无损，进一步提高运输效率和安全性，降低潜在风险，逐步实现全程信息监控，确保关键物资迅速准确地送至需要地点。

（四）预案体制初步形成，演习演练定期开展

1. 预案编写覆盖广泛，管理体系日渐完善

近年来，国家储备系统在应急预案的制定和实施方面取得了一定进展。已制定的应急预案涵盖自然灾害、公共卫生事件等多种突发事件，如《国家突发公共事件总体应急预案》《国家自然灾害救助应急预案》等。这些预案由多个部门协同制定，涵盖了法律法规、操作规范和应急响应机制等多个方面，以确保在发生紧急情况时能够快速有效地响应。例如，在2024年湖南暴雨灾害中，相关单位立即启动应急预案，按照预案规定迅速集结队伍，清点调运物资，组织物流运输，保障调运物资抵达。此外，预案还涉及跨部门、跨区域协调合作的具体实施细则，以及如何进行演习和培训以检验预案的有效性，相关部门也设立了较为合理的预案评估标准和指标，对预案的物流保障能力进行评价，为后续修订提供帮助。

2. 定期开展演习演练，保障能力逐渐增强

目前，国家储备系统已成功举办了多场模拟演习演练，其中不仅聚焦自然灾害如地震、洪水等突发情境的应对，还覆盖了突发公共卫生事件的紧急响应流程，例如"应急使命2024"演习演练等。通过演习演练，检验物资储备管理部门、承储企业、运输企业之间的协同配合和应急保障能力，达到检验预案、磨合机制、锻炼队伍、完善准备的目的。另外，在真实灾害发生时，经过演练的应急体系能够迅速启动，有序高效地展开救援行动，最大限度地减少灾害损失，保护人民群众的生命财产安全。例如在"使命——2024河南防汛综合演练"举行之后，在河南暴雨灾害中，相关单位和部门依据相应的演习演练及时响应，有效保障国家储备物资送达，演习演练效果显著。

二、国家储备系统应急物流存在的主要问题

国家储备系统在应对突发事件和保障国家安全方面发挥着至关重要的作用，但当前协调机制、仓库设施布局、信息技术和预案体系等仍然面临着多重挑战，亟须采取切实有效的措施加以解决。

（一）协调机制尚需完善，管理体制有待优化

1. 职责分工存在交叉，管理调度容易混乱

国家储备应急物流保障主要涉及政府、军队和企业，事件发生后，通常从各政府

部门以及军队和企业抽调人员，根据不同的场景组织成立保障小组，并根据任务的不同形成计划制订、储备管理、保养维护、协调调度、运输保障、补充更新、回收报废等机制。然而在进行跨场景应急物流保障时，不同相关部门之间职责分工边界模糊，导致短期内难以有效配合，难以形成应急需要的更有效率的合力，造成保障初期应急物资容易出现调度混乱，引发应急物资供应不及时和指令下达与接收缺乏精准性的问题。

2. 指挥体制亟须统一，资源分配有待均衡

目前在面对应急场景时，多采取临时构建组织指挥架构的方式，缺乏统一高效的管理指挥体制，导致管理上的分散化，难以达到全局的协调与整合。物资采购、仓储、调拨及运输等关键环节被割裂至多部门或机构内部处理，直接引发了信息流与物流的流通不畅，降低了整体运作效率。此外，由于区域间、部门间的物流资源配置存在不均衡现象，部分区域可能资源过剩，而另一些区域则面临资源短缺的困境，加剧了应急物流协调的难度，影响了物流保障服务的及时性和有效性，无法充分满足紧急需求。因此，亟须优化应急物流保障体系，强化跨部门、跨区域的协同合作，实现物流资源的统一调配与高效利用。

（二）仓库设施布局不均，统筹调度有待加强

1. 区域仓库分布不均，设备技术亟须改进

尽管国家储备系统物资仓库布局广泛，但区域间存在一定程度的不平衡，部分地区的物资仓库布局仍不均衡。应急物资仓库在浙江东部和西北地区布局偏弱，香港、澳门、西藏及福建的通用仓库数量有限。多数国家储备仓库建于20世纪70年代，设施设备逐渐老化，现代化水平普遍较低。部分仓库重型物流和装卸设备不足，物资调配、包装、标识等设备相对落后，缺乏必要的现代化升级。

2. 物流资源整合欠佳，物资调运效率较低

对社会物流资源的利用尚不充分，未能有效整合和调动民营物流企业、大型国有企业、事业单位及国防军队的运输力量。此外，自有物流与外部物流资源存在多种运输方式衔接不畅的问题，导致物流资源整合效率较低，影响了整体调运能力。另外，由于涉及的物流资源和调度环节较多，在物资调运中的统筹工作复杂，与合作企业之间的信息对接不畅，往往需要额外的人力进行人工对接，既耗时费力，又降低了效率。不同物流企业的运作模式、调度系统和执行标准各异，导致资源配置不合理、运输线路不优化等问题，进而影响整体调度效率。

（三）信息技术应用滞后，物流数据共享不足

1. 技术应用相对滞后，保障效率有待提高

当前，国家储备系统面临着技术应用与业务融合不紧密的挑战，制约了保障效率。目前主要使用传统条码技术作为信息标识与追踪的基础手段，个别仓库配备了视频监控系统和高精度传感器等信息化管理系统，但是全程信息系统使用不够充分，范围较小，信息化程度不高。在运输方面，实时监控与跟踪能力有限，路线规划不够精准，增加了运输风险，对于新技术的应用不够充分，物联网、大数据、人工智能等先进技术尚未全面使用，导致物资管理和运输在效率与精确度上受限。新兴技术的挖掘、整合与应用存在不足，削弱了信息资源的有效利用和预测分析能力。这些因素共同限制了国家储备系统对复杂多变环境及突发事件的应对能力，凸显了技术与管理深度融合的迫切需求。

2. 数据应用尚不充分，精准预测尚未实现

在当前国家储备应急物流保障体系的运作中，当需求发生时各部门、组织之间物流信息共享不足，仓库与仓库之间、物流企业与政府之间、仓库与上级之间沟通不畅，无法实时沟通，不同部门、地区之间在应急物流信息上的壁垒依然存在，产生"信息孤岛"现象，难以形成高效的信息协同机制。另外，已经共享的数据在整合过程中面临诸多挑战，如数据标准不统一、接口不兼容等，目前采用人工的形式进行预测，难以从海量数据中提取出有价值的信息，导致大数据挖掘预测不够及时和准确，进而导致物资采购、调度等环节存在问题，物资难以实现精准供需匹配，影响物流保障的时效性、精准性以及安全性。

（四）预案体系有待完善，演习演练存在短板

1. 预案体系不够健全，多方协同受到限制

当前，尽管各部门已共同构建了覆盖自然灾害、公共卫生事件、社会安全事件等多领域的应急预案体系，旨在确保全面应对各类突发状况，但在极端复杂与高压环境下，这些预案的完备性仍显不足。特别是国家储备系统的应急物流保障预案，其管理层面存在短板，预案内容不够详尽且实操性欠佳，导致实际操作中部门间职责界定模糊、流程衔接不紧密，影响了应急响应的迅捷与高效。更为关键的是，预案的更新迭代机制尚未健全，未能根据最新形势变化、实战经验积累及教训反思进行定期修订，从而影响了预案的时效性和实际应用效果。此外，预案在深度挖掘与广度拓展方面亦

显不足，特别是缺乏军地融合、政企合作的细化策略与安排，在紧急关头可能会阻碍各方力量的快速集结与高效协同，进而削弱了整体应急管理体系的灵活性与韧性。

2. 演习演练存在短板，物流实战有待加强

近年来，我国在自然灾害及突发公共卫生事件的应对上，成功组织了一系列模拟演练活动，在一定程度上增强了相关部门的应急响应意识和协同作战能力。但当前国家储备系统应急演练体系仍存在明显短板，特别是缺乏在接近实战或高度仿真的应急环境下针对国家储备应急物流保障的专项演习，导致无法全面预估和检验在真实危机中可能遭遇的复杂多变情境，包括交通中断、信息不畅、资源调配冲突等极端挑战，进而难以预先识别并加固应急物流链条中的脆弱环节。缺乏针对性的改进措施，将直接影响到应急物资的快速调度、精准投放及安全送达。

三、国家储备系统应急物流发展展望

面对未来复杂多变的挑战，国家储备应急物流体系将从体制机制、物流布局、信息技术应用及应急预案管理等全面升级，构筑起国家储备应急物流的坚固防线，为国家的安全与发展提供坚实保障。

（一）优化完善体制机制，建立健全保障网络

1. 构建统一指挥体制，健全保障相关机制

未来有关部门将全面完善保障领导指挥体制，明确保障工作的牵头部门，负责整体战略规划及指挥调度，统筹规划保障过程。依托国家储备应急物流指挥调度系统，明确各级应急物流指挥机构的职责和权限，对国家储备各类物资资源、物流保障资源等，进行全局统筹、统一指挥、集中调度，逐步形成清晰、高效的指挥链条落实建设任务，健全相关机制，包括社会物流激励机制、考核评估、经费保障、供应商选择准入等机制内容。细化制度要求，明确物资储备、运力调配等关键环节的操作规范，提升事件处置的专业化、制度化水平。针对不同保障场景，能够设计差异化的物资调配策略，增强应急物流专项制度的适应性与有效性。

2. 规划部署力量队伍，密切协同配合保障

根据各地区需求，物流保障队伍的数量和配置将得到合理规划和部署，能够满足各种突发事件场景的需求。未来将建立由政府牵头、多方主体、"政企协同、军民融合"的应急物流联动长效响应机制，以使各方形成合力，提供更好的应急物流服务。

通过国家和地方应急管理部门牵头建立与物流协会、核心企业、社区委员会以及军队的合作沟通机制，针对各主体不同的功能定位，分门别类进行有效管理，以便充分发挥社会力量和基层力量的作用。在未来逐步形成统一指挥、职责明确、结构完整、功能齐全、反应快速、运转协调的物流保障网络，确保各级保障力量能够协同作战、迅速响应。

（二）优化完善物流布局，构建高效调运体系

1. 物流技术加快演进，仓储设施升级迭代

国家储备应急物流体系将在仓储物资布局和设施设备水平上持续优化和升级，以更加有效地应对国家战略需求的变化以及突发事件的应急保障要求。储备物资的管理将朝着品类更加多样化、保障体系更加集中化、布局结构更加网络化、管理流程更加智能化的方向演进。储备库建设规划将更加科学严谨，充分考虑各地区的历史需求与事件特征，确保储备库的规模和布局能够灵活应对多场景的应急需求。未来，更加需要统筹考虑安全与风险防控需求，特别是在国计民生、战略性新兴产业和关键领域的储备品种、规模与结构布局上，储备体系的针对性与有效性将显著增强。

2. 社会物流整合融合，调运体系完善高效

国家储备应急物流体系建设将更加注重国家储备设施与社会物流资源的有机整合，积极构建一个高效的多式联运体系。铁路、公路、航空等多种运输方式将更加紧密结合，形成多元化、立体化的物资运输网络，确保关键物资物流的畅通无阻。我国发达的邮政快递业将在国家储备物资的应急物流中发挥其独特的末端分拨配送优势，未来将建立一支高效的应急运力储备队伍。国家储备物资调运体系将进一步提升其安全性与高效性，运输网络的覆盖范围将更加广泛，时效性将显著增强。此外，储备体系将实现与各类运输方式的应急运力资源全面对接，确保应急运力资源能够高效调度并合理匹配应急物流需求，从而构建一个响应迅速、运转高效的国家储备应急物流体系。

（三）积极利用智能技术，加强数据处理能力

1. 推动智能技术应用，提升物流保障水平

展望未来，物流保障将深度融合智能化与新质生产力，依托大数据、AI 等前沿技术，强化应急信息平台功能，以移动终端、云计算、物联网为载体，实现应急物流的高效便捷。结合智能感知、数据融合、射频识别、无线传感网络等信息技术，建立物流数据链，为应急物流保障的智能决策提供有效的数据支持，通过技术手段的创新和

应用，提高工作效率。同时，数字技术将大幅提升灾害应对能力，天地海空一体化应急通信网络确保极端条件下通信无阻，共筑未来智能、高效、全面的应急物流保障体系。

2. 推进物流数据共享，加强数据预测分析

国家储备应急物流保障未来将迈入信息化深度共享的新时代。通过加强信息化平台的数据互通，深度融合应急物流指挥调度平台与新质技术，实现"线上"智能无缝交流，"线下"精准高效执行。构建高效信息协同机制，确保物资位置、环境等实时数据即时共享，提升物流数字化管理水平与信息安全。利用 AI 大模型等先进工具，对物流数据进行深度挖掘与分析，精准预测需求趋势与风险，持续优化模型，确保物资供需精准匹配，实现储备物资的高效流通与应急响应能力的飞跃，保障储备物资能够实现物畅其流。

（四）加强应急预案管理，强化应急演习演练

1. 加强保障预案规划，完善保障预案管理

应急预案管理的不断完善将为国家储备系统应急物流提供坚实的制度保障。特别是在极限施压、复杂多变等极端情况下的应急预案，强化军地融合，实现国家储备系统应急物流保障的军地协同。通过定期的预案评估与修订工作，及时反映预案执行中的问题与不足，可以确保预案的时效性与可操作性，为应对各类突发事件提供科学指导。同时，加强与国际社会的沟通与合作，借鉴先进经验与技术，也将有助于提升我国应急物流的整体水平，为后续的预案修订提供科学依据。

2. 加强保障演习演练，推动多方力量合作

应急演习演练的常态化与实战化将成为未来发展的重要方向。在定期的、多层次的演习演练活动中，加强动态反馈机制的融入，即实时收集、分析演练数据，迅速识别并反馈预案执行中的瓶颈与不足，可以检验应急预案的可行性与有效性，锻炼应急队伍的快速反应与协同作战能力。同时，有助于推动多方力量的紧密合作与相互支持，形成共同应对突发事件的强大合力。未来，将建成一支更加专业、更加高效、更加团结的国家储备系统应急物流队伍，为国家安全与社会稳定贡献重要力量。

（作者：北京工商大学商学院　杨浩雄）

第二节 交通运输系统应急物流发展现状及展望

交通运输系统在应急物流中扮演着关键角色。它不仅确保在自然灾害、公共卫生事件或其他紧急状况下，关键物资和救援人员能够迅速抵达所需地点，还依赖发达的基础设施和多样化的运输方式来实现快速响应。高效的应急物流系统依赖于公路、铁路、航空、海运和内河航运等基础设施的互联互通，形成多模式、多层次的运输网络。公路运输因其灵活性和便捷性，适合短途及小批量物资的快速配送；铁路运输以其大运量和长距离运输的优势，适用于大规模物资的运输；航空运输则在紧急医疗物资和救援队伍的迅速部署中发挥关键作用；海运和内河航运则适合大宗货物的长途运输。交通运输系统作为应急物流的支柱，其基础设施和货运功能对于保障社会稳定和人民生命财产安全具有不可替代的重要作用。

一、交通运输系统应急物流发展现状

随着基础设施的逐步强化，交通运输系统在应急物流中的保障能力得到显著提升，进入快速发展的新阶段。标准化建设的稳步推进，为提高应急物流的效率和质量提供了规范和指导，进一步促进了整个系统的协调性和可靠性。

（一）基础设施建设不断加强

基础设施是应急物流体系的基石，对于确保在紧急情况下能够迅速、有效地响应至关重要。基础设施的建设和改善，不仅提高了日常物流的效率，也为应对自然灾害、公共卫生事件和其他紧急情况提供了强有力的物质支持。

近十年，中国铁路和高速网络迅速扩张。铁路营业里程从 2014 年的 11.2 万公里增长至 2023 年的 15.9 万公里，增幅显著，连接了几乎所有的省会城市和主要地级市，特别是 2018—2020 年，铁路营业里程增长速度加快。与此同时，高铁营业里程从 2014 年的 1.6 万公里增至 2023 年的 4.5 万公里，增长了将近三倍，覆盖了全国 90% 以上的百万人口城市，占世界高铁总里程的三分之二以上。中国的高铁网络已经形成了"八纵八横"的布局，覆盖了全国主要的经济区域和人口密集区。中国的铁路货运量和货运周转量在过去十年中迅速增长。从 2014 年的 33.58 亿吨到 2023 年的 50.35 亿吨，铁路货运量实现了跨越式的发展，反映出中国经济的快速增长和对物流运输的巨大需求。

这一增长不仅凸显了铁路在综合交通运输体系中的骨干作用，也体现了中国在优化运输结构、提升物流效率方面的不懈努力。与此同时，铁路货运周转量也从 2014 年的 27530.2 亿吨公里增长至 2023 年的 36460 亿吨公里，这一跃升不仅反映了货运量的增加，也意味着运输效率的提升和运输网络的扩展。随着铁路基础设施的持续改善和运输服务的不断升级，中国铁路在承担大宗货物运输、服务国家战略、推动区域经济发展等方面发挥了越来越重要的作用。目前，我国铁路货运量、货运周转量等货运指标均稳居世界首位。

在水运方面，我国已经形成了以长江、珠江等主要河流为骨架，以沿海港口为枢纽，连接内陆和国际市场的综合水运体系。2014—2023 年，内河航道里程从 12.63 万公里增长至 12.82 万公里。"十四五"规划期间，国家对水运基础设施的重视程度进一步提升，计划新增内河航道通航里程 5000 公里，其中高等级航道新增 2500 公里，将进一步提升内河航道的通达性和运输效率。

公路基础设施的快速发展，构成了国家综合交通网络的坚实骨架。2014—2023 年，公路总里程从 446.39 万公里稳步增长至 543.68 万公里，高速公路里程也从 11.19 万公里显著增加至 18.36 万公里。在基础设施建设方面，《公路"十四五"发展规划》强调要以构建现代化高质量综合立体交通网络为导向，加强公路与其他运输方式的衔接，协调推进公路快速网、干线网和基础网建设。以沿边沿海公路、出疆入藏骨干通道、西部陆海新通道、革命老区公路等为重点，着力提升通道能力，优化路网结构，扩大覆盖范围，全面提升公路基础设施供给能力和质量。2014—2023 年各运输方式基础设施建设情况如图 4-1 所示。

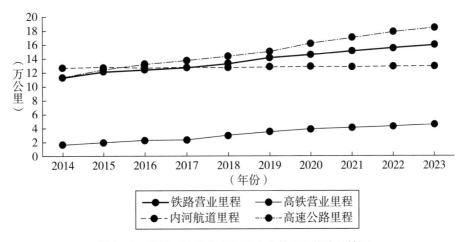

图 4-1 2014—2023 年各运输方式基础设施建设情况

2023 年，中国境内民用运输机场共有 259 个，其中定期航班通航运输机场 259 个、定期航班通航城市（或地区）255 个。根据《"十四五"民用航空发展规划》，截至 2020 年年底，我国颁证运输机场地级市覆盖率达到 91.7%。未来一段时期，民航基础设施建设将继续推进，预计到"十四五"末，运输机场将达到 270 个，市地级行政中心 60 分钟到运输机场覆盖率将达到 80%。

（二）基础保障能力经受考验

我国应急物流在应对突发事件时发挥了重要作用，显示出了一定的基础保障能力。新冠疫情期间，湖北等重灾区对口罩、防护服、消毒液等防护用具及相关紧急医疗物资的需求急剧上升，铁路、公路、水路、民航、邮政等运输方式在应急物流中作用凸显。据交通运输部统计，2020 年 1 月 27 日至 4 月 18 日，全国通过铁路、公路、水路、民航、邮政快递等运输方式累计向湖北地区运送防疫物资和生活物资 134.41 万吨，运送电煤、燃油等生产物资 212.48 万吨。其中，全国货运船舶进出港 50217 艘次，其中武汉水域累计保障载运重点物资船舶 849 艘次，保障运输电煤 171.3 万余吨、燃油 41.1 万余吨、粮食 18.1 万余吨。

疫情发生后，铁路部门致力于为疫情防控和复工复产提供可靠保障。截至 2020 年 3 月 23 日，全国铁路累计运送援鄂医护及救援人员 400 批 11732 人；向湖北地区累计装运防控保障物资 13686 批 30.3 万吨，其中防疫物资 8033 批 3.9 万吨、生活物资 5653 批 26.4 万吨。2020 年上半年，铁路部门累计向湖北地区运送防疫物资 1.87 万批 51.2 万吨，圆满完成 458 批 1.39 万人次援鄂医务等人员运送任务；免费为旅客办理退票 2.06 亿张，开行务工、学生专列 401 列，运送旅客 45.4 万人次；严把铁路进站、上车、出站等防控关口，站车共排查 3.5 万名发热旅客。为恢复经济社会发展秩序，打通上下游产业链，铁路优先保证疫情防控和关系国计民生的重点物资运输。2020 年 1 至 4 月，国家铁路完成货物发送量 10.9 亿吨、同比增长 2.4%。为帮助企业复工复产，铁路还实施阶段性下浮货运杂费措施，积极对冲疫情对物流环节的影响。国铁集团注重充分发挥中欧班列国际贸易战略通道作用，积极助力全球战"疫"和国际供应链畅通，2020 年 1 至 4 月，中欧班列开行 2920 列、发送货物 26.2 万标箱，同比分别增长 24%、27%。

为保障医疗物资运输，航空货运服务链各环节都出台了一系列政策。民航局、航空公司、各地机场及相关政府部门加强联防联控，发布相关措施。民航局出台《疫情防控物资（消毒剂）货物航空运输指南》，指导各承运人开展防控物资运输；

海关设立快速通关专用窗口；航空公司调配运力，开通绿色通道，为境外组织及机构提供救援物资运输服务；各机场开辟援助物资绿色通道，提前通报航班信息、优先安排机位，设立安检专用通道。各环节以实际行动推进疫情物资运输，最大限度地保障医疗救援物资优先抵达防控前线，彰显了航空运输在应急物流体系中的关键作用。

　　2020 年民航局出台措施如表 4 - 1 所示，2020 年 2 月中国民航系统保障防控物资如图 4 - 2 所示。

表 4 - 1 　　　　　　　　　　　　　　　2020 年民航局出台的部分措施

日期	文件或会议名称	相关措施
1 月 21 日	《关于进一步做好新型冠状病毒感染的肺炎疫情防控工作的通知》	要求航空公司和运输机场要做好应急人员和物资的保障工作；要加强对辖区内航空公司和机场的监督检查，确保各项防控措施切实落实
1 月 23 日	紧急通知	要求湖北机场集团向各运输航空公司提出削减涉汉航班的建议，各运输航空公司及时制定进出武汉机场的航班削减方案
2 月 10 日	《疫情防控物资（消毒剂）货物航空运输指南》	可运输物品：医用口罩、N95 口罩、手套、护目镜、一体化的全面罩、正常的防护服。消毒剂、体温计以及自热食品需按相关规定申请运输
2 月 21 日	—	为保障全国各地复工复产工作顺利开展，民航局开设绿色通道，提升航线航班审核和布置效率，确保运输快速顺畅
2 月 24 日	新冠疫情防控工作领导小组扩大会议	除应急运输外，暂不恢复航线运输；其他地区陆续复工复产，逐步恢复正常客运，为其提供航空运输支持

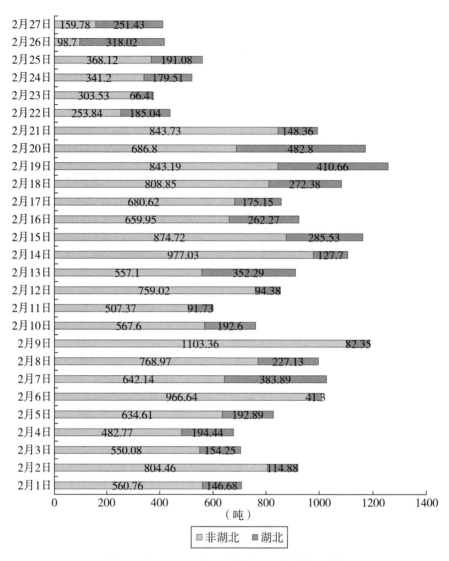

图 4-2　2020 年 2 月中国民航系统保障防控物资

　　相关数据显示，2020 年 2 月，湖北地区日均涉及疫情的航班超过 17 个，非湖北地区日均航班达 562 个。其中，湖北地区航班量在 2 月 9 日达到顶峰，共 56 个，自 2 月 23 日起，航班量开始下降。物资运输方面，民航系统日运送防控物资量在 2 月 9 日、15 日、19 日、20 日达到峰值后，于 23 日左右骤降，这反映了湖北地区疫情的缓和，前期物资短缺状况得到缓解，形势逐渐好转。各航空公司开通绿色通道，与航空货运企业共同保障国内外物资运输。根据中国民航网统计，2022 年 2 月中国民航系统运往湖北地区的防控物资总计 5625.19 吨，占民航系统总运送物资量的 25% 以上。国内方面，以顺丰、东航、邮航为首的航空公司纷纷开辟绿色通道，全程保障防控物资运输。

（三）应急物流体系逐步完善

2013—2023 年，我国交通运输系统应急物流体系经历了显著的变革与发展，逐步进入了一个快速发展阶段。

2013 年，我国首个应急物流实验基地——三峡应急物流中心在湖北省宜昌市授牌。该中心由中国物流与采购联合会应急物流专委会重点培育，旨在有效应对三峡库区频发的自然灾害与公共突发事件。它直接为宜昌猇亭千亿工业产业园提供原辅材料和成品流通服务，并承担应急帐篷和应急装备等产品的定点生产任务。

2013 年，《国家公路网规划（2013 年—2030 年）》印发，其中特别强调了要提高公路网的安全性、可靠性和应急保障能力。2014 年，国务院办公厅发布了《关于加快应急产业发展的意见》，明确了应急产业发展的总体要求、主要任务和政策措施，提出到 2020 年，应急产业规模显著扩大，应急产业体系基本形成，为防范和处置突发事件提供有力支撑，成为推动经济社会发展的重要动力。

2019 年，广东省应急管理厅建立的智慧应急信息系统取得重大进展。该系统以"没有信息化就没有应急管理现代化"为工作指引，将应急管理科技信息化建设作为重点推进的"一把手"工程。该系统的核心目标是实现监测预警"一张图"、视频连线"一张屏"、指挥协同"一体化"、应急联动"一键通"，以提高应急响应和指挥调度的效率。系统整合了包括水利、气象、自然资源、林业、公安、交通、电力等 20 个单位的 40 个应急相关系统和数据，为有效处治各类灾害事故提供了有力的信息保障支撑。

2020 年，面对突如其来的新冠疫情，交通运输系统应急物流体系经受了前所未有的考验。国家迅速建立"绿色通道"机制，确保医疗物资、生活必需品等紧急物资的快速运输。同时，多个省份如湖北省、河南省等，依托现有物流园区和交通枢纽，紧急设立临时应急物流指挥中心，有效保障了抗疫物资供应。

2021 年，粤港澳大湾区应急物资储备中心开始建设。该中心的建设是为了响应《广东省粮食安全和应急物资保障"十四五"规划》，旨在构建一个现代化的应急物资保障体系，以提升粤港澳大湾区在应对突发事件时的物资保障能力。目前，储备中心已经储备了公共卫生防疫类、应急防汛类、应急防灾减灾类三大类应急物资，共计 160 多种类、140 多万件，与相关企业协议储备应急物资 80 多万件。根据《山东省应急物资储备体系建设规划（2020—2030 年）》和《山东省应急物资保障规划（2021—2025 年）》，山东省计划在 2025 年基本建成一个分级分类管理、反应迅速、保障有力的应急物资储备体系。到 2030 年，将建成一个更加完备的应急物资储备体系，实现统一规划、统一布局、统一管理和统一调度。

2021 年至今，在总结疫情防控经验的基础上，我国交通运输系统应急物流体系进入全面优化与提升阶段。一方面，深化军民融合，加强与军事物流体系的协同联动，提升整体应急物流保障能力；另一方面，持续推动应急物流科技创新，探索区块链、人工智能等新技术在应急物流领域的应用，进一步提升应急物流的智能化、精准化水平。

（四）应急物流标准取得进展

2014—2023 年，中国在应急物流标准化建设方面取得了显著进展。2014 年，国务院印发了《物流业发展中长期规划（2014—2020 年)》，将应急物流纳入国家物流体系，强调了应急物流在国家应急体系中的重要地位。随后，各地区和相关部门陆续出台了一系列政策和措施，推动应急物流标准化、信息化建设，提升应急物流服务能力。

进入"十三五"时期，国家进一步加大了对应急物流标准化建设的支持力度。2016 年，《中共中央　国务院关于推进安全生产领域改革发展的意见》印发，明确提出要加强应急物流体系建设，提高应对各类突发事件的物流保障能力。2017 年，国务院办公厅印发《国家突发事件应急体系建设"十三五"规划》，旨在提升应急救援和保障能力，其中强调了要逐步实现应急物流的标准化、模块化和高效化。

"十四五"时期，应急物流标准化建设进一步提速。2022 年，应急管理部发布《"十四五"应急管理标准化发展计划》，明确提出要提升应急管理标准供给效率，完善标准化管理机制，推动安全生产、消防救援、减灾救灾与综合性应急管理领域的强制性标准覆盖范围进一步扩展。同年，交通运输部办公厅印发《交通运输安全应急标准体系（2022 年)》，该体系涵盖了基础设施、交通装备、运输服务、智慧交通、安全应急保障和绿色交通等重点领域，进一步规范了交通运输领域的安全应急管理工作。《企业应急物流服务能力评估指标》行业标准也于 2023 年 7 月 7 日发布，为应急物流服务能力评估提供了依据。同时，国家也注重应急物资保障的规划与发展，《"十四五"应急物资保障规划》提出了到 2025 年建成全过程多层次应急物资保障体系的目标，并强调了体制机制法制的完善、储备网络体系的完善、产能保障能力的提升、调配运送的高效有序以及科技支撑水平的显著提高。

各领域的应急响应能力和安全保障水平不断提高，形成了更为完善的交通运输应急物流体系。铁路方面，通过强化实时监控和应急指挥调度系统，优化资源配置，提高了铁路网络的快速反应和运转效率。水路运输，则通过增强水上交通安全监管，提升港口和航道的安全保障，确保了风险评估和应急预案的制定，以应对可能的紧急情况。航空领域，机场和航空公司的应急响应机制得到了加强，提升了安全管理水平和处置突发事件的能力，保障了航空运输的畅通无阻。公路运输，通过改善路网结构和提高运输装备的标准化，增强了其应急保障能力，提高了其在紧急情况下的疏散和物资运输效率。同时，管道运输的安全监管和应急抢修能力也得到了加强，确保了能源和重要物资供应的稳定性。这些措施共同构建了一个多层次、高效协同的交通运输应急物流体系，以应对各种突发事件的挑战。

二、交通运输系统应急物流存在的主要问题

目前，我国交通运输系统应急物流仍存在以下主要问题。

（一）调度灵活性和跨方式协同不足

面对突发事件时，各种交通运输方式的调度系统缺乏应对紧急情况的灵活性。在应急物资运输需求激增的情况下，现有的调度系统往往无法及时调整运输计划，难以优先调配资源保障应急物资的运输需求。例如，铁路运输的时刻表固定，无法根据紧急物资的需求随时调整列车的运行顺序。公路运输虽然具备一定的灵活性，但在交通管制的情况下，运输车辆的调度也会受到影响。铁路、公路、水路、航空等不同运输方式之间缺乏有效的联动机制，难以实现快速转运和高效对接。这种协同不足直接导致应急物资在不同运输方式之间的衔接效率低下、物资配送时间被延误，影响应急救援的整体效果。

（二）信息共享与信息化水平不均衡

应急物流的快速响应不仅依赖于运输工具的调配，还需要多部门、多平台之间的信息共享与合作。然而，目前各交通运输系统的信息系统往往独立运作，缺乏统一的应急物流信息平台。应急事件发生时，铁路、公路、水路和航空运输的调度信息、车辆位置、物资状态等信息无法做到在不同系统之间实时共享，政府应急管理部门与各运输企业之间的信息沟通不畅，导致应急响应的速度较慢。此外，各运输系统的信息化水平参差不齐，有些领域的信息系统尚未实现数字化管理，难以支持应急物资的实时跟踪和智能调度。这种信息化水平的不均衡严重制约了应急物流的整体效率。

（三）专用设备和设施不足

针对应急物流中的特殊物资运输，如医药、冷链食品、危化品等，现有的运输和储存设备难以满足需求。例如，医用物资的运输通常需要特定的恒温车厢或冷藏设备，而现有的专用车厢数量不足，难以应对大规模的应急运输需求。仓储设施同样面临着容量和功能的双重限制，部分地区的应急物资仓储中心尚未配备足够的冷链设施，导致储存和转运效率较低。在港口、机场等关键节点，专用装卸设备的缺乏进一步影响了物资的快速装卸与转运。设备和设施的短缺，使得应急物资在运输和储存过程中遇到瓶颈，降低了整体物流效率。

（四）法律法规和应急预案不完善

目前，我国尚未在应急物流领域建立起较为完善的法律体系，整体规划不足，立法层面存在空白，特别是缺乏针对交通运输系统应急物流的专门性法规。现行的应急物流法规分散且碎片化，应急法案多是在问题发生后紧急制定的，各项法规之间衔接不足，缺乏统一的适用范围，甚至存在法规间相互冲突的情况。缺少根本性的应急物流法规作为参考和指导。在微观层面，应急物流配合政策严重不足，防疫初期各地"一刀切"的管控措施严重影响应急物流的有效开展。在宏观层面，尽管目前国内已经制定和实施了多项应急物流的行政法规，但这些法规层次较低，多以"通知"或"意见"的形式出台，无法为应急物流体系的运行提供高层次的法律保障。

（五）安全与自然条件限制

在应急物流过程中，由于时间紧迫，驾驶员往往在长途运输过程中超负荷工作，容易出现疲劳驾驶等状况。车辆故障、道路状况恶劣等问题也会给运输过程带来额外的安全隐患。在航空运输方面，机场资源紧张、起降航班数量受限，使得航空应急物流的运输能力难以充分发挥。水路运输容易受到自然条件的制约，如恶劣天气、洪水、冰冻等情况可能导致航道堵塞或船舶停航。这些安全和自然因素的限制，直接影响了应急物流的顺利开展。

（六）运输成本与运力限制

航空运输虽然速度快，但成本极高，且受限于运力，无法承担大规模的物资运输任务。公路运输企业众多但运力分散，无法形成统一的调度平台，各企业独立运营，缺乏协调和资源共享机制。同时，传统公路运输会受到各种道路限行政策的影响，导致应急物资调度效率低下。

三、交通运输系统应急物流发展展望

未来的交通运输系统应急物流将注重以下几个方面的发展。

（一）提升基础设施抗灾和快速恢复能力

未来的基础设施建设将重点提升抗灾能力和应急保障能力，包括基础设施本身的抗灾能力及其在发生突发事件时的应急物流保障能力。

基础设施自身的抗灾能力是应急物流的第一道防线。当灾害发生时，公路、铁路、航空和水路等交通网络的完好性直接决定了应急物资能否及时送达受灾地区。我国将建设更高标准的抗震公路和桥梁、设置铁路的应急绕道、在机场和港口建设中采用防洪和抗风设计。这些措施能够确保在灾害发生时，关键的物流通道仍然可用，从而保障救援物资的运输不受阻碍。

在突发事件发生后，基础设施对于应急物流的保障能力是迅速恢复社会秩序的关键。应急物流的核心在于快速、高效地将救援物资和人员送往灾区，而这依赖于交通网络的通畅性和恢复速度。因此，专门的应急物流运输通道将被规划和建设，这些通道在灾害发生时能够优先使用，确保救援物资能够第一时间送达。在许多国家的城市规划中，已经开始预留应急通道，这些通道在日常情况下可以作为普通运输线路使用，而在灾害发生时则迅速转变为应急物资专用通道。

（二）强化多式联运交通运输发展模式

应急物流的运转是一个复杂且系统化的过程，不可能依靠单一的交通运输方式完成，未来应急物流的交通运输将更加依赖多式联运，以应对复杂的运输需求。在《联合国国际货物多式联运公约》中，国际多式联运被界定为：根据国际多式联运合同，在至少两种不同运输方式的情况下，由多式联运经营人把货物从一国境内接管地点运至另一国境内指定交付地点的货物运输。采用多式联运能够有效提升应急物流网络的弹性和应对能力。

通过多式联运系统的优化配置，可以迅速调集和运输应急物资，确保关键物资的快速到达。同时，采用多式联运能够克服单一运输方式的局限性，提高应急物流的整体效率。在应急情况下，不同运输方式的优势可以互补，如铁路运输的高运量、公路运输的灵活性和航空运输的快速性，通过多式联运的方式，可以实现资源的最优配置和快速疏解。另外，多式联运还能够促进物流通道的系统化建设，提升应急物流的协同效率。通过建立完善的应急物流枢纽体系和全流程可追溯系统，多式联运能够实现物资运输的无缝衔接和全程透明，确保应急物资在复杂的物流网络中能够顺畅高效地流通。

（三）坚持应急物流技术化和智能化发展方向

应急物流强调时效性，需要强大的物质技术手段作为支撑，因此未来的交通运输系统应急物流体系将依托技术化和智能化的发展。在突发事件发生时，通过运用大数据和人工智能技术，实时采集和分析灾区的交通状况、物资需求、储备资源等信息，从而制定最佳的运输路线和配送方案。例如，在应急响应过程中，智能交通管理系统可以实时监测道路拥堵情况、天气变化和车辆运行状态，并结合历史数据进行预测，动态调整应急物资的运输路线，以避开受阻路段，提高运输效率。AI技术还能辅助指挥中心作出更准确的决策，如优先分配有限的物资、确定最佳的救援路径等，大大缩短了应急响应时间。物联网设备和传感器能够在应急物流运输过程中对货物状态、车辆位置和环境条件进行实时监控，确保救援物资的安全和质量。例如，通过RFID标签和GPS定位技术，可以实现对运输车辆的全程跟踪，指挥中心能够随时掌握物资的实时位置和运输状态，一旦发生异常情况，如车辆故障或道路阻塞，可以及时调整调度方案，避免延误。此外，区块链技术的应用也将加强应急物流的信息共享和安全性，使各方在数据上保持一致，避免因信息不对称导致的决策失误。

（作者：同济大学交通学院　袁泉　邹叶棵）

第三节　城市应急物流发展现状及展望

作为保障城市安全与社会稳定的关键环节，城市应急物流不仅涉及基础设施的建设与完善，还关乎应急响应能力和资源调配效率的提升。当前，我国城市应急物流体系在建设和运营中面临诸多挑战，如设施布局不均衡、应急物流资源不足、交通网络不完善等问题。未来，随着科技的进步和政策的推动，城市应急物流体系有望在资源整合、智能化管理以及协同合作等方面取得突破性进展，为城市应对各种危机提供更高效的保障。

一、城市应急物流发展现状

城市应急物流配送是指为应对自然灾害、事故灾难、公共卫生事件、社会安全事件等突发公共事件，由政府部门主导，以城市为主要服务范畴，追求时间效益最大化和灾害损失最小化的特种物流配送活动。作为应急物流的一个分支，城市应急物流最显著的特点是需要在高密度人口聚集的情况下，依托复杂的城市交通网络进行物流作业。

（一）城市应急物流主要特点

从配送物资角度看，城市应急物流配送具有三大功能：一是为受灾群众配送生活必需品，满足其基本生活需要，包括饮用水、食物、帐篷、医疗用品等；二是为受灾企业配送生产物资，满足其生产需要，如钢材、燃油、水泥等；三是将超出需求的物资、与需求不匹配的物资和废弃物资等，逆向回收至配送中心再作进一步处理。

城市的空间限制导致其人口密度较高，运输方式受到一定限制，使得应急物流在实施过程中需要更多考虑交通堵塞、行驶路线等问题。同时，城市应急物流处于应急物流配送链的末端，是最终将物资送达受灾群众手中的关键环节，需要满足更复杂更灵活的需求。相较于普通城市物流，城市应急物流具有突发性、不确定性、弱经济性和非常规性等特点。突发性，主要源自突发事件的时间、地点难以准确预知。这种不可预测性要求应急物流系统具备高度的灵活性和迅速反应能力。例如，地震等自然灾害难以预测，一旦发生并对城市造成巨大影响时，需要立即启动应急响应机制，将救援物资迅速送达受灾群众手中。不确定性，来源于突发事件的持续时间、影响范围及成灾强度等因素难以准确估计，导致应急物流配送的物资规模和配送范围存在较大不确定性。例如，新冠疫情期间，相关城市在多大范围内、多长时间内需要进行应急物流配送存在很大不确定性，需要根据疫情的实时情况进行综合研判和调整。弱经济性，是指城市应急物流在运营过程中更加注重时间价值和社会效益，而不是经济效益。正如习近平总书记所强调的，应时刻把人民群众的生命安全放在首位。因此，城市应急物流的核心任务是为受灾群众提供紧急所需的物资，确保其基本生活能够得到保障。非常规性，则指城市应急物流与常规物流在多个方面存在显著差异，如表 4－2 所示。

表 4 - 2 城市应急物流与常规物流差异

类别	城市常规物流	城市应急物流
主体	物流公司	物流公司 + 军队
目的	商业服务（营利性）	应急救灾（非营利性）
物资	常规物资	应急物资
成本	较低	较高
路线	固定	不固定
时间	充裕	紧迫

（二）城市应急物流基础设施现状

城市应急物流体系包括基础设施、城市配送等多个方面，基础设施是城市应急物流体系的关键要素和体系支撑，包括物流园区、仓储设施、交通网络等。为此，本节重点从基础设施方面对城市应急物流体系发展现状进行概述。我国城市应急物流基础设施经过多年发展，已经达到相当规模格局和发展水平。

1. 物流园区加速布局

物流园区是分布于城市周边的综合性物流基地，不仅提供传统的货物集散和储存服务，而且通过集成先进的物流技术，如自动化仓库管理系统和智能分拣线，实现了物流操作的高效率和高精准度。这些技术的应用，在应急物流中显得尤为重要，确保了在紧急情况下能够迅速调配资源，及时响应各类突发公共事件发生后城市居民生活、企业生产的物资需求。

据中国物流与采购联合会数据，截至 2022 年年底，全国物流园区数量超过 2500 家，运营园区数量超过 1900 个；截至 2020 年年底，全国 A 级物流园区数量已超过 1600 个，占地面积超过 1000 平方公里。这些园区普遍配备了高标准的仓库设施和信息管理系统，部分还设有保税仓库和跨境电商专用设施，极大地提升了应急物资的集散和处理能力。2006—2022 年历次调查全国物流园区数量情况如图 4 - 3 所示，2022 年物流园区建设状态占比情况如图 4 - 4 所示。

《国家物流枢纽布局和建设规划》依据区域经济总量、产业空间布局、基础设施联通度和人口分布等，选择 127 个具备一定基础条件的城市作为国家物流枢纽承载城市。规划进一步强化了物流园区在国家应急物流体系中的作用。据中国物流与采购联合会数据，截至 2022 年年底，在全国 1906 个已运营的物流园区中，有 1145 个分布在国家物流枢纽承载城市，平均每个城市运营园区数量为 9.0 个；有 761 个分

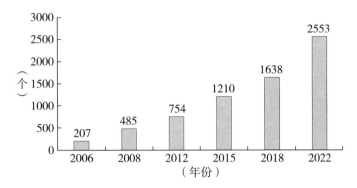

图 4 - 3　2006—2022 年历次调查全国物流园区数量情况

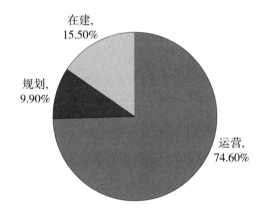

图 4 - 4　2022 年物流园区建设状态占比情况

布在非国家物流枢纽承载城市，平均每个城市运营园区数量为 3.3 个。这种分布模式，使得无论在大城市还是中小城市，都能迅速调动物流资源，形成有效的应急物资保障网络。

物流园区在应急物流中的作用不仅限于物资的储存和分发，还包括信息的快速传递和决策支持。许多物流园区建立了智能化的信息平台，能够实时监控物资流动状态，预测需求变化，为应急决策提供数据支持。《2021 智慧物流园区白皮书》中提到，智慧物流园区以智能化应用系统平台为支撑，将人、车、货、物等全面感知、数字连接并深度融合，实现绿色高效、业务增值、链式效益、协同生态，最终达成可持续发展。

2. 仓储设施稳步发展

截至 2022 年年底，全国营业性通用仓库总面积约为 12.2 亿平方米，较 2021 年增长 1.67%，2013—2022 年复合增速为 3.96%。从人均仓储面积来看，近年来我国人均仓储面积稳步增长，2022 年为 0.86 平方米/人，与发达国家相比仍有较大差距（见图 4 - 5）。

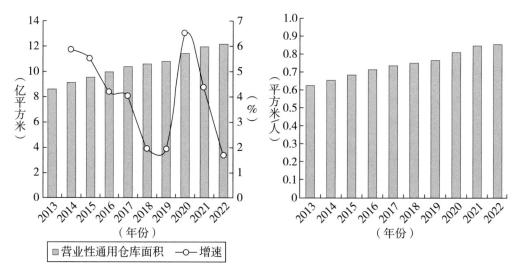

图4-5 2013—2022年中国营业性通用仓库面积、增速及人均仓储面积
资料来源：华经产业研究院。

物流仓储设施可分为低标仓和高标仓两大类别。高标仓目前没有全国统一的技术标准，通常具备较大面积、较高层高、较宽的柱间距和现代化的装卸平台，以及较好的安防系统。截至2022年年底，全国高标仓存量共计1.13亿平方米，2012—2022年高标仓存量复合增长率约27.4%，目前我国高标仓规模占整体仓储比重不足10%，发展空间巨大（见图4-6）。

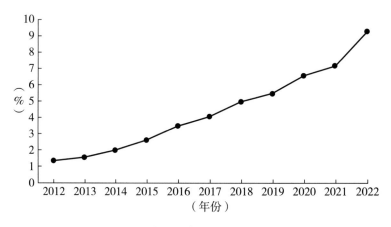

图4-6 2012—2022年中国高标仓规模占整体仓储比重情况

仓储物流行业是实体经济的重要组成部分，国家高度重视仓储物流高质量发展。首先，城市仓储物流设施作为重要的物资储备基地，在突发事件中能够迅速调配资源，确保物资的及时供应。其次，通过与生产企业、商超、医药企业等建立合作机制，能实时掌握救灾物资和生活物资的储备情况，为灾时物资供应配置提供有力保障。最后，城市仓储设施还能与运输配送部门紧密合作，确保应急物资的快速、准确、安全、及时配送。

3. 交通网络日趋完善

（1）道路交通网络

公路运输是城市运输的主要方式，因此城市物流使用的交通网络以道路交通网络为主。根据《中国主要城市道路网密度与运行状态监测报告（2023年度）》，截至2022年第4季度，全国36个主要城市道路网总体平均密度为6.4km/km²，相较于上年度平均密度6.3km/km²，总体平均值增长约1.6%。其中，深圳、厦门和成都3座城市道路网密度达到8km/km²以上，达到国家目标要求。共有13座城市达到7km/km²以上，较上年度增加3座城市，占比达36%。城市总体路网密度7.5～<8.0km/km²、7.0～<7.5km/km²两个区间比例较2021年度显著上升（见图4-7）。

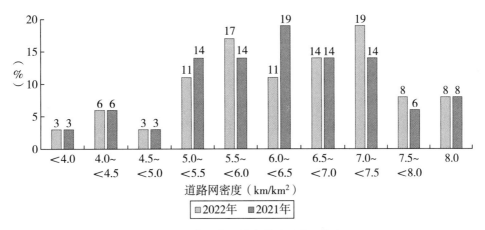

图4-7 全国主要城市道路网密度分布

在道路运行状态方面，2022年，全国36个主要城市在工作日高峰时段的平均运行速度为22.7km/h，较2021年提升了0.1km/h。然而，这一速度仍然显示出城市交通整体处于中度拥堵状态。具体而言，89%的城市（即32个城市）速度位于18～25km/h，部分平均速度低于20km/h的城市，如西安、济南、杭州等，呈现出较为严重的拥堵态势，进一步加剧了城市物流的困境（见图4-8）。

（2）轨道交通网络

近两年，国内一些城市已经开始尝试利用地铁系统进行货物运输，例如，北京市在2023年启动了利用地铁系统在非高峰时段运送快递的试点项目；深圳地铁集团与顺丰集团签署合作协议，利用晚高峰后的平峰期，通过地铁专厢将货物从市中心运输到西北郊。这一创新举措不仅在常规时期展现出其缓解交通压力和降低物流成本的优势，更显示出其在特殊时期作为应急物流交通工具的巨大潜力。地铁物流能够在城市面临

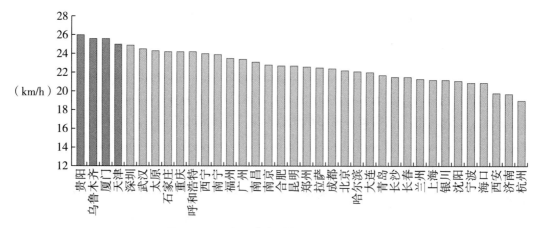

图 4 - 8　工作日高峰时段平均运行速度

突发公共事件，如疫情等紧急情况时，提供稳定而高效的物资运输保障。据交通运输部数据，截至 2023 年 12 月，全国共有 55 个城市开通运营城市轨道交通线路 306 条，运营里程达到 10165.7km（见图 4 - 9）。

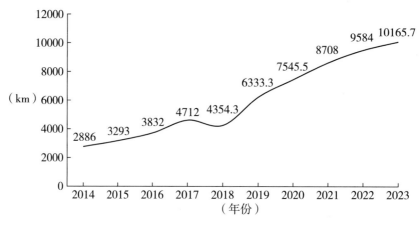

图 4 - 9　2014—2023 年中国地铁运营里程

根据顺丰前期用地铁运送快递的测试结果来看，地铁运输相比公路运输能节省更多时间。地铁物流的货运潜力，为城市应急管理提供了新的视角和解决方案，有助于提高城市在面对各种紧急情况时的物资保障能力。随着相关政策的推动和技术的不断进步，地铁物流有望在未来的城市应急物流体系中发挥更加关键的作用。

二、城市应急物流存在的主要问题

在新冠疫情防控过程中，城市应急物流体系暴露出许多问题，在人口密度较大的城市尤为突出。从新冠疫情视角来看，目前我国城市应急物流体系存在的主要问题如下。

（一）存在结构性和功能性短板，仓配应急协同不强

在物流园区和物流中心规划建设中，应急功能和设施的系统配置常被忽视，导致在应急情况下物流节点运作效率和适应性不足，仓储空间预留和优化方面缺乏前瞻性和灵活性，影响了应急物资的储存和中转。城市配送中心布局不完善，数量不足、类型单一且分布不均等问题突出。当前，城市主要依赖陆运配送中心，而水运和航空配送中心较少，港口码头和通用机场等基础设施未充分发挥作用。此外，物流企业的仓储和配送设施之间衔接不强，导致应急物流通道规划不足，替代性路线选择能力弱，灾情应对调整能力欠缺。交通拥堵、道路老化及群众设卡设限等因素进一步影响通道的畅通。

（二）应急物流配送预案欠缺，运行机制尚不完善

当前，我国在国家和省（区、市）层面的突发公共事件预案中，对应急物流配送的描述多为原则性，缺乏具体的实施细则，导致在疫情期间应急物资无法及时配送，物资闲置浪费现象严重。此外，各部门之间衔接不畅，地方政府缺乏管理指挥大规模应急物流配送的经验，致使应急物流在指挥流程、单位协作、职责分工、动员补偿、第三方评估等方面缺乏标准依据，物流企业间也缺乏有效的沟通协作机制，导致配送车辆和驾驶人员等资源无法共享和灵活调度。

（三）社区自组织能力不足，城市末端配送困难

疫情期间，由于严格的居家隔离措施，专业配送人员无法正常工作，导致城市末端配送环节出现显著的人员短缺。尽管有志愿者加入配送队伍，但由于缺乏相应的配送经验和专业知识，配送效率和准确性均受到严重影响。社区居委会、物业、志愿者和"团长"等多方协作和自组织优化的能力仍有待提高。社区居委会在统筹应急物流工作时，面临人员招募和调配的挑战；物业在物资消杀和信息反馈方面的作用需要进一步加强；志愿者在物资转运和分拣中的作用需要更加规范化和专业化；"团长"在物资品控和配送协调中的作用需要更加明确和高效。我国城市应急物流配送基本依赖劳动力，装备智能化水平低，劳动力返岗受限时，大批物资无法及时送达。虽然无人机、无人车、无人仓等智能化设施设备逐步投入使用，但其稳定性和场景多样性不足，尚

未实现大规模市场化应用。此外，末端配送信息系统的失效进一步加剧了配送的混乱和低效，物资来源的分散性和多频次、不定时到达的特性使得城市末端配送活动难以有序进行，严重影响了物资的及时分发和居民的基本生活保障。

三、城市应急物流发展展望

未来的城市应急物流体系将注重在以下五个方面发展。

（一）完善城市应急物流配送预案和运行机制

在未来的城市应急物流中，制定更加细致的操作指南和标准流程将起到至关重要的作用。详细的指导方针将涵盖从物资储备、运输路线规划到分发机制的各个环节，确保在突发事件发生时所有相关部门能够迅速而有效地协同工作。物流企业将具备更高的灵活性，能够根据实时情况快速调整资源调度方案，不仅包括物资的快速调配，还涉及人员的合理分配和运输工具的优化使用。通过运用先进的信息技术和大数据分析，实时监控物资流动情况，预测需求变化，从而提前做好应对准备。

模拟演练将成为未来城市应急物流体系中不可或缺的一部分。定期进行的模拟演练不仅有助于检验和完善现有的应急预案，还能提高各部门间的协作能力和应对突发事件的反应速度。通过模拟不同的紧急情况，参与者可以更好地理解各自的角色和责任，发现潜在的问题并及时修正。经验总结同样重要。宝贵的经验将为未来的预案制定提供实际依据，使之更加符合城市的实际情况。通过不断学习和改进，城市的应急物流体系将变得更加健全和高效。

未来的城市应急物流将是一个高度协调、灵活且不断进化的系统。通过细致的操作指南、标准流程、模拟演练和经验总结，能够有效提升城市面对各类突发事件的应急响应能力，保障市民的生命财产安全和社会的稳定运行。

（二）强化城市多功能应急物流中心建设

多功能应急物流中心的建设将成为未来城市应急体系的重要组成部分。这些中心不仅具备传统的仓储功能，还将集成先进的配送和分拣系统，以提升应急物资的处理效率。通过采用自动化设备和智能管理系统，可以实现物资的快速入库、储存和出库，确保在紧急情况下能够迅速响应。

城市多功能应急物流中心将优先考虑建在城市的核心区域或重要的交通枢纽附近。

这样的地理位置有助于实现对全城的快速覆盖，无论是日常的物流配送还是突发事件中的紧急调拨，都能够保证最高的效率。此外，核心区域还将配备临时应急物流站点，在第一时间内建立起来，并根据实际需求进行灵活调整和优化。为了进一步提升效率，物流中心将采用模块化设计，使得在不同的应急场景下可以快速调整内部布局和工作流程。例如，在自然灾害发生时，可以迅速增加临时储存空间和分拣区域；在大型公共活动中，则可以转换为支持大量物资分发的模式。信息技术的应用也是提升应急物流中心能力的关键。通过实时数据分析和云计算平台，物流中心能够准确预测物资需求，优化库存管理，并及时调整配送计划。同时，利用物联网技术，实现对物资流动的全程跟踪，确保透明度和可追溯性。

城市多功能应急物流中心的建设将极大地提升城市应对各类突发事件的能力。通过集仓储、配送和分拣于一体的综合服务，以及智能化、模块化的设计和管理，城市多功能应急物流中心将成为城市应急管理体系中不可或缺的核心设施，为保障市民安全和社会稳定发挥着至关重要的作用。

（三）突出城市物流交通系统韧性建设

在未来的城市发展中，韧性建设将成为物流交通系统规划的核心原则之一。城市规划者将重视应急物流需求，确保在面对自然灾害、公共卫生危机或其他紧急情况时，城市能够迅速恢复和维持其关键功能。为此，城市将突出设计并实施高韧性的基础设施和网络，提升整体抗灾能力和快速响应能力。

城市物流交通基础设施的布局将被优化，以提高其在应急情况下的功能和效率。包括对现有运输网络的改进，如增加备用路线、加强关键节点的建设和维护，以及提高运输系统的灵活性和可靠性。同时，城市将扩展物流基础设施的范围，不仅关注陆运系统，还包括水运和航空运输的发展。特别是港口和机场等战略位置，将被进一步开发成为重要的应急物资集散中心，以便在需要时能够高效地接收、储存和分发救援物资。

此外，城市将增强应急通道的建设，确保在紧急情况下物资能够畅通无阻地运送到受灾地区，例如，改善道路质量、增加桥梁的承载能力、设置专用的应急车道等。同时，仓储空间也将得到加强，通过建设更多的储备仓库和改进现有的储存设施，确保有足够的空间来存放食品、医疗用品和其他必需品。

（四）提升末端配送无人化、智能化水平

在未来的城市应急物流体系中，智能设备的应用将实现物资配送的革新。无人机将成为高楼密集区域物资投递的关键工具，能够快速穿梭于狭窄空间，直接将急需物资送至受困者手中。无人车则负责地面的高效配送任务，尤其在交通拥堵的城市环境中，可以灵活规避障碍，确保物资的及时送达。智能配送柜将被广泛部署在社区和商业区域，具备接收和存取紧急物资的功能。配备智能锁和实时监控系统的智能配送柜，将有效保障物资的安全和及时配送。通过无人化、智能设备的集成使用，城市应急物流将变得更加高效、灵活，并且能够更好地应对各种突发事件。

人工智能将在城市应急物流的末端配送中发挥重要作用。通过大数据分析，AI系统能够预测潜在的风险区域并提前部署资源。机器学习算法将帮助优化路线规划，减少配送时间。同时，机器人技术的进步也将使得装卸作业更加自动化，提高整体效率。

此外，虚拟现实（VR）和增强现实（AR）技术也将被用于应急响应训练和模拟演练，帮助应急人员更好地准备应对各种情况。通过这些高科技手段的结合应用，未来的城市应急物流体系将能够在面对自然灾害、公共卫生危机或其他紧急事件时，迅速作出反应，最大限度地减少损失和影响。

（五）加强社区参与应急物流保障

城市应急物流体系将加强社区层面的参与和组织，充分利用本地志愿者和社区工作者进行物资分发和协调。邻里间的互助机制将得到鼓励，以实现突发事件中的物资共享和资源调配。通过加强社区培训和组织，提高居民的应急意识和自我保护能力，同时提升居委会、物业和志愿者团队的协作效率，增强应对突发事件的能力。具体需要注重以下几个方面。

一是加强社区宣传。通过鼓励和宣传，使社区居民积极参与应急物流体系中，可以了解如何在紧急情况下协助物资分发和救援工作，这将有助于提高整个社区的凝聚力和应对突发事件的能力。二是互助机制。建立邻里互助机制，鼓励居民之间相互帮助，分享物资和资源，在突发事件发生时能够迅速发挥作用，为受灾群众提供及时援助。三是培训与教育。加强对社区居民的应急培训和教育，提高居民个人的应急意识和自我保护能力。同时，对居委会、物业和志愿者团队进行专业培训，提升其在应急响应中的协作效率和执行力。四是技术支持。利用现代技术手段，如智能手机、社交媒体等，建立高效的信息传递和沟通平台，将有助于在紧急情况下快速收集、分析和传递信息，确保物资能够准确无误地送达需要的地方。五是模拟演练。社区应定期组织模拟演练，检验和完善应急预案，通过实际操作发现潜在的问题和不足之处，并及时进行调整和改进。

城市应急物流体系的建设是一个长期而复杂的过程。通过加强社区宣传、建立互助机制、提高培训与教育水平、利用技术支持、制定详细预案、组织模拟演练等措施，逐步构建高效、灵活且具备强大应对能力的城市应急物流体系。

（作者：同济大学交通学院　袁泉　邹叶楪）

参考文献

［1］国家统计局．中国统计年鉴2023［M］．北京：中国统计出版社，2023.

［2］李世飞．铁路应急物流体系优化研究［J］．铁道运输与经济，2021，43（1）：29－33.

［3］陆海洲．铁路应急物流体系的研究［D］．成都：西南交通大学，2011.

［4］刘思琦．我国城市应急物流配送发展思路研究［J］．供应链管理，2024，5（5）：22－29.

第五章　重点行业领域应急物流

应急物流作为特殊紧急事态下的一种跨领域的非常态物流活动，其运行、管理、保障及其建设发展等，须立足于物流细分行业领域而开展。而煤炭、石化、粮食、医药卫生等行业领域是应急物流保障通常涉及的重点行业领域。本章从上述四个重点行业领域分别进行阐述。

第一节　煤炭行业应急物流发展现状及展望

煤炭作为我国能源消费的主要部分，其市场的稳定运行对于保障国家能源安全，促进国民经济健康平稳发展具有重要意义。近年来，煤炭行业和运输行业坚决贯彻落实党中央决策部署，全力组织煤炭生产，精心安排运输，有力地保障了社会对煤炭的需求，特别是在迎峰度夏和迎峰度冬的特殊时段，煤炭行业和运输行业挖掘生产潜力，优先调配运力，努力满足供给，平稳度过了需求高峰时段。

一、煤炭行业应急物流发展现状

（一）煤炭的生产和消费又创新高

1. 原煤产量小幅增长，增长速度放缓

我国能源资源现状为"富煤、贫油、少气"，原油、天然气对外进口依存度较高，基于对能源安全保障和降低对外依存度的考虑，煤炭在较长时间内仍是我国最经济安全可靠的能源。在保供政策的影响下，煤炭企业扎实推进煤炭增产保供工作，国内煤炭产量保持增长，根据国家统计局数据，2023 年全国生产原煤 47.1 亿吨，增长 3.4%，实现 8 连增，且连续 3 年创造历史新高。煤炭行业产区集中度提升，继续向晋陕蒙新等地区集中。2023 年，全国原煤产量过亿吨省份 7 个，比上年增加 1 个。其中，原煤产量超 10 亿吨省份仍是山西省（13.57 亿吨）和内蒙古自治区（12.11 亿吨）；原煤产

量在 1 亿吨至 10 亿吨省份 5 个，为陕西省（7.61 亿吨）、新疆维吾尔自治区（4.57 亿吨）、贵州省（1.31 亿吨）、安徽省（1.12 亿吨）和河南省（1.02 亿吨）。

2. 煤炭消费小幅增长

2023 年，随着经济复苏及煤炭价格的回调，煤炭消费量保持较快增长，全国煤炭消费量为 48 亿吨，同比增长 1.5%，占能源消费总量比重为 55.3%，比上年下降 0.9 个百分点。

分行业看：我国煤炭需求主要集中在电力、钢铁、建材和化工行业，四大行业耗煤总量占国内煤炭总消费量的比重近 90%。根据煤炭功能性分类，电力行业主要消耗动力煤，钢铁行业主要消耗炼焦煤，建材和冶金行业供热燃料主要以动力煤为主。2023 年，电力行业累计耗煤量为 27.5 亿吨，同比增长 11.5%；钢铁行业累计耗煤量为 7 亿吨，同比增长 3%；建材行业累计耗煤量为 5.2 亿吨，同比基本持平；化工行业累计耗煤量为 3.4 亿吨，同比增长 5.4%。

从煤炭需求地区来看：煤炭需求与经济的发展有着密不可分的联系。我国东部沿海地区、南方地区生产总值处于较高水平，对煤炭需求量较大。因此，煤炭消费大多集中在东部沿海地区、南方地区，特别是环渤海经济圈、长江三角洲和珠江三角洲地区。从我国火电（动力煤的最主要用途）发电量来看，除了"三西"地区外，山东、江苏、广东、河南、浙江等地的火电发电量较高，合计占全国比重达 30%，而合计煤炭产量仅占 6% 左右，需要省外煤炭弥补缺口。

（二）煤炭的库存和储备高于同期

1. 煤炭企业的库存高于同期

随着煤炭供需关系变化，煤炭库存呈季节性波动，冬夏用煤高峰期煤炭库存消耗较快，其他季节库储存备增加；此外，近年来建立健全煤矿产能储备制度政策的出台对煤炭库存提升也有一定的推动作用。总体来看，2023 年全国煤炭企业库存高于同期，进入暑期用煤高峰后，企业煤炭库存和北方港口库存开始呈下降趋势，但中国华能集团有限公司等六大发电集团库存仍维持在较稳定水平。

2. 储备基地加快建设

东北地区、"两湖一江"地区、川渝地区、沿海地区是缺煤大区，也是《"十四五"现代能源体系规划》确认的煤炭供应保障重点区域。2021 年以来，在能源电力保供形势要求下，四川高兴、湖北鄂西、河南豫西、蒙东等煤炭储备基地加快建成落地，形成了一定规模的政府可调度煤炭应急储备。

（三）煤炭运输物流通道四通八达

我国煤炭资源储量丰富，但分布极不均衡，区域集中度较高，呈现"北富南贫，西多东少"的格局。由于我国煤炭生产区域主要集中在内蒙古、山西、陕西和新疆等地，但下游消费区域主要是在华东和华南等地，煤炭供需之间存在错配，由此形成了"北煤南运""西煤东调"的格局。按运输方式划分，省间运输，由于运距较远，多采用铁路运输和水路运输的方式。其中，"西煤东调"多以铁路运输为主，"北煤南运"多以水路运输为主，煤炭省内销售由于运距较近，多以公路为主。目前，全国基本形成"九纵六横"的煤炭物流通道网络，其中铁路通道包含"七纵五横"，水路通道包含"两纵一横"。因此形成了铁路运输为主、水路或铁水联运为辅、公路运输作为补充的发展格局。

从主要产煤省的煤炭外运方式来看，"三西"地区中山西、陕西主要采用铁路直达的方式，而内蒙古煤炭外运以水路（包括铁水、公水联运）为主，陕西地区公路直达占比较高。河北、河南、山东、安徽等煤炭净调入省份，煤炭外运均以铁路直达为主。煤炭省内销售中，山西、陕西、山东等产煤省份主要采用公路运输方式，而内蒙古、河北、河南、安徽等省份综合采用公路、铁路等运输方式。新疆煤炭在满足疆内市场需求的同时，煤炭外运量也开始大幅增长。根据公开资料，2023 年疆煤外运量 1.3 亿吨。从运输方式来看，新疆煤炭外运以铁路为主，公路运输在疆煤外运中主要起补充作用。

1. 铁路运输基本满足需要

铁路以其运力大、速度快、成本低、能耗小和全天候等突出优势，一直是我国煤炭运输的最主要方式。2023 年，铁路部门认真贯彻国务院办公厅印发《推进运输结构调整三年行动计划（2018—2020 年）》，以京津冀及周边地区、长三角地区、汾渭平原等区域为主战场，大力推进大宗货物运输公转铁、增加铁路运输量。铁路煤炭发运量为 27.48 亿吨，同比增长 2.6%，铁路煤炭发运量占铁路货物发运量的比重和全国原煤产量的比重均保持在 50% 以上。

全国煤炭铁路运输形成了"七纵五横"的煤炭物流运输网络，"七纵"包括焦柳、京九、京广、浩吉、包西、南昆、兰新与兰渝；"五横"包括晋陕蒙外运通道北通路（大秦、神朔黄、蒙冀、丰沙大、集通、京原）、中通路（石太、邯长、山西中南部、和邢）和南通路（侯月、陇海、宁西），以及锡乌、巴新横向通路；贵州外运通道的沪昆通路。2023 年，几大运煤干线中，大秦线年运量为 4.22 亿吨，同比增长 6.4%；朔黄铁路为 3.48 亿吨，同比基本持平；瓦日铁路 1 亿吨，同比基本持平；唐包铁路 1.49 亿吨，同比下降 8%；浩吉铁路 9555 万吨，同比增长 5.5%。

2. 水路运输能力富裕

水路运输具有运价低、运力大、可直达用煤企业专用码头等优势。煤炭水路运输在省间煤炭销售中占比 30%，为煤炭外运的第二大运输通道，包括海路运输和内河运输两种方式。水路通道包含"两纵一横"，即沿海纵向通路（渤海湾—广州港）、京杭运河纵向通路（北京—杭州）以及长江、珠江—西江横向通路，满足华东、华中、华南地区煤炭需求。目前，沿海纵向通路形成以"秦皇岛港、天津港、黄骅港、京唐港、曹妃甸港"为主、"青岛港、日照港、连云港、营口港、锦州港、烟台港"为辅的北煤下水 11 港体系，对应东南沿海省份以电厂、钢厂等大型用煤企业自建的专用码头和公用码头组成的煤炭接卸港。

目前，我国沿海煤炭港口主要集中在"北方七港"，即秦皇岛港、天津港、黄骅港、唐山港（包括京唐港和曹妃甸港）、青岛港、日照港、连云港。"北方七港"与"三西"地区煤炭生产基地距离较近，且铁路运输便捷、地理位置优越，所以"北方七港"煤炭发运量占沿海煤炭发运总量的比重较大。其 2023 年上半年累计完成煤炭一次下水量 4.35 亿吨，在全国沿海港口煤炭一次下水量中占比 98%。内河运输主要包括长江、珠江—西江干线以及京杭运河。煤炭内河运输主要作为海路运输的补充，将来自晋、冀、豫、皖、鲁、苏及海进江（河）的煤炭由铁路、公路运至长江或运河的煤炭中转港或主要支流港中转后，用轮驳船运往华东和沿江（河）用户，目前在煤炭水路运输中的占比较小。

3. 公路仍发挥着重要作用

公路运输具有灵活方便、门到门的特点。主要作为铁路运输的补充，承担产煤地及周边省份煤炭短途运输，或铁路、港口煤炭集疏运输。汽运运煤的运距多在 1000 公里以内。截至 2023 年年底，全国 12 吨以上营运车辆（含挂车、危险品运输车辆等）共计 876 万辆。截至 2024 年 1 月，共计 293 家公路运输企业承运煤炭。公路运输解决了货到门的问题，对于铁路覆盖不到的区域或省内短途运输，公路通道仍能发挥重要作用。目前，煤炭公路运输包括地销汽运和外销汽运两部分。其中地销汽运占省内销售比例较高，而外销汽运比例占比较低。

二、煤炭行业应急物流存在的主要问题

总体上看，近年来我国煤炭市场体系质量稳步提升，应急保供能力不断增强，运

输供给能力进一步提升，可以满足需要。但随着国际能源形势日益错综复杂，国内煤炭供需格局深刻变化，考虑不断增加的极端天气、突发性事件、新能源出力等不确定因素，我国煤炭市场还可能存在区域性、时段性、品种性的煤炭供需错配情况，主要原因有煤炭储备建设及管理能力不足、煤炭综合物流能力不强、煤炭进口保障能力存在短板等。

（一）储备能力还有缺口

煤炭储备本身具有一定公益属性。高比例的煤炭储备能力建设面临煤质下降、自燃、环境污染、基地占地面积大和建设成本高等问题，煤炭储备能力建设存在建设资金、储备资金以及二次倒运物流资金的三重压力，目前尽管各级政府给予资金支持，但很难有效覆盖储备项目成本。国有企业作为社会资本落实煤炭储备能力建设任务的主力军，面对经营绩效考核压力，企业在落实煤炭储备能力建设工作中难免意愿不强，推进速度比较缓慢，与政府可调度煤炭储备目标相比，煤炭储备能力仍存在较大距离。

（二）公路运输还有压缩空间

煤炭主产区公路运输仍占相当比例，根据货运车辆行驶轨迹分析，2023年，山西、陕西、内蒙古、新疆公路运输煤炭车次量分别为2445.8万辆车次、685.2万辆车次、1399.0万辆车次、1014.2万辆车次。山西、陕西、内蒙古、新疆公路运输煤炭跨省外运车次量分别为471.7万辆车次、258.4万辆车次、279.9万辆车次、43.7万辆车次，占比分别是19.3%、37.7%、20.0%、4.3%。一些省份出省公路运输比例明显偏高。

（三）铁路运输通道形成但部分通道能力饱和

"三西"地区煤炭外运铁路陇海线西安至郑州段、包西线西安至张桥段能力利用率已达100%。大准线、神朔线、朔黄线、石太线石家庄至衡水段、新日线新乡至月山段及兖州北至日照段、陇海线郑州至徐州段、浩吉线陶利庙至坪田段、包西线延安北至包头段能力较为紧张。新疆地区煤炭外运铁路临哈线临河至额济纳段、兰新线嘉峪关至武威南段、格库线、敦煌线敦煌至柳沟段能力利用率已达100%，兰新线乌鲁木齐至吐鲁番段和哈密至嘉峪关段、陇海线兰州至西安段、南疆线阿克苏至和田段能力紧张。

（四）铁路专用线的作用有待进一步发挥

全国铁路共有铁路专用线7300多条，运营里程达3万多公里。在日常运输当中，铁路专用线在发送大宗物资方面发挥了重要作用，但同时也有不少铁路专用线没有运量，需要进一步加强运输组织，充分发挥好铁路专用线"毛细血管"的作用，降低运输成本。

（五）煤炭综合物流能力仍然不强

我国铁路、公路、水路等各种交通运输方式一直采用相对独立发展的模式，缺少一体化融合发展，导致在煤炭物流中存在集疏运配套体系不完善、中转环节多、铁路运力投放不足和部分铁路干线运能不足等问题，在恶劣天气多发、发生突发事件等极端情形下，"向上弹性生产"，快速释放储备产能。应急释放的储备产能需要及时运输到消费地，这都对煤炭物流能力提出了更高要求。

三、煤炭行业应急物流发展展望

我国正致力于完善"九纵六横"的煤炭物流通道网络，以晋陕蒙煤炭外运为主，强化铁路和水路运输的主导地位，同时优化公路运输作为辅助手段。到2025年，晋陕蒙煤炭主产区大型工矿企业中长距离运输（运距500公里以上）的煤炭和焦炭中，铁路运输比例力争达到90%。我国煤炭运输体系正逐步优化，通过铁路、水路和公路的有机结合，形成了覆盖全国的煤炭物流网络和应急网络，为煤炭行业的可持续发展提供了坚实的物流保障。

（一）铁路煤炭运输能力进一步提高

进一步优化运煤通道，加快煤炭通道中饱和和能力不足区段建设，通过新建、电气化改造和重载等措施，提高运输能力。

（二）铁路运输需求进一步增加

根据交通运输部印发的《综合运输服务"十四五"发展规划》，建设晋陕蒙煤炭主产区运输结构调整示范区，大力推进区域内货运铁路和铁路专用线建设。到2025年，山西、陕西、内蒙古（呼包鄂地区）大宗货物年货运量150万吨以上且有出省运输需求的煤炭矿区和煤炭物流园区铁路专用线或专用铁路接入比例将大幅提升，出省（区）运距500公里以上的煤炭和焦炭铁路运输比例力争达到80%左右，进一步刺激了铁路运输需求。

（三）强化运行监测和科学统筹调度

加强矿路港航电等全链条的运输组织，补齐煤炭物流各环节短板，确保煤炭运输顺畅；推动建立津冀四港的协调联动机制，推进津冀航道、锚地资源共享共用，及时有效应对各种突发事件，提升北煤南运系统安全可靠性。同时确保北方煤炭装船港装船能力适度超前，提升北煤南运系统安全可靠性。

（四）煤炭中长期合同将被普遍运用推广

推进煤炭销售实行中长期合同制度。电煤消费是煤炭消费的重要组成部分，占据50%以上。煤炭和电力企业签订中长期合同并提高合同履约率有助于实现均衡运输，减轻高峰时段的铁路运输压力。相信这一制度将被推广到冶金、建材、化工等行业。

（作者：中国物流与采购联合会能源供应链分会）

第二节　石化行业应急物流发展现状及展望

我国作为全球最大的石化产品消费国和生产国，在石化行业应急物流领域面临诸多挑战与机遇。本报告通过概述石化行业物流运行情况，探讨石化行业应急物流的运输、仓储现状及存在的问题，展望石化行业应急物流的未来发展趋势，并提出加强数字化技术应用、完善应急管理体系、提升应急管理专业团队等策略，以推动石化行业应急物流的健康发展。

一、石化行业应急物流发展现状

作为我国国民经济的支柱产业，石化行业近年来保持稳定快速发展，石油化工产业步入快速发展轨道，综合实力显著增强，构建了世界最大规模的化工产业体系，不仅保障了国内能源安全，还成为全球石化产品的重要生产和消费中心。但化工行业的特殊性和高风险性对应急物流管理提出了更高要求。

（一）石化行业应急物流需求快速增长

石化物流作为石化产品供应链的关键环节，正经历着快速增长与深刻变革。面对石化加工与需求地之间的长距离运输挑战（平均超 2200 公里），以及全球能源危机推动的运输需求增加，石化物流体系不断扩展，涵盖运输、仓储、装卸、配送及信息平台服务，成为连接供需双方的重要纽带。2014—2024 年，石化物流市场规模显著扩大，从 2014 年的 1.1 万亿元到 2023 年的 2.4 万亿元左右，预计 2025 将至 2.84 万亿元，年均增速达 7% 左右，企业数量持续增加，从 2022 年的 1.34 万家增长到 2023 年的 1.46 万家。石化危化品物流以中小型、自营企业为主导，企业规模普遍偏小且集中度不高，其中自营模式占据市场七成份额。2023 年，全国危化品货物道路运输企业数量达 1.27 万户，以车辆规模划分，中小规模企业（车辆数在 100 辆以下）占比高达六成以上，反映了石化物流"小、散、弱"的现状。

统计数据显示，我国 95% 的危险化学品涉及异地运输问题，由此引发的公路运输事故占到了危险化学品事故总数的 30%～40%，装运危险化学品的槽（罐）车在其中占了绝大多数。如果危化品罐车发生泄漏事故，将造成财产损失或人员伤亡，做好事前预防、防范化解危化品运输过程中的重大风险就显得十分必要。2021 年 7 月 14 日，中石化销售股份有限公司华南分公司管理的贵阳至重庆段成品油管道桐梓县新站镇捷阵村段发生柴油泄漏，因缺少应急预案，导致约 289.91 吨柴油泄漏，造成直接经济损失 148.73 万元，并导致 119 公里河道石油类超标。同年 5 月，中石化上海石化公司发生"5·29"爆燃事故，由于在停车检修期间未关闭 7 号裂解炉进料管线盲板的上、下游阀门，相关人员在未完成"盲板抽堵作业许可证"签发流程的情况下开展作业，造成轻石脑油高速泄漏并发生爆燃，导致 1 人死亡、5 人重伤、8 人轻伤。上述事故的发生说明我国石油化企业的应急管理工作亟待加强，而应急物流是突发事件应急处置工作的重要环节，是防止事故发生、有效控制事故规模、减小事故损失的重要措施。因此，建立一个高效、合理的应急物流系统具有重要的现实意义。

（二）石化行业应急物流救援基地建设不断强化

全国危化品物流应急救援基地包括三峡应急物流中心、连云港应急救援抢险大队、古雷石化园区应急救援基地、中化舟山危化品应急救援基地等。三峡应急物流中心是我国首个应急物流实验基地，位于宜昌，主要应对三峡库区频发的自然灾害与公共突发事件，承担应急帐篷和应急装备等产品的定点生产任务。连云港应急救援抢险大队，经过扩编组建，被命名为国家危险化学品应急救援连云港队，拥有 5 支队伍约 200 名指战员，配备海、陆、空全方位应急救援装备，主要承担连云港石化产业基地的安全发展及我国东部沿海危化品海上运输大通道的安全保障。古雷石化园区应急救援基地，位于福建省，是国家危险化学品应急救援古雷队的所在地，承担着危险化学品应急救援的重要任务，是保障区域安全的重要设施。中化舟山危化品应急救援基地的主要任务是承担大型储罐全液面火灾的扑救，以及驻地周边陆地和海上危险化学品事故灾害的救援任务。应急救援能力辐射周边500公里，覆盖整个长三角城市群，具备处理10万立方米大型原油储罐全液面火灾、海上危化品船舶火灾、悬水小岛油库火灾等复杂救援场景的能力。此外，还能协助完成海上救援、城市内涝等其他类型的事故灾害救援。这些基地的建设和运营，对于提升危化品物流应急救援能力、保障国家和人民的生命财产安全具有重要意义。

（三）石化物流应急救援队伍不断壮大

石化物流应急救援队伍是国家综合性常备应急骨干力量的重要组成部分。全国现有石化物流应急救援队伍1193支6.87万余人，包括矿山救援队378支、危险化学品救援队560支、隧道救援队13支、油气救援队66支、水上救援队24支、其他专业救援队（城市燃气、地铁、金属冶炼、电力抢修等）152支（见图5-1）。应急管理部牵头规划，在重点行业领域依托国有企业和有关单位建设了113支2.5万余人的国家安全生产应急救援队伍，覆盖全国31个省区市及新疆生产建设兵团，涵盖矿山、危化、隧道、油气、专业支撑保障等领域，配备了大功率潜水泵、大口径钻机、高喷消防车、水上消防船、无人机等先进救援装备（见表5-1）。国家安全生产应急救援队伍是国家常备应急骨干力量，是矿山、隧道施工、危化、油气开采和管道输送、城市轨道交通运营、建筑施工等重点行业领域事故灾害救援不可或缺的中坚力量。

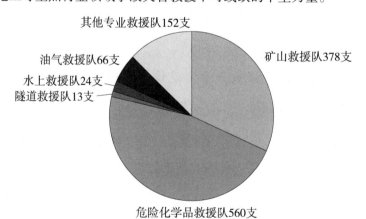

图5-1 石化物流应急救援队伍

表5-1　　　　　　　　　　　各地石化应急救援队伍　　　　　　　　　　单位：支

序号	行政区划	分计	矿山	危化	隧道	油气	专业支撑保障
1	北京	6	1	1			4
2	天津	2		1		1	
3	河北	4	2	1		1	
4	山西	5	3	1	1		
5	内蒙古	5	4	1			
6	辽宁	6	3	2		1	
7	吉林	3	2	1			
8	黑龙江	5	2	3			
9	上海	1		1			
10	江苏	5	1	2		1	1
11	浙江	2		2			
12	安徽	3	2	1			
13	福建	3	1	2			
14	江西	2	1	1			
15	山东	6	2	3			1
16	河南	4	3	1			
17	湖北	3	2	1			
18	湖南	3	2	1			
19	广东	4		3		1	
20	广西	1	1				
21	海南	2		1		1	
22	重庆	4	1	1	1		1
23	四川	6	2	2	1	1	
24	贵州	6	4	1	1		
25	云南	4	1	1	1	1	
26	西藏	1			1		
27	陕西	3	1	2			
28	甘肃	3	2	1			
29	青海	2	1	1			
30	宁夏	2	1	1			
31	新疆（兵团）	7	4	1		2	
	合计	113	49	41	6	10	7

（四）数智化技术支撑提升石化行业应急物流保障能力

目前，中国石油和化工产品品种超过4.2万个，其中80%以上是危化品，为石化行业应急物流的发展带来了巨大的市场需求。随着新型信息技术的发展，石化行业应急物流也正朝着数字化、网络化、智能化方向发展。在石化行业应急物流管理中，可以通过一些关键技术装备来提高物流效率和安全性，例如，自动化装卸设备，如自动导引车（AGV）；智能监控系统，如车辆的GPS定位和追踪；信息化管理系统，如ERP、WMS、TMS等，以及一些安全防护设备、数据分析和优化工具、智能调度系统和环境监测设备等。大数据、5G通信技术等在石化行业应急物流管理中的应用，推动了行业的技术创新和运营模式的变革。

从政府视角来看，工业和信息化部等国家部委和浙江、上海、北京等省区市都建立了危险化学品信息平台，推进石化应急物流信息化。全国危险化学品监管信息共享平台依托国家政务外网共享交换平台，建立危险化学品生产（含进口）、储存、使用、经营、运输和废弃处置企业大数据库，实现危险化学品全生命周期信息化安全管理及信息共享。通过加强重大复合灾害事故动力学演化与防控、重大自然灾害及灾害链成因、预报预测与风险防控等基础理论研究，提高应急供应链的科技支撑能力，利用人工智能技术优化应急物流路径、提高仓储自动化水平，应用区块链技术提高应急物资溯源能力和供应链透明度。

浙江危险化学品企业安全风险预防大数据平台通过构建开放式的全省危险化学品风险预防大数据平台，让大数据为监管部门打造全员、全过程、全天候风险管控链和责任落实链服务。通过各环节数据汇总、分析研判，在政务网和公安网进行统一的界面展示，为安全监管提供数据参考；通过通知通告、信息提示等方式，布置相关工作任务；研发各类数据模型，实现智能比对、智能预警；提供物品性质查询、法律政策梳理等方式，发挥教育培训作用；基于监督检查等数据，建立安全评价体系。

（五）石化行业应急物流政策不断完善

我国危险化学品行业迅猛发展，已成为世界第一化工大国。近年来危险化学品事故时有发生，为有效控制事故发展，避免人员伤亡扩大，石化行业应急物流政策不断完善。近年来，在应急物流领域制定了一系列政策法规，为行业的健康发展提供了有力保障。从《中华人民共和国突发事件应对法》到《国家突发公共事件总体应急预案》，再到各类地方性法规和细则，这些法规不仅规范了应急物流的管理和操作，还提高了应急响应的速度和效率。国务院印发了《物流业发展中长期规划（2014—2020年)》，把应急物流工程列为十二项重点发展工程之一。2019 年 2 月 17 日国务院颁布的《生产安全事故应急条例》，2020 年 2 月 26 日中共中央办公厅、国务院办公厅印发的《关于全面加强危险化学品安全生产工作的意见》等政策文件，对危险化学品应急物流提出了新要求。

二、石化行业应急物流存在的主要问题

石化及危化品物流正面临供求格局巨变与全球能源转型的双重挑战。化工产业园区化加速，我国正打造五大世界级石化产业集群，危化品供应趋向集中。同时，氢能等新能源发展加速，对物流提出更高要求。此外，危化品物流市场不统一不规范的现象仍然较为突出。危化品物流的危险性大、规模效应强、专业化要求高，但目前国内大多数危化品物流公司经营实力相对较弱，危化品专用车辆较少，运营企业的规模普遍较小，缺乏规模较大的运输和仓储企业，行业市场结构不尽合理。石化行业应急物流已具雏形，但石化行业及危化品物流安全风险隐患依然突出，应急物流资源配置、网络体系、管理机制等仍然需要加强建设。

（一）应急物流资源不清，应急物流成本较高

一是系统内的应急资源不清，不能实时动态掌握。在企业中，应急物资资源的采购由各业务部门自行决定，资源的储备和管理均由购买方负责。虽然一旦事故发生，这些资源可统一调度，但在应急资源配置和调度方面会存在一些问题。各作业单位会根据自身的需要采购和储备应急资源，而不会从整个公司的需要以及与其他作业单位的相互调剂和利用的角度来考虑。这种分散采购和储备的方式必然会带来较高的成本，也容易产生浪费。另外，由于各作业公司的应急资源在不停地更新，一旦发生突发事件，无法及时准确地掌握实时信息，会产生调度的混乱。若需紧急采购，不仅会延误救援，也会增加采购成本并产生浪费。二是外部社会应急物流资源不明确，缺乏协调机制，突发事件时只能高成本紧急调动资源，延误救援并可能扩大损失。

（二）应急物流救援设施设备依然比较缺乏

一是物资装备储备数量不足。一些地方应急救援物资储备品种单一、数量有限，

也没有通过合同储备、能力储备等方式与企业建立储备机制，这就导致应急救援物资中的特种设备和智能装备少，普遍没有配备长臂挖掘机、远程或人工智能挖掘机、装载机、全自动架桥机等现代化设备。二是装备可靠性不足。一些地方的应急救援物资储备品仅满足平时使用需求，但没有应对特殊环境和极端天气的预备方案。例如，个别班站仓库采用电动卷帘门，外部无法人工手动打开，一旦断电或电机损坏则无法启动。危化品品类多达 2828 种，事故应急救援体系的建立，至少应该包括，如统一标识、应急指南卡、初始隔离和防护距离、特殊物质特殊反应介质处置方法、消防及泄漏管理、应急联系等。

（三）危化品应急物流全流程指挥体系不健全

石化行业应急物流管理涉及应急、公安、交通等多个部门，也关系到制造商、物流商等多个利益主体。目前，危化品应急物流管理的多方联动机制不足，往往"单打独斗""埋头干活"。当前，我国危化品应急救援体系处在非常尴尬的地步，很多相关法律法规还只是存在于纸面上，真正切实可行的成熟体系还未建立。

在事前环节，危化品应急物流指挥的事故预警感知能力不足、信息收集和处理自动化程度不够，突发事件信息和战时信息主要依靠电话告知和人工采集，无法自动筛选、比对和预警应急管理系统中的各类信息。尽管石化行业物流的各种信息系统、App 众多，但这些信息系统数据尚未互联互通，亦无信息异常预警功能，大多只具备信息展示功能。例如，可以进一步挖掘高速公路沿线门架和高速服务区监控所获取的车辆通行信息，根据区间内车辆通过门架的时间是否存在异常情况，来预警路面上是否存在车辆故障、交通事故或异常事件。外部信息获取能力不足。与高德、百度导航运营商、电信运营商合作不够密切，未能有效利用导航运营商采集到的车辆速度异常信息，对道路突发情况预警。

在事中环节，一是应急救援保障运力配置欠缺，还没能实现对应急资源数据的集中管理，应急救援基地还未形成网络体系，应急处置专业队伍不够充实，容易造成二次事故。二是缺乏统一的应急物流组织机构，组织指挥绩效低。由于危化品物流一般具有跨区域的特征，没有建立完备的应急预案；在进行紧急救援时，各类救护力量的申请和派遣程序相对复杂，没有建立精简的派出程序，没有以紧急救援任务为核心来形成强大合力，而致使紧急处置的时效性不高；信息系统不够完善，信息报告不及时，由于没有建立一个信息发布和共享平台，无法准确掌握紧急情况详细资料以及所需物资的生产和分布情况，对运力的数量和状况不清楚，分析判断不准确，无法制定出正确的应急物流决策。

在事后环节，应急物流管理效果评估机制不完善。缺乏对已处理的事件及关联的关键信息进行查询与回溯，依据应急事件相关的评估指标体系，从事前预防、事中处置、事后恢复环节对整体应急过程进行评价评估，生成应急能力评估报告，并进一步完善预案及处置方案内容。

（四）企业危化品应急物流管理制度亟待完善

危险化学品物流领域面临着严峻的安全挑战，其过程涉及高度危险性的物质，近年来事故频发，暴露出风险辨识不全、管控不力、救援效率低等深层次问题，安全生产形势依然严峻。据统计，仅 2022 年危化品道路运输事故就高达数百起，涉及多种类型，凸显了物流环节安全事故的多样性和复杂性。

企业是石化行业应急物流建设的主体。但企业对危化品应急物流管理制度不够重视，亟待完善。第一，应急管理不到位，包括未依法建立专门的应急救援组织，应急装备、器材和物资配备不足，以及应急预案编制不规范且针对性和实用性差。第二，实战处置能力不高，现场人员未能及时采取有效措施防止事态恶化，救援能力不足，导致事故扩大。第三，应急教育培训不足，员工对于事故前的异常征兆不能做出正确判断，一旦发生事故不能迅速采取有效措施。第四，应急物流资源配置和管理不规范，包括应急物资储备不足、物资配置不科学合理、应急物流网络建设不完善，以及缺乏有效的应急物流信息平台。第五，应急器材的配置与使用也需进一步优化，以确保其适应不同化学品的特性，并在关键时刻发挥效用。

三、石化行业应急物流发展展望

石化行业是国民经济的重要支柱，是现代经济体系的重要支撑。高水平统筹发展和安全为应急物流发展提供了新指引，未来随着智慧物流、智慧园区等新兴产业的兴起，智能仓储、车货匹配、无人机、无人驾驶、无人码头、物流机器人等领先技术将得到更广阔的应用，助力石化行业应急物流快速发展。

（一）危化品安全管理政策加强化石化行业应急物流全链条管理

2022 年 1 月 5 日，国务院安全生产委员会印发的《全国危险化学品安全风险集中治理方案》指出，要围绕生产储存、交通运输、废弃处置、化工园区四个关键环节，提升危险化学品安全风险数字化智能化管控水平。2023 年 3 月，应急管理部发布《危险化学品重大危险源企业双重预防机制数字化应用提升工作方案》，旨在利用数字化应用来提升危险化学品企业的管理水平和安全防范能力。随着国家和地方政府相关政策的不断出台，未来石化行业应急物流管理将会更加注重全链条、全主体、全周期和全要素整合。

（二）数智化技术助力石化行业智慧应急物流管理体系建设

供应链数字化转型发展迅猛，预计到 2025 年我国供应链数字化服务的市场规模将达到 4.1 万亿元。2022 年，石化行业的生产设备数字化率和数字化生产设备联网率分别达到了 58.0% 和 57.0%，高于原材料行业平均水平 3.0 个百分点和 4.6 个百分点，工业云平台应用率达到 53.4%，位居制造业各主要行业前列，化工供应链数字化将迎来新发展机遇。随着化工企业数字化转型和一体化物流服务需求提升，危险化学品物流也需要提升数字化水平、加强高质量一体化服务。通过数字化技术，建立权威的数字化安全监管平台和人工智能技术，将大大提升石化行业应急物流管理能力，实现石化行业的应急智慧物流体系，为石化行业可持续发展以及提升危险化学品流通和安全提供有效手段。

（三）治理能力现代化引导石化行业应急物流管理体制机制更加明晰

党中央持续推进国家治理体系和治理能力现代化，石化行业应急物流顶层设计不断强化，公安、应急、交通、生态、消防等部门的任务分工进一步细化，明确处置流程、配合事项，确保第一时间启动应急机制、处置突发情况。

危险品管理在内的安全管理体系持续完善。应急救援基地、应急救援队伍统筹管理水平不断提升。一方面，科学合理储备应急资源，加大长臂挖掘机、动力舟桥、远程操作装载机等智能化设备的储备；另一方面，充分利用社会应急资源。公路部门与装备企业、当地施工企业、建设项目参建单位签订战略合作协议，平时给予一定设备保养费，战时接受相关部门的征集调用。

各地依托高速公路、铁路沿线政府消防救援专职队，打造高速、国道沿线危化品运输事故处置专业救援队，建立危险化学品运输车事故快速处置小组，重点配齐危化品事故处置个人防护、防冻防护、远程侦检及灭火机器人等装备。同时在事故易发多发路段合理规划布局危化品车辆排空点，确保能够就近快速开展先期处置。全面摸排危险品道路运输企业市内运力情况，建立车辆信息库，并与相关企业建立联动机制；

沿线各县（市、区）通过合作协议、租赁等方式，加强救援车辆装备和物资储备，确保随时调度参与处置。

（作者：北京物资学院　张喜才）

第三节　粮食行业应急物流发展现状及展望

习近平总书记在多个场合强调，粮食安全是国家安全的重要基础，在任何时候都要确保中国人的饭碗牢牢端在自己手上。确保粮食安全，不仅要着眼平时，还要提升应急保供能力，系统梳理生产、加工、流通、储备、贸易等方面可能存在的风险点。当前国际风云变幻、大国博弈和地缘政治冲突加剧，粮食战略化属性增强，叠加世界范围多地频发的自然灾害和极端天气等因素，给我国粮食安全带来诸多挑战。粮食行业应急物流是指针对粮食应急保供现有及潜在风险，健全粮食应急预案、体制、机制和法制，强化粮食储备、物流调度和应急加工能力，在事发时能够迅速组织储备粮及其制品的应急调度能力，满足受影响地区和民众的饮食需求，确保突发事件下的粮食安全。近年来，我国社会始终保持稳定，粮食和重要农副产品稳定供给功不可没，有效抵御了新冠疫情等重大风险考验和国际粮价大幅波动的冲击，彰显了我国粮食应急保障体系较强的韧性。

一、粮食行业应急物流发展现状

（一）粮食应急管理体制不断健全

2023年12月29日国家公布《中华人民共和国粮食安全保障法》并于2024年6月1日施行，确定国家建立统一领导、分级负责、属地管理为主的粮食应急管理体制。县级以上人民政府应当加强粮食应急体系建设，健全布局合理、运转高效协调的粮食应急储存、运输、加工、供应网络，必要时建立粮食紧急疏运机制，确保具备与应急需求相适应的粮食应急能力，定期开展应急演练和培训。国务院发展改革、粮食和储备主管部门会同有关部门制定全国的粮食应急预案，报请国务院批准。省、自治区、直辖市人民政府应当根据本行政区域的实际情况，制定本行政区域的粮食应急预案。设区的市级、县级人民政府粮食应急预案的制定，由省、自治区、直辖市人民政府决定。

国家建立粮食市场异常波动报告制度。发生突发事件，引起粮食市场供求关系和价格异常波动时，县级以上地方人民政府发展改革、农业农村、粮食和储备、市场监督管理等主管部门应当及时将粮食市场有关情况向本级人民政府和上一级人民政府主管部门报告。

（二）粮食应急物流网络日趋完善

目前，我国已建立八大粮食通道和"两横六纵"八条粮食物流线路，形成了以"公＋铁＋水多式联运"为纽带的现代粮食物流网络，粮食跨省调拨集散能力明显提升，应急储备能力进一步增强，应急保供网络进一步完善。涵盖储运、加工、配送、供应等全链条的粮食应急保障体系基本建立，成为保障国家粮食安全的重要支撑。到2022年年底，全国共有粮食应急加工企业6584家、应急储运企业4846家、应急配送中心3542家、应急供应网点56495个，形成了遍布全国的粮食应急保供网络。应急加工能力每天可达到164万吨，能满足全国人民2天的需要。除充足的原粮储备外，36个大中城市及市场易波动地区成品粮油库存保障能力都在20天以上。各地积极创新粮食应急物流运输方式，加强城市、社区、城际、农村配送的有效衔接，形成由都市区"1小时"、周边城市"3小时"、城市群"5小时"构成的"全国粮食135应急保障圈"。

整合不同运力物流资源，构建粮食应急运输绿色通道，形成大通道不中断、服务网络不间断、城配一体化的一张网。骨干粮油企业、快递电商末端物流配送能力不断强化，积极推进集装单元化、智能投递设施、无人配送车（机）等设施，粮食应急物流效率不断提升。

（三）粮食应急物流设施逐步优化

我国粮食应急物流基础设施正在不断完善，包括粮食物流园区、物流中心、货场、仓库、码头等，已形成快速应对突发事件的战斗力。一些关键物流节点如东北流出通道等已建成，粮食运输功能、集散功能、衔接功能与管理功能不断增强。

粮食应急物流设施技术不断更新，如低温保鲜技术、高效环保型装备、散粮接发设施等；粮食应急物流信息化、标准化建设正逐步推进，包括技术参数与工作标准的统一，以及物流信息格式内容的统一，建立信息交换机制，提高标准化与兼容水平；通过运用5G、物联网、大数据、云计算、人工智能等信息技术，提升信息采集手段、数据分析能力，为突发事件下的粮食应急供应提供技术保障。

（四）粮食应急预案建设效果明显

近年来我国不断推动完善国家、省、市、县四级粮食应急预案体系，扎实推进《国家粮食应急预案》修订工作。加强预案的日常管理和应急演练，确保关键时候发挥作用。目前，有 19 个省（区、市）修订印发省级粮食应急预案，333 个地级市均具备粮食应急预案，2431 个县具备县级粮食应急预案。

国务院有关部门（单位）和省级人民政府有关部门加强对国家应急预案及本省（区、市）粮食应急预案的学习培训，并结合日常工作进行演练，各地不断加强粮食应急预案演练，通过演练检验粮食应急预案在实战中的实用性、针对性和可操作性，确保应急粮食在紧急情况下调得动、用得上，保证粮食供应安全。形成了一支熟悉日常业务管理、能够应对各种突发公共事件的训练有素的专业化队伍，保障各项应急措施的贯彻落实。

（五）粮食市场监测体系基本建成

强化监测预警，完善粮食市场体系，在更高水平上实现供需动态平衡。目前，全国有 10741 个各级粮食市场信息监测点，监测范围已基本覆盖重点区域和重点品种，能够密切跟踪粮食供求变化和价格动态，粮食监测预警能力进一步加强。全国现已建成国家级粮食市场信息监测直报点 1817 个、地方市场信息监测点 9523 个，基本覆盖了重点地区、重要品种，能够密切跟踪粮食供求变化和价格动态，做到未动先知、未涨先知。

（六）粮食应急协调机制更加顺畅

统筹各类应急资源，强调粮食应急组织协同联动。强化了央地协同、区域协同、产销协同、企业协同，建立健全了四项制度机制，全力保供应和稳市场。充分发挥了粮食安全省长责任制、中央储备粮管理和中央事权粮食政策执行情况两项考核"指挥棒"作用，逐级压实各级政府和储备承储企业粮食应急责任，做到了对粮食安全各负其责、守土尽责。

坚持全国粮油市场日监测日报告机制，常态化调度运行情况，及时监测、分析和预警。建立重点粮油市场快速调度机制，对市场异常波动情况即知即报，确保快速应对、妥善处置。健全重点加工企业保供协作机制，将全国 540 多家重点粮油加工企业纳入机制，随时调度企业生产、销售和库存等情况，发现问题及时协调解决，确保粮油加工、流通、供应有力有序。

二、粮食行业应急物流存在的主要问题

粮食行业应急物流在保障国家粮食安全和应对突发事件中扮演着重要角色，但也存在一些问题，面临一些挑战。当前我国粮食行业应急物流存在以下主要问题。

（一）粮食供应链衔接不够顺畅

一是粮食供应链产购储加销衔接融合不够，粮食流通的效率效能还需提升，粮食产业竞争力有待进一步提高。粮食物流的仓储、运输、供应等环节之间缺乏有效的衔接和整合，导致物流资源未能实现高效配置，整体协同效能与物流效率不高。粮食消费需求刚性增长，稳产增产和调控难度进一步加大，品种结构矛盾依然比较突出。二是粮食应急企业布局小散弱，存在规模较小、功能单一、设施落后，组织化、规模化程度不高，综合性、系统性体系不健全等问题。尤其在应对突发公共事件时，由于粮食供应链各环节供需对接受时间、地域及信息不对称等影响，粮食供应链衔接不顺畅，粮食供应链韧性有待进一步提升。

（二）应急资源区域发展尚不均衡

一是粮食物流设施建设项目方面存在新建节点与原有节点之间难以衔接的问题，物流运营管理模式落后，粮食物流系统化、一体化水平亟须提升。随着粮食生产进一步向主产区集中，粮食消费加快向城市群集聚，粮食产销区之间运距长，粮食供需有效匹配难度大，整体物流成本偏高。二是大中城市和边远区县保障对象与保障资源不够匹配。大中城市人口集聚，而粮食加工往往远离主销地，突发事件下粮食需求集中，易出现供应不畅、脱销断档风险；一些边远区县加工能力短缺、地处偏远交通不便、人口分散、供应网点不稳定，突发事件下粮食供给配送能力需要加强。三是部分区域关键节点少、中转分拨能力不足、运输工具标准不匹配、基础设施薄弱，区域发展不平衡问题仍然存在。部分地区粮食军供网点布局分散，站点设施简陋、基础薄弱，缺乏相关应急保障服务设施，机制不活、管理机构不统一。

（三）粮食应急物流能力仍需提升

一是粮食物流标准体系不健全，物流信息标准化建设稍显滞后，缺乏统一物流信

息格式内容及信息交换机制，粮食物流设施建设、运营管理、信息技术标准化与兼容水平等粮食物流标准体系有待加强，当前各环节的设施标准不匹配，限制了粮食物流体系融合发展。二是高效粮食物流多式联运机制尚需完善，包括铁路集疏港、内河转运等多式联运水平亟须提升，以促进储备仓库、运输工具和中转设施之间的高效衔接，提高跨省粮食调运和进口通道衔接能力。三是城市群粮食应急物流协同机制尚不健全，粮食物流设施共建共享共用和一体化衔接能力仍需加强，物流分工协作、优势互补机制仍需完善，粮食流出流入区域衔接及跨区域粮食物流通道仍需优化。四是粮食物流信息化建设仍需加强，数字粮库建设仍需统筹推进，以实现核心业务环节和重要安全节点监控全覆盖。交易信息互通共享不够，全国与地方之间、主产区与主销区之间、管理者与基层之间以及不同运输方式之间的业务数据传输通道仍不通畅，难以实现粮食交易信息互享、互联、互通。五是粮食物流园区、关键节点的散粮专业接发设施能力仍需提升，快速中转仓型、集装单元化新技术、专用运输工具和先进散粮接发设施等物流新装备、新技术、新工艺有待进一步推广应用，以提升物流对接能力及效率；适用于农户和小型粮食经济人的散粮设施尚未满足市场需求，高效环保的进出仓设施有待进一步研发及推广。

（四）粮食应急保障机制有待完善

一是缺乏国家层面粮食应急相关的专业规划、培训指导。粮食应急预案体系不完善，缺乏实操性和有效性。粮食应急监测和预警机制不健全，成品粮市场数据统计制度不健全。粮食应急管理的体制、机制和法制有待加强。二是部分地区粮食应急保障集中调配能力不够，缺乏应急信息平台的有力支撑。需要持续加快区域、省、市、县级应急调度指挥中心，在组建粮食应急调度指挥中心和应急保障中心方面缺乏政策和资金支持。三是部分地方政府风险意识和财力支持较薄弱，粮食应急建设项目发展缓慢，财政支持力度小。一些地方政府对粮食应急保障的重要性认识不够、重视不够，未将粮食应急管理经费保障全面纳入同级财政预算。四是粮食物资队伍建设相对滞后，人才、科技和数字化支撑不足，治理体系和治理能力现代化有待进一步提高。

三、粮食行业应急物流发展展望

未来粮食行业应急物流需要提升粮食物流体系建设的系统化水平，加快粮食流通立法和标准化建设工作，提高粮食物流设施建设的专业化水平，积极开展粮食物流体系信息化改革，优化资源配置效率，并引导统筹各地用好配套资金，推进项目整体布局。同时，需要完善粮食应急预案体系，构建起层级响应、小灾自救、大灾区域联动救助的粮食应急预案体系，确保粮食供应的稳定性和应急响应的迅速性。

（一）应急预案愈发完善，情景应对能力显著增强

推动尽快完成《国家粮食应急预案》修订，指导地方完善省、市、县三级粮食应急预案体系，构建起层级响应、小灾自救、大灾区域联动救助的粮食应急预案体系。发挥情景构建的决策先导作用，建立自然灾害、事故灾难、公共卫生事件、社会安全事件等典型案例库，全面总结典型突发事件应对经验，提高对现代复杂突发事件发展趋势、演变规律和应对体系的认识判断。结合不同突发事件情景，完善细化应急预案内容，提高应急预案的精准性和实用性。健全不同情景下常态化的跨区域跨部门应急演练机制，积极探索"情景模拟"实战盲演模式，走出"脚本"的"演"，加强实战中的"练"，真实检验应急预案的科学性与实用性、指挥人员的临机决策能力、应急队伍的快速反应与协同联动能力。

（二）信息共享逐步推进，指挥调度水平明显提升

粮食物流将加强信息化建设，利用现代信息技术和智能化、绿色化装备，推进粮食物流全链路的数字化、智能化发展，提高物流效率并降低损耗。建设完善粮食和物资储备应急指挥中心，完善粮食应急保障信息系统，实现各级管理平台、企业平台、粮库系统互联互通、"一张网"运行，保证突发情境下的信息获取和信息传递，实现粮食等应急物资统一调度、重大信息统一发布、关键指令实时下达、多级组织协同联动、发展趋势科学预判。加速推动大数据、人工智能、云计算等新技术与粮食应急保障体系的深度融合，强化应急储备数据与物流数据资源的整合，实现粮食流向动态监测，数量和质量动态感知，提升应急指挥调度智能化水平。

强化粮食应急供应过程中的情报采集、储存、共享、分析和溯源等职能，提高粮食应急决策科学性和运作高效性。建立面向突发事件的粮食应急情报体系，为突发事件下粮食应急供应行动提供全周期的情报支持，在保证粮食应急情报及时、准确、全面共享的同时能够实现情报预警和情报溯源，为保障国家粮食安全、推进应急管理体系和能力现代化提供支撑。

构建粮食应急案例库，将数据信息更加准确、及时、全面记录和储存下来，通过

节点的共同参与和实时维护，实现粮食应急案例库构建过程中数据真实可靠且执行及时高效，便于突发事件下粮食应急经验和知识的重用、扩展和共享，同时为突发事件下粮食应急供应决策推理提供支持，提高粮食应急救援效率、推动粮食应急体系数字治理。

设计面向粮食和食品等应急物资社会捐赠的信息管理平台，实现应急物资捐赠信息的及时共享和物资去向的公开透明，解决由于信息不对称造成的社会信任问题，推进"共建共治共享"新治理格局形成。

（三）协同联动更加顺畅，应急处置能力显著增强

针对突发事件的复杂性、关联性、危害性、不确定性和动态演变性，结合突发事件发生区域地域相邻、人缘相近、突发事件关联性强的特点，加强应急管理区域合作。在强化属地管理、分级负责的基础上，通过应急联动战略合作协议共享信息、共建队伍，推动建立跨地区协作联动机制，推动不同地区、不同部门、不同行业之间倾力合作。

按照集中管理、统一调拨、平时服务、急时应急、节约高效的原则，通过与大型粮食加工企业（园区、基地）、综合性储备基地、物流枢纽共建等多种方式，在重点城市群和重要节点建设集粮食储备加工、高效物流配送、多级联动等功能于一体的粮食应急保障中心，统筹粮食筹措、储备调度、运输配送和紧急供应等资源，提升区域粮食应急保障能力。

未来粮食物流将更加注重系统化发展，通过统筹物流资源，促进上下游产业之间、地区之间的物流畅通衔接，实现原料、收储、加工、运输、监管等环节的无缝衔接，提升整体协同效能和物流效率。

（四）保障渠道日趋畅通，全链条应急效率显著提升

优化粮食仓储物流布局，加快构建全国"通道＋枢纽＋节点"多层级一体化粮食物流体系。加强粮食供应保障网络建设，完善粮食物流骨干网络，推进国家级粮食物流枢纽和粮食物流节点（产业园）建设，形成与生产和流通诸多要素协同匹配的仓储设施布局。畅通跨省粮食物流骨干通道，在重要枢纽节点布局建设一批集粮食仓储、物流、加工、交易等功能于一体的粮食物流园区，辐射带动和调拨集散能力明显提升。

积极发挥大型粮食加工企业、贸易企业、物流企业、新兴电商企业、物流货运平

台等渠道和仓容优势，健全成品粮储备体系。以成品粮储备为纽带，完善粮食应急加工企业遴选与退出机制，密切政企合作，确保急时粮食加工能力的可及性。健全应急加工企业激励机制，对作出突出贡献的应急加工企业参考用电量、应急加工销售量或为稳价保供承担的成本损失进行合理补偿。完善运输配送相关车辆、人员信息名录，利用好大型连锁商超资源确定超大城市供应网点，科学确定边远地区供应网点的数量和分布。加强与大型批发零售企业及电商企业合作，强化供应链"最后一公里"建设，确保居民粮油供应。

开辟多元化的粮食进口渠道，特别是通过"一带一路"倡议，与共建国家加强合作，构建跨国粮食物流体系，降低跨国粮食物流与供应链成本。进一步完善粮食物流相关政策，提供铁路运价、税收、信贷等方面优惠政策，培育和扶持龙头企业，支持第三方物流企业参与跨省粮食物流体系建设。

（五）协调机制日益完善，跨区域联防联供扎实推进

粮食物流将探索建立城市群粮食物流协同机制，推动粮食物流设施共建共享共用和一体化衔接，优化跨区域粮食物流通道，畅通"北粮南运""外粮内运"主动脉，实现区域物流网络的协调发展。

在重点城市群通过物流关键节点与区域粮食应急保障中心共建模式，提升物流配送、指挥调度、多级联动等功能，增强跨区域应急调运能力，确保居民粮油供应。健全跨区域粮食应急准备和预防、监测和预警、响应和救援、善后和恢复、评估和学习等一体化、法治化的全周期管理制度框架，提升区域内政府应对重大突发公共事件的弹性、韧性和持续性。把区域粮食协同治理法治建设摆在突出位置，健全跨区域应急协同治理的法治保障制度，提升法治促进区域粮食应急治理体系和治理能力现代化的效能。在区域间及时、快速提供互助与协作，支援和协调灾难事件中粮食的跨地区配置，并在灾难处置的各个阶段提供基本的人力、设备、技术和信息服务。坚持顶层设计同法治实践相结合，以城市群区域为战略支点，着力构建跨区域共建共治共享的应急治理共同体网络，为跨区域粮食应急援助提供系统完备、科学规范、运行有效的制度体系。

（六）结构布局更加优化，异质性应急需求高效满足

根据消费需求和应急需要，我国粮食储备要优化储备规模和品种结构。要立足新形势新情况，从储备规模、布局、设施、信息化水平等方面入手，查漏补缺，补齐短

板弱项，不断夯实应急保供的物质基础。进一步优化储备布局和品种结构，健全完善运行机制，加强调运能力建设，统筹做好人力、物力、运力准备；做到"盯得紧"，进一步强化值守应急工作，密切关注灾情动态；做到"调得快"，搞好演练，优化流程，切实提升粮食保障能力。

从营养活性、物流活性和食用活性等维度建构食物应急活性，优化应急食物储备品类和结构、完善家庭应急食物储备建议清单、提升物资储备效能，应针对不同场景对应急食物进行营养干预，及时打通应急物流大动脉，畅通微循环，在保障实物储备的基础上推进生产能力储备，并因地制宜地研发营养优质、便于运输、适口方便、种类丰富的应急食物。

（七）设施设备更新升级，空运仓配发一体化有序开展

粮食仓储将趋向绿色化和智能化，通过科学引导现代信息技术和智能化、绿色化装备应用，加强物流环节节粮减损技术研发，推进绿色低碳循环发展和资源节约集约利用。加强粮食物流园区、关键节点的散粮专业接发设施建设，提升接发能力，发展快速中转仓型，推广应用集装单元化新技术、专用运输工具和先进散粮接发设施等物流新装备、新技术、新工艺，有效提升物流对接能力及效率。

建设粮食应急空运基地。择优选择若干国防要地、物流枢纽、空港城市等关键节点，有计划推进粮食应急空运基地建设，逐步配置粮食应急空运设施和设备。

推进无人机等先进空运设备的应用。择优选择无人机货运企业进行合作，探索建立应急成品粮无人机空运基地；完善成品粮应急空运设施设备，建立健全成品粮应急空运标准，提高应急成品粮无人机配送的比例。加强成品粮储备库建设，结合军供体系改革，确保"十四五"期末，每个县域都有一个高标准成品粮、油储备库，以中小包装为主，可直接投放市场满足当地20天的需求。在易受各类自然灾害影响的东部沿海地区和西部山区，可能发生影响交通1个星期以上的地区，以市级为区域单位，在储备库省级改造过程中，预留空运条件。融合社会力量，在各城市的成品粮储备库中，配置非接触式粮油应急配送工具，包括无人装载叉车、自动驾驶汽车、无人自动分配终端等，以应对重大安全事件、重大突发事件。

以食物应急物流的需求分析为出发点，将物流无人机和仓配发一体化引入食物应急物流中。以政府、军队、企业、慈善机构等组织为主体，以事先储备与演练、事后配送与派发等活动为过程，以军民深度融合为机制、以物流无人机为手段，以无人机通航物流、低空空域管控和军民融合物流为平台，构建基于物流无人机的应急食物仓

配发一体化模型，提高食物应急物流的效率，为我国突发事件下的食物应急物流提供支撑。

（作者：河南工业大学管理学院　河南省高校人文社科重点研究基地物流研究中心　王琳　王高峰　刘威　李凤廷）

第四节　医药卫生行业应急物流发展现状及展望

医药卫生行业应急物流体系是国家安全和社会稳定的支柱，是为应对自然灾害、事故灾难、公共卫生事件、社会安全事件等突发事件及军事冲突，而对物资、人员、资金的需求进行紧急保障的一种特殊物流活动。在紧急情况下确保医疗物资的即时性、可及性、可用性，以保障人民群众生命安全和经济社会的正常运行。

一、医药卫生行业应急物流发展现状

近年来，我国医药卫生应急物资保障体系建设取得长足进步，有力应对了新冠疫情、2019 年江苏响水"3·21"特别重大爆炸事故、2020 年长江淮河流域特大暴雨洪涝灾害、2021 年河南郑州"7·20"特大暴雨灾害等一系列重特大公共卫生事件与灾害事故。

（一）医药卫生应急物资保障体制初步建立

党中央、国务院历来高度重视医药卫生应急物资保障体系建设。目前，我国已初步建立了分类别、分部门的医药卫生应急物资保障管理体制，并通过一系列法律法规和政策文件，如《中华人民共和国突发事件应对法》《基本医疗卫生与促进法》《突发公共卫生事件应急条例》《突发事件医疗应急工作管理办法》等，为应急物资的管理和调配提供了法律基础和政策支持。在此基础上，形成了以《国家突发公共事件总体应急预案》《国家突发公共卫生事件应急预案》《国家突发公共事件医疗卫生救援应急预案》等专项预案为支撑的预案体系。这些预案为医药卫生应急物资的定期采购储备、紧急调用、应急补充采购、部门协同配合、军地应急联动以及省际间应急援助等工作机制提供了明确的指导和规范。

为了进一步强化这一体系，国家发展改革委会同有关部门，根据习近平总书记的重要讲话和指示精神，制定了《关于健全公共卫生应急物资保障体系的实施方案》。该方案旨在打造一个医疗防治、物资储备、产能动员"三位一体"的保障体系，通过系统谋划和具体措施，加快补齐医疗防治方面的硬件短板，完善公共卫生应急物资储备体系，并提升公共卫生应急物资的生产动员能力。

（二）医药卫生应急物资储备基础不断夯实

随着我国应急物资储备网络的初步形成，医药卫生领域的物资储备基础得到显著加强。储备规模的大幅增加和物资品种的不断丰富，为应对各类突发公共卫生事件提供了坚实的物资保障。通过不断深化储备目录与应急物资清单的比对，确保了储备物资的针对性和有效性。各级医疗机构的应急物资统筹配置能力不断加强，不仅提升了医药物资储备的专业性，也增强了对紧急情况的响应能力。此外，政府与企业的协作日益紧密，共同探索并初步形成了产储结合、商储结合、运储结合的多元灵活储备模式，有效提升了储备物资的利用效率和应急响应的灵活性。

1. 医药应急物资储备网络基本形成

我国已初步构建了一个覆盖全国的医药应急物资储备网络，实现了中央与地方储备库的协同布局。中央储备库专注于国家战略需求，为极端公共卫生事件、重大活动及潜在供应短缺风险储备关键医药资源。地方储备库则专注于迅速应对区域性紧急情况、自然灾害和特定药品短缺，保障区域重大活动的医疗安全，维护地方医疗服务的连贯性与稳定性。近年来，国家及各省区市不断整合资源，建立了"省、市、县"三级政府公共卫生应急物资储备体系。这一体系旨在加快形成统筹安排、分级储备，并确保在重特大突发事件发生时能够实现统一调度。通过跨部门协作和发挥各行业部门的专业优势，共同打造一个较为完善的公共卫生事件应急机制，既保障应急物资的供给，也大幅提升应急反应的速度。

2. 医药应急物资储备目录更加完备

为满足重大疫情防控和突发事件的应对需求，公共卫生应急物资储备目录正在不断得到加强和动态更新。以某省的实践为例，该省依据国家公共卫生应急物资需求测算体系，采用历史最大规模公共卫生事件的"峰值需求"作为基准，通过分析日常消耗量和必要的保障天数，精确计算出了公共卫生应急物资的需求量，并据此合理规划了储备的规模、结构和储存范围，确保应急物资储备的科学性和实用性。

3. 终端医疗机构应急物资统筹配置持续加强

医疗机构是医药卫生应急物流体系的重要组成部分。各类公立医院、区域医疗中心终端覆盖更广，短缺救治药品、医疗救治设施设备等应急物资储备能力持续加强，应急物资配置标准不断提高；同时，随着各地市、县级基层医疗机构与零售药房规模大幅提升，医疗救治设备配备和必要药品储备能力持续增强。

根据国家统计局发布的《国民经济和社会发展统计公报》，2017—2023 年，我国各类药品储存销售终端医疗机构数量如表 5－2 所示。

表 5－2　　　　**2017—2023 年我国各类药品储存销售终端医疗机构数量**　　　　单位：个

医疗机构	2017 年	2018 年	2019 年	2020 年	2021 年	2022 年	2023 年
医院	31056	33009	34000	35000	38000	37000	39000
基层医疗机构	933024	943639	960000	971000	983000	979000	1016000
门诊部（所）	229221	249654	267000	290000	30500	321000	362000
村卫生室	632057	622001	621000	610000	607000	588000	583000
乡镇卫生院	36551	36461	36000	36000	34000	34000	34000
街道卫生院	543	526	1000	—	—	—	—
社区卫生服务中心	34652	34997	35000	35000	35000	36000	37000
药店总数	454000	489000	479780	560200	589600	623300	667000

4. 建立了多方协同的公共卫生应急物资储备体系

我国在公共卫生应急物资储备方面已逐步建立起一个多方参与的体系。政府与医药企业之间的协作日益紧密，共同应对突发公共卫生事件带来的挑战。目前已成功探索并实施了产储结合、商储结合、运储结合的多元灵活储备模式，有效提升了防疫救灾的效率与效果。

在这一储备体系中，生产型国有企业承担着产能储备的重要角色，确保在紧急情况下能够迅速扩大生产规模，满足关键物资的供应需求。商贸型国有企业则专注于实物储备，通过优化库存管理，保障关键物资的即时可用性。同时，民营企业在商业储备方面发挥着积极作用，利用其市场敏感性和灵活性，不断增强应急物资供应链的稳定性。

（三）医药应急物资储存及调运能力逐步提升

截至 2023 年年底，我国医药物流行业在储存及调运能力方面取得了显著进步。医药物流规模的稳步增长、产业结构的持续优化，以及集约化水平的不断提升，共同展现了医药物流行业的韧性与活力。医药制造业、医药流通业和医药电商的蓬勃发展，为医药卫生储存和调运能力的提升提供了有力支撑。

据中物联医药物流分会不完全统计，截至 2023 年年底，我国医药物流仓储面积已突破 2500 万平方米，保持 6 年来持续增长，复合增长率达 7.2%。各仓库类型中，阴凉库占比最大，总面积达到 1760 万平方米，占比 70.4%；常温库和冷藏库面积分别为 550 万平方米、115 万平方米，占比分别为 22.0%、4.6%。

在运输能力方面，2023 年我国医药物流运输自有车辆数量约 44877 辆，同比增长 3%。同时，医药冷链市场规模不断扩大，带动了医药冷藏车数量的增加，2023 年用于医药行业运配的冷藏车数量 15230 台，占比达到 33.94%，同比增长 5.03%。

这些数据表明，我国医药物流行业在储存及调运能力上逐年提升，为医药卫生应急物资的及时供应和有效分配打下了坚实的基础。

（四）医药卫生应急物流数智化水平快速发展

为响应国家数字强国的政策要求，各级政府加大了物流数智化建设的力度，积极推进医药应急信息平台建设。医药物流信息化建设的广泛开展和软硬件设施的持续升级，有效提升了行业数据的整合能力，促进了信息的互联互通，为应急物资保障决策提供了快速、科学、精确和可视化的技术服务，提高了应急响应的效率。

1. 应急信息平台工程建设日趋完善

目前，政府、企业、社会组织等多方主体在应急物资信息共享方面取得了显著进展，数据共享的内容和规则也日益明确和规范。通过有序开展医药卫生应急物资保障数据资源建设，实现了需求、调拨、运输和发放等信息的统一呈现，促进了多主体、多层级、全流程的信息互联互通。

以湖北省公共卫生应急决策指挥系统建设项目为例。该系统采用了互联网、物联网与大数据技术相结合的系统架构，通过插件式适配，整合了管理平台、运作平台、物联平台、仓储平台和运输平台，实现了开放 API 与周边信息应用的融合。全省应急物流调度平台的建立，使得全省应急物资的储备、消耗和各应急机构需求得到了实时动态监控。同时，建立了全省应急物资管理和调配信息管理平台，实现了省、市、县三级应急管理物资信息的实时监控和异常情况的及时处理。

2. 医药物流软硬件数智化能力持续升级

（1）医药物流信息化建设深入开展。医药物流行业通过采用人工智能、大数据分析等先进技术手段，显著提升了应急物资需求分析的精确性，优化了应急物资供应路径，提高了供需匹配度。这些技术的应用为应急物资保障决策提供了快速、科学、精确和可视化的技术服务，从而提高了应急响应的效率并增强了效果。据中物联医药物流分会2023年调研数据显示，随着《药品经营质量管理规范》（GSP）的监管要求更加严格，医药物流综合管理系统如仓储管理系统作为基础性管理工具使用率已高达88%，其他信息化系统应用程度也较高，均超60%。

（2）医药物流自动化与智能化加速融合。通过自动搬运和拣货机器人的广泛应用，显著提高了应急物资出入库的效率。同时，无人车、无人机、无人船、智能快递柜等新一代自动化设备的引入，进一步提高了应急物流的配送效率，降低了人工作业风险。

以湖北某医药流通企业为例，该企业通过自主研发的物流信息平台，提供了专业化的数智应急运营决策支持。企业还具备设备定制化开发能力，自主研发了适应不同作业环境的厢式穿梭车、托盘穿梭车、冷冻穿梭车、提升机、分拨站等系列智能装备产品。这些创新实践构建了一个模式自由组合、应用灵活扩展、场景广泛适配的高智能医药应急物流作业场景，展示了医药卫生仓储数智化水平的实际成效和应急物流应用潜力。

二、医药卫生行业应急物流的主要挑战与问题

目前，我国医药卫生行业应急物流相关工作已经取得了显著的进步和成就，但因受全球公共卫生事件的影响，各类事故隐患和灾害风险交织叠加，影响公共卫生安全的因素日益增多，防疫减灾救灾工作难度加大，当前医药卫生行业应急物流仍面临一些挑战、存在一些问题。

（一）行业信息共享与协调机制亟待加强

在医药卫生行业应急物流体系中，信息共享与协调机制不足是制约快速响应能力的关键因素。目前，行业内尚未建立一个全面统一的信息共享平台，这导致政府、企业、社会组织等各方在数据资源整合上存在障碍。这种"信息孤岛"现象不仅阻碍了关键信息的流通，也影响了应急物资的有效调配和利用。此外，协调机制的不完善进一步加剧了跨部门、跨区域合作的困难，导致在紧急情况下响应延迟，难以实现资源的最优分配。虽然大数据、区块链和物联网等技术为提高信息共享和协调效率提供了可能，但在实际应用中仍面临诸多挑战。如何利用这些技术手段开展应急物资全生命

周期的信息化管理，实现全程留痕、监督追溯和动态掌控，构建应急物资需求预测、供需匹配、智能调拨和物流优化等关键模型算法，并实现业务化应用，提升应急物资管理决策支撑能力，是当前亟待解决的问题。

（二）"保安全"与"保畅通"矛盾突出

医药应急物流法规和标准的统一性对于确保应急物资在整个供应链中顺畅流动具有重要作用。在优化医药卫生行业应急物流法治建设时，平衡灾情防控和物流效率又是一个复杂但至关重要的任务。当前存在的问题主要集中在以下几个方面：一是交通管控与物流畅通的矛盾。在公共卫生事件应对中，一些地区采取的交通管控措施，如断路、设卡等，虽然对于控制灾情扩散具有积极作用，但同时也可能导致物流通道不畅，影响应急物资的及时配送。二是受地方保护主义的影响。在应对突发公共卫生事件中，一些地区在应急响应中可能更倾向于保护本地资源与本地企业，这不仅影响了救治工作的落实效果，也可能阻碍了跨区域的物资调配和流通。三是政策落实的监管挑战。由于缺乏有效的监督和举报机制，一些地区和个人可能未能严格执行相关应急物资流通政策，或者在实际操作中阻碍了应急物资的运输。这就要求政府部门加强监管力度，确保政策法规得到有效执行，同时建立透明的监督和反馈机制，以促进政策的顺利实施。

（三）医药应急物流基础设施与技术应用不均衡

在医药卫生行业应急物流领域，基础设施和技术应用的不均衡性是当前面临的主要问题之一。一是基础设施建设的区域差异。我国幅员辽阔，不同地区的经济发展水平和地理位置差异导致了基础设施建设的不均衡。一些偏远或经济欠发达地区的医药卫生物流基础设施相对落后，包括仓储设施不足、运输工具缺乏以及配送网络不完善等。这些问题在紧急情况下尤为突出，严重影响了应急物资的及时分发和有效供应。二是技术应用的不平衡。尽管数智化转型在一些地区和医药卫生企业中取得了积极进展，但整体而言，技术应用水平在不同地区和企业之间仍存在较大差异。一些先进的信息技术，如物联网、大数据分析和人工智能，在一些地区和企业中尚未得到广泛应用。这种技术应用的不平衡，不仅限制了应急物流系统的智能化水平，也影响了突发公共卫生事件下的应急物流效率和服务质量。三是目前一些地区和医药卫生企业在资金和政策方面的支持尚显不足，这限制了基础设施建设和技术应用的进一步发展。

三、医药卫生行业应急物流发展展望

随着我国现代化建设进程的不断加快，工业化和城市化的发展不断加速，受全球气候变化的影响，各类事故隐患和灾害风险交织叠加，影响公共卫生安全的因素日益增多，防疫防灾工作难度加大，维护人民群众生命财产安全的任务更加艰巨。未来，医药卫生行业应急物流发展建设，将以习近平新时代中国特色社会主义思想为指导，全面贯彻落实党的二十大精神，坚持和加强党的全面领导，坚持以人民为中心，坚持人民至上、生命至上，坚持底线思维和忧患意识，坚持总体国家安全观，以保障人民群众生命财产安全为首要目标，以补齐能力短板为重点突破方向，着力健全统一的医药卫生应急物资保障体系，不断提高重特大灾害事故的应急物资保障能力和水平。

（一）完善应急物流体系，增强突发事件应急物资物流保障能力

我国医药卫生应急物流体系将迎来进一步的完善与发展。在体制建设方面，预期中央层面将进一步完善跨部门的应急物资保障领导协调体制，实现国家应急物资保障工作的统一协调。这将涉及强化中央与地方的联动机制，确保各级政府在应急物资保障和管理工作中的有效衔接和协同。

在应急物资保障的分级响应机制上，将采用更加明确和优化的措施。这包括坚持分级负责、属地为主的原则，以及推动建立针对重特大公共卫生事件的应急物资跨区域协同保障机制。跨区域协同机制的完善将极大提升医药储备体系的应急效率与响应速度。主管部门通过进一步落实和完善统一的应急信息平台工程，实现医药储备数据的实时流通和各地间的有效协同规划。同时，明确应急物资的灵活调配规则，确保在局部物资短缺时能够迅速启动跨区域援助程序，及时补充短缺物资，实现应急物资储备责任的分级落实，以及在紧急情况下快速、有效的互助和资源结算。

（二）加强政企协同，提高应急物流转换效率

在未来的发展蓝图中，我国公共卫生应急物资供应体系的健全与统筹将迈上新的台阶。通过深化政企合作，建立健全协同联动机制，充分发挥各方比较优势，进一步优化资源布局，从而提升应急动员能力。

"两清单""两目录"将持续进行动态更新，以适应不断变化的公共卫生需求。这包括对关键应急物资品种及原材料、设备、零部件的"需求清单"进行梳理和完善，

以及形成详尽的"供给清单"，涵盖产品规格、价格、品牌、材质及运输配送能力等关键信息。同时，将进一步完善"合格供应商及外协企业目录"和"产能储备企业目录"，确保在应急情况下能够迅速动员和调配资源。

政府部门不断吸纳地方企业，通过与医药流通企业签订配送和采购协议，利用其在物流和医药流通的专业设施设备和丰富经验，统筹协调和资源调度，做到平时保供、战时应急，物资常备常新，在不影响企业经营的同时，确保应急物资的及时供给。同时，鼓励和动员在企业内部成立专门的医药应急物流小组，开展宣传教育和应急演练，提升小组成员的应急物流配送知识和技能，确保在紧急情况下能够提供准确、高效的支援，避免因信息不明确而导致的物资处理延误，确保应急物资能够快速、准确送达。

（三）推进新兴技术在应急供应链中的应用，促进应急体系高质量发展

随着技术的不断进步和管理体系的持续优化，我国医药卫生应急物资调配能力预计将得到显著加强，未来的发展将侧重于运用先进的技术手段和创新的管理模式。

一是应急物资调配模式全面优化。充分利用"区块链＋大数据"技术来优化应急物资的调拨方案。这将有助于打通从生产、储备到接收、使用的全链条快速传递通道，减少转运环节，提高各类运输力量的效能，从而提升应急物资调配的精确性。预期将建立一个政府主导、社会共建、多元互补、调度灵活、配送快捷的应急物资快速调配体系，确保在紧急情况下能够迅速响应。

二是应急物资运送能力大幅提升。在应急物资的运送能力方面，预期大型物流和仓储企业的参与机制将进一步完善，促进政府与社会物流资源的有效衔接，包括铁路、公路、水路和航空等多种运输方式。应急物资运输绿色通道的建设将日益完善，确保应急物资能够跨区域通行并得到优先保障。此外，智能机器人、无人机等高技术配送方式的推广使用，将进一步提高应急物资的投送能力，确保在国家综合性公共卫生事件中的快速响应。

三是应急物资发放更加高效。医药卫生应急物资的发放管理制度和工作流程将进一步优化，以提高应急物资分发的时效性和精准性。我们鼓励物流企业、社会组织和志愿者参与应急物资"最后一公里"的发放工作中，通过优化监管模式，确保应急物资能够及时、准确地送达最需要的地方。这不仅将提升应急物资的使用效率，也将增强公众对应急响应工作的信心和满意度。

（四）健全医药应急物资标准化体系，提升物资调配的高效率和高精确性

未来，医药卫生应急物资标准化体系的持续完善将成为提升应急物流效率的关键。

通过建立和推广一系列物流标准，将进一步提高医药物资的转运效率，降低转化成本，确保在紧急情况下能够快速、准确地响应。

一是物资编码与计量单位标准化的广泛运用。物资编码标准体系的广泛运用将为医药物资提供全国范围内的唯一识别码，实现统一识别和追踪。这不仅将加快物资的识别和分拣速度，提高物流效率，还将便于库存管理，减少误差，促进信息共享与协作，增强物资的可追溯性，确保安全，并降低运营成本。同时，物流计量单位的标准化将简化物资的计数和记录，减少误差，提高物资管理的效率，确保物资流向的透明性，加强跨部门协作和应急响应能力。

二是物流包装及载具标准推广形成共识。物流基础模数尺寸标准的推广将有助于更合理地规划仓库储存空间，提高空间利用率，确保装卸设备与医药物资的包装尺寸相匹配，加快装卸速度，并确保医药物资包装与运输工具的兼容性，减少转运中的损耗和时间。此外，物流载具标准的统一将简化医药物资的装卸流程，促进供应链各环节的无缝对接，提升协同效率，缩短应急响应时间，并降低物资在运输过程中的损坏风险，保护物资的安全与完整。物流载具标准指的是对运输工具和设备尺寸、承载能力、装卸方式等的统一规范。统一的载具标准将简化医药物资的装卸流程，并有助于各环节的无缝对接，提升整个供应链的协同效率，缩短应急响应时间。同时，标准化的载具设计，将降低物资码垛、运输过程中被损坏的风险，保护医药物资在运输过程中的安全与完整。

三是应急物资模块化保障将成为未来卫生救援的有效手段。医药应急物资模块化指的是将应急所需的医疗用品、设备和药品等物资，按照特定的功能和用途进行分类和打包，根据公共卫生事件的性质，按百人份为单元进行计量，形成标准化、可快速部署的模块。一方面，模块化设计使得物资能够迅速组装和部署，提高了应急响应速度；另一方面，统一的模块标准简化了物资的分类、储存和运输过程，降低了操作复杂性。同时，模块化单元也更有助于优化储存空间，提高载具的装载效率。

展望未来5年至10年，预计医药卫生应急管理体系和能力的现代化建设将取得显著成就。届时，将形成一个具有中国特色的公共卫生应急管理体制，这一体制将体现集中管理、统一调拨、平时服务、灾时应急、采储结合、节约高效的原则，并构建起有效应对重大突发公共卫生事件的制度体系。该体制将特别强调生产动员、物资储备、采供调运、预警处置和科技支撑等关键能力建设，强化全链路管理。通过加大投入、优化资源布局、调整结构、创新方式和补齐短板，将致力于打造一个医疗防治、物资储备、产能动员"三位一体"的保障体系，全面提升公共卫生应急物资的保障水平。

随着这些措施的实施，医药卫生应急管理体系将更加健全、高效，为人民群众的生命安全和身体健康提供坚实的保障，有效应对各种公共卫生挑战，确保社会的稳定与持续发展。

（作者：湖北九州云智科技有限公司　吉勤　黄海粟）

参考文献

［1］中国物流与采购联合会医药物流分会，国药控股股份有限公司．中国医药物流发展报告2024［M］．北京：中国市场出版社，2024.

［2］徐德铎，金晓玲，温燕，等．我国应急药品储备与使用管理的现状与思考［J］．世界临床药物，2022，43（8）：993－997，1032.

第六章　应急物流技术装备发展现状及展望

应急物流作为应对突发事件、保障生命财产安全的重要手段，其技术装备的发展水平直接关系应急响应的速度和效率。近年来，随着科技的飞速发展，应急物流技术与应急物流装备迎来了前所未有的发展机遇。物联网、大数据、人工智能等先进技术的广泛应用，不仅提高了应急物流的信息化、智能化水平，也极大地提升了应急响应的精准度和时效性。同时，各类新型运输工具、仓储设备以及自动化分拣系统的不断涌现，也为应急物流提供了更加强有力的支撑。在可以预见的未来一定时期内，应急物流的发展水平将很大程度上取决于相关技术与装备的应用水平。据此，本章对应急物流所涉及的仓储、运输、装卸搬运、拣选与分拣、包装集装、信息保障、冷链、无人智能等主要技术与装备的发展现状进行全面梳理，分析其存在的问题和面临的挑战，并在此基础上展望未来的发展趋势。

第一节　应急物流仓储技术装备发展现状及展望

应急物流仓储技术装备作为现代应急管理体系的重要组成部分，近年来得到了显著的发展。当前，应急物流仓储技术装备不仅涵盖了传统的仓储设备，还融合了物联网、大数据、人工智能、5G等先进技术，形成了集实时监测、快速响应、智能调度为一体的综合系统。

一、应急物流仓储技术装备发展现状

（一）应急物流仓储设施建设现状

近年来，应急物流仓储设施不断改进。一些地区建立了专门的应急物资储备库，采用了高标准的建筑结构和防护措施，以确保物资在恶劣环境下的安全储存。同时，

智能化的仓储管理系统也得到了广泛应用，能够实现对物资的实时监控和精准管理。

1. 建设规模与分布方面

（1）分级分布格局初步形成

从国家层面看，不断优化中央救灾物资储备库布局，逐渐形成了辐射31个省区市，包括国家森林草原防灭火物资储备库、中央防汛抗旱物资储备库、大震应急救灾物资储备库、区域性安全生产应急救援物资储备库等6类中央应急物资储备库（见图6-1）。从地方层面看，省、市、县三级政府按照布局合理、规模适度的原则，不断推进自然灾害救助物资储备库的建设（见图6-2），基本形成了"中央—省—市—县—乡"五级应急物资储备网络。

图6-1 国家级物资储备中心效果图

图6-2 南宁市抗洪救灾物资储备中心

（2）部分地区根据区域风险特点加强建设

如沿海多台风地区、地震活跃带、森林火灾高发地区等，相应的应急物资储备仓库的建设数量和规模有一定的侧重和提升。但整体分布仍存在不均衡性，一些偏远地区和经济欠发达区域仓储设施建设相对薄弱。

2. 设施功能方面

（1）储备功能

储备物资种类日益丰富，包括抢险救援保障物资（如森林草原防灭火物资、防汛抗旱物资等）、应急救援力量保障物资和受灾人员基本生活保障物资等。储备量有所增加，但对于一些巨灾的物资储备量评估和动态调整机制仍在完善中。

（2）信息化管理功能

部分仓库开始配备信息化管理系统，如出入库管理系统、库存监控系统等，以提高物资管理效率和准确性。但整体信息化水平参差不齐，跨区域、跨层级的信息共享程度有待提高。

（3）调度功能

靠近交通枢纽的仓库在应急物资调运方面有一定优势，一些仓库开始注重与运输环节的衔接。但仍存在调运协调机制不够顺畅、在紧急情况下难以实现高效快速调度的问题。

3. 建设主体与资金投入方面

目前，应急仓储设施建设呈现多元化趋势。政府是应急仓储设施建设的主要推动力量和投资主体，财政资金是主要资金来源。部分地方企业也可以通过协议代储、产能储备等方式承担部分应急物资的储存，但在应急仓储设施建设上的投入规模有限。

4. 实际案例

（1）上海洋山港应急物流中心

上海洋山港作为重要的物流枢纽，其应急物流中心拥有现代化的仓储设施和智能化的管理系统，在应对自然灾害和突发事件时，能够快速响应，保障物资的储存和运输。

（2）成都应急物资储备中心

该中心不仅储备了丰富的物资种类，还通过信息化手段实现了对物资的精准管理和快速调配，在应对地震等自然灾害时发挥了重要作用。

（3）深圳市应急物资储备基地

该基地具备完善的仓储设施、先进的冷链储存技术以及高效的物流配送网络，能够应对各类突发事件，保障城市的正常运转。

以上这些案例在应急物流仓储设施建设方面都具有一定的创新性和示范意义。

（二）应急物流仓储技术发展现状

随着科技的不断发展，仓储管理系统、物联网技术、大数据与人工智能和5G技术等越来越普遍地应用于应急物流领域，为行业发展带来更多的机遇和挑战，对于提高仓储效率、降低物流成本、增强响应能力具有重要意义。

1. 仓储管理系统

采用先进的仓储管理系统（WMS），实现对应急物资的库存数量、位置、批次、有效期等进行精确管理和实时监控，可以快速进行库存盘点、物资查询等操作，有利于在应急事件中快速掌握物资储备信息。

2. 物联网技术

在仓储物流行业中，物联网技术可被应用于仓库环境监控、设备运行状态监测、车辆调度与追踪等方面。通过物联网技术，仓储物流企业可以实时了解仓库的温湿度、光照等环境参数，及时发现潜在的问题并进行预警和处理；可以实时监测设备的运行状态，及时进行维护和优化；还可以追踪车辆的位置和行驶情况，实现更加精准的物流调度和配送。物联网技术的应用使仓储物流行业更加智能化、高效化。

3. 大数据与人工智能

大数据分析用于预测不同类型应急事件下的物资需求种类和数量，辅助制定合理的物资储备计划。人工智能用于优化仓库布局、物资出入库路径规划等，提高仓储作业效率。智能算法可以根据应急事件的发展态势、物资消耗速度等动态调整库存水平和补货策略。

4.5G技术

5G技术以其超高速率、超低延迟的特点，为应急物流仓储技术装备提供了强大的技术支持。5G技术不仅能够实现更多的智能设备和物联网建设，还能支持更复杂的实时数据分析和决策，保障应急情况下对仓储装备的远程控制和实时监控，进一步提升应急物流的效率和精准度。

5. 信息共享与协同平台

应急物流仓储系统与外部应急指挥中心、物流运输系统等建立信息共享平台，实现物资数据的实时交互和协同作业。确保在应急事件中，物资的仓储信息能被救援团队、政府部门等及时获取，以便进行决策和调度。

（三）应急物流仓储装备发展现状

应急物流仓储装备主要包括仓库储存设备、装卸搬运技术装备、拣选与分拣技术装备、包装技术装备、仓库安全设备及其他辅助设备等，其中装卸搬运技术装备、拣选与分拣技术装备及包装技术装备的发展现状将在本章的第三节、第四节和第五节中单独予以介绍。

1. 仓库储存设备

（1）自动化立体仓库

部分大型应急物资储备仓库开始引入自动化立体仓库系统，实现物资的自动存取和库存管理，从而提高空间利用率和出入库效率。在自动化立体仓库中可以通过堆垛机等设备快速、准确地将物资放置在指定货位或取出，减少人力操作误差和时间。此外，该系统还能够实时监控货物的状态和位置，提供精确的库存管理和物流追踪。

（2）货架系统

仓库货架系统在应急物流仓库中起着至关重要的作用，应急物流仓库利用货架系统的垂直空间，大大提高了仓库的储存效率，减少了地面储存的需求。应急物流仓库的货架类型多样，包括托盘货架、长架、流利货架、窄巷道货架、移动货架、堆垛架、可折叠货架等。可折叠货架是一种方便储存和携带的货架系统，它在不使用时可以折叠起来以减少占用空间，适合各种环境和场合，尤其是空间有限或需要经常变动布局的地方。

（3）仓储笼

仓储笼又叫仓库笼、蝴蝶笼，是仓储运输中很重要的一类物流容器，具有存放物品容量固定、堆放整洁、便于库存清点等优点，同时也提高了仓储空间的有效利用率。仓储笼可以自由折叠，不用时可以折叠存放，节省仓库空间，广泛应用于应急物流中的冷库，是现代物流和仓储管理中不可或缺的工具。

（4）集装箱架

集装箱架通常指的是用于存放、堆叠和运输集装箱的各种架子和结构，广泛应用于港口、码头、货运站和物流中心等地方，以便集装箱的储存和搬运，此外在部分大型应急物流仓库中也设置有集装箱架，用于储存紧急救援电力储能箱等特种集装箱。

2. 仓库安全设备

应急物流仓库安全设备是确保仓库操作安全、保护货物和人员安全的重要组成部分。常见的安全设备有消防设备、防盗报警系统、通风设备、照明设备和防护设施等。

消防设备包括消防栓、消防管道、烟雾报警器、灭火器、防烟面具、防护服、消防车、手动抽水器、水枪、消防水源、砂土箱、消防云梯等。防盗报警系统用于监控仓库区域，防止盗窃和其他非法入侵行为。通风设备如除湿机、抽风机、空气调节器等，用于维持仓库内适宜的温湿度，防止应急物资受潮或变质。照明设备包括防爆灯、防护隔热帘等，确保仓库内的照明满足作业需求同时保障安全。防护设施如防护栏、安全网、防撞垫等，用于保护人员免受仓储机械伤害或物资坠落伤害。

3. 其他辅助设备

（1）养护检验设备

应急物资养护检验设备是为确保应急物资在储存和使用过程中保持良好状态而设计的。常见的养护检验设备有环境监测仪器、密封性测试设备、化学分析仪器、生物检测设备、维护工具和配件等。环境监测仪器利用温湿度计、水分测定仪等，用于监测储存环境，防止食品和药物变质、失效。密封性测试设备可以确保包装的密封性，防止物资受潮或受损。化学分析仪器可以用于检测物资的化学成分和稳定性。生物检测设备如微生物检测仪器，可以确保医疗用品和食品的安全性。而维护工具和配件可以用于仓储设备定期的清洁、润滑和维修工作。

（2）计量设备

在应急物资的储存和管理中，计量设备是专门用于确保物资数量的准确性和可靠性的设备，在物资进出时的计量、点数，及在货存期间的盘点、检查等。常见的计量设备有电子计数器、自动称重系统、条码扫描器、重量传感器等。电子计数器用于自动计算通过特定点的货物数量。自动称重系统是集成化的自动化系统，能够自动完成称重并记录数据。条码扫描器虽然不是直接的计量设备，但可用于识别货物信息，与计量设备配合使用，提高计量效率。重量传感器可以集成在输送带或其他搬运设备中，用于实时监测物资的重量。

4. 实际案例

（1）新冠疫情期间的应急物资仓储

在新冠疫情暴发初期，许多地区面临医疗物资短缺的挑战。一些大型物流企业迅速启用自动化立体仓库，利用堆垛机和智能输送系统，快速准确地调配口罩、防护服、护目镜等防疫物资。同时，通过仓储管理系统实时监控库存，结合大数据分析预测物资需求，及时补货。

（2）地震灾区的应急食品仓储

在某次强烈地震发生后，救援工作急需大量食品供应。当地的应急仓库采用了冷链仓储技术，确保了面包、牛奶、罐头等食品在适宜的温度下储存，保证了食品的质量和安全。此外，利用射频识别技术（RFID）对食品进行快速盘点和出入库管理，提高了物资分发的效率。

（3）洪水灾害中的应急救援设备仓储

在遭遇严重洪水灾害时，救援设备如冲锋舟、救生衣、抽水泵等物资的快速调配至关重要。相关应急仓储中心运用了智能仓储机器人，能够快速搬运和分拣这些重型设备，同时借助智能监控与预警系统，实时监测仓库的湿度和水位，防止物资受损。

（4）森林火灾中的应急灭火物资仓储

在森林火灾高发季节，灭火物资的储备和调配需要高效进行。某地区的应急仓储基地采用了可折叠货架和托盘，在非火灾时期节省空间，火灾发生时能够迅速展开，增加仓储容量。并且通过无人机巡检，及时发现可能存在的安全隐患和物资短缺情况。

二、应急物流仓储技术装备存在的主要问题

从我国发生的几次大的灾害情况看，应急物流仓储技术装备存在以下主要问题。

（一）规划布局不尽合理

应急物流仓储设施在部分地区存在重复建设和资源浪费现象，而一些重点区域和新兴风险领域仓库规划不足。

（二）技术装备陈旧老化

经济发达地区应急物流仓储装备的现代化水平相对较高，而在经济欠发达地区或偏远地区，部分应急物流仓储设施仍采用传统的货架、叉车等设备，自动化程度低，工作效率不高。一些设备使用年限较长，维护保养不善，故障频发，影响正常作业。在应对大规模突发事件时，跨区域调配物资仓储装备衔接问题突出。

（三）装备通用性和兼容性差

不同地区、部门的应急物流仓储装备规格型号各异，存在接口、通信协议等标准不统一问题，相互之间难以兼容和协同作业，影响了应急物资的跨区域调配和整合利用。此外，仓储装备与现有应急物流管理信息系统的兼容性也有待提升。

（四）特殊物资储存能力较弱

冷链应急物流仓储装备体系在应对公共卫生事件等场景下不够完善，如温度、湿度、通风等环境条件的控制能力不足，可能导致物资质量下降。对于一些具有特殊储存要求的应急物资（如药品、生化防护用品、高精密仪器救援设备等），专用的仓储装备研发和配备不足。

（五）整体协同性不足

与应急物流其他环节（运输、配送等）以及与其他部门（如卫生、交通等）间的协同配合机制在仓储设施建设中缺乏足够考虑和实践磨合。各地区、各部门之间的应急物流仓储技术装备缺乏有效的协同机制，导致在跨区域应急救援中出现物资调配不畅的情况。

（六）资金投入有限

先进的自动化和智能化应急物流仓储装备前期投入成本较高，对于一些财政预算有限的地区和单位来说难以大规模配备，导致设备更新换代缓慢，无法满足日益增长的应急需求。此外，先进的技术装备往往需要高昂的维护和更新成本，这在一定程度上限制了其广泛应用和持续发展。

三、应急物流仓储技术装备发展展望

应急物流在应对各类突发事件中发挥着关键作用，而仓储技术与装备的不断发展对于提升应急物流的效率和效能具有重要意义。

（一）灵活可扩展的仓储设施将迅速发展

应急物流仓储需要具备快速响应和灵活调整的能力。因此，模块化、可折叠、可移动的仓储设施，例如可移动的集装箱式仓储单元，将得到进一步发展，能够在短时间内搭建和扩充仓储空间，满足不同应急事件的规模和物资需求，实现空间的灵活调整和快速部署。

（二）智能化与自动化程度将持续提高

随着人工智能、机器学习和机器人技术的快速发展，应急物流仓储将实现高度智能化和自动化。自动化立体仓库的普及和机器人技术的广泛应用可以实现仓储作业的无人化和高效化。大数据与物联网技术深度融合，可以实时掌握物资需求的动态变化，预测潜在的突发事件，提前做好物资储备和调配计划。云计算技术的发展将实现仓储数据的集中管理和共享，促进不同地区、部门之间的协同合作，提高应急响应的整体效率。

（三）装备的弹性与柔性将继续增强

集成多种功能的综合性仓储装备系统将得到发展，例如，集搬运、储存、分拣于一体的智能应急物流单元，如一些货架可以同时具备储存、分拣、称重等多种功能，减少物资在不同设备间转移的时间和人力成本。仓储装备设计上更强调对不同规模、不同类型应急事件的适应能力，可根据物资数量和种类快速调整布局和功能。

（四）协同化与标准化发展趋势更加明显

应急物流仓储装备与上下游运输、配送等环节的装备实现信息共享和协同运作，提高整个应急物流链条的效率。仓储装备之间以及与其他物流装备之间的接口标准化，便于不同设备和系统的快速对接和集成。制定和推广应急物流仓储作业流程标准，确保不同地区和主体在应急情况下的高效协作。

（五）虚拟现实与增强现实技术的应用将更加广泛

虚拟现实和增强现实技术将用于应急物流仓储的培训和演练，为操作人员提供沉浸式的培训环境，在虚拟环境中熟悉操作流程和应对紧急情况，提高应急处置能力。同时，在实际作业中，通过增强现实设备提供实时的操作指导和信息提示。

（六）绿色环保与可持续发展趋势仍将持续

为了应对环境挑战，应急物流仓储技术装备将更加注重绿色环保。在应急仓库建设中采用环保、可回收利用的建筑材料，减少对环境的影响。采用节能型设备、可再生能源供电系统，以及可降解的包装材料等，降低仓储环节的能源消耗和环境污染。同时，一些新能源驱动的仓储装备（如电动叉车等）在应急物流仓储场景中开始推广。

综上所述，中国应急物流仓储技术装备在政策、基础设施和科技创新的共同推动下，正朝着更加规范化、智能化和绿色化的方向发展，展现出广阔的发展前景。

（作者：陆军勤务学院　李德　杨鑫瑞）

参考文献

［1］张燕．应急物资保障体系现状及优化策略［J］．城市与减灾，2024（3）：6－10．

［2］郭子琦．我国应急物流体系的构建与优化策略［J］．物流工程与管理，2023，45（3）：42－45．

［3］吴磊，郭秀英．疫情下地方政府仓储配送应急管理对策研究［J］．经营与管理，2021（3）：143－146．

第二节　应急物流运输技术装备发展现状及展望

近年来，各种突发事件如自然灾害、事故灾难、公共卫生事件等频繁发生，应急物流运输能力不断受到挑战，对于应急物流运输技术装备的需求也日益增长。在实现我国应急管理能力和水平现代化的道路上，应急物流运输技术装备的研究发展将起到非常重要的作用，为更快捷、更精准、更适用地进行应急物资运输提供有力支撑。

一、应急物流运输技术装备的发展现状

（一）应急物流运输技术装备现状

不同的装备根据其功能、载重能力以及使用环境被划分为不同的类别，以适应多样化的应急需求。

1. 陆地运输装备

用于应急物流的陆地运输装备主要有公路运输与铁路运输两种装备。它们在灾害响应和物资调配中发挥着不可替代的作用。根据功能和应用场景的不同，陆地运输装备可分为以下四个子类别。

（1）通用公路运输车辆

通用运输车辆，包括载货汽车、牵引车等，是应急物流中用于长距离运输的基础工具，常见的通用运输车辆如表6-1所示。这些车辆因其灵活性和广泛的适用性而在应急物资的快速调配中扮演着重要角色。通用运输车辆通常具备良好的机动性和载重能力，能够适应不同类型的道路条件。

表6-1　　　　　　　　　我国应急物流运输中常见的通用运输车辆

序号	车辆类型	常用型号	使用场景	备注
1	载货汽车	解放J6、东风多利卡等	大宗物资运输、应急物流	—
2	牵引车	解放JH6、东风天龙等	货物拖挂、重型物资运输	—

载货汽车，因其灵活性强、种类多、运输能力强等特点被广泛应用于各类应急活动中。按照其结构特性，可以分为仓栅式、栏板式、（低）平板式、自卸式、厢式、罐式等（见图6-3）。在应急物流运输过程中，根据运输货物的数量、货物特性、道路情况等灵活选择运输车辆类型。例如运输基本生活保障类的食物、水、纺织用品等物资时，需要保证运送物资不受污染，需要选择仓栅式（加防水布）、厢式

图6-3　常见载货汽车类型

载货汽车进行运输；运输工程机械设备、应急同行辅助装备等行驶速度较慢或者无动力的设备时，可选择平板式、栏板式载货汽车执行运送任务；若是运输石料、沙土等工程材料时，为了装卸方便则应选用自卸式载货汽车进行运输。

牵引车广泛应用于物流、货运、港口、机场以及特殊作业领域。根据牵引车动力强劲、高承载力等特点，在应急物流体系中被大量使用，既可以一次性运送大量应急物资，也可以运送大型机械设备进入应急现场。

（2）特种运输车辆

根据应急场景的不同，需要使用冷藏、恒温运输某些特殊物资，或者某些特殊设备集成、固定在某些车辆上，需要满足物资特定需求的特种运输车辆进行运输。如常见的冷藏运输车辆、现场预警指挥车辆、消防车等，如表 6 - 2 所示。根据《应急物资分类及编码（GB/T 38565—2020）》可以将其分为专用作业车辆和特殊地形车辆。

表 6 - 2　　　　　　　　　我国应急物流运输中常用特种车辆

序号	车辆类型	常用品牌及型号	使用场景	备注
1	冷链物流车辆	福田、江淮冷藏车	运输易腐物资，如食品和药品	—
2	医药物流车辆	江铃、庆铃医药物流车	运输医疗物资、药品	—
3	消防车	陆地方舱车、东风消防车	火灾及其他紧急救援任务	—
4	随车吊车	—	运输和吊装重物	—
5	特殊地形车辆	BJ212、东风猛士、KTM 250 EXC - F	复杂地形、越野环境	—

专用作业车辆。为承担专门的运输（货物或人员）任务，装有专用设备或经过特殊改装，从事专门运输或专门作业的具备专用功能的车辆。包括应急指挥车辆、多功能集成式救援装备工具车、移动式排水供电车、冷链运输车、气体化验车、消防灭火车、排烟车、除冰车等。

特殊地形车辆。我国幅员辽阔，维度跨度较大，地形环境复杂，许多灾害事件会发生在特殊地理环境中，如冰雪霜冻环境、道路泥泞、坡度过大等，一般车辆的通行能力难以适应特殊地形时，需要有能适应特殊地形的车辆来承担临时的物资运输任务。常用的特殊地形车辆包括越野车、沙漠车、山地摩托车、雪上汽车及摩托车、全地形车等。如 2022 年 8 月的重庆山火事件中，高温导致的森林火灾扑救工作一线需要大量的灭火器材，然而由于山高林密且无直达道路，只能由挖掘机临时开辟一条陡峭的道路，一般车辆难以适应临时道路环境时，许多具有较好爬坡能力的摩托车充当了应急物资运输的主力军，为扑灭山火提供了重要支援力量。

（3）铁路运输装备

铁路货物运输是现代运输的主要方式之一，也是构成陆上货物运输的主要运输方式之一。我国铁路运输列车（见图6-4）常见车型如表6-3所示。截至2023年年底，全国铁路机车拥有量为2.24万台，其中内燃机车0.78万台，占34.8%；电力机车1.46万台，占65.2%。同时，由于使用铁路运输方式的应急物流要满足铁路线路正常运行，所以与平时铁路物流运输没有太大差异。

图6-4　铁路运输列车

表6-3　　　　　　　　　　　　我国铁路运输列车常见车型

序号	车辆类型	常用型号	使用场景	备注
1	内燃机车	DF4、F8B、DF11、F7D	应急物资运输，特别是在无电气化线路区域	大雪、霜冻等灾害天气应急运输
2	电力机车	HXD1、HXD2、CRH1、RH2	电气化线路上的快速应急物资运输	—
3	电动车组	CRH380A、CRH380B、CRH2、RH3	快速运送大量人员或重要物资	—

资料来源：《铁路机车车辆目录》、国家铁路局官网。

国家铁路局在《"十四五"铁路科技创新规划》中强调了技术装备领域的研发重点，包括推动更高速度轮轨技术研发、强化先进载运装备技术研发、加强现代工程装备技术研发以及加快关键核心技术攻关。这些研发重点旨在推进技术装备高端化、智能化、谱系化发展，打造现代化装备体系。铁路运输装备的智能化发展，包括智能动车组、智能建造、智能运营服务技术，以及重载铁路智能运维技术的研发，都是当前科技创新的重点。同时，铁路运输装备的绿色化、轻量化、高速化也是未来发展的重要方向，这涉及高速磁浮系统、低真空管（隧）道高速列车等技术储备研发。

2. 水上运输装备

水上运输装备，也称浮动设备，主要包括各种舟、船等可用于水上救援的设备，对于海岸线长、水域广阔的国家和地区至关重要。在洪涝、海难等事件发生时，水上运输装备能有效弥补陆地运输水域通行能力弱的缺点，是传统应急物流的重要补充。常用水上运输装备主要有运输船、救生艇以及水陆两栖运输飞机等。我国应急物流运输中常用水上运输装备如表6-4所示。

表6-4　　　　　　　　我国应急物流运输中常用水上运输装备

序号	类型	常用型号	使用场景	备注
1	运输船	8000HP 拖轮	救援大型船只、运送大型设备	—
2		119 型救援船（海警 119 型）	海上紧急救援、灾后物资运输	—
3		145 型快速救援船（海警 145 型）	应对快速反应的紧急情况、海上人员救援	—
4		1200T 搜救船	搜索与救援行动	—
5		301 型医疗救援船（海警 301 型）	海上灾害中用于提供医疗救援和急救服务	—
6	水上飞机	AG600	主要用于水上救援、灭火及人员转运	—

（1）运输船

应急物流中的运输船是专门设计用于在紧急情况下提供快速反应和物资运输的船舶。它们通常具备在恶劣水域环境下进行救助和运输的能力，同时也避免传统航运船舶速度较慢的问题，以确保在突发事件发生时能够迅速响应。例如，中国船舶集团研发建造的应急救援运输船，就是这类专业水上应急运输船舶的代表，并且已经形成了大、中、小相配套的救助类运输船舶体系。

在应急物流中，运输船的设计和功能不断拓展，既包括人及物的应急运输，还包括多种功能的综合性救助，如海上抢险救援与消防等。例如，江龙船艇为珠海市建造的 55 米应急执法船"珠海应急 001"，就是一艘具备市级应急指挥、海上抢险救援与消防功能的多功能船。该船设计有较高的抗风浪能力，能够应对海上 9 级风浪的挑战，确保在紧急情况下提供有效的救援和支持。

（2）水上飞机

我国高度重视水上救援能力的发展，研发了水上救援运输飞机，其中最具代表性的是"鲲龙"AG600 大型水陆两栖飞机，如图 6 – 5 所示。飞机最大起飞重量 53.5 吨，是目前世界上最大的水陆两栖飞机，可以承担大型灭火、水上救援、物资投送等多种任务。

图 6 – 5 "鲲龙"AG600 水陆两栖飞机

3. 空中运输装备

空中运输具有安全性能高、运输时间短等优势，是高附加值、高时间敏感性物资运输的重要方式。目前，我国已形成完整的航空应急物流运输体系，既有依赖专业机场进行点对点运输的货运飞机，也有用于灾区人员、物资运输的直升机，还有用于搜救、物资运输的无人机，可实现应急物资快速送达的基本目标。我国应急物流运输中常用的空中运输装备如表 6 – 5 所示。

表 6 – 5 我国应急物流运输中常用的空中运输装备

序号	类型	常见型号	使用场景	备注
1	货运飞机	运 – 20、IL – 76	大型自然灾害（如地震、洪水）救援物资的快速投送；大型设备、医疗物资运输	—
2		C – 130、AN – 26	中小型灾害（如城市水灾）应急物资运输；物资补给任务	—

序号	类型	常见型号	使用场景	备注
3	直升机	Z-8、Z-9、S-70	应急救援、医疗转运、山区物资投送；迅速到达灾害现场进行救援	—
4		EC-135、Mi-17	紧急医疗服务；高山地区物资运输；救援行动	—
5	无人机	DJI Matrice、Yuneec H520	灾区勘测、实时监控；轻型物资投送；灾后评估	—
6		Quanum Nova、Parrot Anafi	快速配送小型紧急物资；数据采集与传输；搜索与救援	—

（1）货运飞机

中国货运飞机的发展现状表现在多个方面。首先，中国航空货运市场在 2023 年展现出强大的市场活力，货邮运输量达到 735.4 万吨，同比增长 21%。其次，中国的航空货运基础设施建设不断完善，枢纽机场专业化设施配置加快推进，如鄂州花湖、成都天府、杭州萧山、郑州新郑等机场的货运枢纽功能不断增强。此外，中国航空货运政策保障支持力度不断加大，民航局先后印发了《危险品货物航空运输临时存放管理办法》《航空物流保通保畅工作指南》《航空货物装卸工作规范》等一系列航空货运规范性文件，助力提升航空货物服务保障水平，补齐发展短板，提高发展裕度。

（2）直升机

直升机可以广泛应用在运输、巡逻、旅游、救护等多个领域。我国直升机应急救援建设虽然起步较晚，但发展迅速，目前已有多个省区市完成航空应急能力的组建工作，如北京市、重庆市、浙江省、湖北省等，能够在需要进行紧急物资运输、伤员转运等场景下发挥重要作用。

（3）无人机

随着技术的进步，无人机在物流领域的应用逐渐成熟，如顺丰、京东、美团等企业已在多个省区市开展无人机物流业务，无人机物流模式日趋成熟。在应急物流运输体系中，无人机通常用于被困人员基本生存、救援物资的投放，如疫情期间无接触式物资运输、复杂地形环境中物资运输等，能够有效提升应急物流末端配送能力，解决好复杂情景下应急物流"最后一公里"问题。

对于救援而言，公路运输以其配送成本低、过程灵活的特点，在区域内公路未受损的情况下使用较多；铁路则因配送速度快、运输量大、配送成本低在跨区域救援中使用较多；航空以其运输速度快的优势可进行情况危急时的抢险救援，以其救援路径灵活的特点在区域道路、铁路受损短期无法修复时使用；水路运输需要天然的地理条件，一般用于应急准备前期，进行跨区域的物资调配实现区域物资均衡。

（二）应急物流运输技术发展现状

1. 联合运输技术

一般而言，应急物资要经过多次转运才能运送到需求点。期间，通常会根据时间紧迫性、物资特性选择多种合适的运输方式，实现应急物流的多式联运。如进行长距离应急物资运输时，选择用货运飞机将物资运送至受灾地区或者邻近地区，再由货运汽车运输到应急物资集散中心，应急物流末端则根据实际情况选择，实现应急物资高效配送的目标。

2. 智能调度技术

目前，我国应急物流运输技术主要集中在智能调度方面，主要包括应急物资运输路径选择、受灾地区应急物资运输路网优化、物资运输车队作业计划以及应急物资储存点选址等方面。

（1）应急物资运输路径选择

对应急物资运输路径问题的技术可以归为三类，主要考虑时间窗约束、不确定性影响和满意度问题等作为技术优化目标，为我国应急物流领域的发展提供了重要理论和技术支撑。

考虑时间窗约束。时间紧迫性是应急物流区别于传统物流的重要特点之一，因此从时间窗约束的角度构建应急物流路径优化模型，并设计求解算法实现理论验证目标。如提出所有的应急物资运输必须在规定时间内完成，因此以救援时间最小化、应急响应能力最大化、运输距离最短化、路径复杂性最简化等为目标，构建车辆路径优化模型，以遗传算法、蚁群优化算法、模拟退火算法等基本算法为基础，设计满足模型特点的求解算法，实现了应急物流时间最小化和效益最大化之间的平衡。

考虑不确定性影响。应急物流运输需要进入受灾地区，会面临各种不确定因素的影响，因此充分考虑应急物流运输过程中的不确定因素，才能保证应急物流运输体系的正常运行。根据灾害类型的不同，所需要考虑的不确定因素也会有所差异。当前技术多考虑路况不确定性、路况修复不确定性、库存动态变化、需求不确定性、时间不确定性等一些未知因素影响，构建满足时间紧迫性、系统冗余性、分配公平性等要求的应急物流配送路径规划模型，并设计对应的求解算法。

考虑满意度问题。该类技术在构建应急物流运输路径规划模型时应考虑物资损毁对受灾地区人民心理的影响，受灾地区人民对物资损毁风险、配送延迟风险的感知水平，将救援物资分配公平性、受灾地区人民满意度作为应急物流运输技术实现目标之一，实现应急物流运输效率与应急救援成效之间的有机结合，真正做好以人民为中心的应急管理，促进社会高质量发展。

（2）应急物流运输路网优化与管理

目前，我国应急物流运输网络由两大功能网络组成：一是与生产运营相关，由各种运输方式的运载工具、相关技术装备、人员组成的运输网络；二是建立在硬件系统基础之上的运输组织、相关信息沟通和协调的管理网络。

应急物流运输网络优化技术。应急物流运输网络优化技术相较于车辆运输路径优化而言是从更加宏观的角度，实现对应急物流网络的系统性优化。当前技术主要从物流网络节点的角度出发，分析关键节点并加强管理，以提升整个应急物流运输网络的韧性。同时，也有从物资调度方面进行分析，通过建立动态优化决策框架模型、多周期协调应急物流运输网络优化模型等方式，实现应急物流运输网络运行效率提高的目标。

应急物流运输网络管理技术。在应急物流运输管理方面，我国正在努力探索军地协同、跨区域合作、一体化管理等新形势下的应急物流管理模式，以提高突发公共卫生事件应急物流的保障能力。同时，也鼓励和加强高新技术如区块链、人工智能、云计算等高新技术在应急物流中的应用，提升我国应急物流保障能力。

（3）应急物资储存点选址技术

选址问题作为一个经典的运筹学问题，在物流管理领域得到广泛的应用。同样在应急物流运输中也存在需要进行选址的情形，如受灾地区已有储备库被损毁、需要增加临时应急物资储备点等，通过科学选址技术能够有效提升应急物流运输效率，保障受灾地区人民的生命财产安全。

当前技术中既有考虑需求点之间的差异性，分析不确定需求下应急物资储备库选址及物资储备问题；也有从应急活动的阶段性考虑，构建基于灾害链视角的多周期选址优化模型；还有从基于传统物流选址的 p – 中值问题、p – 中心问题和覆盖问题出发，考虑灾害事件特性建立选址模型，提升应急物资储存点的使用效率，进而实现应急物资储存点选址优化的目标。

（三）应急物流运输技术装备相关政策规划

表 6 – 6 为近年来我国应急物流运输技术装备发展相关的部分重要政策规划。

表6-6　　近年来我国应急物流运输技术装备发展相关的部分重要政策规划

文件名称	发布时间	相关内容总结
《国务院办公厅关于加快应急产业发展的意见》	2014年12月	我国首次对应急产业发展作出全面部署，主要形成包括加快关键技术和装备研发在内的六项主要任务和五条政策措施
《国务院办公厅关于印发国家突发事件应急体系建设"十三五"规划的通知》	2017年1月	强调了应急物流运输技术装备的研发和应用，推动高效、可靠的运输工具和设备的开发，制定标准化和规范化的技术标准，提升装备的互换性和兼容性，并推进应急物流信息化建设，利用现代信息技术提升管理和调度能力，确保在突发事件中能够迅速、高效地进行应急物资的调配和运输
《中华人民共和国国民经济和社会发展第十四个五年规划和2035年远景目标纲要》	2021年3月	强调了应急物流运输技术装备的现代化建设，提出要加强应急物流技术装备的研发和应用，推动智能化、信息化技术在应急物流中的应用，提升应急物资储备和调配能力，确保在突发事件中能够迅速、高效地进行应急物资的运输和保障
《应急管理部关于推进应急管理信息化建设的意见》	2021年5月	强调了应急物流运输技术装备的统筹建设，包括统一建设应急管理云和应用系统，制定全国统一的网络安全防护策略，推进安全生产和自然灾害风险监测预警系统建设，升级应急指挥平台，并加强应急通信保障，确保在突发事件中能够迅速、高效地进行应急物资的调配和运输
《安全应急装备重点领域发展行动计划（2023—2025年)》	2023年9月	到2025年，我国安全应急装备产业将显著提升，市场规模超1万亿元，产品质量和应用深度增强。攻克关键核心技术，推广高技术装备，形成10家国际竞争力龙头企业和50家核心技术骨干企业，涌现制造业单项冠军和"小巨人"企业，培育50家国家示范基地，打造强有力的先进制造业集群，为防灾减灾和突发事件提供有力支撑

二、应急物流运输技术装备面临的挑战

我国应急物流运输技术装备市场近年来呈现增长趋势。一方面，各类极端自然灾害频发，导致全社会应急物流运输需求激增，我国以各级政府部门为主导的应急管理单位加大了对应急物流运输能力的采购投入；另一方面，自2018年应急管理部成立以来，全国已完成应急管理系统的改组工作，政府层面加大了对应急管理工作的政策支持和经费投入。尽管我国应急物流运输市场发展迅速，但仍面临一些挑战，包括信息

安全挑战、跨部门协同挑战、投入和产出平衡挑战、标准化和通用化挑战等。

（一）信息安全挑战

在应急物流运输过程中，信息安全问题尤为重要。应急物流涉及大量敏感数据，包括物资的具体调配计划、运输路线、实时车辆定位信息以及相关人员的联系方式等。这些数据一旦被不法分子获取，就可能导致不必要的社会恐慌，甚至影响救援行动的效率和安全性。

（二）跨部门协同挑战

应急物流运输通常涉及多个部门，如交通运输部门、公安部门、消防部门和医疗机构等。这些部门的任务和职能虽有所不同，但在实际救援中必须紧密配合，以保证救援工作的顺利进行。然而，由于各部门之间的信息系统不完全兼容、沟通机制不完善或职责分工不清晰，可能导致响应效率低下或资源浪费。

（三）投入与产出平衡挑战

应急物流运输系统的建设通常需要大量的资金投入，包括设备采购、技术研发、系统集成、人员培训和维护管理等。然而，由于应急事件的发生具有突发性和偶然性，投入的设备和技术在平时可能处于闲置状态，导致资源浪费。例如，高端救援设备在非应急期间使用频率低，而一旦发生重大事件，其作用才会显现，投入的高成本难以平衡。

（四）标准化与通用化挑战

由于各个地区和单位在设备采购时可能依据不同的标准和规格，这导致了设备之间的兼容性差。例如，某些地区的救援车辆和应急物资储存设备可能与其他地区的设备无法兼容，从而影响资源的共享和调配。此外，设备通用化程度不足也使得在跨区域调配或协调救援时面临困难。

三、应急物流运输技术装备发展展望

科技创新是推动应急物流运输技术装备发展的核心动力。随着科技的不断进步，一系列新兴技术正在被研发并应用于提高应急物流的效率和响应能力。

（一）绿色能源技术应用

电动汽车的低运行成本和零排放特性使其成为城市应急物流的理想选择。随着电池技术的不断进步，电动运输装备的续航能力和性能也在不断提高。

（二）物联网与智能监控系统部署

物联网技术已经在运输装备领域展现出了巨大的潜力。物联网技术通过将各种传感器、设备和机器连接到互联网，实现了对运输装备的实时监控和管理。该技术不仅能够提升运输效率，还可以实现预测性维护，及时识别并解决潜在问题。随着物联网技术的进一步发展，其在应急物流领域应用场景将更加广泛，涵盖从货运车辆到仓储设施的各个方面，为整个行业带来了全新的智能化和可持续发展的可能性。智能监控系统依靠先进的数据分析和机器学习算法，能够实时监测运输装备的运行状态和性能表现。随着智能监控技术的应用扩展，该技术将在推动应急物流领域的创新和发展中发挥越来越重要的角色，为应对各类挑战提供了更加可靠和高效的解决方案。

（三）高级材料与制造技术研发

轻量化材料的应用有助于提高运输装备的能效和性能。通过使用高强度、轻质的材料，装备的整体重量得以减轻，从而降低了能耗并提高了载重能力。3D打印技术在快速制造和维修运输装备中展现出巨大潜力，该技术能够按需生产零部件，大大缩短了供应链，并在某些情况下实现了现场快速维修。

（四）无人系统发展

无人驾驶技术的应用仍处于起步阶段，但其潜在优势包括提高运输效率、降低人力成本和减少事故风险。随着技术的成熟和法规的完善，无人驾驶车辆有望在未来的应急物流中发挥重要作用。我国无人机技术发展日趋成熟，且以往应急案例表明无人机在提高应急响应速度中的作用不容忽视。使用无人机能够快速到达灾害现场，进行空中侦察或海上巡逻，为救援行动提供关键信息。

（作者：重庆交通大学　葛显龙）

参考文献

[1] 李思瑾，王乐．应急物流研究综述 [J]．合作经济与科技，2024（5）：163 - 165．

[2] 姚书婷，胡志华，魏晨．多禁止时间窗约束的路径恢复问题研究 [J]．计算机工程与应用，2019，55（12）：265 - 270．

[3] 张琴．考虑差异性的重大公共卫生事件应急设施选址研究 [D]．成都：西南交通大学，2022．

[4] 毛张雨．考虑多式联运的应急物流枢纽点选址和路径规划研究 [D]．徐州：中国矿业大学，2023．

[5] 丁蕾，杭虹利．应急物流优先的交通分配模型及算法 [J]．同济大学学报（自然科学版），2022，50（5）：630 - 634．

[6] 龙海波，杨家其，尹靓，等．基于鲁棒优化的不确定需求下应急物资配送多目标决策模型 [J]．吉林大学学报（工学版），2023，53（4）：1078 - 1084．

[7] 高荣，王纯，马业宝．不确定应急物流 LRP 双目标优化模型 [J]．河北大学学报（自然科学版），2022，42（3）：225 - 231．

[8] 陈红，文若兰，周和平．突发事件下应急救援物资车辆路径选择方法 [J]．交通科学与工程，2023，39（4）：114 - 120．

[9] 孙文军，朱昌锋，李辉．考虑不同救援能力的应急救援人员派遣演化博弈 [J]．深圳大学学报（理工版），2024，41（4）：406 - 414．

[10] 吴坷．考虑路网环境时空变化的应急物流交通组织方法研究 [D]．武汉：武汉理工大学，2022．

[11] 樊彧．应急物流数学规划模型框架的构建和改进——基于受灾者的角度 [D]．合肥：中国科学技术大学，2021．

[12] 李玉晨．考虑次生灾害的应急物流网络优化研究 [D]．济南：山东大学，2021．

[13] 韩嘉楠．新冠肺炎疫情背景下的应急物流系统可靠性关键影响因素研究 [D]．太原：山西大学，2021．

[14] 袁瑞萍，王伟，李俊韬，等．不确定性条件下多阶段应急物资多式联运调度研究 [J]．运筹与管理，2023，32（6）：33 - 39．

［15］李秀文．基于多种运输方式的应急物资多周期调度优化研究［D］．兰州：兰州交通大学，2023．

第三节　应急物流装卸搬运技术装备发展现状及展望

在全球应对自然灾害和突发事件的大背景下，我国积极推动应急物流装卸搬运技术装备的现代化和智能化。智能化、无人化装卸搬运设备，如物流无人机、自动堆垛机、无人叉车、AGV（自动导引车）等相继投入使用，不仅提高了应急物流装卸搬运效率，也降低了人力成本，在加快应急物流响应速度、提高应急物资装卸搬运精准度上起到了关键作用。同时，信息技术的融入，如物联网、大数据分析，使得应急物流装卸搬运系统的可视性和智能决策能力明显提升。未来，我国将继续加强应急物流装卸搬运技术研发，推动绿色化、智能化、无人化应急物流装卸搬运技术装备的发展。

一、应急物流装卸搬运技术装备发展现状

近年来，我国政府对应急物流的重视程度不断提高，出台了多项政策和规划来促进这一领域的发展，为应急物流装卸搬运技术与装备的发展提供了强有力的支持。政府还通过组织专项资金、设立科技项目等方式，鼓励企业和科研机构进行应急物流装备的研发。例如，国家发展改革委、科技部等部门在多项重大科技项目中，将应急物流装备的研发列为重点支持方向。此外，各地政府也纷纷结合地方实际情况，制定相应的实施方案和细则，以推动地方应急物流的发展。通过政策支持，促使各类相关企业积极参与应急物流装备的研发和生产，形成了良好的市场氛围。

（一）技术创新情况

技术创新是应急物流装卸搬运技术装备发展的核心驱动力。随着信息技术、自动化技术和人工智能等领域的迅猛发展，越来越多的先进技术被应用到应急物流装卸搬运装备中，不仅提高了装备的作业效率，还增强了其在复杂环境下的适应能力。例如，无人搬运车（AGV）、物流无人机（LUAV）等无人装卸搬运装备在疫情、危化品泄漏事故等对人体危害大的应急事件处理中，极大地降低了人为操作带来的安全隐患，提高了物资搬运的效率。目前，应急无人装卸搬运车（AGV）用途及分类如表 6-7 所

示，常见应急装卸搬运无人机用途及分类如表6－8所示。

表6－7　　　　　　　常见应急无人装卸搬运车（AGV）用途及分类

类型	用途	最大装卸搬运重量	导航方式	工作场景	控制方式	装卸搬运方式
叉车式AGV	短距离重型应急物资装卸搬运	500kg～20t	激光导航、卫星导航、视觉导航	室内、室外	自主式、遥控式	叉车式
轻便式AGV	短距离轻型应急物资装卸搬运	500kg以下	磁导航、二维码导航、激光导航、卫星导航、视觉导航	室内、室外	自主式	背负式、潜伏顶升式、滚筒式
中载式AGV	短距离重型应急物资装卸搬运	500kg～2t	磁导航、二维码导航、激光导航、卫星导航、视觉导航	室内、室外	自主式、遥控式	背负式、潜伏顶升式、滚筒式
重载式AGV	短距离重型应急物资装卸搬运	2t～20t	磁导航、二维码导航、激光导航、卫星导航、视觉导航	室内、室外	自主式、遥控式	牵引式、背负式、潜伏顶升式

表6－8　　　　　　　　常见应急装卸搬运无人机用途及分类

型号	用途	最大载重量（kg）	最远航程（km）	速度（m/s）	飞行方式	装卸方式
大疆 FLYCART30	短距离轻型应急物资搬运	30	16（双电）	20	四旋翼无人机	空吊
美团第四代无人机	短距离轻型应急物资搬运	2.5	10	23	六旋翼无人机	挂载
丰翼方舟 ARK150	短距离轻型应急物资搬运	50	20	20	六旋翼无人机	挂载
迅蚁 TR9	短距离轻型应急物资搬运	9	27	16.7	六旋翼无人机	挂载

（二）装备多样化情况

随着应急物流需求的多样化，相关应急物流装卸搬运技术装备的种类也在不断丰富。从传统的叉车、堆高机到智能物流无人机、无人搬运车、无人叉车等智慧物流装卸搬运装备，应急物流的装卸搬运装备种类繁多，能够适应不同的操作环境和场景。

此外，在自然灾害、公共卫生事件等突发情况下，快速反应是应急物流的关键。因此，移动式装卸装备也逐渐受到重视。这类装备通常具备轻便、易于操作的特点，能够在短时间内完成物资的装卸工作。为了满足不同场合的需求，各类手动搬运工具、便携式装卸装备等也得到了广泛应用。这些装备虽然技术含量相对较低，但在一些特殊情况下，仍然发挥着不可替代的作用。

（三）标准化建设情况

随着应急物流装卸搬运技术装备的快速发展，标准化建设显得尤为重要。为了提升应急物流的效率和规范性，我国正在积极推动相关标准的制定。这些标准不仅包括应急物流装卸搬运技术装备的技术规范，还涉及操作流程、管理制度等多个方面。通过建立应急物流装卸搬运技术装备的国家标准和行业标准，可以有效提高装备的互操作性和兼容性，确保在实际应用中能够无缝衔接。特别是在多部门、多单位联合应急救援时，标准化的装备和操作流程能够显著提高协同作业的效率。

目前，我国已经针对应急物流装卸搬运技术装备的安全性、性能等方面制定了一系列标准，并在行业内推广实施。这些标准的实施，不仅提升了装备的技术水平，还为应急物流的健康发展奠定了基础。同时，培训和认证体系的建立也在推动应急物流装卸搬运技术装备的标准化进程。通过对操作人员进行专业培训，确保他们掌握正确的操作技能和应急处理能力，提高了应急物流的整体水平。

（四）市场需求增长情况

近年来，由于自然灾害频发、公共卫生事件频繁等因素的影响，应急物流装卸搬运技术装备的市场需求呈现出快速增长的趋势。尤其是在新冠疫情期间，各地对应急物流装卸搬运技术装备的需求激增，推动了相关装备的研发和应用。在这种背景下，越来越多的企业开始关注应急物流装卸搬运技术装备市场，通过投资研发、并购等方式，进入这一领域。市场需求的增长不仅推动了应急物流装卸搬运技术装备的技术创新，也促进了产业链的完善。

为了更好地应对突发事件，许多企业加强了与政府、科研机构的合作，共同研发符合市场需求的应急物流装卸搬运技术装备，提升装备的技术水平和市场竞争力。随着市场需求的不断扩大，许多企业还开始探索国际市场，寻求更广阔的发展空间，通过参与国际展会、合作研发等方式，我国的应急物流装卸搬运技术装备逐渐走向世界，提升了国际影响力。

（五）企业参与情况

近年来，越来越多的企业投身于应急物流装卸搬运技术装备的研发和生产，形成了较为完整的产业链，包括大型国有企业、民营企业以及一些创业公司，涵盖了从装备制造、技术研发到服务提供的各个环节。

一些知名企业在应急物流装卸搬运技术装备的研发上投入了大量资源，组建专业团队，进行技术攻关，通过与高校、科研院所的合作，推动了应急物流装卸搬运技术装备的技术进步。同时，还通过不断优化生产工艺，提高生产效率，降低成本，从而增强市场竞争力。除了大型企业，许多中小企业也在应急物流装卸搬运技术装备的细分市场中专注于特定领域的装备研发，提供个性化的解决方案，满足市场的多样化需求，丰富了应急物流装卸搬运技术装备的种类，提高了市场活力。

二、应急物流装卸搬运技术装备发展存在的主要问题

（一）设备种类不足，功能单一

我国应急物流装卸搬运装备的种类不足和功能单一是当前面临的主要问题之一。主要体现在以下几个方面。

第一，现有装备主要集中在传统的通用型装卸搬运装备上，如叉车、装载机、起重机等。这些装备虽然在日常物流作业中表现良好，但在面对复杂多变的应急救援场景时，往往难以满足多样化需求。例如，在地震灾害现场，常规叉车可能无法在废墟中灵活作业；在洪涝灾害中，普通装载机也难以在水中进行物资转运。

第二，专用型应急装卸搬运装备的研发和应用相对滞后。与发达国家相比，我国在特殊环境下使用的装卸搬运装备，如防爆型、防水型、耐高温型等专用装备的研发和生产还存在一定差距。这些专用装备在特殊环境下能发挥重要作用，但由于技术门槛高、市场需求不稳定等原因，国内企业对其研发投入不足。

第三，多功能集成型装备较为缺乏。在应急救援中，往往需要装备具备多种功能，如同时具备装卸、搬运、清障等能力。然而，目前国内的装备大多功能单一，难以满足"一机多用"的需求，在一定程度上影响了应急响应的效率。

第四，轻型便携式装卸搬运装备的开发也相对滞后。在一些交通不便的灾区或狭小空间内，大型装备难以进入，此时轻型便携式装备就显得尤为重要，但目前国内这类装备的种类和性能还有待提升。

第五，智能化、模块化装备的应用还不够普及。随着科技的发展，智能化、模块化装备在应急物流中的重要性日益凸显。这类装备可以根据不同需求快速调整功能，提高适应性。然而，由于技术和成本等因素，这类装备在国内的应用还比较有限。

（二）自动化程度较低

我国应急物流装卸搬运装备的自动化程度较低是当前面临的另一个重要问题。主要表现在以下几个方面。

第一，大多数装卸搬运装备仍需要人工操作。虽然近年来自动化技术在物流领域得到了一定程度的应用，但在应急物流装卸搬运装备中的渗透率仍然较低。大部分设备，如叉车、装载机等，仍然需要专业人员进行操作，不仅限制了作业效率，还增加了人员安全风险，特别是在一些危险的应急环境中。

第二，智能化控制系统应用不足。先进的智能化控制系统可以大大提高装备的精准度和效率，但目前国内大多数应急物流装卸搬运装备仍然采用传统的机械控制或简单的电子控制系统，在复杂环境下其适应性和灵活性受到限制。

第三，自动识别和定位技术应用有限。在发达国家，许多应急物流装卸搬运装备已经配备了先进的自动识别和定位系统，如 RFID、GPS 等，可以实现物资的自动识别、精确定位和追踪，而国内装备在这方面的应用还比较滞后，大多数装备仍然依赖人工识别和定位，影响了作业效率和准确性。

第四，远程操控和无人化技术的应用也相对落后。在一些高危险或难以到达的应急环境中，远程操控和无人化技术可以发挥重要作用，但目前国内在这方面的技术积累和应用经验还不够丰富。

（三）通用性和兼容性不足

我国应急物流装卸搬运装备在通用性和兼容性方面存在的不足，是影响应急物流效率的重要因素。主要体现在以下几个方面。

第一，装备标准化程度不高。目前，国内不同厂家生产的装卸搬运装备往往采用不同的技术标准和接口规格，导致装备之间难以互联互通。例如，不同品牌的叉车可能使用不同规格的货叉或电池，增加了装备更换和维护的难度。在应急情况下，这种标准不统一可能会严重影响物资调配和设备使用的效率。

第二，装备功能的专一性较强。许多装卸搬运装备是为特定的应用场景设计的，缺乏足够的灵活性来应对多变的应急环境。例如，某些专门用于港口的装卸装备可能难以在内陆地区的救灾现场发挥作用，功能的专一性限制了装备在不同应急场景中的通用性。

第三，信息系统的兼容性不足。不同厂家的装备往往采用不同的控制系统和信息接口，这导致在进行装备联网和信息共享时面临困难。在应急物流中，快速准确的信息传递至关重要，但由于系统兼容性不足，往往难以实现装备之间的无缝连接和数据共享。

第四，配件和耗材的通用性也存在问题。不同品牌、不同型号的装备可能需要使用专用的配件和耗材，增加了备件储备的难度和成本。在应急情况下，如果无法及时获得所需的专用配件，可能会影响装备的正常使用。

第五，操作界面和控制方式的差异也影响了装备的通用性。不同装备可能采用不同的操作界面和控制方式，要求操作人员需要适应不同的操作模式，增加了培训成本和操作难度。

（四）绿色环保技术应用有待加强

在我国应急物流装卸搬运装备领域，绿色环保技术的应用仍有较大提升空间。主要表现在以下几个方面。

第一，传统燃油装备仍占主导地位。目前，大多数应急物流装卸搬运装备仍然使用传统的内燃机动力，如柴油发动机或汽油发动机，在使用过程中会产生大量的废气排放，不仅污染环境，还可能对救援人员和受灾群众的健康造成影响。特别是在一些封闭或半封闭的环境中，如地下车库、隧道等，传统燃油装备的使用更容易造成空气污染。

第二，新能源技术应用不足。虽然近年来电动叉车、氢燃料电池叉车等新能源装备已经开始在物流领域应用，但在应急物流装卸搬运装备中的普及程度还较低。主要是由于新能源装备在续航能力、充电时间、使用成本等方面还存在一些限制，难以完全满足应急物流的需求。

第三，节能减排技术应用不够广泛。许多装卸搬运装备缺乏先进的节能减排技术，如智能化的动力管理系统、能量回收系统等，导致装备能源利用效率不高，不仅增加了运营成本，也造成了不必要的能源浪费。

第四，噪声污染问题也值得关注。传统的装卸搬运装备，特别是大型装备，往往会产生较大的噪声。在应急救援中，这些噪声可能会影响救援指挥和通信，甚至可能对受灾群众造成心理压力。

第五，装备生产和报废过程中的环保问题也不容忽视。一些装卸搬运装备在生产过程中可能会使用有害物质，或者在报废后难以进行环保处理，都是潜在的环境风险。

三、应急物流装卸搬运技术装备发展展望

（一）智能化技术应用

智能化技术在应急物流装卸搬运领域的应用将成为未来发展的重要趋势，人工智能（AI）、物联网（IoT）、大数据和机器人等技术迅猛发展，在应急物流装卸搬运技术装备中发挥着越来越重要的作用。智能化应急物流装卸搬运技术装备将显著提高作业效率。例如，自动化搬运机器人可以在对人体危害大的救援环境进行自主移动，完成应急物资的装卸、搬运和分拣工作。通过激光导航、视觉识别和传感器技术，实现精准定位和路径规划，能够在复杂环境中灵活应对，提高作业效率、降低人力需求。此外，在紧急救援和物资运输中，无人机将得到广泛应用，快速抵达偏远或灾难区域，进行物资投放和实时监控，不仅减少了人力成本，还能够及时响应突发事件。

智能化还体现在信息处理和决策支持方面。通过数据采集和分析，智能系统可以实时监控物流状态，并根据实时数据作出科学决策。比如，在自然灾害发生时，系统能够迅速评估受灾区域的情况，合理安排物资的调配和运输，提高应急响应的有效性。同时，智能化技术的广泛应用也将带来安全性提升。通过监控系统和智能预警机制，能够及时发现潜在的安全隐患，并采取相应的措施进行应对，从而保障应急物流作业的安全。

（二）模块化装备设计

模块化装备设计是应急物流装卸搬运技术装备发展的另一个重要方向。由于应急事件的多样性和复杂性，传统的单一装备往往难以满足不同场景的需求，而模块化设计将为应急物流装卸搬运技术装备带来更大的灵活性和适应性。通过模块化设计，将复杂的设备拆解为多个功能模块，根据需要进行组合和搭配。这种设计不仅使得装备的生产、维护和升级变得更加简单，也使得应急物流装卸搬运技术装备能够快速适应

不同的任务需求，应急物流保障组织单位可以根据具体需求快速调整应急物流装卸搬运技术装备配置。

模块化应急物流装卸搬运技术装备的运输和储存也将更加便利。由于模块可以独立拆卸，应急物流保障运输过程中所需的空间和成本将大大降低。同时，当应急物流装卸搬运技术装备出现故障时，可以快速更换模块，而无需整机维修，从而提高了装备的可用性和可靠性。

在应急物流装卸搬运技术装备领域，模块化设计还将促进不同应急物流装卸搬运技术装备之间的兼容性。例如，不同厂家生产的应急物流装卸搬运技术装备通过标准化接口进行互联互通，形成一个高效的应急物流装卸搬运技术装备物流体系，不仅提升了应急物流效率，也为应急响应提供了更强的支持。

（三）信息化管理系统

信息化管理系统的构建是提升应急物流装卸搬运技术装备效率的重要手段。通过信息技术的应用，将实现对应急物流装卸搬运技术装备全过程的监控与管理，从而提高应急物流装卸搬运技术装备配置的效率。信息化管理系统能够提供实时的应急物流装卸搬运技术装备数据监控与分析，在应急情况下，应急物流装卸搬运技术装备可以实时上传作业状态和位置信息，管理人员可以随时获取相关数据，了解应急物流装卸搬运技术装备作业情况和问题。

信息化系统还将优化应急物流装卸搬运技术装备的调配。通过大数据分析，系统可以根据历史数据和实时信息，预测应急物流装卸搬运技术装备需求，合理安排运输路线和装卸计划，并制定出最优的运输方案，确保救援物资能够及时送达。

信息化管理系统还将增强协同作业能力。通过信息化平台，各方可以实时共享信息，协调行动，形成合力，提高应急物流装卸搬运技术装备响应的整体效率。此外，信息化系统还可以为决策提供支持。通过对历史数据和实时数据的分析，系统能够辅助制定更加合理的应急预案，为管理层提供科学的决策依据，提高应急物流装卸搬运技术装备的应用管理整体水平。

（四）绿色环保技术

在应急物流装卸搬运技术装备的发展中，绿色环保技术的应用将日益受到重视。新能源设备的推广使用是绿色应急物流的重要体现。在应急物流中，新能源应急物流装卸搬运技术装备将得到推广应用，不仅可以提升企业的社会责任感，还能够在一定程度上降低运营成本。在应急物流装卸搬运技术装备制造过程中，可再生、可降解的环保材料将得到推广应用，降低对自然资源的消耗，减少废弃物的产生。

此外，绿色应急物流装卸搬运技术装备还将体现在优化运输路径和减少空驶率上。通过信息化管理系统的应用，实现对运输路线的优化，减少不必要的运输距离，从而降低能源消耗和排放。

（五）多元化装卸搬运方式

在应急物流中，多元化应急物流装卸搬运方式的应用，将极大提升应急物流装卸搬运技术装备的作业效率和应急响应能力，更好满足不同场景下的需求。陆、空、水应急物流装卸搬运的结合将是未来应急物流装卸搬运技术装备发展的重要趋势。通过综合利用多种应急物流装卸搬运方式，可以实现快速、高效的应急物资装卸搬运。

此外，灵活的应急物流装卸搬运网络建设也将成为关键。在应急物流中，通过与各类应急物流装卸搬运服务提供商的合作，建立一个覆盖广泛且灵活的应急物流装卸搬运网络，可以在紧急情况下快速装卸搬运物资，提高整体的应急物流装卸搬运响应能力，确保应急物资能够及时送达。

总体来看，我国应急物流装卸搬运技术装备的发展正在朝着智能化、无人化、高效化和专业化的方向迈进。随着政策支持、技术创新和市场需求的不断推动，未来应急物流装卸搬运技术装备将更加完善，为应急管理和救援提供更有力保障。

（作者：重庆交通职业学院　王科）

参考文献

［1］张莹莹.重大公共卫生事件下我国应急物流管理现状及对策分析［J］.中国储运，2024（6）：153-154.

［2］孙晓蕾，张晶，李龙飞.面向复杂情景的重大突发事件应对［J］.中国减灾，2024（11）：42-44.

［3］朱刘红，郑梓萌，沙孟炽，等.灾害区应急条件下"货车+无人机"协同配送研究［J］.合作经济与科技，2024（15）：157-159.

［4］陈思信.无人机在应急救援中的应用研究［J］.科技资讯，2021（35）：56-58.

［5］刘思琦. 我国城市应急物流配送发展思路研究［J］. 供应链管理，2024，5
（5）：22－29.

［6］张燕. 应急物资保障体系现状及优化策略［J］. 城市与减灾，2024（3）：6－10.

第四节　应急物流拣选与分拣技术装备发展现状及展望

拣选与分拣是应急物流中的重要一环。拣选设备专注于根据订单需求，从储存区中准确取出特定商品，服务于物流前端的订单履行；分拣设备主要用于将大量货物按照既定标准自动分类，优化物流后端流程。在应急物流中心或配送中心，使用拣选与分拣技术装备，通过人工操作与自动化辅助系统相结合，将应急物资按照需求快速、准确分类取出，对于提高应急物资保障效率和效益具有十分重要的意义。

一、应急物流拣选与分拣技术装备发展现状

（一）拣选与分拣技术装备

拣选与自动分拣装备关键技术主要包括机器视觉、运动控制、传感器、系统集成、人工智能与机器学习、机械设计、自动化控制、数据采集与处理等。拣选与分拣装备在运行过程中会产生大量数据，如何有效地采集、储存和分析这些数据，对于提高分拣效率和优化系统性能至关重要。而这些关键技术的融合与应用，使得拣选与分拣装备能够满足应急物流高效率的要求。

拣选装备旨在辅助拣选人员快速找到并取出正确的商品，或者通过自动化技术减少人工拣选的作业量，提高拣选效率和减少错误。主要包括：拣选车、拣选货架、电子标签拣选系统、语音拣选系统、RFID 拣选系统、移动拣选推车、自动拣选机器人等。分拣设备是一种用于高效、自动化地对物品进行分类和分拣的物流设备。目前仓储领域广泛使用的分拣设备主要有导轮式分拣机、堆块式分拣机、交叉带式分拣机、导板式分拣机、翻盘式分拣机、落入式分拣机、机械臂式分拣机等。与传统分拣装备相比，智能分拣装备通过自动化技术提升分拣效率和准确性，降低人工成本和错误率，同时增强作业安全性、减少破损，并具备高度适应性和系统集成能力，满足多样化的行业需求。近年来，拣选与分拣技术装备发展迅速，为应急物流提供了可靠高效的技术支撑。

（二）拣选与分拣技术装备发展情况

近年来，拣选与分拣技术装备市场规模持续增长。作为自动化物流装备中的核心部件和智能物流装备市场的代表，自动分拣装备的市场需求和规模持续提升。数据显示，2012—2024 年我国智能分拣装备交易规模从 27.5 亿元增长至 320 亿元，年均增长率达 16.52%（见图 6−6）。

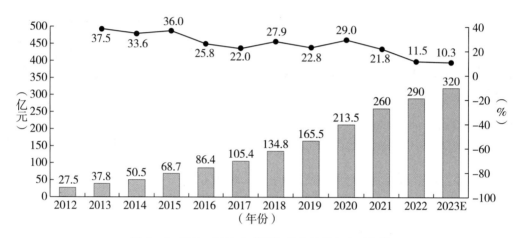

图 6−6　2012—2023 年我国智能分拣装备交易规模
资料来源：中商情报网。

目前，拣选与分拣技术装备主要应用在商业配送及工业生产环节，下游应用行业主要有电子商务、邮政快递、仓储物流、烟草、医药等。2022 年，我国自动分拣设备下游应用领域中，占比最大的为电商、快递快运，占比达到30%左右，2018—2022 年，快递领域智能物流装备市场规模年复合增速约为29%。拣选与分拣技术装备增长迅速，同时行业竞争加剧。

2022 年应急装备需求规模已突破 2 万亿元，安全应急无人机、机器人等高端化、智能化的应急装备在各类突发事件的应急保障中发挥重要作用。拣选与分拣技术装备创新在提升灾害现场应急处置能力方面展现出巨大的潜力与前景，但目前在应急物流行业使用率较低。

（三）应急物流拣选与分拣技术装备应用情况

1. 防疫物资拣选与分拣

华润广西医药有限公司在面对重大公共卫生事件时，承担了药品和医疗器械的供应保障任务。为了解决工作量大、人工效率需提升以及差错率需降低的问题，采用自动分拣系统，减轻人员工作量、提升效率，减少差错率，有效提高了发货准确性，从而提升了客户服务质量。

2. 异物智能拣选与分拣

中信重工开诚智能装备有限公司研发的智能分拣机器人，能够在皮带运行过程中自动识别和抓取大块矸石、枕木、锚杆等异物，适应带速大于等于 $4m/s$，抓取成功率大于等于90%，识别准确率大于等于98%。矿用皮带异物分拣机器人在黑龙江鸡西矿业（集团）有限责任公司城山煤矿等多家煤矿实现应用，防止大块矸石、木方等异物堵塞，实现了物料与异物的分离。

3. 灾后建筑垃圾拣选与分拣

南方路机生产的建筑垃圾资源化处理设备的智能分拣机器人，能够高效应对混合建筑垃圾、建筑混合废弃物等进行分拣，实现对建筑垃圾、装修垃圾等物料的分类回收和再利用。这种技术的应用，不仅提高了处理效率，还促进了资源的循环利用，为灾后重建提供了重要的支持，减少人工干预，有效降低了操作人员接触风险。

二、应急物流拣选与分拣技术装备存在的主要问题

在应对突发事件时，应急物流拣选与分拣技术装备需要快速、准确地完成物资的分拣、包装、搬运和配送等任务，然而目前却存在以下几方面问题。

（一）技术成熟度与创新能力不足

虽然近年来我国在物流技术方面取得了显著进步，但针对应急物流的特定需求，技术创新能力和研发投入仍有待加强。部分应急物流拣选与分拣技术装备在关键技术上仍存在瓶颈，如高精度识别、快速分拣、智能追踪和调度等，这些技术的不足限制了装备的整体效能。

（二）缺乏统一标准

应急物流拣选与分拣技术装备的标准化程度不高，导致设备之间的兼容性和互操作性差，增加了协同作业的难度。不同品牌和型号的应急物流拣选与分拣技术装备之间往往存在"信息孤岛"现象，难以实现数据共享和协同作业，降低了整体效率。

（三）环境适应性不足

应急物流常常需要在暴雨、暴雪、高温等极端条件和野外环境下运行。然而，现有的拣选和分拣装备往往对场地条件、网络条件、包装条件等要求较高，对应急物流环境的适应性不高。

（四）装备灵活性不足

应急物资种类繁多且标准不统一，每种物资对拣选与分拣的要求各不相同。由于应急物资的来源广泛，当前的拣选与分拣设备往往只能适应部分物资的处理，对于特殊形状、尺寸或材质的物资则显得力不从心，装备需要频繁调整以适应不同的包装规格，降低了整体效率。

（五）资金投入较高

应急物流拣选与分拣装备需要采用先进的技术，以确保在极端或复杂环境下仍能正常运作，研发和创新需要大量的资金投入，初始研发成本较高；应急物流拣选与分拣装备具有高度的定制化和专业化特点，生产批量相对较小，难以实现规模经济效应，生产制造成本较高；在使用过程中需要定期进行维护保养，更换易损件和升级软件，以确保其性能和可靠性，设备维护成本较高。

（六）缺乏专业应用人才

部分应急物流拣选与分拣装备的操作流程复杂，需要用户具备一定的操作经验和技能。针对应急物流拣选与分拣装备应用人才的培训体系尚不完善，缺乏系统性和针对性强的培训课程。这导致许多从业人员在实际工作中难以快速掌握相关技能，在突发事件发生时，无法及时调配和使用设备，直接影响救援工作的进展和效果，影响了应急物流工作的效率和质量。

三、应急物流拣选与分拣技术装备发展展望

在今后一定时期内，应急物流拣选与分拣技术装备的创新发展，将努力突出下列重点，向着更高目标稳步推进。

（一）加强技术研发与创新

政府部门将会加大对应急物流技术研发的资金投入和政策支持，鼓励企业和科研机构进行技术创新和研发；推动产学研深度融合，建立技术创新联盟，共同攻克技术难题，提升技术装备的自主创新能力；加强与国际先进企业和研究机构的合作与交流，引进和消化国际先进技术，提升我国应急物流拣选与分拣装备的整体水平。

（二）建立统一标准与规范

将会加快制定应急物流拣选与分拣技术装备的行业标准和规范，明确技术要求、性能指标和测试方法，促进设备之间的兼容性和互操作性。加强对行业标准的宣传和推广，鼓励企业采用标准生产和技术服务，提高整个行业的标准化水平。积极参与国际标准的制定和修订工作，争取在国际标准中体现我国的技术和经验，提升我国在国际应急物流领域的话语权。

（三）提升设备适应性

拣选与分拣技术装备将多样化，包括但不限于仓储设施（如移动仓库、快速搭建的仓储设施等）以及通信和信息环境，以根据不同的应急场景和需求，灵活选择和使用最合适的装备。技术装备将按模块化设计，使装备可以根据不同场景和需求进行灵活组合和配置，提高装备的适应性。将加强技术装备的智能化升级，引入人工智能、大数据等先进技术，提高装备的自主决策和自适应能力，以更好地应对复杂多变的应急物流环境。

（四）提升装备处理能力

在物资标准化方面，将通过加强与相关部门和供应商的合作，推动应急物资的包装尺寸、标识规范、质量等方面标准化工作，减少分拣配送过程中的复杂性，提高装备的通用性和效率；装备智能化方面，将引入人工智能、大数据等先进技术，提高装备的自主决策和自适应能力，以更好地应对不同物资的分拣配送需求；装备柔性化方面，将在应急物资拣选与分拣过程中增加柔性机器人，适应不同规格物资分拣配送要求，替代人工完成繁重、危险或重复性的工作，提高分拣配送的效率和安全性。

（五）降低装备成本

将通过智能化管理，利用物联网和远程监控技术，实现对装备的远程监控和维护；

通过远程访问和故障诊断功能，及时发现和解决问题，降低维护成本和停机时间；通过高效的装备维护，建立预防性维护制度，定期对装备进行检查、保养和维修；通过预测性分析和故障诊断技术，提前发现并解决潜在问题，避免装备故障对生产造成影响。

与此同时，还将进一步加强装备操作培训和售后服务保障，提高应急物流拣选与分拣技术装备应用能力和水平。通过建立系统的培训体系，根据装备特点和使用场景，制定针对性的培训计划，设立专门的实训基地或模拟操作环境，确保操作人员能够熟练掌握技术装备的使用方法和操作技能；通过组织应急物流保障演练，模拟紧急情况下快速调配和使用设备，模拟突发事件发生时的物流分拣配送任务，"实战化"检验操作人员技能水平和团队协作能力；通过建立专业的技术支持体系，为装备用户提供及时特别是应急时的技术咨询和故障排查服务保障，确保技术装备在应急物流过程中能够正常运行。

应急物流拣选与分拣技术装备的未来，是技术创新与智能化发展、高效协同与信息化管理、人才培训与体系建设以及政策支持与标准化建设等多方面的综合提升。这将共同推动应急物流拣选与分拣技术装备向更加高效、智能、绿色和可持续的方向发展。

（作者：重庆商务职业学院　张旭）

参考文献

［1］朱卫锋.物流自动化技术及应用［M］.武汉：华中科技大学出版社，2013.

［2］尹军琪.物流配送中心的拣选技术与策略分析［EB/OL］.（2021－11－08）［2024－02－08］.https：//www.logclub.com/articleInfo.

［3］全国物流仓储设备标准化技术委员会.物流仓储配送中心输送、分拣及辅助设备分类和术语：GB/T 35738—2017［M］.北京：中国标准出版社，2017.

［4］中华人民共和国应急管理部.应急避难场所　设施设备及物资配置：YJ/T 26—2024［M］.北京：中国标准出版社，2024.

［5］疫情思考之华润医药——长效应急保障才能临危不乱［EB/OL］.（2020－06－03）［2024－02－05］.https：//crchat.crc.com.cn/fmgs246/2022－02－08/147008.html.

［6］裴文良.煤矿机器人关键技术与应用场景分析［J］.智能矿山，2024，5

（1）：83－89.

［7］从传统分拣到智能化分拣，南方路机建筑垃圾处理的关键一环［EB/OL］.（2021－06－10）［2024－01－06］. https：//www. nflg. com/news/112472. htm.

［8］蔡熙，刘登峰. 自动分拣行业 2023 年回顾与 2024 年展望［J］. 物流技术与应用，2024，29（3）：61－65.

［9］蔡熙，刘登峰. 自动分拣行业 2022 年回顾与 2023 年展望［J］. 物流技术与应用，2023，28（3）：59－61.

［10］蔡熙，刘登峰.2021 年中国自动分拣设备行业发展回顾与 2022 年展望［J］. 物流技术与应用，2022，27（6）：62－66.

［11］2024 年应急装备行业市场现状及发展趋势［EB/OL］.（2024－01－16）［2024－02－07］. https：//www. chinairn. com/hyzx/20240116/183043252. shtml.

第五节　应急物流包装技术装备发展现状及展望

基于包装在物流环节中的功能，通常将包装的形式主要分为两种：集合包装与运输包装。集合包装的目的是方便运输，是集装运输中的重要环节，又称为中包装、组合包装、二级包装。集合包装的出现，改革了传统的储运模式，提高了物流效率和客户服务水平。运输包装在 GB/T 18354—2021《物流术语》中的定义是"为满足运输、仓储要求为主要目的的包装。"又称三级包装、外包装、工业包装，是以满足运输储存要求为主要目的的包装。它具有保护包装商品的安全，方便储运装卸，加速交接和检验的作用。两种包装形式的实施，都需要相应的包装技术和方法作为支撑。

一、应急物流包装技术装备发展现状

现代包装技术是一个跨部门，跨行业的综合性技术领域，由材料、机电、化工、印刷以及计算机等构成完整的工业体系。在这个体系中，包装材料和包装设备是两大核心。

（一）包装技术发展现状

1. 包装技术及方法

（1）常见防护包装技术及方法

目前，常用的防护包装技术和方法及其对应关系如表 6－9 所示。针对应急物流特点，防震、防水、防静电和防辐射是应急物流环节中的关键包装技术。其中，防震包装常用到泡罩、衬垫和悬置三种包装方法；防水包装有简易包装、密封包装、真空包装、收缩包装、拉伸包装、泡罩包装、贴体包装和涂覆包装方法；防静电可采用涂覆包装，防辐射可采用密封包装。具体技术方法的选取可根据包装物品的特性、物流条件、环境以及所处时机等灵活选取。

表6-9　　　　　　　　　常见防护包装技术与方法及其对应关系

防护包装方法	防锈	防霉	防震	防水	防潮	防静电	防辐射	防虫	防老化	防尘
简易包装				√				√		√
密封包装	√	√		√	√		√	√		√
真空包装	√	√		√	√			√	√	√
气相包装	√	√			√			√		
充气包装	√	√			√					
收缩包装	√	√		√	√			√		√
拉伸包装	√	√		√	√			√		√
泡罩包装	√	√	√	√	√			√		√
贴体包装				√				√		√
涂覆包装	√	√		√		√		√	√	√
衬垫包装			√							
悬置包装			√							

（2）集装单元化技术

集装单元化技术是集合包装中的一项先进技术，适合于大批量、长距离输送和机械化大生产，便于采用自动化管理的一种现代科学技术。常见的集装器具可以归纳为四类：集装箱、托盘、柔性集装袋、其他包装容器。采用集装单元化技术，使物流费用大幅度降低的同时，也使传统的包装方法和物料搬运技术装备工具发生了根本变革，同时也更能满足应急物流的及时性要求。例如，集装箱本身就成为包装物和运输工具，改变了过去那种对包装、装卸、储存、运输等按功能各负责单一环节的做法，是提高物流合理化和综合规划和改善物流机能的有效技术。目前，我国是集装箱需求量最大的国家，其集装箱运输专利申请量占全球集装箱运输专利总申请量的比重接近40%，排名第一，图6-7所示为截至2023年年底全球集装箱运输行业技术来源国分布示意。由此可见，我国的集装技术随着应用的需求也已跻身全球前列。

图 6 - 7 截至 2023 年年底全球集装箱运输行业技术来源国分布示意

注：统计说明如下，①按每件申请显示一个公开文本的去重规则进行统计，并选择公开日最新的文本计算。②按照专利优先权国家进行统计，若无优先权，则按照受理局国家计算。如果有多个优先权国家，则按照最早优先权国家计算。

资料来源：智慧芽、前瞻产业研究院。

2. 包装材料

包装材料包括金属、塑料、玻璃、陶瓷、纸、竹本、野生蘑类、天然纤维、化学纤维、复合材料等主要包装材料，也包括捆扎带、装潢、印刷材料等辅助材料。包装材料是发展包装技术、提高包装质量、促进销售和降低包装成本的重要手段。根据 2016—2023 年《中国包装行业年度运行报告》显示，在包装材料领域中，传统的纸、塑料、玻璃和木材占据主要地位。各年度全国行业累积利润总额行业小类占比情况如表 6 - 10 所示。

表 6 - 10　　　　2016—2023 年全国行业累积利润总额行业小类占比情况　　　单位:%

序号	行业类别	2016 年	2017 年	2018 年	2019 年	2020 年	2021 年	2022 年	2023 年
1	纸和纸板容器的制造	28.75	28.25	30.08	28.88	28.66	26.51	24.77	18.05
2	塑料包装箱及容器制造	16.33	16.15	16.19	15.87	15.74	15.43	14.73	14.72
3	塑料薄膜制造	24.42	25.60	25.02	26.96	27.37	29.19	31.09	29.66
4	软木制品及其他木制品制造	6.2	6.43	4.78	4.08	3.68	3.59	3.54	4.52
5	玻璃包装容器制造	7.18	6.82	5.81	6.08	5.73	5.90	6.22	5.84
6	金属包装容器制造	12.01	11.03	11.48	11.64	10.76	11.50	12.21	11.91
7	塑料加工专用设备制造	5.07	5.72	6.64	6.49	8.08	7.89	7.44	15.29

但从 2023 年起，纸类包装材料有明显向下发展的趋势，塑料包装箱及容器制造也有下滑趋势，而塑料薄膜有向上发展的趋势，其他类包装发展基本处于稳定状态，见图 6 - 8。

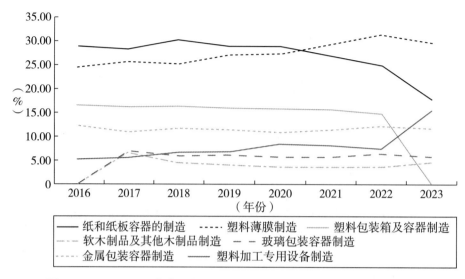

图 6-8 2016—2023 年全国行业累积利润总额行业小类占比情况发展趋势

另外，为了充分利用各种包装材料的优点，近年来开发出众多的复合包装材料，如纸塑复合、塑料与铝箔复合、纸塑与铝箔复合等，由于它们具有阻隔性能好，化学性能稳定，包装适性广等特点，产量与应用领域在逐年增长和扩大。技术发展趋势来看，包装材料行业正不断涌现出新技术和新产品。例如，环保型包装材料、智能包装材料等新兴领域，这些领域具有较高的技术门槛和附加值，成为了包装材料行业的重要发展方向。

3. 包装设备

包装设备的分类方式很多，按包装设备的自动化程度，分为手动、半自动、全自动包装设备三类；按包装产品的类型分，分为专用、多用和通用包装设备三类。国家标准 GB/T 7311—2008《包装机械分类与型号编制方法》则按包装设备的主要功能对包装设备进行了分类，共分为 15 个大类，如图 6-9 所示。

根据《中国包装行业年度运行报告》，2019/2020/2021/2022/2023 年我国包装专用设备产量分别为 21.04/26.34/75.43/96.04/73.35 万台，同比 +112.27%/ +25.18%/ +186.40%/ -17.04%/ -19.95%。由此可见，目前我国国产包装设备数量在逐步增加，进口替代趋势明显，随着研发能力和生产能力的提高，国内一些领先企业的技术已逐渐达到国际先进水平，初步实现进口替代，并向德国、美国、意大利等机械制造强国出口。但由于包装机械成套设备的生产对数控系统、机电一体化设计、精密零件精加工及钢材材质等方面要求较高，意大利、德国与日本等少数发达国家在包装机械生产领域仍具有一定技术优势，部分高端技术产品仍需进口来满足国内需求。

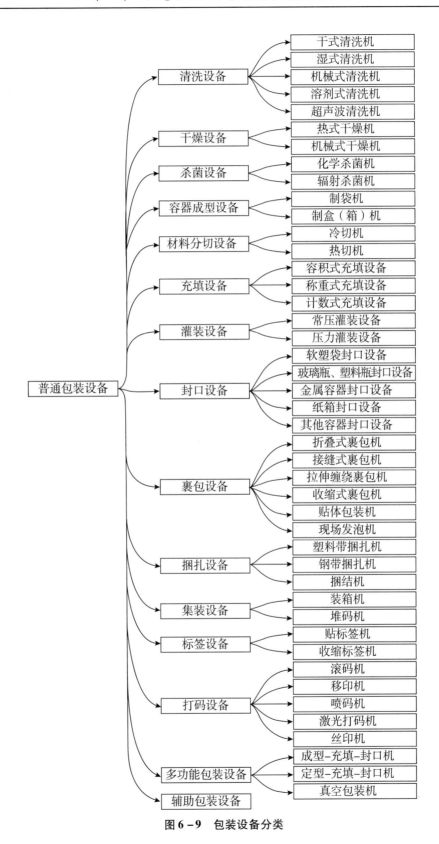

图 6-9　包装设备分类

（二）相关标准规范发展现状

从宏观看，国家十分重视包装行业的标准化发展。目前，我国包装标准体系完整，包括基础通用、技术和设计、包装材料与制品，包装印刷与标签、绿色包装、数字化智能化和包装辅助物等。包装标准数量充足。根据全国标准信息公共服务平台数据统计，目前包装方面现行国家标准170余项，相关国家标准制修订计划31项，有效的包装行业标准85项，其中包装机械及配套设备国家标准计划7项，现行共28项，行业标准现行8项，食品包装机械国家标准计划7项，现行共32项，行业标准现行2项。包装标准规范分类全面。通常可分为以下6类：包装设计标准、包装材料标准、包装容器标准、产品包装标准、集装箱标准和包装机械标准。已制定的"十三五""十四五"包装标准体系，着重强调完善体系，协调分类，补充数量，为包装标准化实施奠定了良好的基础。

从微观看，随着包装技术的不断发展与需求，包装标准规范也处于动态更新变化中。从全国标准信息公共服务平台查询的相关国标计划，可以看出，目前正在制修订的31条标准，都代表了是包装领域的技术发展及未来趋势，比如《包装材料聚烯烃热收缩薄膜》《气相防锈包装材料选用通则》《运输包装用单瓦楞纸箱和双瓦楞纸箱》等与包装材料的更新换代息息相关，还比如《运输包装可重复使用的塑料周转箱》《包装与环境有机循环》等是针对包装现实问题急需的标准。

从应急物流发展看，相关的应急救援、军事物流方面的应急包装标准建设还处于起步阶段，近几年新冠肺炎疫情等重大公共安全或国际冲突事件带来的冲击与思考还处于反馈过程，体系化建设尚未成型。应急物流包装层面上的标准主要还是聚焦在应急物资的包装上，如 GB/T 30676—2014《应急物资投送包装及标识》、GB/T 41916—2022《应急物资包装单元条码标签设计指南》等，在专业性较强的领域中也有所体现，如卫生专业的 GB/T 42894—2023《应急药材包装要求》，工信部的 BB/T 0094—2023《空投包装箱》等标准，但数量不多，未见成体系发展。

二、应急物流包装技术装备存在的主要问题

应急物流对包装提出了简便、快捷和功能性发展的要求，是一种需要循环迭代的"低能耗"物流方式，而目前商品包装受产业发展机制、转型任务和创新动力的影响，普遍存着过度包装、缺乏包装循环机制、标准化程度偏低和技术发展及投入滞后等问

题，对应急物流的实施和支撑度偏低。

（一）过度包装问题严重

根据市场调研的数据，我国包装废弃物在城市生活垃圾中占比较大，其中大部分是过度包装产生的。这不仅加重了消费者的负担，也造成了资源的浪费和环境的污染。主要体现在伴随着电子商务的蓬勃发展，为大众带来便利的同时，也增加了商品的包装范围。为了避免运输过程中的磕碰对商品造成损坏，通常会在原有的商品包装外再加固多层包装及填充物，易碎品则会用到海绵、泡沫、胶带等。相关数据显示，2017 年我国使用了超过 100 亿个包装箱、180 亿个塑料袋、5 亿卷胶带以及不计其数的发泡填充物，并呈继续高速增长的态势。过度包装不仅带来包装成本的增加，而且降低了空间利用率，使得运输成本增加，同时包装层数过多，包装与商品功能一体化被极大削弱，不利于应急物流中对物资高效拣选、快捷运输、简便启用的要求。过度包装的"蝴蝶效应"带来其他应急物流环节的成本增加，大大降低了物资保障的效率和效益。

（二）循环共用水平低

目前，在我国的整个物流包装中，循环共用水平低，除中转使用的中转包装（如中转箱），集装使用的集装包装（如托盘）等少量的包装外，大多数的包装均是一次性使用（如快递包装盒、包装箱等），不仅造成了有限资源的浪费，污染环境，从长远来看导致物流成本大大增加。同时，我国周转箱的标准化工作较滞后。目前，我国周转箱相关的现行国家、行业标准仅有 12 项，只涉及周转箱产品、编码与标识、循环共用管理及配套使用设备（清洗机）等标准，周转箱作业、服务等相关标准均为空白。循环共用水平和专业化服务能力的不足，使得现有包装机制无法实现应急物流带板运输、带板仓储、带板交接，让托盘、周转箱（框）等物流载具"动起来"，无法推动应急物资流通全过程"不倒托""不倒箱"，从而促进应急物流的连贯化运作，极大地降低了应急物流效率。

（三）物流包装标准化程度有待加强

加快推广标准化、集装化、单元化物流载器具和包装基础模数的广泛应用，是推动应急物流链各环节高效衔接、降低物流成本、提高流通效率的有效途径，也是现代应急物流体系的重要标志。以托盘为例，目前，托盘已在我国生产和流通领域得到广泛应用，托盘标准体系在逐步完善，截至 2023 年 12 月底，我国托盘相关的现行国家标准约 40 项，现行的行业标准 34 项，正在起草、审查及批准的国家标准计划 7 项。但是，在实际应用中托盘的标准化执行率并不高，市场上依然充斥着大量非标托盘。根据我国物流与采购联合会托盘专业委员会的数据统计，2022 年全国托盘保有量约为 17 亿片，循环共用托盘池总量超过 3750 万片，托盘标准化率仅仅达到 35% 以上。由于我国各地托盘标准还不统一，远远没有实现能够完全在生产企业及整个产品供应链系统基础上，同时实现多个托盘系统的循环或运输托盘共用，导致产品最终在送达企业指定运输目的地后，往往需要再次经人工分拣拼装后卸车，重新加工装箱或码盘入库等工序，然后再进行包装入库。这就使得大宗货物的装卸、运输、搬运增加，造成大量货物产品的损坏与报废现象，严重耗费大量人力、设备、财力，导致了物流运作环节效率大幅降低，物流成本急剧升高。可见，我国在应用标准物流载器具方面与部分发达国家相比，仍然存在一定差距，应急物流包装的标准化水平相对较低，与运输工具、载运设备、设施体系等标准对接和系统运作尚显不足，应急物流运行效率偏低。

（四）新型包装材料和先进包装设备研发投入不足

随着我国制造业技术日益进步，高效、大规模机械化流水线、自动化生产工艺体系的建立，使得现代包装设计工作必须需要依靠更为先进的现代化机械设备，才能确保跟配得上高效安全的生产技术体系。从我国产业总量占比分析来看，我国虽已成为传统世界包装大国，但对先进包装材料工艺和生产制造加工设备的自主生产研发能力方面，仍与西方经济发达国家存在一定程度的差距。我国包装行业创新与产业链融合不紧，科技创新活动"碎片化"、封闭式问题比较突出。

三、应急物流包装技术装备发展展望

围绕应急物流高质量发展，包装技术装备的可持续创新发展将是未来发展主基调。

（一）包装材料向绿色、可持续性方向发展

绿色与可持续发展是支撑现代物流体系的战略性要求。作为应急物流的基础环节，包装材料的选择与应用将更加注重降低资源消耗、减少废弃物和环境影响，采用可回收、生物降解或可循环利用的材料。政府也将加大对企业的政策扶持，推动循环利用体系建设，推动企业建立废弃物回收处理内在闭环体系和循环共享机制。因此，未来的包装材料将向低碳环保包装材料、循环共享包装材料、轻质材料方向发展。另外，可再生和回收材料，以及对人体、生物以及环境应无毒无害的包装材料也将受到更多的关注，推动应急物流绿色发展。

（二）包装设备向高效和智能化方向推进

强化"传统产业、先进制造"的发展导向，提升应急物流发展水平，包装设备将向高效和智能化推进。应急物流包装设备在满足功能需求和安全生产的条件下，还需要满足高速、高质量、灵活性好、自动控制水平先进、稳定性好、自重轻、结构紧凑、占地空间小、噪声低、效率高、外观造型适应环境和操作人员心理要求，有利于环保等。

在智能化浪潮下，机械智能化成为工业领域中的一个重要的发展重心，而这也使包装机械向智能化转变，高度自动化、高效化、智能化、节能化的包装设备越来越受到重视。传统的包装设备与现场总线技术、传动控制技术、运动控制技术、自动识别技术和安全检测技术等不断结合，使智能包装设备应运而生并不断改进。全自动、无人化、一体成型的包装设备的涌现，将不断促进智能包装设备总体竞争力的提升，为应急物流提供高效支撑。

（三）包装技术向自动、数字和智能一体化转型

应急物流对现代包装技术提出了更高、更快、更精确的要求。在应急物流场景下，自动包装系统将大幅提高工作效率。通过3D扫描技术获取货物尺寸数据，系统将自动将货物和相关文件放入裁剪合适的纸箱内，封箱并贴上标签；通过自动化卸载系统定位纸箱位置，利用真空"钳子"将货物有序放置在卸货传输带上待入库或运输；通过传送带上的摄像头，可检测产品是否装箱完整，标签是否清晰等。

数字化技术的发展将为包装设计提供更多可能性。未来的包装设计可能会采用增强现实（AR）、虚拟现实（VR）等技术，为应急物流可能涉及的场景进行模拟。同时，将通过追溯系统、智能标签等技术实现产品的溯源和真实性验证，提供应急物流的实时追踪和控制。加快包装技术自动、数字和智能一体化转型是促进应急物流信息化、智能化水平的重要推手，"包裹联网"将成为现实，应急物流与现代物流体系将高度融合和快速发展。

（作者：陆军勤务学院　赵萍　武小琴）

参考文献

［1］朱霞．面向现代军事物流的军品包装研究［M］．北京：解放军出版社，2018．

［2］中国包装联合会．中国包装行业年度运行报告（2016 年度）［EB/OL］．https：//www. chyxx. com/industry/201604/410201. html. 2016. 4.

［3］中国包装联合会．中国包装行业年度运行报告（2017 年度）［EB/OL］．https：//www. 163. com/dy/article/DVC6BB140514DO74. html. 2018. 10.

［4］中国包装联合会．中国包装行业年度运行报告（2018 年度）［EB/OL］．https：//www. sohu. com/a/314302041_ 99938382. 2019. 5.

［5］中国包装联合会．中国包装行业年度运行报告（2019 年度）［EB/OL］．https：//www. swop – online. com/news/info/985. html. 2020. 3.

［6］中国包装联合会．中国包装行业年度运行报告（2020 年度）［EB/OL］．http：//www. hbjshcjs. com/news/516. html. 2021. 4.

［7］中国包装联合会．中国包装行业年度运行报告（2021 年度）［EB/OL］．https：//www. sohu. com/a/610186192_ 121123770. 2022. 3.

［8］中国包装联合会．中国包装行业年度运行报告（2022 年度）［EB/OL］．https：//mp. weixin. qq. com/s？_ _ biz = MzIyNzM4Nzk3OA = = &mid = 2247528328&idx = 1&sn = 5e911e4229400b001768640851e1e9e8&chksm = e863d0addf1459bb58757f5f7c42c9e3114f5b0ac9da3f090dc0442a08c60d6ce295d4ccb937&scene = 27. 2023. 2

［9］中国包装联合会．中国包装行业年度运行报告（2023 年度）［EB/OL］．http：//www. cpf. org. cn/product/327. html. 2024. 2.

［10］王建清．包装材料［M］．北京：中国航空工业出版社，2016．

［11］中国机械工业年鉴编辑委员会．中国机械工业年鉴2023［M］．北京：机械工业出版社，2023．

［12］中国包装联合会．中国包装年鉴2022［M］．北京：中国包装联合会，2023．

［13］杨玉娥，张梁，张明华，等．我国单元化物流载具标准化现状及对策研究［J］．物流技术与应用，2024，29（6）：120 – 124.

第六节　应急物流信息保障技术装备发展现状与展望

应急物流信息保障技术是指在应急物资需求预测、资源获取、资源调度、生产供应、运输配送、接收分发等各环节采用的各种信息技术，包括物联网、移动通信、卫星通信、定位导航、卫星遥感、空间信息、大数据、云计算、人工智能、区块链等新一代信息技术，以及在这些技术手段支撑下的应急资源保障信息平台等。应急物流信息保障技术装备主要包括：应急通信指挥装备、卫星导航系统、卫星遥感系统、应急物流信息平台等。应急物流信息保障技术装备的深入应用，将显著提升应急物流机械化、信息化、智能化水平，全面提高应急物资全程监管、统一调拨、动态追溯、信息共享和决策支持能力。

一、应急物流信息保障技术装备发展现状

（一）应急通信指挥装备发展现状

为满足现场态势、趋势分析和科学处置等需求，针对突发事件现场处置中出现的临时状况，应用便携式指挥调度台、无线 MESH 自组网、4G/5G 公专网通信、音视频采集、融合通信等应急通信指挥装备，实时监测汇集现场感知数据，实现现场看得见、看得准、听得见、听得清，为应急处置现场指挥调度、分析研判、辅助决策提供数据支撑。在突发事件、重大活动等重要场合中，各型应急通信指挥装备与应急救援人员一道，担负着拓宽救援行动"生命线"、保障通信信号畅通等重要作用，为灾难营救、重大活动提供了坚实的通信保障。

1. 应急通信指挥车

应急通信指挥车是用于执行应急通信、信息采集、现场指挥等任务的特种车辆，是应急指挥平台系统的重要组成部分，可以实现应急突发事件现场的临时通信保障、应急指挥通信保障和现场应急指挥功能，可以根据不同的应急用途完成多种应急通信和应急指挥任务。应急通信指挥车具有现场视频、数据采集、业务应用系统与指挥调度能力，通过多路由、多通信手段保证现场指挥不间断，使领导和应急专家可以在现场进行指挥，也可使后方指挥中心实时了解现场情况，进行前后方协同决策与指挥。"通信一号"应急通信指挥车（见图 6 - 10），配置有多媒体会议系统和监控系统、5G

基站系统、数据调度系统、油机供电系统和 2.4 米 Ku 频段卫星通信系统，无须外接电源，就可以在户外/野外独立运行，构成前后方一体的通信保障指挥调度体系，实现快速、畅通、有效的通信保障指挥。

图 6 - 10　应急通信指挥车

2. 综合应急通信车

综合应急通信车（见图 6 - 11），是目前国内电信运营商装备最为齐全的大型 5G 应急通信装备之一。该车基站挂高 12 米，覆盖半径超过 2 公里，最大支持约 3600 个用户通信。装备了 4G/5G 移动通信系统并配备了双桅杆，能通过各种有线、无线传输手

图 6 - 11　综合应急通信车

段快速开通4G/5G基站通信系统，可同时提供4G/5G大容量通信，实现方圆十几平方公里的4G/5G信号覆盖。该车具有良好的应急通信保障能力，常用于各类自然灾害、重大活动、突发事件现场提供应急通信保障服务，也用于执行无线移动网应急业务支撑任务。车上配有的LED车载大屏幕还可以协助政府救灾现场信息发布、宣传报道相关工作。

3. 小型卫星基站车

卫星基站减少了对地面传输网络的依赖，适用于光纤光缆无法到达的场景，以及发生地质灾害、地面传输网络出现损坏的场景。图6-12为国内电信运营商小型卫星基站车，基站挂高4.5米，能够覆盖方圆500米的信号范围，最大支持1200多用户。该车具备市电、车载取力发电、便携油机三种供电方式，在没有光缆条件下还可利用卫星链路快速开通3/4G业务。在各类自然灾害、突发事件中，能通过卫星建立传输链路，提供中国电信移动网络覆盖，第一时间为抢险救灾提供语音及4G数据通信保障，同时为灾区群众提供通信服务。"7·21"北京特大暴雨、"8·8"九寨沟地震、"4·14"玉树地震等灾害和突发事件发生时，小型卫星基站车发挥了重要作用。

图6-12 小型卫星基站车

4. 125W短波通信车

近年来，我国短波通信技术获得了空前的发展，已成为远距离应急通信指挥的主要手段之一。125W短波通信车（见图6-13），采用第三代频率自适应探测技术，具备内置保密机接口、支持接入军用短波综合业务网等优良特性，具有模拟话、声码话、电键报、数据传输、短信通信、接入网等通信能力。该车在配接弓形天线车载使用时，通信距离一般为0~500公里；固定使用时架设双极天线后，通信可达到1000公里。此外，还特别适用于移动中的指挥调度通信，尤其在大网通信基础设施全毁以及战时情况下，为军方和地方政府提供应急通信保障。

图 6 - 13   125W 短波通信车

5. 800M 数字集群应急通信车

800M 数字集群应急通信车（见图 6 - 14），配有 TETRA 数字集群车载基站，最大发射功率 75 瓦，主桅天线高度 12 米，信号覆盖半径约 1.5 公里。同时，还配有 1.2 米 KU 频段卫星通信系统，能利用集群通信系统来保障现场通信畅通，通过卫星、光纤、微波等多种通信中继传输方式，接入集群核心网，提供集群调度指挥通信。该车主要为公安、消防、安保、医疗救援、民防等单位提供集群调度、指挥通信专网保障。

图 6 - 14   800M 数字集群应急通信车

6. 1. 8 米 KU 频段卫星车

1. 8 米 KU 频段卫星车（见图 6 – 15），配备了 1. 8 米 KU 频段卫星天线、200W 固态高功放以及广播级高清编解码器，能实现应急现场视音频、数据的实时回传，具备综合性卫星通信能力。

图 6 – 15 1. 8 米 KU 频段卫星车

7. 无人机高空基站

在有线通信网络被破坏的情况下，无人机高空基站可以为应急救援系统提供通信指挥平台，增大通信距离，扩展覆盖范围，同时具有较强绕射能力和穿透能力，结合通信基站，有效解决救援队伍在现场的通信定位问题。该类型装备主要有系留式无人机高空基站、大型高空全网通信无人机、翼龙大型固定翼应急通信无人机、D2000 无人飞行平台等，可以为前后方指挥部"第一时间研判、第一时间决策、第一时间救援"提供现场第一手信息支撑，有力保障精准科学指挥决策和各方力量协同高效救援。

图 6 – 16 为系留式无人机高空基站，搭载了 4G/5G 应急基站设备，通信覆盖半径范围最远可达 5 公里以上，支持 800 ~ 1000 个手机用户。该基站在保留传统应急通信车较高的机动性和稳定性的同时，还能到达应急通信车不能到达的区域，具有续航时间长、部署快捷灵活、滞空稳定等特点，主要用于抢险救灾时道路中断、山体阻挡等场景，具备快速升空、深入灾害前沿、提供中国电信公网通信网络覆盖、满足应急指挥通信和公众通信等需求的能力，在未来应急通信网络的发展中前景广阔。在 2021 年河南郑州"7·20"特大暴雨灾害、2021 年台风"烟花"和抢险救灾等应急救援中，系留式无人机高空基站为受灾地区多地提供 24 小时不间断语音通话、上网保障。

图 6 – 17 为"翼龙 – 2H"应急救灾型无人机，长 10. 8 米、翼展 20. 7 米、高 4. 0 米，最大起飞重量 4200 千克，最大飞行高度 9000 米，最大飞行速度 350 公里/小时，最大续航时间 24 小时，最大航程 5500 公里。该机具备远航程、长航时、大载重、环境适应性强

图 6 - 16 系留式无人机高空基站

等特点，可在 10 级以下大风中常态化飞行并完成多谱段灾害现场侦查、公网专网应急组网通信等任务，能够定向恢复 50 平方公里的移动公网通信，并建立覆盖 15000 平方公里的音视频通信网络。搭载光电探测吊舱、合成孔径雷达、航拍 CCD 相机、应急通信保障吊舱、应急投送吊舱等设备，使其能够在多谱段灾害现场探查、公/专网应急组网通信、应急物资投送等方面发挥重要作用，能够在极端灾害条件下，如断路、断电、断网情况下，通过空中组网和中继技术，实现图像、语音、数据的上下贯通和横向互联。

图 6 - 17 "翼龙 -2H" 应急救灾型无人机

2023 年 12 月甘肃临夏州积石山县 6.2 级地震发生后，部分水、电、交通、通信等基础设施受损，该机执行了应急通信保障和灾情侦察等任务。2024 年 7 月四川省汉源县马烈乡新华村山洪灾害，导致部分人员失联、道路受损、通信中断，该机通过搭载的光电设备和合成孔径雷达等专用任务载荷，对受灾区域进行了灾情侦察，搜寻失联人员，并提供了长时、稳定的全网通信保障，实时传输灾区一线数据、高清画面至应急管理部和四川省应急管理厅指挥大厅，实现图像、语音、数据的上下贯通和可视指挥，打通了灾情信息传递的"最后一公里"，为确定风险点位、监测灾情发展、搜寻失联人员、开展有针对性的救援行动提供了决策支持。

8. 海事卫星通信系统

国际海事卫星（Inmarsat）是全球静止地球轨道移动通信卫星系统，以海事应用为主要目标用户，能为用户提供话音及低速数据服务，用于船舶与船舶之间、船舶与陆地之间的通信，可进行通话、数据传输和传真。图 6 – 18 为国际上最先进的Inmarsat – 4系统，由 3 颗地球同步轨道卫星构成，支持 L 频段海事移动通信，实现对全球中低纬度地区的完全覆盖，以及面向移动终端492kbit/s 的峰值通信速率。

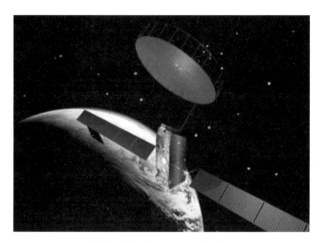

图 6 – 18　Inmarsat – 4 系统

9. 卫星通信系统

卫星通信系统是确保灾害隐患、灾情得到及时妥善处治的基本保障设施，有效保障大范围、大规模应急救援的实施。卫星通信系统凭借覆盖范围广、不受地理条件限制、部署机动灵活等优势，解决因电信基础设施损坏而导致通信中断的问题，在灾区现场部署小口径卫星地球站，既可为灾区救援现场建立与后方指挥中心的专用应急通信链路，又能为灾区提供移动通信网、互联网等公用通信网络的信号覆盖。

随着"天通一号"的开通运营，我国自然灾害防治方面的广域通信体系得到有效补充和完善，构筑窄带与宽带于一体的自然灾害防治卫星通信体系，带动我国自然灾害防治预警研判能力、指挥调度能力、协同救援能力的显著提升。该系统具备灾害预警监测的卫星物联网应用、卫星语音通信应用、中低速率数据传输应用、标清视频传输应用等功能，工作频段为 S 频段，支持语音、短信、9.6kbit/s 和 384kbit/s 窄带数据传输，通信链路不易受降雨、云雾等恶劣天气条件的影响，通信可靠性高，终端具有体积小、重量轻、操作简单、机动性强等特点，适用于复杂情况的灾前预警监测与灾后应急救援。

（二）卫星导航系统发展现状

卫星导航系统是增强自然灾害风险防范与化解能力的时空基础设施，将位置信息融入自然灾害防治过程中涉及的人员、装备或设施，建立监测设施、救援设施、救援人员之间的联系，有效提升自然灾害防治的指挥调度与协同处置能力。随着信息技术的发展，卫星导航系统在自然灾害预警监测方面发挥越来越大的作用，凭借全天时全天候观测、测量精度高、实时性强等优势，对地质灾害隐患点的地表形变进行高精度监测。交通运输部2011年颁布了《道路运输车辆卫星定位终端技术要求》行业标准，指导我国运输车辆上安装卫星导航定位系统。目前，在国家突发公共事件应急平台、北斗系统国家综合减灾与应急平台、国家地震应急指挥技术系统、国家交通运输物流公共信息服务平台等国家级和行业级大型系统中，实现了业务化运行。

国家突发公共事件应急平台，是以国务院为中心、省级和部门为节点的国家应急平台体系。通过对应急突发事件的监测监控、预测预警、信息上报、辅助决策和指挥调度等，实现协同处置、合理应对，提高国家、省、市等应急业务部门的应急处置效率。应急平台建设过程中为应急物资、救援人员配备具有 BD/GPS 的定位导航终端，实现对应急资源的实时位置监控与指挥调度。"北斗"系统国家综合减灾与应急平台，由民政部减灾中心牵头建设，是"北斗"示范应用成果之一。平台充分利用"北斗"系统的定位、导航和短报文通信技术，实现以下几类重要功能以满足应急救援的快速响应需求：灾害发生时应急物资配送的最佳路径规划、信息采集上报、位置实时监控、运输车辆的自主导航、物资在线查询、可视化展示及资源调度管理等。国家地震应急指挥技术系统，是由国务院抗震救灾指挥部建设，为国务院领导和有关部门进行抗震救灾指挥提供信息支撑，包括应急指挥数据库和地震应急快速响应系统，为各级指挥人员提供地震应急信息、现场灾情、救援路线、指挥行动等信息服务。

国家交通运输物流公共信息服务平台，是由交通运输部和国家发展改革委牵头，由相关职能部门等多方参与共建的，覆盖全国、辐射国际的物流信息服务基础设施、覆盖全产业链的数据仓库和国家级综合服务门户，有效实现国家间、区域间、行业间、运输方式间、政企间、企业间的物流信息安全、可控、顺畅交换共享，逐步汇集物流业内和上下游相关行业的国内外静动态数据信息，提供公共、基础、开放、权威的物流公共信息服务。

目前，我国"北斗"三号系统在自然灾害防治领域开展一定规模的应用，为各类用户提供定位、导航、授时、短报文通信等基本功能服务，在灾前和灾后均能发挥显著的作用，例如灾害预警监测、灾情定位与信息上报、救灾搜救、救灾指挥与救援力量调度，但短报文业务仅支持 1000 个汉字的较低速率数据业务，应用场景有局限性，无法在需要支持高速信息分发指挥调度场景中进行应用。应急管理部国家减灾中心牵头组织实施的"北斗"卫星导航系统国家综合减灾与应急典型示范项目，已在 10 个省份进行了推广应用。"北斗"监测终端已在部分重要地点进行了部署，截至 2024 年 5 月，在全国范围内已有超 5 万处地质灾害隐患点安装"北斗"普适型监测预警系统，有超过 2500 处水库应用短报文传递水文监测信息，有超过 650 处变形滑坡体设置了"北斗"监测站点。

（三）卫星遥感系统发展现状

卫星遥感系统是对自然灾害进行监测、预警、评估的空间支撑设施，为自然灾害防治工作提供重要的信息，凭借空间基础设施的立体观测、广域覆盖等优势，在自然灾害防治的监测、预警、评估、响应、决策、救援等环节进行了大量应用。卫星遥感系统由遥感卫星和地面的测控系统、运控系统及数据处理系统组成。测控系统由测控中心和相关测控站组成，运控系统由运控中心和相关数据接收站组成，如图 6 - 19 所示。近年来，我国卫星遥感服务体系已基本形成，包括"高分""资源""减灾""海洋""风云"等系列遥感卫星，构建种类齐全、功能互补、尺度完整的卫星观测体系，空间分辨率、时间分辨率、光谱分辨率得到大幅提升，已经具备全色、多光谱、高光谱、红外、合成孔径雷达、视频等多种观测能力卫星遥感应用服务，为自然灾害防治提供了海量观测数据，发挥了重要的预警作用，有效提升了综合防治与救援处置能力。

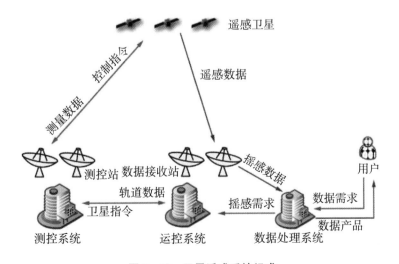

图 6 - 19　卫星遥感系统组成

（四）应急物流信息平台发展现状

应急物流信息平台是贯穿应急物流各个环节，承担信息收集、共享、交互、加工和应用等功能，解决应急物流中需求、资源和过程"迷雾"的主要手段，支撑应急物流指挥组织有效整合信息，实现信息共享互通、不同主体协同合作、做出正确决策，确保应急物流组织指挥快速、高效，实现应急物流实时控制，应急物资精确投送。完善的应急物流信息平台主要包含数据层、算法层、传输层和应用层，实现突发事件监测及发布、应急物流预案管理、应急物资需求预计、应急物流资源管理、应急资源调度、应急物流辅助决策、应急物流可视化等功能模块。应急管理部门通过应急物流信息平台及时了解应急物资的来源、需求和供给，实时掌握储备物资的分布和数量、运力的数量和能力，实时掌控物资运输情况等信息，实现应急资源需求建模与报送、应急物资采购计划建议方案提报、应急物资运用指令下达、物资调拨运输跟踪监管、物资发放与回收等环节全链条掌控，强化集约化统一管理，提高物资供应、调度、配送流程效率，大大减少灾害和紧急情况下的损失。

近年来，我国加强对重特大灾害事故应急物资的调运管理，推动建立了多部门协同、军地联动保障和企业、社会组织、志愿者等社会力量参与机制。国家应急物资生产、储备、捐赠、采购供应、调拨等各相关部门普遍拥有各自的管理信息平台，不同运输方式拥有各自交通运输网络的运行监控平台，物流企业拥有各自的物流运行监控调度平台。目前，还存在应急物资保障尚未建立集中统一、运转高效的管理体制，工作机制不完善，专项法律法规和应急预案支撑不足，未建成统一的应急物流信息平台，应急物资需求、资源和过程还存在"迷雾"，全流程精细化管理水平不足，不仅会造成巨大浪费，更加剧了应急物流运作难度。

二、应急物流信息保障技术装备发展展望

（一）卫星通信、导航、遥感融合发展

由于各类通信、导航、遥感卫星在轨道参数、有效载荷、信息传输体制等方面差异显著，难以通过多类有效载荷集成与星上数据处理的方式来开展融合应用。随着天基路由、星际通信等天基组网技术不断成熟，通信、导航、遥感卫星等异构天基节点的动态组网已成为可能，采用统一信息传输协议和信令，构建卫星通信、导航、遥感

融合的空间信息系统，为各类地面任务提供协同、灵活的应用服务。我国规划建设的"天地一体化"信息网络，支持宽带接入服务和窄带移动通信、天基物联服务，采用统一的系统架构、通信协议、技术体制，使卫星通信、卫星导航、卫星遥感等三类空间信息系统接入其中成为可能。在空间基础设施方面，将通过星际链路和天基接入网将遥感卫星接入"天地一体化"信息网络，通过卫星通信与遥感数据传输协议一体化、卫星移动通信下行业务信道捎带导航电文、低轨通信卫星导航增强等方式，实现卫星通信、导航、遥感的数据或业务融合，具体包括以下四个方面：一是通过数据传输协议一体化，将遥感数据接收转化为宽带接入服务，实现卫星通信与卫星遥感下行数据传输链路的数据融合；二是通过卫星通信宽带上行链路捎带成像指令上注，实现卫星通信与卫星遥感测控链路的业务融合；三是通过窄带卫星移动通信信令捎带导航电文以及基于多普勒频移的定位技术，实现卫星移动通信与卫星导航的业务融合；四是通过低轨通信卫星搭载卫星导航信号接收载荷，实现对卫星导航系统的增强。

（二）数据交换共享规范透明

未来，政府、企业、社会组织等各类主体的应急物资信息共享将更加规范透明。建设应急物资保障数据资源，统一应急物资需求、调拨、运输和发放等信息的表达形式，促进多主体、多层级、全流程的信息互联互通，对医疗卫生等其他类型应急物资信息，预留信息扩充空间和接口；开展应急物资保障标准研制、推广和应用示范，推动应急物资保障标准化建设，进一步健全应急物资保障标准体系；修订应急物资分级分类和编码标准，研制和完善储备库建设标准、仓储管理标准、物资技术标准、救援物资配备标准、重要应急物资生产制造标准、信息化建设标准等；推进应急物资储备库、配送中心等仓储物流设施的机械化、自动化、网络化、信息化建设，提升应急物资储存管理效率和智能化监控水平；着眼智慧化物联网建设，为储备应急物资配备信息化标签，为车辆等运输工具配备定位装置，为分发站点配备应急物资识别设备；按照规模适度、布局合理、保障有力、合理利用的原则，充分发挥多主体多模式优势，建立健全应急物资调配运送体系，统一调配应急物资，提高应急物流快速反应能力；依托应急管理部门中央级、区域级、省级骨干库建立应急物资调运平台和区域配送中心，加强应急救援队伍运输力量建设，配备运输车辆装备，优化仓储运输衔接，提升应急物资前沿投送能力；健全应急物流调度机制，提高应急物资装卸、流转效率，增强应急调运水平，与市场化程度高、集散能力强的物流企业建立战略合作，探索推进应急物资集装单元化储运能力建设；利用大数据、区块链和物联网等技术手段，开展应急物资生产、采购、储备、调拨、运输、发放和回收全生命周期信息化管理，实现全程留痕、监督追溯和动态掌控；构建应急物资需求预测、供需匹配、智能调拨和物流优化等关键模型算法并实现业务化应用，提升应急物资管理决策支撑能力。

（三）各种新兴技术广泛推广应用

利用物联网、大数据和云计算等技术手段，将实现应急物资管理的全程留痕、监督追溯和动态掌控。使用人工智能、大数据分析等手段，将提升应急物资需求分析精确性，优化应急物资供应路径，提高供需匹配度，为应急物资保障决策提供快速、科学、精确和可视化技术服务。未来，将优先推动互联网、云计算、大数据、人工智能、区块链、5G等信息技术在物流领域的广泛应用，尤其是加快推动区块链技术在应急物流物资管理方面的应用。

（作者：重庆财经学院　刘军）

参考文献

[1] 邵珍珍，万千，余风平. 海事卫星第五代全球卫星通信系统及应用 [J]. 卫星应用，2015（5）：39－41.

[2] 吴鹏，王黎阳. 系留式多旋翼无人机在应急通信中的应用 [J]. 中国信息化，2018（12）：60－61.

[3] 彭会湘，陈金勇，杨斌，等. 6G通信时代的卫星遥感系统展望 [J]. 无线电工程，2020，50（7）523－529.

第七节　应急物流冷链技术装备发展现状及展望

近几年来，我国面临的国际和国内应急事件频繁发生，包括新冠疫情、巴以冲突、乌克兰危机导致国际供应链阻断等，都直接和间接地影响了国内人民群众对适冷物资和产品的需求。而在国内冷链物流的发展中，冷链技术装备是关系到适冷物资和产品能否保障更长距离运输、更快的触达能力的关键。高效可靠的应急冷链技术装备能够确保我国在面对自然灾害、公共卫生事件等紧急情况时，保障药品、疫苗、食品等物资在适宜的温度条件下快速、安全地运输和配送，从而挽救生命、减少损失。

一、应急物流冷链技术装备发展现状

冷链物流以及冷链物流技术装备的发展一直以来受到国家和各级政府的高度重视。2021 年 11 月，国务院办公厅关于印发《"十四五"冷链物流发展规划》，提出"在 2035 年，全面建成现代冷链物流体系，设施网络、技术装备、服务质量达到世界先进水平"的目标。也明确提出"提高冷链物流专业服务和应急处置能力""加大冷链物流关键技术和先进装备研发力度，鼓励节能环保技术应用"等关于应急冷链技术装备的具体要求。2023 年，财政部办公厅、商务部办公厅印发《关于支持加强生活必需品流通保供体系建设的通知》，明确支持提升生活必需品冷链流通及配送能力，提出"支持冷链物流及流通企业新建或改造升级相关设施设备，进一步提高生活必需品冷链物流标准化水平，增强冷链流通仓储、运输及配送能力"。在国家和各级政府的高度重视下，近几年来，我国应急冷链技术和装备能力明显得到提升。

应急冷链物流就是通过专门的冷藏和冷冻技术，对生鲜农产品、恒温食品、低温药品以及生物制剂等冷链应急物资进行集中采购和生产加工，并在运输流通和调达分配等整个过程中保质保量、快速高效运往应急救援地区的物流活动。应急冷链物流在重大突发事件包括应对气象灾害、地质灾害等自然灾害、重大交通运输事故、各类重大安全事故等事故灾难、重大传染病疫情、群体类不明原因疾病、重大食物和职业中毒等突发公共卫生事件、恐怖袭击事件、规模较大的群体性巨突发事件等突发事件中发挥重要作用。应急冷链物流通常由生产加工、冷链储存、冷链运输和末端交付四个环节组成，所涉及的技术与装备如图 6 - 20 所示。

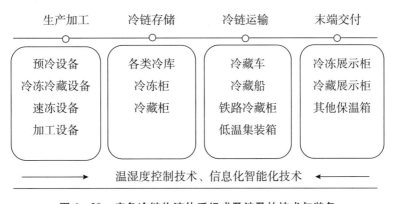

图 6 - 20　应急冷链物流体系组成及涉及的技术与装备

近几年来，我国冷链装备的发展得到了蓬勃发展，使冷链装备市场需求快速增长。我国冷链装备市场规模2023年达到34.58亿美元。根据研观报告网发布的《中国冷链物流技术装备行业发展现状分析与未来前景研究报告（2022—2029年)》，到2030年中国冷链装备市场规模将达到52.4亿美元，2024—2030年的年复合增长率约6.4%。全球主要冷链装备生产商包括Carrier、Epta SpA、中集集团、Dover Corporation、Thermo King、AHT Cooling Systems等，领先厂商以出色的产品性能和满意的服务在行业中享有盛誉，前五厂商占有34%的市场份额。中国本土制造商，如中集集团、冰山冷热、雪人股份、海容冷链等，具有较大的成本优势，在国内冷链装备市场占有一席之地。

（一）生产加工环节主要应急物流冷链技术装备发展现状

生产、加工环节是应急冷链的起点，只有保障了高效的生产、加工，生鲜农产品、恒温食品、低温药品以及生物制剂等冷链应急物资才能源源不断地送往受灾、难区。目前，冷链设备在禽肉屠宰生产、果蔬加工、医药制剂生产中受到广泛应用，主要包括预冷、速冻和物理场辅助冻结等场景。

预冷，通常应用于食品加工生产线中，如蔬菜洗涤、切割、烫煮等加工过程中，将食品的温度迅速降低，以便后续处理。目前，国内主流的预冷方式主要有压差预冷、真空预冷、冰水预冷等。针对现有压差预冷装备存在造价高、使用率低等问题，近年来国内有企业开发了撬装式压差预冷技术，装备可移动，解决了原有差压预冷装备移动性差的问题，提高了设备使用率。流态冰预冷具有比热容大、流动性好等优点，既可以直接对果蔬预冷又可以制取低温高湿空气对果蔬预冷，还可以与冰水预冷、压差预冷和真空预冷进行结合，形成不同组合预冷方式，降低设备和运行成本。

速冻，主要应用于食品加工后，将已经加工好的食品快速冷冻，以确保食品长期保质保存。常见的速冻设备主要为速冻机，按工艺处治方式主要分为推进式速冻机、往复式速冻机、平板速冻机、流化态速冻机、隧道速冻机、螺旋速冻机、提升式速冻机等。螺旋式速冻装置以其连续冻结、产能大、占地小、适用品种广等优势得到越来越多的应用。目前，最先进的螺旋速冻装备为全自动堆积式螺旋速冻装置。该设备由输送带螺旋自堆积传动系统、驱动系统、换热系统、空气除霜系统、冷气流对流系统、制冷系统、CPI清洗系统、检测监控系统、控制系统等组成。全自动堆积式螺旋速冻装置设备结构。目前，速冻机在应急保供食品加工企业被广泛应用。

物理场辅助冻结，是近年来出现的新技术，主要有磁场辅助冻结、微波辅助冻结、射频辅助冻结、压力辅助冻结（高压辅助冻结和压力转换辅助冻结）等。这些技术需要进一步系统研究其对冻品品质的影响，探索其作用机理。目前小规模应用的主要是磁场辅助冻结，其原理是将磁技术与冻结技术相结合，利用静磁或交变磁作用降低食品过冷度，能够使冻结食品中产生较小的冰晶并使其分布更均匀，从而抑制细胞损害，解冻后可最大程度地保持食品原有品质。

除上述技术和装备外，生产、加工企业使用的冷链技术和装备还包括冷库、冷藏车等，生产、加工企业配置的全链条的冷链物流体系能够在突发、应急状况下提供居民生活保障服务。新冠疫情暴发后，拥有全冷链体系双汇、新希望等，发挥其全冷链体系优势，为郑州、济南、云南、重庆等地居民提供了生活必需品的保障服务。

（二）储存环节主要应急物流冷链技术装备发展现状

储存环节冷链设施设备主要为冷库。不少食品生产、加工企业自建有冷库，大型冷库往往由第三方冷链物流企业采用，为冷链产业链上企业提供服务。根据中物联冷链委数据，截至 2023 年年底，全国冷库总量约为 2.28 亿立方米，如图 6 - 21 所示，较上年增长 0.18 亿立方米，同比增长 8.3%。预计到 2024 年底，中国冷库总容量将达到 2.50 亿立方米。

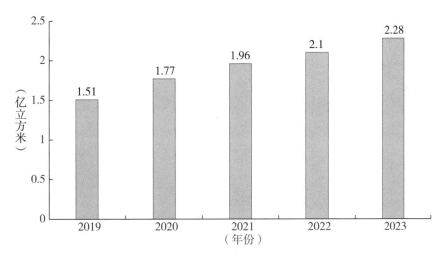

图 6 - 21　我国冷库规模情况

随着生鲜电商、社区团购、直播电商等业态的发展与繁荣，市场对冷库的需求越来越旺盛，中心仓、前置仓、网格仓、闪电仓、移动冷库等不同功能的冷库持续发展，满足多样业态的发展需求。2023 年 12 月，国家发展改革委印发《城郊大仓基地建设实施方案》，将建设一批位于城市城外郊区的"平急两用"公共仓储设施，其中包括生鲜、冻品等储存设施，作为应急保供的重要载体。

冷库主要由制冷系统（主要包括压缩机、冷凝器、蒸发器、节流器）以及其他设备如冷库门、保温材料、压力管道等组成。冷库常用制冷剂，包括氨、氟利昂和二氧化碳。氨作为制冷剂具有价格低廉、单位制冷量大等特点，但由于有刺激性臭味、有毒、可以燃烧和爆炸，目前不鼓励采用氨作为制冷剂使用；氟利昂作为制冷剂有安全、制冷系统维护费用低等特点，是目前市场主流的制冷剂；二氧化碳是绿色环保天然工质以其无毒，对臭氧层无影响，不产生温室效应和良好的热力学性质等优点，是目前发展的趋势。制冷系统，主要由压缩机、冷凝器、蒸发器、节流器等组成，其中大型冷库压缩机组通常采用开启式螺杆机组，冷凝器采用蒸发冷（风＋水）技术，蒸发器采用吊顶式冷风机。目前，制冷系统发展的趋势是采用宽温区冷热联供集成系统和涉氨冷库安全技术。宽温区冷热联供集成系统主要是回收利用制冷系统的冷凝热，集成低温制冷、高温制热、谷电蓄热、微压蒸汽及蒸气增压等系统于一体。涉氨冷库安全技术采用分散式制冷系统，将大的冷库制冷系统分割为多个小的系统，降低单个制冷系统的氨充注量；或者采用低循环倍率的供液系统，同时利用冷风机代替冷排管，可大大降低系统氨充注量；另外，采用 NH_3/CO_2 载冷剂制冷系统和 NH_3/CO_2 复叠式制冷系统（见图 6 – 22），能够在很大程度上减少氨的充注量。

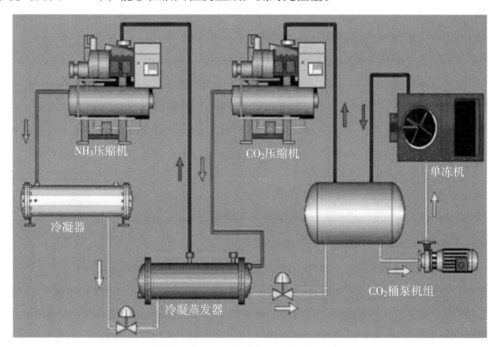

图 6 – 22 NH_3/CO_2 复叠式制冷系统

城市大型冷链物流中心在应急情况下均扮演着保供载体的角色。新冠疫情暴发后，北京新发地、重庆明品福、广州江南市场、成都银犁冷链等均为居民生活保障做出了巨大贡献。其中重庆明品福在疫情最为严重时候，35 天内向重庆市及周边区县居民运送物资超过 2 万吨，有力地保障了居民生活需求。

（三）运输环节主要应急物流冷链技术装备发展现状

冷链运输主要有公路、铁路、水路、航空等形式，其中公路冷藏运输占最大比例。机械制冷已经成为公路冷链运输的主要制冷方式，即通过安装在车厢顶部的制冷机组，将低温制冷剂在压缩机、冷凝器、膨胀阀和蒸发器之间循环流动，从而实现对车厢内部的制冷，如图 6 - 23 所示。根据中物联冷链委统计，2023 年我国冷藏车保有量达到了 43.2 万辆；随着我国推进国际、国内大通道建设，中欧班列、西部陆海新通道等铁路通道承载的冷链运输比例越来越高，过去铁路传统的加冰保温车逐渐被机械保温车、冷藏集装箱运输专用车、柴电一体式冷藏集装箱取代，成为铁路新型运输工具。目前，我国拥有 B22 型机械冷藏车（见图 6 - 24）800 余辆、B10 型单节机械冷藏车 20 余辆、BX1K 型冷藏集装箱运输专用车 400 余辆，45ft 柴电一体式冷藏集装箱 300 余只；水运冷链在我国近年来也发展较快，进口冷链货物 80% 以上通过海运，沿海港口冷链集装箱（见图 6 - 25）吞吐量近三年年均增长率达 10% 以上。水运冷链发展推动了我国冷链集装箱发展，2023 年我国生产冷链集装箱达到 68.1 万 TEU；随着居民生活品质的提高，航空冷链运输主要采用被动温控集装器和主动温控集装器。被动温控集装器是利用冷却媒介（如湿冰、胶冰、干冰或液态气体等）控制温度的隔温集装器；主动温控集装器是带有隔热及冷却媒介，并带有机械或电子的制冷或加热系统，能够自动地测量箱内温度，将冷却能源以控制的方式均匀地分配到货物周围的集装器，如图 6 - 26 所示。

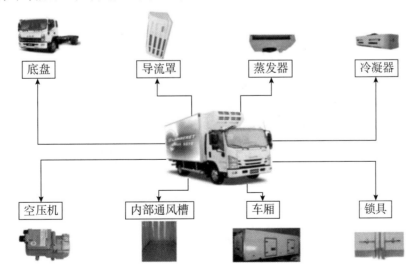

图 6 - 23　公路运输冷藏车

图 6 - 24　B22 型铁路机械冷藏车

图 6 - 25　海运冷链集装箱

图 6 - 26　航空主动温控集装器

　　除上述技术装备外，近几年在冷链运输中新材料、新工艺、新技术不断涌现，其中相变储能材料逐步应用到冷链运输中，丰富了冷链运输特别是末端冷链运输的模式。

相变储能材料主要采用无源蓄冷技术，使冷冻相变冰排，借助 VIP、PU 等材质的箱体保温，即可无电源接入实现持续释冷，使箱内温度处在特定的区间，进而确保产品运输中的恒温保存，如图 6-27 所示。相变储能材料的应用克服了传统有源蓄冷类设备对移动电源的依赖，极大提高了产品运输的便利性，减少了冷链运输的装备设施要求。

图 6-27　相变储能材料

冷链运输装备的使用能有效应对突发情况下对生鲜产品、生物制剂和医药等的需求。2023 年 12 月，甘肃省临夏州积石山县发生 6.2 级地震，在甘肃省应急管理厅的统一调配下，几十辆冷链车为灾区送去了食品、药品等必需物资，切实做好了应急保障工作。

（四）末端交付环节主要应急物流冷链技术装备发展现状

冷链物流末端装备主要包括超市冷柜、生鲜配送柜、生鲜自动售货机等。在超市制冷系统中采用二氧化碳天然工质制冷剂的制冷系统受到了特别重视；而销售末端的配送柜、自动售货机等开始实现智能化和网络化，很好地保障了生鲜电商的快速发展。我国是冷柜生产大国，2023 年我国商用冷柜产量达到 2596.5 万台，位列世界第一。

（五）应急冷链温湿度控制技术信息化、智能化发展现状

随着物联网、大数据、人工智能等技术的发展，冷链物流行业也在逐步实现数字化和智能化。企业通过建立冷链物流信息平台，实现了对温度、湿度等参数的实时监控和调控，提高了冷链物流的效率和安全性。同时，智能仓储、无人配送等技术也在逐步应用于冷链物流领域。

目前广泛采用的无线温湿度记录仪（见图 6 - 28）能够实时监测仓储、运输过程中的温湿度，如下图所示。在冷链仓储、运输过程中，货物需要在一定的温度和湿度条件下进行运输，以确保质量和安全。无线温湿度记录仪可以实时记录仓储、运输过程中的温湿度数据，并将数据传输到中控系统，使冷链仓储、运输管理人员能够随时了解运输情况。一旦温湿度超出了设定的范围，系统将立即发出警报，以便及时采取措施，保证货物的品质和安全。同时，配置好便携式蓝牙打印机实现现场打印仓储、运输过程详细温湿度数据小票。

图 6 - 28　无线温湿度记录仪

近几年来，使用在常温运输的智能化技术也纷纷在冷链物流领域推广应用，如AGV，无人配送车等。2023 年，顺丰率先在国内推出无人冷链车，满足顺丰冷链的接驳、揽收需求。2020 年，青藏兵站部在演练中道路遇阻碍的应急状况下，使用无人机技术结合冷链装备将热食和药品投放至前线演练士兵，在演练中实践了军队冷链应急保障能力。

二、应急物流冷链技术装备发展存在的问题

受疫情和国内外政治、经济环境影响以及政策推动，国内冷链应急技术装备近几年来发展较快，已经初步具备了在各类复杂环境和突发情景下的保障能力。但与国外发达国家相比，依然还存在有一些问题，主要体现在以下几个方面。

（一）法律体系和执行标准欠缺

当前，政府部门并没有制定统一的应急物资冷链技术装备方面的法律法规和执

行标准，仅在新版 GSP 中对医药冷链提出了宽泛规定，监管力度不足。在应急事件中，繁杂的运作主体会因协同体系的缺乏而呈现出小、散、乱的不规范局面，进而引发相互之间的信任危机，造成前后环节衔接困难、失误率高，增加了供应链运作风险。

（二）设施装备建设滞后

物资冷链的基础设施主要包括冷库、冷藏设备和冷藏车，现阶段，我国公路、铁路冷藏车保有量分别仅占货运车总量的 0.3% 和 2%，且设备陈旧，温控技术相对落后。同时，冷库资源的地区分布不均衡，东部发达地区盲目建设导致供过于求，而中西部欠发达地区缺乏建设意识，且农村基层基本没有规划相应的应急冷链设施及装备。

（三）关键技术研发落后

我国冷链体系建设既有"后发优势"，也面临"后发陷阱"。"后发优势"可以学习并应用发达国家的成熟技术，与市场需求、资本投入、完整的工业制造及工程建造体系共同构成我国冷链建设快速发展的物质基础；"后发陷阱"意味着可能形成技术路径依赖，反而不去探索更加符合国情的技术发展体系。如超低温速冻机技术，国产速冻机在制造水平和设计水平上与国际先进产品相比仍存在较大差距，主要体现在核心的制冷工艺上。我国冷链物流面临难得的发展机遇，但除了二氧化碳制冷系统等个别技术环节，没有形成与发展总量相匹配的技术突破，成为制约行业发展由量变转向质变的一个关键因素。

（四）专业技能复合型人才缺乏

应急冷链技术和装备发展作为新兴课题，要求人员兼具物流和应急管理方面的知识，但当前物流供应链、制冷技术、应急管理等专业相对割裂，没有形成一个系统体系。且目前高等院校拘泥于传统培养模式，知识更新滞后，与社会需求脱节，缺乏对专业技能复合型人才的培养。

三、应急物流冷链技术装备发展趋势

根据目前国外先进应急冷链技术装备发展的情况，结合我国面临的国际、国内局势，针对应急冷链各环节，发展的趋势和重点领域如图 6 - 29 所示。

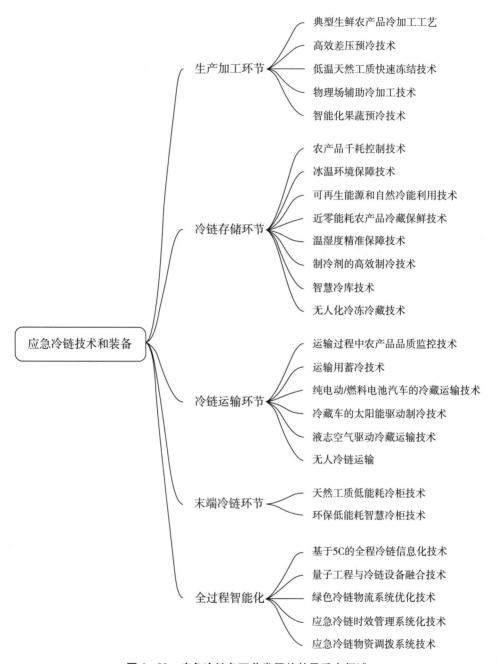

图 6-29　应急冷链各环节发展趋势及重点领域

（一）生产加工环节应急物流冷链技术装备发展趋势

应急冷链生产加工环节发展的要求是在应急状况发生时，要满足大规模生产加工的能力，以及冷链产品全过程品质控制的要求。其中，典型生鲜农产品冷加工工艺、快速冻结技术是发展的重中之重。当前，国内在冷链生产加工环节中应着重解决大批量冷链加工能力装备，液氮冻结与液体二氧化碳冻结过程食品低温断裂及液氮与液体二氧化碳的显热回收问题，研发出符合生产要求、易控制操作的速冻设备，联合使用多项技术，扩大技术适用范围，提高处理后产品品质。

（二）储存环节应急物流冷链技术装备发展趋势

根据目前冷链物流发展的特点，在技术和装备方面，重点发展领域将包括制冷剂高效制冷技术、温湿度精准保障技术等，以更低的成本、更准确地控制保障冷链储存的安全。在应急冷链领域，由于应急事件具有多样性、不可预知性和破坏性等特点，大规模的可移动的储存装置是应急冷链需要重点关注和拓展的领域。除此之外，因应急事件往往伴生着停电、停水等情况发生，可替代能源与高效储能装置也是应急冷链储存环节重点研究和发展的趋势和领域，目前各大冷链设备制造、生产商正积极探索光伏蓄冷冷库、储能式可移动冷藏集装箱等产品的开发与试点应用。其中，储能式可移动冷藏集装箱已在江苏、河南、重庆等地陆续试点应用。

（三）运输环节应急物流冷链技术装备发展趋势

冷链运输是有效串联起生活必需品、药品等应急产品储存地到应急事件发生地的最重要环节，因此冷链运输工具在应急冷链物流中是最为关键、也是最为重要的环节。考虑到我国国土面积幅员辽阔，应急事件可能发生偏远山区以及在应急事件发生地可能交通道路条件较差等特点，应急冷链运输环节重点的发展趋势是研究可替代能源驱动及空天冷链运输技术和装备应用领域。目前，厦门大学正在深入研究高效的空气压缩储能、空气动能发动机技术，能够在特定环境下应用实现驱动能源替代，顺丰冷链、迅蚁科技、智航飞购等企业已经完成了多例低空无人机冷链送达，能够实现在极端情况下应急事件发生地的高效保障。

（四）末端环节应急物流冷链技术装备发展趋势

"最后一公里"和冷链设施的末端布局是居民在应急条件下的根本保障。考虑到应急事件往往伴生着停电、停水，目前，天然工质低能耗冷柜、储能技术＋低能耗冷柜的发展是应急冷链末端环节的最重要发展趋势。

（五）应急物流冷链全过程信息化智能化技术装备发展趋势

从目前应急事件发生情况来看，冷链物流的保障作用发挥得越来越大。但从整体来看，国家或地方还没有把应急冷链当作一个专业课题和项目来看，目前国内缺乏冷链智慧化调度系统，能够集成生活物资、药品等储存、冷链工具调拨、末端物资保障等功能，能够在应急事件发生时做到统一部署和统一调拨，这需要在国家和地方应急管理部门主导下建设，也是冷链全过程信息化、智能化发展的重要趋势之一。此外，应急冷链时效管理信息化、量子技术与冷链信息化融合也是未来发展的重要趋势。

（作者：重庆市冷藏冷链行业协会　王维喜）

参考文献

［1］陈柯君，等．突发事件下应急冷链供应链韧性评价及提升策略［J］．物流技术，2023，43（9）：28–32.

［2］汪晓光．我国冷链装备产业链构建的研究［J］．机电产品开发与创新，2013，26（3）：11–12，23.

［3］高恩元．中国冷链装备碳排放与碳达峰路径研究［J］．工业经济，2023.

［4］邹江，公共卫生事件背景下四川省农产品应急物流响应体系构建路径分析［J］．中国储运，2023（9）：157.

［5］何远新，等．铁路多式联运冷链装备发展分析及探讨［J］．冷藏技术，2024，47（1）：1–5.

［6］李子潇，等．蓄冷式冷链平台方案设计与实现［J］．电子元器件与信息技术，2020，4（10）：111–112，125.

［7］方嵩，等．复合相变蓄冷材料研究进展及在冷链物流中的应用［J］．工程科技，2022：68–70.

［8］徐东，等．应急冷链物流建设［J］．物流技术与应用，2010，15（7）：88–90.

［9］毛黎霞．冷链物流在提升食品品质与安全中的作用与策略［J］．中国食品，2024（14）：68–70.

［10］丁玉珍，张恒涛．应急背景下佛山市食品冷链物流网络优化研究［J］．中国储运，2024（1）：110–111.

［11］李凤廷，等．基于物流无人机的应急食物仓配发一体化模型［J］．物流科技，2024，47（15）：24–27，33.

第八节 应急物流无人智能技术装备发展现状与展望

应急物流无人智能技术装备是融合了先进的无人技术与智能系统的创新产物，包括专为应急物流应用场景设计的无人智能技术装备和可灵活应用到应急物流场景的其他无人智能技术装备。无人智能技术装备在应急物流中的重要性不可忽视，它能够突破地理障碍、克服各类危险，迅速将物资运送到目标区域。随着技术的不断进步，应急物流无人智能技术装备的适用场景将不断拓展，性能也将持续提升，为应急物流提供更强大的支持。

一、应急物流无人智能技术装备发展现状

（一）应急物流无人技术发展现状

在应急物流领域中应用的无人智能技术装备主要包括无人机、无人车、无人船、机器狗等。

1. 无人机及其关键技术

在应急物流领域应用的无人机类型多样，如多旋翼无人机、固定翼无人机、无人直升机等。当前，在应急物流领域的主要应用的无人机机型如表6－11所示。

表6－11　　　　　　　　　在应急物流领域主要应用的无人机

型号	最大载重	最高飞行高度	最远航程	应用场景/环境	其他	地区
大疆 FLYCART 30	30kg	6000m	16km	全天候、宽温域、跨海拔	货箱 空吊	中国
丰翼 无人机虎鲸	15kg 96升	—	≥60km	医疗、化工； 海岛、山区、跨城	翼展＜3m	中国
白鲸 W5000	5t	—	2600km	城市间"点对点"航空货运	—	中国
TP500	500kg	—	1800km	—	260km/h	中国
Black Swan	350kg	—	2500km	—	—	欧洲
Pelican Cargo	180kg	—	320km	—	—	美国

续　表

型号	最大载重	最高飞行高度	最远航程	应用场景/环境	其他	地区
HH－100	700kg	5000m	520km	—	300km/h	中国
FH－98	1.5t	—	1200km	—	改自运－5 航程1200km 160km/h	中国
翼龙	200kg	—	4000km	—	160 km/h 中低空、军民两用、长航时	中国
650kg 大载重双旋翼无人直升机	260kg	—	—	雨雪、雾、大风 高海拔、极端温度	160km/h	中国
航景创新 FWH－1500 吨级无人直升机	300kg	6500m	—	－25℃～50℃ 抗风：起降 ≥6 级，飞行≥7 级	续航 5h 190km/h	中国

在应急物流应用领域，无人机值得重点关注的技术包括飞行控制技术、通信技术、能源管理技术和负载能力技术等。飞行控制技术包括姿态控制、轨迹规划和导航算法等。通信技术是无人机与地面控制站之间进行数据传输和指令交互的关键。能源管理技术决定了无人机的续航能力和作业时间。负载能力技术直接决定无人机能够携带的物资重量。

2. 无人车及其关键技术

无人车在应急物流领域中具有广泛的应用，部分无人车及性能如表 6 - 12 所示。

表 6 - 12　　　　　　　应急物流领域应用的部分无人车及性能

型号	阿里"小蛮驴"	九识智能 Z 系列无人物流车（参数以 Z5 为例）	圆通智梭 RC ONE 无人车
自动驾驶等级	L4	L4	L4
尺寸	2100×900×1200mm	—	2.4m×1m×1.5m
速度	20km/h	40km/h	50km/h
续航能力	102km	180km	150＋km
功耗	615W	—	—

续 表

型号	阿里"小蛮驴"	九识智能 Z 系列无人物流车（参数以 Z5 为例）	圆通智梭 RC ONE 无人车
环境适应性	雷暴闪电、高温雨雪以及车库、隧道	晴、雨、雾、雪；窄路、自主择路、紧急避障、困境脱困、过马路、早晚高峰	—
最大载重量	—	800kg	300 + kg
载货空间	—	5m³	1000 + L

无人车的关键技术围绕自动驾驶展开，包括三个系统：感知系统、决策系统和理解规划系统，如图 6 - 30 所示。

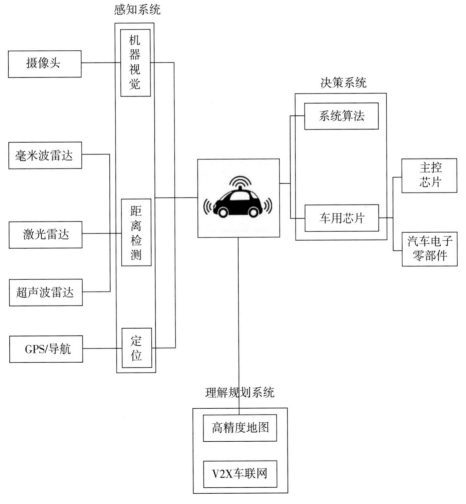

图 6 - 30　自动驾驶技术图谱

资料来源：何翩翩等，《全球新经济产业系列 2 无人驾驶，Are we ready?》，中信证券研究部，2020 年 7 月 31 日。

在应急物流应用领域，无人车值得重点关注的技术包括：环境感知技术，利用激光雷达、摄像头等传感器获取周围环境信息。路径规划与决策技术，根据环境和任务规划行驶的最优路径，并做出合理的决策。自动驾驶技术，主要集中在 L2 至 L4 的级别上，各汽车制造商和科技公司正努力在这些级别上不断突破和创新。一些科技公司正在积极测试和开发 L4 级别的自动驾驶技术，并取得一定进展。至于 L5 级别的自动驾驶技术，由于技术难度极大、法规制定滞后以及社会接受度等问题，尚未实现商业化应用。车辆稳定性与可靠性技术，可确保无人车在复杂路况下安全稳定行驶，如采用先进的悬挂系统和故障诊断与容错技术。

3. 无人船及其关键技术

无人船在应急物流领域的应用相对较少，但有时能发挥无可替代的作用。在应急救援中，无人船能够突破水流阻碍，运送救援设备和生活物资。当前，可用于应急物流场景的部分无人船如表 6 - 13 所示。

表 6 - 13　　　　　　　　　可用于应急物流场景的部分无人船

型号	云洲"水上飞"水面移动救生担架床	SL20 多功能无人船	SE40 多功能无人船	ME120 全自动无人船
尺寸	1.68m（长） 0.73m（宽）	1.05m（长） 0.55m（宽）	1.6m（长） 0.7m（宽）	2.5m（长） 1.4m（宽）
船体材质	碳纤维	碳纤维	碳纤维	—
遥控距离	800m	遥控 1km 基站 2km 支持 4G 通信	遥控 1km 基站 2km 支持 4G 通信	遥控 1km 基站 2km 支持 4G 不限距
产品重量	30kg	10kg	30kg	94kg
推进形式	喷泵	喷泵	喷泵	涵道试桨叶推进
有效浮力	63.9kg	—	—	—
负载能力	200kg	10kg	15kg	60kg
最高速度	4.7m/s	5m/s	5m/s	5m/s
续航时间	—	大于 8h（1m/s） 1h（4m/s）	6h（2m/s）	8h（2m/s） 2h（5m/s）
温度控制	不低于 27.2℃	—	—	—
抗风浪等级	—	3 级风，0.5 米浪	4 级风，0.5 米浪	4 级风，1 米浪
最小工作水深	—	0.2m	0.2m	0.45m

在应急物流应用领域，无人船值得重点关注的关键技术包括：自主导航技术，依靠卫星定位、惯性导航等系统实现无人船的精确导航；动力与推进技术，决定了无人船的速度和续航能力；通信与控制技术，保障无人船与岸基控制中心之间的有效通信和远程控制；水上避障技术，能够及时发现并避开水上障碍物。

4. 机器狗及其关键技术

机器狗在应急物流领域的应用正在逐渐扩展，并展现出独特的优势。其运输能力虽然受尺寸和载重能力的限制，但相较于其他装备，其独特的移动性和灵活性使得它在特定场景下能发挥重要作用。同时，机器狗具有良好的地形适应能力和灵活性，可在狭小空间内执行物资搬运、现场侦查等任务。如在地震废墟中，机器狗能够穿梭于废墟缝隙，为被困人员提供关键物资。目前比较常见的机器狗有美国的波士顿动力的 Spot 机器狗、中国的宇树科技的系列机器狗、欧洲的 ANYmal 机器狗等。

在应急物流应用领域，机器狗值得重点关注的技术包括：运动控制技术，实现机器狗的稳定行走、奔跑、跳跃等；感知与定位技术，通过传感器，机器狗可以获取环境信息，同时确定自身的位置；智能交互技术，使机器狗能够与人进行有效交互和协作；续航与充电技术，直接影响机器狗的工作时间和效率。

（二）应急物流无人技术装备应用现状

1. 现行政策法规

我国政府陆续出台了一系列政策法规，积极推动无人智能技术装备在应急物流领域的应用和发展。近年来出台的相关法规政策统计如表 6 - 14 所示。

表 6 - 14　　　　　　　　　　相关法规政策统计

名称	发布时间	主要内容
《国务院办公厅关于印发国家突发事件应急体系建设"十三五"规划的通知》	2017 年 1 月	支持鼓励通用航空企业增加具有应急救援能力的直升机、固定翼飞机、无人机及相关专业设备，发挥其在抢险救灾、医疗救护等领域的作用
《推动民航新型基础设施建设五年行动方案》	2020 年 12 月	探索军民航协同运行、有人机无人机融合运行、空地一体化运行，并取得实质性突破
《应急管理部关于推进应急管理信息化建设的意见》	2021 年 5 月	明确要求运用模型算法、知识图谱、智能应用等基础服务，满足各级信息需求和应用需求。并建设大型长航时无人机空中骨干节点及区域地面骨干节点

续　表

名称	发布时间	主要内容
《"十四五"应急救援力量建设规划》	2022年6月	强调加强应急救援新技术、新装备的研发和应用，推动无人智能技术装备在应急救援中的广泛应用，提高应急救援的科学性和高效性
《广州南沙深化面向世界的粤港澳全面合作总体方案的通知》	2022年6月	推进专业化机器人创新中心建设，大力发展工业机器人和服务机器人，推进无人机、无人艇等无人系统产业发展
《无人驾驶航空器飞行管理暂行条例》	2023年5月	填补无人驾驶航空器管理法规空白，依法加强无人驾驶航空器飞行及相关活动的安全监管，有效化解和防范风险，促进产业健康发展
《安全应急装备重点领域发展行动计划（2023—2025年)》	2023年9月	聚焦地震和地质灾害、洪水灾害、城市内涝灾害、冰雪灾害、森林草原火灾、城市特殊场景火灾、危化品安全事故、矿山（隧道）安全事故、紧急生命救护、家庭应急等十大场景应用的重点安全应急装备，强化核心技术攻关及推广应用，加强先进适用安全应急装备供给，提高灾害事故防控和应急救援处置能力

这些政策法规为应急物流无人智能技术装备的应用提供了有利的政策环境，激发了企业等主体的创新活力，进而推动了技术的进步和应用的推广。

2. 主要应用场景

（1）抢险救灾

抢险救灾是应急物流无人智能技术装备的重要应用场景之一。无人智能技术装备能够快速响应、突破地理和环境限制，为受灾地区提供及时有效的物资支援。

（2）军事物流

现代战争中，战场环境复杂多变，物资需求紧迫且多样化。应急物流无人智能技术装备能够在恶劣的战场条件下，快速、安全地完成物资运输和补给任务，减少人员伤亡，提高物资保障效率。特别是机器狗，其在战场物资保障中的应用愈发受到重视。与传统物流运输工具相比，机器狗具有更高的适应性和灵活性，能够在复杂多变的战场环境中自由穿梭，为前线作战部队提供及时有效的物资支援。

（3）公共卫生事件

在应对公共卫生事件时，应急物流无人智能技术装备能够在避免人员接触、减少病毒传播的前提下，保障物资的及时供应。

（三）应急物流无人技术装备市场现状

1. 应急产业市场规模稳步增长

根据工信部公布的数据，2016—2018 年我国应急产业市场规模为 1.01 万亿 ~ 1.24 万亿元，我国应急产业实际增长率约为 10%。根据赛迪公布的资料显示，2022 年我国应急产业市场规模约为 1.94 万亿元，同比增长 13%。2023 年全国应急产业市场规模达到 2.1 万亿元，如图 6 - 31 所示。

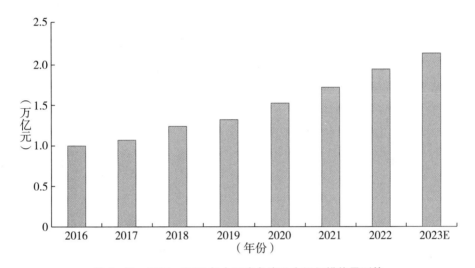

图 6 - 31　2016—2023 年中国应急产业市场规模体量测算

注：2016—2018 年为工信部发布数据，2019—2022 年为赛迪提供数据，2023 年是前瞻初步统计测算数据。

资料来源：工信部、赛迪、前瞻产业研究院。

2. 智能物流装备市场高速发展

根据共研网（www. gonyn. com）的统计数据，2015—2024 年中国智能物流装备市场规模呈现稳定增长态势，如图 6 - 32 所示。

3. 工业级无人机市场引领增长

我国民用工业级无人机市场发展迅速，全球占比保持在 50% 以上。2021 年，中国民用无人机应急领域市场规模达 23.98 亿元，较 2020 年增加了 10.37 亿元，同比增长 76.19%。未来，我国民用工业级无人机市场仍将保持快速增长，2024 年市场规模将达到 1475 亿元，如图 6 - 33 所示。

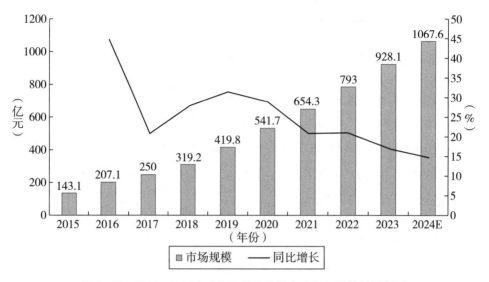

图 6 – 32   2015—2024 年中国智能物流装备市场规模统计及预测

资料来源：https：//baijiahao. baidu. com/s？id = 1753465599421192343&wfr = spider&for = pc。

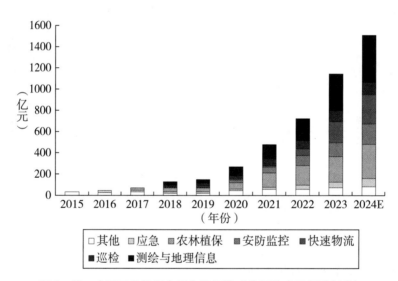

图 6 – 33   中国工业级无人机市场规模（按下游应用领域划分）

资料来源：李良、胡浩淼，《铸利剑，破长空——无人机行业系列报告之一》，中国银河证券研究院，2023 年 11 月 10 日。

4. 应急物流无人智能技术装备呈现百花齐放态势

近年来，应急物流无人智能技术装备市场规模迅速扩大，在该领域活跃的企业众多。传统物流企业如京东物流、顺丰、美团等积极投入研发和应用无人智能技术装备，提升应急物流能力。科技公司如大疆、百度、新石器、九识智能、毫末智行、白犀牛等也凭借其技术优势，推出相关产品和解决方案。此外，一些专门从事应急物流装备研发的新兴企业也不断涌现。

这些企业和产品初步构成了应急物流无人智能技术装备的产业链和生态圈。随着技术的不断进步和应用场景的不断拓展，产业链和生态圈将更加独立和成熟，推动应急物流无人智能技术装备向专业化、智能化方向发展。

二、应急物流无人智能技术装备发展面临的挑战

（一）应急物流无人技术装备面临的技术挑战

在复杂环境下，应急物流无人智能技术装备的可靠性和稳定性面临严峻考验。例如，在强风、暴雨、高温等极端天气条件下，无人机的飞行性能可能受到影响，导致无法正常执行任务；无人车在崎岖山路或水淹路段的行驶稳定性也难以保证。此外，复杂的电磁环境可能干扰设备的通信和控制系统，增加故障发生概率。

在无信号或信号弱的区域，精准定位和导航将成为一大难题。目前，卫星导航系统在某些偏远地区或受灾严重的区域可能信号不稳定或无法覆盖。这就需要研究融合多种定位技术，如惯性导航、视觉导航等，以提高装备在信号缺失情况下的定位精度和导航能力。

装备的续航能力和能源供应方式的多样性仍嫌不足。当前，无人机和无人车的续航时间仍然有限，难以满足大规模、长时间的应急物流需求，需要探索更高效的能源储存技术，如新型电池或燃料电池，同时优化能源管理系统，根据任务需求合理分配能源，提高装备的续航能力和能源利用效率。

（二）应急物流无人技术装备面临的法规政策挑战

应急物流无人智能技术装备在空域、道路、水域的使用面临诸多法规限制和协调难题。在空域，无人机的飞行需要遵循严格的航空法规，包括飞行高度、区域限制等。在道路，无人驾驶车辆的上路行驶法规尚不完善，与现有交通规则还存在耦合度不高的问题。在水域，无人船的航行规则和监管机制还不健全。

在应急物流无人智能技术装备应用领域，数据隐私保障和相关政策法规支持是关键。无人智能技术装备在应用过程中将收集和传输大量的数据，包括物资信息、地理位置等敏感数据，如何确保这些数据的安全储存、传输和使用，保证数据安全和不被滥用，是亟待解决的问题。

（三）应急物流无人技术装备面临的协同挑战

在应急物流无人智能技术装备的推广过程中，面临着与传统物流模式的协调和融

合挑战。传统物流在人员操作和流程上已经形成了固定模式，无人智能技术装备的引入可能会打破这种平衡，从而需要解决人员岗位调整、操作流程更新等问题，以实现两者的有效融合和协同工作。

（四）应急物流无人技术装备面临的成本挑战

如何降低研发和生产成本是当前应急物流无人智能技术装备发展面临的一个显著挑战。在研发阶段，需要投入大量的资金用于技术研发和创新。例如，进行复杂的空气动力学研究和材料测试，需要耗费大量的人力、物力和财力，同时，由于这些技术的更新换代速度特别快，需要进行持续的研发投入，这对于企业来说是一个沉重的负担。

生产应急物流无人智能技术装备的成本同样高昂。一方面，高精度的零部件和先进的制造工艺导致了原材料成本的增加。以无人配送车为例，其车身使用的高强度复合材料和先进的电池技术都价格不菲。另一方面，生产过程中需要进行严格的质量检测和调试，这也增加了生产成本。此外，大规模生产所需的生产线建设和设备购置也需要巨额资金的支持。

运营和维护应急物流无人智能技术装备同样也面临着成本挑战。首先，培养和雇佣操作和维护人员的成本较高。其次，设备的能源消耗、零部件的维修更换以及系统的升级等都需要持续的资金投入。例如，无人机的电池寿命有限，频繁更换电池增加了运营成本。同时，在一些复杂的环境中使用这些装备，可能会导致设备的损坏率增加，这进一步加大了维护成本。

三、应急物流无人智能技术装备的发展展望

（一）技术发展更具针对性和专业性

1. 关键性能进一步提升

随着技术的不断进步，应急物流无人智能技术装备在载重、续航和速度等方面有望取得显著进步。在载重方面，通过材料和结构的优化创新，装备可以承载更重的物资，满足大规模应急救援的需求。在续航能力方面，续航能力的提升将依赖于新能源技术的应用。在速度方面，优化的动力系统和空气动力学设计将使无人智能技术装备能够更快地抵达目的地，提高应急响应的速度。

2. 智能化自主决策能力更加突出

在智能化发展方面，未来的装备将具备更强大的自主决策能力。首先，通过综合

运用人工智能、云计算和5G等技术，能够根据实时的环境信息和任务要求，自主规划最佳的运输路径和行动方案，减少对人工的依赖，如图6－34所示。其次，协同作业能力将进一步增强，多台装备之间能够实现高效的信息共享和任务协同，共同完成复杂的应急物流任务。

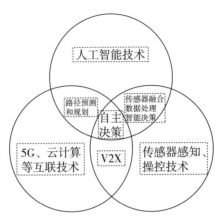

图6－34　智能化自主决策技术体系

资料来源：何翩翩等，《全球新经济产业系列2无人驾驶，Are we ready?》，中信证券研究部，2020年7月31日。

3. 能源技术取得突破

未来应急物流无人智能技术装备在能源领域有望取得突破。新型高性能电池技术将不断发展，从而显著延长无人机、无人配送车等装备的续航里程。此外，可再生能源的应用也将逐渐普及，例如太阳能薄膜技术在装备表面的集成，能够实现边运行边充电，进一步增强装备的持续工作能力。

4. 新材料的广泛应用

新材料技术将持续降低无人智能技术装备的成本，提升其综合性能。未来，无人智能技术装备将具备低成本、轻结构、高机动、大过载、长续航等技术特点。新材料的应用，能够大大减轻无人智能技术装备的重量，缩小体积、增长航时、提高载荷。

5. 导航和交通管制技术进一步发展

①导航系统与交通管制技术将成为未来应急物流无人智能技术装备的重要发展方向。融合多种传感器数据，如卫星导航、惯性导航、视觉导航等，将实现厘米级甚至毫米级的定位精度。同时，智能路径规划算法将能够实时根据路况和任务需求调整路线，避开拥堵和危险区域，提高运输效率。智能化的交管系统，可以实现对多台/架/艘无人智能装备的实时监控和协调指挥，确保运行的安全和有序。同时，与传统交通

系统的无缝衔接，将进一步优化整体物流运输效率。

②智能避障技术更加成熟。利用先进的传感器和算法，装备可以迅速感知并避开各种障碍物，确保在复杂环境中安全运行。未来无人智能技术装备的避障技术主要的突破点包括：深度相机避障技术、声呐系统避障技术、"视觉＋忆阻器"避障技术、双目视觉避障技术、小型电子扫描雷达、激光扫描测距雷达、四维雷达等。

③通信范围及质量进一步提升。卫星通信是无人智能技术装备进行信息传输的主要途径。国内卫星移动通信系统和中继系统的建成已大幅提升无人智能装备通信范围及质量。据《2021年中国航天科技活动蓝皮书》显示，2021年，国内首个自主可控的卫星移动通信系统实现三星组网，范围覆盖中国及周边、中东、非洲等相关地区，以及太平洋、印度洋大部分海域。随着我国卫星通信技术的发展，无人智能装备通信范围及质量将得到进一步提升，提升效率。

（二）局部市场和整体市场相互促进

应急物流无人智能技术装备市场是无人智能技术装备市场的一部分。局部市场和整体市场相互促进、共同发展，将带动整个无人智能技术装备市场的繁荣。据环洋咨询（Global Info Research）的智能物流市场调研报告预测，中国智能物流装备行业市场规模，将继续保持增长态势，如图6-35所示。

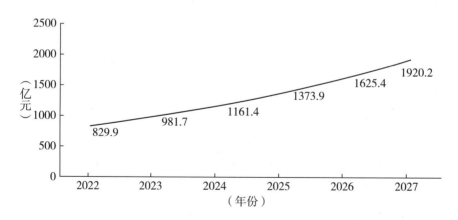

图6-35 中国智能物流装备行业市场规模预测

资料来源：https：//caifuhao. eastmoney. com/news/20240319093019141311870。

无人机是无人智能技术装备在应急物流中的主要应用，我们可从无人机市场来观察无人智能技术装备这个整体市场。全球无人机市场规模预测如图6-36所示，全球民用无人机市场规模预测如图6-37所示。

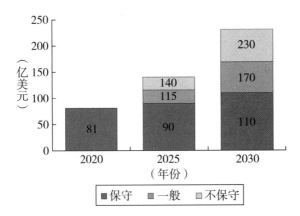

图 6-36　全球无人机市场规模预测

注：保守方案假定无人机支出占预算的百分比不会随着时间推移而增长；不保守方案假定有人机的使用加速减少，无人机支出占预算的比例每年增加 0.3%。

资料来源：《The Future of Drone Economy》（Levitate Capital，含预测），中信证券研究部。

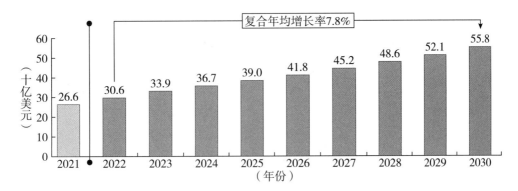

图 6-37　全球民用无人机市场规模预测

资料来源：李良、胡浩淼，《铸利剑，破长空——无人机行业系列报告之一》，中国银河证券研究院，2023 年 11 月 10 日。

通过预测，我们可以看出，不管是保守预测还是不保守预测，全球无人机市场都将越来越大，其中民用无人机市场复合年均增长率预计将达到 7.8%，而在民用无人机的增长中，尤其以亚洲、欧洲和北美洲市场增长更显突出。

除无人机外，无人车也将保持增长态势。面向城市末端配送的自动无人配送车，作为智能网联汽车"车路云一体化"的一项关键应用场景，不仅是物流"最后一公里"的解决方案，也是应急物流技术装备发展的基础。截至 2024 年 6 月底，全国逾 80 个城市开展了自动无人配送车的规模化部署，累计投入车辆超过 6000 台，按需求量乐观估计，2030 年我国自动配送车部署量有望超过 140 万台，整车累计总产值将超过 1400 亿元，服务收入超过 2500 亿元。

通过上述对中国智能物流装备行业市场、无人机市场、无人配送车市场的预测，我们可以得出以下结论：在未来几年，应急物流无人智能技术装备市场将保持高速增长。随着对灾害应对能力的重视程度不断提高，以及技术的不断成熟，市场规模有望以两位数的年增长率持续扩张。

（三）形成独立完整的产业链

应急物流无人智能技术装备的制造需要完整的工业体系支撑。应急物流无人智能技术装备的使用环境复杂多变，所以对可靠性、安全性和灵活性有较高要求，特别是目前功能要求愈发多样化，其研制也需要更先进复杂的科技工业体系支撑。应急物流无人智能技术装备产业链将在目前基础上逐步健全完善，形成上游设计开发、中游集成制造、下游应用的完整产业链体系。

应急物流无人智能技术装备产业是一个新兴的高科技产业，产业链链条长，主要由原材料供应商、系统设备供应商、系统集成商、运营服务商、终端用户等构成。应急物流无人智能技术装备的集成制造商（又称系统集成商）身处产业链核心位置，主导产业链竞争。系统集成商根据需求制定总体方案，包括装备结构、动力系统选型、控制系统设计以及各分系统之间的指标分配和接口关系，从顶层自上而下决定装备整体的性能指标，根据需要采购所需材料，完成最后的总装集成，主导产业链。

（四）相关政策法规进一步完善

政策法规的完善对于应急物流无人智能技术装备的发展至关重要。明确且合理的政策法规能够为这些技术装备赋予合法的地位，使其在应急救援中能够更加顺畅地投入使用。

1. 法律地位更加明确

清晰界定不同类型的应急物流无人智能技术装备，如无人机、无人配送车等，为其管理和应用提供明确的依据。同时，规定装备的技术指标、性能要求以及安全标准，确保投入使用的装备具备可靠的质量和安全性。

2. 灵活性更加凸显

在重大突发事件发生时，允许一定程度上突破常规的法规限制，快速调动和使用无人智能技术装备。逐步构建起一个灵活的体系，根据技术的发展和实际应用中出现的问题，及时修订和完善相关规定。

未来的政策法规应在赋予应急物流无人智能技术装备明确的法律地位的同时，保持足够的灵活性，以适应不断变化的应急救援需求和技术发展趋势。

（五）协同更为科学合理

1. 跨部门协同更加紧密

在跨区域应急事件中，应急物流无人智能技术装备的协同应用和资源调配至关重要。通过建立统一的指挥和调度平台，不同地区的装备能够实现信息共享和任务协同。例如，在地震等大规模灾害发生时，来自不同省份甚至不同国家的无人机、无人车和无人船能够在统一指挥下，迅速向受灾地区集结，分工合作完成物资运输、灾情监测和救援支持等任务。

2. 人机协同更加简便

随着新技术的发展，无人智能技术装备将进一步简化对操作人员的要求。首先是手势交互，手势交互是一种未来人机交互的重要趋势，目前在技术上还不成熟，特别是在精确度上存在着挑战。随着科技的发展和技术的进步，手势交互将变得更加简便。其次是脑机交互，近年来，科研人员在多个领域都运用到了 BCI（Brain Computer Interface，脑机接口技术）技术，科研人员运用该技术制作新型玩具、为残疾人制作义肢。可以预见，这一技术未来也将运用于应急物流无人智能技术装备。

3. 集群协同更加科学

智能无人集群系统指若干无人系统根据任务分工，在一定时间、空间内协同完成复杂任务的整体系统。通过构建智能无人集群系统，可以实现任务的自动分配、路径规划、避障等功能，降低人工干预成本，提升配送精准度和安全性。在应急物流领域，智能无人集群系统具有单个无人装备不可比拟的优势，应用前景广阔。

（六）应用场景将全方位拓展

新需求的出现，将推动新的应用场景的拓展。在特殊环境下，如极地、高山、深海等地区的应急物流应用将得到更多探索。针对极地的低温和恶劣气候，开发特制的保暖和防护装备，使无人智能技术装备能够在极端条件下正常工作。在高山地区，利用无人机进行快速物资投送和人员搜救。对于深海救援，研发能够承受高压和复杂水流的无人潜水装备，实现物资运输和信息传递。除此之外，城市内应急物流和跨区域应急物流应用场景也将得到拓展。

总之，应急物流无人智能技术装备的未来充满着广阔的发展前景和机遇，将为应对各类紧急情况提供更强大、高效和可靠的支持。

（作者：重庆机电职业技术大学　徐路明　重庆商务职业学院　姜大立）

参考文献

［1］刘贞. 基于无线传感器网络的机器人分布式导航方法研究［D］. 哈尔滨：哈尔滨工业大学，2009.

［2］任新惠，王佳瑞. 城市空中交通创新生态系统构建及运行机制［J］. 科技管理研究，2024，44（7）：18 - 26.

［3］闫建奎. 北京 Y 公司无人机产品营销策略研究［D］. 保定：河北大学，2023.

［4］周书婷. 千亿产业凌空起——工业无人机的奋飞之翼［J］. 产城，2022，（8）：8 - 11.

［5］王衡. 先进复合材料在军用固定翼飞机上的发展历程及前景展望［J］. 纤维复合材料，2014，31（4）：41 - 45.

［6］张鹏. 基于数据分析的宜宾电网输电线路无人机巡检应用研究［D］. 成都：电子科技大学，2020.

［7］方心如. 极飞科技工业级无人机专利布局研究［D］. 景德镇：景德镇陶瓷大学，2023.

［8］赵晨懿. 浅谈无人机的发展现状与技术支持［J］. 海峡科技与产业，2017（9）：133 - 135.

第三篇　创新成果

新冠疫情暴发后，党中央和习近平总书记果断决策部署，在坚决打赢疫情防控人民战争的背景下，应急物流遭遇了前所未有的严峻挑战和重大考验。3年来，物流全行业勠力同心、逆行鏖战应急物流战线，以生动的事迹和案例书写了无数应急物流保障的华彩篇章；广大专家学者围绕战"疫"应急物流保障，提出了许多有益的思考、见解和建议，掀起了应急物流学术研究的时代高潮！

本篇主要从"战'疫'应急物流保障论文和案例征集暨第十一届军事物流与应急物流研讨会优秀论文（案例）征集与评选活动"中评选出来的优秀论文以及第十届军事物流与应急物流研讨会优秀论文中，精选了未正式发表的高奖项获奖论文以及2位知名专家学者的研究成果，共15篇，分"应急物流体系建设""应急物流保障""应急物流发展与创新"三节予以汇编。择一"物流诗"以纪之：

打通最后一米

用什么打通，

这疫情的黑障？

用什么守护，

这疫情的民生？

用什么温暖，

这疫情的寒冬？

用什么融化，

这疫情的坚冰？

用什么点亮，

这疫后的黎明？

（编　者）

第七章 应急物流创新成果

第一节 应急物流体系建设

2022长三角疫情下应急物流体系建设启示

恽 绵

（北京德利得物流有限公司）

摘　要： 2022年春的长三角疫情，由于人员行动受限、物流受阻，对正常城市生产与生活产生了重大的影响。本文回顾了2006年开始的应急物流理论研究与国家相关标准的制定、上海应急预案的制定，探索了社会复杂系统下"状态解"应急方式解决民生与供应链短期紧急物流需求的可能。提出了自上而下建立应急物流体系、应急物流体系建设要重点解决"人"的流动问题、要建立与支持基层柔性应急物流组织发展机制的三点建议。

关键词： 应急；物流；体系

一、应急大考

2022年春的长三角从3月28日上海浦东静态管理起，迅速进入了静止状态。除了与新冠肺炎疫情转运相关的直接车辆外，其余全部社会车辆停止出行。物流相关人员以及居民等的出行均受限制，物流停摆。社会生活很快出现了物资匮乏的问题，原来无所不能的网购由于物流停滞几乎全面停摆，各级部门想办法解决的供应问题也由于物流问题停滞。一夜之间，自发的"团长"成了社区生活必需品采购自救的主力军，各显神通发掘出了各种各样的物流潜力，即时配送成了奢侈品，甚至无人机在小区内也成就了"小区航空物流"，社会面充分发挥了巨大的自愈能力和生存能力。虽然效率很低、成本很高，但也救了大部分市民的急。

而在上海和长三角地区的企业就没那么幸运了。由于供应链的专属性，物流运输和物流园区内相关作业的停摆很快会造成供应链停摆，尚能开工的企业只能靠存货维持，一旦人员行动受限或存货告罄，生产和交易只能停止，给经济带来的影响是长期和严峻的。那时物流企业最关注的是中国物流与采购联合会公路货运分会每天发布的"各地疫情防控货车通行最新政策汇总"。

面对新冠肺炎疫情，中国物流与采购联合会快速行动，通过多种途径向有关部门反映物流遇阻和卡车司机的窘境，贺登才副会长多次代表中国物流与采购联合会参加各部委会议反映情况、提出建议。2022年4月9日，交通运输部召开了物流保障协调工作机制会议，禁止在高速公路和服务区设监测点和随意关停服务区，统一通行证。4月11日，国务院要求切实做好货运物流保通保畅工作。4月19日，针对物流问题，国务院绝无仅有地成立了28个部委办参与的"物流保通保畅工作领导小组"并召开了第一次会议。这一切都说明了长三角地区的供应链物流问题已经严重到需要大力全面纠正的紧急时刻了。

二、应急物流回头看

在上海常规物流陷入停滞的一个月中，我们一直在探索和呼吁的应急物流表现如何。

早在2006年，王宗喜将军及徐东博士研究团队就分别发表了《推进应急物流建设的若干问题研究》《应急物流体系建设研究》，提出了应急物流组织体系结构模型如图7-1所示，并勾勒了应急物流中心的组建与管理模式，描绘了合理化的应急物流中心作业流程如图7-2所示。

2006年，中国物流与采购联合会应急物流专业委员会成立，到2019年，共组织了十届全国性的"军事（应急）物流研讨会"，共同研讨我国应急物流的建设与发展。通过在知网查询可知，截至2022年4月30日，主题词为"应急物流"的论文已经达到2000余篇。2020年3月6日，国家发展和改革委员会副秘书长高杲在国务院新闻发布会上表示，要吸取新冠肺炎疫情防控当中的教训，抓紧研究制定并加强我国应急物流体系建设的政策。物流企业也积极响应，北京德利得物流有限公司在2008年就成为北京军事、应急物流保障单位并取得了应急物流通行证。

国家标准化管理委员会下设的全国物流标准化技术委员会以及中国物流与采购联合会应急物流专业委员会也积极组织应急物流标准的研究与制定，部分国家标准和行

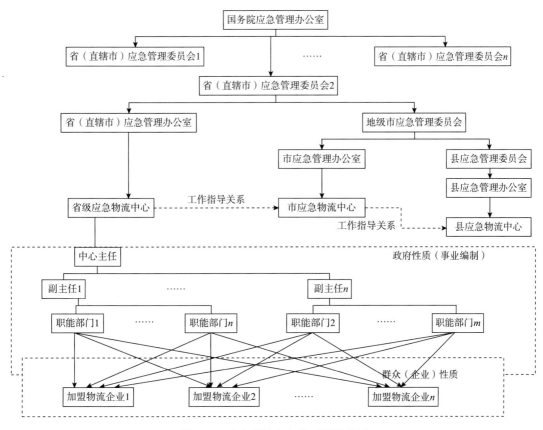

图 7 - 1　应急物流组织体系结构模型

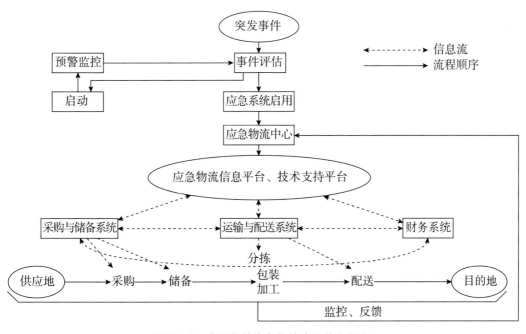

图 7 - 2　合理化的应急物流中心作业流程

业标准如表 7 - 1 所示。

表 7 - 1　　　　　　　　应急物流标准汇总（部分）

序号	名称	类别	编号
1	应急物资投送包装及标识	国家标准	GB/T 30676—2014
2	企业应急物流能力评估规范	国家标准	GB/T 30676—2014
3	应急物流服务成本构成与核算	行业标准	WB/T 1099—2018
4	应急物流数据交换通用要求	行业标准	WB/T 1114—2021
5	应急物流仓储设施设备配置规范	行业标准	WB/T 1072—2018
6	应急物流数据交换格式	行业标准	WB/T 1113—2021
7	应急物流基础信息分类与代码	行业标准	303 - 2019 - 007
8	应急物流公共数据模型	行业标准	303 - 2019 - 008
9	应急物流基础数据元	行业标准	303 - 2019 - 009
10	企业应急物流服务能力评估规范	行业标准	303 - 2019 - 014

资料来源：全国物流标准化技术委员会。

上海市也十分重视城市应急问题，2012 年就制定了《上海市突发公共卫生事件专项应急预案（2012 版）》，同时制定了多项公共应急预案，如《上海市突发公共事件医疗卫生救援应急预案（2006 版）》《上海市突发公共卫生事件专项应急预案（2012版）》《上海市流感大流行应急预案（2015 版）》《上海市处置突发药品安全事件应急预案（2015 版）》《上海市突发重大动物疫情专项应急预案（2015 版）》《上海市处置重大植物疫情应急预案（2016 版）》《上海市食品安全事故专项应急预案（2020 版）》。但和应急物流相关的所有研究、体系、预案在 2022 年春的长三角新冠疫情中都没有能够启动。

对应急物流而言，最大的遗憾是被"遗忘"。

三、为何被"遗忘"

从应急物流的企业、行业、政府三个主要社会参与方角度看，我们可以发现在这次新冠疫情中各方都在尽力。物流企业和卡车司机想尽一切办法突破重围，尽一切努力完成客户交给的物流任务；中国物流与采购联合会等行业协会以最快速度向各有关部门反映新冠肺炎疫情中遇到的各种严重阻碍物流畅通的实际问题并提出多项建议；政府特别是国家物流有关主管部门快速响应，国务院迅速成立了专项"物流保通保畅工作领导小组"，交通运输部紧急召开物流保障协调工作机制会议，快速下达交通运输部令，上海市商务委员会等政府主管部门克服重重困难建立物资中转站，尽一切努力让物流能够运转起来，基层干部夜以继日从事着并不了解的物流工作，力图保障居民生活……所有人都在尽力，结果却不好，为什么？

社会是一种复杂系统，在复杂系统中就有事物从线性向非线性发展的趋势，新冠肺炎疫情破坏了原生物流系统，就立刻带来一系列指数型暴发的负社会效应。这时最需要的是立即启动应急物流系统，替代原生物流系统进行应急状态下的运作，在"根本解"的目标下用"状态解"的应急方式解决民生与供应链最关键的短期紧急物流需求，才可以维持住社会生态能量的平衡，犹如干旱需要紧急人工灌溉一样。而此次长三角新冠肺炎疫情中，我们只看到物流企业和卡车司机势单力薄拼力抵抗，却看不到应急物流体系的作为，这是为什么呢？

应急物流已经提出了近二十年，国标、行标已经开始建立，学者进行了大量研究，企业积极参与，行业努力推进，近期刚公布的《中共中央 国务院关于加快建设全国统一大市场的意见》也明确了"加强应急物流体系建设"。在这样的情况下，为什么无法在最需要应急物流的时候提供支持？

究其原因，最主要的是在城市治理中对应急物流的"忽视"。正因为忽视，所以在很多应急预案中提及运输、物流的不多，使得在社会复杂生态系统中的物流应急预案与社会隔离。正因为忽视，所以社会一旦制动所有人的行动，立刻就使以人为核心的物流同时陷入停滞，所有应急物流预案无缘施展。

而被忽视的根本原因还在于社会对物流在经济与社会中基础性、支撑性的重要作用认识的不足。所以在城市化进程中物流园区被一刀切地越搬越远，城市物流配送半径越来越大，部分地区物流行业甚至进入负面清单，物流行业的社会地位与承担的社会责任不相匹配，物流企业的营商环境依然严峻。

四、应急物流破局

总结此次新冠肺炎疫情暴露的问题，应急物流的破局之路需要关注几个关键点。

（1）应急物流体系需要从上而下制定。过去应急物流的建设研讨主要集中在物流行业之内，圈内全面而完整，但偏偏缺少了在整个宏观应急事件下的社会位置，变成了一个应急物流孤岛，不能有效地发挥作用。此次应乘《中共中央 国务院关于加快建设全国统一大市场的意见》中明确"加强应急物流体系建设"的东风，主动将应急物流体系的建设与国家应急体系建设融合起来，以使其在未来不再被遗忘。

（2）应急物流体系建设要重点加强解决"人"的流动问题。过去应急物流体系建设重点在设施、物资、信息、网络、运营，而忽略了最基础的"人"。在未来的应急物流建设中，建议增加保证"人"的流动与对接的内容，同时"人"的流动应作为与上级应急体系的一级对接程序首先启动，以保证应急物流系统的正常启动与运作。

（3）应急物流要建立与支持基层柔性应急物流组织发展的机制。在此次上海新冠肺炎疫情封闭区域的民生供应中，自发的"团长"发挥了巨大的作用，他们利用原来的个人网络与关系体系，为小区域提供消费品团购服务，接驳了终端供应链与物流委托，零散的人员形成了即时配送力量，这些都是复杂系统中"动态流程"的体现。过去，我们的应急物流往往重视流程的规范、标准、系统的联通，试图将应急预设成同一体系的不同的场景而利用常规物流的思维组织应对。从此次的经验来看，需要采用更柔性的方法更好地发挥基层企业与个人的力量，建立应急物流中动态流程体系，融入应急物流体系中，才能更好地服务应急需求。

应急物流是一个永远的课题，需要我们吸收每一次的经验与教训，从而实现发展与成长。

（此篇文章发表于 2022 年第 2 期《物流研究》）

参考文献

［1］单媛，李红梅．加快打造长三角新型更具韧性的产业链［J］．宏观经济管理，2021（12）：57 - 62，70．

［2］佚名．上海市推动邮政快递行业有序恢复运营——近 1 万名快递小哥已在岗，执行核酸检测和抗原自测"2 + 2"模式［EB/OL］．（2022 - 04 - 22）［2022 - 05 - 03］．https：//www. spb. gov. cn/gjyzj/c100175/202204/1c6851c9d0454f678f7052e088128869. shtml.

［3］佚名．严惩"借疫生财"！市市场监管部门查办价格违法案件 402 起［EB/OL］．（2022 - 05 - 02）［2022 - 05 - 03］．http：//scjgj. sh. gov. cn/601/20220502/2c9bf2f6807bffe2018082ae50031c18. html.

［4］郑植文，李媛媛．配送费涨十倍，送一次收 500 元？上海市场监管局开出顶

格罚单 ［EB/OL］．（2022－03－31）［2022－05－03］．https：//www.thepaper.cn/newsDetail_forward_17393227.

［5］陈道银．风险社会的公共安全治理 ［J］．学术论坛，2007 （4）：44－47，174.

［6］范维澄．推进国家公共安全治理体系和治理能力现代化 ［J］．人民论坛，2020 （33）：23.

［7］薛澜，周玲，朱琴．风险治理：完善与提升国家公共安全管理的基石 ［J］．江苏社会科学，2008 （6）：7－11.

［8］颜烨．公共安全治理的理论范式评述与实践整合 ［J］．北京社会科学，2020 （1）：108－118.

［9］李继中，张爱忠，刘怡，等．基于大数据平台的军民两用基地化应急物流信息系统建设 ［J］．军事交通学院学报，2020，22 （11）：53－57.

［10］冯良清，陈倩，郭畅．应对突发公共卫生事件的“智慧塔”应急物流模式研究 ［J］．北京交通大学学报 （社会科学版），2021，20 （3）：123－130.

［11］何明珂．应急物流的成本损失无处不在 ［J］．中国物流与采购，2003 （23）：18－19.

［12］王宗喜．加强应急物流与军事物流研究刻不容缓 ［J］．中国物流与采购，2003 （23）：20.

［13］高东椰，刘新华．浅论应急物流 ［J］．中国物流与采购，2003 （23）：22－23.

［14］王旭坪，傅克俊，胡祥培．应急物流系统及其快速反应机制研究 ［J］．中国软科学，2005 （6）：127－131.

［15］王迪，刘伟华，米俊，等．韧性城市建设视域下的应急物流智慧化转型：系统架构设计及运行模式研究 ［J］．供应链管理，2021，2 （12）：99－114.

［16］冯春，于彧洋．军民融合式应急物流体系运行机制及模式研究 ［J］．交通运输工程与信息学报，2014，12 （4）：8－14.

［17］姜旭，郭祺昌，姜西雅，等．基于政府主导下BCM应急供应链体系研究——以我国新冠肺炎疫情下应急供应链为例 ［J］．中国软科学，2020 （11）：1－12.

［18］楼振凯．应急物流系统LRP的双层规划模型及算法 ［J］．中国管理科学，2017，25 （11）：151－157.

［19］吕婧，张衍晗，庄玉良．公共卫生危机下基于智慧物流的应急物流能力优化研究 ［J］．中国软科学，2020 （S1）：16－22.

［20］袁泉，涂义欢，李国旗．物流网络快速应对疫情的策略与体系设计［J］．城市交通，2021，19（2）：46－54．

［21］何黎明．不忘初心，砥砺前行，为建设物流强国而努力奋斗——在物流行业庆祝我国改革开放四十周年大会上的讲话［J］．中国物流与采购，2018（24）：12－17．

［22］国家邮政局．2019年度快递市场监管报告［EB/OL］．（2020－07－09）［2022－05－01］．https：//www.spb.gov.cn/gjyzj/c100009/c100010/202007/2524bd2553ed4c45970e19297559be78.shtml．

［23］佚名．安徽省邮政快递业应急救护总队成立［EB/OL］．（2020－06－22）［2022－05－01］．http：//ah.spb.gov.cn/ahsyzglj/c100057/c100060/202006/85c12cf3d8a64fe5949db57f126ff1d7.shtml．

［24］江再飞．2021年安徽省邮政快递业突发事件应急演练在阜阳成功举办［EB/OL］．（2021－07－20）［2022－05－01］．https：//jtys.fy.gov.cn/content/detail/60f69ad9886688852c8b4567.html．

［25］佚名．加快推进应急管理体系和能力现代化发布会［EB/OL］．（2021－11－08）［2022－05－01］．http：//www.scio.gov.cn/xwfbh/xwbfbh/wqfbh/44687/47382/index.htm．

［26］李永伟．应急物流体系在我国发展的对策分析［J］．中国储运，2022（6）：108－109．

［27］轩慧慧．重大疫情视角下应急物流体系建设及保障机制［J］．财富时代，2022（3）：156－158．

［28］闫森，齐金平，张儒．国内应急物流研究综述［J］．物流科技，2021，44（1）：73－77．

［29］魏耀聪，倪景玉，黄定政．加快构建政府主导的应急物流体系［J］．中国应急救援，2021（2）：36－40．

［30］顾峰，万玉龙．城市应急物流体系建设研究［J］．中小企业管理与科技，2021（18）：142－143．

［31］李先德，孙致陆，贾伟，等．新冠肺炎疫情对全球农产品市场与贸易的影响及对策建议［J］．农业经济问题，2020（8）：4－11．

［32］杨洋，邹明阳，谢国强，等．重大突发公共卫生事件下的供应链恢复机制［J］．管理学报，2020，17（10）：1433－1442．

［33］刘瑶，陈珊珊．新冠疫情对全球供应链的影响及中国应对——基于供给侧中

断与需求侧疲软双重叠加的视角 [J]．国际贸易，2020，462（6）：53－62.

[34] 林波，吴益兵．新冠疫情下企业业务中断风险探讨 [J]．会计之友，2020，642（18）：138－142.

[35] 陈金晓，陈剑．从优化到重塑——大变局中的供应链高质量发展 [J]．系统工程理论与实践，2022，42（3）：545－558.

[36] 肖文金．风险社会视角下突发疫情对生鲜农产品流通的影响及对策 [J]．经济与管理评论，2020，36（4）：25－33.

[37] DENG Y R，JIANG M Y，LING C．An improved diffusion model for supply chain emergency in uncertain environment [J]．Soft Computing，2020，24（9）：6385－6394.

[38] 庞燕．跨境电商环境下国际物流模式研究 [J]．中国流通经济，2015，29（10）：15－20.

[39] FREE C，HECIMOVIC A．Global supply chains after COVID－19：the end of the road for neoliberal globalisation？[J]．Accounting，Auditing & Accountability Journal，2021，34（1）：58－84.

[40] 李宁．新型冠状病毒肺炎疫情应急供应链协同管理研究 [J]．卫生经济研究，2020，37（4）：7－9.

[41] 张丽娟．2020 新议题：全球经济不确定性、全球化转型与国际合作治理 [J]．太平洋学报，2020，28（8）：1－11.

[42] KANNOTHRA C G，MANNING S，HAIGH S．How hybrids manage growth and social－business tensions in global supply chains：the case of impact sourcing [J]．Journal of Business Ethics，2018，148（2）：271－290.

[43] 李瑞，梁正．发展型网络国家何以跨越科技成果转化的"死亡之谷"——美国先进制造产业联盟解读 [J]．科技进步与对策，2021，38（23）：1－9.

[44] 凌六一，郭晓龙，胡中菊，等．基于随机产出与随机需求的农产品供应链风险共担合同 [J]．中国管理科学，2013，21（2）：50－57.

[45] 赵道致，原白云，徐春秋．低碳环境下供应链纵向减排合作的动态协调策略 [J]．管理工程学报，2016，30（1）：147－154.

[46] 郁建兴，吴昊岱，沈永东．在公共危机治理中反思行业协会商会作用——会员逻辑、影响逻辑与公共逻辑的多重视角分析 [J]．上海行政学院学报，2020，21（6）：32－38.

[47] 顾学明，林梦．全方位构建后疫情时期我国供应链安全保障体系 [J]．国际

经济合作, 2020, 405 （3）: 4 - 15.

　　［48］任保平. 后疫情时代中国经济高质量恢复性发展的战略重点与路径 ［J］.
学习与探索, 2020, 302 （9）: 100 - 104, 2.

　　［49］国家发展和改革委员会, 中国物流与采购联合会. 2021 年全国物流运行情况
通报 ［EB/OL］. （2022 - 02 - 09）［2022 - 05 - 02］. http: //www.chinawuliu.com.cn/
lhhzq/202202/09/570359.shtml.

　　［50］王宗喜, 路胜, 张志鹏, 等. 推进应急物流建设的若干问题研究 ［M］. //
丁俊发. 中国物流学术前沿报告 （2006—2007）. 北京: 中国物资出版社, 2006.

新时期重庆应急物流体系多元协同建设研究

张　军　桂明华　方　奎　苟　焰　林　萍　常建鹏

（重庆工商大学管理科学与工程学院

重庆市人民政府口岸和物流办公室多式联运处

重庆工商大学国际商学院

重庆品胜科技有限公司智慧物流研究院）

摘　要： 本文在全面系统总结重庆新冠疫情暴发以来相关应急物流保障工作经验教训的基础上，结合对应急物流体系建设的特性分析，提出新时期重庆应急物流体系多元协同建设具体措施，以全面提升重庆应急物流应对水平和应急物流保障能力，并为其他省市建立健全应急物流体系提供参考与借鉴。

关键词： 新时期；应急物流体系；多元协同

一、引言

应急物流是应对自然灾害、事故灾难、公共卫生和社会安全等突发性事件的物资需求而进行的实体流动过程，是以追求"时间效用最大化、灾害损失最小化"为目标的物流活动。应急物流体系如何在有限时间内高效、精准、安全地将应急救援需求物资送达到受灾地点，是政府综合管理水平和社会治理能力的直接体现。但是，2019年至今的新冠疫情防控期间，应急物流运作中出现的宏观调控不足、物流运作不畅、重点物资供应短缺、供应链断链的情况，造成了生命财产损失和社会负面影响。为此，迫切需要构建起一套完善的应急物流体系，切实提升应急物流救援效率，有效降低突发事件发生给社会和人民群众带来的各项损失。新冠疫情历时已近三年，肆虐全球、变异升级、势头不减。在疫情防控中，重庆市从官方到民间、从政府到企业，战"疫"应急物流体系经历考验，总结出许多成功经验和保障做法，然而应急物流体系仍需随时代变化而完善，新时期全市应急物流体系建设仍迫在眉睫。

二、疫情防控中重庆应急物流体系存在的主要问题

（一）政府职能部门多头管理，实效参差不齐

2020 年新冠疫情发生以来，重庆的应急物流体系建设的相关政府职责分别由市发展改革委、市口岸物流办、市应急管理局、市商务委、市交通局等政府职能部门分别管辖，目前还没有明确具体的牵头部门及协助部门，各个政府职能部门对应急物流体系建设的重视程度也各不相同，在具体应急物流运作中缺乏行之有效的沟通合作渠道，未能建立良性联合联动机制。一般都是某一重大自然灾害或公共卫生事件发生后，才紧急成立临时指挥部进行临时的统一指挥。因此，应急物流体系日常建设和管理实效显得参差不齐、效率低下。

（二）应急物流保障资源分散，难以统一调度

由于应急物流体系相关保障分属不同政府部门实行多头管理，每个职能部门对应急物流体系保障资源的具体管理都是分别从自身的政府职能视角进行管理。应急突发事件发生后，救灾和医疗防护物资需求缺口过大，许多物资供给跟不上。应急物流遭遇封城封路，救援物资无法及时送达，突发公共卫生事件发生后，除了指定交通工具外，大部分交通中断，这样导致周边地区物资无法进入救灾中心，卡在了中间的物流环节。救援物资来路太多，质量无法保证。应急救援时，各自为政的应急物流体系保障资源分散分布且相对独立，没有从整体上对应急物流体系保障资源进行整合与统一，使其在各类突发性应急救援中很难统筹管理及统一调度。

（三）应急物流保障信息静态，难以动态管控

目前，各个政府部门对各自的相关应急物流体系的保障物资及应急物流设施设备的管理，基本上都是静态管理或记账式管理，而且很多相关应急物流保障设施设备的信息都是过时的、不完整的或不准确的；对应急救援中很多特殊物资、特种物流救援设施设备以及特殊应急物流作业区（如无接触式物流作业区）几乎没有进行过完整的、系统的统计或没有准确的相关信息可查，使得在应急救援中很难及时、快速、动态地掌握相关信息并准确地进行管控与调拨。

（四）应急物流队伍尚不稳定，难以精准调度

重大突发事件发生后很难及时组建专业化应急物流团队。当前政府管理人员中物流专业出身或有物流相关背景的很少，无法做到专业指挥。紧急状态下，物流专家团队成员难以迅速确定，应急物流系统缺乏顶层设计。各类专业物流企业虽积极参与应急物资保障，起到了带头和表率作用，但仍存在大量社会物流资源闲置问题，亟待专门机构进行整合。重庆目前既没有建立规范的、专门的、稳定的应急物流保障队伍，也没有遴选出具有较强应急物流保障能力的核心物流企业和应急物流保障基地，缺乏对应急物流救援队伍、企业、基地等进行常规性演练、训练，更缺乏对其应急物流体系保障建设与发展的战略性培育与支持。

三、应急物流体系多元协同建设特性分析

（一）多元参与，协同合作

应急物流体系是在政府主导下，根据需要由多元主体共同构成、共同参与。多元主体既包括政府各职能部门，如应急管理、交通、物流等部门，也包括企事业单位，如社区街道、生产企业、运输企业等，还包括一些公益部门，如红十字会、志愿者团队、慈善组织等。这些多元主体的属性、类别和职能有较大的不同，而且还存在同级之间协同关系、上下级之间任务指派和执行等关系上的差异。为了保证突发事件应急物流的及时性，组织机制应具备协同合作典型特性；一方面，需要参与应急物流的各主体在目标一致的基础之上实现紧密合作；另一方面，还需要构建灵活高效的协同合作机制，以便在出现各种难以预料的情形下，各参与主体能迅速适应内外部环境变化，保证应急物流的及时性。

（二）通畅高效，技术先进

突发事件的发生给人民的正常生活和工作带来了巨大影响，使常规的物流通道受到各种主客观因素的干扰甚至遭到破坏。如新冠疫情事件中，为了防止疫情的快速蔓延，疫区往往采取部分或全域"封城"策略，这将导致疫区内应急物资生产企业由于原材料和人工缺乏无法正常开工，疫区外的供应物资由于设置的关卡较多、道路不通畅而难以及时送达，物资中转地点又由于处置能力匮乏导致大量物资滞留。因此，参

与应急物流运作的各主体还要充分考虑各种不确定情况，分析应急物流运输和应急物流配送过程中可能出现的瓶颈，进而及时动态优化应急物流配送网络体系，同时，还要积极采用先进的智慧物流软硬件技术以及利用直升机、无人机等智能物流配送工具，以保障对应急物流运行的准确追踪和及时送达。

（三）信息精确，管控全局

为了保证对突发事件的及时响应与应急物流保供的精准管控，掌握准确的应急物流供需信息非常重要，这需要应急物流体系建立高效的信息传递和交互机制，保证应急物流供应和需求信息的透明化、实时化、动态化，避免出现信息不对称而导致的供需不匹配。在对信息进行精准把握的基础之上，应急物流体系还需要具备对应急物流管控的微观层面和宏观层面的全局把握。一方面，应急物流体系及其组织能够了解从应急物资的供应端到需求端的应急物流全网络体系结构，实时掌握整个应急保障体系供需匹配情况；另一方面，应急物流体系及其组织应具备对突发事件从发生、发展到结束的总体情况进行全局判断的能力，及时对应急物流体系的供应能力进行调整，并有效协调和管理需求。

（四）决策精准，智能调度

应急物流运作决策包括应急物流网络构建，以及应急物资采购、应急物资库存与运输配送、交付等决策。需要在全面和精准了解应急物流全过程的相关需求信息、供应信息、运输信息和中转信息等基础之上，考虑信息的时变特点和对未来灾情、疫情情形判断的误差等，考虑供需之间的时空差异性，采用先进的优化理论与方法，从实现人道主义救援和避免不必要浪费的多目标导向下，实现应急物流决策的精准性。同时，分析突发事件发生和发展过程中应急物流供需的时空变化以及外界环境的多方变化，在实现不同时间截面精准决策的同时，在纵向时间维度上实现应急物流供应的动态智能调度，以保证应急物流的全过程物流运作优化的精准性。

四、新时期重庆应急物流体系多元协同建设措施

（一）完善应急物流组织体系建设，确保应急物流协同指挥

建立全市统一的应急物流组织体系领导小组和工作办公室，确立明确统一的应急

物流体系主管部门来主导全市应急物流体系建设与常规运行中的相关工作，建立健全分类管理、分级负责、条块结合、属地为主的指挥调度工作机制，强化部门间信息共享和沟通会商，对全市应急物流体系的相关资源进行整合、优化及建设，建立系统完整的应急物流体系常规运行、常规演练及战时指挥等机制。搭建全市应急物流协同指挥平台，完善应急物流大数据、应急预警、指挥调度、通行审核、应急监测、信息发布等功能，提高应急物流运输、配送和分发的调度管控水平。加强军队物流、地方应急物流和企业物流的统一指挥、协同合作，实现应急物流的高效运行。

（二）加强应急物流基础设施改造，促进应急物流设施协同运行

系统梳理以铁路、长江水运、高速公路、国省道为主的通达城市外部的应急物流运输通道和以城市快速路、主干路、次干路为主的城市内部的应急物流骨干物流通道清单，加强这些应急物流通道在紧急条件下物流运输能力改（扩）建。系统梳理以团结村集装箱中心站、果园港、江北机场等铁路、水路、航空、公路应急物流运输枢纽节点及其后备应急物流节点清单，以及强化这些应急物流枢纽节点的应急物流中转和集疏运能力改（扩）建。发挥不同运输方式规模、速度、覆盖优势，梳理承担全市应急物流供应、物流中转的重点运力，根据各类突发事件应急物流保障需求，建立应急物流保障重点道路货运、铁路、民航、水路、邮政、快递运力清单。做好应对物流中断的预案，推动铁路快运、航运快线、公路转运、货运包机等多元替代，确保异常情况下应急物流设施协同运行。

（三）优化应急供应链保供体系，保障应急物资协同调度

应急供应链保供体系不仅是应急物资储备，而且包含应急物资采购、应急物资生产以及应急物流运输、储存、配送、交付等全链条全流程保障体系。应急物资的生产组织受上下游企业影响很大，还需要从全局、全流程对应急供应链体系进行优化组织和设计，避免因传统物流环节而出现割裂现象。对应急物资进行分类管理，监控库存数量，保证物资存放结构合理化，保证库存安全，应急物资储备使用政府和市场相结合的方式，充分发挥多方力量，对市场信息进行及时掌握，避免物价上涨或供给不足现象的出现，形成动态储存机制。同时，还需结合全市重点商贸物流、国际物流和跨境电商企业的海外国际物流通道、海外国际物流集货枢纽节点、海外仓、边境通关口岸等的布局建设及其后备物流设施的建设，确保国际物流与国际供应链协同畅通。

（四）构建专门应急物流信息平台，实现应急信息协同共享

要基于平战结合的思想而未雨绸缪，在常态下建立技术先进、链接充分的应急物流信息平台，将突发事件分形应急物流管理体系可能需要的各个任务信息储存到信息系统中，明确各个任务的能力、位置等信息，并动态更新这些信息。同时，该信息平台必须配备符合突发事件分形应急物流管理体系要求的信息传送和共享机制，实现信息的快速和准确传送及获取。在应急物资流通过程中，还可利用地理信息系统、卫星定位系统、数据传输等相关技术，实时反馈和处理各种信息，以便有异常状况发生时可作出动态调整。

（五）建立专业应急物流保障队伍，确保应急救援协同响应

应急物流是特殊性的专业化物流行为，它的效率是非常关键的，政府部门应该建立专门的应急物流保障队伍，使用先进的信息化管理手段，对应急物流响应过程进行全程的跟踪调度。对应急物流人才进行招聘时，注重人员的专业化水平和职业素养。强化应急物流保障队伍的专业培训和综合实战演练，系统设计培训内容和演练标准，建立应急物流培训演练机制，提升应急物流资源统筹调用能力。支持引导各级党组织、党员干部、志愿者等多方有序参与突发事件应急物流处置，明确各方责任义务和动员标准规则。支持行业协会及应急物流骨干企业共同建立应急物流联盟，开展行业培训、资格认定和三方评估工作。

五、结语

自新冠疫情暴发以来，疫情防控形势依然严峻，党中央高度重视国家应急物流体系建设，强调要健全统一的应急物流体系，把应急物流保通保畅作为国家应急管理体系建设的核心内容之一，要按照集中管理、统一调度、平时服务、灾时应急、采储结合、节约高效的原则尽快健全应急物流相关工作机制。本文以重庆市为例，在全面总结重庆应对新冠疫情应急物流保障工作经验做法和利弊得失的基础上，探讨新时期重庆应急物流体系多元协同建设措施，全面提高重庆应急物流应对水平，充分发挥示范引领作用，为其他省区市建立健全应急物流体系建设提供一定的参考与借鉴。

参考文献

［1］余家祥，索馨，王勋等．多方协同城市应急物流体系建设的武汉实践［J］．综合运输，2022，44（4）：111－115．

［2］顾峰．后疫情时代城市应急物流设施体系完善的思考［J］．中小企业管理与科技（下旬刊），2021（7）：108－109．

［3］于春艳．新冠疫情后应急物流体系构建再思考［J］．武汉船舶职业技术学院学报，2020，19（2）：59－61．

［4］赵秋红．重特大突发事件分形应急物流管理体系建设及其保障机制［J］．江淮论坛，2020（4）：13－20，27．

［5］熊笑坤，康广，王燕．基于协同运作机制的应急物流体系建设［J］．物流技术，2015，34（6）：152－154．

［6］吴磊明，张文斌，龙绵伟，等．从疫情防控看强化应急物流体系建设的战略路径［J］．军事交通学院学报，2020，22（5）：52－56．

［7］魏耀聪，倪景玉，黄定政．加快构建政府主导的应急物流体系［J］．中国应急救援，2021（2）：36－40．

［8］魏新军．供应链视角下应急物流体系建设研究［J］．中国物流与采购，2022（7）：106－108．

国家医药物资储备体系优化策略研究

张　立　吴　涵　李　宁　刘　军　张　恒　尹秋霜

（重庆财经学院　重庆市卫生与健康委员会　重庆交通大学）

摘　要：随着新冠疫情的暴发与持续蔓延，应急医药物资保障再次成为关注焦点。国家医药物资储备体系作为重大突发疫情医药物资保障的"第一梯队"，需要从应急医药供应链整体视角对其进行统筹优化。文章以该体系为研究对象，分析其在物资保障中的主要问题，结合应急供应链优化理论，提出了疫情防控医药物资保障三层模型，建立了国家医药物资储备优化框架，讨论了该优化框架下的定量优化问题，并针对该体系改革提出了五点政策建议。

关键词：新冠疫情；国家医药物资储备制度；应急供应链；应急医药物资保障；优化策略

一、引言

党的二十大报告提出，推进健康中国建设，把保障人民健康放在优先发展的战略位置，始终践行人民至上与生命至上。后疫情时代，新冠疫情与防疫攻坚战还在持续，国家医药物资储备体系还在饱受压力，回溯 2019 年 12 月新冠疫情初期到 2020 年 2 月新冠疫情暴发，确诊及疑似病例迅速攀升，湖北全境封城，全国防控一级响应，防疫攻坚战任务艰巨。医药物资应急保障作为打赢本次防疫攻坚战的后勤基础，在疫情暴发初期，随着不确定突发性需求爆炸式增长，叠加春节因素带来的人力资源紧张，面临极大挑战。一时间，口罩告急、防护服告急、护目镜告急、病毒诊断试剂告急、抗病毒类药品告急、消炎类药品告急、消毒类药品告急，疫情防控医药物资全线告急，应急医药物资保障体制机制面临极大挑战。

国家医药物资储备体系作为应急医药物资保障的基础，虽在 2003 "非典"疫情、2009 年甲型 H1N1 疫情、2013—2017 年 H7N9 疫情等大灾大疫前起到了重大作用，但在本次新冠疫情暴发的初期，其整体运作依然表现出一定程度的不匹配。以防疫物资为例，据上海市卫健委消息：截至 2022 年 4 月 16 日，上海市本轮疫情已累计确诊新冠病例 18874 例，无症状感染者 311580 名。生活及防疫物资供应不足，据不完全统计，从上海浦东浦西相继进入封控管理阶段至 4 月 15 日，捐赠食品物资已达 1.1 万吨，防护物资超过 100 万件。由此可见，作为疫情防控的"先头部队"，国家医药物资应急储备体系还不足以高效支撑像本次新冠疫情这类特大疫情与持续性疫情的考验，亟须进行改革。

因此，在举国防控新冠疫情的背景下，研究国家医药物资应急储备体系的完善与优化显得尤为重要，它既是当前疫情灾难应急响应中的"痛点"，也是关系国家应急治理能力体系建设的重大问题。

二、当前国家医药物资储备制度的现状

当前我国国家医药物资应急储备体系构建的主要依据为《国务院关于改革和加强医药储备管理工作的通知》《国家医药储备资金财务管理办法》《国家医药储备管理办法》等核心文件，并在 2003 年《突发公共卫生事件应急条例》、2004 年《中华人民共和国传染病防治法》、2007 年《中华人民共和国突发事件应对法》、2015 年《中华人民共和国药品管理法》、2016 年《国家突发公共事件总体应急预案》、2019 年《中华人民共和国基本医疗卫生与健康促进法》等法律法规中进行了强调与增补。

根据上述核心文件的内容整理，可明确当前国家医药物资储备制度运作的基本情况：为加强医药（包括药品、医疗器械）储备管理，确保发生灾情、疫情及突发事故时药品、医疗器械的及时有效供应，按照品种控制、总量平衡、动态管理、有偿调用的原则进行储备；建立中央与地方（省、自治区、直辖市）两级医药储备制度，实行统一领导、分级负责的管理体制；采用企业实物代储与资金储备两种物资储备模式，其中实物储备不能低于 70%；按照"中央医药储备主要负责储备重大灾情、疫情及重大突发事故和战略储备所需的特种药品、专项药品及医疗器械；地方医药储备主要负责储备地区性或一般灾情、疫情及突发事故和地方常见病防治所需的药品和医疗器械"的原则，在经费额度的约束下，由国家和地方两级管理部门分别制定各自的医药物资储备计划，并根据现有的防疫重点、物资结构以及消耗趋势动态确定储备规模。

三、当前国家医药物资储备体系的主要问题及原因分析

虽然国家医药物资储备制度比较完善，但整个制度体系比较陈旧，不完全匹配当前国民经济的发展与疫情特征的变化；从疫情防控物资保障实际应用效果上看，依然存在明显短板，主要表现在物资储备结构、物资储备模式、物资储备层级、物资储备协同、物资储备效益五个主要方面。

（一）物资储备结构分散，需求匹配程度不够

物资储备结构主要指物资储备的品种与规模，是医药物资储备体系的基础。相关文献认为，中央医药物资储备规模较大，地方医药物资储备初步形成，但是，各级医药物资储备目录还相对陈旧，医药物资结构互补性还较差，重大疫情防护物资储备数量存在明显短板，依然存在"散而全"的特点。从本次疫情防控情况看，基层物资储备依然难以满足需求；医疗防护用品，如防护服、医用口罩、防菌脚手套等，自"非典"疫情时就已呈现极度短缺，如今在储备数量上依然不足。

问题主要原因在于：首先，对疫情所需物资的预测不足，对大疫所需的防护类、检测类物资需求估计不充分；其次，医药物资储备目录相对陈旧，医药物资结构性、标准化配置困难；最后，代储企业70%的实物储备弹性以及"动态库存"的窗口期，实际上也造成了医药物资储备一定程度上不能严格"对标对表"。

（二）物资储备模式单一，持续保障能力不足

当前我国的医药物资储备模式主要是企业实物代储与资金储备两种，从本次新冠疫情应急保障的表现看，该两种储备模式并没有完全起到预期效果。在疫情暴发初期，实物储备的医药物资很快消耗殆尽。依据2020年1月25日报道，中央医药储备向武汉紧急调配了防护服1.4万件、医用手套11万双，但无法缓解防护物资供应紧张的状况；在国家统一调配下，各地物资支援武汉，但武汉物资依旧短缺，各地防疫物资供应也自身难保。考察资金储备模式，在重大疫情面前国家专项调拨资金，但疫情防控医药物资往往有价无市，因此作用也不明显。

上述问题形成的原因主要是时效性、持续性、经济性的平衡问题。实物储备的最大优势是时效性，它是最快最稳的物资供应渠道；受储备总体资金的限制，实物储备只能充当第一梯队的"战疫队员"，难以满足持续作战要求；而疫情防控医药物资保障

的持续性则是"战"疫的关键，"仗打起来了才去工厂找子弹"的情况要尽量避免。因此，必须在有限经费的条件下，增加生产力储备、合同储备等多种储备模式，从疫情防控全周期保障的角度去考虑不同储备模式之间的比例与效益对应急医药物资保障持续性的作用。

（三）物资储备层级扁平，物资调用效率不高

该问题主要体现在供需两侧节点距离太长。按照当前储备层级与代储模式，中央、地方设立两级管理部门，医药物资由代储企业储备。也就是说，医院发生疫情防控医药物资短缺时，首先向本地卫健委申请，其次由卫健委经人民政府授权后向本地物资储备管理部门申请，再次由该部门协调物资代储企业调拨物资，最后才由相关企业发送物资给医院。整个物资储备层级过于扁平，作为防疫需求端的各级医疗机构、居民社区与作为防疫储备端的各大代储医药企业之间横亘着复杂的行政审批流程，在应对新冠肺炎这种重大突发疫情时，其应急效率难以匹配需求。

问题的主要原因在于：中央、地方两级物资储备层级过于扁平，医药物资调用战线过长。首先，当前制度下，对地方级物资储备体系没有进一步的明确规范，部分区县防疫中心应急医药物资储备不到位；其次，没有将一线医院的储备纳入整体储备体系中，暂无合法机制保障代储企业与一线医院在应急时直接对接等，使得防疫储备医药物资调用战线过长，阻碍了应急效率。

（四）物资储备协同不够，组织指挥联动不好

从本次新冠疫情防控来看，中央储备与地方储备之间、地方储备彼此之间，还存在着协同联动不够的问题。首先在组织指挥体制上，中央防疫医药物资储备由工信部负责，卫健委、食药监与财政部配合；地方防疫医药物资储备管理则分散在不同部门，有的省是工信厅、经信委、发展改革委等，有的省是药监局、应急局等，中央与地方储备部门之间存在管理体制错位，不同地方储备呈现"各管一段"的态势，导致防疫医药物资储备职能的分散化，在储备药品目录制定、储备点选择、药品调用等流程中的协同不够。其次是信息化、智慧化管控能力不足，当前工信部虽已投入使用疫情防控国家重点医疗物资保障调度平台，但各级应急医药物资储备的信息融合与智能决策还需进一步完善。

协同不足的主要原因在于组织指挥体制的条块分割与信息管理的不畅通不完备，一方面，医药储备的各级管理体制有待进一步优化，突出集中管理的部门与职能，尤

其是在中央与地方之间以及相同层级的地方储备管理部门之间，减少协调代价，避免体制上的条块分割；另一方面，将大数据分析与智能决策支持融入常规管理信息系统之中也是国家医药物资储备可视化、智能化、精确化的关键。

（五）物资储备效益有限，代储物资动力不够

当前中央和地方的储备医药物资实物储备主要采用企业代储模式，国家或地方财政划拨专项资金，国家和地方医药储备管理部门会商同级财政进行代储招标；中标的代储企业根据物资储备计划进行医药物资采购储备，其库存总量不得低于计划总量的70%。但是，在储备物资与资金运作方面，代储企业普遍感到困难。首先，维持"动态库存"困难。企业要不断按计划购买、补充需要储备的药械，又要在药品失效前将其卖出。动态库存非常复杂：如果药品过期了，代储企业要自行承担损失；一旦遇到疫情，代储企业须高价购进药械；疫情解除后可能损失巨大；其次，事后结算补偿困难。应急状态下调拨药品采用有偿调用、事后结算机制，但执行困难，严重影响代储企业积极性。相关文献举例，2009年调拨H1N1甲流疫苗2600万人份调运至153处指定配送点，涉及全国31家省疾控中心等单位，但是疫苗资金追讨困难，4年沟通后尚余9094万元无法回笼，占调用药品总额的15.24%。最后，地方储备物资落实困难。相关文献介绍了2017年对某省级疾控中心的代储物资储备调查情况，发现现有符合要求的应急医药物资储备齐全率仅为49%。

上述问题的主要原因在于政府监管职能未落实、企业激励互动机制不到位。首先，各级管理部门需要建立更为有效的代储企业的遴选与绩效管理机制，加强监管力度，切实保障储备物资按计划品类与数量进行储存；同时，也必须充分重视市场经济对代储企业的影响，优化代储的激励机制与应急保障后的事后补偿机制，进一步调动代储企业的积极性，切实保障代储企业的合法利益，做到权责利的统一。

四、应急供应链视角下的国家医药物资储备优化策略

当前国家医药物资储备体系存在的问题既涉及定量优化研究又涉及体制机制研究，更多是两者的综合。譬如，物资储备模式的协同、物资储备的品种规模、物资储备的信息集成、物资储备的动态更新等属于科学技术方面问题；而物资储备的层级划分、物资储备的分级管理、物资储备的模式选择、物资储备的监督管理等则属于体制机制方面的问题，因此，需要结合定量与定性的视角综合讨论国家医药物资储备优化策略

与政策建议，得出可行的改革路径。

应急供应链及其相关理论为医药物资储备的定量研究提供了一种系统化的视角。应急供应链是由各级政府灾难应急组织指挥机构主导的，涉及不同类型实体成员的，融合商流、物流、资金流、信息流控制的功能性网络结构，它反映了从应急物资保障源头单位开始的，经由应急物资生产、筹措、运输、储备、包装、集散、配送等保障环节，并最终将应急物资交付保障对象的整个过程。应急供应链被认为是应急物资快速、足量保障的核心理论模型，得到了学术界的关注，同时也在多次灾难应急物资保障实践中得以证明。因此，将防疫医药物资储备纳入应急供应链中研究，以供应链的畅通、高效、持续为目标去讨论防疫医药物资储备优化问题，是一种全局的、系统的研究视角。

（一）基于医药供应链的疫情防控应急医药物资保障三层概念模型

梳理国家医药物资储备体系在整个应急医药物资保障中的地位。在防控重大突发疫情的过程中，国家医药物资储备体系作为主要的医药物资供应基础，参与整个应急供应链运作过程中，形成了疫情防控应急医药物资保障三层概念模型，如图7-3所示。

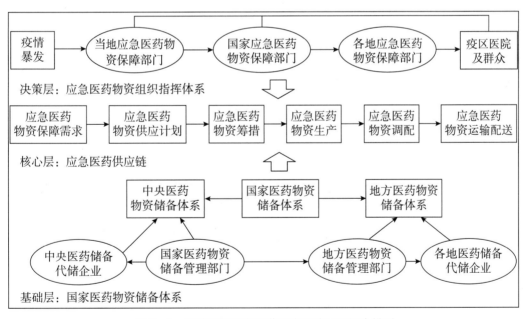

图7-3　疫情防控应急医药物资保障三层概念模型

该概念模型的顶层为应急医药物资组织指挥体系。一旦疫情发生，按照属地管理原则首先通报所在地疫情防控管理部门，根据疫情规模及发展态势，确定其应急医药物资保障是由本地保障或是国家、地方协同保障；核心层是应急医药供应链。疫情暴发的规模态势产生应急医药物资保障需求，相关医药物资保障部门根据需求制订保障计划，根据保障计划进行物资筹措，监督激励企业进行应急生产，然后合理调配物资，通过多种运输配送方式送至疫区保障点；基础层是国家医药物资储备体系，根据应急医药物资保障指挥机构的指令计划，安排中央储备、地方储备调拨物资供应疫区，同时，也对筹措或生产的剩余医药物资进行收储，是疫情防控医药物资供应的"第一梯队"。

（二）应急供应链视角下的国家医药物资储备优化框架

物资储备作为支撑应急供应链运转的重要环节，为应急供应链的畅通提供了一种弹性缓冲机制；同时，物资储备也受到供应链中需求侧与供给侧的双重作用，并在应急条件下所要求的物资保障最短反应时间、尽可能大的保障满意度、尽可能低的成本费用等多目标作用下达到一种动态的帕累托最优。为此，建立应急供应链视角下的国家医药物资储备体系优化框架，如图7-4所示。

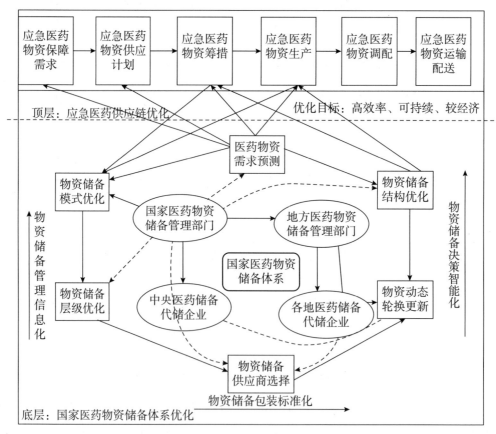

图7-4 应急供应链视角下的国家医药物资储备体系优化框架

框架的顶层是应急医药供应链优化，其优化的基础是供应链的畅通，优化目标是供应链的高效、持续与弱经济性；框架的底层是国家医药物资储备体系优化，它包含了医药物资需求预测、物资储备模式优化、物资储备层级优化、物资储备结构优化、物资储备供应商选择、物资动态轮换更新等优化模块，由构成国家医药物资储备体系的国家、地方医药物资储备管理部门以及代储企业协同或独立进行优化实施；从两个层次间关系分析，由于应急物资储备是应急供应链优化的基础，因此可以将应急物资储备的优化模块放在应急供应链视角下进行优化设计，譬如，医药物资需求预测决定着应急医药保障需求与应急医药物资计划，同时它也是应急医药物资筹措与应急医药物资生产的依据；再如，应急医药物资储备模式是确定实物储备模式与合同储备模式、生产力储备模式之间的比例，而优化的依据就是应急医药供应链效率与持续性需求。最后，通过医药物资储备包装标准化、医药物资储备管理信息化、医药物资储备决策智能化等技术手段共同实现医药物资储备目标，做到疫情需求精确可知、储备医药可视掌控、应急保障快速持续、疫情防控及时有效。

（三）国家医药物资储备改革中的定量问题及求解策略

1. 医药物资需求预测问题

医药物资需求预测是国家医药物资储备体系构建的前提，通过精确的需求预测可以解决"储多少"的问题。可利用大数据技术，依据"非典"、H1N1、H7N9 以及新冠疫情的传播曲线取均值预测并建立重大突发疫情分类型人口数量回归模型，根据该回归模型建立应急医药物资的消耗模型，作为防疫医药物资储备总体规模与总体资金设定的依据。可参考的优化步骤：一是运用足够量的疫情发展数据样本进行回归模型的训练，准确建立疫情确诊人口演化模型；二是运用足够量的疫情发展数据样本确立确诊病例与高危接触群体、普通防护群体之间的关系，建立疫情分类人口演化模型；三是按照不同类型人口的不同需求设定疫情防护医药物品、疫情检验免疫医药物品、疫情治疗医药物品以及疫情消杀医药物品的标准化配置与基数。

2. 医药物资储备模式优化问题

物资储备模式是指物资储备的形式，用以解决"怎么储"的问题。当前我国医药物资主要以实物储备与资金储备为基础，为保持应急供应链的持续畅通，有必要增加生产力储备、合同储备等多种储备模式。因此，需要在确定的储备总体规模、总体经费约束下研究不同储备模式的占比问题。该问题优化求解可参考步骤：一是量化应急供应链的效益目标，即快速、持久；设定储备物资的总体规模、总体资金约束；二是确定实物储备、合同储备、生产力储备等不同模式下各自物资保障最短启动时间及需维持时间；设定实物储备、合同储备、生产力储备等不同模式各自的运作代价；三是运用多目标优化模型求解得到不同储备模式所占资金比例。

3. 医药物资储备结构优化问题

医药物资储备结构主要指物资品种以及各品种规格规模，重点解决"储哪些"的问题。总体上讲，医药物资储备结构遵循"需求牵引、品类齐全、规模适度"的原则，结合中央储备与地方储备的不同侧重点进行品类与规模的设计。医药物资储备结构优化可以采用两阶段优化的策略，第一阶段确定物资的品类，第二阶段优化各品种规格储备的数量。主要步骤：一是利用大数据分析的方法，结合包括本次疫情在内的历次主要疫情医药物资使用数据，建立数据仓库，利用聚类算法得到物资使用频次的划分；参考当前使用的防疫医药物资储备目录以及特种、稀缺医药物资的储备需求，确定物资的品类规格；二是利用数值计算方法，以医药物资需求预测为依据，结合防疫医药物资标准化配置、基数以及不同种类疫情对医药物资的各自需求，确定各品种规格物资的储备数量。

4. 医药物资储备层级优化问题

医药物资储备层级优化主要指物资实物储备网络的优化分布，用以解决"储哪里"的问题。当前医药物资实物储备主要是中央与地方两个层级，采用企业代储方式，但正如前文所分析，当前储备层级存在着供需双方不能直接对接，地方储备体系不明确等问题，需要进行进一步优化研究。该问题可采用多目标优化方法，在整体资金成本的约束下，以整个供应点到需求点的供应效率最大化为目标进行求解。可参考的优化求解步骤：一是增加医院节点，确定以中央、省市、区县的代储企业及医院为供应点，确定省市、区县的医院、社区为需求点，构建应急医药物资储备供应保障网络；二是设定不同层级节点物资储备的代价以及从供应点到需求点的物资调运代价；三是在储备资金总额、物资需求点需求量的约束下，以时间效益最大化为目标，求不同层级网络节点的布局形式。

5. 医药物资储备供应商选择问题

医药物资储备供应商选择泛指医药物资实物储备代储企业选择、合同储备供应商选择、生产力储备供应商选择等，用以解决"给谁储"的问题。当前主要通过招投标的方式进行供应商选择，但是，应急条件下的供应商选择不仅仅考虑价格成本，还需要考虑企业能力、过往绩效、忠诚度、信任度等条件与心智因素，以及每种因素的各自权值，从而进一步优化招投标机制。因此，结合供应商的供应价格、供应商的能力匹配以及招标方对供应商的信任度、忠诚度、积极度、风险承受度、繁忙度等心智因素进行综合评价，建立一种招投标预撮合模型，有利于确保供应商选择的科学性，提高物资代储的整体水平。

6. 医药物资动态轮换更新问题

由于当前物资主要以代储的方式储备在医药企业中，因此医药物资储备动态轮换主要是企业的内部决策需求，但是，轮换更新时机不恰当也会给企业带来较大损失，影响企业代储的积极性。当前代储企业医药物资轮换更新的动力主要来自市场的价格波动与医药物资使用期限，对于企业的约束则是合同规定的储备品种与数量。企业在卖出与购进之间往往存在窗口期，一旦控制不好，一方面会影响企业物资储备效益，另一方面会影响物资储备数量规模的落实。如何优化医药物资的轮换更新，作为代储企业，可以以物资储备轮换更新收益价格以及储备满意度作为轮换更新模型的优化目标，以物资使用期限与物资空窗期作为轮换更新模型的限定条件；作为医药物资管理部门，可以研究企业轮换更新的时机与动力变化趋势模型，以储备物资质量数量保障为目标，根据企业在不同阶段的轮换更新动机确定是否选择不同的奖惩措施。

五、国家医药物资储备体系改革的建议

受国民经济发展以及疫情态势变化的影响，国家医药物资储备体系建设是一个动态过程，需要不断优化完善。当前阶段，针对新冠疫情防控国家医药物资储备体系所出现的五大问题，本文提出以下改革建议。

（一）适度提高专项资金模式，动态更新防疫医药储备结构

适度提高医药物资储备专项资金规模，将银行贷款纳入专项资金组成，根据国民经济状况、国际国内市场变化等因素建立专项资金的增量机制；对在储物资的品种、数量进行全面的清理摸排，利用防疫医药物资需求消耗的历史数据进行大数据需求预测，量化中央、地方的分级储备界限，突出中央与地方层级各自储备重点，优化防疫医药物资储备的结构与规模，重新审定国家防疫医药物资储备品种、规模、布局，增加疫情防护用品标准化配置储备，适度增加特殊疫情检测试剂与疫苗的储备，建立储备物资目录动态更新机制。

（二）合理增加新型储备模式，提高防疫医药持续保障能力

增加生产力储备模式以保障持续供应能力，对于生产力储备企业的遴选不仅应该

从资质与业绩角度，还要从为政府服务的绩效、供应链的畅通性等维度进行综合评价；增加合同储备模式以提高物资筹措能力，遴选国际国内防疫医药物资供应商，制定应急情况下快速平价供货合同，形成敏捷物资筹措供应链；降低实物储备与资金储备比例，建议现阶段储备资金占比为：实物储备 60%、生产力储备 20%、资金储备 10%、合同储备 10%。

（三）增补医疗机构储备层级，提高防疫医药应急效率

将国家卫生健康委部属医院纳入中央级防疫医药物资储备体系，将其他三甲公立医院纳入所属地防疫医药物资储备体系。分别设定中央、地方层级医院防疫医药物资储备经费的上下限，按照财政专项经费与自筹经费1∶1配套，财政专项经费对应的防疫医药储备由医院申报计划，对应层级的防疫医药物资管理部门核批计划，由指定的代储企业以实物储备的方式储备，医院可以直接有偿调用对应的代储企业为医院储备的防疫医药物资；自筹经费部分由医院自行确定储备的品种数量并自行储备。

（四）强化集中分级领导机制，逐步实现大数据智能化管理

强化工信部负责国家防疫医药物资储备体系构建的组织职能，明确地方（省、自治区、直辖市）防疫医药物资储备的组织与协调部门由工信部直属的地方主管部门负责（工信厅、工信局、经信厅、经信委）；强化地方级防疫医药物资储备的层级划分，落实区县级防疫物资储备。建立中央储备层面、地方储备层面年度防疫医药物资储备常态会商协调机制，中央储备层面的会商协调由工信部组织，国家卫健委、食药监、财政部联合主办，各地主管部门和中央储备代储企业代表参与；地方层面的会商协调由各地主管部门组织，相关职能部门与地方储备代储企业参与；完善国家防疫医药物资储备信息系统大数据智能化改造，将中央、地方两级防疫储备体系全面纳入系统管理，完善大数据智能化决策功能，并将其纳入疫情防控国家重点医疗物资保障调度平台。

（五）建立代储企业绩效评价机制，统一落实代储企业事后补偿

各级储备主管部门对代储企业的储备情况进行定期监管，代储企业储备的物资品名规格数量必须与储备计划匹配，取消代储企业的弹性资金储备，按照市场规律拨付代储企业仓储保管费用，建立代储企业的绩效激励与信用评价机制，对于绩效好、信用高的企业在合同期满后优先续签下一阶段合同；应充分落实事后补偿机制，在应急

保障任务完成后，由对应的储备主管部门对代储企业调拨物资核算价格并统一补偿；对生产力储备企业生产的剩余医用物资同样核算价格并统一收储，消除代储企业与生产力储备企业的后顾之忧。

六、结语

国家医药物资储备体系改革应遵循需求牵引、规模适当、分工明确、供给高效的原则，在提高应急医药物资供应的"时效性、持久性、精确性"上做文章，实现应急效益最大化。同时，也应清楚，国家防疫医药物资储备体系改革并不是一蹴而就的过程，它是一个复杂的系统工程，需要将定性研究与定量研究方法相结合，通过定性的观察、分析、比较等方法使得体制机制改革更具落地性与可操作性，通过定量的回归分析、建模优化等方法使得改革措施更具科学性与精确性。

下一阶段的工作可包括三方面：首先，建立国家重大疫情物资保障数据库，得到疫情防控物资供给的数据基础；其次，针对具体的储备优化模块进行深入研究，得到理论模型方法，并以疫情防控的实际流程与数据进行验证调优；最后，将理论研究的量化结果转换成具体的改革措施，并逐步有序推行。

参考文献

［1］汪兆平．医药储备制度"软骨症"［J］．中国医院院长，2009（11）：80-82.

［2］余文心，史录文，王一涛．我国医药储备制度存在的问题浅析及政策建议［J］．中国药房，2011，22（9）：780-782.

［3］谢忠伟．企业医药物资储备研究［D］．成都：西南财经大学，2010.

［4］扈衷权，田军，冯耕中．基于协议企业生产能力储备的应急物资采购定价模型［J］．管理评论，2021，33（9）：294-303.

［5］崔湲．完善我国国家医药储备制度研究［J］．经济研究参考，2014（61）：36-41.

［6］梁艺．湖北省疾控机构公共卫生应急准备能力评估体系研究［D］．武汉：武汉科技大学，2018.

［7］龚英．灾害救助中的应急供应链管理研究［J］．软科学，2009，23（12）：17-21.

［8］姜旭，郭祺昌，姜西雅，等．基于政府主导下BCM应急供应链体系研究——以我国新冠肺炎疫情下应急供应链为例［J］．中国软科学，2020（11）：1-12.

［9］王熹徽，李峰，梁樑．救灾物资供应网络解构及结构优化模型［J］．中国管理科学，2017，25（1）：139-150.

［10］梁瑾璠，赵晗萍，张家乐．应急物资供应链快速构建模式［J］．中国安全科学学报，2022，32（4）：135-140.

［11］彭向，张勇．基于时变需求的供应链网络动态均衡模型［J］．系统工程理论与实践，2013，33（5）：1158-1166.

应急物流军地协同机制优化研究

王　元

（国防大学联合勤务学院）

摘　要：军地协同是应急物流的必然要求，当前，我国应急物流军地协同机制建设还处于起步阶段，仍有许多可优化的空间。在明确应急物流军地协同机制优化概念、目标及要素的基础上，提出了应急物流军地协同机制优化的基本内容，并给出了针对性对策措施。

关键词：应急物流；军地协同机制

应急物流中的军民协同保障是指在处理各种突发事件的应急物资保障过程当中，在军地双方共同成立的联合指挥机构的统一指挥下，军地双方统一组织、筹划和实施各项物资保障活动。应急物流要求军地双方以自我保障为主的"自营物流"向最大限度利用社会资源的"军民一体物流"转变，通过建立军地双方参与应急物流的一系列协同机制，确保应急物流高效顺畅运行，有效提高应急保障能力。

在武汉抗疫行动中，军地双方物流力量相互协调配合，保证了抗疫行动中持续的物资供应能力，为战胜疫情提供了坚实基础，但军地协同仍有许多不顺畅的地方，突出表现在军地之间应急物流活动组织条块分割，物资运输、储备相互分割等方面，没有形成一个有机融合的整体，也没有达到真正军地一体的标准。优化应急物流军地协作机制，充分利用军地双方在储存、收发、运输和人力、技术等方面的资源优势，弥补各自保障力量不足，有效地提高应急保障能力，是应急物流的必然要求。

一、应急物流军地协同机制优化概述

应急物流涉及军队和地方两个系统，可以将管理协同理论应用于应急物流军地协同机制优化中，全面构建应急物流军地协同机制，提升应急物流军地协同水平。

（一）应急物流军地协同机制基本概念

应急物流军地协同机制是一种突出专项任务、依托权威关系、强调部门协调的综合性的跨部门"结构性协同机制"，由目标、要素、结构和规则构成。它能够协调、整合、激活军地资源，构建军民深度协作稳定而有序的系统，包括各种机构设置与运行规则。应急物流军地协同运作机制从纵向（战略、战役、战术层次）和横向（筹措、仓储、运输、包装、配送等）两个维度，把军地物流各功能、环节、任务和组织连接起来，实现同步运作、无缝连接，体现了现代物流系统集成思维，是实现供应链整体最优、提高应急物流保障效益和效率的有效途径，是构建新时代军地一体应急物流体系的本质要求。

（二）应急物流军地协同机制优化目标

目标是一种有意识行为的预期效果，明确的目标是协同的基础和关键。军地双方在应急救援时的目标是一致的，即最大限度减少人员伤亡和财产损失。应急物流军地协同机制优化的主要目标是要通过建立有效的合作沟通机制，实现军地物流资源兼容共享，打造军地一体的应急物流组织体系，构建功能齐全的应急物流设施体系，重塑结构合理的应急物流力量体系，提升军地双方物流效益和效能。

（三）应急物流军地协同机制的构成要素

应急物流协同机制构成要素是指机制的各个组成部分，可分为主体要素、资源要素和环境要素。主体要素方面包含国家有关部门、军队、地方政府、军工企业、民营企业等多元主体，这些主体之间又分别形成"军地协同""央地协同""军民协同"三个机制，各主体之间能否顺畅有效沟通，是应急物流军地协同的关键，也是牵引促成其他相关要素集成融合的关键。资源要素包括军地物流之间的设施、设备、机具、信息、物资、人员资金等资源，统筹军地内部的资源，促进资源在整个系统内部快速流动、实现优化整合和高效配置、达到资源最大化利用是促进军地应急物流协同的关键。环境要素包括军地物流的政策、制度、法律、规章、行政命令和物流标准化等，不同环境要素从不同方面影响着应急物流军地协同，如军队和政府通过制定相应政策，可以为军地双方提供良好的政策制度环境，与市场环境一起对应急物流系统的构建和运行发挥驱动作用。

二、应急物流军地协同机制优化的基本内容

从近年来军地双方参与应急物流的实践表现看，我国应急物流中军民协同机制具有一定的基础，但由于受体制等因素影响，军地双方在应急物流协同上仍处于相对分割状态，缺乏有效的信息沟通，协同意识相对淡薄，整体上还处于起步阶段。建立应急物流军地协同机制，就是通过目标协同、组织协同、流程协同、信息协同等各种协同方式，统筹规划军地物流资源建设与管理，健全完善应急物流动员体系，实现军地物流保障资源共享共用，达到"1＋1＞2"的协同效应。

（一）建立军地物流战略合作机制

把握应急物流的特殊要求，在国家应对突发事件机制的统筹下，遴选适合、优质的地方应急物流战略供应商，通过多种途径寻找和发掘潜在服务商，根据应急物流特点，规范对地方物流企业服务质量开展评价的方法、程序、组织、结果运用等内容，军地双方签订正式物流服务合同，厘清军地职能界面，建立一个比较稳定的战略合作关系。军队战储应纳入国家物资储备布局一体考虑，相对而言，军队也应借助地方优质物流仓储企业，为军队提供便捷支援，统筹调度军地物资，联合组织物资供应，尤其是提升管理层级，管控好特殊应急物资的专项供应。军队积极利用地方运力资源，关键时期派出运输部队援助地方，统筹组织救援力量运输投送。

（二）建立权威高效的指挥协调体制

要建立权威高效的指挥协调机构，军队依托两级联指、地方依托应急突发事件应对组织建立军地联合应急物流指挥部，立足全局、统筹安排、合理配置，构建一个横向到边、纵向到底的指挥中枢，通过指挥中枢实现军队和地方物流力量的沟通、联系，协调处理双方存在的问题与矛盾。在应急突发情况下，由此机构负责对军地物流力量进行统一指挥与调度，合理配置。可以参照国家"一案三制"模式，以法规形式规定军队应急响应和平转战机制，建立军队战备等级转换与应急响应等级之间的关系，建立分级、分域、分类转换机制，提出保证转换运行的措施建议，明确转换类型与时机、固化转换流程。如国家发布全国应急响应时，军委联指启动军队应急预案，命令战区联指指挥部队启动应急响应，部队接令后启动应急预案进入等级战备。

（三）建立军地信息共享共用机制

定期召开军地联席会议，共同研判形势，合力攻坚克难。密切军队和地方物流企业的横向联系，建立情况通报、要情会商、归口协调等制度，明确职责要求、任务分工及相关保障事项。建立军地统一的应急指挥平台，实现军队和地方物流力量互联互通，形成上下贯通、左右衔接的调度指挥网络，纵向连通军地各管理层级，横向连通军地各相关业务部门。建设军地统一的应急物流数据中心，统一数据服务，对应急物流业务进行全面梳理，厘清应急物流数据资源，确定科学合理的业务模型、功能模型和数据模型，建设应急物流数据资源目录，定期采集所有物流力量包括人员、装备、物资等基础数据并更新维护，实现军地双方应急物流数据资源的全面集成融合，支撑数据挖掘等深层次利用，推进应急物流快速、有效决策。

（四）健全协调配合的预案制定机制

完善的应急预案方案是科学实施应急救援行动的基本依据。在执行应急突发任务中，军队和地方物流企业应当在联合指挥机构统一协调下，按照总体筹划、各有侧重、互为补充的原则，整合各部门、各力量单元的预案和方案计划。特别要把应急救援行动中，跨军地、跨行业、跨部门协调配合的具体举措作为预案方案的重点要素，避免出现主次不清、衔接不畅、任务交叉，减少军地双方在人员、物资、装备等资源调度上存在的矛盾和冲突。

（五）建立需求提报与对接机制

按照军地有关部门的职责和任务需求，明确需求提报主体，畅通需求提报渠道，组织论证审核和军地对接，把遂行任务的需求搞清搞准。优化应急物资储备布局，加强跨军地、跨部门、跨地区、跨行业的应急物资协同保障，完善铁路、航空、公路、水路等各类紧急运输能力储备和紧急运输协调机制，根据所需物资应急生产的时限特点，建立集实物储备、市场储备和生产能力储备为一体的动态储备管理体系。畅通军地对接渠道，研发并利用先进信息技术，加强物流信息共享，实现物流需求统一提报、形势有变动态调整、过时需求及时退出。

（六）建立军地应急协同演练机制

军队要定期与政府、物流企业开展协同演练，着眼应急物流保障需要，规定组织军队物流力量和地方物流力量进行演训的内容，包括演训周期、保障场景、任务受领、模块编成、力量征用、储备动用、物资前送等重点演练内容，设置好相应科目。组织物流企业学习应急物流相关知识，加强在紧急状况开展物流运输的相关培训，提高其应急处理能力。开展模拟演练、专项演练和综合联演，磨合工作机制，检验行动方案，使各级各类人员熟悉任务职责、指挥关系和行动程序，提升快速反应能力和协同作战能力，确保一旦遇有突发情况，能够协调一致地展开行动。

（七）健全地方物流企业监督评估机制

借助市场手段，采用竞争机制，综合考虑物流供应商的信誉度、企业管理水平、运营体系等内容，军地联合建立严格的审查机制与评估流程来科学评估应急物流战略供应商，选择优质的物流服务企业。由相关行业协会加强对地方物流企业应急能力评估，对于选定的物流企业，在具体业务运营中，要加强指导与配合，明确提出具体要求，加强评估与考核，不断改进工作和配合工作。同时要及时吸收相关部门的反馈意见，及时与物流企业联系，不断优化整改，保持应急物流业务健康有序运行。合理确定物流企业考核指标，对其服务质量、服务能力、服务价格、应急系统等建立相应的数值标准，采取定时与不定时结合的方式对物流服务商进行考核，优胜劣汰，保证应急物流服务商高水平的应急服务能力。

三、应急物流军地协同机制优化的对策措施

通过联合军地双方的优势开展应急物流保障，不仅能得到专业化的应急物流服务，而且可以极大地降低应急物流成本。在应急协同机制优化中，要立足于现实条件，区分层次，采取各种有效措施建立一体化、集成化的应急物流协同机制。

（一）区分层次，建立一体化服务机制

军地一体化的应急物流组织由政府、部队、地方企业、物流行业协会等组成。在国家层面，成立统一的应急物流管理组织，军队和政府共同组织制定地方物流战略供应商的遴选、服务、考评等相关制度规范和标准，并监督执行，在操作层面，由行业协会牵头组织，协调采购机构确定地方物流服务供应商目录，并与其签订长期综合性战略服务协议，明确合作框架，规范合同文本。地区或战区层面，成立区域应急物流管理组织，根据各地区应急突发事件类型的物流保障需求，在目录范围内选定地方物

流战略供应商，并签订具体物流服务合同，按照统一的服务考评制度规范，定期对地方物流企业情况进行考评，对服务质量不达标的供应商应及时解除协议、移出目录范围。

（二）抓住重点，构建一体化信息平台

建设军地物流一体化信息平台，实现军队与地方相关机构和部门、物流企业的数据通联，实现对物流预警信息、物流资源信息和物流需求信息的全时掌控和全面调用，是支撑整个应急物流体系有序运转的基础。构建军地物流一体化信息平台，一方面要注重先进技术的应用。由于军队的特殊性、保密的严肃性要求，军队信息系统数据通常与地方信息系统数据完全不同。要利用现代信息技术妥善处理信息共享与信息保密的关系，为军地一体应急物流提供统一的数据交换标准和访问接口，实现军地之间物流信息的有机衔接和实时共享，进而整合优化物流信息资源。统一军地物流信息采集、信息交换和信息处理等技术标准，消除各部门、各专业和各领域的技术障碍。另一方面要强化综合集成观念。按照综合集成的思路，运用技术手段加强各信息系统集成，按照统一标准，解决异构应用系统的相互接口问题，实现不同应用系统之间的互联互通操作，让军地物流信息纵向贯通、横向互联和实时共享，消除信息孤岛。

（三）防范风险，健全相关法律法规

军队物流系统采取的是计划经济的管理体制，而地方物流实体多是市场经济的管理体制，军地协同进行应急物资保障时，保障主体、保障对象、保障环境等都可能成为引发风险事件的因素，应急物流保障链路在跨越军地时有一定的脆弱性，因此要针对可能出现的潜在风险，健全相应的法律法规，将应急物流军地协同纳入法治化、规范化的轨道。一方面制定军地物流信息共享规范。明确哪些信息可以共享、共享到什么程度、以什么方式共享。军队与地方签订保密协议，加强军地物流信息共享交流的安全性，完善审批手续，确保在信息共享的同时，为相关数据增设"安全阀"。另一方面要科学规划协作框架，细化协同运行规则，防范保障效益低的风险。参照国家和部队相关法律规定制定切实可行的合同条款，明确应急物流运作服务过程中的职责与权限，对于军地双方的行为加以约束，确保军地双方各自利益的实现。在以法律的形式对应急物流服务加以约束和刺激的同时，充分运用市场规律，明确奖惩措施，促进地方物流企业健康发展。

参考文献

［1］程华亮，杨西龙.应急物流中军民协同保障能力评价研究［J］.物流科技，2016，39（5）：120－124.

［2］曹继霞，梁长坤，张静.军民融合应急物流协同机制文献综述［J］.军事交通学院学报，2018，20（6）：42－45.

［3］王家欣，刘俊，史嫄.城市应急物流军地协同机构设置与运作流程研究［J］.物流技术，2021，40（5）：123－128.

［4］姜玉宏，刘小博.军民融合应急物流配送模式研究［J］.物流技术，2017，36（7）：164－167.

第二节　应急物流保障

疫情对全球供应链安全的冲击及其应对

魏际刚　　刘伟华

（中国国际发展知识中心　天津大学管理与经济学院）

摘　要： 新冠疫情快速蔓延，对全球供应链安全产生重大影响。为有效应对疫情对全球供应链的冲击，保障世界经济稳定与有序运行，各国应发挥各自比较优势，联手抗击疫情，共同维护全球供应链安全，促进防疫形势下的贸易便利化和物流供应链畅通。要推进企业生产组织方式数字化变革，打造智慧供应链；要加强金融机构风险监测与防范，构建全球供应链风险预警机制，确保供应链安全。

关键词： 疫情；供应链；安全；对策

2020 年，新冠疫情在全球范围呈现迅速蔓延的态势，韩国、日本、伊朗、意大利、美国等亚洲、欧洲、北美地区确诊病例快速上升。2 月 28 日，世界卫生组织总干事谭德塞宣布，将新冠疫情全球风险级别上调为最高级别"非常高"。据世界卫生组织 3 月 15 日发布的数据，截至欧洲中部时间 3 月 15 日 10 时，全球累计确诊新冠感染 153517例、死亡 5735 例，已报告病例的国家和地区达 143 个。据联合国教科文组织 3 月 10 日公布的数据，疫情已导致亚洲、欧洲、中东和北美等 15 个国家在全球范围内停课，14个国家实施局部地区停课，全球从学前教育到高等教育超 3 亿学生受此影响。

一、疫情快速蔓延冲击全球供应链安全

欧美股市重挫，美国 10 年期国债收益率创历史性破 1%，黄金大涨，石油价格史诗级暴跌，航空、旅游、餐饮、贸易、产业链等受到不同程度的冲击，全球经济正处在危机的边缘。受疫情影响，多个国家和地区采取了对人员流动、货物流动等限制措施，许多工厂停工停产，对本国供应链、跨国供应链带来冲击。这种冲击，对企业供

应链所带来的影响是联动性的，对区域供应链的影响是阻断性的，对产业供应链的影响则是结构性的，必须高度重视疫情对全球供应链带来冲击的深远影响。

（一）全球性流动受阻，国际贸易遭受冲击而低迷

迅速扩散的新冠疫情让多国采取停飞、停航、入境管制、暂停进口、关税上调等措施，部分跨境物流通道被迫中断。2020 年 1 月 31 日，美国宣布禁止 14 天内曾到访中国的外国人入境。其他国家也出台了相关的出入境管制措施。国外的航空公司纷纷调整中国航班运营，美国、加拿大、英国、法国、德国、荷兰、西班牙等国航空公司纷纷减少或者停飞中国航班。截至 2 月 10 日，71 家国际航空公司中有 67 家取消航班。

继各国入境管制和对中国船舶加强停靠限制之后，印度大幅上调关税，印尼、约旦、俄罗斯暂停进口部分中国商品，越南发出暂缓货物清关提醒。印度财政部部长宣布，上调家具、鞋类、家电、手机零配件、玩具等中国优势产品的进口关税，并进一步修订关税法有关反倾销及相关措施规定以限制进口，目前印度对华反倾销调查数量仅次于美国，位居全球第二。2 月 2 日，约旦当局宣布，为了防止新冠病毒在约旦传播，暂停进口中国动植物产品，有关进口许可证已经暂停发放，直至另行通知。印尼对船舶的疫情防控措施升级更新，暂停进口中国食品与饮料类商品。俄罗斯最大超市 Magnit 宣布，暂停从中国进口蔬菜和水果。越南友谊口岸从 2020 年 2 月 4 日起暂缓办理货物清关手续，越南海防港则通报，从中国进口的货柜需要经过约 14 天的武汉新冠病毒检疫后，才能允许报关进口至越南。总体上看，停飞、停航、拒收以及关税上调，给跨境贸易产生了严重冲击，影响了我国商品进出口竞争力。

相关国家采取的海关限制、停航、停运、拒收以及关税上调等措施，人流活动锐减，商流活动中断，导致大量国际进出口业务明显受阻。联合国贸发会议评估认为，新冠疫情造成中国生产放缓，2 月份中国生产量和出口量均下滑 2%，当月全球出口减少约 500 亿美元。据联合国贸发会议评估，由于全球流动性受阻，精密仪器、机械、汽车和电信设备等行业生产受损严重。受损严重的经济体包括欧盟（156 亿美元）、美国（58 亿美元）、日本（52 亿美元）、韩国（38 亿美元）、中国台湾（26 亿美元）和越南（23 亿美元）。

（二）生产秩序遭受破坏，引发全球供应链中断与替代

疫情冲击使国内生产秩序短期遭到很大程度的破坏。企业复工时间推迟，外地返工人员面临隔离期，复产工人缺乏口罩等防护条件，物流运力也受到了明显影响。这

些对制造业的用工、库存、生产、运输、订单等都产生了冲击。2020年2月份中国制造业采购经理指数（PMI）为35.7%，创有记录以来的历史新低。从分项指数来看，受疫情影响，制造业供应链运行放缓，市场需求和企业生产均明显收缩。由于疫情严重，部分农产品尤其生鲜类农产品如畜禽消费锐减，导致供需矛盾突出，农产品供应链运行问题严重。在特殊防控的情况下，全国许多村庄进行封闭管理，道路封堵加大了物流运送的难度，各大物流快递也都停止了配送；许多日常与农户合作的物流公司在疫情期间复工时间推迟，更加重了全国各地农产品的滞销问题。

从国际来看，继2008年金融危机、中美贸易冲突之后，新冠疫情继续对全球价值链形成负向冲击，中国、美国与德国作为三个世界制造大国，受冲击的程度更为显著。摩根士丹利认为，如果2020年3月下旬之前生产全部复工，全球供应链受到的冲击尚可控，如果持续到第二季度，则冲击可能会超出市场预期。受到疫情冲击，2020年2月份，亚洲制造业PMI较上月下降7.5个百分点至42.9%，结束连续3个月的小幅上升走势，环比降幅明显，全球制造业增长已经承压。

疫情对生产配套有很大影响，产品集成遇到困难。中国出口的零部件中间品显著下降，影响已经初步扩展到韩国、日本、南欧，并且进一步向其他欧洲国家，以及美国扩展。2月初，由于来自中国的零部件短缺，韩国现代汽车在国内的生产线大面积停产。同样的原因，日产汽车在国内的生产线也于2月中旬暂停了部分。疫情在意大利的扩散已经导致一家汽车配件厂商（MTA）被隔离，影响到欧洲的汽车产业链，也影响到中国。由于部分物流航运企业的停工停航，导致相关零部件的生产停滞，西班牙马拉加工厂部分电子元器件的生产面临零部件短缺的状况。

中国是全球第一制造大国、世界供应链枢纽，拥有数量最为庞大的全球供应链环节。中国一些产业停工停产将对全球供应链的稳定带来影响。短期内，其他国家无法完全替代中国的地位，但部分国家已经开始寻求新的除中国以外的供应商，全球供应链重构正在发生。以苹果公司为例，苹果全球范围内的主要供应商达到809家，他们的基地有47%在中国。苹果CEO库克在回应CNBC采访时说，他们已经在寻找应对疫情影响的方法。对于中国地区供应出现短缺的部分，他们已经找到了替代供应方案。

（三）中小企业面临生存危机，疫情严重地区供应链发生断裂和消失

疫情使得我国中小企业面临巨大的经营压力和挑战。清华大学一份调查报告表明，通过对995家中小企业的问卷调查，受疫情影响，29.58%的企业2020年营业收入下降幅度超过50%，58.05%的企业下降20%以上。同时，85.01%的企业维持不了3个月

生存。如果疫情持续半年以上，90%的企业将难以为继，很可能歇业或者破产。

中小企业作为供应链网络的重要组成部分，其生存问题直接导致地区供应链破裂甚至消失。一方面，延迟复工后，厂房、土地、贷款、劳动等成本都会增加，订单完成进度会受影响，很多原本计划的投资与商务活动都被搁置，效应会沿着供应链放大。另一方面，疫情造成企业面临上下游需求不稳定、运营产能不确定、利润率持续降低、运营资金困难进一步加剧等问题，导致地区供应链面临严重风险。例如，疫情最为严重的湖北作为汽车零部件生产和运输的重要中心，大量产业链配套供应商都扎根于此，形成了许多产业集群，停工停产导致中小企业歇业甚至破产，相应带来长江上、中游区域的供应链断裂，如果不能得到及时恢复，将引发部分区域供应链消失的风险。

（四）全球金融风险加大，供应链金融安全问题突出

受全球疫情暴发的影响，以美国道琼斯指数为主要代表，西方各国本周以及一些发展中国家资本市场纷纷"沦陷"，全球资本市场出现史上罕见的"黑暗一周"。自2月12日高点至2月28日收盘，道琼斯指数下跌4142点，跌幅达到14%。欧洲斯托克50指数跌逾12%，伦敦股市《金融时报》100种股票平均价格指数跌超11%，法国巴黎股市CAC40指数累跌近12%，德国法兰克福股市DAX指数跌逾12%。疫情的暴发将原本疲软的全球经济带入新一轮低谷期。

就国内而言，疫情对部分行业及企业的流动性带来很大挑战，部分企业经营难以为继。若大量核心企业破产，将引发供应链金融风险。政府为企业减税减负带来税收减少，而未来刺激增长又需要大量支出，从而面临政府、企业对资金的双重需求压力，我国将面临防范国际金融风险和国内金融风险的双重叠加。

二、防范疫情对全球供应链安全冲击的对策

为有效应对疫情对全球供应链的冲击，保障世界经济稳定和有序运行，全世界应该联合起来，发挥各国比较优势，联手抗击疫情，共同维护全球供应链安全，促进防疫形势下的贸易便利化和供应链畅通。我国既是疫情严重地区，又是全球供应链枢纽，要在严防严控国内疫情、有效管控国际疫情输入的同时，稳妥有序推进复工复产，充分发挥产业优势，推动全球供应链安全治理，为世界经济稳定、发展与繁荣作出最大贡献。要推进企业生产组织方式数字化变革，打造智慧供应链；要加强金融机构风险监测与防范，构建全球供应链风险预警机制，确保供应链安全。

（一）国际层面对策

1. 各国加强联合抗疫，保障全球供应链节点安全

在病毒面前，人类是一荣俱荣、一损俱损的命运共同体，没有哪个国家能独善其身。各国要同舟共济，共抗疫情。各国间要加强病毒检测交流合作，分享疫情防控经验和做法，携手共克时艰。各国要加强对机场、口岸的卫生检查，对来自疫情严重国家的游客，应采取最高级别的防控措施。在优先保证国内需求的基础上，向疫情严重国家提供必备疫情防控物资。

2. 推动全球供应链安全治理，保障跨境供应链通畅

各国加强贸易合作和海关协作磋商，在有效疫情防控前提下尽快恢复国际航线，尽快解除相关贸易国的海关限制、停航、停运、拒收以及关税上调等管制，打通跨境物流通道壁垒，确保跨境供应链通畅。要加强各国产能供需信息的沟通与合作，推动建立疫情条件下的供应链产能协调多边合作框架；积极推动全球供应链安全治理体系构建，探索相应的治理机制、决策体系、治理结构和治理模式。"一带一路"共建国家加强数字供应链体系建设，构建"数字丝绸之路"，促进共建国家核心生产要素、区域优势资源、产业链上下游环节的便利链接与整合，降低交易成本。

3. 发挥联合国等国际机构作用，建立全球供应链应急协同机制

发挥联合国、WTO、WHO等国际机构作用，在充分吸收各国应对突发公共事件管理经验的基础上，积极推动全球供应链应急协同机制建设，构建基于全球应急事件的供应链应急体制、机制和国际法律体系，推动全球供应链应急预警体系建设与信息共享，构建全球应急资源信息发布平台，助力应急救援物资的全球协同调度。

4. 坚定维护全球自由贸易规则，防范少数国家的逆全球化行为

各国要高度警惕极少数国家逆全球化行为的影响，共同推动全球自由贸易、区域自由贸易、双边自由贸易，进一步强化各国间自由贸易合作关系，推动全球人流、商流、物流、资金流、信息流的高效流动，构筑更高开放水平的区域产业链、科技创新链和全球价值链。我国作为全球化坚定推动者，可在全球性、区域性治理平台中发挥更加重大的作用。

（二）国内层面对策

1. 统筹稳妥推进复工复产与防范国际疫情输入

一是进一步落实分区分级差异化防控策略，尽快推进各省区市的物流通道恢复，

确保企业复工生产需要的原料和物资得到快速补给，居民网上采购日常生活必需物资和防疫物资得到优先保障。

二是要加快发展应急产业，加强应急物资生产，提升应急物资保障能力。鼓励有条件的地区发展各具特色的应急产业集聚区，建设国家应急产业示范基地，打造应急物资和生产能力储备基地，完善区域性应急产业链。支持与生产生活密切相关的应急服务机构发展。

三是在稳妥推进复工复产的基础上，优先做好口岸城市和国际航空枢纽城市的疫情防控物资战略储备，包括口罩、防护服、护目镜、消毒物品、医疗器械等物资，保证物资充足，全力保障供应。全面升级国际疫情应对措施，防范病毒国际输入。

2. 大力增强数字化能力，推动供应链效率变革

一是以数字化建设为目标，推动新一轮基础设施建设，启动"新基建"行动计划。支撑未来20年中国经济社会繁荣发展的"新基建"是5G、人工智能、数据中心、互联网等数字经济领域的基础设施，以及教育、医疗、社保等民生消费升级领域基础设施。要放开数字基建领域的市场准入，扩大投资主体，鼓励民间资本投入，推动配套激励制度变革。

二是要推动在线办公、视频会议、远程协同、数字化管理在企业管理中应用。生产企业要开展数字化供应链解决方案建设，积极推进敏捷生产、自动化生产、智能制造、智能运维，推进3D打印技术应用、无接触式交付和不间断的快速供货。服务企业要开展数字化转型，重视消费者安全性、环保化、定制化需求，打通线上线下全渠道服务链条，积极推进智慧门店运营。物流企业要重视无人技术与装备在行业中的推广，提升物流场景的智慧化服务能力。

三是鼓励企业加强供应链流程数字化管理能力建设。通过加强短期、中期和长期的计划调整，利用数字化技术为可控及可预见的供应不确定性提前准备解决方案，推动供应链管理的效率变革。

3. 加大金融风险监测力度，保障供应链金融安全

做好抗疫期间高风险金融机构信用、流动性、负面舆情等风险监测、预警和化解工作，打通企业复工复产的供应链条和金融链条。对涉及批发零售、住宿餐饮、物流运输、文化旅游、汽车制造、半导体、轨道交通、进出口贸易等受疫情影响较大的行业建立重点监测机制，对有发展前景但暂时受困的企业和项目，不盲目抽贷、断贷、压贷，延长贷款期限和减费降息。

4. 为全球供应链稳定作出贡献，打造供应链领先高地

作为全球供应链的重要枢纽，我国正在全力推进外贸外资企业复工达产，以特殊

时期的超常规举措力保关键环节和龙头企业正常运转，为全球供应链稳定护航。可通过加强同经贸伙伴的沟通协调，优先保障在全球供应链中有重要影响的龙头企业和关键环节恢复生产供应。通过巨大的中国制造产能恢复，加大防疫物资的全球供应保障，积极协调与其他国家港口、物流、海关、贸易、检验等供应链流程协同，为世界各国抗疫提供应急物资。

抓紧构建全球供应链风险预警评价指标体系，通过自主创新、关键供应商自给、实施供应链备链计划等方式，在传统产业与战略性新兴产业领域加强供应链弹性建设。积极发展应急产业供应链，重构突发事件应急供应链服务体系，健全应急供应链产能弹性机制。将非常规突发事件供应链应急能力，作为评估企业供应链成熟度的重要指标，加强突发事件的情景推演，推动企业在供应链技术、组织理念、流程、合作方式等方面的应急变革。扶持领先企业供应链体系建设，促进优势企业对供应链的主导力和管控力，将我国产业优势长期稳定地嵌入到全球供应链体系中。

（此文章发表于 2020 年第 8 期《中国物流与采购》）

多点疫情救援下的防疫物资配置方法研究

徐常凯　谷雨轩　胡　杰

（空军勤务学院）

摘　要： 物资分配合理派发是疫情暴发后应急物流的重要工作。防疫物资配置通常表现为多点救援模式，针对多点疫情防疫物资配置决策敏捷性与防疫需求匹配难的问题，本文建立了一种基于受灾点优先级的多点疫情救援下的防疫物资配置方法，通过云模型判定受灾点优先级，考虑时效性和满足性两项目标建立 NSGA－Ⅱ多目标决策模型，通过模型实例求解得到 Pareto 最优解，为决策者提供应对动态需求的多组可选方案。

关键词： 防疫物资配置；云模型；受灾点优先级；NSGA－Ⅱ

一、引言

在 2020 年中央全面深化改革第十二次会议上，习近平总书记提出了应急物资的集中管理、统一调拨。在《"十四五"国家应急体系规划》中提出要进一步完善应急物资管理分配机制，健全跨区域应急物资协同保障机制。2020 年一份关于"疫情期间公众心态与需求监测"的调查报告显示，造成公众恐慌的主因是防控物资短缺问题（67%）。复杂科学中心（Complexity Science Hub，CSH）通过建立四级 COVID－19 控制策略列表（COVID－19 Control Strategies List，CCSL），将资源分配列入八个主要非药物干预策略之一。

当前有关研究成果中，有关于物资品类的分配方法：熊伟形成了针对呼吸道传染病的包含应急医用防护物资模块化分级分配、备货方案与院内外联动的调配机制。韩孟宜系统研究了运力与时间限制的综合关系，将运载能力量化并模拟物资分配过程。还有基于物流选择的分配方法：刘开元以交通配流技术为理论基础，探讨了物流分配模型，并初步建立了物流分配的体系结构。吴光周对多时段一般路网系统最优出行选择与拥挤收费的研究。基于响应时间的物资分配方法：杨潇针对应急物流系统中一次性消耗品多需求点的问题的特点，考虑满足时间最短，借助应急响应成本对多可行方案的最优决策进行研究，并设计仿真方法加以实证。三类分配方法各有侧重，对于解决限定条件下的单一目标问题具有良好效益，但在决策中模型的复杂程度意味着数据收集的困难，缺少关键数据则无法预测模型结果走向，且单一目标并不符合决策者的最终意图。决策方作为供需对接的主体，需要制定合理的物资分配方案，本文研究防疫物资需求信息已知条件下基于受灾点优先级的多点物资配置方法，对于避免民众心理恐慌、提高防疫效果具有重要意义。

二、多点疫情救援下的防疫物资配置概述

（一）多点疫情救援任务的基本模式

多点疫情救援的基本思路为统筹多个供给点的物资满足接收点的需求。在实际问题中，防疫任务伴随着大量物资需求的产生，单个供应点的物资储备数量品种通常无法满足需求，需要同时调配多个供应点参与救援活动。多点疫情救援资源配置的基本模式如图7-5所示，即任务集合产生后将任务总体分解为各类物资的需求，根据救援单位的物资储备情况，安排部署最合理的分配方案。

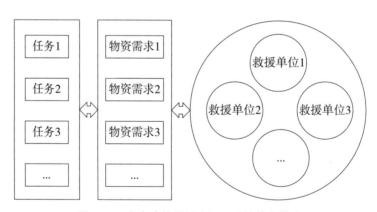

图7-5　多点疫情救援资源配置的基本模式

（二）多点疫情救援任务的基本特征

在大规模传染病疫情下，防疫物资配置具有突发性、广泛性、不确定性和动态性等特点。

1. 突发性和广泛性

大规模传染病疫情指的是突然发生，造成或可能造成社会公众健康严重损害的重大传染病疫情，突发性是其显著特征之一，疫情暴发使得在短时间内的应急物资需求大幅度增加。此外，由于大规模传染病疫情的区域性、传染性，以及影响群体的普遍性，导致了应急物资需求的广泛性与多样性。

2. 不确定性和动态性

一方面，随着疫情的发展，需求个体不断增加以及新疫区的出现，导致新的物资需求不断产生，物资需求呈现出高度的动态性；另一方面，随着疫情的发展，疫情信息披露更加精确、可靠，基于需求预测的物资分配能力显著提高，决策者需要根据新的疫情信息对原始分配方案进行更新，从而与新的需求数量、需求种类相匹配。

3. 多目标性

非常规突发事件的持续时间长，在应急物资的配置活动中往往需要关注多个决策目标，以实现应急物资的高效与科学分配。对于生命救援物资和设备，需要重点关注应急物资分配的时效性，对于生活保障物资、防疫保障物资等周期性供应物资，需要重点关注应急物资配置的持续性。另外，在应急物资配置的过程中，受灾民众的心理同样至关重要，物资分配的公平性与时效性是减轻民众心理痛苦的重要途径之一。

三、基于受灾点优先级的多目标防疫物资配置模型

多点疫情救援任务区域内存在供应点的部分物资储备无法立即满足受灾点所有需求的情况，为此，需要根据受灾点重要度不同，区分优先级进行物资供应。评估各受灾点的重要度对于决策部门制定科学、合理的资源配置方案和发挥物资的最优救援效果具有重要意义。

（一）受灾点优先级评判模型

1. 构建标准云模型

云模型是处理定性概念和定量表达的不确定转换模型，在重要度评估领域应用广泛，引入云模型对受灾点进行优先级的划分。根据任务实际，综合受灾点的任务强度和任务重要度，将受灾点优先级划分为 $S = \{S_1, S_2, S_3, S_4, S_5\}$，分别表示为"不重要""轻微重要""一般重要""重要""非常重要"，对每一项指标都进行多位专家评价，评价值数阈为 $[0, 1]$，评价值越高表示此受灾点重要程度越高。

在云模型中有三个关键参数：期望、熵、超熵，其中期望 E_x 表示云滴在论域空间分布的期望，熵 E_n 表示云模型不确定的程度，超熵 H_e 表示云滴的凝聚程度，应用中取 0.02。根据优先级划分得到云模型参数见表 1，为使云模型描述得更加符合实际，将非常不重要和非常重要的区间期望值定为 0 和 1，正向云发生器计算公式（7-1），利用正向云发生器得到标准云模型。其中 X_{max} 表示该重要度等级的最大评价值，X_{min} 表示该重要度等级的最小评价值，云滴的超熵取值用 k 表示，为使云滴均匀，计算中 k 取 0.02。

$$\begin{cases} E_x = \dfrac{x_{max} + x_{min}}{2} \\[2mm] E_n = \dfrac{x_{max} - x_{min}}{2\sqrt{2\ln 2}} \\[2mm] H_e = k \end{cases} \qquad (7-1)$$

各云滴参数如表 7-2 所示，建立标准云模型如图 7-6 所示，其中横坐标表示重要度评估值，纵坐标表示该评价值的确定度。

表 7-2　　　　　　　　　　　　　重要度评估值

优先级	重要度评估值	标准云参数
S_1	$0 \leq s < 0.2$	Cloud1 (0, 0.085, 0.02)
S_2	$0.2 \leq s < 0.4$	Cloud2 (0.3, 0.085, 0.02)
S_3	$0.4 \leq s < 0.6$	Cloud3 (0.5, 0.085, 0.02)
S_4	$0.6 \leq s < 0.8$	Cloud4 (0.7, 0.085, 0.02)
S_5	$0.8 \leq s \leq 1$	Cloud5 (1, 0.085, 0.02)

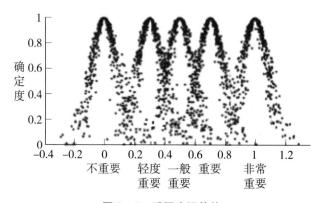

图 7-6　重要度评估值

2. 基于云相似度的受灾点优先级判定

在实际问题中，评判受灾点优先级需根据专家的重要度评估值，通过逆向云发生器得到模型参数，逆向云模型参数计算方法如式（7-2）所示。

$$\begin{cases} E_x = \dfrac{1}{n}\sum_{i=1}^{n} x_i \\[2mm] E_n = \sqrt{\dfrac{n}{2} \cdot \dfrac{1}{n}\sum_{i=1}^{n} |x_i - Ex_i|} \\[2mm] H_e = \sqrt{|S_i^2 - En_i^2|} \end{cases} \quad (7-2)$$

其中，x_i 表示第 i 名专家的评估值，在判断具体受灾点的优先级，通过比较受灾点云和各标准云之间的云相似度确定优先级。度量云相似度 $S_c(c_i, c_j)$ 的方法由形状相似度 $S_S(c_i, c_j)$ 和位置相似度 $S_P(c_i, c_j)$ 的乘积来确定，计算过程见式（7-3），最终由最大相似度对应优先级为该受灾点的优先级。

$$\begin{cases} S_S(c_i, c_j) = \dfrac{\min\left[(E_{ni}+3H_{ei})/E_{ni}, (E_{ni}+3H_{ej}/E_{nj})\right]}{\max\left[(E_{ni}+3H_{ei})/E_{ni}, (E_{nj}+3H_{ej})/E_{nj}\right]} \\[3mm] S_P(c_i, c_j) = \dfrac{\min(E_{xi}+3E_{ni}, E_{xj}+3E_{nj}) - \max(E_{xi}-3E_{ni}, E_{xj}-3E_{nj})}{\max(E_{xi}+3E_{ni}, E_{xj}+3E_{nj}) - \min(E_{xi}-3E_{ni}, E_{xj}-3E_{nj})} \end{cases} \quad (7-3)$$

$$S_c(c_i, c_j) = S_S(c_i, c_j) \times S_P(c_i, c_j)$$

（二）基于 NSGA-II 的防疫物资配置决策模型

1. NSGA-II 多目标决策基本理论

防疫物资配置问题各个目标之间相互制约，一个目标性能的改善往往以其他目标性能的损失为代价，不可能存在一个使所有目标性能都达到最优的解，其解通常是一个非劣解的集合——Pareto 前沿，根据目标信息再进一步进行决策，在实际任务中决策者会根据任务需求调整各目标权重进行决策，并非各目标同时达到最优时才为理想解，因此 Pareto 解集具有适用性。

本文选择的 NSGA-II（带精英策略的非支配排序的遗传算法）就是基于帕累托最优解的多目标优化算法，是影响最大和应用范围最广的一种多目标遗传算法。NSGA-II 可以通过变量关系式表达目标函数，既便于明确数据收集的对象，又可以利用 Pareto 解集得到每一组最优解。对比第一代 NSGA 提出了快速非支配排序法，降低了算法的计算复杂度；提出了拥挤度和拥挤度比较算子，代替了需要指定共享半径的适应度共享策略；引入了精英策略，扩大了采样空间。其程序流程如图 7-7 所示。

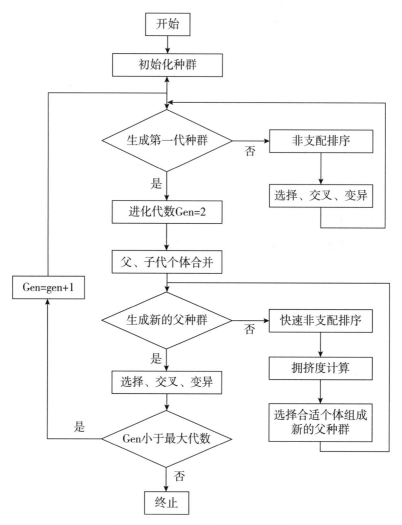

图7-7　NSGA-Ⅱ程序流程图

2. 模型假设

本文建立的基于 NSGA-Ⅱ的动态需求多点疫情救援任务资源配置模型的假设有以下几点。

假设一：每个供应点资源的资源储备量和受灾点的任务需求量都是已知的；

假设二：受灾点的需求物资仅由供应点进行供应，不考虑其他模型以外的供应资源，如社会捐赠；

假设三：每个供应点和受灾点之间的最优运输路径只有一条且已知；

假设四：不考虑进行救援任务时的经济成本；

假设五：不考虑进行救援任务时的运输及包装问题；

假设六：模型只考虑供应点到受灾点的单向路程，不存在反向路程或者其他情况。

3. 多点供应防疫物资配置模型主要变量及含义

需求的动态变化伴随着随机性和未知性，在配置防疫物资时需要考虑许多方面，在一般物资供应模型中，经济效益往往是决策者考虑的重要因素，但是疫情防控涉及社会公共卫生安全，应以追求防控效果为第一要义。俗话说"时间就是生命"，应对疫情同样是一项与时间赛跑的过程。本着防控效果优先的原则，为了使模型更符合实际，同时又便于构建模型，本文考虑响应时间、需求物资种类、需求物资数量、储备情况、物资优先级五项变量与因素。

（1）响应时间

响应时间是指由供应点提供物资到达受灾点所花费的时间，用 T_{ij} 表示，其中，i 表示为第 i 受灾点，j 表示为第 j 个供应点。由本文假设三可知所有 T_{ij} 已知，构建模型的目标函数要使配置资源所用时间尽可能少。

（2）需求物资种类

需求物资种类是指某一受灾点所需求物资种类，用 K 表示，其中 $K = \{k \mid k = 1, 2, 3, \cdots\}$，构建模型的目标函数使需求物资种类满足率尽可能达到100%。

（3）需求物资数量

需求物资数量是指某一受灾点 i 所需求物资 k 的数量，用 J_{ik} 表示。构建模型的目标函数需要使某受灾点 i 所需求物资数量的满足率尽可能大。

（4）储备情况

储备情况是指供应点 j 所拥有的某一救援物资 k 的数量，用 s_{jk} 表示。当且仅当 s_{jk} 大于 0 时可以进行受灾点的物资供应，储备情况为本模型最重要的约束条件。

（5）物资优先级

受灾点重要程度表示受灾点 i 的重要性，用 c_i 表示，这里设定 c_i 取值1、2、3、4、5，取值越大代表重要程度越高，优先参与资源的调拨分配。

4. 模型的构建

1）模型目标函数

在满足多个受灾点每种物资资源最小满足率的基本条件下，以应急物资送达时间最短、受灾点平均需求满足率最大作为多点疫情救援资源配置的目标函数，兼顾救援的时效性、公平性和救援效果。

（1）防疫物资响应时间——时效性函数

总响应时间与单位响应时间和总供应数量有关，即通过供应点与受灾点的响应时间与向该受灾点总供应数乘积的倒数表示，总响应时间越多，供应时效性越低；总响应时间越少，供应时效性越高，如式（7-4）所示。

$$\max f_1(x) = \frac{1}{\sum_1^M \left[\sum_1^N T_{ij} \left(\sum_1^K x_{jik} \right) \right]} \qquad (7-4)$$

其中，K 表示物资种类，x_{jik} 表示受灾点 i 接受供应点 j 的第 k 类物资数量，T_{ij} 表示供应点 j 到受灾点 i 的供应时间，N 表示供应点的数量，M 表示受灾点的数量。

（2）物资需求满足程度——满足性函数

在应急物资分配的决策过程中，民众往往会因为物资需求难以被及时满足，从而形成心理恐慌，需要考虑尽量满足各受灾点资源的需求，使资源使用效果最大化。单一受灾点的供应效果通过各种物资需求的满足率之和来表示，将其受灾点重要度结合进而综合表示整体方案的效果。受灾点平均应急物资需求满足率最大的数学表达式如式（7-5）所示。

$$\max f_2(x) = \sum_1^M \left[\left(\sum_1^K \frac{\sum_1^N x_{jik}}{J_{ik}} \right) \times C_i \right] \qquad (7-5)$$

其中，J_{ik} 表示受灾点 i 对 k 类物资的总需求。

2）模型约束条件

（1）供应点资源数量的约束

在进行任务地物资资源配置时，分配的资源小于储备的资源；同时，按照现实情况，供应点的供给通常小于受灾点需求。因此，供应点物资资源供应量约束如式（7-6）所示。

$$\sum_1^M x_{ijk} \leqslant s_{jk} \qquad (7-6)$$

其中，s_{jk} 表示物资 k 供应点 j 的储备量。

（2）受灾点物资需求量的约束

受灾点应急物资供少于求难以立即满足，应根据各个受灾点的实际情况以及受灾点的重要度科学、合理地分配资源，受灾点物资获得量应小于等于物资需求量。受灾点物资需求量的约束如式（7-7）所示。

$$\sum_1^N x_{ijk} \leqslant J_{ik} \qquad (7-7)$$

（3）应急物资最小满足率的约束

如果仅考虑物资送达时间最短，不考虑各个受灾点对物资的实际需求情况，可能会出现极端情况，供应点的一种物资的满足率极大，而另一种物资的满足率极小，造成物资分配不均的情况。某种物资的不合理短缺肯定会影响疫情救援的整体效果。因此，设定物资最小满足率这一约束条件，如式（7－8）所示，其中 x_{ijk} 为受灾点 i 接受供应点 j 第 k 类物资的数量，为使最小满足率充分可接受，将其设置为 20% 。

$$\frac{\sum_1^N x_{ijk}}{J_{ik}} \geqslant 20\% \qquad (7-8)$$

通过上述分析说明，为下一步将实际问题转化为模型做了铺垫，具体建模步骤通过实例分析进行描述。

四、实例分析

（一）实例设计

设某次疫情救援任务共有 4 个受灾点需要紧急物资供应，受灾点附近共有 3 处物资供应点可以进行救援，如图 7－8 所示。本算例以 3 种抗 "疫" 物资的分配为例，设计各个供应点储存的 3 种物资储备量到 4 个受灾点实际响应时间等支撑数据，量化时效性、满足性两个目标函数，输出供应方案验证算法的有效性。

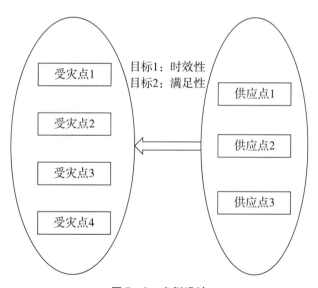

图 7 - 8　实例设计

（二）实例数据准备

1. 建立目标函数

通过分析实例背景，结合模型需求，现将决策关键要素设置为以下变量，其名称和符号如表 7 - 3 所示。

表 7 - 3　　　　　　　　　　　　　　变量及符号

变量含义	符号	变量含义	符号
受灾点 1 的物资 1 需求	J_{11}	供应点 1 向受灾点 1 供应物资 3	X_{113}
受灾点 1 的物资 2 需求	J_{12}	供应点 1 向受灾点 2 供应物资 1	X_{121}
受灾点 1 的物资 3 需求	J_{13}	供应点 1 向受灾点 2 供应物资 2	X_{122}
受灾点 2 的物资 1 需求	J_{21}	供应点 1 向受灾点 2 供应物资 3	X_{123}
受灾点 2 的物资 2 需求	J_{22}	供应点 1 向受灾点 3 供应物资 1	X_{131}
受灾点 2 的物资 3 需求	J_{23}	供应点 1 向受灾点 3 供应物资 2	X_{132}
受灾点 3 的物资 1 需求	J_{31}	供应点 1 向受灾点 3 供应物资 3	X_{133}
受灾点 3 的物资 2 需求	J_{32}	…	…
受灾点 3 的物资 3 需求	J_{33}	…	…
受灾点 4 的物资 1 需求	J_{41}	供应点 3 向受灾点 4 供应物资 1	X_{341}
受灾点 4 的物资 2 需求	J_{42}	供应点 3 向受灾点 4 供应物资 2	X_{342}
受灾点 4 的物资 3 需求	J_{43}	供应点 3 向受灾点 4 供应物资 3	X_{343}
供应点 1 的物资 1 储备	S_{11}	供应点 1 到受灾点 1 响应时间	T_{11}
供应点 1 的物资 2 储备	S_{12}	供应点 1 到受灾点 2 响应时间	T_{12}
供应点 1 的物资 3 储备	S_{13}	供应点 1 到受灾点 3 响应时间	T_{13}
供应点 2 的物资 1 储备	S_{21}	供应点 1 到受灾点 4 响应时间	T_{14}
供应点 2 的物资 2 储备	S_{22}	…	…
供应点 2 的物资 3 储备	S_{23}	…	…
供应点 3 的物资 1 储备	S_{31}	供应点 3 到受灾点 1 响应时间	T_{31}
供应点 3 的物资 2 储备	S_{32}	供应点 3 到受灾点 2 响应时间	T_{32}
供应点 3 的物资 3 储备	S_{33}	供应点 3 到受灾点 3 响应时间	T_{33}
供应点 1 向受灾点 1 供应物资 1	X_{111}	供应点 3 到受灾点 4 响应时间	T_{34}
供应点 1 向受灾点 1 供应物资 2	X_{112}		

（1）时效性函数

$$\min f_1(x) = \frac{1}{\sum_{k=1}^{3} \sum_{i=1}^{4} T_{ij}\left(\sum_{k=1}^{3} X_{jik}\right)}(j = 1,2,3; i = 1,2,3,4) \qquad (7-9)$$

（2）满足性函数

$$\max f_2(x) = \sum_{i=1}^{4}\left[\left(\frac{x_{1i1} + x_{2i1} + x_{3i1}}{J_{i1}}\right) + \frac{x_{1i2} + x_{2i2} + x_{3i2}}{J_{i2}} + \frac{x_{1i3} + x_{2i3} + x_{3i3}}{J_{i3}} \times c_i\right]$$

$$(7-10)$$

2. 建立约束条件集合

结合模型参数和约束条件，建立多目标优化模型的约束条件集合如表 7 - 4 所示。

表 7 - 4 　　　　　　　　　　　约束条件

属性	简化表达式
供应点资源数量的约束 （供应点供应的物资数量不能多于该供应点的储备数）	$X_{111} + X_{121} + X_{131} + X_{141} \leqslant S_{11} X_{112} + X_{122} + X_{132} + X_{142} \leqslant S_{12}$
	$X_{113} + X_{123} + X_{133} + X_{143} \leqslant S_{13}$
	…
受灾点物资需求量的约束 （为避免浪费，受灾点接收的物资总数不多于该物资的需求量）	$X_{111} + X_{211} + X_{311} \leqslant J_{11}$
	$X_{112} + X_{212} + X_{312} \leqslant J_{12} X_{113} + X_{213} + X_{313} \leqslant J_{13}$
	…
应急物资最小满足率的约束 （根据历史任务中的物资消耗，设置最小满足率20%）	$X_{111} + X_{211} + X_{311} \geqslant 20\% J_{11}$
	$X_{112} + X_{212} + X_{312} \geqslant 20\% J_{12}$
	$X_{113} + X_{213} + X_{313} \geqslant 20\% J_{13}$
	…

3. 受灾点优先级与模型数据

根据上文建立的指标云模型，邀请 5 位专家对评估得到 4 个受灾点的重要度评估值，通过逆向云得到 4 个受灾点云滴如图 7 - 9 所示，分别计算与 5 个标准云的相似度，由相似度最大值判断出受灾点所属优先级，如表 7 - 5 所示。

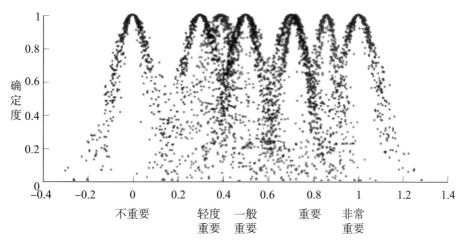

图 7 - 9 　重要度评估值

表 7 - 5　　　　　　　　　　　受灾点优先级

受灾点	S_1 不重要云相似度	S_2 轻度重要云相似度	S_3 一般重要云相似度	S_4 重要云相似度	S_5 非常重要云相似度	优先级
1	-0.208	0.023	0.294	0.634	0.191	S_4 重要
2	0.068	0.449	0.411	0.141	-0.078	S_2 轻度重要
3	-0.278	-0.114	0.066	0.372	0.389	S_5 非常重要
4	-0.012	0.404	0.869	0.396	-0.016	S_3 一般重要

各个供应点的与受灾点之间的响应时间如表 7 - 6 所示。

表 7 - 6　　　　　　　受灾点与供应点的响应时间（h）

受灾点	1	2	3	4
供应点 1	8	5	5	6
供应点 2	6	5	7	8
供应点 3	9	8	7	5

各个供应点三种物资的储备情况如表 7 - 7 所示。

表 7 - 7　　　　　　　　　　物资储备情况

物资种类	1	2	3
供应点 1	6	5	8
供应点 2	7	4	6
供应点 3	5	7	6

各个受灾点的物资需求情况如表 7 - 8 所示。

表 7 - 8　　　　　　　　　　物资需求情况

物资种类	1	2	3
受灾点 1	5	3	8
受灾点 2	4	6	5
受灾点 3	3	5	6
受灾点 4	7	4	4

4. 模型求解分析

建立最优个体系数为 0.3、种群大小为 200、最大进化代数 300、停止代数 200、交叉概率 0.9、变异概率 0.1 的模型求解，得到 Pareto 前沿如图 7 - 10 所示。

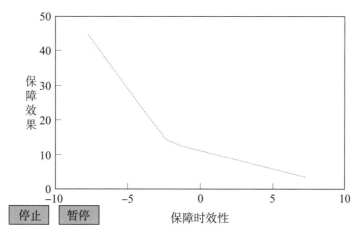

图 7 - 10　Pareto 前沿结果评价图

Pareto 前沿提供了多项最优解,为满足需求动态变化提供了选择空间,在方案选择中,对变量作取整处理,部分最优解变量值及目标函数值如表 7 - 9 所示。从图 7 - 10 中可以看出,存在明显拐点,拐点左侧分布较陡,救援效果变化率较大表示拐点左侧的方案中,追求时效性会造成救援效果降低较多的代价;拐点右侧分布较缓,救援效果变化率较小,表示此时救援的时效性和效果相关性有所降低。

表 7 - 9　　　　　　　　　　　　计算结果

X_{111}	X_{112}	X_{113}	…	X_{343}	目标一时效性	目标二满足性
1	1	4	…	1	0.8645	10.2
2	1	3	…	1	0.8531	10.8
1	1	3	…	1	0.8327	11.5
…	…	…	…	…	…	…
2	2	3	…	2	0.7903	13.7
1	2	3	…	1	0.7489	14.1

综合上述分析,结合任务实际得出以下结论。

①任务以时效性为主要目标时,根据决策人员接受程度选择拐点右侧分配方案,由于需要满足基本的救援效果,因此不宜选择距离 x 轴较近方案点。

②任务以救援效果为主要目标时,此类任务往往对时效性要求不高,可在允许时间范围内选择拐点左侧距 y 轴较近的分配方案。

③任务对时效性和救援效果无严格要求时,通常属于疫情常态化巩固阶段,建议选择图 7 - 10 拐点处对应的分配方案,此时时效性和效果均未发生明显变化,时效性

和满足性之间效益比较高，处于易于接受的范畴。

五、结语

考虑时效性和满足性两个目标，Pareto 前沿提供了多种不同目标值的方案。在方案选择时，疫情初期或突发的时期，建议优先选择时效性大的方案，防止疫情快速扩散，安抚民众情绪；巩固防疫成果时期，可以以时效性换满足性的方案。疫情变化伴随着防疫物资需求的变化，本文提出的基于受灾点优先级的物资配置方法为决策者提供了参考，对加强统筹安排避免资源浪费具有积极意义。

参考文献

［1］朱旭东. 考虑民众心理感知的大规模传染病疫情应急物资分配决策研究［D］. 济南：山东工商学院，2022.

［2］熊伟，孙静，吴韬，等. 呼吸道传染病应急医用防护物资调配机制探讨［J］. 中国医疗设备，2020，35（6）：121－124，149.

［3］韩孟宜. 基于运力和时间窗约束的应急物资调配模型研究［D］. 扬州：扬州大学，2022.

［4］刘开元. 物流分配方法研究［D］. 成都：西南交通大学，2004.

［5］吴光周，杨家文. 面向出行时间可靠性的最优路径规划［J］. 公路，2017，62（2）：134－142.

［6］杨潇，寇猛. 面向不同需求的应急物流系统定位——路径优化问题［J］. 自动化与仪器仪表，2022（5）：69－73.

［7］郝天之，谢正元，杨涛. 云模型在桥梁技术状态等级划分中的应用［J］. 武汉理工大学学报，2018，40（9）：83－88.

［8］赵禄达，王斌，曾威. 战术电子干扰行动的 NSGA-Ⅱ多目标决策建模与分析［J］. 电讯技术，2021，61（9）：1093－1101.

［9］王涵，庞大卫. 基于 Pareto 非劣解的多目标优化中的非劣解集问题［J］. 自动化应用，2020（2）：55－57，62.

新冠疫情下兼顾效率与公平的应急生活物资配送优化

杨 敏 杨真真 梁昌勇

（合肥工业大学管理学院过程优化与智能决策教育部重点实验室）

摘 要： 为解决新冠疫情封控区域的应急物资合理分配问题，本文基于以小区为单位的集单集配和物资模块化的特点，构建考虑效率与公平的多目标应急物资配送和车辆路径优化模型，采用 NSGA－Ⅱ算法对模型进行求解。最后，以疫情下上海市某一商超对封控区域小区配送为例分析应急物资配送效果，同时验证模型的有效性。结果表明：所建的模型具有现实可行性，为疫情下商超企业模块化物资的封控小区物资配送问题提供有益参考。

关键词： 新冠疫情；效率；公平；物资配送

一、引言

新冠疫情（COVID－19）因其较强传染性和反复性给世界各地的经济和民生造成了不同程度的影响。中国政府为减少疫情扩散，保障人民安全，先后采取了一系列应对措施，其中包括对受疫情影响较严重地区进行封闭、居民隔离、核酸采集等。为满足居民隔离期间的物资需求，一些商超通过线上平台紧急推出多种模块化物资——不同的套餐类型供客户选购，再以小区为单位进行配送。但疫情使得应急物资的流动性变慢，加之居民需求量激增，应急物资供不应求。因此，疫情下商超企业如何将模块化物资以高效、公平的方式配送至各周边小区成为本文研究的重点。

目前，关于应急物资分配的研究一般以成本、时间、物资短缺量等最小化为目标构建模型。Kemball－Cook 等首次提出救援物资运输管理的需求；Yuan 等以配送时间最短为目标求解灾后物资不充足条件下的路径问题；Balcik 等在车辆的最后一公里配送系统中，以最小化运输成本和最大化受助者利益为目标，建立确定车辆配送计划和公平分配物资的综合模型；Najaf 等提出了一个多模式、多商品和多周期的以未服务受伤总人数、未满足总需求和车辆数最低为目标的随机模型，来管理地震中商品和伤员的物流；José 等在对灾后人道主义物流模式的合理目标函数研究中，将社会成本和剥夺成本作为目标函数；Ghasemi 等提出了地震响应阶段，在受灾点、配送中心、医院、临时住宿中心和临时护理中心五个梯队的物流网络中，建立以设施选址分配总费用和救灾物资短缺量最小为目标的模型；对于突发事件下社区商超的应急物资配送也有一些学者研究。段容谷等研究了突发公共卫生事件发生后不同阶段的应急物资分配问题，以应急物资需求未满足率导致的损失最小和物资分配总距离最短为目标；何婷等考虑疫情下电商企业生鲜物资配送问题，建立以配送车辆和配送成本最小为目标的车辆路径优化模型；胡卉等构建考虑医院优先级的以配送时间最短和需求满足率最高为目标的医用防护物资无人车配送优化模型；许德刚等就突发公共卫生事件下医疗物资的应急调度问题，建立以需求点满意度最大化和车辆行驶时间最小化为双目标的医疗物资应急调度模型；刘娜等对疫情期间社区商超的配送问题，用 SOM 神经网络算法与遗传算法求解 TSP 问题，并对两种算法的精度和效率进行比较。

关于物资分配公平性的研究也较为丰富。这类研究中，部分学者以需求点满意度反映公平。白东建立考虑需求点服务紧迫度的嫉妒心理的公平性函数；Mandell 将基尼系数作为公平的评价指标，建立双目标模型求解物资配送中效率与公平的悖论关系；王付宇等以所有受灾点物资满足程度的方差来衡量公平；王旭坪等通过量化灾民非理性攀比心理，构建攀比函数体现公平；王妍妍在确定性供需信息下，引入指数效用函数，以最小化物资短缺产生的负效用损失量化公平，并对绝对短缺和比例短缺测度公平进行了比较；孙泽林在公共卫生事件初期应急物资分配和运输的问题上，用需求紧迫度和时间容忍度确定优先级，再根据优先级和基尼系数构建公平性指标；宋英华等从时间和供需两个维度测度公平，最终构建综合考虑时效性、时间攀比和灾民因等待和短缺造成的痛苦效应的资源分配和路径优化模型；陈刚等以最小嫉妒公平和比例公平描述应急物资分配的公平性。

综上，目前关于疫情封控期间社区商超模块化物资的配送研究较少，且鲜有刻画物资分配的公平性。因此，本文在前人研究的基础上，以最小嫉妒值刻画居民主观层面的公平，以服务紧迫性为权重的需求满足率刻画客观层面的公平，以时间最小化刻画效率，研究疫情下考虑效率和公平的商超企业小区应急物资分配和路径优化问题。

二、问题描述

由于疫情封控区域生活物资紧缺，如何在兼顾效率与公平的情况下对疫情封控区域的应急物资进行合理分配是本文的研究目标。当前，很多商超企业推出了多种模块化物资，以小区为单位接收订单，再由商超自带或第三方车辆对每个小区进行统一配送以提高配送效率，具体配送网络如图 7 – 11 所示。假设商超与小区的位置以及它们之间的距离已知，因模块化生活物资具有时效性特征，需先对商超所服务小区进行服务紧急度分级，然后对其配送路径和物资分配进行优化，以实现配送端的高效与公平。

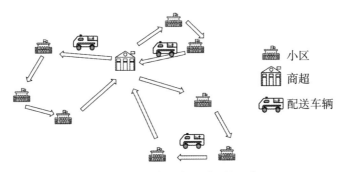

图 7 – 11　应急物资配送网络示意

三、模型建立

（一）模型假设

（1）假设每个小区只能由一辆车为其提供一次服务，且配送车型相同；

（2）假设该系统中商超自有车辆足够；

（3）假设商超与小区之间车辆的行驶时间只与配送车辆的行驶速度有关；

（4）假设不同小区的服务时间相同；

（5）商超企业以套餐的形式进行配送，且只考虑重量。

（二）符号说明

本文模型所涉及的参数和变量的符号说明如下。

设 $G = \{V, E\}$ 代表应急物资配送网络，$V = \{0, 1, 2, 3, \cdots, m\}$ 表示所有节点的集合，0 是商超；$E = \{(i, j) \, i, j \in V, i \neq j\}$ 表示弧集；$M = \{1, 2, 3, \cdots, m\}$ 代表所有小区的集合，而 S 是 M 的非空子集，即 $S \subseteq M \, (S \neq \varnothing)$

1. 参数

k：车辆的数量，车辆的集合 $K = \{1, 2, 3, \cdots, k\}$；

p：模块化物资种类数量，模块化物资集合 $P = \{1，2，3，\cdots，p\}$；

L_{ij}：$i，j \in A$，节点 i 和节点 j 间的距离；

C：车辆的最大载重量；

W_p：物资 p 的平均重量；

Q：商超相关物资的库存量；

T_s：车辆为每个小区的服务时间；

T'_s：物资 p 的保鲜时长；

T'_p：配送车辆的行驶速度；

D_{jp}：小区 j 对物资 p 的需求量；

Φ_j：小区 j 的服务紧急度系数；

λ_{jp}：小区 j 对物资 p 的满足率；

E_{ij}：小区 i 对小区 j 的嫉妒函数 $E_{ij} = \max \{0，r_i - r_j\}$，$i，j \in M$；

r_i：小区 i 的需求未满足量 $r_i \sum\limits_{p \in P} D_{ip} - \sum\limits_{k \in K} \sum\limits_{p \in P} S_{kip}$，$\forall i \in M$；

H_j：嫉妒函数的权重 $H_j = \dfrac{\sum\limits_{p \in P} D_{jp}}{\sum\limits_{j \in M} \sum\limits_{p \in P} D_{jp}}$。

2. 变量

X_{kij}：0 - 1 变量，$i，j \in A$，车 k 从节点 i 到 j 时为1，否则为0；

Y_{kj}：0 - 1 变量，车 k 访问了节点 j 时为1，否则为0；

s_{kjp}：车辆 k 为小区 j 分配的物资 p 的量。

（三）模型构建

本文以配送时间最小化刻画效率，以需求满足率（客观层面）和嫉妒值（主观层面）刻画公平，建立以最大化物资满足率、最小化嫉妒值和配送时间的多目标的配送规划和物资分配模型。

$$\max Z_1 = \sum_{j \in M} \sum_{p \in P} \varphi_j \cdot \lambda_{jp} \qquad (7-11)$$

$$\min Z_2 = \sum_{i \in M} \sum_{j \in M} H_i \cdot E_{ij} \qquad (7-12)$$

$$\min Z_3 = \sum_{(i,j) \in E} \sum_{k \in K} \frac{L_{ij} \cdot X_{kij}}{\nu} + T_s \cdot m \qquad (7-13)$$

s. t.

$$E_{ij} = \max\{0, r_i - r_j\}, i,j \in M \qquad (7-14)$$

$$r_i = \sum_{p \in P} D_{ip} - \sum_{k \in K} \sum_{p \in P} S_{kip}, \forall i \in M \qquad (7-15)$$

$$\lambda_{jp} = \frac{\sum_{k \in K} S_{kjp}}{D_{jp}}, \forall j \in M, p \in P \qquad (7-16)$$

$$\sum_{k \in K} S_{kjp} \leq D_{jp}, \forall j \in M, p \in P \qquad (7-17)$$

$$\sum_{j \in M} \sum_{k \in K} \sum_{p \in P} S_{kjp} \cdot Y_{kj} \leq Q \qquad (7-18)$$

$$\sum_{j \in M} \sum_{p \in P} S_{kjp} \cdot w_p \cdot Y_{kj} \leq C, \forall k \in K \qquad (7-19)$$

$$\sum_{p \in P} S_{kjp} \leq M \cdot Y_{kj}, \forall k \in K, j \in J \qquad (7-20)$$

$$\sum_{i \in V} \sum_{j \in V} X_{kij} \cdot \frac{L_{ij}}{\nu} + T_s \left(\sum_{i,j \in V} X_{kij} - 1 \right) \leq T'_p, \forall k \in K \qquad (7-21)$$

$$\sum_{k \in K} \sum_{j \in M} X_{kj0} \leq k \qquad (7-22)$$

$$\sum_{j \in M} X_{k0j} = \sum_{j \in M} X_{kj0} \leq 1, \forall k \in K \qquad (7-23)$$

$$\sum_{k \in K} \sum_{j \in M} X_{kij} = \sum_{k \in K} \sum_{j \in M} X_{kji} = 1, \forall i \in V \qquad (7-24)$$

$$\sum_{i \in S} \sum_{j \in S} X_{kij} \leq |S| - 1, 2 \leq |S| \leq m - 1, k \in K, i \neq j \qquad (7-25)$$

$$X_{kij} = \{0, 1\}, \forall i, j \in V, k \in K \qquad (7-26)$$

$$Y_{kj} = \{0, 1\}, \forall j \in V, k \in K \qquad (7-27)$$

$$S_{kjp} \geq 0, \forall k \in K, m \in M, p \in P \qquad (7-28)$$

其中，式（7-11）至式（7-13）是公平与效率目标函数：式（7-11）、式（7-12）分别表示基于服务紧急系数的需求满足率和嫉妒值；式（7-13）表示配送时间最小。式（7-14）为嫉妒值的表达式，表示小区 i 对小区 j 的嫉妒值。具体来说，当小区 i 的需求未满足量大于小区 j 的需求未满足量，则小区 i 对小区 j 的嫉妒值为正值；反之，嫉妒值为0。式（7-15）为小区 i 的需求未满足量表达式，式子前一部分为小区 i 的需求量，后一部分为小区 i 的实际配送量，二者的差值即为需求未满足量。式（7-16）表示小区 j 对于物资 p 的满足率。式（7-17）表示由于物资有限，小区点实际获得的物资量不超过其实际需求量。式（7-18）表示商超容量的限制。式（7-19）表示车载重量限制，每辆车执行路径上运量不能超过其容量限制。式（7-20）表示只有小区 j 由车 k 服务时，小区才会有物资流量。式（7-21）表示车辆在一次巡回下配送时长的限制。式（7-22）表示从商超派出的车辆数不能超过其所拥有的车辆总数。式（7-23）表示车辆都是从商超出发最后返回商超。式（7-24）表示各小区流量平衡，并且每个小区仅被一辆车服务一次。式（7-25）表示避免形成子回路约束。式（7-26）至式（7-28）表示 0-1 约束和范围约束。

四、模型求解

NSGA-Ⅱ算法

考虑多目标之间存在冲突，无法找到同时优化所有目标函数的理想解决方案。而带精英策略的非支配遗传算法（NSGA-Ⅱ）是用于求解多目标问题的优化算法。与其他多目标算法相比，该算法在解决多目标优化方面更有优势。算法流程如图 7-12 所示。

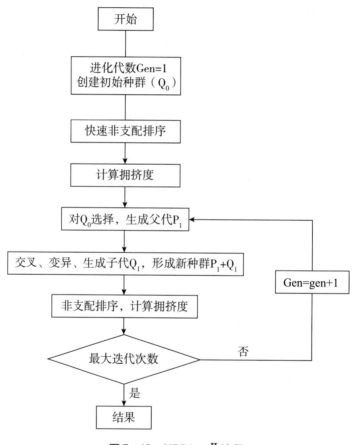

图 7-12　NSGA-Ⅱ流程

求解步骤如下：

Step1：编码与种群初始化

本文采用实数编码的方式随机产生初始种群。由于模型中变量 X_{kij} 和 Y_{kj} 有一定的重复性，为简化运算，只进行 X_{kij} 即车辆服务顺序的编码，最终的编码是包含两个决策变量的对应表现形式，即物资供应量和商超为小区服务的路径。每个染色体由 12 段基因组成：前 11 段对应每个车辆所服务小区的 6 种物资分配情况；第 12 段是关于路径的基因段，每辆车服务的小区以 0 隔开，若出现连续两个 0 出现表示该辆车未被使用。基因编码示意如图 7 – 13 所示。

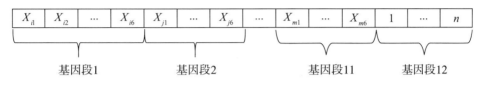

图 7 – 13　基因编码示意

Step2：适应度计算

这里以 $f_1 = Z_1$，$f_2 = Z_2$，$f_3 = Z_3$ 作为适应度函数。

Step3：非支配排序

种群中的每个个体 i 有两个参数：n_i 和 S_i 分别代表种群中支配个体 i 的个体数量和被 i 支配的解的个体集合。其步骤可以简述如下：

找出种群中所有 $n_i = 0$ 的个体，存入非支配集合 Q_1 中；

对集合 Q_1 中的个体 j，遍历其所支配的个体集合 S_j 中的每一个个体 m，令 $n_m = n_n - 1$，如果有 $n_m = 0$，将其计入到集合 D 中；

令集合 Z_1 中的个体集合为非支配排序的第一层 F_1，然后在此基础上对 D 重复步骤 2，直至种群中的所有个体全部被分级；

Step4：拥挤度计算

对三个优化目标，设置边界上的两个个体的拥挤度为无穷，对其他个体的拥挤度采用式（7 – 29）计算：

$$D_i = \sum_{j=1}^{3} \frac{|f_j^{i+1} - f_j^{i-1}|}{f_j^{max} - f_j^{min}} \tag{7 – 29}$$

其中，D_i 表示个体 i 的拥挤度，f_j^{i+1} 和 f_j^{i-1} 分别表示个体 $i+1$ 和 $i-1$ 的第 j 个目标值，f_j^{max} 和 f_j^{min} 分别表示第 j 个目标值的最大值和最小值。

Step5：选择

采用锦标赛选择法，如果个体 i 和 j 满足以下条件之一，说明 i 优于 j。

$F_i < F_j$，即 i 比 j 等级排序小。

当 $F_i = F_j$ 且 $D_i > D_j$，即等级度相同时，选择拥挤度比较大的个体。

Step6：交叉和变异

（1）交叉

①关于物资分配量的交叉，本文采用模拟二进制交叉（SBX），计算公式如下。

$$X_1^k = \frac{1}{2} \times \left[(1 + \alpha_j) \times X_1 + (1 - \alpha_j) \times X_2 \right]$$

$$X_2^k = \frac{1}{2} \times \left[(1 - \alpha_j) \times X_1 + (1 + \alpha_j) \times X_2 \right] \tag{7-30}$$

其中，X_1^k 与 X_2^k 代表交叉生成的新的个体，X_1 和 X_2 是随机选择的个体，α_j 由式 （7-31）求出：

$$\alpha_j = \begin{cases} (2 \times u(j))^{\frac{1}{z+1}}, & 0 \leqslant u(j) < 0.5 \\ \dfrac{1}{(2 - 2 \times u(j))^{\frac{1}{z+1}}}, & 0.5 \leqslant u(j) < 1 \end{cases} \tag{7-31}$$

其中，$u(j)$ 是 [0，1] 随机数，z 是分布指数，代表父代与子代的相似程度，本文取 $z = 5$。对随机选择的父代中的每个基因都应进行上述交叉操作，得到新的个体。

②关于路径顺序的交叉，本文采取两点交叉，即在两父代个体的编码中随机设置两个交叉点，将交叉点间的染色体互换，冲突的基因进行映射转换。

（2）变异

关于物资分配的交叉，本文采取实值变异法，计算公式如下。

$$X_j' = X_j + \partial_j \tag{7-32}$$

$$\partial_j = \begin{cases} (2 * u(j))^{\frac{1}{z+1}} - 1, & 0 \leqslant u(j) < 0.5 \\ 1 - \{2 * (1 - u(j))\}^{\frac{1}{z+1}}, & 0.5 \leqslant u(j) < 1 \end{cases}$$

其中，X_j 代表随机选择的个体相关基因，X_j' 代表新生成个体的相关基因。

关于路径顺序的编码，采取两点交换变异方法。在父代染色体中随机选择两个基因进行交换，得到新的子代染色体。

Step7：精英策略

将父代和子代种群合并，然后对其进行非支配排序和拥挤度计算。

Step8：终止

重复上述操作直至达到预先设置的最大迭代次数，输出结果，算法结束。

五、算例分析

（一）情景描述

受疫情影响，封控区的居民日常生活物资需求陡增。为保障供应，一些大型连锁超市通过线上平台推出多款定制的模块化物资，涉及蔬菜、蛋类、肉类、水果等。一方面，节省社区工作者为居家隔离居民送菜的精力；另一方面，尽力满足居民日常生活需求。

本文以上海浦东新区某一商超及其周边11个封控小区为背景，设计仿真算例，对各小区进行物资的优化配送，同时验证模型的有效性。小区的经纬度由百度地图获取，每种物资的需求量随机生成，具体如表7-10所示。该商超自有车6辆，车速均为25km/h，车载重量3t，每个小区服务时间是0.5h，因模块化物资中包含冷冻肉等，保鲜时间设定为3h。疫情封控期间，该商超线上推出6种模块化物资，相关重量如表7-11所示。

表7-10 商超和小区相关数据

配送点号（商超）	经度	纬度	模块化物资一（件）	模块化物资二（件）	模块化物资三（件）	模块化物资四（件）	模块化物资五（件）	模块化物资六（件）	服务紧急度
0	121.587556	31.24529	250	200	200	200	200	220	—
1	121.592283	31.249036	30	14	26	12	14	12	0.08
2	121.583259	31.244135	49	22	18	19	10	9	0.09
3	121.594528	31.249881	30	33	23	28	40	23	0.09
4	121.586989	31.238534	4	9	12	11	10	13	0.09
5	121.582391	31.237965	42	36	29	30	38	39	0.1
6	121.584697	31.244815	14	27	40	35	38	41	0.1
7	121.580473	31.242986	45	47	35	39	41	48	0.1
8	121.576706	31.254694	9	16	4	7	16	20	0.07
9	121.593984	31.244737	4	6	11	10	8	3	0.08
10	121.574673	31.257074	39	12	27	38	15	33	0.11
11	121.548978	31.210905	18	20	33	21	28	27	0.09

表 7 – 11 模块化物资的重量 单位：kg

模块化物资一	模块化物资二	模块化物资三	模块化物资四	模块化物资五	模块化物资六
4.55	5.12	5.62	6.05	6.67	6.32

（二）小区服务紧急度分级

由于与疫情下需求点服务紧迫性划分相关的文章较少，本文参考自然灾害的评价指标和相关新闻并结合疫情背景下应急物资需求的实际情况，将影响小区服务紧急度的因素分为小区、居民和物资因素（见表 7 – 12）。其中小区和商超的距离通过经纬度计算得到；购物点数通过查询各小区周边获得；小区人数通过查询小区住宅数人为估算获得；由于各小区老年比和物资需求量的详细数据无法获得，因此本算例采取随机生成的数据，具体数据如表 7 – 13 所示。

表 7 – 12 指标及说明

一级指标	二级指标	说明
小区因素	距离	即商超与小区之间的距离，距离商超近的小区，其需求应先得到满足
	购物点数	以小区附近购物中心和超市的数量表示，它在一定程度上可反映出小区居民获取物资的难易程度，购物点数越大，紧急度越低
居民因素	小区人数	考虑到商超带有营利性，人数多的小区潜在客户多，优先满足其需求既可提高客户满意度增加客户黏性，又可为商超扩大客户流
	老年比	老年用户由于身体和移动端操作的原因，老年比大的小区其服务紧急度较高
物资因素	物资需求量	与小区的服务紧急度呈正相关

表 7 – 13　　　　　　　　　　　小区各评价指标相关数据

配送点	距离（km）	购物点数（个）	小区人数（人）	老年比（%）	物资需求量（件）
1	0.570	19	736	6.06	108
2	0.482	16	1347	8.32	127
3	0.821	19	3018	6.81	177
4	0.396	13	515	11.80	59
5	0.714	13	3709	4.85	214
6	0.319	16	3104	3.69	195
7	0.799	19	4870	4.50	255
8	1.326	20	486	6.14	72
9	0.715	15	326	9.34	42
10	1.589	11	2227	11.45	164
11	4.733	17	1722	13.22	147

小区服务紧急度的计算流程如图 7 – 14 所示。

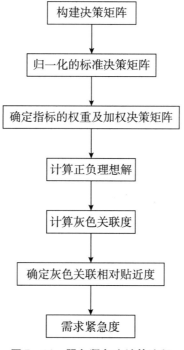

图 7 – 14　服务紧急度计算流程

具体步骤如下。

（1）指标一致化

小区人数、老年比、物资需求量均为效益性指标，指标值越大需求点的紧迫性就越高；距离和购物点数是成本型指标，指标值越大，小区紧急度越低。为保证指标一致性，本文分别以小区距离和购物点数最大值的 1.2 倍为参考，计算其他小区与参考值的差，从而将成本型指标转化成效益型指标。将指标一致化后，得到矩阵 A 和标准化矩阵 B。

$$A = \begin{bmatrix} 5.109 & 5 & 736 & 6.06 & 108 \\ 5.197 & 8 & 1347 & 8.32 & 127 \\ 4.858 & 5 & 3018 & 6.81 & 177 \\ 5.283 & 11 & 515 & 11.80 & 59 \\ 4.965 & 11 & 3709 & 4.85 & 214 \\ 5.360 & 8 & 3104 & 3.69 & 195 \\ 4.881 & 5 & 4870 & 4.50 & 255 \\ 4.353 & 4 & 486 & 6.14 & 72 \\ 4.964 & 9 & 326 & 9.34 & 42 \\ 4.090 & 13 & 2227 & 11.45 & 164 \\ 0.947 & 7 & 1722 & 13.22 & 147 \end{bmatrix} \quad B = \begin{bmatrix} 0.95 & 0.38 & 0.15 & 0.46 & 0.42 \\ 0.97 & 0.62 & 0.28 & 0.63 & 0.50 \\ 0.91 & 0.38 & 0.62 & 0.52 & 0.69 \\ 0.99 & 0.85 & 0.11 & 0.89 & 0.23 \\ 0.93 & 0.85 & 0.76 & 0.37 & 0.84 \\ 1.00 & 0.62 & 0.64 & 0.28 & 0.76 \\ 0.91 & 0.38 & 1.00 & 0.34 & 1.00 \\ 0.81 & 0.31 & 0.10 & 0.46 & 0.28 \\ 0.93 & 0.69 & 0.07 & 0.71 & 0.16 \\ 0.76 & 1.00 & 0.46 & 0.87 & 0.64 \\ 0.18 & 0.54 & 0.35 & 1.00 & 0.58 \end{bmatrix}$$

对矩阵 A 用熵值法，得到各评价指标的客观权重向量：

$$\boldsymbol{\omega}_1 = \{0.21 \quad 0.21 \quad 0.18 \quad 0.20 \quad 0.20\}$$

本文邀请了 4 位专家对各项指标进行打分，假设可信度分别为 0.9、0.9、0.7、0.5。表 7-14 为专家打分加权汇总结果，得到主观权重向量：

$$\boldsymbol{\omega}_2 = \{0.15 \quad 0.21 \quad 0.11 \quad 0.16 \quad 0.37\}$$

综上，由 $\boldsymbol{\omega} = \partial \cdot \boldsymbol{\omega}_1 + (1-\partial) \cdot \boldsymbol{\omega}_2$，$\partial = 0.5$ 则 $\boldsymbol{\omega} = \{0.18 \quad 0.21 \quad 0.15 \quad 0.18 \quad 0.28\}$

表 7-14　　　　　　　　　　　　　　指标主观评价权重

一级指标	权重	二级指标	权重
小区因素	0.36	距离	0.41
		购物点数	0.59

一级指标	权重	二级指标	权重
居民因素	0.27	小区人数	0.41
		老年比	0.59
物资因素	0.37	物资需求量	1

（2）矩阵 B 乘以相应的权重，得到加权矩阵 C

$$C = \begin{bmatrix} 0.17 & 0.08 & 0.02 & 0.08 & 0.12 \\ 0.17 & 0.13 & 0.04 & 0.11 & 0.14 \\ 0.16 & 0.08 & 0.09 & 0.09 & 0.19 \\ 0.18 & 0.18 & 0.02 & 0.16 & 0.06 \\ 0.17 & 0.18 & 0.11 & 0.07 & 0.23 \\ 0.18 & 0.13 & 0.10 & 0.05 & 0.21 \\ 0.16 & 0.08 & 0.15 & 0.06 & 0.28 \\ 0.15 & 0.06 & 0.01 & 0.08 & 0.08 \\ 0.17 & 0.15 & 0.01 & 0.13 & 0.05 \\ 0.14 & 0.21 & 0.07 & 0.16 & 0.18 \\ 0.03 & 0.11 & 0.05 & 0.18 & 0.16 \end{bmatrix}$$

（3）计算正负理想解、灰色关联矩阵以及灰色关联度

$$C^+ = \{0.18 \quad 0.21 \quad 0.15 \quad 0.18 \quad 0.28\}$$

$$C^- = \{0.03 \quad 0.06 \quad 0.01 \quad 0.05 \quad 0.05\}$$

$$R^+ = \begin{bmatrix} 0.92 & 0.47 & 0.47 & 0.53 & 0.41 \\ 0.92 & 0.59 & 0.51 & 0.62 & 0.45 \\ 0.85 & 0.47 & 0.66 & 0.56 & 0.56 \\ 1 & 0.79 & 0.47 & 0.85 & 0.34 \\ 0.92 & 0.79 & 0.74 & 0.51 & 0.70 \\ 1 & 0.59 & 0.70 & 0.47 & 0.62 \\ 0.85 & 0.47 & 1 & 0.49 & 1 \\ 0.79 & 0.43 & 0.45 & 0.53 & 0.37 \\ 0.92 & 0.66 & 0.45 & 0.70 & 0.33 \\ 0.74 & 1 & 0.59 & 0.85 & 0.53 \\ 0.43 & 0.53 & 0.53 & 1 & 0.49 \end{bmatrix} \quad R^- = \begin{bmatrix} 0.45 & 0.85 & 0.92 & 0.79 & 0.62 \\ 0.45 & 0.66 & 0.79 & 0.66 & 0.56 \\ 0.47 & 0.85 & 0.59 & 0.74 & 0.43 \\ 0.43 & 0.51 & 0.92 & 0.51 & 0.85 \\ 0.47 & 0.51 & 0.53 & 0.85 & 0.38 \\ 0.43 & 0.66 & 0.56 & 1 & 0.40 \\ 0.47 & 0.85 & 0.45 & 0.92 & 0.33 \\ 0.51 & 1 & 1 & 0.79 & 0.79 \\ 0.47 & 0.59 & 1 & 0.59 & 1 \\ 0.51 & 0.43 & 0.66 & 0.51 & 0.47 \\ 1 & 0.70 & 0.74 & 0.47 & 0.49 \end{bmatrix}$$

$$\alpha^- = \{0.73 \quad 0.62 \quad 0.62 \quad 0.65 \quad 0.55 \quad 0.61 \quad 0.61 \quad 0.82 \quad 0.73 \quad 0.52 \quad 0.68\}$$

$$\alpha^+ = \{0.56 \quad 0.62 \quad 0.62 \quad 0.69 \quad 0.73 \quad 0.68 \quad 0.76 \quad 0.52 \quad 0.61 \quad 0.74 \quad 0.60\}$$

（4）小区的灰色关联相对贴合度

$$\beta = \{0.43 \quad 0.5 \quad 0.5 \quad 0.51 \quad 0.57 \quad 0.53 \quad 0.55 \quad 0.39 \quad 0.46 \quad 0.59 \quad 0.47\}$$

（5）归一化后各小区的服务紧急度

$$W = \{0.08 \quad 0.09 \quad 0.09 \quad 0.09 \quad 0.1 \quad 0.1 \quad 0.1 \quad 0.07 \quad 0.08 \quad 0.11 \quad 0.09\}$$

（三）算例结果

模型通过 Matlab R2022a 编程，在 2.20 GHz Intel Core i5，8G 内存，Windows10 64 的计算机上运行的。经过多次测试，对 NSGA - Ⅱ 参数设置为：种群 100，最大迭代次数是 100，交叉概率 pc = 0.95，变异概率 pm = 0.01。

图 7 - 15 至图 7 - 17 是三个目标各自每代的最优值的迭代结果。可以看出各目标都可以较收敛和趋于稳定的最优解，验证了模型的有效性。

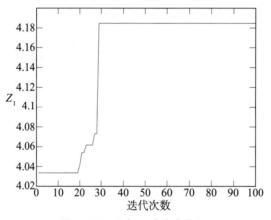

图 7 - 15　目标 1 迭代变化图

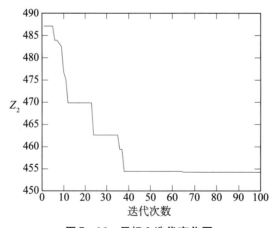

图 7 - 16　目标 2 迭代变化图

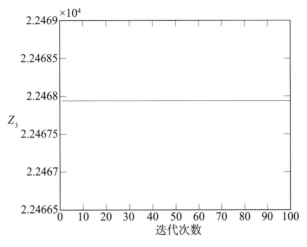

图 7 - 17   目标 3 迭代变化图

基于前面参数设定，算法终止时，得到 86 个 Pareto 解，Pareto 最优解分布如图 7 - 18 所示。

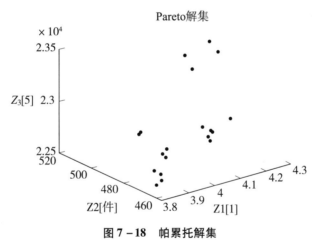

图 7 - 18   帕累托解集

为直观的反映商超车辆的行驶路径情况，以小区的实际经纬度为坐标，以求得的车辆路径最优方案 $Z_3 = 22468s$ 为例，其配送网络图如图 7 - 19 所示。

同时，为分析目标间的情况，将得到的 86 个 Pareto 非劣解归一化处理后，按 Z_3 升序排列，得到 Pareto 非劣解的收敛趋势图，如图 7 - 20 所示。整体上，随着 Z_3 增加，Z_1 也在增加，表明优化满意度的同时，一定存在时效性的损失，反之亦然；同样当路径一定时，目标 Z_1 和 Z_2 的波动趋势大致相同，呈现悖论关系，即优化嫉妒值的同时必然带来满意度的损失，反之亦然。

为进一步分析目标间的关系，表 7 - 15 是从 86 个 Pareto 非劣解中选取的 6 组解。方案 A - C，当路径一定时，满意度随着嫉妒值的增大而增大；方案 D - F 是基于三个

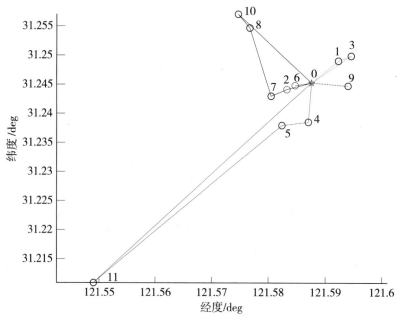

图 7 – 19 车辆配送网络图

目标最优值的 Pareto 解，可以看到物资最大满意度和最小总时间变化趋势相同，选择满意度大的方案就要牺牲一定的时间。因此，三个目标间很难同时达到最优，可行的物资配送方案是多样的，决策者可根据不同的决策偏好和实际需求选择相应的方案。

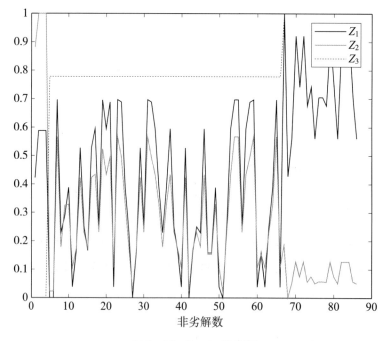

图 7 – 20 Pareto 非劣解

表 7 - 15　　　　　　　　　　　　典型的 Pareto 解

序号	物资分配						车辆路径	Z_1	Z_2	Z_3
A	20	12	19	0	9	5	0 - 10 - 8 - 3 - 0 0 - 4 - 7 - 0 0 - 5 - 6 - 11 - 0 0 - 1 - 9 - 2 - 0	3.8847	466	22923
	16	13	15	16	7	6				
	25	11	20	17	13	13				
	4	7	8	9	8	6				
	37	23	13	13	35	21				
	14	12	21	30	19	23				
	45	44	14	37	17	39				
	4	7	2	2	14	20				
	2	6	7	5	4	2				
	17	10	16	21	10	22				
	16	9	18	17	14	18				
B	12	14	16	0	11	8	0 - 10 - 8 - 3 - 0 0 - 4 - 7 - 0 0 - 5 - 6 - 11 - 0 0 - 1 - 9 - 2 - 0	3.9249	474	22923
	29	17	14	15	5	9				
	27	16	17	25	21	16				
	4	6	10	6	5	9				
	28	25	15	13	34	6				
	13	16	28	30	22	39				
	45	39	14	38	25	23				
	4	6	1	2	13	17				
	2	5	6	4	5	2				
	21	8	17	20	10	28				
	16	7	16	17	13	20				
C	30	10	18	3	9	7	0 - 10 - 8 - 3 - 0 0 - 4 - 7 - 0 0 - 5 - 6 - 11 - 0 0 - 1 - 9 - 2 - 0	4.0412	483	22923
	24	9	16	16	8	8				
	25	15	22	16	14	18				
	3	6	6	10	6	10				
	31	28	15	10	30	26				
	14	12	17	29	24	37				
	43	44	10	39	21	43				
	4	7	2	3	14	15				
	2	5	5	5	5	2				
	16	7	26	20	11	29				
	16	13	14	17	16	20				

序号	物资分配						车辆路径	Z_1	Z_2	Z_3
D	15	12	12	9	10	9	0－4－11－5－0 0－1－3－6－0 0－7－0 0－10－2－8－0 0－9－0	4.1847	491	22961
	26	14	18	18	7	5				
	30	31	17	12	23	3				
	4	6	11	11	6	8				
	31	33	25	18	24	15				
	10	13	27	17	23	25				
	36	36	34	29	25	21				
	9	7	1	5	14	20				
	2	6	3	10	6	2				
	33	10	16	38	14	33				
	1	15	16	10	19	19				
E	3	8	11	12	6	7	0－9－2－0 0－7－5－3－0 0－4－11－0 0－1－0 0－8－10－6－0	3.7914	455	22928
	4	8	14	14	2	1				
	26	24	13	2	35	13				
	4	7	5	7	6	3				
	38	18	27	13	26	19				
	10	24	33	23	28	19				
	43	46	27	26	33	38				
	4	15	1	4	4	13				
	2	5	2	5	6	3				
	32	8	13	31	8	18				
	14	19	8	19	26	22				
F	24	10	19	6	7	8	0－6－0 0－1－3－0 0－11－5－4－0 0－9－0 0－2－7－8－10－0	3.6242	537	22468
	39	17	13	13	8	5				
	13	21	16	15	27	12				
	3	6	5	5	5	7				
	21	24	18	23	30	16				
	7	18	20	20	20	19				
	23	29	23	17	30	33				
	4	7	3	4	10	10				
	3	4	6	7	5	2				
	27	6	17	19	7	16				
	12	14	19	10	16	20				

六、结论

（1）本文为解决疫情下商超企业模块化物资社区分配问题，从配送时间和分配公平性两个方面优化车辆的路径以及小区的物资分配。

（2）配送路径优化过程以疫情下商超企业线上推出多种模块化物资和以社区为单位的集单配送为背景展开，考虑了物资保鲜时间的限制，同时结合隔离小区的实际对小区的服务紧急度进行划分。

（3）通过以疫情下上海浦东新区某一商超及其服务的 11 个小区为例验证了模型的有效性，从而为疫情下商超对封控区域小区配送提供参考。

（4）在模型构建期间，未考虑车辆实际装卸时间和速度差异，是基于服务时间和车型相同的假设，后续可以考虑不同车辆以及不同装载时间，以及多个商超间的物资共享的社区配送。

参考文献

［1］段容谷，庄媛媛，张克勇，等. 突发公共卫生事件下多阶段应急救援物资配置研究［J］. 中国安全生产科学技术，2021，17（12）：142－148.

［2］何婷，侯汉平，杨建亮. 疫情背景下生鲜电商企业车辆路径优化研究［J］. 中国安全生产科学技术，2020，16（7）：183－188.

［3］许德刚，李凡，王露，等. 优化烟花算法在医疗物资应急调度中的应用［J］. 计算机工程与应用，2021，57（24）：249－258.

［4］刘娜，张玺，石超峰. 疫情期间社区商超物资配送路径优化研究［J］. 交通科技与经济，2020，22（5）：39－44.

［5］曲冲冲，王晶，黄钧，等. 考虑时效与公平性的震后应急物资动态配送优化研究［J］. 中国管理科学，2018，26（6）：178－187.

［6］詹沙磊，刘南. 基于灾情信息更新的应急物资配送多目标随机规划模型［J］. 系统工程理论与实践，2013，33（1）：159－166.

［7］唐东海，叶春明. 疫情初期应急医疗物资公平配送研究［J］. 科技和产业，2021，21（10）：212－218.

［8］王飞跃，郭换换，裴甲坤，等. 不确定条件下应急资源分配区间规划模型研

究［J］．中国安全生产科学技术，2019，15（10）：107 – 113.

［9］郑斌，马祖军，周愉峰．震后应急物流动态选址——联运问题的双层规划模型［J］．系统管理学报，2017，26（2）：326 – 337.

［10］胡晓伟，宋浪，杨滨毓，等．重大突发公共卫生事件下城市应急医疗物资优化调度研究［J］．中国公路学报，2020，33（11）：55 – 64.

［11］白东．疫情背景下应急医疗物资分配及车辆路径规划研究［D］．北京：北京交通大学，2021.

［12］王付宇，汤涛，李艳，等．疫情事件下多灾点应急资源最优化配置研究［J］．复杂系统与复杂性科学，2021，18（1）：53 – 62.

［13］王旭坪，张娜娜，詹红鑫．考虑灾民非理性攀比心理的应急物资分配研究［J］．管理学报，2016，13（7）：1075 – 1080.

［14］王妍妍．地震灾害应急物资多周期分配优化模型研究［D］．哈尔滨：哈尔滨工业大学，2019.

［15］孙泽林．重大突发公共卫生事件下应急物资优化调度研究［D］．武汉：武汉纺织大学，2021.

［16］宋英华，黄茜，马亚萍，等．多维公平测度下考虑灾民心理痛苦效应的应急资源调配［J］．中国安全生产科学技术，2021，17（4）：47 – 53.

［17］陈刚，付江月．兼顾公平与效率的多目标应急物资分配问题研究［J］．管理学报，2018，15（3）：459 – 466.

［18］冯江博．考虑受灾点差异性的应急物资配送方案研究［J］．交通科技与经济，2020，22（4）：23 – 26，66.

［19］赵建有，韩万里，郑文捷，等．重大突发公共卫生事件下城市应急医疗物资配送［J］．交通运输工程学报，2020，20（3）：168 – 177.

［20］姬雅帅．考虑公平性的响应初期应急物资分配——运输研究［D］．西安：长安大学，2018.

疫情场景下无接触甩挂接驳作业优化研究

李姚娜

（上海海事大学物流研究中心）

摘　要： 面对新冠疫情多发频发的态势，封控管理下的城市如何平衡疫情防控安全与物流流通效率是关乎民生与经济社会发展的重大现实问题。为此本文提出了更适合疫情场景下保供物资运输的交换箱无接触甩挂接驳作业模式。研究结果显示，基于交换箱无接触甩挂接驳作业模式现实可行，设计的算法适用于不同客户分布情况，求解结果相对稳定且效果较好。希望本研究能为疫情防控常态化背景下抗击疫情、托底民生和畅通货运提供新思路。

关键词： 交换箱；两级选址与路径优化问题；无接触配送；混合整数规划；新冠疫情

一、引言

新冠疫情时至今日在国内和国际仍呈现多发频发态势。2022 年 3 月初，由于新冠病毒变异株奥密克戎 BA.2 的高传播性、高传染性和高隐匿性，新一轮新冠肺炎疫情在我国多地散发。从感染者数量来看，此轮疫情的感染者主要集中在上海市，累计占 3 月份本土感染者数量 40% 以上。面对指数型激增的感染人数，3 月 30 日上海市宣布将开启全域静态管理模式，此措施一方面能够有效地遏制病毒传播实现在短期内肃清疫情，但另一方面从城市物流配送的角度来看，将会导致物流配送各环节濒临失效。因此，上海作为拥有近 2500 万常住人口的超大城市，如何平衡疫情防控安全与物流流通效率，成为前所未有的难题。面临严峻的疫情防控形势和应急物资保供的压力，4 月 22 日，时任上海市副市长张为在疫情防控工作新闻发布会上表示：在公路方面，还大力推广中转站转运模式，以及更换司机、甩挂等无接触物流模式，提高货运效率。4 月 27 日，时任国务院总理李克强在主持召开国务院常务会议提出：备足用好应急物资中转站，实行非接触式接驳，确保民生物资、产业链供应链重点企业货物、进出口产品等运输，这表明政府对于中转站转运模式和无接触甩挂接驳运输方式的充分认可。随着无接触甩挂接驳运输需求的不断放大，如何在现有"应急物资中转站＋无接触甩挂接驳运输"的基础上，优化设计出兼顾安全与效率的物流运输模式是抗击疫情、托底民生、畅通货运和实现产业循环的关键。

相比更适合远距离、长时间、大批量的传统甩挂运输，基于交换箱（Swap body）的甩挂运输是一种更为高效的新兴运输模式，通过变换车体可以实现保供物资的单车直送和点点直达，是公路货运行业向标准化、集约化、绿色化和智慧化等高质量发展的集中体现。从学术界现有研究来看，学者们已经认识到基于交换箱的甩挂运输对物流行业降本增效的重要作用，如区传金等人认为交换箱的应用可以有效提高互换挂车运输设备的技术水平，加快现代道路运输业的转型。郑舒认为交换箱运输灵活便捷、单位运输成本更低。纪鹏飞认为交换箱运输比甩挂更高效，更适合快递与城市配送领域。王宝远等采用蚁群算法求解交换箱运输模式配送成本最低的路径优化模型，并与普通货车运输进行对比，结果显示在充足货源和资金的条件下，采用交换箱运输能加快货物周转率和节省运营成本。随着《多式联运交换箱技术需求及试验方法》《道路运输用交换箱技术要求与试验方法》《机动车运行安全技术条件》等标准的实行，国内车企已掌握了交换箱的核心技术并开始批量生产与出口，这为交换箱在中国的推广应用提供了政策和技术的支持。因此，基于交换箱的甩挂运输将是我国公路货物运输发展的新方向，也是加快建设全国统一大市场战略背景下打通物流堵点和卡点的新思路。

从现有文献研究内容来看，鲜有同时考虑交换箱运输选址和路径规划问题的两级选址与路径优化的研究，学者们的研究兴趣集中在交换箱甩挂车辆路径问题（Swap Body Vehicle Routing Problem，SB－VRP），此问题类似于卡车和拖车路径问题（Truck and Trailer Routing Problem，TTRP），但不同点在于 SB－VRP 中卡车可以携带不同容量的交换箱，并且甩挂点是临时的，可以在客户节点处卸箱并将交换箱留在客户节点位置。在研究方法方面，普遍建立 SB－VRP 混合整数规划模型，并设计能够在合理时间内提供高质量解决方案的启发式方法。如 Lum 等人将 SB－VRP 实例转化为经典的 VRP 实例，通过模拟退火得到初始解然后使用 Groer 在 VRPH 中提出的 VRP 的标准算法，为提升解的质量设计了 5 个局部搜索算子的变邻域下降来获得最终解。Todosijevic′等采用两个通用变量邻域搜索启发式算法求解目标为满足服务时间和使固定成本和执行成本最小。Bront 等采用贪婪算法在特定的运行环境和有限的计算时间内求解 SB－VRP。T′ulio 等为快速得到 SB－VRP 的可行解，设计了考虑多个邻域结构的局部搜索算法。Sandra 等人认为将数学规划与启发式方法相结合能有效求解车辆路径问题，他们的贡献是设计了一种基于列生成的方法，采用变量邻域搜索启发式填充能有效求解大规模算例的 SB – VRP。为此，本文基于交换箱运输的特性，建立混合整数规划模型并设计改进聚类与模拟退火混合的启发式算法，针对疫情场景下基于交换箱的无接触甩挂选址与路径优化问题，采用具有不同分布特点的标准数据集 Solomon 进行数值实验，验证算法的稳定性和有效性，最后以上海市疫情封控期间物资需求数据为实例，验证算法的可行性。

二、问题描述

基于交换箱的无接触甩挂接驳作业中交换箱甩挂点选址与运输车路径规划问题是一个两级配送网络问题，它由一组保供物资中转站、一组交换箱甩挂点和一组客户节点构成。交换箱甩挂点的选择是两级选址与路径规划问题（Two Echelon Location Routing Problem，2E – LRP），问题目标是实现总配送成本最小，其总配送成本包括配送路径成本和设置甩挂点的成本。问题约束包括交换箱甩挂点的选择与分配约束、车辆路径分配约束、配送运输车载货量约束。与两级车辆路径规划问题（Two Echelon Vehicle Routing Problem，2E – VRP）问题不同，在 2E – LRP 中交换箱甩挂点的选择是整个配送成本的重要影响因素，每个被选择的甩挂点只能分配给一个保供物资中转站，此外，每个保供物资中转站都必须分配到甩挂点。在确定甩挂点及其分配方案后，问题由 2E – LRP 转化为 2E – VRP，两级中的任意一级运输都使用同质车队，第一级车辆运输的目的是将货物由大型交换箱运输车从保供物资中转站运往市内甩挂点，每一条运输路线都从保供物资中转站出发，途经一个或多个甩挂点，然后回到始发保供物资中转站；第二级车辆运输的目的是将货物由小型交换箱运输车从甩挂点运送物资到终端客户节点，然后回到始发甩挂点。基于交换箱的甩挂运输行程示例如图 7 – 21 所示，在 2E – LRP 第一级运输中一组保供物资中转站位于城市边界相当于城市物流的货源地，交换箱甩挂点作为中间枢纽设施为终端客户节点配送货物，而第二级运输相当于城市物流中的配送环节。基于交换箱的甩挂运输由传统甩挂运输发展而来，是全挂列车改装成前后带有交换箱的甩挂运输。区别于传统的甩挂运输，交换箱甩挂运输无须人工对接，甩挂点也不受场地限制，可以直接将交换箱放置在超市或商店附近的任何开放空间，通过全自动的箱体变换技术实现车体与车厢的快速自装卸，由此具有"一车多箱"和"一车多用"的特点。既能实现在无接触的条件下完成车与货箱分离，符合防疫安全需求，又能免去车辆等待装卸货的时间，按照既定的闭环运输线路实现"即甩即走"。在法律容许的范围内车体通过拖带多个箱体来加长车厢长度从而增加运输容量。同时，交换箱应用无线传感器、网络通信等技术设备可以实现对货物装载量、运输状态和储存情况的实时监控和智能化判断，在保障行车安全的同时可以发挥移动仓库的功能。本文设计的基于交换箱的无接触甩挂接驳作业流程，包括：作业流程一，在城际干线物资流通环节，大型交换箱运输车采用专线物流的形式，往返于市外保供物资中转站和甩挂点，分别在两地进行交换箱体作业，即在市外保供物资中转站卸下空箱，装上多个满箱并运往甩挂点。在甩挂点卸下满箱，装上多个空箱返回市外保供物资中转站；作业流程二，在城市物流中的配送环节，大型交换箱运输车和小型交换箱运输车在甩挂点相互独立且交叉地进行箱体交换作业。其中小型交换箱运输车采用货运共配的形式，在交换箱甩挂点装上一个满箱并运往指定配送区域内客户节点，最后携空箱返回甩挂点。

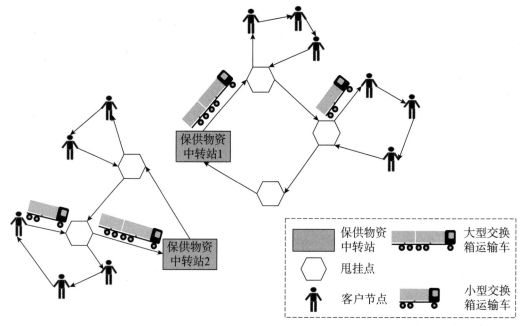

图 7 – 21　基于交换箱的甩挂两级运输行程示例

三、模型建立

（一）问题假设

①每个被选作甩挂点的节点至少服务一个客户节点；

②每一次配送任务中任意运输车仅运输一次；

③每条路径从保供物资中转站或甩挂点出发，最后要回到保供物资中转站或甩挂点；

④每一个客户节点有且仅有一辆运输车进行服务；

⑤服务的顾客的需求总和不超过运输车的载货容量约束；

⑥每个客户节点的需求已知；

⑦每个保供物资中转站都至少辐射一个甩挂点；

⑧不考虑车辆拥堵或突发情况且所有运输车的行驶速度相同；

⑨交换箱内的物资品类相同。

（二）定义集合、参数与决策变量（见图7-22）

集合	
D	代表保供物资中转站集合，通过 $\tau \in D$ 索引。
N	N 客户节点集合，通过 $i \in N$ 索引每个客户。从客户节点中选择甩挂点，并通过 $v \in N$ 索引甩挂点。
S	$S \subseteq N$，表示候选甩挂点集合。
J	$J = D \cup N$ 为保供物资中转站与客户节点的合集，通过 $j \in J$ 索引
参数	
$C_{ij} \geqslant 0$	运输车从 $i \in J$ 到 $j \in J$ 的行驶成本。
R_i	客户节点 i 需求的货物量。
$K^1, K^2 \geqslant 0$	第一级和第二级运输车的最大容量。
$C^1, C^2 \geqslant 0$	表示第一级和第二级运输车的单位距离成本。
$F^{sat} \geqslant 0$	设置甩挂点的单位固定成本。
U^{sat}	甩挂点的数量
决策变量	
$x_{ij\tau} \in \{0,1\}$	$x_{ij\tau} = 1$，表示一级运输车从保供物资中转站 τ 出发，服务客户节点 $i \in N$ 后，紧接的服务客户节点 $j \in N$；否则 $x_{ij\tau} = 0$。
$y_{ijv} \in \{0,1\}$	$y_{ijv} = 1$，表示二级运输车从甩挂点 v 出发，服务客户节点 $i \in N$ 后，下一个紧接的服务客户节点 $j \in N$；否则 $y_{ij\tau} = 0$。
$\beta_{ij\tau} \in \{0,1\}$	$\beta_{ij}^{\tau} = 1$，表示客户节点 i 分配给甩挂点 j，并且 j 分配给保供物资中转站 τ；否则，$\beta_{ij}^{\tau} = 0$。其中，$i \neq j$。若节点 i 被选作甩挂点则 $\beta_{ii\tau} = 1$。
$q_{ij\tau} \geqslant 0$	表示从保供物资中转站 $\tau \in D$ 出发的车辆经过 $i \in N$ 到达 $j \in N$ 的路段中运输车的载货量。
$p_{ijv} \geqslant 0$	表示从甩挂点 $v \in N$ 出发的车辆经过 $i \in N$ 到达 $j \in N$ 的路段中运输车的载货量

图7-22　集合、参数与决策变量

（三）模型建立

基于交换箱的甩挂运输两级选址与路径规划模型的目标函数是第一级与第二级配送路径成本和设置甩挂点成本组成的总配送成本最小化，如式（7-33）所示。其中第一级和第二级配送路径成本如式（7-33a）和式（7-33b）所示。

$$\min z = z_1 + z_2 + F^{sat} \cdot U^{sat} \tag{7-33}$$

$$z_1 = C_1 \sum_{i,j \in J;\tau} C_{ij} x_{ij\tau} \tag{7-33a}$$

$$z_2 = C_2 \sum_{v,i,j \in N} C_{ij} y_{ijv} \tag{7-33b}$$

交换箱甩挂点的选择与分配关系的约束条件如式（7-34）至式（7-38）所示。其中，式（7-34）表示任意客户节点 $i \in N$ 都分配给一个甩挂点且仅归属于一个保供物资中转站；式（7-35）表示甩挂点的数量等于 U^{sat}；式（7-36）表示任意甩挂点仅被分配给一个保供物资中转站；式（7-37）表示若客户节点 $i \in N$ 不是甩挂点则必会被分配给一个甩挂点；式（7-38）表示仅当 $k \in N$ 为甩挂点时才会将客户节点分配至甩挂点 k。交换箱甩挂运输一级配送的车辆路径分配关系约束如式（7-39）至式（7-44）所示。其中，式（7-39）至式（7-41）表示消除运输车从保供物资中转站出发的无效路径；式（7-42）至式（7-43）表示第一级运输中的路径约束和流平衡约束；式（7-44）表示第一级运输车经过的客户节点为被选作甩挂点的节点。交换箱甩挂运输二级配送的车辆路径分配关系约束如式（7-45）至式（7-49）所示。式（7-45）至式（7-48）表示第二级运输路径与节点分配的逻辑保持一致，如果客户节点 j 从甩挂点 v 服务且归属于市外应急物资中转站 τ，则允许在客户节点 j 处存在入度与出度；式（7-49）表示第二级运输车辆返回甩挂点的装载量为0。交换箱甩挂运输的一级配送运输车载货量约束如式（7-50）至式（7-56）所示。式（7-50）至式（7-51）通过联立运输车的装载量、行驶路径与节点分配问题，保证运输车在运输过程中，经过甩挂点的顺序与运输车装载量保持同步变化；通过式（7-52）至式（7-53）将变量 $q_{ij\tau}$ 与第一级路径 $x_{ij\tau}$ 建立联系；通过式（7-54）至式（7-55）将第一级运输路径限制在保供物资中转站与甩挂点之间；式（7-56）表示运输车返回到保供物资中转站时的载货量为0。交换箱甩挂运输的二级配送的运输车载货量约束如式（7-57）至式（7-63）所示。式（7-57）至式（7-58）通过建立第二级运输中运输车装载量与运输路径的联系，确立运输顺序与运输车装载量变化的关系；式（7-59）至式（7-61）表示对第二级运输路径建立流平衡的约束；通过式（7-62）至式（7-63）将变量 p_{ijv} 与路径

y_{ijv} 建立联系，确保运输车装载量不超过车辆最大容积。决策变量的值域约束。模型决策变量类型与索引如式（7-64）至式（7-68）。基于交换箱的甩挂运输两级选址与路径规划模型的决策变量值域约束如式（7-69）至式（7-73）所示。

$$\sum_{\tau \in D, k \in N} \beta_{ik\tau} = 1, \forall i \in N \tag{7-34}$$

$$\sum_{\tau \in D, k \in N} \beta_{kk\tau} = U^{sat} \tag{7-35}$$

$$\sum_{\tau \in D} \beta_{kk\tau} \leqslant 1, \forall k \in N \tag{7-36}$$

$$\sum_{\tau \in D, k \in N; k \neq i} \beta_{ik\tau} = 1 - \sum_{\tau \in D} \beta_{ii\tau}, \forall i \in N \tag{7-37}$$

$$\beta_{ik\tau} \leqslant \beta_{kk\tau}, \forall i, k \in N; \tau \in D \tag{7-38}$$

$$\sum_{j \in D, j \neq \tau; i \in N} x_{ij\tau} = 0, \forall \tau \in D \tag{7-39}$$

$$\sum_{i \in N, j \in D; j \neq \tau} x_{ji\tau} = 0, \forall \tau \in D \tag{7-40}$$

$$\sum_{\tau, j, i \in D} x_{ij\tau} = 0 \tag{7-41}$$

$$\sum_{i \in D} x_{ii\tau} = 0, \forall i \in N \tag{7-42}$$

$$\sum_{l \in I} x_{lj\tau} - \sum_{l \in I} x_{jl\tau} = 0, \forall j \in J, \tau \in D \tag{7-43}$$

$$\sum_{j \in I} x_{ij\tau} = \beta_{ii\tau}, \forall i \in N, \tau \in D \tag{7-44}$$

$$\sum_{v \in N, k \in N} y_{kkv} = 0 \tag{7-45}$$

$$\sum_{i \in N} y_{ijv} = \sum_{\tau \in D} \beta_{jv\tau}, \forall j, v \in N \tag{7-46}$$

$$\sum_{i \in N} y_{jiv} = \sum_{\tau \in D} \beta_{jv\tau}, \forall j, v \in N \tag{7-47}$$

$$y_{ijk} \leqslant \sum_{\tau \in D} \beta_{kk\tau}, \forall i, j, k \in N \tag{7-48}$$

$$\sum_{j \in N} p_{jvv} = 0, \forall v \in N \tag{7-49}$$

$$\sum_{i \in N, i \neq \tau} q_{i\tau\tau} - \sum_{i \in N, i \neq \tau} q_{\tau i\tau} = - \sum_{k, j \in N} R_j \cdot \beta_{jk\tau}, \forall \tau \in D \tag{7-50}$$

$$\sum_{i \in I, i \neq j} q_{ij\tau} - \sum_{i \in J, i \neq j} q_{ji\tau} = \sum_{k \in N} R_k \cdot \beta_{kj\tau}, \forall j \in N, \tau \in D \tag{7-51}$$

$$q_{ij\tau} \geqslant x_{ij\tau}, \forall i \in J; j \in N; \tau \in T \tag{7-52}$$

$$q_{ij\tau} \geqslant K^1 \cdot x_{ij\tau}, \forall i, j \in J; \tau \in D \tag{7-53}$$

$$x_{ij\tau} \leqslant \beta_{jj\tau}, \forall i \in J; j \in N; \tau \in D \tag{7-54}$$

$$x_{ji\tau} \leqslant \beta_{jj\tau}, \forall i \in J; j \in N; \tau \in D \tag{7-55}$$

$$\sum_{j \in N} q_{j\tau\tau} = 0, \forall \tau \in D \tag{7-56}$$

$$\sum_{i \in N} p_{ivv} - \sum_{i \in N} p_{viv} = R_v \cdot \sum_{\tau \in D} \beta_{vv\tau} - \sum_{\tau \in D, j \in N} R_j \cdot \beta_{jv\tau}, \forall v \in N$$
$$(7-57)$$

$$\sum_{i \in N} p_{ijv} - \sum_{i \in N} p_{jiv} = R_j \cdot \sum_{\tau \in D} \beta_{j\tau v}, \forall v, j \in N; j \neq v \quad (7-58)$$

$$\sum_{i \in N} y_{ivv} = \sum_{\tau \in D} \beta_{vv\tau}, \forall v \in N \quad (7-59)$$

$$\sum_{i \in N} y_{viv} = \sum_{\tau \in D} \beta_{vv\tau}, \forall v \in N \quad (7-60)$$

$$\sum_{l \in N} y_{ljv} - \sum_{l \in N} y_{jlv} = 0, \forall j, v \in N \quad (7-61)$$

$$p_{ijv} \leqslant K^2 \cdot y_{ijv}, \forall i, j, v \in N \quad (7-62)$$

$$p_{ijv} \geqslant y_{ijv}, \forall i, j, v \in N; j \neq v \quad (7-63)$$

$$x_{ij\tau} \in \{0,1\}, \forall i, j \in J; \tau \in D \quad (7-64)$$

$$y_{ijv} \in \{0,1\}, \forall i, j, v \in N \quad (7-65)$$

$$\beta_{ij\tau} \in \{0,1\}, \forall i, j \in N; \tau \in T \quad (7-66)$$

$$q_{ij\tau} \geqslant 0, \forall i, j \in J; \tau \in D \quad (7-67)$$

$$p_{ij\tau} \geqslant 0, \forall i, j, v \in N \quad (7-68)$$

$$x_{ij\tau} \in \{0,1\}, \forall i, j \in J; \tau \in D \quad (7-69)$$

$$y_{ijv} \in \{0,1\}, \forall i, j, v \in N \quad (7-70)$$

$$\beta_{ij\tau} \in \{0,1\}, \forall i, j \in N; \tau \in T \quad (7-71)$$

$$q_{ij\tau} \geqslant 0, \forall i, j \in J; \tau \in D \quad (7-72)$$

$$p_{ij\tau} \geqslant 0, \forall i, j, v \in N \quad (7-73)$$

四、两阶段启发式算法

一般情况下，城市与城郊居民日常生活物资获取渠道来源于批发零售市场、商超、零售店、电商线上平台和餐饮店。然而，在疫情场景下，由于众多社区采取封控管理，交换箱甩挂运输的客户分布不同于日常的点状特点，而是呈现出块状或半块状分布的新特点，同时考虑 SB-VRP 的 NP-hard 情况，本文引入改进 K-means 聚类和模拟退火算法构成两阶段混合启发式算法以更好地求解此问题。

（一）第一阶段：改进 K-means 聚类算法

第一阶段研究交换箱甩挂运输中甩挂点的选址以及服务客户区域的划分问题。本文针对交换箱甩挂运输的容量限制和客户分布的特点，对 K – means 聚类算法进行改进（见表 7 – 16）主要体现在步骤 2 中增加了需求约束，簇的最小边界 k 等于总需求与一个簇能满足需求能力的比值。因此，在遍历聚类对象时可以从最小边界 k 开始遍历并优先分配距离某个簇最近的客户节点。此外，通过采用多次求解和保留最优的方式来降低对初始聚类中心的依赖。

表 7 – 16 改进的 K – means 聚类算法

算法输入	簇的数目 k，数据集合 N
算法目标	产出具有确定性的互斥聚类结果，使满足需求限制的条件下令簇内的差异尽可能小且簇间的差异尽可能大
步骤 1	初始化：从数据集 N 中随机选择 k 个对象作为初始聚类中心
步骤 2	计算聚类对象到初始聚类中心的欧式距离，在满足需求约束的情况下，优先分配所有聚类对象距离某个聚类中心最近的点。然后将剩余聚类对象按照距离最近原则划分到距离最近的聚类中心所对应的簇。如果该簇无法容纳，则划分到距离次近的聚类中心所对应的簇，以此类推
步骤 3	更新聚类中心：将每个簇中所有对象所对应的均值作为该簇的聚类中心，计算目标函数值即最小化对象到聚类中心距离的平方和
步骤 4	判断 k 个簇的聚类中心和目标函数值是否发生改变，若不变则输出结果，否则返回步骤 2
算法输出	k 个簇的集合

（二）第二阶段：模拟退火算法

第二阶段研究从交换箱甩挂点到客户节点的车辆配送路径优化问题。模拟退火算法是局部搜索算法的拓展，由于在搜索过程引入了随机因素因此具有跳出局部最优解，达到全局最优的概率。因此本文采用模拟退火算法来研究问题交换箱甩挂运输的车辆路径优化问题。

1. 初始化算子设计

本文对交换箱甩挂运输配送网络进行统一编号，即在第一阶段确定好交换箱甩挂点集合 $\{1,2,\cdots,k_0\}$ 和区域分配方案后，将第二阶段路径优化中 n 个客户节点进行编号。由此得到解空间中，首位代表甩挂点的编号，第二位开始至倒数第二位代表运输车依次经过的需求点，最末位代表车辆返回甩挂点的编号。

2. 路径交换算子

使用模拟退火算法求解路径优化问题时一般采用路径交换法，即在所有客户节点中随机选取两个节点并在原有路径进行位置交换，由此得到新的路径段。本文在此基础上，增加了路径倒置产生新路径段的方式。如图 7 - 23 所示，以甩挂点 0 的解空间为例，随机选取编号为 3 和 7 两个客户节点，则此两节点之间的路径通过路径倒置产生新解。

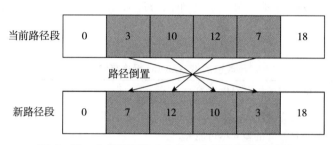

当前路径段 | 0 | 3 | 10 | 12 | 7 | 18

路径倒置

新路径段 | 0 | 7 | 12 | 10 | 3 | 18

图 7 - 23　交换箱甩挂点 0 的产生新路径段的过程

五、数值实验

采用 Python3.7 编程，在 CPU 型号为 11th Gen Intel（R）Core（TM）i7 - 1165G7、16 GB 内存和 64 位 Windows10 操作系统的计算机上运行。采用 Solomon 标准数据集，并从选取其中的随机分布的 R101、半堆分布的 RC101 和堆分布的 C101 进行算例分析，每种数据集均含有 101 个节点，包含 2 个配送中心节点和 99 个客户需求节点。将算法的参数设置为：第一级和第二级交换箱运输车的最大容量 $K^1 = 800, K^2 = 400$；模拟退火算法的降温速率 $q = 0.99$，初始温度 $T_0 = 1000$，终止温度 $T_{end} = 0.01$，链长 $L = 300$。将三种数据集采用改进 K - means 聚类和模拟退火两阶段混合启发式算法运行 10 次所得结果如表 7 - 17 所示。求解得到随机分布的 R101 的最短配送距离是 3085.94，堆状分布的 C101 的最短配送距离是 3626.25，半堆分布的 RC101 最短配送距离是 3878.30。需要指出的是，数据集 RC101 和 C101 的客户需求总量均大于 R101，所以 R101 的最短配送距离和平均最短配送距离相对较小。不过，三个数据集的相对平均偏差均在 1% 内，因此可以接受此偏差。表明本文提出的算法适合不同客户分布情况下交换箱甩挂选址与路径规划问题的求解，且结果相对稳定且较好。为进一步验证算法的准确性，本文在三种数据集的小规模（$N = 30$）情况下，将第一级和第二级运输车的最大容量修改为 $K^1 = 400, K^2 = 200$，以对比启发式算法与 CPLEX 求解的结果。求结果如表 7 - 18 所示，交换箱甩挂点选址与配送路径如图 7 - 24 所示，两阶段启发式算法对 R101、C101 和 RC101 的 CPLEX 求解结果改进率分别为 30.57%、20.78%、15.25%，表明本文提出的两阶段启发式算法在有限时间内对三种数据集的求解结果均优于

CPLEX。

表7-17　　　三种数据集运行10次的求解结果（$D=2$，$N=99$的算例）

数据集	节点分布特点	甩挂点选址（客户节点编号）	x	$\bar{x}$	$\bar{d}$	RAD（%）
R101	随机分布	[1，20，6，36]	3085.94	3087.61	2.66	0.086
C101	堆分布	[8，44，77，18，87]	3626.25	3626.26	0.05	0.001
RC101	半堆分布	[39，7，83，84，21]	3878.30	3884.02	1.84	0.047

注：$D=$ 保供物资中转站；$N=$ 客户节点；$x=$ 最短配送距离；$\bar{x}=$ 平均最短配送距离；$\bar{d}$（平均偏差）$=\sum_{i=1}^{n}\frac{|x_i-\bar{x}|}{n}$，$(n=10)$；RAD（相对平均偏差）$=\frac{\bar{d}}{x}*100\%$。

表7-18　　　模型与启发式算法的求解结果对比（$D=2$，$N=30$的算例）

数据集	Hubs	CPLEX		两阶段启发式算法		
		x^{cp}	T（秒）	x^{ha}	T（秒）	Gap^*（%）
R101	2	475.28	535.21	364.00	50.49	30.57
C101	3	212.75	424.37	176.15	34.27	20.78
RC101	4	260.34	532.85	225.90	48.53	15.25

注：$D=$保供物资中转站；$N=$客户节点；Hubs$=$甩挂点的数量；x^{cp}，$x^{ha}=$最短配送距离；$T=$计算时间；Gap^*（改进率）$=|\frac{x^{ha}-x^{cp}}{x^{cp}}|$。

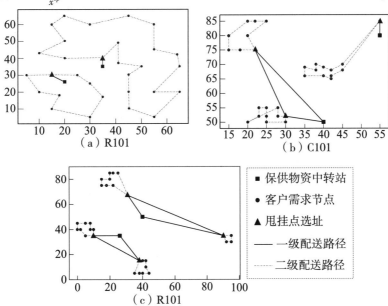

图7-24　三种数据集的甩挂点选址与配送路径（$D=2$，$N=30$的算例）

六、案例分析

本文以上海市 2022 年 4 月全域静态管理期间，两个上海市外保供物资中转站（浙江省平湖中转站和江苏省昆山中转站）向上海市运输保供生活物资的场景为例，验证改进 K – means 聚类和模拟退火两阶段混合启发式算法的可行性。大型交换箱运输车的车型参考顺丰定制版交换箱中置轴车，列车总长 20 米，其中主车交换箱长 9.6 米，容积约 65 立方米；拖车交换箱长 7.2 米，容积约为 50 立方米；带交换箱拖车的整车最大容积为 115 立方米，满足法规要求。为在城市街道灵活行驶，小型交换箱运输车的采用长 9.6 米的主车交换箱，而无拖车交换箱，容积为 65 立方米。需求节点的位置信息来源于上海市人民政府办公厅发布的"4 月 7 日上海各区抗疫保供渠道最新汇总"，并经过百度地图 API 批量获取需求点的经纬度信息。上海市保供物资需求点的具体信息如表 7 – 19 所示。算法参数设置为：第一级和第二级运输车的单位距离成本 $C^1 = 1$ 元/km，$C^2 = 0.7$ 元/km；客户节点 i 需求的货物量 R_i 为 $[0.50]$ 的随机整数；第一级和第二级运输车的最大容量 $K^1 = 115\text{m}^3$，$K^2 = 65\text{m}^3$；甩挂点的单位固定成本 $F^{sat} = 100$ 元。

表 7 – 19　　　　　上海市保供物资需求点的部分信息（$N = 30$）

客户节点编号	地理位置	经度	纬度	需求量（m^3）
0	上海市嘉定区博乐路 99 号	121.2607	31.38911	35
1	上海市嘉定区城中路 138 号	121.2525	31.39023	20
…	……	…	…	…
6	上海市青浦区公园东路 1289 弄 2 号	121.1438	31.15867	15
7	上海市青浦区淀山湖大道 218 号	121.1028	31.15067	7
…	……	…	…	…
12	上海市闵行区莘庄西环路 281 号	121.3735	31.11184	9
13	上海市闵行区申滨南路 1130 号	121.3196	31.19877	6
…	……	…	…	…
18	上海市徐汇区衡山路 932 号	121.4451	31.20128	44
19	上海市徐汇区永嘉路 703 号	121.4524	31.20981	6
…	……	…	…	…
28	上海市虹口区曲阳路 118 弄 18 号	121.4999	31.27663	21
29	上海市虹口区逸仙路 580 号	121.4913	31.30968	13

通过算法求解，实验结果显示上海市采用基于交换箱无接触甩挂接驳作业模式，从江苏省援护生活物资昆山中转站和浙江省援护生活物资平湖中转站出发，完成遍及上海市嘉定区、青浦区、闵行区、徐汇区、虹口区的 30 个客户需求点，最优配送成本为 1284.84 元，其中一级配送路径成本为 285.43 元，二级配送路径成本为 599.41 元，设置 4 个甩挂点的成本为 400 元（见表 7 - 20）。相较于传统运输模式其优势在于通过在甩挂点的箱体变换可以使二级配送路径的单位配送成本降低，一车多箱和一车多用实现货物的预装与后卸，提升运输效率和运输车容积利用率。此外，货车只需按照既定的闭环路线往返于保供物资中转站、甩挂点和客户需求点，通过箱体变换技术实现在无接触条件下完成车与货箱分离，能够有效减少交叉感染的风险，符合防疫的安全需求。因此，基于交换箱无接触甩挂接驳作业模式十分适用于疫情场景下保供物资的运输，能够实现管理闭环和无接触交货，保证应急物资运输的安全与效率。

表 7 - 20　　　　　　　　　案例分析计算结果（$D = 2$，$N = 30$）

甩挂点选址	z^1（元）	z^2（元）	$F^{sat} \cdot U^{sat}$（元）	计算时间（秒）	总配送成本（元）
[1，18，12，14]	285.43	599.41	400	48.63	1284.84

注：D = 保供物资中转站；N = 客户节点；z^1,z^2 = 第一、二级配送的路径成本；$F^{sat} \cdot U^{sat}$ = 交换箱甩挂点的固定成本。

而后，将在车辆路径寻优问题中表现优异的变邻域搜索算法和贪婪算法，与本文提出的混合启发式算法进行对比分析。在该实验中，分别选取甩挂点数量为 4，6，8 进行实验，配送成本求解结果的对比如表 7 - 21 所示。

表 7 - 21　　　　固定甩挂点数量情况下三种算法的求解结果对比（$D = 2$，$N = 30$）

甩挂点数量	总配送成本（元）		
	贪婪算法	变邻域搜索算法	混合启发式算法
4	1299.24	1263.47	1224.54
6	1534.30	1557.20	1526.62
8	1750.42	1717.31	1719.03
平均计算时间（秒）	48.05	48.74	46.92

注：D = 保供物资中转站；N = 客户节点。

从变邻域搜索算法与贪婪算法实验结果来看，上海市应急保供物资运输的案例中选取4个甩挂点比选取6个和8个更优，这支持了本文设计的混合启发式算法对甩挂点数量确定的求解有效性。从总配送成本来看，本算法与贪婪算法的平均差异为2.55%，与变邻域算法的平均差异为1.52%。从计算时间来看，本算法与贪婪算法的平均差异为0.27%，与变邻域算法的平均差异为1.71%，表明本算法的求解效果和求解效率相对较好。此外，本文在混合启发式算法的算子设计中还考虑到了实际应用场景，即在应急保供物资配送中每个甩挂点的选址与配送路径优化问题，不仅考虑了整体配送成本还考虑到疫情场景下客户的分布特点、每个甩挂点所辐射的客户数量和物资需求量。并且，通过改变甩挂点的数量参数并多次运用本算法进行求解，可以对比出不同甩挂点数量下总配送成本的变化，为决策者提供便利，以较好地权衡配送系统中甩挂点的选择、客户节点的分配与总配送成本的最优性关系。因此，本文提出的交换箱无接触甩挂接驳作业模式适用于疫情场景下保供应急物资的配送，能够较好地兼顾应急物流的经济性与安全性，相应的求解算法也具有一定的优越性和功能集成性。

七、结语

针对疫情封控管理下的城市如何平衡疫情防控安全与物流流通效率的问题，首先分析和归纳了现行无接触接驳作业的特点与问题，提出了更适合疫情场景下保供物资运输的交换箱无接触甩挂接驳作业模式。其次，为进一步保证此作业模式运作的安全与效率，建立了交换箱两级选址与路径优化模型，采用改进聚类与模拟退火混合的启发式算法进行求解。研究结果显示，基于交换箱无接触甩挂接驳作业模式十分适用于疫情场景下保供物资运输，设计的算法适用于不同客户分布情况，求解结果相对稳定且效果较好。未来研究可进一步完善如下方面：进一步考虑城市的限行政策、碳排放量、装卸时间等因素；探索更多应用场景，如多式联运、城乡物流配送。此外，由于交换箱甩挂运输在我国正处于起步阶段，相关的政策法规与行业标准仍需继续完善，企业也需瞄准市场需求进一步开发交换箱甩挂运输的商业价值。

参考文献

[1] 郑舒. 历经曲折 交换箱在中国的兴起及展望 [J]. 专用汽车，2017（6）：33-36.

［2］纪鹏飞. 比甩挂更高效，交换箱渐成运输"新宠"［J］. 专用汽车，2016
（1）：54 –57.

［3］王宝远，赵鲁华，管德勇，等. 基于蚁群算法的甩箱运输［J］. 物流技术，
2020，39（6）：55 –59.

［4］陈华根，吴健生，王家林，等. 模拟退火算法机理研究［J］. 同济大学学报
（自然科学版），2004（6）：802 –805.

抢险救灾行动中的军事物流快速保障

纵　培　韩　彪　郑　杰

（陆军工程学院）

摘　要： 为有效应对突发灾害下军事物流快速保障需求，提高我军遂行抢险救灾行动中军事物流保障能力，在分析突发灾害下军事物流保障存在的问题及抢险救灾行动中军事物流保障特点的基础上，提出提升军事物流快速保障能力的对策。

关键词： 抢险救灾；军事物流；快速保障

近年来，洪涝、地震及雨雪冰冻等自然灾害频发，部队执行抗洪抢险、地震灾害救援等救援行动已呈常态趋势，抢险救灾行动日益成为国家军事力量运用的重要方式和常态化课题。在历次抢险救灾行动中，我军物流保障体系虽经受了考验，完成了任务，但也暴露出一些问题，如军事物流保障模式与抢险救灾行动的需求不相适应，应急救援军事物流保障指挥机制不够高效、顺畅，军地物流一体化程度不够高等等。深入研究抢险救灾行动中军事物流保障存在的突出问题，建立高效顺畅的军事物流保障体系，对于适应抢险救灾行动要求，提升抢险救灾军事物流快速保障能力具有指导意义。

一、抢险救灾行动中军事物流保障存在的主要问题

（一）交通网络欠发达

在抢险救灾行动中，道路不通成为输送救援物资的难点问题。突发灾害情况下，地理和天气因素给输送物资增加了难度。如"5·12"汶川地震发生后，灾区与外界的交通完全瘫痪，直至 5 月 15 日，从都江堰通往震中映秀镇约 35 公里的水路、陆路交通"生命线"才全线贯通。据当时的新闻报道："在成都几乎什么都不缺，目前灾区的现状是偏远的村庄和山中的某些村落由于交通不畅和通信受阻等原因，救灾物资无法送达或暂时无法送达，目前主要由解放军和武警官兵徒步送达。"

（二）保障预案不完善

近年来，历次抢险救灾军事物流保障完成情况可以看出，部队受领任务后，加强了灾害救援预案的编制力度但与实际结合还不够紧密；对突发灾害输送途中的地形、道路、气候、水文等情况不够了解，对可能遇到的困难预测不全面；对突发灾害预案的筹划不细致，缺乏相应措施。这些都暴露出我国突发灾害指挥机构和突发灾害预案设置不系统、不完善的问题，迟滞了保障任务的完成。在汶川地震后，总部紧急下达筹措救援装备空运至四川灾区的任务，由于南京禄口机场缺少货机装载设备，也没有突发灾害保障方案和手段，只能将设备运至上海虹桥机场装载，增加了运输组织难度，降低了保障效率。在 2008 年初的雨雪冰冻灾害救援行动中，车辆防滑链、－10 号柴油等专用物资储备、供应不到位，导致综合保障能力不强。

（三）军地协调机制不灵敏

抢险救灾行动军事物流保障是军地一体联动，指挥机关与一线同步展开，对组织指挥提出了很高的要求，但目前指挥机制和指挥手段还难以满足任务需要。如在汶川地震灾害救援中，参加救援的部队来自全军各大单位，涵盖了陆海空等多个专业军兵种，政府、军队、武警、民兵、企业等多支力量迅速聚合，铁路、航空、公路、水路和人力运输同步实施，救援、抢修、运输和保通立体推进，多种力量一体指挥，组织协调困难。近年来，各级部门主要围绕突发灾害救援进行训练，对救灾军事物流保障的训练还很少，也没有专门的训练标准、训练课目、训练器材等，保障方案不够细化，平时缺乏沟通协调和针对性训练演练。部分专业力量比较薄弱，特别是应对地震、洪水、冰雪等专业救援分队和人才较少，应对灾害的经验不足，缺乏大规模协同和远程输送的组织指挥训练，力量建设与使用需求有差距。

（四）物资储备体系不完善

物资储备体系是抢险救灾军事物流的基础。目前，我国已建立了若干个国家级的储备仓库，灾害发生后，灾区主要依靠国家调拨资源或利用军队的资源以及群众捐赠的物资。但是，灾民的紧急需求和救援物资的到达存在时间差，还应该考虑健全家庭和社区的突发灾害物资储备。此外，大量物资储存面临管理、成本和损耗问题。目前国家的物资储备品种单一、渠道单一、布局不合理。由于灾害发生具有随机性和不确定性，仅靠国家储备仓库的储存是不科学的，可以考虑完善市场机制、建立市场储备体系。

（五）信息化技术程度偏低

现代军事物流是军事物流与信息技术相结合的产物，我军在此领域研究还处于起步阶段，没有及时借鉴地方发展的成功经验，没有开放和应用相关技术。这些不仅影响到我军救灾行动的开展，而面对未来作战保障也有重要的影响。在抗击雨雪冰冻灾害和汶川地震救援行动中，临时开设的物资转运中心无法在短时间内获得充足的信息保障，整体机械化作业能力较低，各种装卸保障往往依赖手提、肩扛等人工作业方式，影响了作业效率。由于信息系统不够完善，信息报告不及时，缺乏统一的信息发布和共享平台，无法准确掌握紧急情况的详细资料以及所需物资的生产和分布情况，对运力的数量和状况了解不细致，分析判断不够准确，无法制定出正确的决策措施。由于信息传递不畅，救灾物资配送比例不高，投递还存在许多盲点。

二、抢险救灾军事物流保障的特点及要求

（一）抢险救灾行动政治性强，军事物流指挥必须围绕达成政治目标进行筹划决策和组织实施

在规模大、影响范围广的抢险救灾行动中，国际国内媒体高度关注，各种社会问题与矛盾交织并存，不稳定因素多，容易造成社会骚乱，政治性、全局性、敏感性问题突出，对军事物流组织指挥提出了很高的政治要求。在抢险救灾行动中，要求军事物流组织指挥必须从政治上分析、处理军事后勤保障问题，强化政治鉴别力和政治敏锐性。

（二）抢险救灾行动具有复杂多样性，军事物流准备必须立足全面、多手应对

不同样式、不同规模、不同地点的抢险救灾行动，对物资品种和数量、突发灾害输送手段和时效性、人员能力和保障方式等要求都存在巨大差异。汶川地震灾害救援行动中，救灾部队进入震区，保障物资既有吃喝穿用等通用物资，又有直升机、工程机械等特种装备器材，装备输送和物流组织协调要求高、难度大。因此，军事物流必须立足全面、多手准备、预先筹划，针对可能发生的各种抢险救灾行动，筹划物资储备，演练输送手段，提升抢险救灾行动的组织指挥能力。

（三）抢险救灾行动具有随机不确定性，军事物流筹划必须未雨绸缪、预有准备

突发性和不确定性是各种灾害的突出特点，救灾部队往往是临危受命、十万火急、仓促上阵、极为被动。汶川地震灾害救援前期，由于预案准备不够充分和协调不力等原因，存在大量空运到机场的军用物资无人装卸或装卸混乱的局面。因此，军事物流必须针对可能发生的突发灾害事件，制订完备的行动预案，提前谋划输送方式，确保一有情况能够快速反应、迅速处置、应对自如。

（四）抢险救灾行动具有力量多元性，军事物流组织必须体现一盘棋、一体化思想

大规模的抢险救灾行动往往动用多种力量，其装备各异、需求不同。军事物流保障既涉及参、政、后、装多个部门和多军兵种后勤部队，又涉及武警、公安、地方政府和社会专业物流队伍；既包括战略、战役层次的物流输送，又包括战术层次的物流配送。多部门、多系统和多层次的军事物流运作，各种物流力量的综合运用，各项保障行动的相互交织，要求军事物流指挥必须树立一盘棋、一体化思想，统一调度、集中使用保障力量和保障资源，实施联合组织指挥。汶川地震灾害救援中，按照集中指挥、逐级负责的指挥原则，统一指挥、调度全军后勤力量和保障资源，取得了明显的成效。

（五）抢险救灾行动具有公开透明性，指挥员必须重视媒体运用，维护任务部队形象

抢险救灾行动往往受到国内外媒体、社会各界和广大群众的高度关注，救灾部队的处置过程和言行也是各方媒体关注的焦点。注重发挥媒体作用，树立官兵形象，就能为救灾部队提供强大的舆论支持和精神动力。因此，遂行抢险救灾任务物流保障部队的各级领导干部，要具有准确把握舆论导向的素质能力，确保媒体宣传有利于维护我军形象，有利于任务顺利完成，要严格管理部队，督促官兵自觉维护军队的良好形象。同时，要重视对媒体的使用和管控，严格执行新闻采访、审查、发布等制度，防止敌对势力借机炒作，误导舆论，造成恶劣的影响。

三、提升抢险救灾军事物流保障能力的对策

（一）注重军地协调，力求军事物流保障及时到位

国家根据受灾的严重程度在不同的层次设立抢险救灾指挥部，分别成立国家（国务院）抢险救灾指挥部，省、直辖市、自治区人民政府抢险救灾指挥部，当地人民政府抢险救灾指挥部，具体组织实施救灾工作。抢险救灾主要依靠地方各级政府，部队起突击和骨干作用，其任务由抢险救灾指挥部分配，因此部队大多是分散用兵，有些任务还要与预备役部队和当地群众并肩完成。这种任务的特殊性、组织的复杂性、保障的多元性，要求军事物流保障注重军地协调，特别要注意与抢险救灾指挥部加强协调、沟通，及时了解救灾进展和物资供应状况，军队不便解决的问题，及时请求地方支援，力求使军事物流保障及时到位。

（二）加强通信联络，确保指挥统一协调

指挥统一协调，就是把事关抢险救灾全局的指挥决策集中于部队抢险救灾指挥部，并通过统一的组织领导和协调沟通，使各种保障力量形成一个有机的整体，协调一致地完成军事物流保障任务。在强调集中统一指挥的同时，各级保障部门也要发挥主动性和积极性，按照上级意图，对具体问题机断处置抢险救灾行动远离营区，通信联系的通畅与否，直接影响军事物流保障的有效性和及时性。加强通信联络，提高通信能力，有利于及时了解灾情、救灾进展情况，熟悉道路、地形、社会资源情况，统一指挥协调保障力量。

（三）科学部署军事物流保障力量

在执行抢险救灾任务时，要根据部队任务和行动特点，灵活部署军事物流保障力量。在参加较大规模救灾任务时，通常应在战略或战役保障部门领导机关组织指挥下，以战役保障基地为依托，以仓库、医院为骨干，采取开设兵站的形式对部队实施保障，对事发地区附近的医院、仓库、修理机构和运输力量，可统一调配，定点划片，不分军种和建制，组织就近保障。根据需要组建专业保障分队，抽组其他单位的一些战役保障力量对其实施快速精确保障。

（四）灵活采取各种保障手段，提高保障效率

一是区域保障与建制保障相结合。在上级统一组织协调下，由灾区所在地的战区和省军区保障部门牵头，对救灾部队的军事物流保障实施统一组织、统一调配、整体协调。二是定点保障与伴随保障相结合。在部队开进、回撤阶段，救灾部队、省军区和地方物流机构应在部队开进沿线和机场、车站开设供应站；部队到达指定地域后，及时在比较集中的地区开设物资采购、加油等固定网点，对附近和过往部队实施定点保障。三是就地筹措与立体投送结合。对部队的生活保障物资和驻地易筹措、部队急需的器材，如大米、蔬菜等主副食品和雨布、照明等器材，由各级保障部门就地筹措解决，对部队紧急调动及特殊保障器材则采取直达保障。四是逐级保障与越级保障相结合。对于一般的物资供应，应尽量通过省军区、集团军保障部门逐级下拨、前送；而对救灾急需的生活、医疗、野营物资等保障，则可打破建制关系，由联勤保障部队或战区后方仓库就近就便实施直达保障，在时间紧急、情况复杂、条件艰苦的情况下，确保物流保障快速、高效。

抢险救灾军事物流保障是一个体系问题，近年来不少学者在不同方面进行了相关研究，取得了一定的学术成果。由于研究起步较晚，部队在突发灾害下军事物流保障实践中还存在不少问题，其原因不仅涉及部队内部，还涉及地方相关部门，问题的形式也是多个层面的，在一定程度上制约了军事物流快速保障能力的提高。因此，必须在理论和实践上切实找到解决问题的对策，建立健全长效机制，做到平时应急、战时应战，不断提升抢险救灾行动中军事物流快速保障能力。

参考文献

［1］金秀满. 现代军事物流理论研究［M］. 北京：中国财富出版社，2013.

第三节　应急物流发展与创新

战"疫"视角下区块链推动应急物流发展究

吴　量

（海军指挥学院）

摘　要： 应急物流是应对突发事件的重要支撑，在此次抗击疫情中发挥了重要作用。区块链技术特点与应急物流有许多内在的契合点，有利于推动实现高效、可信、智能化的保障，提升应急物流建设水平，助力疫情防控与应急管理。本文基于疫情防控物资保障视角，论证区块链在推动应急物流实现高效保障、信任治理和智能运行方面的现实应用和预期效果，并结合抗击疫情的现实提出相关对策建议，提升应急物资供应保障效率、信任治理水平和智能化程度。

关键词： 应急物流；区块链；高效保障；信任治理；智能运行

一、引言

自 2003 年"应急物流"的概念提出以来，我国物流业快速发展，应急物流建设也取得了一些阶段性成果，为应对历次突发事件发挥了重要作用。在新冠疫情防控工作中，应急物流发挥着疫情防控总体战的"生命线"和保持生产、生活平稳运行"先行官"的重要作用，保障了疫情期间物流不断线，供应不断链。但客观而言，在疫情防控工作前期，应急物流也暴露出一些问题，如信息不对称、管理不规范、过程透明度低、可追责性差以及捐赠物资去向真实性难以保证等。要加快应急物流建设，优化应急物资保障，必须紧跟时代发展，以问题为导向，充分运用先进理念和技术。其中，区块链在未来应急物流建设和保障中将大有可为。

区块链（blockchain）概念由中本聪于 2008 年最早提出，学界观点有狭义、中义和广义之分。狭义的区块链是一种将数据区块以时序链条的形式组合成特定数据结构，并以密码学方式保证不可篡改及伪造的去中心化共享总账；中义的区块链是以分布式节点共识算法生成、更新数据，以智能合约编程、操作数据的去中心化基础架构与计算范式；广义的区块链则不仅仅是一种技术，还是一种新架构理念、新组织形式和新应用模式，本文所指的区块链为广义区块链概念。区块链具有分布式数据储存、点对点传输、共识机制、密算法等技术优势，提供了可多方参与维护、共享但不可篡改的分布式账本、链式数据库、可靠信息平台和信用基础设施，提升了透明度、安全性和效率。

物流与供应链领域是区块链的重点应用方向，应急物流与区块链的特征具有天然的内在契合性。工业和信息化部部署利用新一代信息技术支撑服务疫情防控工作，运用区块链等技术完善智慧物流体系，打通生产生活物资的流通堵点，保障生产资料和生活用品有效供给。本文基于疫情防控物资保障的视角研究区块链在应急物流领域的创新应用，论证区块链关键技术特征在促进高效保障、信任治理和智能运行三个方面的作用前景，研究推动实现科学、可信、高效的应急物资保障。

二、区块链推动应急物流实现高效保障

人工智能成为新生产力，大数据成为生产资料，区块链作为若干先进信息技术和数学算法的集合，是一种侧重于重塑"生产关系"，改变万物互联互通方式的技术。区块链技术中的分布式记账、Token 激励与智能合约等，将深刻改变应急物流机制。人们可以在应对突发事件的过程中，利用区块链技术高效传递数据信息，快速了解应急物资的相关信息。区块链技术的应用有助于人们匹配资源和调控流程，实现高效率筹集、调配、输送及分发物资，并以此构建新型应急物流信息系统，推动应急物流"物畅其流"高效保障。

（一）实现上下游信息高效传递

在疫情防控物资保障中，上下游需求变化和保障动态等供需信息难以快速高效传递，一定程度上造成了应急物流的"数据烟囱""信息孤岛"和"牛鞭效应"，严重影响战"疫"物资保障的效率。区块链的分布式结构可实现应急物流各方点对点通信，改善信息流动和共享的效率与准确性，实现有限物资的平衡调度、按需发放，为应急物资需求方提供高效及更有针对性的物资援助。武汉大学团队基于区块链技术推出了全国抗击新冠肺炎防护物资信息交流平台"珞樱善联"，开展疫情防控物资和应急保障物资的供需信息匹配与业务对接服务。

（二）调配物流各环节高效作业

疫情防控前期物资保障的突出问题在于物流各环节割裂、作业效率低，运力调度失效，供需方缺乏衔接，末端分发效率较低且过程缺乏有效监管，导致物资卡在"最后一公里"，出现积压、漏发和错配等现象。利用区块链分布式记账技术，各物流节点的车辆及物资信息可通过上链生成精细化装载及配送方案，有利于集中统筹人、车、物、场、路等资源力量；通过实时多点记账跟踪物资流转分发状态，推进智能路径优化和在途实时监测，确保应急物资运输高效可靠；优化业务流程，增强协调统筹，实现物资保障全链条一体化协同运行；提高各环节作业的合理化、柔性化和透明化程度，避免应急物流供应链迟滞、失衡甚至断裂。我国当前已将区块链技术运用于应急物资调配和发放等环节，如支付宝基于区块链推出"防疫物资信息服务平台"，对抗疫物资的需求、运输、仓储、供给等环节信息进行审核和上链存证，实现突发公共卫生事件中全流程透明高效的多方点对点协作，并计划推出仓库智能控货、可视化物资消耗曲线等功能，为防疫物资保障多点协同、公开透明、智能调度提供了技术支撑。

（三）确保指挥系统的高效运转

传统的应急物流指挥机构过度依赖指挥中心，一旦出现故障或通信中断，整个应急物流指挥系统将陷入瘫痪状态。应急物流信息系统可依托半公开的联盟链，综合运用数据库、北斗、地理信息系统（GIS）和大数据等技术集群，并与指挥通信系统、视频会议和监控系统等功能集成，通过整合区块链技术建立智能化的物流信息系统，推动应急物资产能、库存、调拨与分配的有效集中管控，提高信息实时共享和资源动态配置效率。通过建立跨链数据共享机制实现社会协同，基于智能合约实现权限约定以及部署访问节点避免系统崩溃，能够全面提升应急物流指挥的高效性、稳健性和抗毁伤能力。伴随新型基础设施建设进程，区块链在构建国家级的应急物流指挥系统中将发挥基础性作用。基于区块链技术的重要生活物资保供稳价综合检测管理平台，可对物资流通信息和保供运行情况进行实时监控、综合分析和辅助决策，确保紧急情况下"调得出、运得到、用得上"。

三、区块链推动应急物流实现信任治理

随着互联网信息传输的加速和共享理念的普及，应急物流信任治理问题将迎来新

的机遇与挑战。区块链技术被认为是创造信任的技术，它有助于实现应急物流的全程溯源，形成责任链条，建立一套公正、透明及可信的规则，更好地推动应急物流的信任治理。

（一）实现应急物资追溯，避免伪劣物资流入

疫情期间，最高人民检察院先后通报多起生产和销售假冒伪劣防疫物资用品的案件。依托区块链技术将应急物资相关的生产和流转信息实时记录在区块链上，可实现源头治理和全程追溯，防止应急物资掺杂假冒伪劣。京东建立的"区块链追溯平台"，依托区块链技术形成一套无人值守的价值数据交换和交易体系，并在抗击疫情中发挥积极作用。DHL和埃森哲依托区块链实现基于序列化的全程药品追踪系统，可有效追溯药品的生产商信息、批号和失效日期等关键信息。通过将原材料过程、生产过程及流通过程的信息进行整合并写入区块链，可实现精细到一物一码的全流程正品追溯，构建应急物流的"可信供应链"。

（二）形成完整责任链条，有效降低信任成本

以往应急物流系统内的数据信息由各参与主体自行维护，难以实现互信。由于应急物流对物资质量及物流的时效性有严格要求，基于区块链可对应急物流信息进行实时动态追踪和完整翔实存证，提升应急物流的透明度、可审计性、可追责性及公信力，提高信息共享的可信度。区块链通过提供电子签名、时间戳、数据存证及全程可信服务，建立完整信任体系，基于逻辑代码的机器信任提供了透明监督、职责界定和责任追究的可靠依据，形成完整、防篡改的责任链条。区块链的可溯源和透明性特征有助于应急物流各方自觉守信并实现自证，通过"把数据晒在阳光下"提升了政府公信力，为全民战"疫"提供坚实的群众基础。

（三）引入去信任化范式，破解捐赠信任危机

新冠肺炎疫情期间，由于部分捐赠物资去向等信息发布不及时、不公开及不透明，一些慈善组织遭遇信任危机。区块链能够带来极高的透明度和严明的问责机制，引入去信任化的交易范式可以保障记录于链上的每一批物资流转都真实可信且透明清晰，甚至能够实现点对点的精准慈善。由于无须第三方信任中介，这种范式能够使公众通过便捷、实时、公开及透明的捐赠方式支持慈善事业，集全社会之力推进疫情防控工作。目前，杭州复杂美公司上线公益慈善区块链平台，华为将区块链技术用于慈善捐

赠的公示和溯源，趣链科技和雄安集团也推出慈善捐赠溯源平台"善踪"，可实现数据上链、需求发布、支援地图、过程存证、信息追溯、反馈触达及多端参与。

四、区块链推动应急物流实现智能运行

区块链去中心化和去信任的技术特点为互联网环境中的应急物流建设塑造了全新环境。应用智能合约等区块链技术可实现应急物流快速自主响应，提升流转运行效率，并与物联网、大数据、人工智能及云计算等技术深度融合，共同搭建万物互联时代的应急物流信息和价值交换网络，从仓储、运输、配送及逆向物流等各流程环节提升应急物流系统整体的柔性和智能化水平。

（一）实现应急快速自主响应

面对重大突发疫情，必须快速全力保障医用物资及疫情地区生产、生活物资等方面的紧急需求，这就要求应急物流系统能够及时有效调动物流力量，高效筹集调配各类应急资源。快速自主响应成为应急物流系统的核心能力和巨大挑战。突发事件应急响应程序中，区块链技术能够凭借机器信任机制和可自动执行的智能合约等特性，根据应急事件的类型、烈度和范围等情况及时启动相应预案，紧急组织应急筹措、生产和调度，实现对应急事件的快速自主响应。区块链使应急物流可追踪、可预见及可配置，有助于全面提升供应链的弹性、韧性及机动性，有效确保防疫应急物资保障的柔性和鲁棒性。

（二）提高应急物流的执行效率

此次疫情发生突然，蔓延迅速，涉及面广，需求巨大，应急物流在多方流转大量应急物资的过程中，面对大量、多点而且弥散的复杂关联信息。区块链作为智能合约的可信执行环境，拓展了应急物流智能运行的多方面现实应用场景。当应急物资交付方和接收方对合同约定事项的执行达成共识时，智能合约平台可自动触发签收、打款等行为，搭建自动价值交换和激励系统，降低合约风险，提高执行效率。通过电子运单、仓单等电子票证简化运作，同时将相关流转信息上链公示，实现链上和链下联动，能够压缩不必要的成本开销，破解返工、复工困难带来的人员短缺等现实问题。

（三）构建智能应急物流体系

通过与人工智能、大数据及云计算等前沿信息技术集成创新和融合应用，区块链

将贯穿整个技术体系，助力构建一体化的智能物流体系。区块链以物联网中的智能设备为节点完成对物理世界的数据采集，其分布式、自信任和自治化的特性为应急物流物联网的自我管理和自动运行提供了可能，并推动深化集成智能，管理应急物流参与各方在交互中的角色、行为和规则，实现灵活的供应链治理。运用大数据技术对链上信息进行整合并深度挖掘数据价值，能够形成全景视图，借此提高可视化程度和需求预测精度，为应急物流各参与方建立共同的运行标准和合作方式奠定基础。此外，运用人工智能技术还能够对应急物流区块链上的海量数据进行实时或近实时的处理，并对沉淀的信息价值进行充分挖掘，为后续决策提供辅助支持，使应急物流运行更加智能化。

五、在应急物流中运用区块链的对策建议

习近平总书记在中共中央政治局第十八次集体学习时强调，区块链技术的集成应用在新的技术革新和产业变革中起着重要作用，在第十九次集体学习时指出，应急管理是国家治理体系和治理能力的重要组成部分。推进应急管理现代化，就是推进应急管理体系和应急管理能力的科学化、专业化、智能化和精细化。在应急物流领域运用区块链应科学务实，坚持推进应急物流区块链技术创新发展，与现实需求、产业现状和国计民生紧密结合，夯实标准、研发、平台及法规等基础。

（一）加快应急物流区块链技术自主创新

区块链作为备受关注的先进信息技术，在疫情防控应急物资保障中的作用发挥相对滞后，这与其自身技术成熟度及积累储备情况有很大关系。据区块链技术成熟度曲线推测，区块链技术在物流和供应链领域的应用尚处于"期望膨胀期"阶段，距离成熟还需要 5～10 年的时间。未来应全面推进与区块链相关的密码学、分布式系统、网络与计算体系结构及数据库等诸多技术领域的研究，专注于解决基础性问题，并统筹考虑性能、标准化、容量、安全性、交互性及可拓展性等技术指标，加快构建自主权身份管理体系及高性能、高可扩展性的区块链等基础设施，积极攻关智能合约、共识机制、加密算法等关键核心技术。应重点解决缺乏体系化安全防护、全量备份的储存机制瓶颈以及不同区块链系统交互等紧迫问题，坚持推动区块链技术自主创新和全面发展。新冠疫情发生以来，以区块链为代表的先进信息技术加快发展应用，逐步在疫情防控中发挥重要作用。相关数据显示，2020 年 2 月全球共披露区块链应用项目 42

个，其中战"疫"应用项目 26 个，占比高达 61.9%，这既是疫情倒逼数字化和智能化加快转型的结果，也代表了新的发展趋势和未来创新方向。

（二）立足现实需求、产业应用和国计民生

此次疫情对物流的影响是联动性、结构性和阻断性的，如何恢复、提升和完善应急物流保障能力并形成长效机制，是值得我们深思慎取的重要课题。区块链不能解决所有问题，不是所有数据都需要上链，也并非所有项目都需要区块链。区块链必须链接应急物流现实需求，应以科学理性的审慎态度对待这种技术，以需求为牵引，以问题为导向，深入挖掘其技术特征的契合基因和应用潜力，潜心探索实际运用必要性和可操作性，坚持直击痛点、理性务实，防止"为了区块链而区块链"搞形象工程。区块链必须链接产业应用，引导其在最适合的场景落地应用，在最具条件的平台优先发挥作用，推动供应链数字化进程和上下游协同创新，建立应急物流区块链从前端到后端、从线上到线下的产业生态，为相关实体增信赋能。区块链必须链接国计民生。应立足国家战略，着眼国家安全和民生保障，积极建设供应区块链，保障生产要素在区域内有序高效流动。区块链作为制度型、关系型及逻辑型的顶层设计，它的合理使用将有助于建立社会诚信基础设施，补足疫情期间暴露出的社会运作短板，助力实现国家治理体系和治理能力现代化。

（三）夯实标准、研发、平台、法规等基础

疫情就像一面镜子，反映了应急物流的发展现状和客观问题，也折射出区块链在这一领域运用的深层次矛盾。推进基于区块链的应急物流发展，必须强化标准、研发、平台及法规等基础。一是坚持标准先行，加快建立一套具有内在联系的、科学合理的标准体系，涵盖基础数据、业务与应用、过程与方法、可信与互操作以及信息安全等标准，加快推动标准研制和推广应用。二是加强研发攻关，建立健全骨干企业、高等院校和研究机构的协同机制，加强人才队伍建设与关键核心技术的联合科研攻关力度，强化与人工智能等其他新一代信息技术的集成创新，形成集群效应。三是加快平台建设，加快构建区块链化的应急物流体系，通过推进建设区块链开源社区，优化底层架构和接口设计，营造良好生态，激发创造活力，形成创新合力。四是加强行业监管，加快制定完善相关法规政策，准确把握区块链技术创新和行业监管之间的平衡。引导应急物流区块链规范有序发展，实现优胜劣汰、激浊扬清，为区块链在应急物流领域的健康有序发展提供稳固的基础和良好的环境。

六、结语

采用区块链技术与既有系统有效对接、在信息平台增加功能模块以及群智群力开源共建，能够缩短研发周期，提升综合效益，提高创新成果转化率和高新技术现实贡献率。运用区块链技术能够推动应急物资供应保障更加高效安全可控。着眼长远，构建区块链化的应急物流体系是一项复杂的系统工程，应综合考虑区块链的技术性能、适用性、标准、合规和监管等因素，推进实现应急物流的高效保障、信任治理和智能运行，实现更大的社会价值。

参考文献

［1］王宗喜．加强应急物流与军事物流研究刻不容缓［J］．中国物流与采购，2003（23）：20.

［2］袁勇，王飞跃．区块链技术发展现状与展望［J］．自动化学报，2016，42（4）：481－494.

［3］张夏恒．基于区块链的供应链管理模式优化［J］．中国流通经济，2018，32（8）：42－50.

［4］于明媛，杨澄懿，刘俊，等．区块链技术的军事物流应用前景［J］．物流科技，2018，41（10）：138－140.

［5］李晓，刘正刚．基于区块链技术的供应链智能治理机制［J］．中国流通经济，2017，31（11）：34－44.

［6］任芳．区块链技术在京东物流领域的应用［J］．物流技术与应用，2018，23（5）：88－90.

［7］饶东宁，王军星，蒋志华，等．区块链技术在物流供应链领域应用综述［J］．软件导刊，2018，17（9）：1－3，8.

［8］尹浩．区块链技术的发展机遇与治理思路［J］．人民论坛学术前沿，2018（12）：6－10.

［9］吴士泓，凌大荣，鲁静．区块链在军事供应链管理中的应用［J］．物流技术，2018，37（11）：119－123，158.

［10］付立春，马庆华．区块链热的冷思考［J］．中国经济周刊，2018（4）：74－75.

［11］刘睿智，赵守香，张铎.区块链技术对物流供应链的重塑［J］.中国储运，2019（5）：124－128.

［12］李鸣，李佳秾，孙琳.区块链标准化现状及思路［J］.中国信息安全，2018（5）：96－98.

［13］周晓靖.以法律视角探究区块链下智能合约的发展前景与局限［J］.法制博览，2018（15）：1－5.

应急医疗物资生产能力储备激励策略研究

肖　骅　徐　瞳　林　勇　徐湖洋　王　丰

（陆军勤务学院军事物流系　成都理工大学管理科学学院）

摘　要： 2020年新冠疫情席卷全球，为减轻公共卫生事件引起的社会危害，非营利性组织逐步探索与制药企业合作开展应急医疗物资生产能力储备工作。为此，本文构建了应急医疗物资生产能力储备激励模型，求解了非营利性组织最优奖惩系数与企业最优努力水平以及减灾效益，采用数值算例与敏感性分析验证了该模型的有效性，讨论了若干重要外生变量对非营利性组织与企业最优决策策略的影响，提出了重要的管理启示。

关键词： 应急医疗物资；激励模型；减灾效益；委托代理理论；生产能力储备

一、引言

2020年以来，COVID–19已经成为一场大流行，几乎影响了世界所有国家。截至2022年11月1日，世界卫生组织报告全球新冠肺炎确诊病例630832131例，死亡病例为6584104例。特别世界大多数国家均受到了严重影响。世界卫生组织宣布，由于COVID–19暴发，全球医用试剂、口罩、防护服等医疗用品极其稀缺，导致许多患者无法得到及时治疗，全球新冠疫情可能影响应急医疗物资及其原材料的生产和供应，加剧应急医疗物资短缺，建立应急医疗物资储备体系以降低灾害风险已成为眼前急需解决的重要问题。

应急医疗物资主要包括试剂、口罩、防护服等非耐用品，具有峰值需求量大，生产周期短，保质期短等特点。以往应急医疗物资主要采用实物储备形式，不仅需要花费大量资金用于采购，而且管理、轮换、报废、处置等储备环节均需付出大量的资金成本。相比之下，生产能力储备能有效降低库存成本、减少资金投入和减少浪费。在只接受固定补贴的情况下，占信息共享优势的企业可能减少人力物力的投入，从而以牺牲委托人利益为代价实现自身利益的最大化，导致实际努力程度远远低于委托人的要求。

本文考虑非营利性组织与企业签订应急医疗物资生产能力储备合同的合作模式，通过设计双重激励机制，并确定最佳奖惩系数，促进企业提高努力水平，为非营利性组织和企业带来长远利益，为应急医疗物资生产能力储备决策提供有价值的建议。

二、文献综述

相对于非营利组织，企业在信息共享方面往往处于优势地位，企业与非营利组织追求的目标并不相同。Basu 等人将委托代理理论引入到企业供应链管理中，基于委托代理关系研究了销售人员薪酬和生产营销的激励问题。在激励机制方面，Holmstrom 和 Milgrom 设计了一种线性机制，在给定信息不对称的情况下降低企业道德风险问题。随后，研究人员将这些早期发现应用到各个领域。例如，Gary 等人讨论了两种契约激励，允许制造商和供应商分担产品召回成本，以诱导质量改进努力。此外，Yan 等人分析了运输供应链系统中关于运输成本和收益的信息不对称，并设计了一种最优激励契约，以可能提高供应链整体效率的方式促进信息共享。

此外，许多学者将激励机制应用于应急管理领域，张琳等从政府委托的角度研究了政府部门与战略供应商之间的采购与储备合作，并探讨了一种最优回收补货策略，以及一种最优政府支付策略。Wang 等人基于委托代理理论，分析了信息对称和不对称条件下的政府激励和努力程度。此外，也有学者在考虑激励相容约束问题的情况下，提出了最优激励策略的求解方法。相关文献为研究非营利组织与企业开展应急医疗物资储备之间的委托代理关系提供了理论和操作支持。在应急物资机制方面，Tamal 等人为灾后救援设计了食物、水、衣服、医疗设备、救援人员等稀缺资源的分配模型，实现了资源配置的有效协调。Oluwasegun 等提出了救灾物资及时分配的多阶段随机规划模型。Ertem 和 Ertem 认为，在交通资源稀缺、基础设施破坏严重的灾害中，多式联运更有利于应急物资的运送。此外，有学者从定价和激励的角度研究了应急物资采购的定价问题。Gao 等通过构建多期实物储备激励模型，提高努力水平，为政府和企业带来长期利益。刘阳等人在政府和两家企业组成的应急物资储备体系中引入了声誉效应机制。也有学者在激励契约的设计中引入了监督机制，建立了监督机制的激励模型。

综上所述，已有学者从声誉效应、监督机制、跨期合作等方面对应急物资储备激励契约进行了研究，但主要集中在实物储备激励上，而忽略了生产能力储备的激励契约研究。鉴于生产能力储备与实物储备在需求特征、资金投入、储存方式等方面存在明显差异，将实物储备激励模型应用于信息不对称条件下的生产能力储备是不合理的。因此，本文基于非营利性组织与企业的委托代理关系，分析了生产能力储备背景下非营利性组织与企业之间的复兴博弈。

三、问题描述

（一）决策问题

非营利性组织与企业之间存在非营利性组织主导、企业从属的利益博弈关系，双方的决策顺序与内容是：在突发事故发生前，非营利性组织委托企业开展一定规模的应急医疗物资生产能力储备，企业决定生产能力储备的努力水平。在储备期内，如果有突发事故发生，企业将生产能力转换为实物用于救灾，非营利性组织根据设定的奖惩系数对企业生产效率和持续生产能力对企业进行奖惩；基于此设计合理的应急医疗物资生产能力储备的激励机制，实现在信息不对称条件下提升企业努力水平的目标。

（二）符号说明

本文所有参数和决策变量的符号及定义说明如表 7 - 22 所示。

表 7 - 22　　　　　　　　　　符号说明

符号	定义
参数	
w_0	应急医疗物资储备专项贷款
i	专项贷款利率
φ	贷款贴息率，$0 < \varphi < 1$
τ	企业贷款收益转换系数
α_1	企业生产效率
α_2	企业持续生产能力
ε	企业生产效率的随机因子，$\varepsilon \sim N(0, \sigma^2)$
ζ	企业持续生产能力的随机因子，$\zeta \sim N(0, \delta^2)$
ξ	影响非营利性组织收益的随机因子，$\xi \sim N(0, \mu^2)$
h	减灾效益转换系数
m	固定投入边际成本
n	努力成本系数
P	政府要求的生产效率储备水平

符号	定义
Q	政府要求的持续生产能力水平
决策变量	
W_1	企业成产效率奖惩系数
W_2	企业持续生产能力奖惩系数
e	生产能力储备企业的努力程度

（三）假设条件

目前基于"经济人"假设的委托代理模型是激励机制研究的焦点，为了便于描述非营利性组织与企业间的信息不对称关系、刻画双方的实际收益，文本在委托代理理论基本框架下不失一般性地提出如下假设。

①理性经济人假设：设非营利性组织与企业是完全理性的，非营利性组织是风险中性的，企业是风险规避的，企业效用函数表现为帕拉特－阿罗（Pratt－Arrow）型效用函数 $u(x) = -e^{-rx}$，r 为企业风险规避系数，x 为实际货币收入。

②参与约束（IR）假设：非营利性组织与企业追求的目标不同，非营利性组织目标是实现减灾效益最大化，企业目标是谋求利益最大化，且不低于自身保留效用。

③信息对称性假设：非营利性组织与企业双方掌握的信息是不对称的，非营利性组织既无法全面观测到企业的努力水平，也难以准确获得企业的私人信息。

④线性关系假设：企业的努力程度与生产效率储备水平、持续生产能力水平和非营利性组织的收入呈线性相关。其生产效率储备水平为 $p = \alpha_1 e + \varepsilon$，持续生产能力水平 $q = \alpha_2 e + \zeta$，非营利性组织的收入为 $he + \xi$。

⑤激励方式假设：非营利性组织对生产能力储备企业的生产效率奖励表示为 $w_1(p - P)$，对企业的持续生产能力奖励表示为 $w_2(q - Q)$。

⑥企业边际成本递增假设：储备过程中，企业边际成本随努力水平增加而增加，有 $C'(e) > 0$ 和 $C''(e) > 0$，努力成本函数表示为 $C(e) = me + \frac{1}{2}ne^2$。

四、模型建立

应急医疗物资生产能力储备激励模型的核心在于非营利性组织（委托人）根据能够观测到的信息制订合理的激励机制，以促使企业（代理人）按照委托人的期望付出足够大的努力水平，并实现双方收益最大化。为了解决这一核心问题，本节以问题描述中的假设条件为基础推导出非营利性组织与企业效用函数，进而确立激励模型。

（一）企业效用函数分析

非营利性组织采用线性契约，即生产能力储备企业收益函数 f_H 可表示为：

$$f_H = y(\omega) + \tau\omega_0 - C(e) = \omega_0 i\varphi + \omega_1(\alpha_1 e + \varepsilon - P) + \omega_2(\alpha_2 e + \zeta - Q) +$$

$$\tau\omega_0 - me - \frac{1}{2}ne^2 \qquad (7-74)$$

代储企业成本函数 $C(e) = me + \frac{1}{2}ne^2$，由于 $\varepsilon \sim N(0,\sigma^2)$，$\zeta \sim N(0,\delta^2)$，因此

$$f_H \sim N(\omega_0 i\varphi + \omega_1(\alpha_1 e + \varepsilon - P) + \omega_2(\alpha_2 e + \zeta - Q) + \tau\omega_0 - me - \frac{1}{2}ne^2, \omega_1{}^2\sigma^2 + \omega_2{}^2\delta^2)_\circ$$

由于代储企业属于风险厌恶型，企业的效用函数表达式采用经济学中常见的一种效用函数表达式 – 基于常数相对风险规避系数 r 的效用函数（CRRA），则有 $u(f_H) = -\exp(-rf_H)$，代储企业效用函数 $Eu(f_H)$ 的期望值为：

$$E[u(f_H)] = \int_{-\infty}^{+\infty} -e^{-rf_H}\frac{1}{\sqrt{2\pi Var(f_H)}}e^{-\frac{(f_H-E(f_H))^2}{2Var(f_H)}}\mathrm{d}f_H = \frac{1}{\sqrt{2\pi Var(f_H)}}$$

$$\int_{-\infty}^{+\infty} -e^{-(\frac{(f_H-E(f_H)+rVar(f_H))^2}{2Var(f_H)}+r(E(f_H)-\frac{rVar(f_H)}{2}))}\mathrm{d}f_H = -e^{-r(E(f_H)-\frac{rVar(f_H)}{2})}\frac{1}{\sqrt{2\pi Var(f_H)}}$$

$$\int_{-\infty}^{+\infty} -e^{-(\frac{(f_H-E(f_H)+rVar(f_H))^2}{2Var(f_H)})}\mathrm{d}f_H = -e^{-r(E(f_H)-\frac{rVar(f_H)}{2})} \qquad (7-75)$$

利用确定性等价收入（CE）表示代储企业的效用函数期望值 Π_H，则有：

$$\Pi_H = \omega_0 i\varphi + \omega_1(\alpha_1 e - P) + \omega_2(\alpha_2 e - Q) + \tau\omega_0 - me - \frac{1}{2}ne^2 -$$

$$\frac{r}{2}(\omega_1{}^2\sigma^2 + \omega_2{}^2\delta^2) \qquad (7-76)$$

（二）非营利性组织效用函数分析

非营利性组织的收益是卫生事件突发时将灾害损失最小化所带来的减灾效益，其收益函数如下：

$$g_z = he + \xi - [\omega_0 i\varphi + \omega_1(\alpha_1 e + \varepsilon - P) + \omega_2(\alpha_2 e + \zeta - Q)] \qquad (7-77)$$

非营利性组织为风险中性，期效用函数期望值为：

$$\Pi_Z = (h - \omega_1\alpha_1 - \omega_2\alpha_2)e + \omega_1 P + \omega_2 Q - \omega_0 i\varphi \qquad (7-78)$$

（三）激励模型构建

立足于非营利性组织与生产能力储备企业的委托代理关系，通过设计补贴策略使得减灾效益最大化，模型目标函数可以表示为：

$$\max_{\omega_1,\omega_2}\Pi_Z = (h - \omega_1\alpha_1 - \omega_2\alpha_2)e + \omega_1 P + \omega_2 Q - \omega_0 i\varphi \tag{7-79}$$

当代储企业的期望收益小于其最高机会收益 f'_H 时，代储企业不会与非营利性组织签订生产能力储备契约。因此有 $Eu(f_H) \geq u(f'_H)$，即：

$$\omega_0 i\varphi + \omega_1(\alpha_1 e - P) + \omega_2(\alpha_2 e - Q) + \tau\omega_0 - me - \frac{1}{2}ne^2 - \frac{r(\omega_1^2\sigma^2 + \omega_2^2\delta^2)}{2} \geq f'_H \tag{7-80}$$

生产能力储备企业与非营利性组织合作时必须保证其自身利益最大化，因此模型中激励约束为企业确定性等价收入最大化：

$$\max_{\omega_1,\omega_2}\Pi_H = \omega_0 i\varphi + \omega_1(\alpha_1 e - P) + \omega_2(\alpha_2 e - Q) + \tau\omega_0 - me - \frac{1}{2}ne^2 - \frac{r(\omega_1^2\sigma^2 + \omega_2^2\delta^2)}{2} \tag{7-81}$$

综上所述，本研究构建的应急医疗物资储备系统激励模型为：

$$\max_{\omega_1,\omega_2}\Pi_Z = (h - \omega_1\alpha_1 - \omega_2\alpha_2)e + \omega_1 P + \omega_2 Q - \omega_0 i\varphi \tag{7-82}$$

s.t. (IR) $\omega_0 i\varphi + \omega_1(\alpha_1 e - P) + \omega_2(\alpha_2 e - Q) + \tau\omega_0 - me - \frac{1}{2}ne^2 -$

$$\frac{r(\omega_1^2\sigma^2 + \omega_1^2\delta^2)}{2} \geq f_H \tag{7-83}$$

(IC) $\max_{\omega_1,\omega_2}\Pi_H = \omega_0 i\varphi + \omega_1(\alpha_1 e - P) + \omega_2(\alpha_2 e - Q) +$

$$\tau\omega_0 - me - \frac{1}{2}ne^2 - \frac{r(\omega_1^2\sigma^2 + \omega_2^2\delta^2)}{2} \tag{7-84}$$

$$\omega_1, \omega_2 \geq 0 \tag{7-85}$$

五、模型分析

$\frac{\partial\Pi_H}{\partial e} = \omega_1\alpha_1 + \omega_2\alpha_2 - m - ne$，$\frac{\partial\Pi_H}{\partial e^2} = -n$，$-n < 0$，判定 Π_H 为凹函数，存在最优努力水平。令 $\frac{\partial\Pi_H}{\partial e} = \omega_1\alpha_1 + \omega_2\alpha_2 - m - ne = 0$，得：

$$e^* = \frac{\omega_1\alpha_1 + \omega_2\alpha_2 - m}{n} \tag{7-86}$$

构造拉格朗日函数，引入拉格朗日乘子 β_1 和 β_2 对约束进行处理可得：

$$F(\omega_1,\omega_2,\beta_1,\beta_2) = (h - \omega_1\alpha_1 - \omega_2\alpha_2)e + \omega_1 P + \omega_2 Q - \omega_0 i\varphi + \beta_1(\Pi_H - f_H') +$$

$$\beta_2\left(\frac{\omega_1\alpha_1 + \omega_2\alpha_2 - m}{n} - e^*\right) \tag{7-87}$$

根据 KKT 条件可得 $\beta_1 = \frac{i\varphi}{i\varphi + \tau} \neq 0$，参与约束为起作用约束。将参与约束与激励相容约束带入目标函数，可得：

$$\max_{\omega_1,\omega_2}\Pi_Z = (h - m)e - \frac{1}{2}ne^2 + \tau\omega_0 - \frac{r(\omega_1^2\sigma^2 + \omega_2^2\delta^2)}{2} - f_H' =$$

$$\frac{(h-m)(\omega_1\alpha_1 + \omega_2\alpha_2 - m)}{n} - \frac{(\omega_1\alpha_1 + \omega_2\alpha_2 - m)^2}{2n} - \frac{r(\omega_1^2\sigma^2 + \omega_2^2\delta^2)}{2} + \tag{7-88}$$

$$\tau\omega_0 - f_H'$$

海塞矩阵：$\begin{vmatrix} \dfrac{\partial^2\Pi_z}{\partial\omega_1^2} & \dfrac{\partial\Pi_z}{\partial\omega_1\partial\omega_2} \\ \dfrac{\partial\Pi_z}{\partial\omega_2\partial\omega_1} & \dfrac{\partial^2\Pi_z}{\partial\omega_2^2} \end{vmatrix} = \dfrac{r(\alpha_1^2\delta^2 + \alpha_2^2\sigma^2)}{n} + r^2\sigma^2\delta^2 > 0$，故存在最优解。

令 $\dfrac{\partial\Pi_z}{\partial\omega_1} = 0$，$\dfrac{\partial\Pi_z}{\partial\omega_2} = 0$，可得：

$$\omega_1^* = \frac{h\alpha_1\delta^2}{nr\sigma^2\delta^2 + \alpha_1^2\delta^2 + \alpha_2^2\sigma^2} \tag{7-89}$$

$$\omega_2^* = \frac{h\alpha_2\sigma^2}{nr\sigma^2\delta^2 + \alpha_1^2\delta^2 + \alpha_2^2\sigma^2} \tag{7-90}$$

将式（7-87）、式（7-88）代入式（7-84），可得：

$$e^* = \frac{h}{n} \cdot \frac{\alpha_1^2\delta^2 + \alpha_2^2\sigma^2}{nr\sigma^2\delta^2 + \alpha_1^2\delta^2 + \alpha_2^2\sigma^2} - \frac{m}{n} \tag{7-91}$$

命题 1 在信息不对称情况下，非营利性组织最优生产效率奖惩系数 ω_1^* 随着随机因子 ε 的方差，企业风险规避系数 r，变动投入成本 n 与企业的持续生产能力 α_2 的增加而减小，随着减灾效益转换系数 h、随机因子 ζ 的方差增加而增加，随着企业的生产效率 α_1 的增加先增加而后减小。

证明：求解非营利性组织最优生产效率奖惩系数 ω_1^* 关于 ε，ζ，r，n，h，α_1，α_2

的 一 阶 条 件 , 得 到 $\frac{\partial \omega_1^*}{\partial \sigma^2} = -\frac{h\alpha_1\delta^2(\delta^2 nr + \alpha_2^2)}{(nr\sigma^2\delta^2 + \alpha_1^2\delta^2 + \alpha_2^2\sigma^2)^2} < 0$, $\frac{\partial \omega_1^*}{\partial \delta^2} =$

$\frac{\alpha_1\alpha_2^2\sigma^2 h}{(nr\sigma^2\delta^2 + \alpha_1^2\delta^2 + \alpha_2^2\sigma^2)^2} > 0$ $\frac{\partial \omega_1^*}{\partial r} = -\frac{h\alpha_1\delta^4\sigma^2 n}{(nr\sigma^2\delta^2 + \alpha_1^2\delta^2 + \alpha_2^2\sigma^2)^2} < 0$, $\frac{\partial \omega_1^*}{\partial n} =$

$-\frac{h\alpha_1\delta^4\sigma^2 r}{(nr\sigma^2\delta^2 + \alpha_1^2\delta^2 + \alpha_2^2\sigma^2)^2} < 0$, $\frac{\partial \omega_1^*}{\partial h} = -\frac{\alpha_1\delta^2}{(nr\sigma^2\delta^2 + \alpha_1^2\delta^2 + \alpha_2^2\sigma^2)^2} < 0$, $\frac{\partial \omega_1^*}{\partial \alpha_2} =$

$-\frac{2h\alpha_1\delta^2\alpha_2\sigma^2}{(nr\sigma^2\delta^2 + \alpha_1^2\delta^2 + \alpha_2^2\sigma^2)^2} < 0$, $\frac{\partial \omega_1^*}{\partial \alpha_1} = \frac{h\delta^2[(nr\sigma^2 - \alpha_1^2)\delta^2 + \alpha_2^2\sigma^2]}{(nr\sigma^2\delta^2 + \alpha_1^2\delta^2 + \alpha_2^2\sigma^2)^2}$ 。

当 $0 < \alpha_1 < \frac{\sqrt{nr\delta^2 + \alpha_2^2}\sigma}{\delta}$ 时 , $\frac{\partial \omega_1^*}{\partial \alpha_1} = \frac{h\delta^2[(nr\sigma^2 - \alpha_1^2)\delta^2 + \alpha_2^2\sigma^2]}{(nr\sigma^2\delta^2 + \alpha_1^2\delta^2 + \alpha_2^2\sigma^2)^2} > 0$, 该条

件下非营利性组织最优生产效率奖惩系数 ω_1^* 随着企业的生产效率 α_1 的增加而增大;

当 $\alpha_1 > \frac{\sqrt{nr\delta^2 + \alpha_2^2}\sigma}{\delta}$ 时 , $\frac{\partial \omega_1^*}{\partial \alpha_1} = \frac{h\delta^2[(nr\sigma^2 - \alpha_1^2)\delta^2 + \alpha_2^2\sigma^2]}{(nr\sigma^2\delta^2 + \alpha_1^2\delta^2 + \alpha_2^2\sigma^2)^2} < 0$, 该条件下非营

利性组织最优生产效率奖惩系数 ω_1^* 随着企业的生产效率 α_1 的增加而减小, 证毕。

命题 1 表明, 企业的生产效率受到随机因素的影响越大, 承担风险的能力越弱, 企业生产效率也越难以提升, 最优生产效率奖惩系数越低; 当企业生产效率较低时, 非营利性组织最优生产效率奖惩系数与企业生产效率正相关, 在此范围内非营利性组织对企业进行奖惩是最有效的, 当企业生产效率超过一定水平后, 企业单日最大产能已经达到一定水准, 非营利性组织最优生产效率奖惩系数反而降低, 并最终趋于平稳状态。

命题 2 非营利性组织最优持续生产能力奖惩系数 ω_2^* 随着供应链持续供应能力随机因子 ζ 的方差, 企业风险规避系数 r , 变动投入成本 n , 企业生产效率 α_1 的增加而减小, 随着减灾效益转换系数 h 增加而增加, 随着企业的持续生产能力 α_2 的先增加而后减小。

证明: 求解非营利性组织最优奖惩系数 ω_2^* 关于 ε , ζ , r , n , h , α_1 , α_2 的一阶条件, 过程与命题 1 类似, 此略。

当 $0 < \alpha_2 < \frac{\sqrt{nr\sigma^2 + \alpha_1^2}\delta}{\sigma}$, $\frac{\partial \omega_2^*}{\partial \alpha_2} = \frac{\sigma^2 h[(nr\sigma^2\delta^2 + \alpha_1^2\delta^2 - \alpha_2^2\sigma^2)]}{(nr\sigma^2\delta^2 + \alpha_1^2\delta^2 + \alpha_2^2\sigma^2)^2} > 0$ 时, 则奖

惩系数 ω_2^* 随着企业的持续生产能力 α_2 的增加而增加; 当 $\alpha_2 > \frac{\sqrt{nr\sigma^2 + \alpha_1^2}\delta}{\sigma}$ 时,

$\frac{\partial \omega_2^*}{\partial \alpha_2} = \frac{\sigma^2 h[(nr\sigma^2\delta^2 + \alpha_1^2\delta^2 - \alpha_2^2\sigma^2)]}{(nr\sigma^2\delta^2 + \alpha_1^2\delta^2 + \alpha_2^2\sigma^2)^2} < 0$ 奖惩系数 ω_2^* 随着企业的持续生产能力 α_2

的增加而减少。

命题 2 表明，当企业的持续生产能力较弱时，非营利性组织最优持续生产能力奖惩系数与企业持续生产能力正相关，在此范围内非营利性组织对企业进行持续生产能力奖惩是最有效的，当企业持续生产能力超过一定水平后，企业供应链管理已经达到一定水准，非营利性组织最优持续生产能力奖惩系数反而降低，并最终趋于平稳状态。

命题 3　在信息不对称下，企业最优努力水平 e^* 随着随机因子 ε、ζ 的方差、企业风险规避系数 r、常规投入边际成本 m 和变动投入边际成本 n 的增加而减小，随着减灾效益转换系数 h、企业生产效率 α_1 和企业持续生产能力 α_2 的增加而增加。

证明：求解企业最优努力水平 e^* 关于 ε，ζ，r，m，n，h，α_1，α_2 的一阶条件，证明过程与命题与 1、2 类似，此略。

命题 3 表明，在信息不对称下，企业受到外界随机因素影响越大，固定成本和变动成本投入越多，承担风险能力越弱，也就越容易出现倦怠情绪或偷懒行为，使得自身努力水平降低；企业的生产效率和持续生产能力越高，供应链管理体系越完善成熟，越容易提高自身努力水平，达成的减灾效益也就越多。

六、数值分析

为深入地分析应急医疗物资生产能力储备激励模型各变量之间的复杂关系，对模型进行数值仿真试验，根据经验，设定试验条件参数为：$Q = 10, r = 0.8, h = 20$，$\alpha_1 = 2, \alpha_2 = 1.5$，$P = 3, \tau = 0.1, m = 1$，$n = 1, f_H' = 20, \omega_0 = 30$，$\sigma^2 = 1, \delta^2 = 1, i = 0.1$，$\varphi = 1$。

图 7 - 25、图 7 - 26 为企业最优努力水平、非营利性组织决策策略与最大收益随着随机因子 ε 和 ζ 方差变化的趋势图。由图 7 - 25、图 7 - 26 看出，由温度、湿度、人工、生产设备故障等不确定性增加引起的 σ^2 的增加或由供应链可靠性、生产线持续生产稳定性波动引起的 δ^2 的增加，使得企业容易出现消极怠工情绪，致使自身努力水平降低，非营利性组织收益减少。

图 7 - 27 为企业最优努力水平、非营利性组织激励策略与最大收益随着企业生产效率 α_1 变化而变化的趋势图。由图 7 - 27 可知，随着企业生产效率的增加，企业最优努力水平和非营利性组织收益不断增加，这是因为企业生效效率越高，越有利于应急医疗物资生产能力的提升，也就越有利于保持高水准的单日最大产能，使非营利性组织能够获得更多的收益，降低灾害风险。

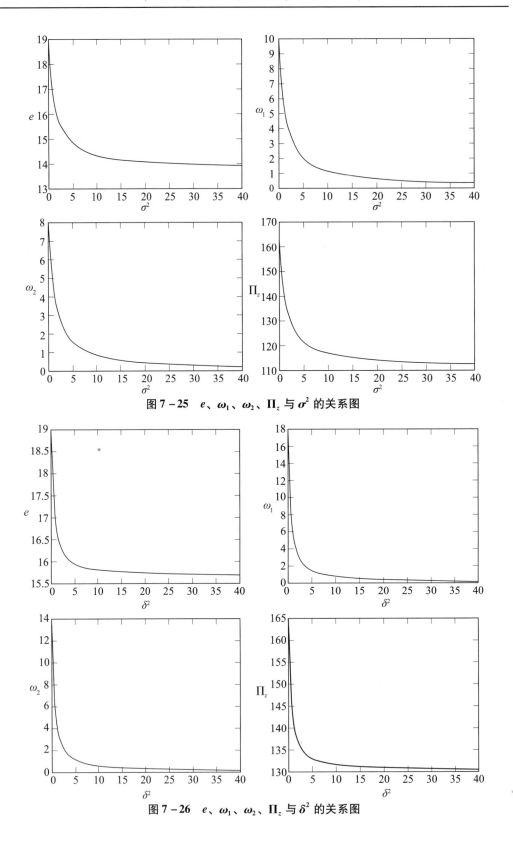

图 7 − 25　e、ω_1、ω_2、Π_z 与 σ^2 的关系图

图 7 − 26　e、ω_1、ω_2、Π_z 与 δ^2 的关系图

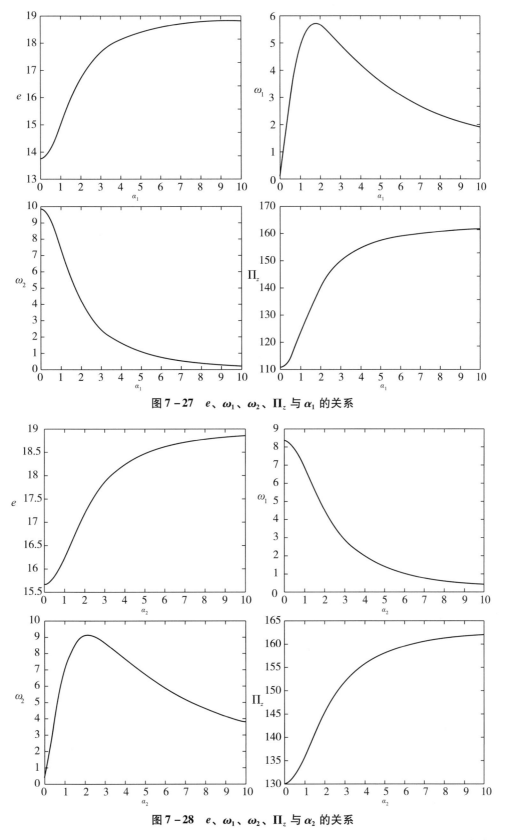

图 7 - 27　e、ω_1、ω_2、Π_z 与 α_1 的关系

图 7 - 28　e、ω_1、ω_2、Π_z 与 α_2 的关系

图 7-28 为企业最优努力水平、非营利性组织决策策略与最大收益随着企业持续生产能力 α_2 变化而变化的趋势图。由图 7-28 可知：随着企业生产能力的增加，企业最优努力水平和非营利性组织收益不断增加，这是因为企业持续生产能力越强，越有利于应急医疗物资生产能力，也就越有利于在灾害发生时，提供稳定生产，使非营利性组织能够获得更多的收益，降低灾害风险。

图 7-29 给出了不同企业最高机会收益下非营利性组织收益与企业生产效率、持续生产能力奖惩系数 ω_1、ω_2 变化的趋势图。由图 7-29 可以看出，非营利性组织收益随生产效率、持续生产能力奖惩系数的增大先增加后减少，盲目制订过高的奖惩系数会降低减灾效益，表明非营利性组织应该采取合适的奖惩措施。在保持奖惩机制不变的状态下，企业最高机会收益的增长会减少非营利性组织收益。

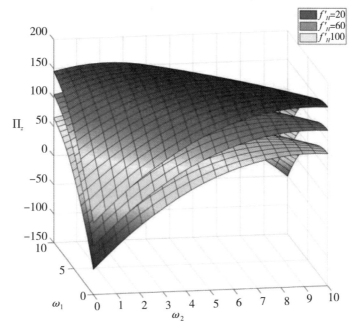

图 7-29　Π_z 与 ω_1、ω_2 的关系（$f'_H = 20$、$f'_H = 60$、$f'_H = 100$）

七、结论

本文分析了信息不对称条件下的非营利性组织与生产能力储备企业间的利益博弈，构建了应急医疗物资生产能力储备系统激励模型。引入了生产效率和持续生产力两个指标，求解了双重激励下的非营利性组织最优激励策略，讨论了各外生变量对最优策略的影响，得出如下管理启示：一是生产能力储备系统中不可控因素越少，激励契约更有效。非营利性组织应协助企业降低市场不确定风险，营造一个可控范围的稳态生产制造环境。二是激励系数关于代储企业生产效率和持续生产能力的函数均存在极值点。当企业生产效率和供应链管理水平规范后，为进一步提升生产水平而采取的人员引进、体制变革、固定资产投入等措施使得企业边际成本迅速上升，企业不再以追求非营利性组织奖励而提升努力水平。三是非营利性组织的补贴与生产能力储备企业所属行业的性质有关，为了体现激励模型的作用，非营利性组织应该选择受外界随机因素影响较小、贷款收益转换能力强、生产效率和供应链管理水平较高、规模适中的企业作为试点，同时鼓励企业提升自身承担风险的能力。

参考文献

［1］扈衷权，田军，冯耕中，等．协议企业代储模式下应急物资储备策略及采购定价研究［J］．系统工程理论与实践，2020，40（3）：605－616.

［2］扈衷权，田军，沈奥，等．生产能力储备模式下应急物资储备与采购定价模型［J］．管理工程学报，2021，35（2）：200－210.

［3］刘阳，田军，冯耕中，等．考虑声誉效应的应急物资储备系统动态激励模型［J］．系统管理学报，2022，31（1）：1－15.

城市生命线：新冠疫情下生活供应链影响分析及应对思考

杨志伟　陈小鸿　覃正桃　袁　泉

（同济大学道路与交通工程教育部重点实验室
同济大学城市交通研究院）

摘　要：城市生活供应链是支撑居民基本物资供应、实现城市基础服务功能的城市核心基础设施。新冠疫情导致货物干线运输受阻、核心仓储设施瘫痪、中转集散效率受限、末端配送人员缺位等严重问题，从而重创乃至瓦解了常态化生活物资供应链的基本结构。通过分析上海疫情暴发期间受冲击的物流链发现，城市可以从应急供应预案、仓储空间预留、多方协同机制、应急参与意识等方面强化应对外部冲击的韧性功能建设。

关键词：应急供应链；新冠疫情；多级政府协同；社区自组织；城市韧性

一、引言

近年来，随着经济全球化步伐的加快，全球生产和消费空间格局的空间重构不可避免地催生了物流需求在规模和强度方面的大幅度增长。我国物流行业凭借其涉及领域广，吸纳就业人数多，促进生产、拉动消费作用大等特点，近年来呈现出渐进性和高增长率的特征。此外，物流活动衔接生产、分配、交换、消费等经济活动的各个环节，在实现地区资源的有效配置、提升关联产业专业化运作水平以及推动产业结构调整等方面也发挥着至关重要的作用。

常态下的物流活动是商品从生产地到消费地实现客户需求的流通过程，而突发公共安全事件背景下的物流活动则更多是一种进行紧急保障的特殊活动。特别是在新冠疫情暴发期间，我国物流业扮演着逆行者的角色，承担起对医疗防控物资和生活必需品等救援物资调度和运输的重大责任。然而，随着疫情防控形势的严峻化，物流活动面临运输渠道受阻、仓储能力不足、专业人员短缺等多方面的挑战，导致出现物资断链现象，使得社会供需矛盾突出。物流作为供应链活动的重要组成部分，疫情来袭时物流活动的运行不畅直接影响了供应链的稳定性。因此，如何在防疫背景下重新组构物流链成为紧急保障疫情地区对物资需求的关键所在，更是直接影响和决定着当地的疫情防控保障能力。

针对如何保障重大突发公共安全事件背景下的应急物流系统运行这一主题，国内外学者从不同角度进行了理论和实践探索。首先，有部分研究人员从不同角度对突发公共安全事件下的应急物流进行分类，并认为科学分类是提供针对性保障措施的前提。其次，有部分研究人员重点关注突发公共安全事件背景下的应急物流设施的选址以及应急状态下物流车辆的路径选择。此外，也有部分研究人员认为健全重大突发公共安全事件背景下的应急物流保障机制迫在眉睫。相较于地震、台风等自然灾害，新冠疫情来袭时的物流活动则更多受制于受冲击状态下的应急物流链各环节衔接不畅、组织混乱，如朱晔通过分析 2020 年湖北武汉新冠疫情暴发期间物资运输存在的问题时发现，防疫背景下的应急物流网络保障关键在于干线运输和末端配送间的衔接，且特别指出末端配送环节呈现出自发而混乱的特征，亟待改善。

总结现有研究发现，当前针对突发公共安全事件背景下的应急物流系统保障研究主要集中在中宏观视角，特别是对突发公共安全事件背景下的物流链受影响维度解析不足，导致相应的物流保障措施实效性受限。且在我国已经遭受新冠疫情的多轮冲击背景下，仍然暴露出物流系统运行不畅、物资断链现象，关键在于对疫情冲击下的物流链认识不足，特别是对社区尺度的末端配送关注不够，使得物流活动最后一公里运行受限。因此，本研究以上海地区疫情暴发期间的物资运输保障为研究对象，以疫情冲击下的物流链为切入点，从多维度解剖防疫背景下的物流链受影响机理，并在小样本实证数据的观察思考基础上提出物流链重构思路，以期为提高突发公共安全事件背景下应急物资保障能力以及完善我国应急物流体系作出贡献。

二、常态下供应链基本结构解析

供应链反应了从原材料准备以及产品流通的全部活动过程，其主要思想是将供应商、制造商、分销商以及最终用户连成一个整体。通过合理有效的供应链管理模式能够协调并整合供应链中所有的活动，高效实现产品生产及流通过程。因此，解析常态下的供应链基本结构能够为防疫背景下的物流链重构提供物流要素建构基础。下面将从常见的三种供应链模式解析其供应链结构。

(一) 多层级仓网模式供应链结构

传统的供应链企业通常是为采用客户定制仓库的供应链模式，由此也面临着供应效率和资源利用率"双低"的窘境。随着产品类企业的供应链结构趋于成熟，现代化供应链企业主要采用区域仓—城市仓—地方分拨—配送站的多层级仓网供应链模式，通过搭建高度协同的多层级物流基础设施和仓配网络实现供应链高效畅通。供应商将产品配送到区域仓后，然后根据系统指令，将产品运输至各地区城市仓或是分拨仓，最后再由地方配送站配送。京东物流的高标准多级仓网结构就是一个典型代表，京东物流通过亚洲一号（云仓）—RDC—FDC—配送站的供应链结构，实现不同节点城市的科学产品供应，提升服务质量和周转效率。京东物流依托于自身强大的供应链体系，甚至能够直接通过其中央仓到地方配送站的分拨配送，以缩短货物的周转速度。

（二）前置仓模式供应链结构

前置仓模式是指将仓库从城市远郊的物流中心，前移到离消费者更近、更快送达地点的一种供应链模式。传统供应商往往通过设置在城郊地区的中心仓直接配送，运输距离偏长导致难以满足消费者的高时效性配送需求。而前置仓供应链模式中，供应商根据周边的需求情况提前将货物运送到社区附近的前置仓内储存，消费者下单后可直接从前置仓中拣取、包装货物，并完成配送，极大缩短了商品的流通时间。这类仓配模式常见于生鲜电商平台运营模式，其供应链结构特点主要在于将仓库建立在离消费者更近位置。前置仓一般是在距离社区较近的位置设立小型仓库，将商品直接储存其中，然后由配送骑手负责最后一公里配送到消费者家中，主要满足消费者对生鲜以及快消品的需求。前置仓模式的供应链结构之所以受到以叮咚买菜为代表的生鲜电商青睐，是因为仓库距离消费者较近，配送环节能够在保证生鲜产品新鲜度的情况下极大地提升产品供应时效性，同时相比线下门店又能够节省运营成本。

（三）店仓一体化模式供应链结构

店仓一体化是一种利用门店为客户提供一站式仓储与配送服务的供应模式，优势在于通过仓和配的结合，将订单预处理、库内作业、发运配送等环节全部统一起来，提高了物流运作效率，高效满足消费者需求，实现一站式服务。在此背景下，传统的零售业巨头也都在向店仓一体化的供应模式快速转型。且相较于互联网电商平台，传统的零售业巨头全国门店众多，受众广泛，借助于线下规模优势，通过门店仓储一体化的供应模式，将过往的零售业务变成了批零兼营。例如，大润发实体店将部分空间腾出作为"前置仓"，将高频次购买和高渗透率的商品置于仓内，会员通过大润发 e 路发自建平台下单后，由配送骑手将商品配送到消费者手中。在线上层面，门店就是标准的仓储作业，店仓一体化，人员和场地均做到了重复利用，增加了利润点。

物流作为供应链活动的重要组成部分，贯穿于将产品或服务提供给最终消费者活动的全过程。以京东物流为例，首先供应商需要将产品批量运输至京东全国指定的中央仓，然后中央仓再根据仓储库存管理策略以及消费者需求完成区域分拨运输，紧接着通过各片区的配送站完成包裹分拣与转运，而且在这一过程往往涉及密集的"信息－人员"投入，最后通过稳定的配送员根据自身经验积累合理有效完成终端配送工作。由此可见，高效、稳定的物流链不仅依赖于中转空间的合理设置来提升供应链响应消费者需求能力，货物装卸、分拣、加工、集散和配送等过程还需要专业化的流程，依赖于大量的人员（货车司机、仓储人员、分拣人员和配送人员等）、车辆（长途货车、中转货车和配送货车等）和设施（供货商仓库、平台仓库、配送站和交通设施等）的专业化、精细化的分工合作实现货物周转畅通（见图 7 - 30）。与此同时，物流链的专业化、精细化也导致各个环节过于片段化、离散化，为突发事件背景下的物流链短时间内重新组构带来严峻挑战。

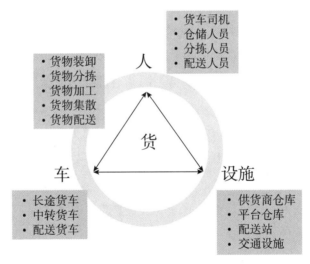

图 7 - 30　常态生活供应链的基础结构、关键要素及核心功能

三、疫情冲击下的物流链

2022 年 4 月，COVID - 19 变异毒株奥密克戎（以下简称"奥密克戎"）疫情在上

海市集中暴发，由于奥密克戎传染力强、传播速度快、传播隐匿性非常强，为疫情防控工作带来较大挑战。在此背景下，如何有效切断奥密克戎的传播途径成为疫情防控工作的关键。为此，上海及周边地区的政府部门采取了严格的交通管制以及封闭隔离措施，以致常态下的物流链中货物装卸、集散、分拣和配送过程涉及的人员、车辆和设施等关键要素均受到了不同程度的影响。

第一，货物干线运输受阻。公路货运交通承担着全社会 70% 以上的货运量，是支撑经济社会发展的"大动脉"，特别是高速公路以及国道在运输网中起到骨干作用。然而出于疫情防控需要，部分地方管理部门在疫情来临时的应激反应往往是采取关闭高速公路收费站、关闭服务区以及设置公路防疫检查站等措施，防疫政策不断变化以及不同区域防疫措施的差异性使得货物运输时长增加甚至完全受阻，严重影响货物跨区域流通。

第二，核心仓储设施瘫痪。由于涉疫人员的经停和相关工作人员的确诊，根据现行疫情防控管理制度，部分核心仓储设施需要实施严格封控管理，无法发挥其原有功能。以位于上海嘉定区的京东亚洲一号为例，作为国内最大、最先进的电商物流"大仓"之一，由于涉及疫情，严格遵守"不进不出"的封控原则，在当时整体陷入停摆状态。而该设施作为京东长三角地区最重要物流枢纽，由于无法维持正常运作，使得长三角地区的京东物流服务受到严重影响。另外，大量仓储设施被迫封控管理也使得可利用的仓储空间严重不足，严重影响了货物的中转效率。

第三，中转集散效率受限。尽管疫情期间仍有部分物流仓库处于运营状态，但有部分员工和司机处于隔离管控状态，面临较大的人力缺口，特别是专业供应链管理人员或专业技术人员缺位，将导致中转集散效率受限。而市民出于防患于未然的考虑，导致市场服务需求激增，人手面临极大短缺状况下却要处理更大的市场需求，中转集散效率进一步降低。

第四，末端配送人员缺位。由于上海市民需要严格遵循"足不出户"的原则，导致具备专业配送经验的物流配送人员无法回到工作岗位。尽管大量志愿者参与物资分发与配送，但由于末端配送信息系统失效、物资品类繁多以及普通志愿者配送经验不足，且物资来源分散、通常多频次和不定时到达使得高度离散的配送活动杂乱无序，配送效率受到严重影响。

疫情下的生活供应链面临的主要冲击和障碍如图 7 – 31 所示。

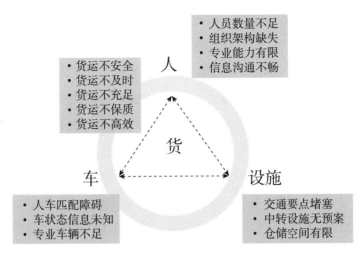

图 7 – 31　疫情冲击下生活供应链面临的主要问题和障碍

四、疫情防控背景下的物流链重构思路

尽管疫情冲击下的物流链稳定性受到较大影响，但货物运输特别是医疗防控物资和生活必需品等民生物资的运输直接影响社会基本保障工作。因此，如何打通货物运输的堵点卡点、重新组构通畅的物流链极为关键，特别是如何做好"最后一公里""最后一百米"物资配送工作，对于疫情地区生活物资供应保障工作至关重要。然而，疫情来袭时物流相关人员、车辆和设施均受到冲击，导致疫情防控背景下的物流链重构需要另辟蹊径。

首先，通过省际协调和接驳功能设计保障干线运输。一方面，省际尺度层面要及时协调解决路网阻断堵塞等问题，加强重点节点通过能力，确保干线公路畅通。例如，为了保障疫情期间重点物资运输车辆的通行，我国交通运输部明确要求建立统一格式、全国互认、办理便捷的通行证制度。建立重点物资车辆的通行证制度，是疫情应急状态下努力保障重点物资跨区域、跨省份运输的一个重要举措。另一方面，省际尺度层面要建立专业化、标准化的防疫流程，科学合理设置公路防疫检查点，进一步优化检测的方式和流程，减少车辆的拥堵缓行，最大限度减少疫情对路网运行的影响。例如，上海疫情暴发期间，为了确保抗疫、保供车辆高效通行，上海金山警方会同浙江平湖警方建立"专属绿色通道"，在确保防疫安全的同时，以最快速度实现无接触运输转换衔接。

其次，通过多级基层政府协同实现定点定线中转集散。中转是现代物流的重要环节，直接关系到物资运输服务效率，因此，疫情来袭时需要在省际尺度层面设置物资中转站实现安全接力。例如，疫情暴发期间，在上海西郊国际农产品交易中心、江桥批发市场和浙江平湖市、江苏昆山市都设立了生活物资保供中转站，通过闭环式、"无接触"物流，畅通物资运输。仓储作为货物流通过程中的重要环节之一，疫情来袭时可利用的仓储空间直接关乎物资中转效率。因此，在区县尺度层面需要整合仓储空间资源，建立集散网络。例如，疫情暴发期间上海市嘉定区启动规划总面积约 5000 平方米的安亭中转站，以此满足物资运输车辆的中转需求。此外，在街镇尺度层面还需要灵活组织运力，从而实现高效集散。例如，疫情暴发期间，上海市嘉定区安亭镇政府临时租用企业仓库作为全镇保供物资的中转点，各社区居委安排人员前往中转点进行清点、接货和转运，利用公交车、小型货车、电动物流车等方式实现高效集散。

最后，通过社区内部多方参与和自组织优化完成末端配送。末端配送作为物流链中的最后一个环节，其配送效率影响着整个物流链的服务时效性。此外，由于疫情暴发期间运输的物资来源分散、品种多、频次高、不定时到达，且不同物资的重量、体积等都有较大的差别，导致末端配送工作本身较为复杂。因此，末端配送环节成为疫情防控背景下的物流链重构的核心，依赖于社区居委会、小区物业、小区志愿者和小区"团长"等多方协作和自组织完成。

第一，社区居委会需要在末端配送环节充分发挥出中央处理器作用。社区居委会在统筹疫情暴发期间的应急物流工作时，不仅要在"街镇—社区—小区"三级沟通机制中起到纽带角色，完成保供物资的接收、中转和分发，还应当负责"物资—人员—信息"全过程中的志愿者等相关人员招募和调配。第二，小区物业需要在末端配送环节扮演"防火墙"角色。物业的职责就是为小区所有的居民提供一个健康、良好的生活环境，在疫情来袭时，小区物业需要负责对进入小区的物资进行专业消杀；不仅如此，小区物业还应当作为"社区—居民"的联络人，及时反馈配送物资相关信息以及处理应对突发物资配送需求。第三，小区志愿者是末端配送环节的多功能先锋队。由于末端配送环节依赖于大量配送人员协作完成，而"足不出户"的防疫原则使得原有的专业配送人员大面积缺位，因此小区志愿者在此背景下应当成为负责社区物资转运、物资分拣和小区内部物资配送等各种需求的"万能砖"。第四，小区"团长"是末端配送环节的物资"品控员"。上海疫情暴发期间，团购成了小区居民日常购买生活必需品的重要方式，类似社区团购负责人的"团长"不断涌现。小区"团长"作为小区居民的"贴心人"，不仅需要对接"供货商—社区—小区"之间的物资供给和需求，还需要审核供应商和运输单位的资质以及团购物资的质量，并全流程跟进团购物资的卸货、消杀、拆袋、分拣、配送等工作，从而保障小区居民的基本生活物资需求。

五、结论与政策启示

（一）应急供应预案

新冠疫情为代表的外生冲击对于城市生活供应链的影响是巨大的，从结构上瓦解了高密度信息流支撑下的常态供应链体系，给城市居民的物资供应造成了严重破坏。在国际政治经济形势不断变化、极端气候和特殊公共健康事件频现的今天，各级地方政府应当结合防疫供应链组织经验，设计和完善适合当地条件和资源的应急供应链保障预案。在明确基本保障部门、企业和机构等责任主体的基础上，制定相对简洁清晰而符合基层治理水平的管理方案，提高预案的可执行性和有效性，保证外生冲击下基础物资供应的充分普及。

（二）仓储空间预留

根据调研结果，应急供应链的关键过程是物资的储、转、运，而支撑这一过程的空间要素是应急仓储和转运场所。随着城市的发展和演化，由于物流仓储空间的低附加值属性以及具有环境负外部性，部分特大城市中心区的物流仓储空间急剧收缩，给应急供应链在城市高密度地区的快速搭建带来挑战。同时由于应急供应链针对的基本生活物资需要一定的储存条件，非专业的仓储空间可能无法服务于该功能。因此，城市应当在空间规划的过程中预留一定量的物流仓储空间，在考虑人口覆盖和交通基础设施联系的基础上，实现预留空间的常态功能和应急保障价值。

（三）多方协同机制

城市是一个复杂动态的巨型有机体，应急供应链涉及主体数量多、建设时间紧、专业化要求高，需要多元主体协同共建的有效机制支撑。文中案例体现应急供应链搭建过程中，实现物资足额准时配送的能力源于人员、信息等方面的有效配合和充分信任。如何建立涵盖各级基层政府、社区、居民、企业和其他社会力量的协同机制，将是决定应急供应链成效的关键。面向未来，应急协同机制不仅将成为应对突发事件和外生冲击的社会韧性底盘，同时也是复杂城市网络基层治理能力的核心表征指标。

（四）应急参与意识

应急供应链的高效搭建离不开每一位市民的理解和支持，也有赖于市民群体的积极参与和无私奉献。新冠疫情引发的城市供应链危机是对城市居民应急能力的一次生动演练，也是提升其应急意识的良好机遇。在城市应急管理的日常宣传过程中，应注重广大市民的信息渠道建设和参与机会提供，强化市民参与城市应急工作的主人翁意识，从而形成乐观面对、积极响应、科学参与的社会风气。

参考文献

［1］楚岩枫．我国物流产业系统演化机理研究［D］．南京：南京航空航天大学，2010.

［2］韩增林，王成金，尤飞．我国物流业发展与布局的特点及对策探讨［J］．地理科学进展，2002（1）：81－89，96.

［3］魏际刚．中国物流业发展的现状、问题与趋势［J］．北京交通大学学报（社会科学版），2019，18（1）：1－9.

［4］谢如鹤，宗岩．论我国应急物流体系的建立［J］．广州大学学报（社会科学版），2005（11）：55－58.

［5］王旭坪，傅克俊，胡祥培．应急物流系统及其快速反应机制研究［J］．中国软科学，2005（6）：127－131.

［6］王海军，杜丽敬，胡蝶，等．不确定条件下的应急物资配送选址—路径问题［J］．系统管理学报，2015（6）：828－834.

［7］谷玲玲，耿秀丽．IIF－ER方法在应急物流设施选址中的应用［J］．中国安全科学学报，2018，28（9）：183－188.

［8］缪成，许维胜，吴启迪．大规模应急救援物资运输模型的构建与求解［J］．系统工程，2006（11）：6－12.

［9］张斌．应急物流配送车辆调度优化研究［D］．大连：大连海事大学，2007.

［10］计国君，朱彩虹．突发事件应急物流中资源配送优化问题研究［J］．中国流通经济，2007（3）：18－21.

［11］王健，王菡．关于依托现代物流搞好应急保障的思考［J］．北京理工大学学报（社会科学版），2005（6）：21－23.

［12］张臻竹. 基于供应链视角下的应急物流控制体系建设研究［J］. 技术经济与管理研究, 2014（2）: 35 – 39.

［13］袁强, 张静晓, 陈迎. 建立我国应急物流体系的构想与对策——基于新冠肺炎疫情防控的经验教训［J］. 开放导报, 2020（3）: 86 – 92.

［14］朱晔. 突发公共卫生事件下应急物资运输保障对策［J］. 城市交通, 2020, 18（5）: 102 – 109.

［15］袁泉, 陈小鸿. 城市物流环境影响的时空解析［J］. 城市交通, 2021, 19（2）: 29 – 36, 89.

基于新一代信息技术的应急物流智能化发展研究

雷　敏　胡琼芳　闵定勇　李蜀峰　卢会超

（昆船智能技术股份有限公司）

摘　要： 新冠疫情应急物资保障难度前所未有，应对重大突发事件应急物资保障体系建设的重大需求，以新一代信息技术支撑智能化应急物流发展，建设统一的协调调度、供需匹配、指控决策应急物流体系，充分运用大数据、物联网、云计算、5G、工业互联网、"北斗"、无人化、人工智能、区块链等技术，有助于确保应急物资全流程各环节有序有力、安全可控，推进实现应急场景下的数据信息交互共享，资源统筹优化配置，指控决策敏捷可靠，物流运行智能高效。

关键词： 新一代信息技术；应急物流；智能物流

一、引言

我国正处在应急管理体系的重要转型期，2018年应急管理部的成立体现了中央对应急管理工作的高度重视，有利于在国家部委层面牵头统筹应对各种突发事件。随着国内外风险挑战明显上升，国家总体安全需求和人民群众对安全要求的不断提升，特别是2019年年底突如其来的新冠疫情，让全球供应链产业链经受严峻挑战。危急关头，应急物流在政策指导下加快发展，体现了"生命线"的能力与担当。

近年来，国家重大基础设施和资源要素水平全面跃升，物流产业蓬勃发展，以新一代信息技术为标志的科技发展及其应用创新不断提速，为推动应急物流发展创造了客观条件。2019年国家发展改革委印发《关于推动物流高质量发展促进形成强大国内市场的意见》，明确了物流供给侧结构性改革的重点，强调了新一代信息技术对应急物流发展的重要支撑作用，随后"加强新一代信息基础设施建设"被列入2019年政府工作报告。2020年工信部印发《关于运用新一代信息技术支撑服务疫情防控和复工复产工作的通知》，部署运用新一代信息技术支撑服务疫情防控工作，支持运用互联网、大数据、区块链等技术完善智慧物流体系，为应急物流的信息化智能化建设提供了良好政策环境。在这次战"疫"过程中，新一代信息技术发挥了不可替代的作用。2022 年党的二十大报告强调加强重大疫情防控救治体系和应急能力建设，明确指出要加快发展物联网，建设高效顺畅的流通体系。贯彻落实习近平总书记关于"鼓励运用大数据、人工智能、云计算等数字技术，在疫情监测分析、病毒溯源、防控救治、资源调配等方面更好发挥支撑作用"的重要指示精神，应急物流领域加快科技进步、系统升级和模式创新，着力提升自动化、网络化、数字化和智能化水平，全面加强应急物流保障能力建设。

二、新一代信息技术支撑建设统一的应急物流运行平台

近年来，我国物流产业和信息产业蓬勃发展，物流业各部门、各企业、各类别的信息平台层出不穷，然而由于缺乏可供应急物流运行调度和指控决策的统一平台，只能各自为战，影响了疫情防控应急物资保障效果。系统考虑应对各类自然灾害、重大突发公共卫生事件、重大安全事故等突发公共事件的应急物流需求，统筹储备、生产、采购、运输、储存、装卸、搬运、包装、流通加工、分拨、快递、配送、回收以及信息处理等活动，健全统一的应急物流体系，加快推进物联网、大数据、云计算、5G、人工智能、区块链等新一代信息技术与物流活动的深度融合，加快国家重点研发计划项目"应急物流关键技术研究与应用示范"等转化落地，将国内外先进的物流技术装备和模式机制引入应急物流，以先进科技及其应用模式创新为支撑，以补齐短板弱项、提升保障能力为突破方向，实现全面感知、全网链接、全局优化，按照集中管理、统一调拨、平时服务、灾时应急、采储结合、节约高效的原则，大力建设平急战快速转换、军地政企联动、供需实时对接、干线支线末端有效衔接、公铁水空管协同、人车物场路统筹、安全高效可控的现代化应急物流体系，实现应急物资调度协同可控，需求、态势、资源及时感知，智能化应急物流指挥控制科学高效。

（一）依托互联网＋5G 推进平急战一体化协同调度

按照"平时服务、急时应急、战时应战"的功能要求，为推进建立集中统一、权威高效的"平急战"一体化协同调度系统，将区域智能化应急物流信息网的打造与常态化疫情防控相衔接，基于移动互联网、新一代移动通信网络、数据融合等先进技术，推动全社会物流信息的畅通与共享，搭建应急物流社会资源调度第三方服务平台，实现集铁路、公路、水路、航空四位一体的智慧多式联运。大力发展"互联网＋"车货

匹配、运力优化、运输协同、仓储联动等新模式，区分三种状态下的运行作业模式和组织管理方式，便于充分利用现代物流网络等布局完善、通达全国的空间优势，高效精准统筹各类应急资源和保障力量。发挥 5G 高速度、泛在网、低功耗、低延时、万物互联的优点，推动跨地区、跨行业物流信息互联共享，支撑物流动员和平急战转换的协调联动机制，通过协同调度系统充分发挥行业协会、骨干企业的组织协调能力和专业化优势，解决物流联合调度和科学统筹问题，为应急物流提供筹措采购、调拨运输、仓储配送、物流诚信等一站式、全方位服务，提升系统运行的统一性、协同性及高效性，提高应急物流快速响应和保障能力。2022 年，"新一代人工智能"重大专项面向重大突发事件的智能应急物资物流调配技术及应用项目启动，通过构建基于多维度数据融合的应急物资供应链协同平台架构，破解新冠肺炎等给应急物资保障带来的新问题、新课题、新挑战。将互联网技术应用到国家应急救援事业中，依托高效、可视、智能的系统为应急物流提供决策、发布、运力保障等服务，为平急战一体化协同调度系统进行了初步探索实践。

（二）基于大数据＋云计算提升应急物流供需匹配能力

应急物资需求具有突出的猝发性和时效性，表现为难预测、峰值大、不均衡，要根据需求动态调整应急物资供应端，需依托物流大数据、应急保障云、资源物联网等信息基础设施，及时、精确、高效完成物流数据分析和供需精准匹配对接，并依托供需分析系统开展应急物资的高效生产、统筹调配及回收管理任务。依托部门、行业大数据应用平台，充分利用人工智能、物联网和可视化技术挖掘突发事件类型、烈度、区域的历史数据分布和物资需求规律，做好公共突发事件发展预测，实现物资需求态势实时感知，提前开展行业供应链风险预警，准确分析应急物资需求规律和趋势走向，拟制风险应对和紧急调配方案预案，实现保障资源动态合理配置。大数据为应急物流的供需分析、动态管理、科学决策提供了技术支撑，应加快应急物流数字化转型，参与构建物流大数据中心体系，通过数据采集、预处理、加工、统计分析和运用等步骤，从大量、多样、繁杂、价值密度低和动态性的物流供需相关数据中提取有价值的信息，识别各类关联关系，推进数据赋能应急物流，确保应急资源可找、可取、可用、可控，实现供需信息实时共享和智能匹配，整合各类物流资源，统筹服务应急物流需求。推动供需端数据上云，并通过云计算架构为应急物流供需分析提供高性能的计算服务支撑，持续完善供需精准对接机制和重点企业调度机制，通过大数据分析和预测技术，防止出现盲目的产能畸形扩张，实现供应链有力支撑应急管理物资保障。进行重点地区提前预置、重点物资足量预储、紧急需求优先调集和应急物资精准配送，动态精准监控调节各地与应急物资保障密切相关的重要生产、生活保障物资供应。

（三）运用通信导航＋智能系统强化实时指控决策水平

随着以人工智能技术为核心的智能化技术集群的快速发展和在物流领域的广泛运用，物流业正向智慧物流时代加速迈进。充分发挥我国产业科技优势，推进智能化应急物流加快发展，其核心就是构建智能化的应急物流指挥控制系统。通过线上与线下相结合，科学统筹管控应急物资的生产、筹措、储备、运输、中转、分发、配送等各环节，高效指挥管理应急物流全过程，全面提升柔性化、可视化和智能化保障水平。充分发挥中国物流领军企业的先进技术装备优势和数据资源整合能力，构建泛在先进的智能化基础设施。加快建设具备智能规划、智能计划、智能调控等功能的应急物流"智慧大脑"，快速识别突发事件的性质、类别和规模，为应对庞大复杂的应急物资需求，利用智能化方法实现应急物流最优规划、方案拟制、自主管理和实时调控，评估物资应急等级，提供精准预测、需求匹配、风险监测、感知预警、应急规划、优化调度等技术支撑和辅助决策，采用"人脑＋智能系统"的协作运行方式实现对应急物流的智指挥、控制，发展智能传感器和可视化技术，推进运输配载、跟踪监测、库存监控等应急物流指挥控制系统创新发展，提高物流保障的时效性和精确性。以5G加快应用落地、"北斗三号"全球组网和"天通一号"卫星正式商用为契机，依托先进通信导航技术进一步提升应急物流指控能力。通过数字孪生、增强现实和虚拟现实等技术，模拟应急物流运行风险，评估灾情疫情及管制造成的影响，对干线、支线和末端进行全面评估，及时调整运输配送路由，灵活调配公路、铁路、航空等多种资源，有针对性破解应急物流现实指控难题。

三、新一代信息技术有助于确保应急物资保障有序有力

习近平总书记指出，要优化重要应急物资产能保障和区域布局，做到关键时刻调得出、用得上。对短期可能出现的物资供应短缺，建立集中生产调度机制，统一组织原材料供应、安排定点生产、规范质量标准，确保应急物资保障有序有力。基于新一代信息技术，以工业互联网和物联网技术支撑物资生产调拨平台，以"北斗"系统为基础构建应急物流运输平台，运用无人智能化装备发展"最后一公里"配送平台，构建应急物流完整链路，确保物资保障有序有力。

（一）以工业互联网、物联网支撑物资生产调拨

在疫情防控应急物流保障中，物资需求紧迫剧烈，保障情况复杂多变，应急物资调拨过程存在"保障迷雾""信息孤岛"和"牛鞭效应"，严重影响物资调拨效率。通过加强业互联网、物联网、5G、人工智能等新型基础设施建设，指导物资生产龙头企业和大型物流平台用好信息技术手段和网络化工具，通过工业互联网平台保障供应链的完整，做好生产协同和风险预警。对于可能停产断供的关键环节，提前组织柔性转产和产能共享，以信息化手段管控好供应链安全，解决供给侧产能不足、通道不畅的问题。创新物流资源配置方式，扩大资源配置范围，有利于快速筹集调拨充沛物资送抵一线。通过以"万物互连"为特点的物联网，实现物理世界与信息空间的实时交互，综合运用长短距离通信技术和智能传感器、射频识别（RFID）、北斗定位系统、条形码、红外线感应器等各种传感技术，自动实时获取产、储、运、转、供、补各环节的可靠信息，完成应急物流态势环境感知、多源信息融合、远程操作维护和高效跟踪管控，整合救灾物资储备基地、仓储物流企业、生产企业、商超、医药企业等，实现有序、快速和高效的物资调拨配发，降低物流成本、劳动强度和物资损耗，提高流通速度、效率和效益，打通应急物流堵点，合理调整物资补给的优先顺序和流向流量，为智能优化应急物资保障计划提供依据，实现在准确的时间向准确的地点为应急物流需求方提供适宜数质量的各类物资装备，有力保障救援物资、生产资料和生活必需品的有效及时供给。

（二）以"北斗"系统为基础畅通应急物流运输

2019年9月，中共中央、国务院印发《交通强国建设纲要》，提出打造绿色高效的现代物流系统，并明确推进北斗卫星导航系统应用，为应急物流发展营造了良好政策空间。当月京东物流发布车货匹配平台"京驿货车"，致力于通过平台化手段，整合现有优质运力供应商及其他优质社会零散运力资源，创新运力组织与运作方式，实现运力匹配平台化、资源管理数字化与运输运行智能化。公路运输是历次应急物流保障的重要力量。新冠疫情防控期间，基于全国2600个北斗地基增强系统全天候、高稳定性运行，全国数十万台北斗终端投入应急物流共同抗击疫情。交通运输部通过全国道路货运车辆公共监管与服务平台入网的北斗车载终端，向600余万入网车辆持续推送相关信息，推荐道路行驶及运输服务信息。通过为物流车辆和一线员工安装配备基于北斗的智能车载和手持终端，实现对物流过程、运载车辆、一线工作人员时空定位的

全面管理等物流智能位置服务，确保物流安全，降低物流成本，提高物流配送效率。以"北斗"系统为基础，综合运用无线通信、地理信息系统 GIS、卫星遥感、物联网和现代物流配送规划等技术构建公路货物运输物流平台，对应急物流设施装备进行精确定位和全程跟踪，实时掌握受灾地区灾情发展、救灾进展和道路交通情况，建立与各物流平台的及时沟通，打破运力资源壁垒，综合利用多种资源，充分发挥平台优势，优化物流组织模式，建立预警和告警机制，及时补修道路确保应急物流供应线路畅通，物流运输车辆、物流智能终端、嵌入式物流节点等可承担分布式的移动云边缘计算，实现装备、人员、货源的高效精准供需匹配，减少迂回、空驶运输和物流资源闲置。基于数据资源支撑应急物流高效通畅，为建立应急物资保障绿色通道提供良好的信息基础设施。

（三）运用无人智能化装备打通"最后一公里"

人工智能、边缘计算、机器人和无人化技术的突破带来末端配送模式的进一步颠覆性创新。新冠疫情期间，为了降低疫区配送人员在高危环境下配送时被感染的风险，京东物流以供应链技术平台为依托，完成了在武汉的配送地图采集和机器人测试工作，无人机、无人车和机器人正式投入防疫一线，在配送、消毒、巡查等各个领域为抗击疫情贡献力量。政府可以通过财政补贴、减税降费等政策鼓励物流企业研发并推广应用配送机器人、移动智能快递柜、无人配送车、无人机等无人智能装备，建立临时"无接触"物流园区、配送站点、智能自提柜，积极探索无接触配送云服务平台建设，减少近距离人际接触带来的交叉感染风险。配送装备在实施自动驾驶过程中，可采用高精度北斗、多线激光雷达、高精度地图等技术的组合导航系统，生成实时高精度位置和姿态，通过对配送车辆、人员、交通路况、气象温湿度等要素的实时监控，统筹利用相关数据资源进行动态调整，优化配送路线和运力，实现多应用场景下货物跟踪定位、在线调度管理、智能配货、移动可视化等执行任务能力，并做好供应商、配送车辆、网点、用户等各环节信息的精准对接，提升配送的标准化、智能化水平，有力保障"最后一公里"配送效率。在重型输送装备中无人机和机器人等技术是非常关键，适合于野外作业的中远程无人机和重型机器人在应急物流中也将发挥关键作用。统筹邮政、顺丰、三通一达等物流资源，补足应急物资配送力量，完成物资发放地、超市卖场、前置仓等配送地与小区之间"最后一公里"的配送，以满足物资保障需求。

四、新一代信息技术将推动供应保障网实现高效安全可控

依托新一代信息技术，加快推进建立国家统一的应急物资采购供应体系，对应急救援物资实行集中管理、统一调拨、统一配送，推动应急物资供应保障网更加高效安全可控。具体而言，加强各级物资储备主体云、网、端建设，有助于提升应急物资储备效能，通过采购云"一张网"的诸多优势，提高应急物资采购供应的安全性，通过区块链实现应急物流的信任治理和智能运行。

（一）加强云、网、端建设，提高应急物资储备效能

战略物资及应急物资的储备具有"蓄水池""减压阀"的重要功能，是我们抵御多样化风险的物质保证，同时也是现实层面的紧迫需要。促进应急物资储备这一基础性工程，推动应急物流体系全面建设，离不开现代信息手段、仓储装备和管理技术，包括统筹云（云计算）、网（宽带网）、端（各种终端）等智能仓储基础设施建设，综合运用云计算、大数据、人工智能等信息技术构建应急物资储备云端平台，运用互联网、局域网、物联网等技术构建科学高效的储备信息管理网络，建立应急响应机制和灵活调控机制等。综合运用战略储备布局规划、不确定条件下的设施智能选址、基于大数据的分拨中心选址、模块化集装预储、储备轮换、高效应急仓储、物资联合储备、快进快出货位智能优化、密集储存技术、考虑时效性和动态性的资源智能调度等技术。支持建设智能化立体仓库，实现存、取、管全程智能化，建立深度感知智能仓储系统，实现仓储运行的智能感知、智能决策和智能执行，完成自动预测、采购、补货、分仓。应用智能化物流技术装备提升仓储、分拣、包装等，促进5G立体仓库系统、"货到人"拣选系统、智能分拣式AGV、高举升式AGV、落地叉式AGV、大流量换轨穿梭车、重载四向穿梭车、交叉带分拣机、自动回转货柜、VR/AR等装备技术在仓储领域的多模式应用，提高储备环节运行效率及安全水平，实现应急物资保障模式的转变和保障效能的跃升。鼓励对传统库房的智能化改造，提高平面库仓储管理水平和收发作业效率，推动仓储设施从传统结构向网格结构升级，从单个系统转变为平台体系，重塑仓储业务流程，创新资源组织方式，促进线上线下融合发展，破解编制紧缩、人少事多、传统保障难以为继的突出现实矛盾问题。运用北斗导航定位系统、地理位置信息系统、物联传感系统等加强应急物资储备的活性建设，实现物资的全程可视可控。在各级仓储单元推广应用二维码、无线射频识别、集成传感等物联网感知与大数据技

术，实现仓储设施与货物的实时跟踪、网络化管理以及库存信息的高度共享。强化应急物资储备基础配套建设，统一规范物资编码及信息标准，满足应急物资储备信息流转需要，为信息化智能化仓储奠定标准化基础，服务国家、军队、地方、市场和家庭"五位一体"的应急物资储备系统。要优化应急物资特别是重点医疗物资的储备，建立由实物储备、生产能力储备、资金储备三种储备形式组成的应急物资储备体系，并不断优化三种储备的合理规模。

（二）采购云"一张网"确保应急物资采购供应安全

采购云平台在这次助力各地开展抗击疫情的战役中，充分利用了互联网平台"不见面、零接触"和"全程在线、实时监控"的优势，依托骨干龙头企业在互联网采购领域积累的零售、物流、金融、信息、技术等资源，发挥采购云平台"一张网"的优势，实现采供双方"全网供货、全网采购"。依托大数据技术，采购供应大数据调度管理模块通过算法模型测算采供双方供需变化、物资价格、交易行为等数据，对全国应急物资采购大数据进行规模化聚合、智能化分析，充分运用数字技术和市场化机制，强化应急物资的价格、交易、库存和物流等数据信息的动态监管，发布重点物资的紧缺情况和价格波动趋势。目前，北京、深圳、广州、天津等城市已部署此类平台，提供应急物资信息发布、供需对接、资源撮合、物资调拨管理、物资寻源、监测物资储备、库存管理、远程办公等增值功能，以确保应急物资采购供应的安全性。通过创新应急物资的采购供应链管理，可满足不同场景应急服务需求，打破物资采购区域限制，实现应急物资的跨区域采购调配，精准引导供应商合理组织货源，大大提高时效、节约资源，智能辅助采购单位科学决策，协助各地财政部门和采购中心有效规范市场秩序，赋能相关部门进行监管督导，对违规供应商及其商品进行纠察曝光，提升了政府采购的安全性，有力支撑应急管理工作。

（三）区块链助力实现应急物流信任治理和智能运行

将先进信息技术应用于国家治理和社会治理，是数字时代必然选项。相比于人工智能、云计算、大数据等其他技术，区块链侧重于重塑"生产关系"，作为若干先进信息技术和数学算法的集合，其特点与应急物流有许多内在的契合点，可提供多方维护、可共享但不可篡改的分布式账本、链式数据库、可靠信息平台和信用基础设施，与其他技术深度融合共同搭建应急物流信息和价值交换网络。区块链通过提供实名认证、电子签名、时间戳、数据存证及全流程可信服务，建立完整信任体系，为互联网环境中应急物流建设塑造了全新环境，实现应急物资全程追溯，有效调配资源、追踪流向，形成完整责任链条，避免伪劣物资流入。区块链技术被认为是创造信任的技术，具有改变人们之间合作模式的巨大影响力，将整个社会自救的自组织行为进行明确的记录和上链，引入去信任化的交易范式解决慈善公益事业痛点。推进应急物流数据上链，推广应用电子运单、电子仓单、电子面单等区块链电子化单证，提高流转效率和效益。区块链金融技术还可以解决灾害救援资金的结算、事后补偿及利益分配问题，基于去中心化技术特点使得整个运作公开透明。以人工智能、区块链和新一代芯片为代表的智能化产业将带来新一轮科技革命，使应急物流的智能运行成为可能。分布式记账、Token 激励、智能合约等技术将深刻改变应急物流机制，区块链技术和思想的引入将更好地推动应急物流的智能化转型，从仓储、运输、配送及逆向物流等各流程环节推动应急物流系统整体柔性和安全可控水平。

五、结语

贯彻党的二十大精神，提高防灾减灾救灾和急难险重突发公共事件处置物资保障能力，在顶层设计上推进应急管理体系和能力的现代化，应推进新一代信息技术支撑应急物流体系建设，深刻汲取疫情防控当中的教训，实现供应保障网高效安全可控，充分发挥智慧物流在提高应急物资保障能力等方面的重要作用，推动应急物流乃至应急管理事业全面发展。

参考文献

［1］王宗喜. 加强应急物流与军事物流研究刻不容缓［J］. 中国物流与采购，2003（23）：20.

［2］丁芳草. 浅析重大疫情下应急物流的现状及对策［J］. 中国物流与采购，2021（13）：70-71.

［3］尹军琪. 重大疫情对应急物流系统建设的启示［J］. 物流技术，2020，39（2）：1-4.

［4］古贞，谭清美. 军民融合物流体系构建研究［J］. 科技管理研究，2019，39（20）：228-235.

［5］曹小龙，李莹. 新冠肺炎防控对我国应急物流发展的启示［J］. 中国应急救

援，2020（5）：14 – 17.

　　［6］郭凌，杜伟伟，李睿，等．基于北斗卫星导航系统的应急物流车辆智能监管系统设计［J］．军事交通学院学报，2021，23（1）：45 – 50.

　　［7］袁强，张静晓，陈迎．建立我国应急物流体系的构想与对策——基于新冠肺炎疫情防控的经验教训［J］．开放导报，2020（3）：86 – 92.

　　［8］徐东．应急物流建设与发展对策建议［J］．中国应急管理，2020（2）：33 – 34.

　　［9］姜大立．关于提高应急物流保障能力的思考［J］．中国物流与采购，2022（16）：51 – 52.

考虑援救时间公平性的避难所选址问题研究

郑玉馨

（上海海事大学）

摘　要： 在以人道主义为本的应急援救决策中，灾民的心理需求不容忽视，采取不同的援救策略会对灾民的心理代价造成影响。针对常见的避难所选址问题，提出关于援救时间公平性的考量，同时，加入固定成本和运输成本，建立多目标混合整数线性规划模型，利用 CPLEX 进行求解，并利用算例验证了模型的可行性。计算结果表明，任一单目标决策下的避难所选址都存在较大的偏差，多目标决策有助于寻找均衡目标值，得到综合评价较优的避难所选址方案。

关键词： 应急设施选址；剥夺成本；援救时间公平性；多目标混合整数线性规划

近年来，随着全球生态环境的恶化，各类自然灾害频繁发生，严重威胁了社会的稳定发展。灾害发生后，作为最直接的利益相关者，灾民们会产生焦虑、恐慌等负面心理，这会在不同程度上影响援救工作的顺利进行。并且，由于援救部署存在区域上的差异，这种影响通常会呈现出逐步扩大的趋势。在现有的研究中，大多以物资需求的满足、援救时间的延迟等客观指标来衡量援救效率，实际上，从人道主义的角度出发，援救时间的公平性也是应急决策的重要目标。

一、引言

避难所选址作为应急物流决策中的一个基本问题，现已有较为广泛的研究和应用。张亚楠等探讨了设施选址问题的几种经典的模型，提出了适用于地震避难所选址模型的多目标规划原则以及具体方法，利用地理信息系统（GIS）的空间分析能力和实例数据验证了该方法的可行性。Aakil 等分析了在不同阶段下，应急物流优化模型中的不同决策目标和约束，并对灾害援救行动进行了分类。Gutjahr 等讨论了人道主义物流管理中不同的优化准则以及多准则决策方法。

目前，人道主义物流优化决策主要从两方面考虑了受灾群体的需求，一方面是生理上的需求，比如足够的物资供应，安全的避难所等，另一方面则是心理上的需求。影响灾民灾后心理变化的因素有很多，并且这种心理变化具有不确定性和可传播性，通常与灾民行为有密切的联系。Wex 等构建了以总运输时间最短为目标的应急物资分配优化模型。刘长石等人考虑了灾民在危急状态下的不平衡心理因素，通过最小化所有灾民的受损差异来保障应急物资分配的公平性和有效性。Vorst 等在人群疏散模型中加入了人类行为和心理因素的考量，结合灾害心理学提出了一些影响疏散效率的重要变量。Hu 等研究了灾后逆向物流管理，证明心理代价是一种边际积分函数，并建立了包含物流成本、操作风险及心理代价的多目标线性规划模型，对求解结果进行了帕累托前沿分析。崔璇等运用多属性效用决策理论和行为科学理论，提出等待心理代价的测度函数，并建立多目标混合整数线性规划模型，用 CPLEX 求解验证了模型的有效性。Sheu 等提出了一个包含心理成本最小化的三阶段多目标混合整数线性规划模型，并利用此模型设计了集中式应急物流网络。宋英华等提出了一种衡量灾民心理的满意度函数，结合应急配送中心的选址问题，构建了以灾民满意度最大和系统总成本最小为目标的优化模型，并基于遗传算法进行求解，验证了模型的可行性。Cantillo 等认为心理剥夺成本源于缺乏获得商品或服务的机会，并用离散选择理论来评估剥夺成本，得到了一个能反映个体社会经济特征对剥夺成本的影响的非线性函数。Gutjahr 等将考察分配差异的基尼系数引入到了剥夺成本的计算中，提出了一种相应物流模型的求解方法，通过实例说明了该方法的优势。在关注灾民心理代价的研究中，多数将灾民感知到的心理痛苦度与等待时间关联起来。相关研究认为，在等待物资供应和等待援救的过程中，灾民的心理代价不断提高，生命财产安全都受到严重威胁，由此产生了绝对剥夺成本。对绝对剥夺成本这种心理代价进行优化决策可以帮助提高整体的援救效率，但忽视了灾民个体间的差异，未考虑灾民这个群体在心理和行为上的特殊性。

本文从灾民因援救时间差异而产生的心理落差入手，提出了一种多目标混合整数线性规划模型，在考虑了避难所固定成本和援救行动中的运输成本这些经济因素的基础上，加入了相对剥夺成本的计算，以灾民感知到的相对剥夺成本最小为目标来缩小不同灾区间的援救时间差异，确保避难所选址的公平性。

二、问题分析

灾害发生后，应急部门要尽快在多个候选避难所位置中选择合适的位置进行救灾部署，为避免亲属失联，最大限度地安抚人们的恐慌心理，确保援救工作顺利进行，通常情况下，会按人口密度划分灾区，并将同一灾区的灾民安置在相同的避难所。由于容量限制，避难所可容纳的灾民十分有限，同时，考虑到救灾成本，在可容纳范围内，避难所需能安置尽可能多的灾民。在援救灾民至避难所的过程中，因各灾区地理位置不同，援救所需时间存在很大的差异。本文将每个避难所的平均援救时间作为灾民的心理代价基准，若援救时间长于平均值，则认为该灾区的灾民产生了相对剥夺成本。

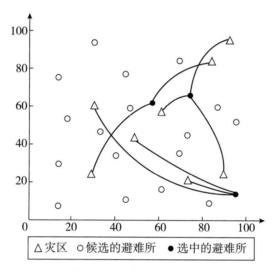

图 7 - 32　考虑固定成本的避难所选址

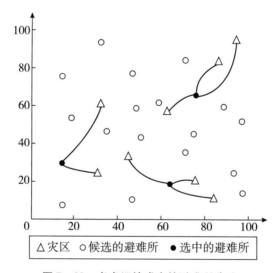

图 7 - 33　考虑运输成本的避难所选址

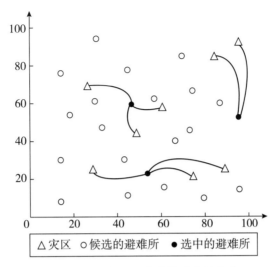

图 7 - 34　考虑心理代价的避难所选址

图 7 - 32、图 7 - 33 和图 7 - 34 分别为不同决策目标下的避难所选址方案，图中空心三角形表示灾区分布位置，实心圆表示已被选中的避难所位置，空心圆表示剩余的候选避难所位置，空心三角形与实心圆之间的连线表示灾区内的灾民被安置到避难所进行避难。在考虑固定成本的避难所选址中，经济效益主导了决策，它只选择在固定成本最低的位置建立避难所，无援救效率可言。考虑运输成本和考虑心理代价的避难所选址的不同之处在于，运输成本要求援救总距离最短，首先选取的是距离灾区最近的避难所，但由于避难所一旦确定就必须满足容量限制，所以距离次近的灾区可能会被安置在更远的避难所，这种选址会导致不公平现象的发生。而仅仅考虑灾民的心理代价进行避难所选址会因为追求公平分配而让本可以就近避难的灾民被安置在了较远的避难所，大大降低了援救效率。

在多目标决策中，单个目标间通常是对立关系，优化任一目标都会对其他目标的最优性造成影响。在避难所选址问题中，当以避难所固定成本为优化目标时，仅考虑了经济因素，而忽略了应急物流的特殊性，若以援救过程中的运输成本为优化目标，则是着重强调了整体的援救效率。生理需要是人类行为的首要动力，灾害发生时，人们的生存愿望尤为迫切，这种情况下，任何群体间的差异都会被放大，并且，由于受负面心理因素影响的灾民行为具有广泛传播性，援救工作的难度会随之增大。因此，应急物流决策中考虑灾民的心理因素，最大限度地保障灾民情绪稳定，确保援救工作能及时有效地开展对降低生命财产损失、科学配置资源起到关键作用。

本文根据人道主义物流的公平性特点，在避难所选址问题中同时考虑社会经济代价和灾民的心理代价，在模型设计过程中，以单目标线性规划模型为基础，引入松弛参数，将多目标问题转化为单目标问题进行求解。

三、模型建立

本文的避难所选址问题是在避难所候选位置已知的前提下，按人群密度划分灾区，并以灾区中心为坐标节点，来计算灾区与避难所之间的欧几里得距离。同时，为了合理配置资源，每个避难所位置一旦被选定，就必须满足一定的利用率，并且不能超出最大容量。由于单位距离内每人次的援救成本相同，模型中省略运输成本的计算，直接用距离来代替。平均援救时间是对于所有灾区而言的，因此需对所有灾区的援救时间加和取平均值。在本模型中，对灾民心理代价的量化是考虑了其所在灾区援救时间与平均援救时间的差值，若灾民所在灾区的援救时间长于平均援救时间，则认为该灾民产生了心理剥夺成本，并且这种成本在数值上可看做两个援救时间的差值。

（一）模型假设

①同一灾区的灾民全部同时接受救援，援救队伍离开时，灾区内无人员剩余。
②援救队伍对各灾区同时展开救援，各灾区无时间先后顺序且援救效率相同。
③援救所需时间只与灾区至避难所的距离有关，不受其他因素影响。

（二）符号定义

模型中的集合、参数和变量如图7-35所示。

集合	
I	避难所候选位置集合 $I = \{1,2,\cdots,\mid I \mid\}$，$i \in I$
J	灾区集合 $J = \{1,2,\cdots,\mid J \mid\}$，$j \in J$
参数	
C_i	在位置 i 处固定避难所的成本
V_i	位置 i 处避难所的最大容量
D_j	灾区 j 的灾民数量
T_{ij}	从避难所位置 i 到灾区 j 的欧几里得距离
变量	
x_i	$x_i \in \{0,1\}$，若在候选位置 i 处建立避难所，$x_i = 1$；否则为0
y_{ij}	$y_{ij} \in \{0,1\}$，若灾区 j 的全部灾民被分配到避难所 i 处进行安置，$y_{ij} = 1$；否则为0
$\bar{p}$	所有灾区的平均援救时间
p_j	当灾区 j 的援救时间大于平均援救时间时，其与平均援救时间之间的差值

图7-35 模型中的集合、参数和变量

（三）数学模型

在以上模型假设及符号说明的基础上，分别以避难所总固定成本 f^F 最小、援救行动总运输成本 f^T 最小、全部灾民心理剥夺成本 f^P 最小为目标建立单目标模型 ［M1］、［M2］和 ［M3］。

$$[\text{M1}]\ \min\{f^F|\ (7-92),(7-95)-(7-103)\}$$
$$[\text{M2}]\ \min\{f^T|\ (7-93),(7-95)-(7-103)\}$$
$$[\text{M3}]\ \min\{f^P|\ (7-94),(7-95)-(7-103)\}$$

$$f^F = \sum_i C_i \cdot x_i \tag{7-92}$$

$$f^T = \sum_{i,j} D_j \cdot T_{ij} \cdot y_{ij} \tag{7-93}$$

$$f^P = \sum_j D_j \cdot p_j \tag{7-94}$$

s. t.

$$\sum_{i \in I} y_{ij} = 1,\ \forall j \tag{7-95}$$

$$x_i \leqslant \sum_{j \in J} y_{ij},\ \forall i \tag{7-96}$$

$$\sum_{j \in J} D_j \cdot y_{ij} \leqslant V_i \cdot x_i,\ \forall i \tag{7-97}$$

$$\sum_{j \in J} D_j \cdot y_{ij} \geqslant \beta \cdot V_i \cdot x_i,\ \forall i \tag{7-98}$$

$$\bar{p} = \frac{1}{|J|} \sum_{ij} T_{ij} y_{ij} \tag{7-99}$$

$$p_j \geqslant \sum_i T_{ij} y_{ij} - \bar{p} \tag{7-100}$$

$$x_i \in \{0,1\},\ \forall i \tag{7-101}$$

$$y_{ij} \in \{0,1\},\ \forall i,j \tag{7-102}$$

$$p_j \geqslant 0,\ \forall j \tag{7-103}$$

式（7-92）至式（9-94）分别表示避难所的总固定成本，援救行动所需的总运输成本和全体灾民的相对剥夺成本；约束条件式（7-95）和式（7-96）表示了避难所和灾区之间的分配关系，同一灾区的灾民都将安置在同一避难所，因此一个灾区只能分配给一个避难所，一个避难所在容量范围内可以同时安置多个灾区的灾民；约束条件式（7-97）和式（7-98）限制了避难所的最大容量，并要求分配方案能满足避难所的最小利用率；式（7-99）定义了平均援救时间的 $\bar{P}$ 计算方式；约束条件式（7-100）和式（7-103）表示灾民心理剥夺成本的最小值为其所在灾区的援救时间与平均援救时间的差值，且这个差值的最小值为 0；式（7 - 101）和式（7 - 102）说明 x_i 和 y_{ij} 均为 0 - 1 变量。

$$[\text{M4}] \ \min\{(f^F, f^T) \mid (7 - 92) - (7 - 101)\}$$

$$[\text{M5}] \ \min\{(f^F, f^T, f^P) \mid (7 - 92) - (7 - 101)\}$$

$$f^F \leqslant (1 + \alpha^F) \cdot \check{f}^F \qquad (7 - 104)$$

$$[\text{M6}] \ \min\{f^T \mid (7 - 92) - (7 - 104)\}$$

$$f^T \leqslant (1 + \alpha^T) \cdot \check{f}^T \qquad (7 - 105)$$

$$[\text{M7}] \ \min\{f^P \mid (7 - 92) - (7 - 105)\}$$

在得到单目标模型最优解后，建立同时考虑避难所固定成本 f^F 和援救行动总运输成本 f^T 的模型 [M4] 以及同时考虑避难所固定成本 f^F、援救行动总运输成本 f^T 和灾民心理剥夺成本 f^P 的模型 [M5]。为了求解模型 [M4] 和 [M5]，引入松弛参数 $\alpha^F(0 \leqslant \alpha^F \leqslant 1)$ 和 $\alpha^T(0 \leqslant \alpha^T \leqslant 1)$，放松 [M1] 最优解 $\check{f}^F$ 和 [M2] 最优解 $\check{f}^T$，如式（7 - 104）和式（7 - 105）所示。模型 [M6] 和 [M7] 将 $\check{f}^F$ 与松弛系数 $(1 + \alpha^F)$ 的乘积作为 f^F 的上限，将多目标问题转化为最小化总运输成本的单目标问题进行求解。模型 [M7] 同理，给定避难所固定成本和总运输成本的松弛范围，求解最小化灾民心理剥夺成本的均衡目标值。

四、算例分析

（一）参数设置

本文共模拟 5 个数据集，每个数据集中包含了 20 个候选避难所和 8 个灾区的参数信息，其中各参数服从均匀分布，如表 7 - 23 所示，为了计算方便，将数据进行了取整处理，避难所最小利用率保留两位小数。

表 7 - 23　　　　　　　　　　　　　　算例参数

名称	参数取值服从均匀分布
避难所坐标点 X 值	$U(0,100)$
避难所坐标点 Y 值	$U(0,100)$
避难所容量	$U(8000,12000)$
避难所固定成本	$U(50000,100000)$

续　表

名称	参数取值服从均匀分布
避难所最小利用率	$U(0.7,0.9)$
灾区坐标点 X 值	$U(0,100)$
灾区坐标点 Y 值	$U(0,100)$
灾区灾民数量	$U(3000,5000)$

（二）结果分析

本文使用 Python 3.7 调用 CPLEX 进行求解，在求解模型［M6］和［M7］时，需调整松弛参数，这里，α^F 和 α^T 的初始值都设置为0，以步长 0.1 逐步增加至1，若随着松弛参数的增大，目标函数值不再发生变化，则认为此时模型得到了最优解。求解模型［M6］和［M7］时确定的最优解松弛参数如表 7-24 所示。

表 7-24　　　　　　　　模型［M6］、［M7］最优解的松弛参数

模型	松弛参数	data1_1	data1_2	data1_3	data1_4	data1_5
［M6］	α^F	0.2	0.4	0.3	0.9	0.3
［M7］	α^F	0.5	0.6	0.2	0.9	0.4
	α^T	0.3	0.9	0.1	0.7	0.6

求解模型［M1］、［M2］、［M3］、［M6］和［M7］得到的避难所固定成本、援救总运输成本和灾民的心理剥夺成本如表 7-25 所示。

表 7-25　　　　模型［M1］、［M2］、［M3］、［M6］和［M7］的结果对比

dataset	［M1］ f_1^F	［M2］ f_2^T	［M3］ f_3^P	［M6］ f_6^F	［M6］ f_6^T	［M6］ f_6^P	［M7］ f_7^F	［M7］ f_7^T	［M7］ f_7^P	［M7］ $\dfrac{f_7^P - f_3^P}{f_3^P}$
data1	165484	786404	109594	194731	786404	163066	236865	1004067	115918	5.77%
data2	220431	449211	26593	292121	449211	132395	288137	827307	59893	125.22%
data3	227788	617678	33160	292443	617678	202155	258040	1143875	75827	128.67%
data4	174716	580014	22409	324549	580014	161610	322179	977521	81520	263.78%
data5	232983	621006	32298	295195	621006	100386	308850	991339	32298	0

由表 7-25 可知，在给定的参数范围内，通过调整松弛参数 α^F 的大小，模型［M6］解得的总运输成本 f_6^T 与［M2］最优解 $\breve{f}^T$ 无异，由此验证了双目标决策模型

［M4］的可行性，在尽可能降低避难所固定成本的同时可找到使援救总运输成本最小的避难所选址方案。在表 7 - 25 中，$(f_7^P - f_3^P) / f_3^P$ 一列表示对比模型［M5］和模型［M3］的结果，得到多目标决策时心理剥夺成本的增幅，即综合考虑固定成本、运输成本和心理代价对灾民心理剥夺成本的影响，其中，数据集 data5 中该列数值为 0，说明心理剥夺成本在松弛求解过程中取到了最优值。分析表 3 中结果可得到以下结论：援救总运输成本的降低会导致避难所固定成本的增加；当把援救时间公平性即灾民心理剥夺成本引入避难所选址决策中时，通常会在几个距灾区较近的候选位置中，选择一个位置建立避难所，这个位置到周围不同灾区的距离值相差较小。选择数据集 data1，根据其所对应的模型［M6］和模型［M7］的求解结果绘制避难所选址方案示意图，如图 7 - 36 和图 7 - 37 所示。

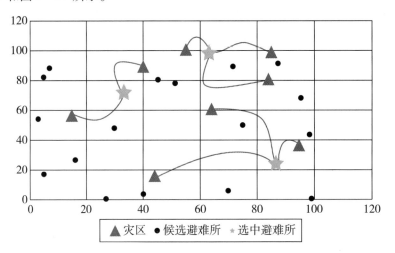

图 7 - 36　数据集 data1 据模型［M6］得到的避难所选址

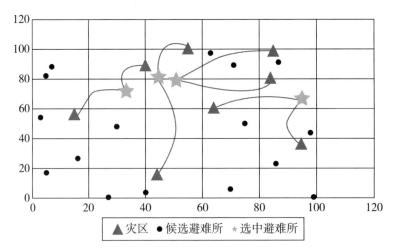

图 7 - 37　数据集 data1 据模型［M7］得到的避难所选址

对比图7-36和图7-37可以看出，当不考虑灾民的心理代价时，求解方案是在符合避难所容量限制的条件下，选择与灾区距离较近的位置建立数量较少的避难所；当把灾民的心理代价作为优先级最高的目标纳入考虑范围时，求解方案是选择距离灾区较近且到多个灾区距离相近的候选位置建立避难所，在满足容量要求的情况下，避难所数量有所增加，由此，模型［M6］和模型［M7］的可行性得到了验证。

通过分析结果可知，不同条件下的避难所选址方案差异较大，由于算例中各项参数均为随机生成的数值，为了进一步验证考虑援救时间公平性会改变避难所最优选址方案，选用数据集data1，通过改变避难所最小利用率来进行计算实验，求解模型［M7］，具体结果如图7-38所示，其中横坐标0.88是数据集data1中已知的避难所最小利用率。

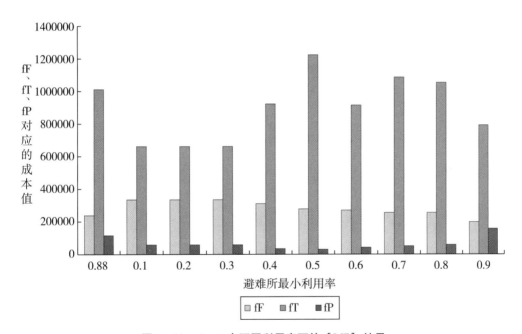

图7-38　data1在不同利用率下的［M7］结果

图7-38中的结果是用数据集data1求解模型［M7］得到的，在这个计算实验中，将式（7-104）和（7-105）中的松弛参数设置为1，以0.1为初始值，0.1为步长，改变避难所的最小利用率，根据求解得到的数据绘制图6柱状图。可以看出，随着避难所最小利用率的提高，灾民的心理剥夺成本逐渐上升，这是因为高利用率使得最终选址时避难所的数量减少，可选位置也受到了限制。

通过分析以上的全部结果，可以得知，在仅考虑避难所固定成本时，经济性过强，选址方案不合理，灾区与避难所距离过远，无法满足应急物流援救中对效率和时间的高要求。当考虑了援救行动的总运输成本，即以灾区到避难所的距离总和为目标函数时，虽然得到的选址和分配方案可以减少总援救时间，但由于避难所容量限制，会有部分灾区无法就近避难，只能被安置在较远的避难所，这时邻近灾区的援救时间可能会存在较大差异。从人道主义角度来说，这样的方案有利于短时间内援救更多的灾民，但对于灾民个体而言，危急情况下的心理代价是随等待时间呈指数增长的，若不能合理地分配救灾资源，及时保障每一位灾民的生命财产安全，这种心理代价会造成更大的影响，给援救工作增加难度。因此，在避难所选址问题研究中引入对援救时间公平性的考量是合理且有效的，具有一定的现实意义。

五、结论

针对人道主义救援的公平性特点，在避难所选址问题研究中，用不同灾区援救时间的差异来说明援救行动存在的不平等情况，提出基于援救时间公平性的避难所选址模型。通过模拟算例进行验证分析，证明了灾民感知到的相对剥夺成本会对避难所选址造成影响，并且，在控制固定成本和运输成本的前提下，可以得到使灾民心理代价最小的避难所选址方案，尽力帮助所有灾民得到及时有效的救援。本文建立的模型是多目标的混合整数规划模型，分阶段将多目标转化为单目标进行求解，以此为基础，未来可研究受其他因素影响的避难所选址问题。

参考文献

[1] 顾珺. 考虑灾民心理因素的灾后应急物资动态调度优化研究 [D]. 南京：南京信息工程大学，2018.

[2] 张亚楠，高惠瑛. 基于 ArcGIS 的多准则地震应急避难所选址规划研究 [J]. 震灾防御技术，2019，14（2）：376 – 386.

[3] 崔璇，丁一，林国龙. 等待心理代价影响下的灾区伤员疏散决策模型研究 [J]. 科学技术与工程，2014，14（19）：309 – 314.

[4] 宋英华，葛艳，杜丽敬，等. 考虑灾民心理的应急设施选址配送问题研究 [J]. 灾害学，2019，34（1）：187 – 193.

［5］徐重岐，张涛，曾俊伟. 应急物流配送中心选址问题模型研究［J］. 物流科技，2015，38（1）：1－3.

［6］姚红云，牛凯. 应急物流中心选址与配送路径优化研究［J］. 物流科技，2019，42（3）：35－39.

铁路应急物资运输网络的集成与优化

——铁路应急物流 RAP 问题数学建模解决方案

何珊珊

（防灾科技学院）

摘　要：本文首先对铁路应急物资运输网络进行脆弱性分析，然后以配送效率最大化、修复延时率最小化为集成优化目标，利用规划类软件 Lingo10.0，获得集成优化项目方案，以确保关键失效线路优先修复，可恢复性好的物资需求点优先获得应急物资，以便提高铁路应急物资运输网络的配送效率，最后对该集成优化系统的经验得失进行了简要的分析总结。

关键词：铁路应急物流；运输网络集成；优化

铁路应急物资运输网络常因某些线路失效而相对延长行车调度时间，从而降低运输网络的运行效率。针对紧迫性及应急救援初期资源不足等情况，本案例将通过建立集成优化系统，解决铁路应急物资运输网络中的失效线路修复与应急物资配送问题（Repair Allocation Problem，RAP），以便提高铁路应急物资运输网络的配送效率。具体过程是，首先对铁路应急物资运输网络进行脆弱性分析，然后以配送效率最大化、修复延时率最小化为集成优化目标，利用规划类软件 Lingo10.0，获得集成优化项目方案，以确保关键失效线路优先修复，可恢复性好的物资需求点优先获得应急物资，最后对该集成优化系统的经验得失进行简要的分析总结。

一、铁路应急物资运输网络集成优化的主要背景

铁路运输是我国整个交通运输体系中的骨干和中坚力量，在应急物资运输方面，铁路也发挥了中流砥柱的作用。据不完全统计，仅在 2008 年汶川抗震救灾应急物资运输中，通过铁路运输方式就累计向灾区运送救灾物资 2000 多万吨，救灾帐篷近 90 万顶，临时活动板房 20 余万套，运送灾区伤员 11933 人，转送灾区学生 4524 人。2014

年 8 月 3 日，鲁甸地震突发后，在不到 48 小时内，铁路组织开行救灾物资专列 8 列，其中装运汽油 26 车 1255 吨、帐篷 9214 顶、棉被 10000 件、棉衣 30000 件、食品 2158 件，充分体现了铁路运输在应急物资运输中发挥的重要作用。我国铁路部门通过采取人力物力投入、中间操作流程优化、缩短作业时间等一系列手段，部分满足了短时间内大量应急物资和人员的运输需求，最终实现了铁路应急物流的高效率。

然而，地震、泥石流、冰雪等突发灾害往往会使某些铁路线路受损失效，导致该线路无法行车而中断物资的运输配送。同时，由于物资需求点信息的不完全性，如果把初期本就匮乏的物资调配到行车环境易遭到破坏、且可恢复性较差的需求点，受次生灾害影响，往往会造成救援物资的滞留，且导致行车环境较好的地区反而出现物资紧缺，从而降低铁路应急物资的运输效率。因此有必要通过建立集成优化系统，协同解决铁路应急物资运输网络中的失效线路修复与应急物资配送问题（RAP 问题），以便提高铁路应急物资运输网络的配送效率。

二、铁路应急物资运输网络集成优化的主要内容

本项目以灾后铁路应急物资运输配送为研究对象，通过失效线路修复增加运输网络资源，确定基于脆弱性评估的修复优先权和配送优先权的计算方法，构建多物资、多出救点、多需求点的失效线路修复和应急物资配送方案的数学模型，确保关键失效线路优先修复，可恢复性好的物资需求点优先获得物资，同时使铁路物资运输效率与失效线路修复达到系统最优。

（一）相关数据收集统计

此次应急物流活动发生在河北某地地震突发后的紧急救援初期。采用铁路系统运输物资，按最短行车路径从 3 个出救点调集 3 种应急物资到 5 个需求点。同时，灾害导致某铁路局范围内出现 3 处失效线路，使得 5 条应急物资配送路径中断，特别是有较为重要的两条最短路径分别途经失效线路 S_1 和 S_2。案例中所涉及的应急物资为灾民维持日常生活所需的需求量较大的物资，如水、帐篷和方便面等。为了确保铁路应急物流配送网络的通畅，需要派出线路抢修人员对失效线路进行紧急抢修，以便使运往灾区需求点的物资能够及时到达（配送和失效线路见图 7-39）。物资需求点的需求量参照联合国制定的《人道主义宪章与赈灾救助标准》进行估算，得到灾区每人的日均物资需求量，再结合灾区总人数，得到每个物资需求点的需求物资总量的平均数。最短

运输时间采用日常铁路运输网络中该线路的运行时间，相关详细信息如表 7 - 26 至表 7 - 30 所示。

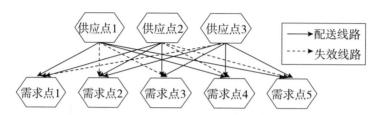

图 7 - 39　铁路运输网络中的配送线路和失效线路

表 7 - 26　　　　　　　　　需求点应急物资需求量　　　　　　　　单位：批

	I_1	I_2	I_3	I_4	I_5
R_1	2500	3900	3500	3100	3200
R_2	2400	4600	2000	3500	4200
R_3	3000	4500	2400	3500	4700

表 7 - 27　　　　　　　　　出救点应急物资储备量　　　　　　　　单位：批

	J_1	J_2	J_3
R_1	5900	5100	6700
R_2	5200	5300	6000
R_3	4600	5400	6900

表 7 - 28　　　　　　　　出救点到需求点的最短运输时间　　　　　　单位：h

	I_1	I_2	I_3	I_4	I_5
J_1	3.7	5.1	5.5	4.1	4
J_2	5.2	6	5.7	3.9	4.5
J_3	5	5.6	4.9	6.1	5

表 7 - 29　　　　　　　　失效线路之间的最短运输时间　　　　　　　单位：h

	o	S_1	S_2	S_3
o	0	1	1.4	1
S_1	1	0	2	1.2
S_2	1.4	2	0	1.5
S_3	1	1.2	1.5	0

表7-30	失效线路在配送路径上的修复时间窗	单位：h
失效线路	所在路径	时间窗
S_1	$I_1 \rightarrow J_2$	4.8
S_1	$I_1 \rightarrow J_3$	4.8
S_2	$I_2 \rightarrow J_4$	3.2
S_3	$I_2 \rightarrow J_5$	4.5
S_3	$I_3 \rightarrow J_1$	4.5

（二）铁路网络脆弱性评估

"脆弱性"术语经常出现在环境、生态、计算机网络等领域的有关研究中，用来描述相关系统及其组成要素易于受到影响和破坏，并缺乏抗拒干扰、恢复初始状态的能力。多数研究中将其选取为一个受突发事件影响而导致系统服务水平下降的敏感系数，作为识别关键线路的评估方法。但根据脆弱性的描述性定义，对于铁路网络运输系统的脆弱性评估，有必要考虑物资需求点的可恢复水平，即通往该点的线路通行能力，主要涉及受灾强度、沿线环境、线路等级等因素。

因此，可从两方面对区域铁路应急物资运输网络的脆弱性进行评估，进而得到失效线路修复优先权和物资需求点的配送优先权。定量评估铁路网络的拓扑结构脆弱性采用LM指标，该指标为网络中各节点间最短路径的倒数的平均值，即：

$$U = \frac{1}{N(N-1)} \sum_{i \geqslant j}^{n} \frac{1}{d_{ij}}$$

上式中，N为网络中节点的数目，d_{ij}为节点i和节点j之间的最短线路数，当U很大时，表明网络有很好的连通性和很高的效率。用线路s失效后LM指标的相对下降数来定义该失效线路的重要度，即：

$$v_s = \frac{U_{失效前} - U^s_{失效后}}{U_{失效前}}$$

根据该指标，可以优先修复对铁路网络贡献大的失效线路，有助于维护多阶段的铁路网络应急设施的规划和改善。

在灾害发生初期，可通过第一时间直升机俯瞰、直接上报灾情等方式，通过专家评定获得物资需求点的受灾强度、通往该点的沿线环境、线路等级等3个不同的指标，然后利用TOPSIS方法排序得到物资需求点的可恢复性优先权（1，10，1，100，10），优先配送受灾强度大、沿线环境较好、线路等级较高的物资需求点，有助于提高铁路运输网络正常运转的可靠性。根据该区域铁路网络常态运行环境数据，利用LM指标得到失效线路的重要度并归一化约为（0.38，0.51，0.11），修复时长分别为1h、1h、1.2h。

（三）RAP问题的集成优化模型构建

1. 模型假设

在紧急救援初期，由于物资需求点需求量较大，因此采取多出救点、多需求点的直接最短配送路径；救援中心物资有限，仅有一个修复队，采用巡回路径修复，便于补给修复所用物资；部分配送路径出现失效线路，若失效线路未在时间窗内修复完成，该列车不能通过此路径来实现配送任务。

2. 符号与变量定义

（1）常量

I 为出救点集合，J 为物资需求点集合，R 为物资种类集合，点 o 为修复队救援中心；

S 为失效线路集合，在出救点 i（$i \in I$）到物资需求点 j（$j \in J$）路径上；

v_s 为失效线路 s（$s \in S$）的脆弱性指标；

t_{ij} 为配送列车从节点 i（$i \in I$）到节点 j（$j \in J$）所需的行进时间；

tt_{ij} 为修复队从节点 i（$i \in S$）到节点 j（$j \in S$）所需的行进时间；

dl_s 为失效线路 s（$s \in S$）的修复时间窗；

w_s 为失效线路 s（$s \in S$）的修复时长；

q_{ir}、d_{jr} 为出救点 i（$i \in I$）物资 R（$r \in R$）供应量及需求量。

（2）变量

x_{ijr} 为出救点 i（$i \in I$）到需求点 j（$j \in J$）物资 R（$r \in R$）的运输量；

f_{ij} 为修复队从节点 i（$i \in S$）到节点 j（$j \in S$）时为1，否则为0；

T_s 为修复队到达失效线路 s（$s \in S$）的时间。

3. 集成建模

失效线路修复与铁路应急物资配送问题的集成优化，考虑的关键问题是在应急救援有限时间内，使那些失效线路在指定时间窗内修复完成，从而使该配送最短路径恢复行车功能，在此基础上安排配送可达到铁路物资运输效率最优，包括物资配送总效率最大以及修复路径总延时最小，即：

$$\max w_1 = \sum_{r \in R} \sum_{i \in I} \sum_{j \in J} \alpha_j \frac{x_{ijr}}{t_{ij}} \qquad (7-106)$$

式中，$\sum_{r \in R} x_{ijr} / t_{ij}$ 为路径 (i,j) 上物资运输效率，α_j 为该物资需求点的可恢复性系数，该式表示优先配给可恢复性高的物资需求点，且尽量在最短路径上配给最大运输量，以保证获得较高的配送效率。目标函数中还包括带有优先权的失效线路修复总延时率最小，即：

$$\min w_2 = \sum_{s \in S} \beta_s \frac{T_s}{d l_s} \tag{7-107}$$

式中，$\frac{T_s}{d l_s}$ 表示相对修复时间窗的延时率，该值大于 1 表示滞后于时间窗修完，反之提前修完，$\sum_{s \in S} \beta_s = 1$，$\beta_j$ 为归一化的线路 j 的重要度。

$$\sum_{i \in I} x_{ijr} + \theta_{jr} \geqslant d_{jr}, \forall j \in J, r \in R \tag{7-108}$$

$$\sum_{j \in J} x_{ijr} \leqslant q_{ir}, \forall i \in I, r \in R \tag{7-109}$$

式（7-108）至式（7-109）为出救点与物资需求点的物资约束。

为了实现巡回修复路径，同时还要与配送路径集成优化，需要满足以下约束条件：

$$\sum_{n \in S \cup \{0\}} f_{in} = \sum_{n \in S \cup \{0\}} f_{in} = 1 \quad \forall i \in S \tag{7-110}$$

$$T_0 = 0 \tag{7-111}$$

$$T_s = \sum_{i \in S \cup \{0\}} f_{is} \cdot (T_i + w_s + t t_{is}) \quad \forall s \in S \tag{7-112}$$

$$\sum_{r \in R} x_{ijr} \begin{cases} \geqslant 0 & T_s \leqslant d l_s \\ = 0 & T_s > d l_s \end{cases} \quad \forall s \in (i,j) \quad i \in I, j \in J \tag{7-113}$$

式（7-110）表示修复队从其他失效线路入该点，并从该点到其他点，完成后回到救援中心 o，式（7-111）至式（7-112）表示到达失效线路 j 的时间，式（7-113）表示若配送路径 (i,j) 上的失效线路 s 未在时间窗内修复完成，该列车不能通过此路径来实现配送任务，该运输量为 0，反之，可以产生运输量。

由于该模型是一个多目标 0-1 混合整数规划模型，两个子目标之间单位不一致，传统的线性加权法不可行，故采用比值法消除两个子目标值单位的差异：

$$\max w = \frac{w_1}{w_2} \tag{7-114}$$

此外，式（7-113）为两组约束条件中满足其中一组的情况，为将其转化为优化软件 Lingo10.0 容易操作的条件，定义 0-1 变量：

$$y_s^i = \begin{cases} 1, 第 i 组条件不起作用 \\ 0, 第 i 组条件起作用 \end{cases} (i = 1,2)$$

M 为任意大正数，则式（7-113）可以表达为：

$$t\,t_s \leqslant d\,l_s + M\,y_s^1 \qquad (7-115)$$

$$\sum_{r \in R} x_{ijr} \geqslant -M\,y_s^1 \qquad (7-116)$$

$$t\,t_s \leqslant d\,l_s - M\,y_s^2 \qquad (7-117)$$

$$0 \leqslant \sum_{r \in R} x_{ijr} \leqslant M\,y_s^2 \qquad (7-118)$$

$$y_s^1 + y_s^2 = 1 \quad \forall s \in (i,j) \quad i \in I, j \in J \qquad (7-119)$$

三、铁路应急物资运输网络集成优化的主要效果

利用优化软件 Lingo10.0 对模型求解，得到修复失效线路的修复方案为 $S_2 \rightarrow S_1 \rightarrow S_3$，在第二种、第三种物资总量不足、通往各物资需求点均有线路失效的情况下，在相应时间窗内优先保证了线路 $I_1 \rightarrow J_2$，$I_1 \rightarrow J_3$，$I_2 \rightarrow J_4$，$I_3 \rightarrow J_5$ 的正常运行，配送方案见表 7-31，同时对比不考虑铁路网络运输系统脆弱性情况下的修复方案（$S_3 \rightarrow S_1 \rightarrow S_2$）及配送效率（见图 7-40），发现由于对铁路应急物流配送网络进行了脆弱性评估，优先修复了较为关键的线路 S_2 和 S_1，优先保证了受灾程度较重、沿线路况较好的地区获得救灾物资，明显提升了铁路运输网络应急物资的运输配送效率。

表 7-31   铁路应急物资配送方案

	I_1	I_2	I_3	I_4	I_5
J_1	(500, 400, 0)	(2200, 600, 0)	—	—	(3200, 4200, 4600)
J_2	(2000, 1800, 1800)	—	—	(3100, 3500, 3500)	—
J_3	—	(1700, 4000, 4500)	(3500, 2000, 2400)	—	—

以突发事件导致铁路应急物资运输因某些线路故障而效率降低为例，针对应急救援的紧迫性与应急初期资源不足等情况，利用脆弱性评估方法，对铁路运输网络中的修复失效线路与多资源物资配送问题进行集成优化，建立多目标决策的数学规划模型，利用优化软件 Lingo10.0 求解，确保关键失效线路优先修复，可恢复性好的需求点优先获得应急资源，即可最大程度地提高铁路应急物资运输系统的配送效率。

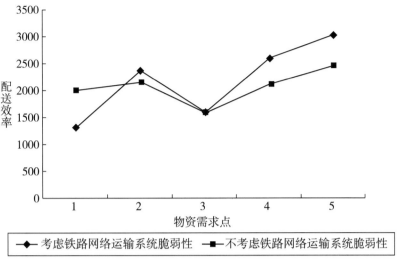

图 7 – 40　配送效率对比分析

四、对铁路应急物资运输网络集成优化的评价分析

该项目基于震后救灾活动的实际情况，围绕震后铁路应急物资配送与失效线路修复的集成优化问题进行了相关研究，主要工作如下。

首先，通过对震后铁路应急物资运输与失效线路修复集成优化问题特性的分析，阐明了二者存在的相互关系，分析了该项目实施的可行性与理论意义及实际价值。

其次，通过铁路网络脆弱性评估，给出了失效线路修复优先权和物资需求点的配送优先权，提高了铁路应急物流配送网络的可靠性与高效性。

最后，通过对震后初期应急物资配送与失效线路抢修二者的特性及相关性分析，建立了解决该项目的集成优化模型，考虑了多出救点、多资源物资直接配送方式及失效线路的时间窗等因素，利用优化软件 Lingo10.0 得到满意的运输与修复方案，简单易操作，确保了关键失效线路优先修复、可恢复性好的物资需求点优先获得应急物资，提高了铁路应急物资配送的运行效率。

案例实施过程中也存在诸多地方有待进一步深入完善。该项目对震后铁路应急配送与失效线路抢修的集成优化问题进行了简单的研究，但由于震后初期外界信息的不完全性，致使不能获得灾区准确的物资需求，可以采用动态需求分析方法进行预测，使得物资需求量更加可靠；随着物资供应点后续物资的补充，可以采用就近原则补给紧缺需求点；对于失效线路修复时间窗因素处理为确定数，在项目实施过程中，可能会发生次生灾害，导致实际修复时间超过该时间窗的情况，要及时通过 GPS/GIS 定位系统和列车监管系统，对应急物流车辆科学合理地选择风险最小的运输方案；铁路应急物资配送不仅限于直配方式，可以考虑巡回与直配同时进行配送的运输方式。当然，由于所研究的问题本身非常复杂，需要进一步研究更有效的算法去解决。

参考文献

［1］时洪然. 突发事件下基于道路可恢复性的灾点物资调度［D］. 济南：山东大学，2010.

［2］钟志新. 基于脆弱性的震后交通应急问题研究［D］. 成都：西南交通大学，2011.

［3］王东海，段力伟. 基于 TOPSIS 的铁路应急资源调度优化模型［J］. 铁道运输与经济，2013，35（2）：52－56.

［4］甘勇，吕书林，李金旭，等. 考虑成本的多出救点多物资应急调度研究［J］. 中国安全科学学报，2011，21（9）：172－176.

［5］张毅，郭晓汾，李金辉. 灾后道路抢修和物资配送的整合优化算法［J］. 交通运输工程学报，2007（2）：117－122.

第四篇　典型案例

　　十余年来，全国各地洪涝、地震、台风、雨雪冰冻、山体滑坡等自然灾害频发，火灾、爆炸等安全事故也时有发生，在每次灾难救援中应急物流都发挥了不可或缺的重要保障作用，其中尤以抗击新冠疫情的战"疫"保障为最。新冠疫情暴发，应急物流战"疫"先行，物流全行业以物流为民、物流报国的壮志情怀，积极响应党和政府决策部署，主动应战，逆行出征，聚力同心鏖战应急物流战线，打响了应急物流史上伟大战"疫"。数以万计的一线物流企业和百万一线物流人积极投身于伟大抗疫斗争，争当"先行官"，为打赢疫情防控阻击战提供了坚强有力保障，书写了浓墨重彩的历史篇章。

　　本篇主要从战"疫"应急物流保障论文和案例征集暨第十一届军事物流与应急物流研讨会优秀论文（案例）征集与评选活动评选出来的优秀案例中，重点精选了未正式发表的高奖项获奖作品，并定向征集了少数有代表性头部企业的典型案例，共8篇，分"应急物流行业案例""企业应急物流案例"两节予以汇编。择一"物流诗"以纪之：

打通最后一米（外一首）

让物流，

打通疫情的黑障；

让责任，

守护疫情的民生；

让阳光，

温暖疫情的寒冬；

让热爱，

融化疫情的坚冰；

让信心，

点亮疫后的黎明。

（编　者）

第八章　应急物流典型案例

第一节　应急物流行业案例

上海疫情下生鲜农产品合作社的转型之路

管红波　冷　琴　廖莉红　刘　苗

（上海海洋大学经济管理学院）

摘　要：本案例介绍了2022年上半年上海新冠疫情暴发后当地农产品合作社如何利用自身优势，打通合作社产品的销售之路，在特殊时期为上海居民提供物资保供的同时，也为合作社的转型升级提供新的发展思路。本案例从实际问题出发，归纳总结疫情管控下和疫情结束后，农产品合作社转型电商模式的发展状况，探索农产品合作社在应急物流条件下的积极作用，为疫情期间部分地区居民的应急保障提供思路。

关键词：疫情物资保障；农产品合作社；应急物流；合作社转型

一、案例背景及介绍

农产品合作社是提供农业生产资料的购买，农产品的加工、销售、运输、贮藏以及与农业生产经营有关的技术、信息等服务的互助性经济组织。在数字经济时代，农村农业经济也将加快对于信息流通的处理速度，促使大数据与农业生产有机融合，为产前、产中、产后一体化提供服务，实现产业链完整化数字转型。上海市A农产品专业合作社位于上海市浦东新区书院镇，地理位置优越，经营范围包括瓜果、蔬菜、药材、花卉种植，食用菌种植、畜禽养殖以及食用农产品销售。

2022年3月上海新冠疫情暴发，3月28日浦东新区开始封闭式管理，零售、快递企业全部暂停，交通进行管制，疫情封控对上海的物流运输、物资的仓储调用、供应链管理等造成了巨大影响，蔬菜、水果等生活必需品的供应环节受到极大阻碍，市民对于生鲜农产品的需求急剧爆发。位于浦东新区书院镇的 A 合作社在此背景下，于 4 月中旬开始在微信小程序"快团团"平台，线上售卖合作社生产的蔬菜和瓜果，提供社区团购服务，数日便受到市场热捧，订单量激增，由此开启了 A 合作社的转型之路。

A 合作社当前的经营模式属于农产品电商模式类型中的农场直销模式，该模式的最大优点是用自营农场产品来打造生鲜电商，合作社负责人对其食品安全拥有绝对的信心，因此消费者、商超等客户对其果蔬的安全很放心，愿意购买。A 合作社农场具有供应链和地理位置的优势，保证了果蔬的新鲜度。6 月 1 日上海解封，市民能够自行外出购买蔬菜水果，A 合作社的订单量也受到冲击，开始逐步下降。A 合作社能否在疫情过后利用好社区电商平台并凭借自身优势成功转型，值得我们分析讨论。

二、疫情暴发＋A 合作社加盟"快团团"

"快团团"是拼多多在 2020 年推出的一款线下团购工具，注册于 2019 年下半年，并于 2020 年 3 月 6 日正式上线。疫情阻断了商户和社区居民之间的信息传递，信息传递效率不足直接导致了供需不平衡。而"快团团"的作用就是协助各地商家收集社区居民的物资需求、完成在线下单。具体来说，就是商家可以通过"快团团"上线商品团购页面，并由社区消费者发起团购，达到人数条件后，由商家按照当地防疫要求无接触配送至社区门口。

三年后的上海，面临着和当时武汉同样的困境。疫情下的上海，"社区团购"也有了不一样的形式。由于疫情防控的要求，互联网公司原本"预售＋自提"的团购模式失灵。在居民无法出门、自提点也关闭的情况下，小区"团长"需要自行和商家资源对接，完成统计工作后统一付款处理。许多"团长"选择在微信进行群接龙，与此同时，"快团团"这样的工具也派上用场。

"快团团"不同于原有的自营模式，为社区团购打造了一个类似 C2C 的团购平台，助力微信生态内商家经营私域流量，致力于提供"找货—找人—把货/服务卖给人"的全链路解决方法，为商家的用户们提供优质社群购物体验。它不需要入驻费用、一键开团且传播迅速，核心功能是收款和订单统计，具有成本低廉、管理方便的优点。尤其是在上海疫情的特殊背景下，能减少挨个统计买菜需求的烦琐工作。

为满足上海市民日常"菜篮子"的基本需求，A 合作社顺势而为加盟"快团团"，成为众多商家"团长"之一。在"快团团"微信小程序中，上线蔬果商品的团购页面，由 A 合作社发起团购，小区客户达到人数条件后，无接触配送至社区门口，而消费者则可以在线上下单并付款。"快团团"既满足了商家"团长"快速发布团购信息、线上统计订单和收款的需求，又满足了消费者对蔬菜和水果的消费需求。

三、A 合作社的基本运作情况

（一）应急物流下 A 合作社的运作模式（见图 8 - 1）

由于疫情封控，上海的物流运输、物资调用和供应链管理进入了停摆状态，蔬菜、水果等生活必需品的供应受到极大阻碍，此时位于浦东新区书院镇的 A 合作社在拥有充足蔬菜、水果货源的情况下，打通"快团团"线上销售平台。A 合作社地处浦东书院，书院有许多小型农产品合作社，本地市场有限，因此 A 合作社选取了地理位置较近、小区人口较为密集的临港为目标市场，其中包括宜浩佳园、海事小区、海洋小区、东岸涟城等 10 多个小区，专一的配送区域降低了疫情传播的风险，并收到了大量的订单。面对订单量的激增，线上客户订单的处理、蔬果的采摘打包以及人员分配和物流配送面临着巨大的挑战。如何解决这些问题，A 合作社开始了新的探索。

为特殊时期生活物资提供保障，A 合作社以小区为单位收集订单，并进行集中的应急生鲜配送。其配送范围是临港地区，并通过建立微信群与客户保持良好联系，在陆续建了 8 个新鲜直达群后，为了更好分地区管理，开始建立每个小区的专属微信群，以五人成团为基本要求，进行团购信息、物流配送时间和地点的发布。

当日拼团结束后，平台负责人进行订单的整理、产品分类以及配送标签的打印，汇总后传递给合作社，由合作社组织社员或雇用采摘工人进行蔬菜水果的采摘、打包等工作。

配送工作由 A 合作社自己进行，由于合作社没有专业的配送路线规划软件，一般需要自己进行配送路线的规划。依据临港各小区的位置，通过百度地图和高德地图协助路线规划，选择最优路线，以小区为单位进行集中配送。配送的地点一般为小区大门处，由客户自提或由小区志愿者配送到家。

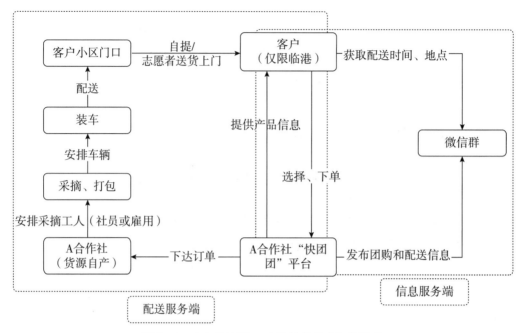

图 8 - 1   应急物流下 A 合作社的基本运作模式

（二）疫情结束后 A 合作社的运作模式（见图 8 - 2）

上海疫情结束后，A 合作社线上平台持续经营，产品种类不断丰富，农产品货源由以前的自产到自产＋采购，市场范围由临港向外扩张，临港以外的地区需要以快递的方式进行送货，临港地区继续由合作社的车辆进行配送。A 合作社在临港地区建立仓库，生鲜订单先集中配送至仓库，再由骑手进行配送到家服务。

四、应急物流下 A 合作社的线上经营状况

（一）线上产品的推广

1. 产品基本情况

如表 8 - 1 所示，在应急物流保障期间该合作社主要提供的水果有西瓜、小蜜李、皇冠梨等。主要提供的蔬菜有红豇豆、二等豇豆、本地大番茄等。种类较少，多为人们较为习惯且易储存的蔬菜、水果。

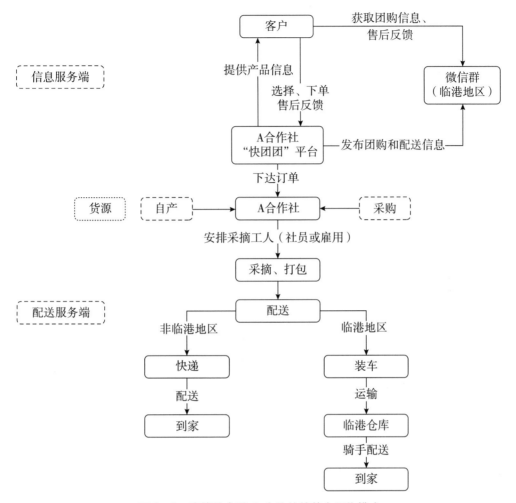

图 8 – 2　疫情结束后 A 合作社的基本运作模式

表 8 – 1　　　　　　　　　　　A 农产品合作社水果、蔬菜种类

序号	水果	蔬菜
1	西瓜	红豇豆
2	小蜜李（尝鲜价）	二等豇豆
3	小蜜李	本地大番茄
4	小冬枣	茭白（去叶）
5	本地黄桃（礼盒装）	杭白菜
6	大红水蜜桃	小青菜
7	哈密瓜	秋葵
8	无锡白凤桃（大果）	韭菜
9	本地夏黑葡萄	空心菜
10	玲珑千禧	茼蒿
…	……	……

在疫情期间，水果中西瓜、二等玉菇甜瓜、小番茄更受客户喜欢。4 月出现了蒜苔，5 月出现了线椒、美芹、菌菇、小娃娃菜、小南瓜等蔬菜。

2. 产品价格情况

上海疫情的暴发，线下店铺、菜市场的关闭，快递物流、外卖等的停滞，使市民对生鲜农产品的需求急剧增大。为满足应急物流条件下生鲜产品的供应保障，A 合作社及时作出改变。4 月中旬起，A 合作社开始由农产品直销模式转为线上营销。A 合作社水果和蔬菜每日单价呈现较高的水平，并维持在一定的水平之上，少数产品的价格波动较大。

（二）销售数据情况

1. 农产品团购总次数及金额

（1）水果（部分）

通过对疫情期间 A 合作社水果销售数据统计（见表 8 - 2），可以发现应急物流保障下的水果销量总体偏低，这主要是由于 A 合作社提供的水果种类较少、价格水平又相对较高，且受季节的影响草莓等水果逐渐退出，而应季的西瓜销量有所上升。水果的种类虽然随季节的变动有所增加，但在疫情期间种类的变动幅度不大，A 合作社在这两个月中提供的水果种类不多，人们的购买意愿不强烈，部分水果的销量仍然为零。

表 8 - 2　　　　　　　　　A 合作社 4、5 月水果团购总次数及金额

序号	水果	团购总次数（次）	序号	水果	团购总金额（元）
1	二等玉菇甜瓜	1074	1	西瓜	68398.4
2	小番茄	932	2	小番茄	58365.6
3	西瓜	692	3	二等玉菇甜瓜	51849.9
4	崩瓜	325	4	崩瓜	30494.6
5	圣女果	229	5	A 品牌西瓜	24180.0
6	A 品牌西瓜	186	6	A 品牌玉菇甜瓜	10020.0
7	羊角蜜	101	7	圣女果	9464.0
8	玉菇甜瓜	97	8	玉菇甜瓜	8416.0
9	A 品牌玉菇甜瓜	82	9	羊角蜜	5419.4
10	A8424 西瓜	26	10	A8424 西瓜	1508.0
11	草莓	22	11	草莓	150.0
…	……	…	…	……	…

（2）蔬菜（部分）

表 8 - 3 A 合作社 4、5 月蔬菜团购总次数及金额

序号	蔬菜	团购总次数（次）	序号	蔬菜	团购总金额（元）
1	韭菜	3670	1	小红薯	58105.6
2	水果黄瓜	2890	2	土豆（新土豆）	49273
3	土豆（新土豆）	2846	3	糯玉米	38483.6
4	小红薯	2572	4	水果黄瓜	36588.9
5	空心菜	2368	5	豆王	36224.8
6	小青菜	2366	6	韭菜	35461.9
7	芹菜	2180	7	本地丝瓜	33655.7
8	白萝卜	2059	8	空心菜	33614.8
9	本地黄瓜	1931	9	长茄子	26815.8
10	牛心菜	1583	10	辣椒	22181.6
…	……	…	…	……	…

表 8 - 3 对疫情期间蔬菜团购情况进行了统计，对于蔬菜的团购总次数和团购的总金额进行排序。可以发现蔬菜的团购情况较为稳定，各种类的蔬菜团购次数变化幅度相对较小，各种蔬菜所带来的销售额也相对稳定。4、5 月客户对韭菜的消费需求最高，一方面是韭菜上新，另一方面是韭菜的价格相对其他的蔬菜较低。蔬菜的团购数量远大于水果，但需求的波动差异较小，销售金额的波动也小于水果。

2. 客户情况

在应急条件下，A 合作社主要为临港地区提供必备的生活物资，并建立微信客户群，进行团购信息的发放。物流配送时间、地点均在微信群中发布。为保障配送的路线、地点，需要客户下单后添加联系人微信，确定邻里关系。并提出 5 人开团起购，5 人以下会逐个退款。为了更加有效地统计团购信息，每个小区建立了单独的微信群，方便小区居民成团的同时，也方便配送信息的发送。此后，"团长"发布团购信息后，集中统计小区订单，并统一送达。

"快团团"客户在跟团记录中会显示"尝鲜客""回头客""铁杆顾客"的标签，团购订单发布初期，多为"尝鲜客"，5 月老客户的数量明显多于新客户，但新客户数量仍保持每日有新增。5 月底的客户多为老客户，新客户数量减少，"铁杆顾客"（消费累计 1000 元）的数量开始有所增加。

3. 日订单

由于疫情的突发性，A 合作社线上平台的搭建比较迅速，且目标市场定位明确，临港地区客户的增长也十分迅速。图 8 – 3 是 A 合作社 4、5 月日订单量的统计，5 月中旬发布了两天的团购信息，因而订单量较高。折线断连处为当天无合作社团购信息发出，无订单量。

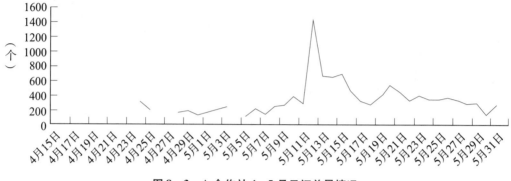

图 8 – 3　A 合作社 4、5 月日订单量情况

由图 8 – 3 可知，A 合作社在 5 月形成了日均 300 以上的订单量，维持在一个较高的日订单量水平。

4. 客单价

在应急物流保障期间，A 合作社的客单价水平多数时维持在人均 80 元水平之上，最高时达到了人均 101.49 元，波动起伏在 70～100 元，处于一个相对稳定的客单价水平。水果、蔬菜作为生活必需品，每日的需求量较为稳定，客单价的总体差异波动并没有很大的差距，较为稳定。A 合作社 4、5 月日客单价情况如图 8 – 4 所示。

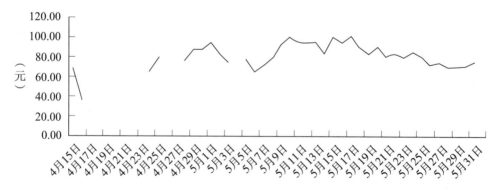

图 8 – 4　A 合作社 4、5 月日客单价情况

五、疫情后 A 合作社的线上经营状况

（一）疫情后线上产品的推广

蔬菜、水果的季节性，使得 A 合作社在供给方面发生了较大的变化。小蜜李、哈密瓜、无锡白凤桃、本地夏黑葡萄等季节性水果 6 月出现，7 月初大多都退出了产品信息栏。而新品嘎啦果、青苹果、白心柚等新品又不断上架。7 月 20 日开始增加了肉类，包括三黄鸡、黑脚草鸡（果园鸡）、五谷喂养小乳鸽等。

（二）销售数据情况

1. 团购总次数及金额

（1）水果（部分）

6 月 1 日开始，上海开始逐步解封，线下餐饮、快递物流等行业逐步恢复，人们的消费领域扩大，线上的消费力向线下转移，对 A 合作社线上平台的销售带来一定的冲击。表 8 - 4 统计了 6—9 月三个月的水果销售数据，其中水果的销量和销售金额都有所减少。水果中西瓜的供应一直较为稳定，疫情后，西瓜的价格也有所下降，其销量较好，应季的水果销量也较好。

表 8 - 4　　　　　　　　　A 合作社 6—9 月水果团购总次数及金额

序号	水果	团购总次数（次）	序号	水果	团购总金额（元）
1	西瓜	909	1	西瓜	49876.2
2	本地黄桃（中果）	705	2	本地黄桃（中果）	16731.5
3	本地夏黑葡萄	539	3	本地夏黑葡萄	16191.4
4	小冬枣	489	4	阳光玫瑰葡萄（晴王）	10222.6
5	阳光玫瑰葡萄（晴王）	403	5	大红水蜜桃	8052.3
6	本地蜜梨	299	6	无锡白凤桃（大果）	7059.1
7	大红水蜜桃	233	7	本地蜜梨	6699
8	进口香蕉	209	8	二等玉菇甜瓜	6596.5
9	水蜜桃（4 斤）	205	9	小冬枣	5973.3
10	无花果	204	10	本地甜宝	5822.3
…	……	…	…	……	…

（2）蔬菜（部分）

相较于疫情前的销量以及销售额，疫情后随蔬菜种类的增加，人们对蔬菜的选择更加多样化，部分消费向线下转移，故而平台单个产品的团购次数有所减少，单个产品的销售额也有所减少，如表 8 - 5 所示。

表 8 - 5　　　　　　　A 合作社 6—9 月蔬菜团购总次数及金额

序号	蔬菜	团购总次数（次）	序号	蔬菜	团购总金额（元）
1	糯玉米	1969	1	本地大番茄	33184.6
2	本地丝瓜	1824	2	糯玉米	26304.34
3	水果黄瓜	1661	3	水果黄瓜	19304.8
4	小青菜	1536	4	土豆（新土豆）	13384.26
5	本地大番茄	1397	5	本地丝瓜	13039.94
6	韭菜	1378	6	本地黄瓜	10222.68
7	土豆（新土豆）	1308	7	鸡蛋	9763.2
8	本地黄瓜	991	8	毛豆	8881.64
9	生菜	989	9	小青菜	6772.73
10	小葱	981	10	长豇豆	6626.26
…	……	…	…	……	…

（3）肉类（全部）

自 7 月 20 日起，在应急物流保障期间 A 合作社"快团团"平台新增肉类产品，基本每日都有一定的销售量，但不多。经统计发现，上架两个月的三黄鸡和黑脚草鸡总销量不多，但胜在需求的稳定，能保持一定的销售收入。9 月初加入的小乳鸽、老母鸡和老鸭，同样订单零散，保持着不多的销售收入，如表 8 - 6 所示。

表 8 - 6　　　　　　　A 合作社 7—9 月肉类团购总次数及金额

序号	肉类	团购总次数（次）	序号	肉类	团购总金额（元）
1	黑脚草鸡（果园鸡）	76	1	黑脚草鸡（果园鸡）	6688
2	三黄鸡	60	2	三黄鸡	4080
3	两年以上的老母鸡	27	3	两年以上的老母鸡	2673
4	两年以上的老鸭	19	4	两年以上的老鸭	1620
5	五谷喂养小乳鸽	10	5	五谷喂养小乳鸽	499

2. 客户情况

疫情后 A 合作社的新客户明显减少，"回头客""铁杆顾客"明显增加。客户购买的产品种类也有了明显的增加。可以看出，应急物流保障期间 A 合作社已经形成了相对稳定的客户群体，但新客户的减少也意味着 A 合作社在客户获得方面遇到了瓶颈，需要通过其他宣传方式吸引新客户，同时也要增强老客户的忠诚度。

3. 日订单

根据 6—9 月的团购数据整理出 A 合作社的日订单量，如图 8 – 5 所示。可以发现日订单量每天都有一定的波动起伏，但总体呈现出缓慢下降的趋势。

日订单量最多的是 6 月 17 日，有 170 个订单，但大部分时间的日订单量都在 100 以下，较于疫情前，日订单量有了明显的减少。日订单量自 6 月解封后有了较大的降幅，之后便维持着一个缓慢波动下降的趋势。线下超市、市场、实体店及盒马鲜生、叮咚买菜等电商巨头的恢复，对线上生鲜团购造成了一定的影响。

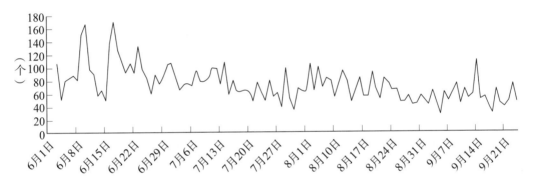

图 8 – 5　A 合作社 6—9 月日订单量情况

4. 客单价

5 月之后的客单价除了少数情况的剧烈波动，大多时候都处于相对稳定的状态。相较于疫情时期的客单价水平，疫情后的客单价稍微降低，大多维持在 60～70 元，如图 8 – 6 所示。疫情期间水果、蔬菜的价格相对较高，同样的需求需要以更高的价格支付，疫情后生活物资得到相应的补充，价格相对降低，客单价有所下降。

人们对水果、蔬菜这类生活物资的需求是相对稳定的，客单价的变动，更多的是与产品价格的变动有关。

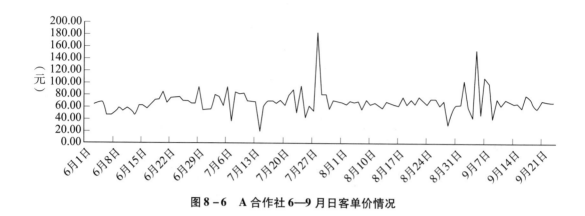

图 8-6　A 合作社 6—9 月日客单价情况

六、应急物流下 A 农产品合作社的转型

（一）疫情下 A 合作社的转型优势

A 合作社原先的主营业务是向大型超市和菜市场提供蔬菜瓜果。自上海疫情暴发后，面对老百姓一菜难求的境况，A 合作社积极配合上海"菜篮子"工程，在微信小程序"快团团"上销售自家种植的蔬菜和水果，临时组建应急物流，直面消费者的需求。应急物流是指为应对严重自然灾害、公共卫生事件、公共安全事件及军事冲突等突发事件而对物资、人员、资金的需求进行紧急保障的一种特殊物流活动。与普通物流既强调效率又强调效益相比，应急物流多数情况下通过物流效率实现其物流效益。虽然 A 合作社是在紧急情况下临时开展网络电商业务，组建应急物流的初衷也不是为了盈利，但从市场角度来看，其本身还是具有很大优势的。

首先，A 合作社的目标市场为中低端市场，服务对象基本都是位于临港地区的小区用户。在上海市，叮咚买菜、盒马鲜生、京东到家等众多买菜 App 在疫情期间接到大量订单，农产品的供应、配送都受到了极大的挑战，难以满足整个消费市场的需求。A 合作社一方面拥有充足的货源，另一方面需要一个新的销售渠道，对此 A 合作社利用平台优势为其提供生鲜产品和应急物流配送服务，是一个明智的选择。

其次，A 合作社采取的是直销模式，在这种模式下可以将生鲜品从供应商处直接送达消费者手中，既能缩短配送时间，保证生鲜品的质量，也能减少供应链中间环节的仓储成本。由于 A 合作社的市场范围主要集中于临港地区，配送范围较小，不需要长途运输，也能有效降低运输和配送成本，实现了运输配送一体化。在实施应急物流时，不仅能有效实现物流效率，还能获得物流效益。A 合作社主打新鲜蔬菜当天采摘，货源稳定有保障，不仅能精准把控产品品质、提高客户信任度，还能减少蔬菜损耗、降低损耗成本。

最后，A合作社虽然体量小、市场小，但市场战略是稳扎稳打，不盲目扩张，对资金链的依赖程度低，由此也降低了许多由资金链带来的不确定性风险。上海疫情的反反复复给各行各业都带来了许多未知的风险，A合作社采取稳定发展的战略既符合时代背景，又有利于合作社的成功转型和长期稳定发展。

（二）疫情后A合作社的转型困境

随着6月1日上海的解封，应急物流被普通物流取代，A合作社的销量也开始逐步下降。虽然合作社转型的初衷是解决上海市民的蔬果紧缺问题，但在做了一段时间线上电商后，A合作社负责人也还想继续经营下去。若想转型成功，得到可持续发展，A合作社目前还面临着许多困境。

1. A合作社转型后运营模式单一

（1）管理角度

A合作社一般提前一天发布团购信息，可拼团时间截至第二天凌晨1点。这些订单由"团长"统计后会交给采摘人员，第二天早上由采摘人员在田地里按照订单需求进行采摘、打包，装车后直接进行配送，一般配送时间为下午。A合作社客户的开发、生鲜产品的采摘—打包—装车—配送及售后服务等流程全部由A合作社负责，使得合作社的管理幅度增大，管理难度增加。

（2）客户角度

A合作社的转型缺少前期的准备，对客户区域没有进行明确的规划。疫情期间经过近一个月的调整，才优化了小区的配送线路。疫情结束后，新客户明显减少，A合作社并没有做出关于新客户宣传或者老客户维护等措施，客户的订单量总体呈现下降趋势。老客户的流失和新客户的获得成为A合作社面临的问题之一。

2. 标准化程度不高

（1）合作社角度

相较于其他的生鲜大企，小型合作社转型电商的优势不明显。小型合作社没有大量的资金技术投入、没有前期的客户积累、没有品牌优势、没有完善成熟的运作流程和售后保障，专业化和标准化程度都有待提高。

A合作社转型"快团团"电商运营，对于订单的处理、采摘的要求、包装的统一及配送等问题没有明确的标准。其在疫情期间的目的主要在于按需送达，保障生活物资的供应，对于内部操作的规范性没有刻意的强调，对于采摘、包装、配送中可能存在的问题并没有具体的解决措施，专业性不强，标准化程度也有待提高。

A 合作社蔬菜、水果的定价随时间、季节的不同会有明显的变化，甚至几天内的价格也会出现较大的波动，定价由合作社决定，具有一定的随意性。

（2）产品角度

合作社规模的大小决定其所能提供产品的种类及数量。A 合作社从开团到 9 月底一共上架过 90 种水果、150 多种蔬菜、5 种肉类，每日能提供的水果有 10 多种、蔬菜 40 多种。水果和蔬菜供应的季节性明显，每日提供的种类较少，难以满足多样化的需求。

A 合作社的大部分水果、蔬菜都属于自产自销，产品来自本社社员，由采摘工人当天采摘当天配送，大小、形状、重量会有细微的差别，且 A 合作社在电商方面的专业性不强，对于产品品质的把握还有待提高，产品的标准化程度相对较低。

3. 物流配送端服务水平有待提高

（1）配送时间

疫情前，A 合作社采取应急物流的方式进行配送。这种方式虽然有效但并不适用于疫情后的情形。A 合作社的订单一般当天下单，次日下午配送，配送的时间由合作者决定，可以满足客户的隔日需求，不能满足客户的即时需求。疫情后一直保持次日达，配送时间的选择较为单一，很大程度上影响人们对平台的选择。

（2）配送服务

疫情期间，合作社联系专门的车辆司机按小区订单进行集中配送，由小区居民到小区指定地点自提。合作社在配送小区间没有进行过专业的路径优化，凭借司机的经验进行配送路径的选择。没有配送上门或自提柜服务，小区内也无暂存点，包裹的安全性有待提高。

七、应急物流条件下合作社转型的总结与启发

（一）合作社转型的总结和启发

A 合作社在上海疫情期间及时转型线上平台，为上海部分地区提供生活物资保障，也为合作社的转型提供可借鉴的地方。本案例总结了疫情中和疫情后 A 合作社的销售数据，发现其在经营过程中遇到的各种问题，并提出以下解决方案。

1. 构建专属平台，线上线下营销相结合

由于上海疫情暴发，A 合作社趁此机会转型，入驻"快团团"平台。A 合作社如

果想要得到长远发展，可以创立自己的 App 或微信小程序，不仅便于管理，而且更易创建自己的品牌。A 合作社在"快团团"上积累了众多老客户，可以将其引流到自己的小程序。

A 合作社的转型，最重要的问题是前期客户的开发，利用"快团团"或者其他团购软件的客户基础是可以借鉴的选择，但这种积累很难达到 A 合作社开始的水平。A 合作社的转型要更加注重新客户的开发，可以采取线上线下营销相结合的方式。关于线上营销，可以在小程序中设立会员制度，制定会员专属价格和专属优惠券。为了开发新客户，还可以发放新客户优惠券，促使其下单消费。此外，还可以招募小区代理，让其在业主群或朋友圈发放 A 合作社的广告。关于线下营销，A 合作社可以与小区管理人员取得联系，获得物业认可后在小区内进行线下宣传，让消费者近距离了解 A 合作社的产品质量和优惠制度，以更直观的方式取得消费者的信任和认可。

2. 加强产品的标准化和多样化

加强产品的标准化。产品标准化有利于 A 合作社树立统一形象、提高声誉；有助于消费者对合作社产品的识别，使合作社产品享有较高的知名度；还可使合作社对营销进行有效的控制。

除了加强产品标准化、增加产品种类，加强产品多样化也同样重要，既包括水平多样化也包括垂直多样化。以蔬菜为例，不仅要增加蔬菜的品种，还要区分不同的规格，从而给消费者提供不同的选择，满足消费者的不同需求。严格把控产品品质和提高用户体验，才能不断提高客户留存率和复购率，实现合作社的长远发展。

3. 提高应急条件下的物流配送端服务水平

A 合作社可以通过配送路线优化以及"订单预测"实现小时达、当日达。A 合作社可以将大数据运用到从采购到配送整个环节。在采购前，通过"订单预测"精准预测用户订单情况，并根据预测结果进行采购；在销售端，通过用户画像及智能推荐，精准向目标客户推荐相关产品，并通过专业的配送路线规划软件进行路线优化，最快将产品送达客户手中。在小区内设置寄存点、自提柜服务或配送上门服务，保证包裹的安全性。保证高效配送，更好满足客户的即时消费需求。

（二）合作社转型对应急物流的启发

A 合作社的转型是上海疫情催化下的产物，具有一定的偶然性和突发性。A 合作社在疫情期间客户的迅速积累，为其疫情后的继续发展奠定了基础，但也遇到了客户开发、产品标准、配送服务、管理等方面的问题需要去改善。

A 合作社线上销售市场的打通，为农产品合作社的转型提供了成功的案例，也为疫情时期的物资保障提供了可行的办法。转型后的合作社一方面可以继续进行日常市场、超市的果蔬供给，另一方面可以继续维持线上运营，扩宽销路，降低经营风险。

农产品合作社打开线上平台的销路，能够在疫情期间线下菜市场、超市关闭及其他大型电商运力供给不足的情况下保证一部分居民的生活需求，也能够解决疫情期间合作社的产品堆积、销路阻断。农产品合作社的转型能够为疫情期间的部分居民提供应急保障，利用附近的闲置货车运力，满足小范围内的物资需求，为应急物流保障提供部分思路。

A 合作社作为上海浦东书院的一个小合作社，却能在上海疫情期间保障临港地区部分居民的生活需要。合作社内的货源能够减少应急条件下外地货源调动运输的风险，同时能够利用自身的运力来进行货物的配送，减少了跨区域流动，就近满足人们的生活需要，在应急物流条件下能够极大地减少疫情及其他特殊情况带来的风险。合作社的线上转型，开拓了线上销售市场，能够及时了解人们的消费需求，做到及时供应，保障生活秩序的稳定，或许能够成为应急物流下为居民提供物资保障的新思路。

参考文献

[1] 栗智健，郎宏文，孙秀敏. 农业农村数字化背景下高校辅助农村合作社转型探究 [J]. 农村经济与科技，2021，32（19）：63-65.

[2] 齐春微，张思慧，高星瀚. 基于社区团购的"宅经济"商业模式研究 [J]. 对外经贸，2021，（12）：46-49.

[3] 张晓晖. 生鲜农产品电商营销模式在社区社群中的创新及应用 [D]. 烟台：烟台大学，2021.

[4] 丁芳丽. 新常态下供销社经营模式的转型与创新研究 [J]. 重庆文理学院学报（社会科学版），2018，37（2）：114-120.

[5] 朱婷，夏英，孙东升. "数字下乡"农民合作社电商化转型 [J/OL]. 当代经济管理：1-11 [2022-10-10].

[6] 杨小新. 高质量发展视角下的农民专业合作社转型升级 [J]. 农家参谋，2021（20）：117-118.

[7] 杨国栋. DLSN 樱桃专业合作社商业模式转型案例研究 [D]. 大连：大连理工大学，2021.

［8］任大鹏.党的十八大以来农民合作社的转型与发展［J］.中国农民合作社，2021（7）：13－14.

［9］孔祥智.农民合作社研究的高质量学术成果——评徐志刚等《转型背景下中国农民合作社发展理论与经验》［J］.农业经济问题，2022（5）：144.

［10］栗智健，郎宏文，孙秀敏.农业农村数字化背景下高校辅助农村合作社转型探究［J］.农村经济与科技，2021，32（19）：63－65.

［11］张梅.以新发展理念引领农民合作社高质量发展［J］.奋斗，2021（15）：40－42.

［12］丁旭宁.灾区应急物流的动态配送模型及案例分析［J］.物流技术，2017，36（1）：85－88.

情暖江城的绿色钢铁运输线
——驻鄂部队抗击疫情运力支援队的应急运输

刘　学　崔　雪　褚双全

（火箭军指挥学院）

摘　要： 武汉战"疫"最困难时期，在交通道路严格管控、配送人手严重短缺的情况下，湖北省军区协调驻鄂部队抽组成立"驻鄂部队抗击疫情运力支援队"，承担市民生活必需品和防护物资等运输配送任务，为"保市民不断供、解政府燃眉急"发挥了重要作用。案例分4个部分：集结"钢铁洪流"，突出军队支援地方抗疫、承担运输任务的简要程序；聚焦应急物资配送的方式方法；谱写"鱼水深情"，体现我军"军民一家亲"的传统和优势。

关键词： 生活物资；防疫物资；应急运输；配送

2020年1月23日开始，武汉市启动了史上最为严格的交通管制。为解决"封城"期间武汉市民日常生活和各方医疗机构所需物资的供应问题，2月1日，根据中部战区命令，湖北省军区协调驻鄂部队抽组成立"驻鄂部队抗击疫情运力支援队"，协助武汉市政府运输人民群众生活必需品和防疫防护物资。4月8日，运力支援队圆满完成任务，顺利回撤归建。运力支援队在上级党委首长的坚强领导下，坚决贯彻"打胜仗、零感染"指示要求，紧紧扭住"保供应、稳民生，保医院、促救治"职能任务，勇挑重担，连续奋战，为大型商超、定点医院等3000多个点位，运输各类生活医疗物资1.7万余吨、防护器材2.5万余套（箱），实现"运输零差错、人员零感染、行车零事故、管理零违规"既定目标，为"保市民不断供、解政府燃眉急"发挥了重要作用，赢得了地方党委政府和广大人民群众的充分肯定，被誉为抗击疫情的"绿色钢铁运输线"。

一、集结"钢铁洪流"——临危受命快组建

（一）受阻与申请

2020 年 1 月 23 日早晨，刚刚醒来的武汉市民对武汉市新型冠状病毒感染的肺炎疫情防控指挥部（下文简称武汉市疫情防控指挥部）发布的一条消息感到震惊：自 2020 年 1 月 23 日 10 时起，全市城市公交、地铁、轮渡、长途客运暂停运营；无特殊原因，市民不要离开武汉，机场、火车站离汉通道暂时关闭，恢复时间另行通告。1 月 25 日，武汉市疫情防控指挥部发布第 9 号通告：为控制人员流动引发的传染风险，自 2020 年 1 月 26 日 0 时始，除经许可的保供运输车、免费交通车、公务用车外，中心城区区域实行机动车禁行管理。

1 月 29 日，武汉市商务局向市疫情防控指挥部提出安排运力的申请，内容要点如下：自实行交通管制以来，我市重点商贸企业普遍反映运送主要生活必需品物资的货车受管制影响进汉困难，物资运输车辆缺口较大，出现无人运送、卸货等问题，严重制约了各商超网点蔬菜等生活必需品的供应。为保证生活必需品的稳定供应这项事关民生和稳定的重要工作，恳请市疫情防控指挥部协调安排足量军车，并配备司机和搬运人员力量，协助做好蔬菜等生活必需商品物流配送工作。

（二）协调与勘选

1 月 30 日，根据武汉市疫情防控指挥部请求，经报中央军委批准，由中部战区指挥，湖北省军区协调驻军成立"驻鄂部队抗击疫情运力支援队"，主要担负疫情防控期间武汉市民生活物资的运输保障任务。从武汉市疫情防控指挥部请求，到上级批复组建运力支援队，短短两天时间，湖北省军区迅速成立了驻鄂部队抗击疫情运力支援队前进指挥部，协调驻军抽组运输分队，从机关抽组精干人员编入指挥所，从分队抽调责任心强、业务能力精的干部骨干编入保障分队，迅速落实了指挥编组、力量编成、职责区分、应急通联等任务。

随即，湖北省军区和武汉警备区相关领导带领工作组，前往武汉生鲜物流园，实地勘察蔬菜装载和运输投送模式，现场研究选定集结地域、宿营场所、饮食保障、车辆停放、自身防疫等问题。同时，湖北省军区与多支驻武汉部队协商，对接可出动的运输车数量和驾驶员、安全员人数，并共同研究兵力抽组与运行管理等具体事项。

（三）机动与集结

2月1日，根据上级指示要求和湖北省军区的统一计划，空降兵军、空军武汉基地、空军航空兵某师、中部战区陆军某舟桥旅、空军预警学院、陆军勤务学院训练基地等驻军部队完成了兵力抽组，从各自驻地分多个批次，采取公路机动的方式，向江夏区金口金港工业园这一预选地域集结，"驻鄂部队抗击疫情运力支援队"正式成立。运力支援队由湖北省军区和武汉市警备区机关抽组人员共同编成前进指挥所，由武汉警备区副司令员蒋祖权任队长，湖北省军区政治工作局干部黄维任政委。人员和车辆全部从驻汉部队和军事院校中临时抽调，共130辆军用卡车、260余名官兵，绝大多数官兵都是部队的党员和骨干。湖北省军区和武汉警备区主要领导当晚就赶赴集结地域检查指导和解决具体问题，提出"打胜仗、零感染"的工作目标。运力支援队将根据地方配送中心的每日需求，派出运力保障生活物资配送运输。

小结：从武汉市政府提出运力请求，到报请中央军委习主席批准，再到运力支援队人员、车辆从6个师级以上单位抽组、集结完毕，即使恰逢春节，前后也不超过4天，这在疫情严重、各方受阻的武汉，充分体现了军队的反应速度与效率。2月1日当晚运力支援队就执行了首批运输任务，做到了"一到位就组建，一组建就战斗"。2月2日，当迷茫无助的武汉市民看到组建运力支援队的新闻时，纷纷在微信、微博上转发、点赞。这是继除夕之夜解放军医疗队抵达武汉之后，军队给武汉市民打赢疫情防控阻击战的又一剂"强心针"。

二、派送"城市烟火"——持续供应稳民心

（一）线路覆盖"武汉三镇"

2月2日，运力支援队共出动50台车分5个批次行动，最早一批于凌晨两点出发，其余批次也分别于上午出发。路线是从驻地出发赶往江夏庙山、郑店、黄陂武湖、白沙洲红霞、徐东这5个较大的配送中心，完成了米面、蔬菜等物资的装载后，分别送往中百、中商、武商、盒马、沃尔玛这5家大型商贸集团，所属武汉三镇的46个配送点位。2日运送的200余吨急缺的生活物资，直接供应至各大超市，保证了市民柴米油盐不断、瓜果蔬菜不断、城市烟火不断，官兵送去的不仅是生活物资，稳住市民的"米袋子""菜篮子"，也是"精神疫苗"。中百超市武汉花山店值班经理熊壮说："看

到人民子弟兵来这里，就心里有底了，感到非常安心了！"很多市民说："只要看见了一辆辆绿色的军车、一名名勇敢的解放军官兵，心里就感觉特别踏实！"

在后续 70 多天的任务期间，运力支援队队员每天大清早就开始了忙碌，先到指定的地点装车，然后再把货物送到不同的网点，较远的网点有一百四十多公里，他们只能挤出时间，尽早将当天所需物资配送到位。运力支援队黄维政委接受采访时指出："队员们都做好了最坏的准备，很多人都瞒着家里，分配任务时，急难险重任务大家都抢着上，单次出车任务平均都在六七个小时，路上上厕所不方便，都忍着不喝水。大家都有一个信念，驻守在武汉，一定要打赢'第二故乡'疫情阻击战，不胜不休！"

（二）运力调度"五个统筹"

运力支援队成立后，建立了"地方提报、军地会商、军队指派"的运行机制，每日 17 时前各商场、超市提交次日运量，然后军地联络组、地方工作组进行会商筛选，对运力需求合理准确性、配送企业搬运人员数量、有无疫情传播隐患的"四类人员"等进行分析研判，优先安排急需的，延缓安排非紧要的。在繁忙复杂的运输过程中，运力支援队逐步实现"五个统筹"：一是统筹使用临时抽调的运力。根据驻鄂各部队出动人员、车辆的规模，在尽量保持原有建制的情况下，将运力支援队编组为 3 个运输分队，每辆车定位 1 名驾驶员、1 名安全员，及时掌握运输车技术参数、车况和各部（分）队任务官兵技术水平，统筹使用运力的同时保证兵力派遣心中有数。二是统筹运输点位部署情况。每日汇总配送企业需求后，对门店点位部署、分布情况进行分类，将收货、发货在同一行政区或间距 10 公里以内的门店，在搞好时间衔接和车辆台数的情况下，尽可能安排由同一车组担负运输任务，避免重复出车浪费运力资源。三是统筹运输分队配送点位熟悉程度。每个运输分队相对固定 2~3 个配送总仓，每日安排到熟悉的点位、门店执行配送任务，尽可能安排在熟悉的行车路线、装载月台、商超联络人、卸载区域进行作业，遇有调休适当进行微调，除新增点位外一般不安排到陌生点位配送任务。四是统筹运输分队工作强度承载情况。对各分队上日执行任务强度、夜间回场时间、轮休情况进行通盘考虑，对上日任务重、强度高的分队次日适当减少任务量，不安排应急任务。每周安排 2 次车场日，官兵利用车场日间隙进行调休。五是统筹当前任务与需求变化。与武汉市疫情防控指挥部密切联系，及时掌握疫情变化和最新政策要求，根据疫情防控发展规律及时调整运力指挥策略，针对"全市小区封闭式管理、10 元 10 斤蔬菜包上市、政府储备肉投放、电商+连锁配送、中心城区新城区结对帮护、商超与社区瓶颈打通"等关联政策出台，组织力量深入超市总仓、门店进行市场调研，根据调研成果调整运力保障重点方向，最大限度帮助地方政府解运力之难、帮助市民送生活之需。

（三）配送细节"三个严格"

运力支援队围绕着武汉疫情形势和防控策略的变化，会同地方工作部门共同协调解决执行任务中对接不到位、地址不准确、装卸不及时、联络不畅通等矛盾问题，并在运输过程中落实"三个严格"：一是严格计划执行，任务部队运送物资原则上不改变机动路线、不改变运输点位、不改变任务性质，确需临时调整的，由指挥所下达指令；二是严格组织指挥，建立出车前"常检查、小动员"、安全员"七个时间点"报告、行车轨迹截图检查、干部骨干跟车制度，及时处置各类情况，保证运输顺畅；三是严格物资交接，装卸载物资坚持"清点核对、当面交接、签字确认、拍照留存"，全队物资交接 9240 次无差错。正如蒋祖权队长在接受采访时指出："根据群众生活物资需要，送达的时间、地点，我们精准地安排运输力量，然后由我们的官兵按照计划一车一车运到点，一件一件搬到位，确保配送无差错。"

小结：运力支援队组建以来，坚持以"保市民不断供、解政府燃眉急"为目标，坚持底线思维，科学统筹运力，精确指挥调度，实现运力平稳、有序、高效运行。在武汉封城的 76 天里，全市运力、人力匮乏，为让堆积在商超总仓、田间地头的蔬菜流向市民餐桌，官兵既当驾驶员，又当搬运工，累计出动兵力 10700 余人次、车辆 4600 余台次，运送生活物资 1.7 万余吨，累计行程 52 万余公里。

三、驰援"生命方舱"——保障医院促救治

（一）接送医疗力量

在疫情肆虐、病患激增的特殊时期，全国各地医护人员以及军队单位医护人员紧急驰援过程中，各支专业医疗队伍的接引运送工作的高效展开显得异常重要。运力支援队发扬不怕辛苦、不惧病毒、连续作战的光荣传统，迅速统筹协调骨干力量做好与援鄂医疗队的对接沟通工作，赴机场、车站接送各地援鄂医疗队，先后保障 8 批次解放军医疗队和辽宁锦州等地援鄂医疗队进驻，将其顺利送至指定地点，运输各类物资 415 吨。在对接运送援鄂力量时，运力支援队不仅能够做到路线规划熟悉合理、接引地址准确清楚、装卸工作及时快捷，也能通过与医疗队伍的沟通提供相关的基础信

息，方便援鄂医疗队尽快熟悉环境，尽快适应新情况，针对性地提供相关信息。

（二）支援方舱医院

为加快病房周转率，重症轻症分流诊治，根据中央指导组意见，武汉市于 2 月 3 日决定在洪山体育馆、武汉客厅、武汉国际会展中心 3 处建设"方舱医院"，用于收治新型冠状病毒感染的肺炎轻症患者。3 处"方舱医院"容纳规模上千张床位，要在一夜之间把分散在武汉三镇的病床等物资全部配齐，对于目前运力紧张的武汉市而言，是个不小考验。

2 月 3 日晚，应武汉市疫情防控指挥部请求，运力支援队紧急调集 50 台军用运输车，兵分多路前往调运仓库装载物资，争分夺秒、紧急转送到洪山体育馆、武汉客厅、武汉国际会展中心这 3 处正在筹建的"方舱医院"，并与工作人员一起卸载进场。参加此次任务的官兵，白天在外为武汉各个网点配送生活物资，下午 6 时才陆续返回营地。休息不到 3 个小时，就立即转入"方舱医院"物资抢运任务。他们晚上连续工作，持续突击，彻夜不眠，搬床架、抬床垫……身上的毛衣汗湿了又干，硬是赶在天亮之前，将方舱医院物资卸完，才拖着疲惫的身躯陆续返回营地。官兵虽一夜未眠，但士气高昂。这是运力支援队自抽组成立以来，首次执行除市民生活物资配送之外的运输保障任务，为武汉市 3 座"方舱医院"快速建成提供有力支援。2 月 4 日下午，运力支援队又紧急赶赴两个"方舱医院"火线驰援。

（三）严格自身防疫

疫情期间，火神山、雷神山等收治医院是很多人避而远之的地方，也是医疗物资最急需的地方，每当遇医院运输任务，官兵们都争先恐后。他们没有防护服，就穿雨衣；没有护目镜，就戴游泳镜，克服恐惧心理，自觉用顽强的毅力，与时间赛跑，与病魔较量，坚决遏制疫情蔓延势头。与此同时，前往医疗场所时的防疫也是重中之重。运力支援队将外防接触、内防扎堆作为根本要求，出车执行任务严守对外接触防线，登车前驾乘人员相互洗消；到医院等危险点位的任务安排干部带队，自身防护由干部检查督导；返回车场严守专业洗消防线，协调 4 台洗消车对车辆、人员进行全面消杀；进入营区严守测温消毒防线；每日对宿舍、公共场所进行全面消毒，全体人员每日测量 3 次以上体温。各种有效防范措施，保证了整个运力支援队实现"零感染"的目标。正如运力支援队指挥长吴海涛所言："非常时期，疫情面前，是战场、也是考场，合格不合格，这就是试金石！"

小结：在疫情暴发期，运力支援队把保障集中收治医院建设摆在突出位置，迅速调整运力，支援火神山、雷神山医院和各方舱医院建设，先后支援火神山、雷神山、同济医院等18家定点医院和11家方舱医院建设运转，累计运输各类防疫物资288吨、防疫器材23000余箱（套），转运床位8000余套，为快速建成收治医院发挥了重要作用。

四、谱写"鱼水深情"——军地联保提效益

（一）部队穿流配送

担负运输保障任务以来，运力支援队的足迹遍布武汉的13个区，8000多平方公里，平均每天出动200多人次，每名战士每天经手的物资超过4吨。在这次疫情防控的重大考验面前，广大官兵把人民疾苦安危始终挂在心头，生动诠释了对人民的大忠大爱。运力支援队队长蒋祖权说"支援队虽然来自不同的驻军部队，但疫情当前，我们必须联合起来共同战斗，为打赢疫情防控阻击战贡献更多的力量。"260余名队员里，70%是党员，有的瞒着父母报名出征，有的三过家门而不入，有的一家数人战斗在一线。"在战'疫'战场上践行初心、检验党性！""是军人就该当先锋，是党员就该站一线！"……最美逆行者战'疫'日记的文字里，发自内心，感人至深！

部队官兵不畏艰难、不惧风雪、风餐露宿、冒着感染风险，穿流在武汉几无车辆的街道上，停驻于翘首企盼的商超站点，奔赴向紧急改建的方舱医院。地方政府和广大武汉市民在致谢、致敬的同时，也提供必要支持和保障，谱写了一曲动人的"鱼水深情"。

（二）民兵车场警戒

2月1日下午，运力支援队集结成立，130辆运输车列阵在江夏金口金港工业园区，如钢铁长城一般伫立着。由于工业园区是新落成的，进出大门无人值守。为保障官兵更好地执行运输保障任务，江夏区人武部主动请缨，抽调25名基干民兵，由许俊龙副部长带队，成立民兵党员突击队，担负运力支援队车场警戒任务。他们按照"一查看、二记录、三报告、四落实、五不准、六个好"的要求，对车场实行24小时全天候值守，承担车场整治、日常维护、登记管理和安全警戒任务，并每日组织8次巡逻，确保车场安全。有几位民兵队员，虽然家离居住的酒店很近，但几十天来也从未回家，

一直坚守岗位,严格落实集中居住规定。"能为抗击疫情做点贡献,我们都觉得很光荣。"民兵队员韩永树说,官兵们为保障市民生活日夜运送生活物资,我们一定为军车站好岗,为车场守好门。

(三) 企业技术支持

2月3日,武汉市公安局江夏分局交警大队,委派下属维护机构武汉明亮交通设施有限公司为运力支援队提供车场建设支持。疫情形势严峻的5天时间内,该公司5名专业技术人员,无偿为运力支援队划分专用车位148个,提供水马80个、地坠50个、限速标志10个,有效促进了临时车场的建设和规范化管理,确保了军车的安全。

2月4日,一汽解放汽车销售有限公司,在武汉绝大部分售后网点暂停运营的情况下,委托旗下武汉盛世旭东汽车贸易有限公司,通过仅有的1名值班人员,紧急召回5名汽修技术骨干,进驻运力支援队60余天,他们不惧病毒、不计报酬,免费提供技术支持和服务保障。他们对所有运输车辆进行全方位行车安全检查,累计出动人员127人次,为运力支援队检测修理车辆200余台次,紧急外出救援40余次,更换零配件170余件(个),有力保障了运力支援队车辆的顺利出行。

运力支援队指挥部专门编设了武汉市商务局派驻的地方工作组,他们积极协调企业选定车辆停放厂房,安排住宿酒店,搞好就餐、住宿保障,接收发放方便面、自热干粮等食品和生活物资140余种,用于外出执勤和日常生活。军地双方筹措了口罩、防护服、消毒液、洗车机等防护用品和物资器材,协调空降兵部队医院建立任务官兵就诊"绿色通道"。协调军地有关部门走访慰问21名任务官兵家庭,帮助解决受疫情影响造成的看病就医、日常生活等实际困难。协调地方超市进宿营地开展无接触购物,落实核酸检测和心理疏导等事关官兵身心健康的工作,使官兵防护、生活、运输等得到较好保障。

小结:湖北省军区办公室干部阮红成在运力支援队分管安全管理的过程中,被官兵不分昼夜、连续奋战的精神状态深深触动,有感而发创作了原汁原味的《运力铁军战歌》歌词,著名音乐人孙伟进行了谱曲,很快在运力支援队传唱开来,在紧张的任务之余,丰富了官兵文化生活,提振了官兵精神士气。该战歌后由武汉歌剧舞剧院青年歌唱家汤俊军演唱,运力支援队军士粟毅综合6名官兵拍摄的新闻报道,剪辑制作了配套视频,经审查批准后在互联网发布。军地共同谱写的这首《运力铁军战歌》,被网民大量点赞和好评。

运力铁军战歌

引擎轰鸣车流滚滚，我们是光荣的运力铁军。

物资配送快速通达，武汉三镇奔流着迷彩的身影。

报效祖国不辱使命，我们是神圣的运力铁军。

闻令而动服务人民，力扛千斤誓把抗疫战坚决打赢。

啊！争分夺秒戴月披星，我们牢记党和人民的重托。

啊！争分夺秒戴月披星，那是我们胜利的号音。那是我们胜利的号音！

五、总结

解放军有抢险救灾的优良传统。在和平年代，应对重大自然灾害、事故灾难或突发公共卫生事件等，有比较丰富的经验，经常发挥"突击队"甚至"主力军"的作用。正如武汉市商务局领导所指出，在武汉战"疫"最艰难的两个多月里，运力支援队全体官兵风雨无阻、昼夜不息，在地方运力严重不足的特殊时期，为"保市民不断供、解政府燃眉急"发挥了关键作用，成为疫情期间维系武汉城市正常运转的绿色钢铁运输线，在主干运输上发挥了"拳头"作用，稳定了民心，增强了市民战胜疫情的信心。"驻鄂部队抗击疫情运力支援队"开展此次任务，是战"疫"应急物流生动实践，是一次军地联合应急行动，为新时代军队建设、非战争军事行动和后勤保障都提供了成功经验和有益探索。

（本案例内容，主要取材于《解放军报》《长江日报》《楚天都市报》《湖北日报》《武汉晚报》等传统权威媒体；引用了"央广军事""军报记者""国防时空""人民网湖北频道""荆楚长城""联勤集结号"等官方微信公众号的资料；参考了"中央电视台""湖北电视台""北京卫视""东方卫视""武汉电视台""中国军视网"等视频新闻。另外，专门对 3 个师级以上单位的 5 名运力支援队员进行访谈，收集到许多具体细节，已略去可能涉密的内容。）

"8·12"事故中危化品是怎样应急转运的

唐　娜

（天津市道路运输管理处）

摘　要：天津爆炸事故现场处置中，天津市交通运输委应急转运保障组迅速启动应急预案、全力组织运力、做好现场调配，圆满地完成了核心区现场危险化学品的应急转运工作。此次转运工作，分工明确、指挥有序、责任到位、程序顺畅，体现出安全、精确、协同、高效、信息化的物流体系建设。

关键词：危化品；应急；安全；转运

一、天津爆炸事故简要背景

2015 年 8 月 12 日，位于天津市滨海新区瑞海公司危险品仓库发生特别重大火灾爆炸事故，造成×××人遇难、8 人失踪、×××人受伤；304 幢建筑物、一万多辆商品汽车、数千个集装箱受损。截至 2015 年 12 月 10 日，已核定的直接经济损失数十亿元。此次爆炸事故在国内外都造成了严重影响。

事故发生后，党中央、国务院高度重视。习近平总书记两次做出重要批示，对事故抢险救援和应急处置提出明确要求。李克强总理率有关同志亲临事故现场指导救援处置工作。按照天津市市委、市政府的统一部署，交通运输委负责现场危险化学品的清理转运工作。接到事故处置转运任务后，按照市政府"不发生次生事故、不造成人员伤亡、不产生环境问题"的要求，迅速启动应急预案、全力组织运力、做好现场调配，经过 32 天紧张而又有序的处置，圆满地完成了核心区现场危险化学品的应急转运工作。截至 9 月 14 日，共计完成危险化学品转运任务 68 车次，累计达 13 个品类，877.04 吨以及 2.32 吨氰化钠包装桶和 17 个集装箱空罐。此次应急转运工作做到了指挥有序、方案对路、保障有力、严密周全。

二、天津爆炸事故危化品处置过程

（一）迅速明确组织，领导一线指挥，确保处置有序

"8·12"事故发生后2个多小时，交通运输委领导以及负责客运和危险货物运输应急工作的部门赶到现场，立即启动道路运输应急救援事故预案，明确组织分工、指挥领导、应急方案，就如何确保事故发生后处置工作有序推进，确定分工、责任、安全保障；就如何对滨海新区受灾人员进行疏散，确定车辆、运行线路、停靠站点；就如何调集危化品应急转运车辆，确定人员、应急车辆、组织程序。

13日早上6时，30余部交通集团及社会的客运车辆准时在临时疏散站点集结完毕整车待发，由于调动及时没有发生一名旅客滞留事件。

13日下午，危险化学品应急转运保障组成立。由于事故现场储存大量危化品，甚至剧毒品，事故发生后，需要对现场几十种不明特性的危化品进行收集、转运、统计，按照分工分为指挥调度一组，核心区指挥二组，押运护送三组，集装箱统计四组，信息报送五组共计55人，每个小组有明确责任人。交通运输委副主任亲自任应急转运现场总指挥统领全局，运管处、货运处、滨海新区建交局以及相关危险货物运输企业为成员。市运管处负责对本市纳管的危化品运输车辆，特别是对具有剧毒危险品运输资质的车辆进行摸排、组织和调配，确保事故现场氰化钠等各类危险货物能够得到及时转运。滨海新区负责对普通货物进行转运以及对滨海新区的客流进行疏散。

（二）调集运输力量，严密组织运转，确保资质相符

事故发生后，按照方案，指挥调度一组立即按照类别需求准备了应急队伍和车辆。8月15日和20日，两次召集危险货物运输企业负责人召开应急保障工作会议，要求各企业全力调配相应危险货物运输车辆，为事故现场危险货物疏运提供坚强保障。与此同时，还积极协调北京、河北等省市交通运输部门，调配部分专业车辆予以应急支援。随着危化品类的不断增多，先后组织本市危化品应急运输企业21家、133部车辆（车辆经营类别涵盖全部1~9类危险品类别）；河北省应急运输企业1家、剧毒品专用运输车8部；滨海新区普通货物运输应急车辆100部作为运力保障。

在转运工作的32个日日夜夜，只要接到市指挥部转运命令，指挥调度一组立即从应急数据库调集相应类别车辆，保证资质与承运危化品种类相符。找到这些车辆后，

按照车辆所属，找到应急单位，告知承运危化品类别、车辆类型、进场装货时间、送达时间地点、几名押运，以及需要加强哪些防护措施等。各应急保障企业负责人也时刻与应急转运组保持紧密的联系，一旦接到命令，马上调配人员和车辆进入现场，在保证车辆技术状况完好的同时，加强驾驶员、押运员的安全教育，确保疏运工作及时、安全、顺畅。这些应急保障企业不问成本、不计报酬、不辞辛苦，尤其是天山国际货运有限公司出动车辆多达27车次，仅氰化钠疏运即达到21车次，323.94吨。为运输氰化钠剧毒品，专门从上海总部调集2万余元的A级防护装备物资，给所有驾驶人员和押运人员在操作过程中提供安全保障，在此次危险品应急转运工作中作出了突出贡献。

（三）谋划转运方案，设计运行路线，确保万无一失

交通运输委的应急转运工作根据市指挥部指示和事故现场实际需求展开，8月14日，首次接市应急指挥部指示，要求组织运力转运剧毒危险化学品氰化钠。根据现场危化品类别以及安监部门开具的转运单，指挥调度一组及时准备应急队伍和车辆，设计线路、途经地，与公安部门沟通车辆通行、护送押运等问题。8月14日下午2时，天山货运有限公司2部具有剧毒危险品资质的车辆准时进入现场装载。由于现场情况复杂，核心区指挥二组安排专人一同前往，与现场随时沟通信息，解决由于事件特殊、情况复杂所面临的一切情况。8月15日上午7时，2部装载剧毒氰化钠的车辆准时出发，随行押运护送三组以及公安、交管部门人员共计6人，对运输过程进行全程管控，协调高速公路、途经地公安等部门，为确保剧毒品氰化钠安全运抵，提供坚强有力的保障。当天15时左右，车辆安全抵达目的地——河北省石家庄诚信有限责任公司，"8·12"事故危化品转运工作就此拉开序幕。随着现场清整工作的进行，各类危化品的转运工作陆续展开。按照方案和前期经验，又陆续组织实施了氰化钠、金属钠、三氯乙烯、硫化钠、硝酸钾、现场废水等多种危险品的转运，有力配合了事故现场应急救援整体工作。在各级部门和企业的共同努力下，按照市指挥部要求，出色、安全地完成了各类危险品转运工作，确保了万无一失。

（四）死盯事故现场，迅速清查危化品，确保转运及时

爆炸发生后，仍有小的爆炸、火情不断发生，现场危险性很大。自8月13日危化品应急转运组成立到9月14日全部完成应急转运工作，连续32个日日夜夜，大家神经紧绷，没睡过一夜安稳觉。运输保障组组长亲自督阵、深入前线、靠前指挥，各参战部门全力投入、坚强保障，从事故发生起就一直在前线负责调集、指挥应急转运车辆。他们不顾个人安危，始终坚持在爆炸核心点附近工作，目的是更快、更细致地了解事故现场的情况，掌握第一手资料，以便迅速应对现场随时发生的各种不确定因素，为及时准确清查危化品提供了有力的保障。

爆炸发生后，得知现场不仅人员、建筑、车辆损失惨重，还散落着多种易燃易爆物品及大量剧毒危险化学品氰化钠，很有可能再次发生重大次生事故。由于事故现场情况极为复杂，究竟有多少种类危化品，究竟存放多少吨危化品，究竟分布位置在哪，究竟有多少剧毒品，均不得而知，需要应急保障组迅速准确对现场进行摸排。现场摸排首先从重点剧毒危害性大的着手，期间炎热的高温天气、随时可能爆炸的危险、有毒的气味，时刻都在考验着核心区指挥二组工作人员的极限承受能力。只要清理出一部分危化品，就按照分类，用资质相符的车辆转运出现场一部分，仅交通运输委应急转运保障组负责应急转运出的危化品类就达到 13 大品类、880 多吨。在转运过程中没有发生一起次生事故，没有滞留一吨货物，没有造成一人伤亡，体现出应急保障参战人员积极奉献、勇于负责、来之能战、战之能胜的大无畏奉献精神，得到市委、市政府有关领导的高度赞扬和肯定，有力保障了我市的道路运输安全。

（五）认真进行总结，汲取经验教训，确保水平提升

事故处置完成后，市交通运输委对此次事故处置情况进行了深刻的分析总结，基本结论是认为此次事故处置得当、效果良好。首先，队伍思想过硬，领导深入一线，以身作则，不怕情急险重，不怕艰苦牺牲，这是完成应急工作的最先具备的先决条件。其次，安全是第一原则，方法措施严密得当，分清轻重缓急，这是积极稳妥处理好事故的重要一环。总结出危化品转运是一项细致缜密的工作，绝不能眉毛胡子一把抓，要根据危化品不同特性具体问题具体分析，不能在处置过程中再次发生事故。最后，未雨绸缪，企业积极配合，这是顺利完成每一次转运工作的有力保障。此次转运工作，是对日常应急预案体系和应急队伍建设的一次考验，日常应急体系完善了，才能够保障事故发生后第一时间在数据库中筛选车辆和人员信息，随时做好应战准备。

三、天津爆炸事故危化品转运评述

通过完成"8·12"事故现场危化品转运工作，使交通运输部门在应急处置工作中有了一个很大的提升。尽管各级交通运输部门强化了道路运输应急体系的建设工作，

但还是暴露了一系列亟待解决的问题。从总体上看，我国道路运输应急体系建设水平参差不齐，道路运输应急保障能力仍然十分薄弱，尚未建立长效机制，因此还应加强以下几个方面建设。

（一）确保安全物流

安全是第一要素。在此次事故中，按照市政府"不发生次生事故、不造成人员伤亡、不产生环境问题"的要求，认真执行应急任务各项流程，直到事故现场危险化学品清理完毕和转运工作的完成，没有发生一起次生事故，没有滞留一吨货物，没有造成一人伤亡。流程的执行、严密的方案，对物流安全起着至关重要的作用。

但是，我们还是应该看到在处置过程中依然存在一些问题，例如车辆进入现场后，对现场情况估计不充分；由于环境因素，造成应急车辆设施损坏；车辆装载货物后，由于无法确定卸载地，滞留现场时间过长，货物本身高温自燃，幸亏承运单位驾驶人员巡查及时，采取措施得当，才没有造成损失等问题。这些都是需要在应急过程中注意的。因此，在转运过程中对危化品属性和性质的分析尤为重要。属于哪种货类，有什么危害性，需要怎样加强防护，会出现什么样的问题，需要怎样处置，一定要积极征求有经验的处置单位和专家的建议，动员有运输经验的应急处置单位和驾驶员、押运员，这些对于物流安全都是至关重要的。

（二）实现精确物流

规划线路、起讫时间、沿途路况、坐落地点等，这是规划精准物流必须掌握的，危化品运输更要精确。在此次处置过程中，我们做到了合理规划线路，提前预判风险，重点跟防，沿途布控，统一指挥，迅速快捷，及时准确。由于措施得当，思路清晰，业务熟练，没有一部车辆耽误运输任务，没有一次车辆超范围运输，在保证及时性的同时，没有发生一起次生衍生灾害。

但是由于道路运输中与其他相关部门衔接不充分，也存在应急运输指挥机构与运输需求部门信息不对称，信息传递不及时、不准确的问题。幸亏及时纠正及时沟通及时反馈，才没有造成意外事故的发生。由此可见，精准物流非常重要。

（三）运行高效物流

高效、迅速、便捷是物流建设的发展方向。事故发生后，各部门反应迅速，处置也很快。由于津滨轻轨九号线枢纽站受损，第一天仅用了3个多小时调集了交通集团和社会30余部客运车辆，12个小时调集了80余部危化品应急车辆，用于疏散滨海新区受灾群众和危化品应急转运工作。第一天紧张的疏导工作实施后，随着应急工作的顺利展开，80部班线客运车辆每天往返于天津市内与滨海新区之间，没有发生一起旅客滞留事件。22家企业141部危化品应急车辆积极投入，往返于事故现场与危化品存放地之间，没有发生一起次生事故。险情就是命令，时间就是生命，在酷暑和随时会发生的危险面前，没有一个人临阵脱逃，没有一个人畏难退缩。甄选思想过硬、业务精湛、素质高的从业人员至关重要，既不能让货物出问题，还要保证准确、到位、及时，这就是既高效又有战斗力的体现。只有迅速、高效才能战胜极难险阻，高效物流应急体系建设才能随之趋于完善。

（四）组织协同物流

通过此次应急工作，对于交通运输部门来说是一次考验，是一次练兵，也是一次实战。拉得出去，来之能战，战之能胜，才是一支好队伍。尤其是事故中心区情况万般复杂，不是几个人能够决定，没有团队的协作，没有部门间支持，没有担当的角色，是做不好这么大的应急工作的。北京、河北等省区市交通运输部门调配部分专业车辆予以应急支援，在此次应急过程中给予了大力支持，尤其是在转运剧毒氰化钠过程中发挥了重要作用。应急保障参战人员积极奉献、勇于负责、来之能战、战之能胜的大无畏奉献精神，为确保我市道路运输安全起到重要作用。配合有力，协调同心，这是应急物流成功的制胜利器，在物流发展过程中，应该加强协同发展，互相支持。

（五）加强信息物流

从事故发生后处置过程来看，加强信息物流至关重要。由于事故现场对危化品数量、种类掌握不全面，造成处置估计不充分，这也是此次事故造成如此巨大影响和巨大损失的重要原因。究竟现场有多少种类危化品，多少存量的危化品，分布在什么位置，信息不充分，来源不明确。直到最后现场清理完毕，才知道数量如此之大，品类如此繁多，令人瞠目结舌。由于现场情况复杂多变，应急单位24小时全程待命；有时车辆装货时间长，滞留2天以上很正常；有时因危化品又出现新情况没有处置完毕，白跑一趟，也司空见惯。试想如果借助互联网大数据信息，借助高科技信息化手段，借助严格清晰的制度落实，借助规范标准的场站建设，相信"8.12"历史性悲剧将不会重演。因此加强信息资源的共享性，信息沟通的准确性，部门衔接的充分性，部门信息的通畅性，组织指挥的统一性，就能建立一个信息化应急大物流体系，从而保障应急运输工作的顺利开展。

　　下一步，政府部门应进一步加快道路运输应急体系建设步伐；大力加强应急救援力量建设和特殊器材装备配备；实施"科技兴安"和"人才强安"战略，充分发挥安全生产管理和技术专业人才作用；加大安全生产投入，设立安全生产专项资金，建立信息化互联网＋物流的新业态，以提升安全生产事故应急处置能力，推动建设安全、精确、协同、高效、信息化的应急物流体系。

第二节　企业应急物流案例

顺丰航空应急物流保障实践

孙济南　管宇宁

（顺丰集团）

摘　要：空运是速度最快的物流方式，在应急物流当中具有不可替代的重要地位和作用。顺丰公司多次参与国内外灾难救援的应急物流保障行动，不仅作出了重要贡献，而且对当前航空物流面临的问题进行了深度剖析，并为加强我国航空应急物流体系建设提出了具有针对性和操作性的建议。

关键词：航空物流；应急物流；物流保障；物流发展

航空应急救援是应急救援体系的重要组成部分。大力发展航空物流，对促进形成强大的国内市场、深度参与国际分工与合作、保障国际供应链稳定、服务国家重大战略实施，实现国家经济高质量发展具有重要意义。顺丰速运有限公司（以下简称"顺丰"）作为国内快递物流龙头企业，积极响应国家政策，利用自建的"天网、地网、信息网"等基础资源，充分发挥企业科技创新高、网点布局广、末端配送能力强等优势，使用全货机、各类车辆、无人机、无人车等交通工具，开创了"门到门"的应急配送保障模式。在近几年参与国家应急保障任务中，发挥了突出的作用，为夯实国家应急物流体系基础，提升应急保障能力贡献了力量。

一、顺丰航空应急保障实践经验

顺丰航空是国内首家且目前最大的民营货运航空公司，拥有杭州、北京、鄂州三大区域航空枢纽。截至 2024 年 5 月，顺丰航空机队规模共计 87 架，在突发事件时，顺丰积极响应应急和民航系统紧急动员，组织协调货运运力，开辟应急物资运输绿色通道，展现了高效的应急物流能力，成为了应急保障的重要力量，多次受到国家部委表彰，被评为全国交通运输系统抗击新冠疫情先进集体。

（一）积极参与救灾物资空运保障

应急物资配送具有时效急、安全等级高、一次性输送数量大等特点。顺丰统筹调度全国范围内所属各区域力量，在顺丰网络覆盖范围内，优先配送服务，确保满足应急需求；在顺丰网络覆盖范围外，通过开辟线路、增加运力资源等方式，确保应急装备物资按时到位。2015 年 5 月，尼泊尔发生 8.1 级强震后，顺丰积极参加国家组织的赈灾物资运输。利用全货机飞赴加德满都，承运的 17.5 吨赈灾物资，经历了飞行目的地再次发生 7.5 级强震、当地机场一度关闭等突发状况，将当地急需的赈灾物资顺利送达。这是顺丰作为中国民营快递企业，首次参与执行国家组织的国际救灾运输任务。2018 年，顺丰与应急管理部建立了应急救援协调机制，积极参与各项应急演习演练活动，提高服务保障能力。2011 年 4 月、2022 年 12 月，新疆煤矿相继发生透水事故，急需大功率水泵支援，因装备体积大、运输时效要求高，一般运力无法响应。接到应急管理部的需求后，顺丰快速响应，第一时间将全货机部署在指定位置，配合应急部门装备提前报备，快速安检装载，动用全货机 3 架次，在规定时间内完成了特种装备航空配送任务，为救援争取了宝贵时间。2023 年 12 月，甘肃省临夏州积石山县发生 6.2 级地震，顺丰接到救援物资空运运输需求后，立即启动专项保障机制，在中国民航局支持下，开通无锡至兰州航线，将包括帐篷、折叠床、棉被、雨衣等在内的近 20 吨救援物资快速运往甘肃，圆满完成了救灾应急物资空运任务。

（二）勇于承担战"疫"应急空运任务

新冠疫情突发，持续周期长，对紧急医疗物资的需求急剧上升，尤其是疫情严重的湖北地区，口罩、防护服、消毒液等防护用具及物资紧缺。同时，维持疫区生产生活的日常物资供应也刻不容缓。顺丰紧急动员，组织协调货运运力，开辟了应急物资运输绿色通道，积极运输应急物资。航空配送成为此次疫情中运输应急物资的重要力量。疫情期间，顺丰航空累计执行航班 236 个，运输防疫物资约 5778 吨；为火神山医院紧急运输呼吸机 600 台，医疗设备 3000 多套，消毒物资 7200 吨，各类防护物资 2 万余件、80 余吨，确保了医院建设和后期正常运行。为保障疫情核心区物流不间断，顺丰打通无人配送和"非接触式"配送。利用科技力量，通过无人机等科技类产品，助力战"疫"一线，完成了 1200 多件 3.4 吨的医疗物资输送任务。疫情防控中，全国各地多个社区、路段、小区都实施封闭式管理，防控物资、生活用品的运输困难。2022

年 8 月，收到防疫物资运输至拉萨需求后，顺丰航空紧急调配高原航线保障资源，开通了成都至拉萨的防疫物资运输专线，全力保障西藏的防疫物资运抵拉萨。

（三）大胆实践低空应急物流保障

在偏远地区或救灾"最后一公里"的配送服务中，无人机运输展现出了快速、灵活的独特优势。2019 年，顺丰无人机获批了多条航线及空域，2021 年顺丰获批中国民航局支线物流无人机商业试运行牌照。2022 年 8 月，重庆突发山火，应急管理部门向顺丰提出增援需求，顺丰无人机团队第一时间紧急赶赴救援现场，调配了方舟无人机，组成一支特殊的救援队，为前线森防灭火工作提供了火场观察、装备投送、物资运输等保障服务，发挥了火场勘察、灭火、保障的"多面手"作用。2024 年，顺丰在珠海至深圳首条无人机低空快递物流航路启动试运行，主要用于医院紧急药械、应急救护投递领域，单程架次据仅需 40 分钟左右时间，比传统陆运节省一半以上时长。线路开通以来，将低空物流理念服务于应急保障场景，极大提升了医疗领域的应急保障能力，效率提升 2 倍。

二、航空应急物流保障面临的突出问题

在多次参与应急物资空运保障活动中，顺丰既作出了重要贡献，也积累了许多经验，得到了政府和社会的普遍认可与赞赏，发挥了快递企业参与国家应急物流的应有作用。同时，为了今后更好地完成航空应急物流保障任务，顺丰也感受到在航空应急物流保障还面临着一些亟待解决的突出问题。为尽快解决这些阻碍航空物流发展的矛盾问题，顺丰不仅梳理出了问题的表现，而且深入剖析了问题的原因，从而为政府和企业合力解决这些问题提供有益借鉴。

（一）应急航空物流运行机制还不够完善

突发事故、重大灾害多为政府调度及指挥协调，航空应急保障尚未建立集中统一、运转高效的运行机制，主要表现在三个方面：一是对灾情事发地起降机场情况不了解，受气候和机场级别限制，部分全货机不具备起降条件；二是航线申请困难，因程序不清，多头指挥，申请航线时间较长，影响救援效率；三是缺少必要的装卸设施设备，部分到达机场虽具备起降条件，但是缺少保障全货机物资搬运的设施设备，需要从其他机场紧急调运相关保障车辆，配合货机物资运输。

（二）应急航空配送商业化模式尚未成熟

我国航空救援主要以军航、通航为主力，其次是交通运输部及各地警用航空队，缺乏政府同企业联动的高效方式。主要表现在：一是缺少统一的灾情处理信息平台，政府部门、企业拥有各类信息平台，但这些平台缺乏横向打通，做不到互联互通、信息共享。一方面政府急于发运应急物资；另一方面企业储备运力闲置，缺少相互沟通的信息化系统，造成政府和企业信息不对称，运力得不到有效发挥。二是缺少入库遴选的流程，政府一般对企业临时提出保障需求，计划、方案、经费等都是临时筹措，缺少物流供应商入库的遴选方式，尚未形成政府购买服务的应急保障商业化模式。不便于物流企业根据政府提出的不同类别灾情信息，提前提供相应的保障方案，遇到突发情况，结合物流企业优势提供保障资源和力量。

（三）应急物资储备布局不合理

应急物资重储备轻物流，部分应急仓库和应急装备生产企业位置偏远，应急仓储现代化管理能力弱，缺少信息化管理手段，周转能力弱，应急运输手段单一，影响救援保障的整体效率。主要表现在：一是特种应急装备采购不足，灾情发生后需要紧急调运，需要厂家临时生产，航空保障中出现了飞机等装备的现象。二是应急装备缺乏前置储备、依托物流企业代存代储的理念。应急装备物资多为属地化管理，应急日常储备相对分散，缺少统一编码规则，信息化管理手段落后，灾情发生后，无法实现线上调运。三是部分特种装备航空运输需要提前报备，部分特种装备未提前向民航、公安部门报备，缺少装备相关资料，包装不规范，部分装备有电池，需要使用油料，无法确定危险品等级，造成安检时间长，影响运输效率。

三、加强航空应急物流体系建设的建议

针对以上航空物流存在的突出问题，结合多年来在快递物流和供应链领域的实践经验，顺丰着眼全局和长远，对加强我国航空应急物流体系建设提出如下建议。

（一）建立高效的管理体制机制

加强顶层设计和统筹规划。从法规层面上明确各层级、各部门在救援过程中的职责范围、实施主体、经费保障等具体问题。完善应急物资保障体制与法规政策，在体制机制、指挥流程、协同机制、职责分工上做到有法可依。加大政府财政支持力度，设置航空应急救援领域专项基金，对物流航空应急保障给与一定的政策支持。简化物流运力参与救援的申请流程，建立低空空域的柔性使用机制。建立以国家为主导、社会力量投入为补充的运作模式，建立应急物流保障企业库，将综合实力强、服务质量好、运输效率高的企业作为遴选对象，通过政府向物流企业采购服务的方式，物流企业作为应急物流的储备力量，实现应急物资"门到门"的一站式服务保障。对企业所采购的航空应急救援装备给予退税或补贴政策，降低物流航空经营成本，鼓励科研创新，鼓励科研院所及高校与企业合作推动成果的应用，大力推进航空应急救援物流产业化发展。

（二）建立开放的应急资源平台

在国家层面建设应急救援物资配送平台，提高信息共享能力。通过应急平台，加强信息收集整合，掌握各方航空力量的布局、飞行覆盖范围等要素，实现政府部门同企业的共享和互通，提高应急响应的准确性和时效性。加强决策支持能力，建立科学化的决策支持系统，当灾情需求出现时，物流企业按时响应，提供保障方式、保障时效和相关费用全面化的数据测算，为决策者提供科学依据。提高资源调配效率，通过应急平台，利用物流企业的相关数据系统，实现对资源的科学调配和统一管控，最大程度地减少资源的浪费和重复使用。加强协同能力，构建政府与企业跨领域的应急响应体系，实现各单位之间的协同配合，提高响应效能。

（三）建立物流标准和储备体系

当前，政府和物流系统专业之间物资编码标准、设施设备标准均不统一，因而大大降低了应急物流的转换效率，增加了转化成本，应逐步建立统一的应急物流标准。物流标准主要包括物资编码标准、专业术语标准、物流的计量单位标准、物流基础模数尺寸标准、集装箱标准、托盘标准等。依托物资保障网络，以信息网络、配送网络、采购筹措网络等为基础，实现信息和实物的有序流动，提高物资精准分配能力。探索政府和企业相结合的物资储备体系。借鉴电商行业模式，与头部物流企业共建仓储设施，利用物流仓储资源提供代存、代储服务。物资管理机构可实时下达货物调拨指令，并了解仓储物资数质量，共建仓库根据客户需求设定库存管理。适当的库存可以减少断货的情况，提高供应链的弹性；同时也要控制库存，及时补充消耗物资。通过共建仓库的设立，实现应急物流高效率流转的要求，利用供应链形成物流服务综合体。

（四）利用低空物流提高应急配送效率

低空物流是指利用无人机等航空器进行货物运输的物流方式。目前，低空物流已被顺丰初步应用于快递配送、农产品运输、医疗物资输送等领域，日益成为物流行业发展的重要方向。低空物流是物流行业向自动化、智能化发展的典型代表之一。低空物流通过使用无人机等小型航空器，实现实体物品从供应地向接收地流通，其本质是使用先进的生产工具去发展生产力，是物流业机械化、自动化和智能化发展的结果，是新质生产力的体现。近年来，顺丰利用低空物流完成了森林灭火、物资投送、灾情观察等任务，初步实现了救灾中突破"最后一公里"的实际需求。建议进一步加强政企合作，在国家政策的大力支持下，利用低空物流实现应急物流的快速高效、调度灵活、节约成本等功能。

（五）建立应急物资的前置储备

顺丰在湖北鄂州建设的国际航空物流核心枢纽已经于 2022 年通航，是全球第四、亚洲第一货运机场。鄂州机场将是连接国内外网络的货运门户机场、面向全球开放的货运平台。鄂州机场具有 1000 公里半径内、1.5 小时的飞行圈，可覆盖全国 90% 的经济总量、80% 的人口和 5 大国家级城市群，形成鄂州至全国 3 个小时的航空应急保障网络。鄂州机场的地理优势以及货运集散功能，未来可以在国家应急体系的建设中发挥更大的作用。目前，鄂州机场已经建成配套的综合保税区和四个产业园仓储基地。政府有关部门可考虑充分利用产业园区资源，建立应急装备物资储备库，重要装备和物资前置储备，利用航空运力资源，实现通达全国的 3 小时应急配送航空保障体系。

以智能配送引领生鲜农产品应急物流高质量发展

付延成　马　焱

（北京中农食迅供应链管理有限公司）

摘　要： 中农食迅专注于生鲜农产品供应链服务，融合线上电商与线下实体经营，展现了强大的应急物流能力。中农食迅通过建立完善的应急物流体系，运用智能配送技术和强化协同合作机制，圆满完成了历次应对突发事件和自然灾害应急物流配送任务，保障了生鲜农产品的稳定供应。

关键词： 生鲜农产品供应链；应急物流；数字化转型；物流配送

北京中农食迅供应链管理有限公司（以下简称"中农食迅"），自 2015 年 6 月成立以来，深耕生鲜农产品（食材）供应链服务领域，迅速成长为一家集线上电商交易与线下实体经营为一体的综合性供应链服务企业。在生鲜农产品应急物流领域，中农食迅凭借完善的采购、销售、供应、配送及供应平台信息化研发体系，展现出了强大的应变能力和市场适应性。本案例以中农食迅的实践经验为例，具体介绍数字化创新在生鲜农产品供应链应急物流领域的应用发展情况，供生鲜农产品供应链应急物流行业参考。

一、建立以数字化技术为支撑的应急物流体系

中农食迅一直以来致力于"用数据改造中国农业"，自建物流中心、电商交易平台、生鲜供应链管理平台，自营一站式服务，统一上下游产品流通的品名及标准，建立识别标准，有效地提高了流通效率。通过数字化应用和 ERP（企业资源计划）管理系统，依托农贸市场和商户建立业务生态系统，努力满足客户"要什么有什么"的个性需求，实现"零库存零损耗"、标准化、全品类的生鲜食材快速配送。为了应对突发事件、自然灾害等紧急情况，在完善的供应链体系和强大的物流能力的基础上，建立起了以数字化技术为支撑的生鲜农产品应急物流体系。凭借该体系所具备的实时监控、智能调度、快速响应等手段，确保生鲜农产品在紧急情况下能够及时、安全地送达目

的地。主要做法如下。

（一）制订应急预案

根据历史数据和行业特点，制定了详细的应急物流预案。预案内容涵盖了供应链中断、自然灾害、疫情暴发等多种突发情况，明确了应急响应流程、资源调配机制、人员分工和职责等关键要素。同时，通过定期演练和评估，不断优化和完善预案内容，确保在紧急情况下能够迅速启动应急响应。

（二）储备应急物资

建立了应急物资储备库，储备了一定数量的生鲜农产品、冷链设备、运输车辆等关键物资。这些物资在紧急情况下可以快速调用，满足救援和保供需求。同时，公司与上游供应商及下游客户建立了紧密的合作关系，确保在供应链中断时能够及时补充物资来源。

（三）开发智能调度系统

利用大数据和人工智能技术，开发了智能调度系统。该系统能够根据突发事件的具体情况和应急物流需求，自动计算最优运输路线和车辆配置方案，提高运输效率和准确性。同时，系统还能实时监控运输过程中的温度、湿度等关键指标，确保生鲜农产品的品质安全。

（四）建立协同合作机制

积极与政府、行业协会及合作伙伴建立协同合作机制。在突发事件发生时，能够迅速调动各方资源，形成合力应对挑战。例如在新冠疫情期间，积极响应政府号召，为疫情防控一线提供生鲜农产品供应保障服务；同时与快递公司、电商平台等合作伙伴开展联合配送行动，确保物资能够及时送达消费者手中。

二、智能系统在应急保障实践中彰显重大作用

生鲜农产品的显著特点是新鲜度高、易于腐坏，对贮藏和运输条件要求苛刻。同时，生鲜农产品的生产具有鲜明的季节性，而消费者的需求则往往相对稳定，显示出较小的消费弹性系数。这些突出特点，一直是困扰生鲜农产品应急物流的难题。中农食迅开发

并运用智能系统之后，有效地解决或者缓解了这方面的矛盾问题，取得了明确效果。

（一）智能系统运用于生鲜农产品应急配送

高度重视数字化转型和技术创新在生鲜农产品应急物流中的应用，较早地引入和应用物联网、大数据、人工智能等先进技术，开发并运用了智能化水平较高的管理系统，从而实现了生鲜农产品供应链各环节的精准控制和科学管理，有效地解决过去多年来一直困扰生鲜农产品行业的许多问题。

中农食迅开发并运用的智能化管理系统，具备生鲜农产品应急物流所需的多种功能。例如，其智能温控系统，能够确保生鲜农产品在运输过程中的新鲜度和安全性；又如，该系统的大数据分析功能，能够及时准确地预测市场需求变化，为公司有针对性地提前调整采购策略和库存策略提供客观依据；再如，该系统的人工智能可以优化物流配送路线和配送时间等，明显地降低运力成本和时间成本。

（二）智能系统运用后排线效率大幅度提高

中农食迅开发运用的智能物流排线系统，可在 16 分钟内完成 800 余条线路的排线工作（见图 8 -7），从而使这项工作效率得到了显著的提升。与此同时，再辅助以人工合理化调配，按生鲜农产品的金额、重量、体积排线，极大地降低了车辆空载率，大大降低了生鲜农产品的物流运输成本。该智能系统，对于全面提高其生鲜农产品应急物流的保障效益，发挥了非常重要的作用。

图 8 -7　中农食迅开发的智能系统物流排线示意

（三）智能系统为应对异常天气提供了决策支持

在应对突发事件和异常天气的多次行动中，智能配送系统展现了强大的应急物流保障功能。例如，在新冠肺炎疫情期间，积极响应政府号召，迅速调整供应链布局和物流方案，配合所在区域政府单位确保了在疫情最严重期间重点社区、企事业单位生鲜农产品的稳定供应，惠及人群近 5 万人。

在应对自然灾害的多次重大行动中，智能配送应急物流体系也充分发挥了重要保障作用。每当出现突发橙色预警暴雨自然灾害时，及时运用智能系统速启动应急响应机制。中农食迅开发的数智化供应平台，可以实时抓取生鲜农产品供应地区 15 天的天气数据，并根据气象系统发出的蓝黄橙红天气预警信息，拟制出相应的配送应急预案（见图 8 - 8）。并且依据预案，提前为配送方做好相应的物资储备，提前做出配送线路的备选方案，为配送人员提前做好车辆设施配备，例如，为确保在冰雪路面行车的安全，提前安装防滑链条等。

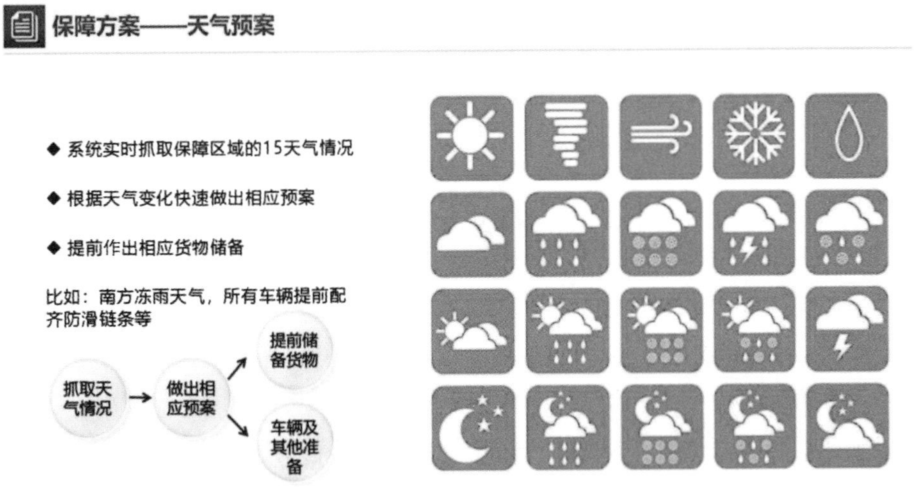

图 8 - 8　异常天气应急物流保障预案

在智能系统接到橙色暴雨预警通知的 30 分钟内，公司应急委员会紧急召开橙色预警会议，及时将预警信息传达给全体员工、客户、供应商及配送队伍。同时，提前储备相应的应急物资和设备，如防雨布、备用电源、发电机等。同时，加强操作场地、仓库、办公场所的安全巡检工作，确保在极端天气下物流配送的正常运行。

各业务部门启动暴雨天气紧急预案，做好客户、供应商、配送员的沟通、协调与培训工作。按照食材品类提前跟供应商沟通做好物资储备及配送要求，配送前对食材进行严格的质检，确保食材在运输过程中不受污染、不变质；通过智能调度系统计算最优运输路线和车辆配置方案，运输过程中，利用冷链物流技术和追溯系统确保生鲜产品的品质和安全性；同时与下游客户保持密切联系，了解需求变化并及时调整配送计划；实时监控运输状态和数据反馈情况以便及时调整策略。所有配送车辆提前进场，严格执行"人车等货""提前出发""备选线路""避开积水""安全交付"等配送应急规定和要求，确保特殊天气生鲜农产品供应的及时与安全。

三、智能引领应急物流高质量发展的实践思考

随着技术的不断进步和市场的日益成熟，中农食迅对未来应急物流的发展充满信心。展望未来，将继续加强技术创新与应用深化数字化转型、优化供应链管理深化与各方合作、完善应急物流标准体系拓展服务范围、加强风险管控，为生鲜农产品应急物流提供更加高效、便捷、安全的服务。作为生鲜农产品供应链服务行业的领军企业之一，这既是公司今后一定时期内的努力方向，也是探索"以智能配送引领生鲜农产品应急物流高质量发展"的理论成果，还是实现"用数据改造中国农业"这一宏伟目标的进军号角。现将以下几点实践思考予以分享。

（一）加强技术创新与应用，提升数智化水平

随着物联网、大数据、人工智能等技术的不断发展和应用，继续加大技术创新力度，推动应急物流智能化升级。例如，利用无人机、无人车、无人艇等新型配送工具提高运输效率和覆盖面；利用区块链技术实现供应链透明化和追溯管理；利用人工智能算法优化运输路线和车辆调度等。继续推进数字化转型，利用大数据、云计算、人工智能等先进技术，提升供应链管理的数智化水平。通过建立更加完善的数字化管理平台，实现供应链各环节的无缝对接和高效协同，为应急物流提供更加精准、快捷的服务。

（二）优化供应链管理，深化与各方合作

持续优化供应链管理，提高供应链的柔性和韧性。通过加强与上游供应商和下游客户的合作与沟通，建立更加紧密的战略合作关系；通过优化库存管理和运输路线规划等措施降低物流成本和提高运输效率；通过建立风险预警机制和应急预案等措施提高供应链的抗风险能力。继续深化与政府、行业协会及合作伙伴的合作关系，共同推

动应急物流体系的建设和完善。通过共享资源、协同作战等方式提高应急响应速度和处置能力；同时，加强人才培养和交流合作，提高行业整体水平和竞争力。

（三）完善应急物流标准体系，拓展服务范围

针对生鲜农产品物流行业的特殊性，积极参与应急物流标准体系的制定和完善工作。通过制定统一的应急物流标准规范操作流程，提高服务质量、降低运营成本；同时加强与国内外先进标准的对接和互认工作，提高公司在市场上的竞争力和影响力。积极拓展服务范围，满足不同客户群体的多样化需求。除了继续深耕食堂、餐饮等传统领域外，还将探索向电商、零售等更多领域拓展服务范围。通过提供定制化的供应链解决方案及一站式服务，满足客户的个性化需求，提升客户的满意度。

（四）加强风险管理，保障应急物流的畅通

进一步建立健全风险管理体系和应急处理机制，加强对供应链各环节的风险监控和预警工作。通过定期评估风险水平、制定风险应对策略、加强风险防控措施等方式降低风险发生概率和损失程度；同时，加强员工培训和教育工作，增强员工的风险意识和应对能力。

作为生鲜农产品供应链服务行业的领军企业之一，中农食迅通过数字化转型、技术创新、供应链管理优化和服务范围拓展等措施的实施，已经在生鲜农产品应急物流领域展现了强大的应变能力和市场适应性。未来，中农食迅将继续秉持"用数据改造中国农业"的理念，以更加高效、便捷、安全的服务推动我国生鲜农产品供应链应急物流的持续健康发展。

战"疫"保供

——国网江苏电力在行动

沈祝园　姚曦娴

（国网江苏省电力有限公司物资分公司）

摘　要： 2022 年上半年，在国内疫情多点散发、经济下行压力加大的背景下，电网物资供应面临企业停工停产、物流运输中断、验收工作难以实施等多重风险与挑战。国网江苏电力以党建工作为引领，发挥基层党组织战斗堡垒作用；超前谋划后续 500 千伏工程重点物资保障工作。2022 年 6 项 500 千伏迎峰度夏工程均已按期投运，满足了夏季用电高峰需求，同时也为疫情背景下电网物资保供工作提供了有益实践和江苏样本。

关键词： 新冠疫情；电网工程；物资供应；物流运输

2022 年 3 月份以来，全国各地疫情呈多点散发态势，吉林、上海、江苏等地先后暴发较大规模疫情，国内疫情防控形势愈发严峻、复杂，同时，受国际形势变化、大宗原材料价格波动等因素的影响，原材料备料、物资生产、物流运输、工程现场服务等环节的问题短板陆续暴露，电网物资供应链面临多重风险与挑战。如何克服外部环境影响，探索、实践出疫情背景下保障物资顺利生产、运输、交付的新型应急物流管理模式，成为支撑江苏电网建设与发展的关键。

一、打响迎峰度夏期间防疫保供"遭遇战"

（一）迎峰度夏工程物资保障任务重

国网江苏省电力有限公司（以下简称"国网江苏电力"）是国家电网有限公司系统规模最大的省级电网公司之一，现有 13 个市、58 个县（市）供电分公司和 15 个科研、检修、施工等单位，职工约 7.8 万人，服务全省 4650 万电力客户，荣获全国脱贫攻坚先进集体、国资委国有重点企业管理标杆企业，业绩考核连续十年保持国网系统第一名。2021 年，江苏全社会用电量 7101.2 亿千瓦时，售电量 6193.54 亿千瓦时，调度用电负荷 50 天过亿、最高达 1.2 亿千瓦，负荷"过亿"成为常态。

能源电力的安全可靠供应，是保障经济社会持续高质量发展的基础，然而今年迎峰度夏期间的电力保供面临诸多压力。2022 年上半年，江苏省内在建的 500 千伏及以上重点工程共计 17 项，工程建设面临"工期紧、防控严、要货急"等现状。以南京青龙山 500 千伏输变电工程为例，按照 2022 年最高负荷预测值校核，南京东龙分区电力平衡存在约 43 万千瓦的供电缺口，考虑到夏季高温时段限电压力大、负荷接入需求持续增长等情况，该工程被紧急调整为 2022 年迎峰度夏工程，而此时留给工程建设的实际工期只有 7 个月，物资供应工作迫在眉睫。2022 年迎峰度夏物资保供的关键阶段正值疫情防控的特殊时期。如何发挥统筹调配优势，克服和化解内外部因素影响，全力以赴做好电力保供工作，确保各项工程如期投运从而保障电网稳定运行、满足居民用电需求，成为电网物资供应的首要任务。

（二）发挥基层党组织战斗堡垒作用

坚持党的领导、加强党的建设是国有企业的"根"和"魂"。作为关系国家能源安全和国民经济命脉的特大型国有重点骨干企业，国家电网始终以高质量党建引领保障企业高质量发展为使命，不断加强党的建设工作。然而，如何扩大党在电力物资领域的号召力和凝聚力，促进电力物资供应链行业党建有形有效，成为新时代电网企业基层党建工作的重要方向。国网江苏物资公司物资供应部党支部书记在党员会议中强调，战"疫"阵地在哪里，党的工作就要跟进到哪里，党员就战斗在哪里。党支部建设要深入践行"围绕中心抓党建、抓好党建促业务"的工作方针，始终把党建工作贯穿于疫情防控、电网物资供应保障等各项工作中，支部成员要自觉加强理论武装，强化党史光荣传统教育，冲锋在前、攻坚克难，充分发挥基层党组织战斗堡垒作用，示范带动党员群众以更加奋发有为的精神状态投入电网物资供应保障工作中。

2022 年上半年，在党员先锋模范作用的带动下，累计开展驻场服务 400 人天，赴风险厂家催交 35 次，组织召开问题协调会 200 余次，迎峰度夏工程物资按期到货率为 100%，圆满完成各项防"疫"保供工作。

围绕迎峰度夏重点任务、服务营商环境重点举措、物资供应管理重点工作等，国网江苏电力正逐步组建形成一支以共产党员服务队为骨干的物资履约队伍，保证在关键时刻有党员带头、关键领域有党员把关，为电网物资供应构筑坚强的政治堡垒。

此外，国网江苏电力全面加强党对业务工作的引领和支撑，将党建成果运用在提升重点工程物资供应能力、持续深化电力保供战斗力的具体实践中，把党旗插在电网工程建设的第一线。通过积极创新党建工作形式，以"结对创先"为抓手，以差异化监造业务为切入点，实现党建与物资供应工作的深度融合、相容并进。

2022年4月13日，国网江苏物资公司物资供应部党支部与南京青龙山500千伏输变电工程项目部施工方党支部、团支部完成结对签约，构建"党建＋重点工程"的协同工作矩阵。双方组建联合攻关队，深入工地现场、理论联系实际，了解工程项目建设需求和厂商物资供应难点难题，为促进服务双提升，助力打造"三心"服务品牌。

通过扎实推进"结对创先"特色工作模式，统筹"党建＋工程""党建＋业务""党建＋服务"资源，进一步提升了物资供应保障能力和重点工程建设水平。2022年上半年，累计完成供应金额206亿元，有力保障了青龙山、江都扩等7项500千伏重点工程按期投运，满足了夏季用电高峰需求。

二、将上游厂家视为抗疫保供的"战友"

（一）协助供应商解决原材料采购难题

2022年3月，新冠疫情席卷上海，为防止疫情进一步蔓延，上海市政府发布有关采取"全域静态管理"的公告。一时间，所有的在沪企业和生产工人都陷入了静默状态，原本负责为江苏南京秋藤500千伏变电站主变扩建工程提供35千伏电抗器的供应商思源电气股份有限公司也在其中。

散热片是用于生产电抗器的原材料之一，按计划应在3月20日前运送至供应商思源电气的工厂。但是，3月中旬，国网江苏电力公司突然收到供应商的反馈，"受上海疫情管控影响，防疫政策缩紧，生产地在常熟的外购散热片无法运抵上海"。突如其来的变故打乱了原本的生产运输计划，原材料的缺失，导致原本应于3月28日前完成生产的电抗器总装工作被迫中断，这将严重影响工程建设进度。

作为2022年江苏电力首个500千伏迎峰度夏投运工程，江苏南京秋藤500千伏变电站主变扩建工程建成后可以缓解南、北两端受电通道的供电压力，肩负着提高地区供电可靠性和供电质量的重任，因此，保障物资供应至关重要。"不能再这样等下去了，工程建设等不得，疫情防控措施短期内应该不会有所松动"。4月4日，国网江苏公司供应质量处处长韩飞率先在专题协调会上打破了沉默，并进一步说道："无论如何，必须想方设法帮助供应商解决原材料采购难题！"面对"管控力度不一、入沪车辆难找、接驳地点难寻"三大问题，国网江苏电力主动出击，充分发挥公司各项资源优势。一方面，与常熟供电公司开展省市两级联动，积极与当地防疫管理部门对接，了解当地防疫政策。另一方面，与国内多家大型运输机构联系，寻求入沪运输商，落实运输车辆。同时协调属地单位协助办理运输车辆接收手续并提供散热片转运仓库。4月14日，江苏公司协同常熟供电公司与当地政府进行沟通协调，最终由常熟友邦将散热片运送至常熟供电公司仓库，在满足防疫要求的基础上提供仓库及转运设备供物资接驳转运。经多方协助下，散热片于当日17点左右装车完成，并于当天20点左右发运至上海思源。成功帮助供应商将原材料散热片运抵上海，完成电抗器的组装工作。

（二）搭建履约结算"绿色通道"

资金流是供应商抵御外界市场风险、保障企业正常运营的根本。自新冠疫情暴发以来，全国各地疫情反复，导致物资生产运输受限、大宗商品价格不稳定，电网物资供应商的经营情况在较长一段时间内不容乐观，物资供应风险及供应商资金压力持续加大，供应商普遍存在及时办理单据、分批结算款项、快速回笼资金的需求。

"2022年上半年，江苏省内新一轮疫情来袭，不少厂商出现了资金周转困难，如不及时设法解决，后续物资供应和重点工程进度都将受到影响。"国网江苏物资公司供应部专职周宇说。

在收集到供应商有关困难和问题的反馈后，国网江苏电力立即组织物资供应、合同结算、供应链运营等专业部门，专题研讨如何提高特高压物资履约结算效率，以尽快帮助厂家缓解资金周转困难。"根据国网公司有关规定，我们结合省内500千伏工程现有业务实际，梳理了履约结算全环节，找出其中影响款项支付进度的关键点。通过各部门协作，一方面优化业务流程，另一方面协调信息技术人员升级原有平台，打通ECP2.0和ERP系统数据壁垒，搭建了特高压物资履约结算专项模块。"沈祝园介绍。

经过多方协同，一条适合特高压工程的履约结算"绿色通道"成功打通，98%的供应商在单据办理当月，就能拿到相应回款。此举不仅帮厂商解决了燃眉之急，也保证了工程物资按期排产供应，实现了互利双赢。

三、全力保障物流运输畅通

（一）开创属地协同运输接力新模式

自新冠疫情暴发以来，全国各地疫情反复，各地政府出台的防疫政策层出不穷，电力物资运输协调难度日渐升级。各地对疫情进行严防死守，工作标准和力度不统一，特别是在疫情暴发地区，通常采取设置关口路卡、封闭高速路口等措施，来阻断疫情传播，物资运输车辆通行证等相关手续又复杂难办，致使物资运输、应急物流不时阻滞甚至中断，为物资供应带来了极大的运输阻力。

在这种背景下，原定从苏州出发，送往南京青龙山 500 千伏输变电工程项目现场的 1#、2# 主变设备，受无锡当地疫情影响，已在苏州至无锡段停滞了 5 天，物资供应工作卡在了"最后一公里"。

于危机中育新机，于变局中开新局。4 月 9 日，为保障迎峰度夏重点工程建设，国网江苏物资公司立即组织召开了专题协调会，综合各运输所经地通行政策，趁"机"推出了属地协同的运输接力模式—协同属地供电公司采用专人接力、防疫卡口点对点接车护送的方式，打通疫区重点物资运输通道，保障物资能够"到得了"。

按照属地协同运输接力方案，各属地单位迅速展开行动。4 月 10 日上午，无锡供电公司便与当地政府管理部门进行了沟通接洽，提前完成车辆通行证办理，经过 20 小时，在 11 日下午，运输车辆终于抵达无锡，负责转接的工作人员早早准备好提前办理的通行证，并按照当地防疫要求在防疫卡口点对点完成接车护送，并继续前往镇江市句容市。"但是，12 日凌晨，临时收到了来自南京供电公司的反馈，镇江市句容市政府发布通告将宝华 镇全城范围调整为封控区，路线必须再次作出调整。"周宇回忆道。

国网江苏电力当即再次梳理各地的最新防疫政策要求，重新制定了大件物资运输路线，新方案的运输车辆将避开句容市宝华段，绕行至常州市溧阳市上黄段入宁。4 月 13 日一早，溧阳市供电公司当即与交管、防疫等多个部门进行沟通协调，提前完成通行证办理等准备工作，并于当日 21 时 30 分正式接棒运输任务，按计划转运至南京。4 月 14 日早上 6 点，在南京江宁区供电公司的工作人员的护送下，1#、2# 主变设备顺利运抵青龙山项目现场。这场由各方联动出击、共同配合、持续奋战的接力赛，圆满落幕。

在后续的青龙山工程 5#、6# 主变的运输过程中也成功借鉴这一机制，运输效率得到大幅提升，为江苏省内迎峰度夏工程的顺利投运打下坚实基础。

（二）制订物流运输"B 计划"

面对各地疫情管控政策趋紧，以及疫情暴发的不可预测性，必须充分认识到应急物流运输的重要性，突破经验主义惯性思维，开拓新思路，在制定大件物资运输方案的基础上，同步制定运输备份方案，双线并行保障物资顺利运输，才能做到"有备无患，防患于未然"。

就南京青龙山 500 千伏输变电工程的主变运输来说，原计划在 1#、2#主变运输完成后，再组织进行 3#、4#主变运输。但由于 1#、2#主变在无锡运输受阻，被"卡"在了高速公路上，通行时间待定，这可能会导致后续 3#、4#主变的运输时间延后。据国网江苏物资公司供应部专职姚曦娴介绍，主网设备具有体积大、重量大等特点，设备运输过程往往途经多个地区，需要提前进行路勘，综合考虑道路限高、限宽、限重，以及当地防疫政策等因素，制定大件运输方案。

为保障电力工程建设，4 月 6 日，国网江苏电力随即联合供应商、承运商、建设、施工等多方召开专题会议，先后研讨高速、国道、水陆联运等多种运输方案，综合研判 500 千伏主变尺寸、重量、办证加运输周期、天气状况、工程建设周期等五方面因素，最终协调供应商更换承运商，采取绕道安徽省高速运输的运输方案。

4 月 10 日晚，经道路勘探后，3#、4#主变装车发运，从织里高速口上行至沪渝高速，经湖州市至常州溧阳市到南京溧水区，由白马收费站下。途中，提前对接注意事项及防疫要求等，严格要求随运人员执行沿途防疫政策，做好个人防护。4 月 14 日凌晨，3#、4#主变顺利运抵青龙山工程现场。

（三）统筹做好防疫消杀与就位安装

电力物资运抵工程现场后，物资部门需统一组织参建各方开展现场验收工作，但受疫情影响，各地在不同程度上要求外来车辆驾驶人员和供应商售后服务人员提供 24 小时或 48 小时核酸证明，甚至进行 7～14 天隔离，同时对仓储、消杀等环节也做出了具体防疫规定。由于缺少统一调度，在消杀、仓储等环节流程效率低下，难以及时完成现场物资验收、设备就位安装等工作，致使电力物资从绿色通道争抢出来的宝贵时间，可能在末端物流验收环节白白浪费。

为避免因消杀不合格、服务人员隔离等问题导致后续物资无法顺利进入项目现场，从而影响南京秋藤扩工程建设，4 月 25 日，在得知供应电抗器顺利产成的消息后，国网江苏电力立即组织物资方、建设方、施工方、供应商、及属地公司等单位就如何安全快速将电抗器运至项目现场进行沟通协商，为现场验收与安装就位做好充足的准备。

首先，就高风险地区人员来宁需隔离问题，协调供应商安排售后服务人员赴宁提前完成隔离。其次，经多方协调，确定由思源电气负责将电抗器本体和附件运至南京溧水区白马高速口；后由南京供电公司派员提前与当地政府相关人员办理进入南京通行证，并于运送当天派员全程参与护送至项目现场，与国网江苏物资公司交接后，由其协调现场当天卸货并护送至江宁区开城路高速口返回。国网江苏电力多方寻源，找寻在宁地区有资质的就位公司代替上海运输商开展就位；由就位人员提前对白马高速口至青龙山现场的道路进行踏勘。4月28日，电抗器抵达现场，同时，由国网江苏建设公司组织专业消杀队伍对电抗器本体和附件进行消毒并对多点进行核酸采样。

四、发挥数字平台赋能作用

（一）搭建在线履约平台

疫情之下的物资供应链管理难点众多，指向于需要解决的不仅是库存、仓储，还有订单、结算等难题，为解决这些难题急需提升物资管理平台信息化管理水平。

据了解，从2020年开始，国网江苏电力规划建设在线履约平台，旨在实现以重点工程物资供应为主线的业务跟踪与管控。2021年11月，在线履约平台正式上线应用，为用户提供了一体化在线对接门户，实现了图纸维护及确认、供应计划变更及确认、排产计划制定与审核、生产进度实时跟踪、违约索赔、在线约谈等业务的"一站式"管理，推动合同履约业务的信息化、透明化、数字化，促使业务流程更加通畅、需求响应更加敏捷。

在线履约平台实现了跨专业信息贯通、数据融通、业务融合，打造了履约工作新生态，全面提升了物资供应管理的效率、效益与效果。"在今年南京青龙山500千伏输变电工程建设中，参建各方通过应用在线履约平台，全流程跟踪、管控重点物资供应进度，供应商也可以通过该平台及时了解工程施工进度，以便合理化安排物资生产进度。"周宇说。

截至目前，在线履约平台已在江苏全省15个500千伏工程中应用，组织在线约谈30余次，预警履约风险问题40余次，签订电子交货期变更确认单10余次，实时对接供需双方，履约周期压降20%，为物资供应和电网建设提供了有力支撑。

（二）应用电力物流服务平台

长期以来，物资在途运输一直是业务管理的"盲区"，如何有效解决信息不对称问题，既是防范不可控风险的现实要求，也是提升应急物流系统可靠性的必然路径。在此次战"疫"保供的特殊时期，国网江苏电力充分运用现代智慧供应链建设成果，依托电力物流服务平台（ELP），为疫期物流运输作业的顺利开展提供支撑，发挥应急物流指挥"润滑剂"的重要作用。

作为第四方物流供应链集成中心，ELP 电力物流服务平台充分运用现数据信息化、监控智能化、物流可视化、流程痕迹化等数字物流手段，实现了全程跟踪工程主设备运输轨迹，能够在应急物资的运输、配送上，做到物流状态的及时、透明、可控。

在 2022 年 5 月初，新丰 500 千伏变电站主变扩建工程因建设需要完成 B 相主变替换工作，但在替换设备装运完毕，运输车辆准备出发之前，却收到大件运输公司反馈，临近项目现场的射阳国道已封，无法正常通行。国网江苏电力随即通过 ELP 电力物流服务平台，智能规划形成多条物资配送路线方案，并结合沿途各地的防疫政策，制定最佳运输配送方案及运输路线，有效避开因疫情封控的路段，极大提升了车辆运输利用率和物资流通效率。

此外，为保证电力物资能够安全送达，需在运输过程中实时跟踪设备状态、应需调整。ELP 电力物流服务平台的运输监控模块能够实时监测重点设备运输状态，对于运输过程中出现的异常状况或潜在危险进行预警，并将预警信息和解决方案第一时间推送至供应商、承运商，以数字化手段协助物流运输，避免出现运输事故、降低运输成本，保障供应商物资一次送达，确保项目物资及时、可靠到达现场，实现多方共赢。

截至目前，通过应用 ELP 电力物流服务平台，累计开展运输监控任务 218 条，涉及重点工程 106 项，完成运输监控里程 2.87 万公里，平台有效报警 4156 次。

（三）创新"物资到货云验收"平台

国网江苏电力应用手机定位、移动互联网等技术，打造"物资到货云验收"平台，通过网络安全测试后上线。物资送达后，由现场监理人员拍摄物资铭牌、二维码、人车物同框等照片视频并上传。系统自动获取拍摄时的经纬度信息，与工程现场位置信息校验，完成初步审核。随后，自动推送至物资部门、项目单位及供应商人员，以供远程人工复核。疫情期间了实现业务"无接触对接"，在增强信息及时交互和数据流转效率的同时，降低了物资供需各方验收难度和经济成本。

（四）实现单据电子化流转

国网江苏电力通过引入电子签章技术，全面实现单据电子化办理。目前，单据电子化技术已覆盖主网、配网等关键业务，涉及货验收单、投运单、质保单等主要单据类型。

疫情期间，通过应用单据电子化技术，合同双方能够在不见面的情况下在线完成单据办理，实现数据一贯到底，单据一键办理，供应商"一次都不用跑"。供应商还可以在线查询业务办理进度，在增强信息及时交互和单据流转效率的同时，降低了物资供需各方办单难度和经济成本，有力助推供应链上下游企业快速复工达产。

"数字化平台为今年以来的防"疫"保供工作创造了便利条件，在线下业务跟踪、业务办理等工作受阻的情况下，让线上的数据多跑路。同时，充分应用各类数字化平台功能，强化信息技术支撑赋能作用，开展"云"跟踪、加强"微"管控，形成齐抓共管，上下合力保供应的良好局面，为电网物资战"疫"保供工作提供了有益实践和江苏样本。"沈祝园说。

五、"居安思危"是后疫情时代应有的态度

（一）超前谋划 2023 年迎峰度夏物资保障工作

2022 年迎峰度夏期间，在疫情与经济形势的交织影响下，供应商原材料采购、物资生产、物流运输等环节暴露出多个不可控风险点，在各专业、各单位的通力协作下，才得以完成各项物资保障任务，韩飞说。随着各地疫情的逐步缓解，以及 2022 年迎峰度夏工程的顺利投运，物资供应保障工作也迎来了"空档期"。国网江苏电力谋事在先，提前介入 2023 年迎峰度夏工程物资供应保障工作。

2022 年 7 月起，国网江苏物资公司物资供应部牵头成立工作小组，赶赴常州、南通等地，对主设备主材料供应商进行了摸排、走访。围绕 2023 年 4 项 500 千伏迎峰度夏工程，主动贴近项目现场需求，了解 500 千伏变压器、500 千伏 GIS 组合电器等重点设备的前期生产准备情况及排产计划，提前对物资到货时间和供应商产能进行跟踪、管控，将各项保障措施落到实处。

（二）有效解决供应商的"后顾之忧"

在管理超前的同时，服务也更加贴心了。国网江苏电力从政企协同、同向发力的角度出发，积极响应国网公司助企纾困十项创新服务举措，通过召开现场座谈会，切实了解供应商实际的生产运营状况及原材料采购情况，交流供应商在物资供应中的难点与困惑，帮助供应商解决实际难题，履行社会责任。同时宣传公司服务供应商新举措，研究提升服务项目单位和供应商"双向"能力，切实提升物资精准供应和精益服务水平。

"在实地走访、摸排的过程中,我们发现常州东芝变压器有限公司面临巨大的资金周转问题。"周宇说。该厂商是负责江苏常州武南500千伏变电站主变增容扩建工程的主变压器供货工作。由于改扩建工程的物资到货时间需要与停电计划紧密耦合,武南扩主变将在今年9月至明年3月期间分多批到货,时间跨度达半年。按照以往,分批到货物资的货款将在最后一批物资到货后方可办理,近九千万的货款将给常州东芝带来巨大资金回笼压力。

在了解到这一情况后,国网江苏电力根据企业的生产经营状况、工程现场需求与物资预计到货时间,立即讨论制定了解决方案。按照"化整为零"的思路,协同供应商在3天内通过采取供应计划拆分、分批入库报备、分批结算申请等方式,完成了长供应周期、高货物价值物资的分批付款申请工作。

打造特资物流国家队

傅楚寒　刘海平　颜弋凡　刘　泉　王博俊

（中国兵工物资集团有限公司　骏安供应链科技有限公司）

摘　要："特资"是特殊物资（特种物资）的简称，主要包括危险化学品、爆炸品等对安全性要求特别高的物资，以及武器装备科研生产试验过程中的整件、部件、设备仪器等对保密要求特别高的物资。随着国防和军队改革的持续深入推进，军工物流保障任务的规模不断扩大，急需围绕满足特资运输投送需求，以安全和效率为核心，重塑物流供应链服务体系，打造"特资物流国家队"。

关键词：特资物流；安全保障；供应链服务；全流程管控；"一单制"结算

按照国防科工局和中国兵器工业集团批复，按照"平时保工、战时保军、兼顾应急"的原则，中国兵工物资集团成立骏安供应链科技有限公司（以下简称"骏安公司"），作为军工物流与安保中心的线下业务运营实体。依据中国兵器工业集团"1+5"发展战略，布局西北、华北、西南、东北、东南5个区域分中心，为特资行业重要客户提供以运输和押运服务为核心业务；同时，提供配套信息咨询、平台化支撑等供应链全程服务与数字化、智能化技术研发与应用服务，围绕贯彻国家战略、打造专业化优势力量、服务现代后勤装备保障、提高战时战备物资投送能力，致力于向特资行业提供敏捷高效、安全可靠的科技供应链服务保障。

一、着眼特资产品运输保障服务，打造特资物流"国家队"

公司拥有普货、大件和Ⅰ类爆炸品的全品类运输经营许可证，已完成 ISO-9001 质量体系认证和中国兵器工业集团有限公司安全保密条件备案。公司围绕建设全流程特资产品运输保障服务模式，着力打造特资物流"国家队"。

（一）赋能特资物流现代化建设，筑牢胜战基石

随着新时代国防和军队改革进程不断深入，原来由部队建制力量担负的大量物资

物流保障任务被释放到社会上来，并且需求结构不断调整，任务增长势头越来越强；练兵备战的常态化使特种物资的消耗量逐步增加，装备改造提升带来的运输需求阶段性增长，军工单位的特资物流保障任务数量规模持续增加。在新形势下，国家安全也面临风险隐患增多、诸多矛盾叠加的挑战，传统安全与非传统安全威胁交织并存。全球新冠肺炎疫情、极端天气及企业安全生产事故（事件）等各种内外部"黑天鹅""灰犀牛"系列事件高频率出现，扰乱了供应链体系，甚至造成了运输中断。因此，构建平战结合、平战一体的特资运输投送体系和自主保障能力，不断提升特资产品供应链安全与效率水平，是提高后勤保障能力，把国防动员潜力转化为强军胜战实力的战略举措。

（二）强化行业安全发展韧性，夯实供应链基础

随着全军练兵备战工作的深入推进，大量军工生产企业满负荷甚至超负荷运转，从而给军工企业和特种物资供应链正常运作带来了巨大挑战。特资物流贯穿特资"从生到死"的全生命周期——科研、生产、试验、协作配套、维修维护、废旧处置等全链条；特资产品类型多元，包括科研生产试验过程中的装备整件、主要零部件、组件、设备仪器以及危险化学品；特资产品运输跨度大、范围广，90%以上的特资物流任务需要异地运输，供需地域不平衡，部分任务交付地点位置偏远、沿途环境恶劣艰苦；特资产品运输环境相对开放，交通环境日益复杂，内外部风险一旦积累就容易导致事故发生，且极易发酵放大。复杂多变的外部环境以及动态变化的需求，无不驱动着特资行业更加主动地管控风险，运用先进技术，强化安全管理，提升风险防控意识和水平，提高应急处置能力，以预防性举措确保在不确定性的环境下，抵御特资物流的需求变化和供给资源不足的风险，提升运力资源整合能力，打造运输投送的核心竞争优势，为确保"调度顺、输送快、投送远"赢得战略主动。

（三）保障企业高质量发展，提升核心竞争力

作为军工物流与安保中心的线下业务运营实体，通过建设特资物流信息管理平台，为各级管理单位提供有力的"抓手"。基于线上信息平台的特资物流在途安全监管成效明显，但在线下运输保障层面却凸显出不足，主要表现在：一是专业化能力不足，缺少有效的统一调度指挥、统筹管理体系，特别是综合运输投送集中调度指挥缺位，通过信息化平台整合的各类资源并未充分盘活，无法适应特资物流灵活需要；二是基于任务统筹实施的信息化程度不高，大量需求沟通和协作工作需要通过线下记录、打电

话等方式监督控制，服务效率和流程追溯能力亟待提升。为实现特资产品生产企业生存发展、维护产业链供应链安全的核心价值，必须树立底线思维，针对关键核心问题和特资产品运输投送的薄弱环节，明确安全效率核心要求，适应性改造特资产品运输投送体系，提升核心竞争力，实现高质量发展和高水平安全的良性互动。

二、建设一体化运作模式，重塑供应链服务

围绕特资产品运输投送需求，以安全和效率为核心，重塑业务组织架构，建立协同协作机制，组建服务资源网，建设线下物流与安保服务团队，为各特资企业提供专业化标准化的线下服务，形成行业特色突出的新形式、既独立自主运行又协同融合的新局面、服务保障灵活多样的新业态，为提供坚强有力的特资物流保障、实现国家应急应战一体化建设奠定坚实基础。

（一）系统规划组织机构，打造全流程管控发展模式

根据上级对管理的要求，并紧密结合自身实际，全面梳理特资物流"卡脖子"问题，尤其是可能导致运输中断、供给不足、紧急状况或危机情况。经过系统深入地分析，确定了"平时保工、战时保军、兼顾应急"的原则与"整体协作、议题运行、融合发展"的思路，制定了制定"敏捷高效、安全可靠"的特资物流组织体系，重点提升自主保障、协同运作、供需匹配和风险控制四大能力，形成以安全、效率为核心的特资物流安保整体解决方案。围绕运输保障能力整体提升，制定了区域分中心建设和业务属地化运营的一体化运作试行方案，并基于"人、车、线、物、案、证、环"各要素梳理运输全过程风险，制定了风险防控应对措施，通过优化多网协同的信息系统架构，实现了上下游业务流、信息流、资金流全贯通。通过组合设计组织保障、资源保障、系统保障、风险防范机制，加快提升特资物流安全水平和运行效率，保证了武器装备运输的运力支持和安全支持不掉链、不断链。

（二）围绕同一目标，建设跨层级、跨功能专业服务力量

基于扁平化结构，按照特资物流管理职责与线下物流安保服务业务两条主线，建立了管理支撑团队与业务执行团队。根据上级的统一计划安排，管理支撑团队由物资集团总部统一牵头建立，履行特资产品公路和铁路运输任务统筹、信证管理、过程监督等管理职责；业务执行团队以骏安公司为中枢，负责业务标准规范制定、重大项目

评估规划和资源统筹、整体解决方案设计。同时，根据特资行业内自有运输力量薄弱、保障能力不足等问题，着重培养业务骨干和押运干部，并在重要节点城市布局打造区域性业务运营实体，共同协作，按照区域划分要求响应属地一般常态化任务需求，配合支撑跨区域重大专项任务组织实施，逐步形成中心化管理、属地化支撑的服务团队。通过一体化运营与管控，加强运输任务集中统一调度指挥，通过运输调度指挥系统平台，集中资源优势，提高特资产品运输投送的调度管控与运作水平和全系统整体核心能力，保证组织层面对突发特殊情况、服务重大紧急需求时快速响应、步调一致。

（三）整合盘活优质资源，形成多元协作服务网络

为解决跨区域特资物流需求响应迟缓、运力资源紧缺的问题，通过统筹特资行业内存量资源、储备社会优质力量，借助信息平台凝聚不同类型的特资产品运输要素，建立覆盖全国主要干线和特资产品交付接领集中区域的服务保障网络。一是建立多元、分散化储备基础运力资源。依据特资企业发运和交付空间聚集特点、重点产品间协作配套关系，有计划地选择分布在不同区域的供应商，建立"中枢—区域"两级供应商资源池，避免大部分重要供应商集中在同一地区的断链风险；同时，对于处于易受重大活动管控、特殊敏感地区以及边境沿海区域的供应商，进行充分评估，提前制定预防措施，在邻近省市进行资源"备份"。二是与稳定优质资源形成战略合作。基于现场调研情况、历史合作经验和特资物流信息平台数据，筛选出信用好、与特资产品适配性高、运输经验丰富的供应商进行战略合作，提高合作稳定性，发挥其本地化服务团队优势，确保在关键环节、关键时刻不"掉链"；对于已经建立合作的供应商，还会定期现场走访与关键负责人保持密切沟通联系，及时了解运力资产配置等经营情况变化，预测可能存在的供应风险，做好有效的提前预防与应对措施。三是通过"自建＋对接"资源平台建立运输资源池。在面对极端特殊且紧急需求时，多级别、多类别的供应商结构仍存在一定供应中断风险，难以依靠直接增加基础或战略供应商合作数量来解决问题，策划并引入优质网络货运平台，促进和扩大资源信息在特资企业、供应商等主体之间的交流渠道和分享范围，提高信息传递效率，降低资源获取成本。

三、建设线下物流与安保专业力量，支撑行业高质量发展

为确保线下物流与安保服务的可靠性与一致性，通过建立科学高效的内部管理措施与协同联动机制，打造专业性强、服务质量好、执行效率高的专业保障力量。

（一）科学考核与激励管理，夯实安全高效保障基础

按照"一户一策、一岗一策"的原则，对管理支撑团队与业务执行团队设定了差异化的精准考核与激励机制。对承担经营指标的经营团队，结合其实际经营状况，优化调整了各项任务指标权重，突出保供和绩效管理导向。对安全监管、运营管理团队，强化合规履职、费用控制及工效考核。激励管理方面，通过设计保军保供等专项表彰，以及建立精益改善、能力进阶等奖励的方式，有效激发了经营团队、员工的工作成长动力。

（二）实行准军事化管理，从严从紧建设保障队伍

为切实保障特资物流业务安全有序开展，塑造特资物流良好品牌形象，成立了特资产品运输投送准军事化管理工作领导小组，加强组织领导。坚持以退役军人为主组建驾驶、押运人员队伍，在业务运营中枢单位全面推行准军事化管理"五化"要求（管理制度化、纪律严明化、行为规范化、场所整洁化、工作秩序化），明确特资物流安全标准、责任、边界。将特资产品运输车辆、专用停车场地等设为准军事化管理区域，统一驾驶和押运人员着装、运输车辆标识，建立安全风险动态分析和管控机制，定期开展技能训练、应急演练，增强驾押人员纪律性和执行力，打造一支"令行禁止、遵章守纪、行为规范"的过硬队伍。

（三）完善协作联动机制，明确规划各主体职责任务

通过定期开展工作经验交流、联合党建、供应商大会、一体化运作会议等，常态化开展人才交流、信息共享，有效加强各保障实体间沟通协作。发布"特资物流一体化运作方案"，按照条块结合、中心化管理、属地化支撑的原则，定区域、定人员、定责任、定任务，实施任务保障"区域化＋大客户"管理和专项任务（项目）带动机制，以大客户经理为连接点，建立管理团队、执行团队及外部单位间层次清晰的网络化管理模式，形成分工协作、齐抓共管的良好局面，将责任层层落实到属地经营团队和人员，增强业务工作合力。

四、全流程闭环管控，确保任务安全合规无风险

通过设定需求对接岗、安全监督岗、押运执行岗，并依据运输任务的评估、准备、

执行、结束等全过程划分不同的职责分工，把防范化解事前评估和准备环节中的安全风险摆在突出位置，将防范风险的关口前移；把运输过程安全重点要素在事中加强监管，提高运输安全管控能力；事后对任务过程进行复盘总结与考核评价，综合提升服务保障质量水平。

（一）事前制定针对性预防策略，前移风险防范关口

需求对接岗：一是在任务承接（合同签订）前，严格执行特资产品运输任务事前评估审批制度，提前识别运输过程中涉及货物、路线、天气、车辆、人员的风险因素，对照"运输安全风险评估判定准则"，分析确定任务安全风险等级"红、橙、黄"级别；针对识别出的风险因素制定管控措施，协同相关岗位人员研究制定运输安保方案、专项应急预案。二是在通过评估后、任务启运前，根据任务特点考虑选派自有力量保障或拆分派单至供应商，统筹运输组织、路径节点规划、资源分配、信证协调和货运保险配置等有关准备工作，并将任务风险评估情况和应急预案向驾驶员、押运员或供应商实施安全交底。

安全监管岗：对供应商、任务人员、运输环境等运输投送的关键要素进行监测评估，制定与运输交付目标直接或间接相关的安全预警指标，包括供应商资质信用风险、在途突发事件分布、任务人员违规行为、客户投诉等指标。制定运输在途监控应急预案，明确各类预警处置措施、执行责任主体和响应启动条件，规范应急处置机制。

押运执行岗：提前查询沿途路况、气象条件和风俗社情，准备安全防范工具和应急物资，视情与管理部门沟通确定属地管理要求；结合实际任务经验，细化选择运输道路、停靠补给、夜间休整地点等。提前掌握运输安保工作方案、突发事件现场处置预案，对于重大专项任务提前组织情景模拟、沙盘演练等，周全应急准备。

（二）事中加强重点要素控制，及时处置突发事件

押运执行岗：培树押运人员是特资产品在途安全监督守护第一负责人的责任意识，通过信息平台动态掌握沿途各类安全风险信息，提前查询或探查交通通畅情况，做好安全防范措施和押运记录。接收车载终端报警提示或监控专员提醒后，及时处理并向监控专员反馈闭环。强化任务启运前、休整出发前、交付验收前等关键时点的安全检查要求，重点关注车厢密封、货物稳固状态、信证手续齐全、随车人员身体情况等，加强风险防范，同时记录形成"行车日志"，确保运输全程留痕。发生突发事件后，第一时间按照应急预案现场处置、汇报、属地沟通协调；应急预案内容未涉及的，及时

请示报告，紧急情况下优先配合属地公安、交通、应急等管理部门进行处置，确保现场风险处于可控范围。

安全监管岗：为解决特资物流在途过程不可视、不受控的问题，应用"北斗"定位和短报文通信、视频监控、物联网传感、人工智能及地理信息等技术，建立特资物流指控调度系统，形成"北斗＋视频＋传感"多维立体安全监管能力，实时动态感知车辆位置、人员和货物状态变化。配备"7 天×24 小时"安全监控团队，每日预先梳理当期在途任务清单，对关注等级高、交付地区敏感等任务实施重点跟进，确保运输进度可控，减少延期风险。任务执行过程中，信息系统实时监控并判定出现预警信息时，自动推送至车载终端报警提示，驾驶员、押运员未及时纠正行为则由监控专员主动核实提醒，实现对特资产品在途运输任务全流程、全要素、全天候实时监控，确保特资物流全程可控可视。同时，对接中国气象局突发事件预警信息发布系统，实时监测掌握全国范围的气象、地质、泥石流等灾害和社会安全事件的预警信息，实现在途风险分布可视、地理位置可视，在途风险地图可视化，结合在途任务位置，动态推送预警到车载终端和任务人员手机终端，帮助任务人员加强风险防范。发生预警或突发事件后，监控人员按照"监控预警应急处置指导手册"进行预警处置、启动相应级别的应急响应，及时封存备份系统数据，确保有效追溯。

（三）事后定期考核与复盘总结，推动持续改进提升

押运执行岗：在任务结束后依据标准编制"押运总结报告"，梳理记录押运要点、注意事项、沿途突发情况、后续改进提升建议等；对于不同装备产品类型、运输环境的典型任务，逐个梳理总结，建立并动态更新特资物流安保案例库，不断补充新的风险场景预测，促进业务经验固化，便于任务人员复用共用，与需求对接、安全监管等相关人员共享，提升任务执行效率与服务质量。

安全监管岗：对于派单式任务重点实施动态考核评价，根据考核结果对供应商分级分类处理；对于评级优秀的供应商，继续加强合作；对于评级一般供应商，及时发布隐患整改通知，提前规划替代、更换方案，优化供应结构；对于考核不合格或发生重大违规行为的供应商，做到快速发现问题、专人跟进反馈、严肃考核处理并暂停任务承接权限，督促整改落实，问题严重的纳入"黑名单"管理，切实发挥监督作用，构建供应资源风险保护屏障。

最后，综合需求对接、押运执行、安全监管等多方面的任务实施成效，建立跨职能协调促进机制：对专项任务或特殊问题，定期组织复盘总结，系统查摆各环节、各

岗位存在的问题和短板，层层穿透、找出风险关联与致因，专项讨论分析，为制度标准完善、应急预案修订更新、系统优化改进提供重要依据，促进风控体系更加完善闭环。

五、应用案例：全流程服务保障安全，"一单制"赋能提质增效

为适应国家安全与发展的需要，巩固国防和发展国民经济，国家相关管理部门持续进行某类产品的储备工作。兵器工业集团是该类产品主要承研承制单位。在原有的任务执行流程中，存在生产与运输不配套、作业流程混杂等实际问题，运输需要涉及公路、铁路及短驳环节，且出入库需要多家单位以机制会上讨论的方式来落实，沟通不畅、结算不通、责任不明、单据繁杂、公铁衔接效率低、安全监管不到位等情况频发。2023年起，为提高该专项任务的执行效率与安全管控，在上级单位的统筹下，骏安公司积极靠前站位，全面负责、整体承接了该专项任务的运输保障职责，统筹公路、铁路运输，建立健全沟通、结算机制，统筹计划、组织运输，提高运力素质、加强在途监管，解决了流程混乱、承运单位单一、过程监管缺失等"痛点"，保质保量完成了该专项任务的年度工作。

（一）统筹特资运输计划，灵活执行专项任务

由于该类产品性质特殊、综合要求较高，相关企业分散，任务目的库点多居于深山等偏远地区，且需要短时间内集中开展大批量产品的出入库作业，运输工作存在较大执行难度。每年年底会同兵器工业集团该类产品生产单位及兵器、航天、船舶等特资行业的产品使用单位，统筹下一年度产品的生产能力、使用需求以及年度运力资源分配情况，将库点与生产、使用单位匹配，统筹制定下一年度的各项运输计划并上报管理部门。

年度计划批复后，根据产品特性、相关企业的距离、装卸运输等作业条件灵活设计运输方案，统筹组织公路、铁路、水路或多式联运；根据各库点与企业所在地区的气候条件选择适宜作业的月份，拆解年度计划到各月，统筹开展专项任务的执行工作。

（二）布局多元运输方式，灵活调配运力与安保资源

针对运输产品库点多、单批次作业量大，涉及长距离铁路及水路运输、中长距离公路直送、短途公路接驳运输以及多式联运等不同运输方式，在多种运输方式上做好

布局和资源储备，确保任务执行万无一失。

铁路运输上，协调有关单位，统筹铁路军事发运计划相关工作；并拥有各型号相关产品的铁路装运方案，具备新型号产品铁路装运方案制定、评审能力。公路运输上，结合物流与安保平台优势，在全国范围内就近调配系统内外资质齐全的优质运力，提前依据产品相应的安全技术说明书选派相关运输任务经验丰富的运输团队，统一办理特资产品道路运输介绍信，可短时间内完成运力集结。水路运输上，协调全国范围内可进行危险品装卸作业的港口，组织资质齐全、能力专业的船舶运营团队和港口装卸搬运团队，针对不同季节、不同水域的气候条件灵活设置船舶运输周期和运输方案，执行某库点出岛作业、某港口出入港作业等运输任务。多式联运组织上，制订"一事一策"的完备多式联运计划，推出"一单制"服务模式，通过签订联运委托合同，实现一次委托、直接负责、全程服务。通过提前做好各环节运输方案、装卸作业方案与应急预案，统筹铁路车皮到达时间、水路运输船期以及公路运输集结时间，保证计划执行"不卡顿"、中转作业"零延迟"、沿途情况"尽掌握"。

在任务作业的安全管控上，培养了一批具备押运资质、掌握产品应急处置手段、政治素养过硬、个人素质出类拔萃的专业押运团队执行沿途运输押运，并与地方管理部门协调当地公安、武警做好属地化保障。装卸作业由武警做现场安保，公路短驳运输由公安封路开道、武警跟队押运，在仓库与高速公路出入口间全程护送。

（三）强监管保安全，全方位落实专项运输任务

根据特资产品的相关特性，为保证专项运输任务安全可靠，对专项相关的运输任务进行在途强监管，依托物流与安保中心为相关运输任务设置专有标签、实时跟踪动态；同时，为该专项任务管理部门搭建了运输任务监控专线，将在途任务动态实时同步至相关管理部门，为任务执行提供管理抓手。

在专项相关运输任务执行前，对运输产品出具详尽的"一书一签"、装载加固方案，针对位于某地区地质灾害频发区域的相关运输任务提前做好地震灾害与气象灾害应急预案；在团队建设上，人员与车辆选派通过平台审核及公安部内保系统筛查；针对该产品用作下游产品的运输任务，骏安公司积极协同使用单位进行民用爆炸品相关手续的填报与申领，确保任务安全、合规。

在途运输任务执行中，进行"7天×24小时"的监控指挥，针对沿途出现的气象及地质灾害等突发事件秒级应急处置，灵活根据押运团队反馈的现场情况与沿途路况进行路线动态规划。

（四）建立"一单制"结算机制，保障专项任务高效执行

在专项任务的大后方，整体承担专项运输任务后，充分发挥主观能动性，与管理单位及兵器工业集团下属相关任务执行单位深入交流、积极协作。

一方面，整理过往运输执行与费用产生情况，对过往任务执行过程中运输资源紧缺而造成的空驶较多、结算票据繁杂而造成的费用核定困难、执行与结算流程不清晰、责任主体不明确等实际问题进行梳理，建立了"一单制、包干价"的结算机制，将运输费用的组成结构缩减，只与产品分类和单次运输任务执行的净重有关，在年度计划组织阶段即可快速预测年度运输费用规模，工作效率得到极大提升。另一方面，与各级管理机关建立畅通的对接、沟通渠道，由上级单位授权与管理部门签订运输服务框架协议，形成了"总对总"的工作机制，公司作为专项任务运输保障的实施单位，统筹全部专项运输任务及涉及的运输资源，确保任务执行安全、专业、可靠、高效。

骏安公司为该专项工作提供了高质量的运输、安保与执行监管，圆满完成了2023年度的特资运输工作，为特种物资的高效流动提供了强有力的保障，不仅得到了上级机关与各兄弟单位的认可与肯定，并为今后承接"急难险重"专项运输任务打下坚实基础，在打造"特资物流国家队"的目标道路上迈出重要一步。

第五篇　资料汇编

　　十余年来，特别是应急管理部门成立以来，国家应急管理体制机制逐步建立健全，应急管理、国家储备、应急物资保障、应急物流体系建设等应急物流相关的法规、规划、政策、标准及预案密集出台，中国应急物流逐渐走上法治化、标准化、规范化建设发展之路。

　　本篇从"应急物流相关法规""应急物流相关规划""应急物流相关政策""应急物流相关预案"四个维度，对近十年国家制定发布实施的应急物流相关的主要文件资料予以摘要汇编。"应急物流相关标准"以列表形式收录在附录二。择一"物流诗"以纪之：

应急物流之路

是非典，

催生了你的胚芽；

是灾难，

滋长了你的根苗；

是新冠，

粗粝了你的枝丫；

是爱心，

点燃了你的灯火；

是情怀，

坚定了你的方向。

（编　者）

第九章 应急物流相关法规

目前，我国还没有专门的应急物流法规，宪法只规定了紧急状态，有关应急物流的相关内容都融合于各部法律法规中，如《中华人民共和国突发事件应对法》《中华人民共和国安全生产法》《中华人民共和国防洪法》《自然灾害救助条例》《中华人民共和国防汛条例》《破坏性地震应急条例》等。本章将我国现行的各部法律法规中与应急物资保障等应急物流相关的内容摘要予以汇编。

第一节 应急物流相关法律

一、《中华人民共和国防洪法》

1997 年 8 月 29 日第八届全国人民代表大会常务委员会第二十七次会议通过，根据 2016 年 7 月 2 日第十二届全国人民代表大会常务委员会第二十一次会议《关于修改〈中华人民共和国节约能源法〉等六部法律的决定》第三次修正，于 2016 年 7 月 2 日起施行。该法规定了汛期、紧急防汛期和洪涝灾害时物资调用和应急物流等方面问题，摘要如下。

第四十三条 在汛期，气象、水文、海洋等有关部门应当按照各自的职责，及时向有关防汛指挥机构提供天气、水文等实时信息和风暴潮预报；电信部门应当优先提供防汛抗洪通信的服务；运输、电力、物资材料供应等有关部门应当优先为防汛抗洪服务。

第四十五条 在紧急防汛期，防汛指挥机构根据防汛抗洪的需要，有权在其管辖范围内调用物资、设备、交通运输工具和人力，决定采取取土占地、砍伐林木、清除阻水障碍物和其他必要的紧急措施；必要时，公安、交通等有关部门按照防汛指挥机构的决定，依法实施陆地和水面交通管制。

依照前款规定调用的物资、设备、交通运输工具等，在汛期结束后应当及时归还；

造成损坏或者无法归还的，按照国务院有关规定给予适当补偿或者作其他处理。取土占地、砍伐林木的，在汛期结束后依法向有关部门补办手续；有关地方人民政府对取土后的土地组织复垦，对砍伐的林木组织补种。

第四十七条　发生洪涝灾害后，有关人民政府应当组织有关部门、单位做好灾区的生活供给、卫生防疫、救灾物资供应、治安管理、学校复课、恢复生产和重建家园等救灾工作以及所管辖地区的各项水毁工程设施修复工作。水毁防洪工程设施的修复，应当优先列入有关部门的年度建设计划。

国家鼓励、扶持开展洪水保险。

第五十二条　任何单位和个人不得截留、挪用防洪、救灾资金和物资。

各级人民政府审计机关应当加强对防洪、救灾资金使用情况的审计监督。

第六十二条　截留、挪用防洪、救灾资金和物资，构成犯罪的，依法追究刑事责任；尚不构成犯罪的，给予行政处分。

二、《中华人民共和国防震减灾法》

1997 年 12 月 29 日第八届全国人民代表大会常务委员会第二十九次会议通过，2008 年 12 月 27 日第十一届全国人民代表大会常务委员会第六次会议修订，于 2009 年 5 月 1 日起施行。该法规定了地震灾害发生后应急物流应采取的紧急措施等方面问题，摘要如下。

第五十条　地震灾害发生后，抗震救灾指挥机构应当立即组织有关部门和单位迅速查清受灾情况，提出地震应急救援力量的配置方案，并采取以下紧急措施：

（四）启用应急避难场所或者设置临时避难场所，设置救济物资供应点，提供救济物品、简易住所和临时住所，及时转移和安置受灾群众，确保饮用水消毒和水质安全，积极开展卫生防疫，妥善安排受灾群众生活。

第五十三条　国家鼓励、扶持地震应急救援新技术和装备的研究开发，调运和储备必要的应急救援设施、装备，提高应急救援水平。

第七十七条　禁止侵占、截留、挪用地震应急救援、地震灾后过渡性安置和恢复重建的资金、物资。

县级以上人民政府有关部门对地震应急救援、地震灾后过渡性安置和恢复重建的资金、物资以及社会捐赠款物的使用情况，依法加强管理和监督，予以公布，并对资金、物资的筹集、分配、拨付、使用情况登记造册，建立健全档案。

第七十八条 地震灾区的地方人民政府应当定期公布地震应急救援、地震灾后过渡性安置和恢复重建的资金、物资以及社会捐赠款物的来源、数量、发放和使用情况，接受社会监督。

第七十九条 审计机关应当加强对地震应急救援、地震灾后过渡性安置和恢复重建的资金、物资的筹集、分配、拨付、使用的审计，并及时公布审计结果。

第九十条 侵占、截留、挪用地震应急救援、地震灾后过渡性安置或者地震灾后恢复重建的资金、物资的，由财政部门、审计机关在各自职责范围内，责令改正，追回被侵占、截留、挪用的资金、物资；有违法所得的，没收违法所得；对单位给予警告或者通报批评；对直接负责的主管人员和其他直接责任人员，依法给予处分。

三、《中华人民共和国安全生产法》

2002 年 6 月 29 日第九届全国人民代表大会常务委员会第二十八次会议通过，根据 2021 年 6 月 10 日第十三届全国人民代表大会常务委员会第二十九次会议《关于修改〈中华人民共和国安全生产法〉的决定》第三次修正，于 2021 年 9 月 1 日起施行。该法规定了生产安全事故中应急物资储备和应急物资运输等方面问题，摘要如下。

第七十九条 国家加强生产安全事故应急能力建设，在重点行业、领域建立应急救援基地和应急救援队伍，并由国家安全生产应急救援机构统一协调指挥；鼓励生产经营单位和其他社会力量建立应急救援队伍，配备相应的应急救援装备和物资，提高应急救援的专业化水平。

国务院应急管理部门牵头建立全国统一的生产安全事故应急救援信息系统，国务院交通运输、住房和城乡建设、水利、民航等有关部门和县级以上地方人民政府建立健全相关行业、领域、地区的生产安全事故应急救援信息系统，实现互联互通、信息共享，通过推行网上安全信息采集、安全监管和监测预警，提升监管的精准化、智能化水平。

第八十二条 危险物品的生产、经营、储存单位以及矿山、金属冶炼、城市轨道交通运营、建筑施工单位应当建立应急救援组织；生产经营规模较小的，可以不建立应急救援组织，但应当指定兼职的应急救援人员。

危险物品的生产、经营、储存、运输单位以及矿山、金属冶炼、城市轨道交通运营、建筑施工单位应当配备必要的应急救援器材、设备和物资，并进行经常性维护、保养，保证正常运转。

四、《中华人民共和国突发事件应对法》

2007 年 8 月 30 日第十届全国人民代表大会常务委员会第二十九次会议通过，2024 年 6 月 28 日第十四届全国人民代表大会常务委员会第十次会议修订，于 2024 年 11 月 1 日起施行。该法规定了应急物资运输和储存等方面问题，摘要如下。

第四十五条 国家按照集中管理、统一调拨、平时服务、灾时应急、采储结合、节约高效的原则，建立健全应急物资储备保障制度，动态更新应急物资储备品种目录，完善重要应急物资的监管、生产、采购、储备、调拨和紧急配送体系，促进安全应急产业发展，优化产业布局。

国家储备物资品种目录、总体发展规划，由国务院发展改革部门会同国务院有关部门拟订。国务院应急管理等部门依据职责制定应急物资储备规划、品种目录，并组织实施。应急物资储备规划应当纳入国家储备总体发展规划。

第四十六条 设区的市级以上人民政府和突发事件易发、多发地区的县级人民政府应当建立应急救援物资、生活必需品和应急处置装备的储备保障制度。

县级以上地方人民政府应当根据本地区的实际情况和突发事件应对工作的需要，依法与有条件的企业签订协议，保障应急救援物资、生活必需品和应急处置装备的生产、供给。有关企业应当根据协议，按照县级以上地方人民政府要求，进行应急救援物资、生活必需品和应急处置装备的生产、供给，并确保符合国家有关产品质量的标准和要求。

国家鼓励公民、法人和其他组织储备基本的应急自救物资和生活必需品。有关部门可以向社会公布相关物资、物品的储备指南和建议清单。

第四十七条 国家建立健全应急运输保障体系，统筹铁路、公路、水运、民航、邮政、快递等运输和服务方式，制定应急运输保障方案，保障应急物资、装备和人员及时运输。

县级以上地方人民政府和有关主管部门应当根据国家应急运输保障方案，结合本地区实际做好应急调度和运力保障，确保运输通道和客货运枢纽畅通。

国家发挥社会力量在应急运输保障中的积极作用。社会力量参与突发事件应急运输保障，应当服从突发事件应急指挥机构的统一指挥。

第五十四条 有关单位应当加强应急救援资金、物资的管理，提高使用效率。

任何单位和个人不得截留、挪用、私分或者变相私分应急救援资金、物资。

第七十六条　履行统一领导职责或者组织处置突发事件的人民政府及其有关部门，必要时可以向单位和个人征用应急救援所需设备、设施、场地、交通工具和其他物资，请求其他地方人民政府及其有关部门提供人力、物力、财力或者技术支援，要求生产、供应生活必需品和应急救援物资的企业组织生产、保证供给，要求提供医疗、交通等公共服务的组织提供相应的服务。

履行统一领导职责或者组织处置突发事件的人民政府和有关主管部门，应当组织协调运输经营单位，优先运送处置突发事件所需物资、设备、工具、应急救援人员和受到突发事件危害的人员。

履行统一领导职责或者组织处置突发事件的人民政府及其有关部门，应当为受突发事件影响无人照料的无民事行为能力人、限制民事行为能力人提供及时有效帮助；建立健全联系帮扶应急救援人员家庭制度，帮助解决实际困难。

第八十八条　受突发事件影响地区的人民政府开展恢复重建工作需要上一级人民政府支持的，可以向上一级人民政府提出请求。上一级人民政府应当根据受影响地区遭受的损失和实际情况，提供资金、物资支持和技术指导，组织协调其他地区和有关方面提供资金、物资和人力支援。

第九十三条　突发事件应对工作中有关资金、物资的筹集、管理、分配、拨付和使用等情况，应当依法接受审计机关的审计监督。

第九十五条　地方各级人民政府和县级以上人民政府有关部门违反本法规定，不履行或者不正确履行法定职责的，由其上级行政机关责令改正；有下列情形之一，由有关机关综合考虑突发事件发生的原因、后果、应对处置情况、行为人过错等因素，对负有责任的领导人员和直接责任人员依法给予处分：

（八）截留、挪用、私分或者变相私分应急救援资金、物资的；

第九十六条　有关单位有下列情形之一，由所在地履行统一领导职责的人民政府有关部门责令停产停业，暂扣或者吊销许可证件，并处五万元以上二十万元以下的罚款；情节特别严重的，并处二十万元以上一百万元以下的罚款：

（三）未做好应急物资储备和应急设备、设施日常维护、检测工作，导致发生较大以上突发事件或者突发事件危害扩大的。

第二节　应急物流相关行政法规

一、《中华人民共和国防汛条例》

1991 年 7 月 2 日中华人民共和国国务院令第 86 号公布，根据 2011 年 1 月 8 日《国务院关于废止和修改部分行政法规的决定》第二次修订。该法从防汛准备、防汛与抢险、善后工作各方面对救灾物资的供应和运输进行了规定，摘要如下。

第二十一条　各级防汛指挥部应当储备一定数量的防汛抢险物资，由商业、供销、物资部门代储的，可以支付适当的保管费。受洪水威胁的单位和群众应当储备一定的防汛抢险物料。

防汛抢险所需的主要物资，由计划主管部门在年度计划中予以安排。

第二十八条　在汛期，公路、铁路、航运、民航等部门应当及时运送防汛抢险人员和物资；电力部门应当保证防汛用电。

第三十二条　在紧急防汛期，为了防汛抢险需要，防汛指挥部有权在其管辖范围内，调用物资、设备、交通运输工具和人力，事后应当及时归还或者给予适当补偿。因抢险需要取土占地、砍伐林木、清除阻水障碍物的，任何单位和个人不得阻拦。

前款所指取土占地、砍伐林木的，事后应当依法向有关部门补办手续。

第三十六条　在发生洪水灾害的地区，物资、商业、供销、农业、公路、铁路、航运、民航等部门应当做好抢险救灾物资的供应和运输；民政、卫生、教育等部门应当做好灾区群众的生活供给、医疗防疫、学校复课以及恢复生产等救灾工作；水利、电力、邮电、公路等部门应当做好所管辖的水毁工程的修复工作。

二、《破坏性地震应急条例》

1995 年 2 月 11 日中华人民共和国国务院令第 172 号发布，根据 2011 年 1 月 8 日《国务院关于废止和修改部分行政法规的决定》修订。该法规定了临震应急、震后应急时应急物资调用等情形，摘要如下。

第二十条　在临震应急期，有关地方人民政府有权在本行政区域内紧急调用物资、设备、人员和占用场地，任何组织或者个人都不得阻拦；调用物资、设备或者占用场地的，事后应当及时归还或者给予补偿。

第二十五条　交通、铁路、民航等部门应当尽快恢复被损毁的道路、铁路、水港、空港和有关设施，并优先保证抢险救援人员、物资的运输和灾民的疏散。其他部门有交通运输工具的，应当无条件服从抗震救灾指挥部的征用或者调用。

第二十九条　民政部门应当迅速设置避难场所和救济物资供应点，提供救济物品等，保障灾民的基本生活，做好灾民的转移和安置工作。其他部门应当支持、配合民政部门妥善安置灾民。

三、《中华人民共和国抗旱条例》

2009 年 2 月 11 日国务院第 49 次常务会议通过，2009 年 2 月 26 日中华人民共和国国务院令第 552 号公布。该法涉及应急抗旱物资使用、运输等方面内容，摘要如下。

第四十七条　在紧急抗旱期，有关地方人民政府防汛抗旱指挥机构根据抗旱工作的需要，有权在其管辖范围内征用物资、设备、交通运输工具。

第五十四条　旱情缓解后，有关地方人民政府防汛抗旱指挥机构应当及时归还紧急抗旱期征用的物资、设备、交通运输工具等，并按照有关法律规定给予补偿。

第五十六条　抗旱经费和抗旱物资必须专项使用，任何单位和个人不得截留、挤占、挪用和私分。

各级财政和审计部门应当加强对抗旱经费和物资管理的监督、检查和审计。

四、《自然灾害救助条例》

2010 年 7 月 8 日中华人民共和国国务院令第 577 号公布，根据 2019 年 3 月 2 日《国务院关于修改部分行政法规的决定》修订。该法从救助准备、应急救助、救助款物管理等方面对救助物资的储备及运输进行了规定，摘要如下。

第八条　县级以上地方人民政府及其有关部门应当根据有关法律、法规、规章，上级人民政府及其有关部门的应急预案以及本行政区域的自然灾害风险调查情况，制定相应的自然灾害救助应急预案。

自然灾害救助应急预案应当包括下列内容：

（三）自然灾害救助应急资金、物资、设备。

第九条　县级以上人民政府应当建立健全自然灾害救助应急指挥技术支撑系统，

并为自然灾害救助工作提供必要的交通、通信等装备。

第十条 国家建立自然灾害救助物资储备制度，由国务院应急管理部门分别会同国务院财政部门、发展改革部门、工业和信息化部门、粮食和物资储备部门制定全国自然灾害救助物资储备规划和储备库规划，并组织实施。其中，由国务院粮食和物资储备部门会同相关部门制定中央救灾物资储备库规划，并组织实施。

设区的市级以上人民政府和自然灾害多发、易发地区的县级人民政府应当根据自然灾害特点、居民人口数量和分布等情况，按照布局合理、规模适度的原则，设立自然灾害救助物资储备库。

第十四条 自然灾害发生并达到自然灾害救助应急预案启动条件的，县级以上人民政府或者人民政府的自然灾害救助应急综合协调机构应当及时启动自然灾害救助应急响应，采取下列一项或者多项措施：

（三）紧急调拨、运输自然灾害救助应急资金和物资，及时向受灾人员提供食品、饮用水、衣被、取暖、临时住所、医疗防疫等应急救助，保障受灾人员基本生活；

对应急救助物资，各交通运输主管部门应当组织优先运输。

第十五条 在自然灾害救助应急期间，县级以上地方人民政府或者人民政府的自然灾害救助应急综合协调机构可以在本行政区域内紧急征用物资、设备、交通运输工具和场地，自然灾害救助应急工作结束后应当及时归还，并按照国家有关规定给予补偿。

第二十二条 县级以上人民政府财政部门、应急管理部门负责自然灾害救助资金的分配、管理并监督使用情况。

县级以上人民政府应急管理部门负责调拨、分配、管理自然灾害救助物资。

五、《生产安全事故应急条例》

2018年12月5日国务院第33次常务会议通过，2019年2月17日中华人民共和国国务院令第708号公布。该法规定了生产安全事故发生后应急救援物资运输、调用和征用等方面内容，摘要如下。

第十三条 县级以上地方人民政府应当根据本行政区域内可能发生的生产安全事故的特点和危害，储备必要的应急救援装备和物资，并及时更新和补充。

易燃易爆物品、危险化学品等危险物品的生产、经营、储存、运输单位，矿山、金属冶炼、城市轨道交通运营、建筑施工单位，以及宾馆、商场、娱乐场所、旅游景区等人员密集场所经营单位，应当根据本单位可能发生的生产安全事故的特点和危害，配备必要的灭火、排水、通风以及危险物品稀释、掩埋、收集等应急救援器材、设备和物资，并进行经常性维护、保养，保证正常运转。

第十八条　有关地方人民政府及其部门接到生产安全事故报告后，应当按照国家有关规定上报事故情况，启动相应的生产安全事故应急救援预案，并按照应急救援预案的规定采取下列一项或者多项应急救援措施：

（四）依法发布调用和征用应急资源的决定。

第二十三条　生产安全事故发生地人民政府应当为应急救援人员提供必需的后勤保障，并组织通信、交通运输、医疗卫生、气象、水文、地质、电力、供水等单位协助应急救援。

第二十六条　有关人民政府及其部门根据生产安全事故应急救援需要依法调用和征用的财产，在使用完毕或者应急救援结束后，应当及时归还。财产被调用、征用或者调用、征用后毁损、灭失的，有关人民政府及其部门应当按照国家有关规定给予补偿。

第十章　应急物流相关规划

近年来，国务院、国家发展改革委、应急管理部、国家减灾委员会等先后发布了应急物流建设和发展相关的计划规划文件，本章对其予以摘要汇编。

第一节　国务院印发的应急物流相关规划

一、《物流业调整和振兴规划》

2009 年 3 月 10 日，国务院印发《物流业调整和振兴规划》。摘要如下。

三、主要任务

（四）推动重点领域物流发展。

加强应急物流体系建设，提高应对战争、灾害、重大疫情等突发性事件的能力。

四、重点工程

（九）应急物流工程。

建立应急生产、流通、运输和物流企业信息系统，以便在突发事件发生时能够紧急调用。建立多层次的政府应急物资储备体系，保证应急调控的需要。加强应急物流设施设备建设，提高应急反应能力。选择和培育一批具有应急能力的物流企业，建立应急物流体系。

二、《物流业发展中长期规划（2014—2020 年)》

2014 年 9 月 12 日，国务院印发《物流业发展中长期规划（2014—2020 年)》。摘要如下。

三、发展重点

（三）着力加强物流基础设施网络建设。

进一步完善应急物流基础设施，积极有效应对突发自然灾害、公共卫生事件以及重大安全事故。

五、重点工程

（十二）应急物流工程。

建立统一协调、反应迅捷、运行有序、高效可靠的应急物流体系，建设集满足多种应急需要为一体的物流中心，形成一批具有较强应急物流运作能力的骨干物流企业。加强应急仓储、中转、配送设施建设，提升应急物流设施设备的标准化和现代化水平，提高应急物流效率和应急保障能力。建立和完善应急物流信息系统，规范协调调度程序，优化信息流程、业务流程和管理流程，推进应急生产、流通、储备、运输环节的信息化建设和应急信息交换、数据共享。

三、《国家突发事件应急体系建设"十三五"规划》

2017年1月12日，国务院办公厅印发《国家突发事件应急体系建设"十三五"规划》。摘要如下。

3.3　加强综合应急保障能力建设

3.3.3　完善应急物资保障体系

3.3.3.1　加强应急物资保障体系建设，健全应急物资实物储备、社会储备和生产能力储备管理制度；推进应急物资综合信息管理系统建设，完善应急物资紧急生产、政府采购、收储轮换、调剂调用机制，提高应急物资综合协调、分类分级保障能力。

3.3.3.2　探索依托现有设施，在交通便利、辐射范围广的地区，建设或认证一批综合应急物资储备库，逐步实现仓储资源、应急物资的整合、共建共享和快捷调运。

3.3.3.3　探索利用预签合同、灾害保险、落实税收政策、设立基金等多种经济手段，建设社会化应急物资保障体系，实现社会资源的综合利用。鼓励企业、社会组织和家庭储备应急物资。

3.3.3.4　完善中央、地方救灾物资储备库体系，加快形成国家、省、市、县四级救灾物资储备网络；加强安全生产应急救援装备物资、地震应急救援专业装备物资、公安应急装备物资等应急物资保障能力建设。

3.3.3.5 建立健全城市应急物资储备标准，加强城市防洪、排水防涝、生命线系统抢修、应急供水、生活保障等应急物资和装备储备，结合各地风险和灾情特点，补充储备品种、增加储备数量。

3.3.4 提高紧急运输保障能力

3.3.4.1 继续完善铁路、公路、水路、民航等应急运力储备，建立健全调运和征用等应急运输补偿机制，加强交通应急抢通能力建设，进一步提高紧急运输能力。

3.3.4.2 依托军队、武警、海上搜救等空运资源，健全国家级空中紧急运输服务队伍体系，提升人员物资紧急运输能力。加强灾害多发易发地区航空应急服务基地建设。

3.3.4.3 研究探索航空运输能力社会化储备机制，通过委托代建、能力共建、购买服务、保险覆盖等方式，支持鼓励通用航空企业增加具有应急救援能力的直升机、固定翼飞机、无人机及相关专业设备，发挥其在抢险救灾、医疗救护等领域的作用。

3.3.4.4 建立健全应急物流体系，充分利用国家储备现有资源及各类社会物流资源，加强应急物流基地和配送中心建设，逐步建立多层级的应急物资中转配送网络；大力推动应急物资储运设备集装单元化发展，加快形成应急物流标准体系，逐步实现应急物流的标准化、模块化和高效化。充分利用物流信息平台和互联网、大数据等技术，提高应急物流调控能力。

4.4 国家应急资源保障信息服务系统建设

建设国家应急资源保障信息服务系统，整合全国应急物资储备、社会生产能力、应急物流资源、应急专业服务等保障信息，加强跨部门、跨地区、跨行业的协同保障和信息共享，作为国务院应急平台的应急资源支撑系统，并向有关部门、地方和企业提供供需衔接、调度指挥、决策参考、科学评估等服务，提高各类应急资源的综合协调、科学调配和有效利用水平。

四、《"十四五"国家应急体系规划》

2021年12月30日，国务院印发《"十四五"国家应急体系规划》。摘要如下。

七、强化灾害应对准备，凝聚同舟共济的保障合力

（二）强化应急物资准备。

优化应急物资管理。按照中央层面满足应对特别重大灾害事故的应急物资保障峰值

需求、地方层面满足启动本行政区域Ⅱ级应急响应的应急物资保障需求，健全完善应急物资保障体系，建立中央和地方、政府和社会、实物和产能相结合的应急物资储备模式，加强应急物资资产管理，建立健全使用和管理情况的报告制度。建立跨部门应急物资保障联动机制，健全跨区域应急物资协同保障机制。依法完善应急处置期间政府紧急采购制度，优化流程、简化手续。完善各类应急物资政府采购需求标准，细化技术规格和参数，加强应急物资分类编码及信息化管理。完善应急物资分类、生产、储备、装卸、运输、回收、报废、补充等相关管理规范。完善应急捐赠物资管理分配机制，规范进口捐赠物资审批流程。

加强物资实物储备。完善中央、省、市、县、乡五级物资储备布局，建立健全包括重要民生商品在内的应急物资储备目录清单，合理确定储备品类、规模和结构并动态调整。建立完善应急物资更新轮换机制。扩大人口密集区域、灾害事故高风险区域和交通不便区域的应急物资储备规模，丰富储备物资品种、完善储备仓库布局，重点满足流域大洪水、超强台风以及特别重大山洪灾害应急的物资需要。支持政企共建或委托企业代建应急物资储备库。

提升物资产能保障。制定应急物资产能储备目录清单，加强生产能力动态监控，掌握重要物资企业供应链分布。实施应急产品生产能力储备工程，建设区域性应急物资生产保障基地。选择符合条件的企业纳入产能储备企业范围，建立动态更新调整机制。完善鼓励、引导重点应急物资产能储备企业扩能政策，持续完善应急物资产业链。加强对重大灾害事故物资需求的预判研判，完善应急物资储备和集中生产调度机制。

专栏3　应急物资储备布局建设重点

1. 中央生活类救灾物资：改扩建现有20个中央生活类救灾物资储备库和35个综合仓库，在交通枢纽城市、人口密集区域、易发生重特大自然灾害区域建设7个综合性国家储备基地。

2. 综合性消防救援应急物资：在北京、沈阳等地建设8个中央级库，依托消防救援总队训练与战勤保障支队建设31个省级库，在三类以上消防救援支队所在地市建设227个地市级库。

3. 森林消防应急物资：在成都、海拉尔等地建设7个中央级库，依托森林消防总队建设5个省级库，在森林消防支队所在地建设36个地市级库。

4. 地方应急物资：改扩建现有应急物资储备库，推进县级应急物资储备库建设，重点支持中西部和经济欠发达高风险地区储备库建设。

（三）强化紧急运输准备。

加强区域统筹调配，建立健全多部门联动、多方式协同、多主体参与的综合交通应急运输管理协调机制。制定运输资源调运、征用、灾后补偿等配套政策，完善调运经费结算方式。深化应急交通联动机制，落实铁路、公路、航空应急交通保障措施。依托大型骨干物流企业，统筹建立涵盖铁路、公路、水运、民航等各种运输方式的紧急运输储备力量，发挥高铁优势构建力量快速输送系统，保障重特大灾害事故应急资源快速高效投送。健全社会紧急运输力量动员机制。加快建立储备充足、反应迅速、抗冲击能力强的应急物流体系。优化紧急运输设施空间布局，加快专业设施改造与功能嵌入，健全应急物流基地和配送中心建设标准。发挥不同运输方式规模、速度、覆盖优势，构建快速通达、衔接有力、功能适配、安全可靠的综合交通应急运输网络。加强交通应急抢通能力建设，进一步提高紧急运输能力。加强紧急运输绿色通道建设，完善应急物资及人员运输车辆优先通行机制。建设政企联通的紧急运输调度指挥平台，提高供需匹配效率，减少物资转运环节，提高救灾物资运输、配送、分发和使用的调度管控水平。推广运用智能机器人、无人机等高技术配送装备，推动应急物资储运设备集装单元化发展，提升应急运输调度效率。

十、实施重大工程项目，夯实高质量发展的安全基础

（三）巨灾应对能力提升工程。

11. 应急物资装备保障建设。

充分利用仓储资源，依托现有中央和地方物资储备库，建设综合应急物资储备库。在交通枢纽城市、人口密集区域、易发生重特大自然灾害区域建设一批综合性国家储备基地。建设完善国家综合性消防救援队伍应急物资储备库及战勤保障站。在关键物流枢纽建设应急物资调运平台和区域配送中心，依托大型快递物流企业建设一批综合应急物资物流基地。完善国家应急资源管理平台和应急物资保障数据库，汇聚应急物资信息。

五、《"十四五"现代物流发展规划》

2022年5月17日，国务院办公厅印发《"十四五"现代物流发展规划》。摘要如下。

二、总体要求

（三）主要目标。

——安全绿色发展水平大幅提高。提高重大疫情、自然灾害等紧急情况下物流对经济社会运行的保障能力。

三、精准聚焦现代物流发展重点方向

（六）提升现代物流安全应急能力。

统筹发展和安全，强化重大物流基础设施安全和信息安全保护，提升战略物资、应急物流、国际供应链等保障水平，增强经济社会发展韧性。健全大宗商品物流体系。加快构建全球供应链物流服务网络，保持产业链供应链稳定。充分发挥社会物流作用，推动建立以企业为主体的应急物流队伍。

五、深度挖掘现代物流重点领域潜力

（七）提升应急物流发展水平。

完善应急物流设施布局。整合优化存量应急物资储备、转运设施，推动既有物流设施嵌入应急功能，在重大物流基础设施规划布局、设计建造阶段充分考虑平急两用需要，完善应急物流设施网络。统筹加强抗震、森林草原防灭火、防汛抗旱救灾、医疗救治等各类应急物资储备设施和应急物流设施在布局、功能、运行等方面相互匹配、有机衔接，提高紧急调运能力。

提升应急物流组织水平。统筹应急物流力量建设与管理，建立专业化应急物流企业库和人员队伍，健全平急转换和经济补偿机制。充分利用市场资源，完善应急物流干线运输和区域配送体系，提升跨区域大规模物资调运组织水平，形成应对各类突发事件的应急物流保障能力。

健全物流保通保畅机制。充分发挥区域统筹协调机制作用，鼓励地方建立跨区域、跨部门的应对疫情物流保通保畅工作机制，完善决策报批流程和信息发布机制，不得擅自阻断或关闭高速公路、普通公路、航道船闸等通道，不得擅自关停高速公路服务区、港口码头、铁路车站和航空机场，严禁采取全城 24 小时禁止货车通行的限制措施，不得层层加码实施"一刀切"管控措施；加快完善物流通道和物流枢纽、冷链基地、物流园区、边境口岸等环节的检验检疫、疫情阻断管理机制和分类分级应对操作规范，在发生重大公共卫生事件时有效阻断疫情扩散、确保物流通道畅通，保障防疫物资、生活物资以及工业原材料、农业生产资料等供应，维护正常生产生活秩序和产业链供应链安全。

专栏9　应急物流保障工程

研究完善应急物流转运等设施和服务标准，对具备条件的铁路场站、公路港、机场和港口进行改造提升，建设平急两用的应急物资运输中转站。完善应急物流信息联通标准，强化各部门、各地区、各层级间信息共享，提高应对突发事件物流保障、组织指挥、辅助决策和社会动员能力。

第二节　国家发展改革委印发的应急物流相关规划

一、《国家物流枢纽布局和建设规划》

2018年12月21日，国家发展改革委、交通运输部发布《国家物流枢纽布局和建设规划》。摘要如下。

物流枢纽是集中实现货物集散、储存、分拨、转运等多种功能的物流设施群和物流活动组织中心。国家物流枢纽是物流体系的核心基础设施，是辐射区域更广、集聚效应更强、服务功能更优、运行效率更高的综合性物流枢纽，在全国物流网络中发挥关键节点、重要平台和骨干枢纽的作用。

五、构建国家物流枢纽网络体系，提升物流运行质量

（三）打造高效专业的物流服务网络。

应急物流。发挥国家物流枢纽网络功能和干线转运能力优势，构建应对突发情况能力强、保障效率和可靠性高的应急物流服务网络。优化存量应急物资储备设施布局，完善枢纽综合信息平台应急功能，提升统一调度、信息共享和运行协调能力。研究制定枢纽应急物流预案，建立制度化的响应机制和协同机制，确保应急物流运行迅速、精准、顺畅。

二、《"十四五"现代流通体系建设规划》

2022年1月13日，国家发展改革委印发《"十四五"现代流通体系建设规划》。

摘要如下。

第五章　加快发展现代物流体系

第五节　加强高效应急物流体系建设

建立健全应急物流快速响应机制。优化应急物资储备布局，打造层次分明、类型合理、协同高效的应急物资储备节点网络。根据突发事件性质、严重程度、可控性和影响范围等，分级、分类建立应急物流预案及响应机制，细化物流资源投入结构、运行组织方式等，明确分工与协作职责，适时开展应急演练，确保预案科学实用。增强应急物流社会动员能力，建立以企业为主体的应急物流队伍，完善物流企业平急转换机制，强化跨区域、跨领域应急物流协调组织，提升应急物流资源统筹调用能力，加强应急时期运输绿色通道和物资中转调运站建设，确保应急物资及时调配到位。健全应急物流运转保障机制，引导建立应急物流大数据平台，推动与应急管理信息平台数据共享，完善信息采集、动态监测、数据分析、风险预警、信息发布等功能，重点加强对物流大面积中断风险的研究评估，提高应急物流组织能力。

提高物流体系韧性。依托重要物流枢纽设施，布局建设应急物流核心枢纽。加快交通物流设施应急功能改造，完善骨干物流通道多向调运功能，提高设施修复和通道抢通、保通、复通能力。推动铁路快运、公路转运、货运包机等多元替代，确保异常情况下应急物流正常运行。强化干线、支线、末端应急物流组织衔接，提高应急物资接取送达效率。开拓多元化国际物流通道，做好应对物流中断的预案，有效防范能源、粮食和产业链供应链重点产品断供风险。加强城乡末端通行管理，保障粮食、蔬菜等农产品以及饲料、农资等稳定供应。强化应急物流体系对产业备份系统的支撑保障，提升产能储备投产转化、快速转运能力。

专栏2　现代物流体系提升工程

国家物流枢纽建设工程。推进120个左右国家物流枢纽布局建设，发挥国家物流枢纽联盟作用，促进枢纽业务协同、政策协调、运行协作。建设20个左右国家物流枢纽经济示范区。

铁路（高铁）快运能力建设工程。推进铁路（高铁）快运物流基地建设，实施铁路场站物流设施改造工程。

航空货运能力提升工程。建成投用鄂州专业性货运枢纽机场，打造一批国际一流的空港型国家物流枢纽，推动航空联运转运设施、场站合理布局建设。

现代物流企业培育工程。推动物流枢纽、龙头物流企业、供应链服务企业搭建物流信息和供应链服务平台，实施物流企业协同发展生态构建行动，培育一批具有国际竞争力的现代物流企业。

邮政快递设施建设工程。打造智能高效邮政快递网络，支持推广智能信报箱、智能快件箱。实施快递进村、进厂、出海工程。

第三节 应急管理部印发的应急物流相关规划

《"十四五"应急物资保障规划》

2022年10月11日，应急管理部、国家发展改革委、财政部、国家粮食和物资储备局印发《"十四五"应急物资保障规划》。摘要如下。

本规划所称应急物资，是指为有效应对自然灾害和事故灾难等突发事件，所必需的抢险救援保障物资、应急救援力量保障物资和受灾人员基本生活保障物资。其中，抢险救援保障物资包括森林草原防灭火物资、防汛抗旱物资、大震应急救灾物资、安全生产应急救援物资、综合性消防救援应急物资；应急救援力量保障物资是指国家综合性消防救援队伍和专业救援队伍参与抢险救援所需的应急保障物资；受灾人员基本生活保障物资是指用于受灾群众救助安置的生活类救灾物资。

一、现状与形势

（一）应急物资保障现状。

2. 应急物资储备网络基本形成。建立了辐射全国的中央应急物资储备库，推进了地方应急物资储备库建设。目前，中央层面有国家森林草原防灭火物资储备库、中央防汛抗旱物资储备库、大震应急救灾物资储备库、区域性安全生产应急救援物资储备库；国家综合性消防救援队伍应急物资储备库包括消防救援队伍应急物资储备库、森林消防队伍应急物资储备库；中央生活类救灾物资储备库。省、市、县三级政府不断推进应急物资储备库建设，基本形成了"中央—省—市—县—乡"五级应急物资储备网络。

3. 应急物资储备基础不断夯实。我国应急物资储备规模大幅增加，物资储备品种不断丰富，并根据需要及时调整和补充。目前，中央层面储备有国家森林草原防灭火物资、中央防汛抗旱物资、大震应急救灾物资、安全生产应急救援物资、国家综合性消防救援队伍应急物资、中央生活类救灾物资等应急物资。地方各级政府根据当地经济社会发展水平、灾害事故特点及应对能力，储备有大量地方应急物资。

4. 应急物资储备模式日趋完备。各类应急物资实行分级负责、分级储备，中央和地方按照事权划分承担储备职责，中央主要以实物形式储备应对需由国家层面启动应急响应的重特大灾害事故的应急物资。地方根据当地经济社会发展水平，结合区域灾害事故特点和应急需求，在实物储备的基础上，开展企业协议代储、产能储备等多种方式的应急物资储备。目前，基本形成了以实物储备为基础、协议储备和产能储备相结合，以政府储备为主、社会储备为辅的应急物资储备模式。

5. 应急物资调运能力逐步提升。加强对重特大灾害事故应急物资的调运管理，推动建立了多部门协同、军地联动保障和企业、社会组织、志愿者等社会力量参与机制，探索提升应急物资储备网络化、信息化、智能化管理水平。各代储单位和储备库严格执行 24 小时应急值守制度，应急救灾期间开通运输绿色通道，提高了应急物资保障效能。

（二）"十四五"时期面临的形势。

4. 应急物资保障存在短板和不足。一是应急物资管理体制机制不完善。应急物资保障尚未建立集中统一、运转高效的管理体制，工作机制不完善，专项法律法规和应急预案支撑不足，缺乏统一的应急物资保障管理平台。二是应急物资储备结构布局还需优化，地方储备能力相对不足。应急物资保障市场和社会作用发挥不够，社会协同参与保障水平较低。三是应急物资产能保障不足。部分重要应急物资产能储备水平不高，缺乏战略性、前瞻性能力储备，现实产能和技术水平相对不足，缺乏应急状态下集中生产调度和紧急采购供应机制。四是应急物资调运能力不足。应对重特大灾害事故的应急物资干线运输和末端投送手段单一、运力不足、效率不高，灾害抢险救援救灾的应急物资调运保障短板较为突出。五是应急物资保障科技化水平不高。全流程精细化管理水平不足，管理信息化手段运用程度不高，管理标准化程度不高。

二、指导思想、基本原则和建设目标

（三）建设目标。

1. 体制机制法制更加健全。建成统一权威、权责清晰、运转高效的应急物资保障体制机制和科学规范的应急物资保障法制体系，形成统一领导、综合协调和各方齐抓共管、协同配合的应急物资保障格局。

2. 储备网络体系更加完善。完善"中央—省—市—县—乡"五级应急物资储备网络，储备品种、规模和布局更加科学合理，应急物资社会化协同保障更加有序，形成中央储备和地方储备补充联动、政府储备和社会储备相互结合、实物储备和产能储备相互衔接的应急物资储备体系。

3. 产能保障能力显著提升。应急物资企业生产能力不断提升，产能区域布局更加优化合理，应急物资协议储备和集中生产调度等机制不断完善，应急期间供应渠道有效拓宽，做到应急物资在关键时刻拿得出、调得快、用得上。

4. 调配运送更加高效有序。健全政府、企业、社会组织等共同参与，统一指挥、资源共享、调度灵活、配送快捷的应急物资快速调配体系，应急物资送达救援救灾一线更加迅速，"最后一公里"物资分发时效性和精准性显著提高。

5. 科技支撑水平显著提高。建成统一可靠、留有接口的应急物资保障信息平台，大数据、云计算、人工智能、区块链、北斗、天地一体等新一代信息技术深入应用，机械化、信息化、智能化水平显著提升，应急物资全程监管、统一调拨、动态追溯、信息共享、决策支持能力全面提高。

专栏 "十四五"时期中央应急物资保障发展主要指标

1 国家森林草原防灭火物资可同时应对 2 起特别重大森林火灾。

2 中央防汛抗旱物资可同时应对 2 个流域发生大洪水、超强台风以及特别重大山洪灾害。

3 大震应急救灾物资可同时应对 2 起重特大地震灾害。

4 新建或改扩建中央应急物资储备库。

5 第一批中央应急物资 24 小时内运抵灾区（国家森林草原防灭火物资省内 24 小时运抵灾区，省外 48 小时运抵灾区）。

注：中央应急物资储备库包括国家综合性消防救援队伍应急物资储备库、大震应急救灾物资储备库。

三、主要任务

（一）完善应急物资保障体制机制法制。

1. 完善应急物资保障体制。在中央层面，完善跨部门的应急物资保障领导协调体制，统一协调国家应急物资保障工作。健全中央和地方应急物资投入保障机制，发挥地方各级应急物资保障部门和应急物资管理单位的作用，保证地方与中央应急物资保障和管理工作机制相衔接。

2. 优化应急物资保障中央和地方分级响应机制。坚持分级负责、属地为主的原则，健全应急物资保障中央与地方分级响应机制，落实应急物资分级储备责任。推动建立重特大灾害事故应急物资跨区域协同保障机制，理顺应急物资互助和结算流程，在京津冀、黄河流域、长江经济带、粤港澳大湾区等重点区域和川滇等灾害多发易发区开展试点探索。

3. 健全应急物资保障跨部门合作机制。健全由发展改革部门牵头，应急管理、财政、粮食和储备、工业和信息化、交通运输、铁路、民航等部门共同参与的应急物资保障机制，进一步明确各部门工作职责，建立健全应急物资协同保障和应急联动机制。健全完善应急物资需求计划制定、储备管理、保养维护、协调调度、运输保障、补充更新、回收报废等机制。

4. 健全应急物资保障法律法规、预案和标准体系。加快推动应急物资保障法律法规的制修订，推进应急物资保障领域的专项立法，推动在修改《中华人民共和国突发事件应对法》时完善应急物资保障相关内容，制修订《中央应急抢险救灾物资管理暂行办法（暂定名）》等政策文件。建立完善各级各类应急物资保障预案和紧急调运预案，编制重特大灾害事故应急物资保障专项预案，优化工作流程，建立预案演练和考评机制。研究制定应急物资资产管理制度，明确规范和加强对应急物资资产管理相关要求。建立应急物资保障标准体系，制定完善物资保障相关标准，完善应急物资分类、生产、采购、储备、装卸、运输、回收、报废和补充等相关管理规范。

（二）提升应急物资实物储备能力。

1. 科学确定应急物资储备规模和品种。以有效应对重特大灾害事故为目标，分灾种、分层级、分区域开展各类应急物资的规模需求研究，科学确定并合理调整各级、各类应急物资的储备规模。完善应急物资更新轮换机制。制定适合实物储备的应急物资品种目录，研究出台中央、省、市、县、乡五级储备指导品种目录，并根据社会经济发展现状，进行更新完善，适时引进新技术装备、新材料物资的储备。加强交通不便或灾害事故风险等级高的乡镇应急物资储备。修改完善各类应急物资采购技术规格和参数。强化应急通用物资共用共享共管，补齐高技术、特种专用应急物资的储备短板。各级应急管理部门商财政部门，根据库存物资调用情况明确应急物资年度采购计划，并将所需资金列入财政预算。

2. 优化应急物资储备库布局。充分利用现有国家储备仓储资源，优化中央生活类救灾物资、中央防汛抗旱物资储备库的空间布局。统筹建设国家综合性消防救援、大震应急救灾等应急物资储备库，重点保障人口密集区域、灾害事故高风险区域和交通不便区域，适当向中西部和经济欠发达地区倾斜，建设区域应急救援平台和区域保障中心，提高应急物资生产、储备和调配能力。推动地方各级政府结合本地区灾害事故特点，优化所属行政区域内的应急物资储备库空间布局，重点推进县级应急物资储备库建设。在有条件的地区，依托相关专业应急物资储备库，建设中央和地方综合应急物资储备库。

3. 加强应急物资储备社会协同。积极调动社会力量共同参与物资储备，完善应急物资储备模式。建立社会化应急物资协同储备政策，制定社区、企事业单位、社会组织、家庭等主体的应急物资储备建议清单，引导各类社会主体储备必要的应急物资。针对市场保有量充足、保质期短、养护成本高的应急物资，提高协议储备比例，优化协议储备结构。大力倡导家庭应急物资储备，并将企事业单位、社会组织等储备信息纳入国家应急资源管理平台。

4. 提升应急物资多渠道筹措能力。建立健全应急物资采购、捐赠、征用等管理制度和工作机制。制定应急物资紧急采购管理办法，健全应急采购机制。完善救灾捐赠物资管理制度，建立健全应急物资社会捐赠动员导向和对口捐赠、援助机制，引导捐赠物资点对点供需匹配，建立健全国际援助提供和接收工作机制。研究完善社会应急物资征用补偿标准。

（三）提高应急物资产能保障能力。

1. 提升企业产能储备能力。制定适合产能储备的应急物资品种目录，完善应急物资生产能力调查制度，加强应急物资生产能力的动态监控，建立产能储备企业评价体系。加强应急动员能力建设，选择条件较好的企业纳入产能储备企业范围，建立动态更新调整机制。健全应急物资集中生产调度机制，在重特大灾害事故发生时，引导和鼓励产能储备企业应急生产和扩能转产。

2. 优化应急物资产能布局。开展应急物资产能分布情况调查，分类掌握重要应急物资上下游企业供应链分布。结合区域灾害事故风险以及重要应急物资生产、交通运输能力分布，实施应急产品生产能力储备工程，建设区域性应急物资生产保障基地，优化应急物资生产能力空间布局。培育和优化应急物资产业链，引导应急物资产能向中西部地区转移。

3. 加大应急物资科技研发力度。加强国家级项目资金支持，鼓励建设应急物资科技创新平台，支持应急产业科技发展。发挥重点企业、高校、科研单位等产学研优势，加强核心技术攻关，研发一批质量优良、简易快捷、方便使用、适应需求的高科技新产品，推动应急物资标准化、系列化、成套化。

（四）强化应急物资调配能力。

1. 完善应急物资调配模式。加强区域应急物资统筹调配，强化应急响应期间的统一指挥，深入落实防灾减灾救灾体制机制改革意见，建立健全政府、企业、社会组织共同参与的应急物资调配联动机制，完善调运经费结算方式。运用"区块链+大数据"优化应急物资调拨方案，打通从应急物资生产、储备到接收、使用之间的快速传递通道，减少应急物资转运环节，有效发挥各类运输力量效能，提高应急物资调配精确性。建成政府主导、社会共建、多元互补、调度灵活、配送快捷的应急物资快速调配体系，应急物资送达救援救灾一线更加迅速。

2. 提升应急物资运送能力。探索建立大型物流和仓储企业参与机制，促进政府和社会物流，以及铁路、公路、水路和航空等运输方式的有效衔接。加强应急物资运输绿色通道建设，完善应急物资保障跨区域通行和优先保障机制，建立铁路、公路、水路和航空紧急运输联动机制，确保应急物资快速运输。大力推动应急物资储备和运输的集装单元化发展，充分发挥综合性国家储备基地作用，提升物资集中储存、高效调运、快速集散能力。推广使用智能机器人、无人机等高技术配送方式。提高和加强运用国家综合性消防救援队伍的应急物资投送能力。

3. 优化应急物资发放方式。制定和完善应急物资发放管理制度和工作流程，完善应急物资发放的社会动员机制。优化应急物资分发监管模式。鼓励物流企业、社会组织和志愿者参与应急物资"最后一公里"发放，应急物资分发时效性和精准性得到提高。

（五）加强应急物资保障信息化建设。

1. 推进应急物资保障数据整合。按照防灾减灾救灾体制机制改革意见，加强政府、企业、社会组织等各类主体的应急物资信息共享，明确数据共享内容和规则。开展应急物资保障数据资源建设，统一应急物资需求、调拨、运输和发放等信息的表达形式，促进多主体、多层级、全流程的信息互联互通，并对医疗卫生等其他类型应急物资信息，预留信息扩充空间和接口。

2. 强化应急物资保障决策支撑能力。利用物联网、大数据和云计算等技术手段，实现应急物资管理的全程留痕、监督追溯和动态掌控。使用人工智能、大数据分析等手段，提升应急物资需求分析精确性，优化应急物资供应路径，提高供需匹配度，为应急物资保障决策提供快速、科学、精确和可视化技术服务。

3. 提升应急物资保障信息化水平。推进应急物资储备库、配送中心等仓储物流设施的机械化、自动化、网络化、信息化建设，提升应急物资储存管理效率和智能化监控水平。着眼智慧化物联网建设，为储备应急物资配备信息化标签，为车辆等运输工具配备定位装置，为分发站点配备应急物资识别设备。

四、重点建设工程项目

（一）应急物资储备项目。

到2025年，建立中央储备和地方储备相互补充、政府储备和社会储备相互结合的应急物资储备体系。

项目1：中央应急物资储备。到2025年，国家森林草原防灭火物资、中央防汛抗旱物资储备、大震应急救灾物资、国家综合性消防救援队伍应急物资、中央生活类救灾物资等中央应急物资保持既有储备规模和价值，适当优化结构布局。

项目2：地方应急物资储备。推进省—市—县—乡人民政府参照中央应急物资品种要求，结合本地区灾害事故特点，储备能够满足本行政区域启动Ⅱ级应急响应需求的应急物资，并留有安全冗余。重点加强中西部和经济欠发达高风险地区地市和县级应急物资储备。推动交通不便或灾害事故风险等级高的乡镇应急物资储备。

项目3：家庭应急物资储备示范。根据灾害事故风险程度和经济社会发展水平，每年在灾害事故高风险地区选择2~3个省份开展家庭应急物资储备示范，形成可复制的家庭应急物资储备建设经验。

（二）应急物资储备库建设工程。

根据灾害事故风险分布特点和应急物资储备库布局短板，优化应急物资储备库地点分布，在改扩建现有应急物资储备库并推动整合的基础上，新建一批应急物资储备库。

项目1：中央生活类救灾物资储备库建设。推进中央生活类救灾物资储备库新建和改扩建工作。对没有中央救灾物资储备库的省（区、市），充分利用国家现有储备仓储资源，重点在交通枢纽城市、人口密集区域、易发生重特大自然灾害区域增设中央生活类救灾物资储备库。

项目2：中央防汛抗旱物资储备库建设。统筹利用国家储备仓储资源，科学合理增加中央防汛抗旱物资储存仓容，不断推进储备设施设备和管理现代化。

项目3：地震应急救灾物资储备库建设。

地震应急救灾物资储备库：依托各省级地震部门和承担应急任务的直属单位以及国家地震紧急救援训练基地建设，保障每个省份不少于1个。

项目4：国家综合性消防救援队伍应急物资储备库建设。

消防救援队伍应急物资储备库建设：8个中央级库，分别位于北京、沈阳等地；省级库依托各省级消防救援总队训练与战勤保障支队建设；地市级库位于三类以上消防救援支队所在地市。

森林消防队伍应急物资储备库建设：中央级库，位于海拉尔、成都等地；省级库，位于森林消防总队所在省份；地市级库设在各支队所在地市。

项目5：推进地方应急物资储备库建设。充分利用现有设施和资源，新建和改扩建应急物资储备库，推动在安全生产重点地区和自然灾害多发易发地区，建设一批省级和地市级综合应急物资储备库。重点加强中西部和灾害事故多发区等薄弱地方应急物资储备设施建设。推进县级应急物资储备库建设，到2025年，95%的县级行政单位（不含市辖区）建立应急物资储备库。

（三）应急物资保障标准项目。

开展应急物资保障标准研制、推广和应用示范，推动应急物资保障标准化建设，进一步健全应急物资保障标准体系。修订应急物资分级分类和编码标准。研制和完善储备库建设标准、仓储管理标准、物资技术标准、救援物资配备标准、重要应急物资生产制造标准、信息化建设标准等。

（四）应急物资生产能力提升工程。

探索政府与市场有效合作与协调机制，分门别类梳理应急物资生产企业名录并定期更新，形成包括企业信息、产品规格及产能等供给清单。依托国家应急资源管理平台，搭建重要应急物资生产企业数据库。开展区域布局产能调查等工作，鼓励各地区依托安全应急产业示范基地等，优化配置应急物资生产能力，重点加强西部地区、边疆省区应急物资生产能力建设。对实物储备和常态产能难以完全保障的关键品种应急物资，支持企业加强技术研发，填补关键技术空白，强化应急物资领域先进技术储备。

（五）应急物资调配运送现代化工程。

按照规模适度、布局合理、保障有力、合理利用的原则，充分发挥多主体多模式优势，建立健全应急物资调配运送体系，统一调配应急物资，提高应急物流快速反应能力。依托应急管理部门中央级、区域级、省级骨干库建立应急物资调运平台和区域配送中心。加强应急救援队伍运输力量建设，配备运输车辆装备，优化仓储运输衔接，提升应急物资前沿投送能力。健全应急物流调度机制，提高应急物资装卸、流转效率。增强应急调运水平，与市场化程度高、集散能力强的物流企业建立战略合作，探索推进应急物资集装单元化储运能力建设。

（六）应急物资管理信息化建设工程。

完善应急资源管理平台，为应急抢险救援救灾提供应急物资指挥调度和决策支持服务。加强应急物资保障数据共用共享，整合政府、企业、社会组织等各类主体的数据资源，汇聚中央、省、市、县和社会应急物资保障信息。利用大数据、区块链和物联网等技术手段，开展应急物资生产、采购、储备、调拨、运输、发放和回收全生命周期信息化管理，实现全程留痕、监督追溯和动态掌控。构建应急物资需求预测、供需匹配、智能调拨和物流优化等关键模型算法并实现业务化应用，提升应急物资管理决策支撑能力。

第四节　国家减灾委员会印发的应急物流相关规划

《"十四五"国家综合防灾减灾规划》

2022年7月21日，国家减灾委员会印发《"十四五"国家综合防灾减灾规划》。摘要如下。

三、主要任务

（二）推进自然灾害防治能力现代化。

4. 优化结构布局，提升救灾物资保障能力。

健全国家应急物资储备体系，推进中央救灾物资储备库新建和改扩建工作，重点在交通枢纽城市、人口密集区域、易发生重特大自然灾害区域增设中央救灾物资储备库。继续完善中西部和经济欠发达高风险地区地市和县级储备体系。支持红十字会建立物资储备库。科学调整储备的品类、规模、结构，优化重要救灾物资产能保障和区域布局。开展重要救灾物资产能摸底，制定产能储备目录清单，完善国家救灾物资收储制度。建立统一的救灾物资采购供应体系，推广救灾物资综合信息平台应用，健全救灾物资集中生产、集中调度、紧急采购、紧急生产、紧急征用、紧急调运分发等机制。

四、重点工程

（二）抢险救援能力提升工程。

5. 灾害抢险救援物资保障建设。

应急物资保障是国家应急管理体系建设的重要内容。我国应急物资储备仍相对不足、总体规模不够、种类单一，应急物资储备布局亟待优化，应急物资市场和社会保障作用发挥不够，产能保障和调运能力不足，这些短板仍需进一步完善。

物资储备体系建设。在中央层面，改扩建现有 12 座中央生活类救灾物资储备库和提升 35 座通用储备仓库，建设华北、东北、华东、华中、华南、西南、西北综合性国家储备基地，保持 30 大类 440 余个品种的中央应急物资储备规模。在地方层面，结合实际需求和建设条件，改扩建现有应急物资储备库，解决应急物资保障紧迫需求，重点完善中西部经济欠发达灾害高风险地区应急物资储备体系。

物资产能提升工程。依托国家应急物资管理平台，搭建应急物资重点生产企业数据库。开展区域布局产能调查，鼓励各地区依托安全应急产业示范基地等，优化配置应急物资生产能力，重点加强西部地区、边疆省区应急物资生产能力建设。

物资调配现代化工程。依托应急管理部门中央级、省级骨干库建立应急物资调运平台和区域配送中心。充分利用社会化物流配送企业等资源，加强应急救援队伍运输力量建设，配备运输车辆装备，优化仓储运输衔接。健全应急物流调度机制，提高应急物资装卸、流转效率。探索推进应急物资集装单元化储运能力建设，完善应急物资配送配套设施，畅通村（社区）配送"最后一公里"。

6. 应急资源综合管理信息化建设。

目前，全国主要应急救援队伍、装备物资、应急避难场所等抢险救援资源信息尚未全面统计，难以统筹管理和调配，应急资源智能化信息化科学管理不够，对高效防灾减灾和应急处置救援支持力度不足，亟须加强全国应急资源综合管理信息化建设，提升应急资源利用效能。

应急救援队伍管理信息化建设。统计梳理现有自然灾害综合应急救援队伍、行业专业化灾害应急救援队伍、社会应急力量，开展应急队伍分级分类、力量评估、登记建档。建立各级各类工程应急救援队伍及专家名录数据库，建设自然灾害应急救援队伍信息系统，开展应急救援队伍装备物资配置、路线时间规划等关键功能研发及应用。

应急装备物资管理信息化建设。依托国家应急资源管理平台，搭建应急装备物资数据库和信息管理系统，围绕应急装备研制、配置、推广和应急物资生产、采购、储备、调拨、运输、发放、回收等各环节，开展全生命周期信息化管理，构建应急装备物资供需匹配、适用分析、智能调配和物流优化等关键模型算法，实现业务化推广应用。

第十一章 应急物流相关政策

近年来，应急物流逐渐进入党中央决策部署议程。习近平总书记关于"健全统一的应急物资保障体系""健全国家储备体系""加快建立应急物流体系"重要论述的提出，标志着应急物流正式进入党中央决策部署。国务院、国家发展改革委、国家粮食和物资储备局、应急管理部先后出台应急物资保障、应急物流相关的政策文件，本章对其予以摘要汇编。

第一节 国务院发布的应急物流相关政策

一、《关于加强危险化学品道路运输和公路隧道安全工作的紧急通知》

2014 年 3 月 28 日，国务院安委会办公室发布《关于加强危险化学品道路运输和公路隧道安全工作的紧急通知》。摘要如下。

二、要严格落实危险化学品道路运输企业安全生产主体责任

（一）各地区、各有关部门要督促各类危险化学品道路运输企业严格落实安全生产主体责任，坚决禁止任何形式的挂靠车辆从事危险化学品道路运输。

（二）要加强对危险化学品道路运输企业主要负责人、安全管理人员以及危险化学品运输车辆驾驶员、装卸管理人员和押运人员的培训教育。

五、要进一步提升危险化学品运输事故尤其是隧道内事故的应急处置能力

（一）各地区要针对本地区路网布局和产业特点，针对可能发生的各类事故，抓紧完善危险化学品道路运输事故应急预案，建立健全各类公路隧道事故应急处置方案，统一和规范地方政府危险化学品事故接处警平台，建立责任明晰、运转高效的应急联动机制，并经常进行应急演练。

（二）要把事故应急意识和自救互救技能教育培训作为全民素质教育的重要内容，纳入各级的宣传教育和培训工作计划，坚持深入持久地开展宣传教育和培训工作，不断提高从业人员、管理人员的应急意识、素质和能力。与此同时，要发动主流媒体开展专题报道、深度报道、公益宣传等全方位、多角度的宣传，不断提高全民事故防范意识和逃生避险、自救互救技能。

（三）要整合危险化学品运输企业 GPS 监控平台、高速公路交通运行监控系统、公安交警交通安全管理系统等信息系统资源，实现危险化学品运输车辆路线、位置以及所载危险化学品种类、数量等信息共享，便于在紧急状态下迅速展开应急处置。

（四）要强化应急响应和处置工作。一旦发生事故，当地政府及其有关部门、单位和涉事人员要反应灵敏、果断决策、有力指挥、有序疏导、有效施救、及时组织逃生。

（五）要在充分发挥公安消防等专业救援队伍作用的同时，针对危险化学品运输事故尤其是涉及隧道事故的特点，依托相关企业和单位，建立专兼职应急救援队伍并加强技战术训练，配备专门装备和物资，确保应急救援工作需要。

二、《关于加快应急产业发展的意见》

2014 年 12 月 24 日，国务院办公厅印发《关于加快应急产业发展的意见》。摘要如下。

三、重点方向

（十）应急服务。围绕提高突发事件防范处置的社会化服务水平，创新应急服务业态。在事前预防方面，发展风险评估、隐患排查、消防安全、安防工程、应急管理市场咨询等应急服务；在社会化救援方面，发展紧急医疗救援、交通救援、应急物流、工程抢险、安全生产、航空救援、海洋生态损害应急处置、网络与信息安全等应急服务；在其他应急服务方面，发展灾害保险、北斗导航应急服务等。

四、主要任务

（十五）推广应急产品和应急服务。健全应急产品实物储备、社会储备和生产能力储备管理制度，建设应急产品和生产能力储备综合信息平台，带动应急产品应用。加强应急仓储、中转、配送设施建设，提高应急产品物流效率。利用风险补偿机制，支持重大应急创新产品首次应用。推动应急服务业与现代保险服务业相结合，将保险纳入灾害事故防范救助体系，加快推行巨灾保险。

三、《关于推进国内贸易流通现代化建设法治化营商环境的意见》

2015 年 8 月 26 日，国务院印发《关于推进国内贸易流通现代化建设法治化营商环境的意见》。摘要如下。

四、增强内贸流通稳定运行的保障能力

（十二）创新市场应急调控机制。

完善市场应急调控管理体系。按照统一协调、分级负责、快速响应的原则，健全市场应急供应管理制度和协调机制。应对全国范围和跨区域市场异常波动由国务院有关部门负责，应对区域性市场异常波动主要由当地人民政府负责。

健全突发事件市场应急保供预案。细化自然灾害、事故灾难、公共卫生事件、社会安全事件等各类突发事件情况下市场应急保供预案和措施。根据突发事件对市场影响的范围和程度，综合运用信息引导、企业采购、跨区域调运、储备投放、进口组织、限量供应、依法征用等方式，建立基本生活必需品应急供应保障机制。

完善商品应急储备体系。建立中央储备与地方储备、政府储备与商业储备相结合的商品应急储备体系。建立储备商品定期检查检验制度，确保储备安全。推广商业储备模式，推进商业储备市场化运作和储备主体多元化。

增强市场应急保供能力。建设应急商品数据库，及时掌握相关应急商品产销和库存情况，保障信息传导畅通和组织调度科学有序。实施应急保供重点联系企业动态管理，保持合理库存水平，增强投放力量，合理规划设置应急商品集散地和投放网点。探索利用商业保险稳定生活必需品供应机制，推动重要生活必需品生产流通保险产品创新。

四、《中共中央 国务院关于推进防灾减灾救灾体制机制改革的意见》

2016 年 12 月 19 日，中共中央、国务院发布《中共中央 国务院关于推进防灾减灾救灾体制机制改革的意见》。摘要如下。

五、全面提升综合减灾能力

（十二）提升救灾物资和装备统筹保障能力。健全救灾物资储备体系，扩大储备库

覆盖范围，优化储备布局，完善储备类型，丰富物资储备种类，提高物资调配效率和资源统筹利用水平。加强应急物流体系建设，完善铁路、公路、水运、航空应急运力储备与调运机制。推进应急物资综合信息平台建设，提升协同保障能力。完善通信、能源等方面的应急保障预案。建立"天－空－地"一体应急通信网络。积极研发重大自然灾害监测预警产品，加快研制先进的受灾群众安置、防汛抗旱、人员搜救、森林灭火等装备和产品，提高基层减灾和应急救灾装备保障水平。建立健全应急救援期社会物资、运输工具、设施装备等的征用和补偿机制。探索建立重大救灾装备租赁保障机制。

五、《关于进一步降低物流成本的实施意见》

2019 年 9 月 19 日，中共中央、国务院印发《交通强国建设纲要》。摘要如下。

六、安全保障完善可靠、反应快速

（三）强化交通应急救援能力。建立健全综合交通应急管理体制机制、法规制度和预案体系，加强应急救援专业装备、设施、队伍建设，积极参与国际应急救援合作。强化应急救援社会协同能力，完善征用补偿机制。

六、《关于进一步降低物流成本的实施意见》

2020 年 5 月 20 日，国务院办公厅转发国家发展改革委、交通运输部《关于进一步降低物流成本实施意见》。摘要如下。

六、推动物流业提质增效，降低物流综合成本

（二十）推进物流基础设施网络建设。

加强应急物流体系建设，完善应急物流基础设施网络，整合储备、运输、配送等各类存量基础设施资源，加快补齐特定区域、特定领域应急物流基础设施短板，提高紧急情况下应急物流保障能力。（国家发展改革委、交通运输部、省级人民政府按职责分工负责）

七、《国家综合立体交通网规划纲要》

2021年2月24日，中共中央、国务院印发《国家综合立体交通网规划纲要》。摘要如下。

五、推进综合交通高质量发展

（一）推进安全发展

提升安全保障能力。加强交通运输安全风险预警、防控机制和能力建设。加快推进城市群、重点地区、重要口岸、主要产业及能源基地、自然灾害多发地区多通道、多方式、多路径建设，提升交通网络系统韧性和安全性。健全粮食、能源等战略物资运输保障体系，提升产业链、供应链安全保障水平。加强通道安全保障、海上巡航搜救打捞、远洋深海极地救援能力建设，健全交通安全监管体系和搜寻救助系统。健全关键信息基础设施安全保护体系，提升车联网、船联网等重要融合基础设施安全保障能力，加强交通信息系统安全防护，加强关键技术创新力度，提升自主可控能力。提升交通运输装备安全水平。健全安全宣传教育体系，强化全民安全意识和法治意识。

完善交通运输应急保障体系。建立健全多部门联动、多方式协同、多主体参与的综合交通应急运输管理协调机制，完善科学协调的综合交通应急运输保障预案体系。构建应急运输大数据中心，推动信息互联共享。构建快速通达、衔接有力、功能适配、安全可靠的综合交通应急运输网络。提升应急运输装备现代化、专业化和智能化水平，推动应急运输标准化、模块化和高效化。统筹陆域、水域和航空应急救援能力建设，建设多层级的综合运输应急装备物资和运力储备体系。科学规划布局应急救援基地、消防救援站等，加强重要通道应急装备、应急通信、物资储运、防灾防疫、污染应急处置等配套设施建设，提高设施快速修复能力和应对突发事件能力。建立健全行业系统安全风险和重点安全风险监测防控体系，强化危险货物运输全过程、全网络监测预警。

八、《关于积极稳步推进超大特大城市"平急两用"公共基础设施建设的指导意见》

2023年7月14日，国务院常务会议审议通过《关于积极稳步推进超大特大城市

"平急两用"公共基础设施建设的指导意见》。摘要如下。

2 建设任务及规范

根据超大特大城市对疫情防控隔离设施、防灾减灾安置设施的需要，在辖区内的山区县（区），打造一批具有隔离功能的旅游居住设施，升级一批医疗应急服务点，新建或改扩建一批城郊大仓基地等。构建集隔离、应急医疗和物资保障于一体、有机衔接的整体解决方案，提升城市应对突发公共事件能力。

（3）新建或改扩建一批城郊大仓基地。"平时"服务城市生活物资中转分拨，"急时"可快速改造为应急物资和生活物资中转调动站、接驳点或分拨场地，并同步完善集疏运交通网络。

第二节　国家发展改革委发布的应急物流相关政策

一、《关于加快实施现代物流重大工程的通知》

2015 年 8 月 3 日，国家发展改革委发布《关于加快实施现代物流重大工程的通知》。摘要如下。

（二）重点建设项目

10、应急物流工程：重点是建设应急仓储、中转、配送设施，提升应急物流设施设备的标准化和现代化水平。

二、《推动物流业制造业深度融合创新发展实施方案》

2020 年 8 月 22 日，国家发展改革委、工业和信息化部、公安部、财政部、自然资源部、交通运输部、农业农村部、商务部、市场监管总局、银保监会、国家铁路局、民航局、国家邮政局、中国国家铁路集团有限公司印发《推动物流业制造业深度融合创新发展实施方案》。摘要如下。

三、突出重点领域，提高物流业制造业融合水平

（十三）应急物流。研究制定健全应急物流体系的实施方案，建立以企业为主体的应急物流队伍，在发生重大突发事件时确保主要制造产业链平稳运行。支持物流、快

递企业和应急物资制造企业深度合作，研究制定应急保障预案，提高紧急情况下关键原辅料、产成品等调运效率。补齐医疗等应急物资储备设施短板，完善医疗等应急物资储备体系，提高实物储备和产能储备能力。在工业园区等生产制造设施、物流枢纽等物流基础设施规划布局、功能设计中充分考虑产品生产、调运及原辅料供应保障等需要，确保紧急情况下物流通道畅通，增强相关制造产业链在受到外部冲击时的快速恢复能力。（发展改革委、工业和信息化部、自然资源部、交通运输部、国家邮政局、国家铁路集团按职责分工负责）

三、《关于做好 2020 年国家物流枢纽建设工作的通知》

2020 年 10 月 28 日，国家发展改革委、交通运输部联合印发《关于做好 2020 年国家物流枢纽建设工作的通知》。摘要如下。

共有 22 个物流枢纽入选 2020 年国家物流枢纽建设名单（见表1）。相关国家物流枢纽设施区位优势突出，空间布局、建设运行等基础条件较好，国家物流枢纽建设方案及推进国家物流枢纽落地的总体思路相对成熟；区域分布相对均衡，其中，东部地区 7 个、中部地区 4 个、西部地区 9 个、东北地区 2 个，覆盖了《国家物流枢纽布局和建设规划》确定的 6 种国家物流枢纽类型。2019—2020 年，国家发展改革委、交通运输部共布局建设了 45 个国家物流枢纽，覆盖全国 27 个省（区、市），为加快构建"通道＋枢纽＋网络"的现代物流运作体系，促进形成以国内大循环为主体、国内国际双循环相互促进的新发展格局提供了有力支撑。

《通知》强调，相关国家物流枢纽要围绕推动形成新发展格局，支撑"一带一路"建设和京津冀协同发展、长江经济带发展、粤港澳大湾区建设、长三角区域一体化发展、西部陆海新通道等重大战略实施，对内系统整合区域内分散的物流资源，提高区域内、跨区域物流活动规模化组织能力和效率，支撑带动上下游产业集聚发展，推动形成国内统一大市场；对外衔接主要国际物流通道和干线运力，加强与全球重要物流枢纽、能源与原材料产地、制造业基地、贸易中心等的密切联系，为推动构建现代流通体系，保持产业链供应链稳定，促进经济高质量发展提供战略支撑。重点抓好落实强化枢纽功能、完善服务网络、加强互联互通、发展枢纽经济等四方面任务。《通知》要求，相关省级发展改革、交通运输部门要推动强化部门间的工作合力和政策协同，加强工作指导，加快推进国家物流枢纽建设各项工作，为国家物流枢纽建设运营创造良好环境；枢纽建设运营企业要扎实做好国家物流枢纽建设方案落实工作，积极参与国家物流枢纽联盟建设，建立市场化、常态化的互利合作机制，促进国家物流枢纽互联成网。国家发展改革委、交通运输部将通过国家物流枢纽联盟等加强对国家物流枢纽运行的动态监测，并进行评估考核。

2020 年国家物流枢纽建设名单（22 个）

所在地	国家物流枢纽名称
北京市	北京空港型国家物流枢纽
河北省	唐山港口型（生产服务型）国家物流枢纽
内蒙古自治区	满洲里陆上边境口岸型国家物流枢纽
吉林省	长春生产服务型国家物流枢纽
江苏省	苏州港口型国家物流枢纽
安徽省	芜湖港口型国家物流枢纽
山东省	济南商贸服务型国家物流枢纽
河南省	洛阳生产服务型国家物流枢纽
湖北省	武汉港口型国家物流枢纽
湖南省	岳阳港口型国家物流枢纽
广东省	佛山生产服务型国家物流枢纽
广西壮族自治区	钦州－北海－防城港港口型国家物流枢纽
重庆市	重庆陆港型国家物流枢纽
四川省	遂宁陆港型国家物流枢纽
贵州省	贵阳陆港型国家物流枢纽
云南省	昆明商贸服务型国家物流枢纽
陕西省	延安陆港型国家物流枢纽
青海省	格尔木陆港型国家物流枢纽
新疆维吾尔自治区	阿拉山口陆上边境口岸型国家物流枢纽
大连市	大连港口型国家物流枢纽
青岛市	青岛商贸服务型国家物流枢纽
深圳市	深圳空港型国家物流枢纽

四、《城郊大仓基地建设实施方案》

2023 年 12 月 30 日，国家发展改革委印发《城郊大仓基地建设实施方案》。摘要如下。

城郊大仓基地是位于城市城区外围的大型"平急两用"公共物流基础设施，集仓储、分拣、加工、包装、配送等功能于一体，"平时"服务城市生活物资高效中转分拨，"急时"可快速转换为应急物资和生活物资中转调运站、接驳点或分拨场地，是完善城市流通网络促进城市消费物流体系提质增效降本的重要环节和载体，是紧急情况下城市物流体系"平急转换"的组织中枢和保障生活物资供应的重要组织平台。

一、总体要求

（一）指导思想。以习近平新时代中国特色社会主义思想为指导，深入贯彻落实党的二十大精神，完整、准确、全面贯彻新发展理念，加快构建新发展格局，坚持以人民为中心，统筹发展和安全以超大特大城市为重点，综合考虑市域大型物流基础设施布局、物流配送体系建设、生活物资和应急物资中转分拨需要，布局建设城郊大仓基地，带动城市仓储等设施集中集约布局和存量物流资源整合，补齐应急物流设施和保障能力短板，健全生活物资物流设施网络，增强城市物流体系"平急转换"能力，促进现代物流、商贸流通现代农业等产业融合创新发展，为提高生活物资流通效率和保供能力奠定坚实基础。

（二）基本原则。

政府指导，市场运作。坚持有为政府和有效市场相结合，充分发挥市场在资源配置中的决定性作用，激发市场活力，指导企业参与城郊大仓基地建设运营。更好发挥政府作用，因地制宜加强统筹谋划，坚持规划引领，依据国土空间总体规划确定的城乡功能、结构和布局，合理确定城郊大仓基地布局和建设规模。

平急结合，快速转换。统筹发展和安全，将"平急结合"贯穿到城郊大仓基地规划、建设和运营全过程，"平时"坚持市场化运作，强化消费物流一体化服务能力，提效率、促消费、扩内需；"急时"实现功能快速转换，强化生活物资应急调度和中转组织能力，保供给、稳价格、守底线。

盘活存量，集约发展。坚持存量优先，有效整合利用城市存量仓储物流设施，优化设施空间布局和运作体系结构，积极盘活城市低效和闲置设施资源。不具备存量设施整合提升条件的城市，可适当新建城郊大仓基地。城市群都市圈可结合实际统筹布局、共建共用。

科学有序，融合联动。坚持尽力而为、量力而行，统筹考虑城市发展需要和地方政府、基地建设主体能力，避免盲目超前建设。推动城郊大仓基地融入"通道＋枢纽＋网络"的现代物流运行体系，提高物流效率。紧密结合城市区位优势、城镇布局和产业特点，依托城郊大仓基地促进现代物流与商贸流通等产业融合创新发展。

（三）发展目标。到 2027 年，在超大特大城市建成一批集约布局、规模运作、融合发展的城郊大仓基地，"国家骨干冷链物流基地（国家物流枢纽）+城郊大仓基地"的生活物资物流设施网络逐步健全，城市消费物流设施结构不断优化，有力促进生活物资物流提质增效降本。以城郊大仓基地为支撑的生活物资应急保供物流体系基本建成，城市消费物流体系平急转换能力和应急物流能力显著提升，有效增强生活物资供应链韧性。城郊大仓基地引领技术应用，模式创新、业态升级的作用不断彰显，物流与相关产业融合发展的生态加快形成，高质量推动城市流通经济创新发展。

二、科学谋划城郊大仓基地建设布局

城郊大仓基地建设以整合提升城市城区存量设施为主，超大特大城市要综合考虑城市城区空间布局、人口规模、生活物资流量流向以及存量设施分布，合理确定城郊大仓基地建设数量、布局区位占地规模等，避免重复建设和过度超前建设。Ⅰ型、Ⅱ型大城市和其他省会（首府）城市结合实际需要，可参考本方案要求有序开展基地建设。

（一）建设规模。以城市城区常住人口规模为基数，按照满足 3 天生鲜农产品、7 天粮油和其他生活物资供应，综合确定城郊大仓基地占地面积和仓储设施规模。超大、特大城市城郊大仓基地总面积原则上分别不低于 1000 亩、600 亩。单个城郊大仓基地中仓储设施建筑面积原则上不少于 50%。城市群都市圈合作共建的城郊大仓基地应统筹考虑辐射范围内城区常住人口规模，合理确定城郊大仓基地建设占地面积和仓储设施规模。

（二）建设布局。相关城市要按照有效整合优化城市生活物资物流设施网络、有效覆盖居民主要居住密集区、有效保障应急物资及时配送等要求，结合实际需要在城区不同方向、不同区域分片建设多个城郊大仓基地，以存量设施改扩建为主，也可结合本地实际新建。应统筹考虑不同城郊大仓基地主要生活物资流通品类、配送半径、服务能力等，提高城郊大仓基地间功能互补和协同运作水平。

（三）布局条件。城郊大仓基地原则上布局在城市城区外围，连片集中分布，具备良好的交通运输和仓储配送条件，确保紧急情况下能够快速完成生活物资应急调运、分拣、配送等作业。布局原则包括：一是周边有高速公路出入口并可实现有效衔接；二是靠近铁路、机场、港口等干线交通运输场站，位于或毗邻国家骨干冷链物流基地、国家物流枢纽、国家级示范物流园区、大型物流园区及分拨配送中心等物流设施的可优先考虑；三是位于或毗邻大型批发市场、企业商品大仓等商贸设施，以及生活物资工厂等产能设施的可优先考虑。合作共建的城郊大仓基地可结合实际在城市群都市圈范围内布局。

三、加快完善城郊大仓基地功能

以平时服务、急时应急、快速转换为导向，补齐城郊大仓基地设施短板和能力缺口，健全应急服务功能，强化平台调度能力，打造外集内配、平急结合、数智共享的城市消费物流组织平台和生活物资应急调配中心。

（一）增强基本服务功能。加强常温储存、冷藏冷冻、临时中转等仓储能力建设，实现生鲜、冻品、干货等食品和其他生活物资分区域储存。鼓励高标准仓库、自动化立体库、自动分拣等设施建设，配套完善流通加工、统仓共配等功能，加大循环包装等节能环保新技术、新材料应用。畅通城郊大仓基地集疏运网络，加强对接公路、铁路、航空、水运等干线运力的转运设施建设，补齐城市配送设施短板，增强甩挂运输、分拣配送等快速中转能力。结合实际配备必要的生活服务设施，满足物流作业人员需要。

（二）提升应急保供能力。结合城市消费特点制定城郊大仓基地重要生活物资储备目录清单，按照重要生活物资保障天数要求，动态保持一定数量的生鲜农产品、粮油和其他生活物资库存，充实国家储备，有效应对紧急情况对城市生活物资供应的第一波冲击。加强物资储存、流通数据跟踪监测，确保重要生活物资安全库存水平。建立城郊大仓基地仓储、商贸、配送、运输等重点保供企业名单，建立健全应急调度和指挥系统，开展应急演练，确保紧急状态下城市生活物资流通不断不乱和运行可靠。

（三）夯实"平急两用"功能。着眼于用，开展基地内仓储、分拣、配送等设施"平急两用"改造提升，合理划分基地功能区域，优化场内动线通道设计，满足紧急状态下仓储、运力等资源快速调度，以及开通"绿色通道"、实施闭环管理等需要，保障应急物流通道畅通，为外部应急物资调运接驳、分拣配送等提供有力支撑。视情况配备必要的防疫消杀、检验检测等功能设施。制定城郊大仓基地平急转换工作预案，针对不同紧急情形明确应急响应程序、场内动线通道设计及改造方案、验收启用规则，完善生活物资中转作业、统计、信息发布等工作机制，提高"平急转换"水平。

（四）加强平台化组织能力。充分发挥信息平台数据联通、资源配置、供需匹配等作用，支持物流企业、生活物资经营主体间信息交互与业务整合，提高仓配一体化能力，实现货源组织、投放及销售环节无缝衔接，畅通生活物资供应链。通过拓展现有信息平台功能或适当新建方式，强化平台应急功能，有机嵌入城市生活物资应急保供体系，提高基地应急资源统筹管理和调度能力。加强面向消费和应急保供的仓储及流通数据监测，实时掌握生活物资储存、配送资源底数，提高生活物资保供实效。

第三节 应急物资储备相关政策

《中央应急抢险救灾物资储备管理暂行办法》

2023 年 2 月 13 日，国家粮食和物资储备局、应急管理部、财政部印发《中央应急抢险救灾物资储备管理暂行办法》。摘要如下。

第一章 总 则

第一条 为提高自然灾害抢险救灾应急保障能力，规范中央应急抢险救灾物资储备管理，提高物资使用效益，依据《中华人民共和国突发事件应对法》《中华人民共和国预算法》《中华人民共和国防洪法》《中华人民共和国防汛条例》《中华人民共和国抗旱条例》《自然灾害救助条例》等有关法律法规，制定本办法。

第二条 本办法所称中央应急抢险救灾储备物资（以下简称"中央储备物资"）是由中央财政安排资金购置，专项用于支持遭受重特大自然灾害地区开展抢险救灾和受灾群众生活救助的应急储备物资，包括防汛抗旱类物资和生活救助类物资等。

第三条 国家防汛抗旱总指挥部办公室（以下简称"国家防总办公室"）或者应急管理部按照各自职责提出中央应急抢险救灾储备需求和动用决策；商财政部、国家粮食和物资储备局等部门编制保障规划，确定储备规模、品种目录和标准、布局等；根据需要下达动用指令。

第四条 财政部负责安排中央储备物资购置和更新、保管等相关经费，组织指导有关单位开展全过程预算绩效管理，开展中央储备物资资产报告制度落实情况的监督检查。

第五条 国家粮食和物资储备局负责中央储备物资的收储、轮换和日常管理等工作，确保库存中央储备物资数量真实、质量合格、账实相符；根据国家防总办公室或者应急管理部的动用指令按程序组织调出，对相关经费组织实施全过程绩效管理。

第二章 储备购置

第六条 每年国家防总办公室或者应急管理部会同财政部根据储备保障规划确定

的储备规模、当年储备物资调拨使用、报废消耗及应急抢险救灾新技术装备物资需求等情况，研究确定下一年度中央储备物资购置计划，包括物资品种、数量、布局等。国家防总办公室或者应急管理部向国家粮食和物资储备局提供采购物资技术要求。

第七条 发生重特大自然灾害需应急追加物资的，由国家防总办公室或者应急管理部会同财政部制定紧急购置计划，并联合下达国家粮食和物资储备局。

第八条 国家粮食和物资储备局根据国家防总办公室、应急管理部、财政部联合下达的年度购置计划或者紧急购置计划，向财政部申请储备购置经费预算。财政部按程序审批。

第九条 国家粮食和物资储备局按照年度购置计划或者紧急购置计划，以及财政部批复的购置经费预算，按照政府采购规定组织采购，并及时将采购情况通报国家防总办公室、应急管理部、财政部。

第十条 中央储备物资的入库验收，按照国家有关规定、相关标准以及采购合同约定的履约验收方案执行。采购物资数量和质量验收合格入库后，国家粮食和物资储备局核算应支付采购资金及检测等必要费用，报财政部审核后按照国库集中支付有关规定支付。

第十一条 财政部负责核定中央储备物资库存成本。

第三章 储备保管

第十二条 国家粮食和物资储备局根据确定的储备布局，商国家防总办公室、应急管理部、财政部确定储备库，实行中央应急抢险救灾物资储备库挂牌管理。具体管理办法由国家粮食和物资储备局会同国家防总办公室、应急管理部制定。

国家粮食和物资储备局根据国家有关中央储备库布局需求和资质条件等相关标准，采取公开、公平、公正的方式选择具备条件的储备库承储中央储备物资。

储备库实行动态管理，调整须报国家防总办公室、财政部、应急管理部审核。

第十三条 国家粮食和物资储备局负责中央储备物资保管工作，制定中央储备物资保管等各项规章制度，督促指导承储单位制定应急调运预案，落实专仓储存、专人保管、专账记载、挂牌明示等管理要求、掌握物资设备维护保养和操作技能，运用信息化手段加强储备管理，实现中央储备物资信息部门间共用共享。

承储单位按照承储要求负责中央储备物资具体日常管理，严格执行中央储备物资管理的有关标准和规定，落实中央储备物资验收入库、日常保管、紧急调用等有关工作，对中央储备物资数量、质量和储存安全负责。

国家防总办公室、应急管理部、财政部根据应急抢险救灾工作需要，适时对中央储备物资管理等情况进行检查。

第十四条　国家粮食和物资储备局商国家防总办公室、应急管理部制定中央储备物资统计制度，在每月前 10 个工作日内，将上月末库存中央储备物资品种数量及其价值、各仓库储备明细，以及上月储备物资出入库、报废处置等情况报国家防总办公室、应急管理部、财政部。

物资调运后，储备仓库应当及时在信息管理平台更新报送数据。

第十五条　国家粮食和物资储备局应当加强中央储备物资资产管理，认真填报资产信息卡，按照国有资产年报、月报有关规定，及时向财政部报告中央储备物资资产管理情况，并及时通报国家防总办公室、应急管理部。

第十六条　国家粮食和物资储备局会同国家防总办公室、应急管理部、财政部确定中央储备物资的建议储存年限。因储存年限到期后经技术鉴定，质量和性能不能满足应急抢险救灾工作要求的中央储备物资可按规定报废。相关处置收入在扣除相关税金、技术鉴定费等费用后，按照政府非税收入和国库集中收缴管理有关规定及时上缴中央国库。储存年限到期后质量和性能能够满足应急抢险救灾工作要求的，由国家粮食和物资储备局负责定期组织质检，优先安排调用。

国家粮食和物资储备局审核同意后，由垂管局向储备仓库所在地财政部监管局提出辖区内需报废物资审核申请，财政部监管局审核后提出意见，反馈垂管局，同时抄送财政部。国家粮食和物资储备局将申请报废物资情况和财政部监管局审核意见一并报送财政部审批。财政部审核批准后，相关物资作报废处理。国家粮食和物资储备局负责将报废物资按规定处理，并将物资报废情况报财政部、国家防总办公室或者应急管理部。

第十七条　财政部对中央储备物资给予保管费补贴，采取当年补上年的方式。对国家粮食和物资储备局委托相关单位代储的物资保管费补贴，防汛抗旱类物资按照年度平均月末库存成本的 6% 核算，生活救助类物资按照年度平均月末库存成本的 4.5% 核算；国家粮食和物资储备局在财政部核算的补贴总额内，可统筹考虑储备仓库实际管理情况，确定各承储仓库的具体补贴标准，报财政部批准后实施。国家粮食和物资储备局垂管仓库补贴标准按有关规定执行。

第十八条　国家粮食和物资储备局负责按政府采购有关规定对中央储备物资投保财产险，中央财政负担保险费。

第十九条　因管理不善或者人为因素导致毁损的中央储备物资由国家粮食和物资

储备局组织储备仓库按相同数量、质量补充更新，并追究责任人责任。情节严重的要按照有关法律法规追责。

第四章 物资调用

第二十条 中央储备物资用于应对国家启动应急响应的重大自然灾害。对未达到启动应急响应条件，但局部地区灾情、险情特别严重的，由国家防总办公室或者应急管理部商财政部同意后动用中央储备物资。

党中央、国务院领导同志有相关重要指示批示的，按照重大指示批示精神落实。

第二十一条 应对国家启动应急响应的重大自然灾害时，各省（自治区、直辖市）应先动用本辖区储备物资。确需调用中央储备物资的，由省级防汛抗旱指挥机构、应急管理部门向国家防总办公室或者应急管理部提出书面申请。申请内容包括地方已调拨物资情况、省级物资储备情况、申请物资用途、品名、规格、数量、运往地点、时间要求、交接联系人与联系方式等。

流域管理机构直管工程出险需中央储备物资支持的，由流域防汛抗旱指挥机构向国家防总办公室提出书面申请。

中央企业所属防洪工程发生险情需调用中央储备物资的，由工程所在地的省级防汛抗旱指挥机构向国家防总办公室提出申请。

紧急情况下，可以先电话报批，后补办手续。

第二十二条 国家防总办公室或者应急管理部审批后，向国家粮食和物资储备局下达调用指令，明确调运物资品种、数量及接收单位，并抄送财政部和物资申请单位。

第二十三条 国家粮食和物资储备局根据国家防总办公室或者应急管理部动用指令，立即向储备仓库下达调运通知，抄送国家防总办公室、应急管理部、财政部。

第二十四条 中央储备物资调用坚持"就近调用"和"先进先出"原则，避免或者减少物资报废。

第二十五条 储备仓库接到国家粮食和物资储备局调运通知后，应当立即组织调运物资，并派仓储管理人员及时押运至指定地点，与申请单位办理交接手续。国家粮食和物资储备局应当及时将调运情况通报国家防总办公室或者应急管理部。

第二十六条 按照"谁使用、谁承担"的原则，调用中央储备物资所发生的调运费用（包括运输、搬运装卸、过路费、押运人员补助和通信、运输保险等费用）由申请调用单位负担。调运费用可由调出物资的储备仓库先行垫付，抢险救援救助任务结束后三个月内，由物资调用申请单位负责与调出物资的储备仓库结算，其中用于流域管理机构直管工程应急抢险物资调运费用，由流域管理机构按部门预算管理程序报财政部审核后，流域管理机构负责支付；用于中央企业所属防洪工程应急抢险的，由物资调用申请单位组织物资使用单位与调出物资的仓库结算。

第二十七条 中央储备物资出库后，国家粮食和物资储备局核减中央储备库存。调用的中央储备物资由受灾省份或者流域管理机构立即安排用于应急抢险救灾工作。抢险救灾结束后，有使用价值的调用物资纳入地方或者流域管理机构储备物资统筹管理。财政部将根据调用物资情况，统筹考虑中央自然灾害救灾资金补助事宜。中央企业所属防洪工程发生险情调用的中央储备物资，由中央企业负责在抢险救灾工作结束后3个月内购置同品类、同规格物资归还入库。

第二十八条 除上述国内重大自然灾害应急抢险救灾以外，其他需要动用中央储备物资的，由中央和省级有关部门向国家防总办公室、应急管理部、财政部提出申请。国家防总办公室、应急管理部、财政部及时按程序完成审核。除特殊核准事项外，动用物资需按期归还。

第五章 责任追究

第二十九条 储备仓库违反本规定，有下列行为之一的，依国家有关法律法规和制度规定等进行处理，触犯法律的依法追究相关法律责任：

（一）拒不执行中央储备物资入库、出库指令和有关管理规定的；

（二）未经批准，擅自动用中央储备物资或者变更储存地点的；

（三）虚报、瞒报中央储备物资数量的；

（四）因管理不善造成中央储备物资缺失、质量明显下降的；

（五）拒绝、阻挠、干涉监督检查人员依法履行职责，造成严重后果的；

（六）其他违反相关管理制度和法规造成物资损失的。

第三十条 中央储备物资管理工作要自觉接受审计和有关部门的监督检查。任何单位和个人在中央储备物资管理和监督活动中，骗取、截留、挤占、挪用国家财政资金的，根据《财政违法行为处罚处分条例》等规定查处。

第三十一条 有关行政管理部门工作人员在中央储备物资管理和监督活动中，玩忽职守、滥用职权、徇私舞弊的，依法给予行政处分；涉嫌犯罪的，依法移送司法机关处理。

第十二章　应急物流相关预案

目前，我国还未针对应急物流编制专门的预案，有关应急物流的内容一般都融合于国家总体应急预案和各部专项应急预案之中，如《国家突发公共事件总体应急预案》《国家自然灾害救助应急预案》《国家防汛抗旱应急预案》《国家地震应急预案》《国家突发环境事件应急预案》等。本章对我国现有应急预案中与应急物资保障、应急物流相关的主要内容予以摘要汇编。

第一节　国家总体应急预案

《国家突发公共事件总体应急预案》

2005年1月26日，国务院第79次常务会议通过了《国家突发公共事件总体应急预案》，预案在2006年1月8日发布并实施。摘要如下。

4 应急保障

4.3 物资保障

要建立健全应急物资监测网络、预警体系和应急物资生产、储备、调拨及紧急配送体系，完善应急工作程序，确保应急所需物资和生活用品的及时供应，并加强对物资储备的监督管理，及时予以补充和更新。

地方各级人民政府应根据有关法律、法规和应急预案的规定，做好物资储备工作。

4.6 交通运输保障

要保证紧急情况下应急交通工具的优先安排、优先调度、优先放行，确保运输安全畅通；要依法建立紧急情况社会交通运输工具的征用程序，确保抢险救灾物资和人员能够及时、安全送达。

根据应急处置需要，对现场及相关通道实行交通管制，开设应急救援"绿色通道"，保证应急救援工作的顺利开展。

第二节 国家专项应急预案

一、《国家粮食应急预案》

2005 年 6 月 11 日，国务院办公厅印发《国家粮食应急预案》。摘要如下。

5 应急保障

5.2 粮食应急保障系统

进入国家级（Ⅰ级）应急状态后，有关应急粮源的加工、运输及成品粮供应，在国家粮食应急工作指挥部统一指挥协调下，主要由省级人民政府及其有关部门通过地方粮食应急网络组织实施。省级人民政府应根据当地实际情况，抓紧建立健全粮食应急保障系统，确保粮食应急工作需要。

5.2.1 建立健全粮食应急加工网络。按照统筹安排、合理布局的原则，根据粮食应急加工的需要，由省级粮食行政管理部门掌握、联系，并扶持一些靠近粮源及重点销售地区、交通便利、设施较好且常年具备加工能力的大中型粮油加工企业，作为应急加工指定企业，承担应急粮食的加工任务。

5.2.2 建立和完善粮食应急供应网络。根据城镇居民、当地驻军和城乡救济的需要，完善粮食应急销售和发放网络。省级人民政府有关行政主管部门要选择认定一些信誉好的国有或国有控股粮食零售网点和军供网点以及连锁超市、商场及其他粮食零售企业，委托其承担应急粮食供应任务。

5.2.3 建立粮食应急储运网络，做好应急粮食的调运准备。根据粮食储备、加工设施、供应网点的布局，科学规划，提前确定好运输线路、储存地点、运输工具等，确保应急粮食运输。进入粮食应急状态后，对应急粮食要优先安排计划、优先运输，各级政府及其有关部门要确保应急粮食运输畅通。

5.2.4 省级人民政府有关行政主管部门应当与应急指定加工和供应企业签订书面协议，明确双方的权利、责任和义务，并随时掌握这些企业的动态。应急加工和供应指定企业名单，要报国家上级主管部门备案。粮食应急预案启动后，指定的应急加工和供应企业必须服从统一安排和调度，保证应急粮食的重点加工和供应。

5.3 应急设施建设和维护

中央和地方各级政府要增加投入，加强全国大中城市及其他重点地区粮食加工、供应和储运等应急设施的建设、维护工作，确保应急工作的需要。

二、《国家突发地质灾害应急预案》

2006年1月13日，国务院办公厅印发《国家突发地质灾害应急预案》。摘要如下。

6 应急保障

6.1 应急队伍、资金、物资、装备保障

加强地质灾害专业应急防治与救灾队伍建设，确保灾害发生后应急防治与救灾力量及时到位。专业应急防治与救灾队伍、武警部队、乡镇（村庄、社区）应急救援志愿者组织等，平时要有针对性地开展应急防治与救灾演练，提高应急防治与救灾能力。

地质灾害应急防治与救灾费用按《财政应急保障预案》规定执行。

地方各级人民政府要储备用于灾民安置、医疗卫生、生活必需等必要的抢险救灾专用物资。保证抢险救灾物资的供应。

三、《国家安全生产事故灾难应急预案》

2006年1月22日，国务院办公厅印发《国家安全生产事故灾难应急预案》。摘要如下。

6 保障措施

6.2.3 交通运输保障

发生特别重大安全生产事故灾难后，国务院安委会办公室或有关部门根据救援需要及时协调民航、交通和铁路等行政主管部门提供交通运输保障。地方人民政府有关部门对事故现场进行道路交通管制，根据需要开设应急救援特别通道，道路受损时应迅速组织抢修，确保救灾物资、器材和人员运送及时到位，满足应急处置工作需要。

6.2.5 物资保障

国务院有关部门和县级以上人民政府及其有关部门、企业，应当建立应急救援设

施、设备、救治药品和医疗器械等储备制度，储备必要的应急物资和装备。

各专业应急救援机构根据实际情况，负责监督应急物资的储备情况、掌握应急物资的生产加工能力储备情况。

四、《国家处置铁路行车事故应急预案》

2006 年 1 月 22 日，国务院办公厅印发《国家处置铁路行车事故应急预案》。摘要如下。

4　应急响应

4.5　紧急处置

4.5.2　发生铁路行车事故需要启动本预案时，铁道部、国务院有关部门和地方人民政府分别按权限组织处置。根据事故具体情况和实际需要调动应急队伍，集结专用设备、器械和药品等救援物资，落实处置措施。公安、武警对现场施行保护、警戒和协助抢救。

4.5.3　铁道部应急指挥小组根据现场请求，负责紧急调集铁路内部救援力量、专用设备和物资，参与应急处置；并通过国家处置铁路行车事故应急救援领导小组，协调组织有关部委的专业救援力量、专用设备和物资实施紧急支援。

6　保障措施

6.2　救援装备和应急队伍保障

铁道部要进一步优化和强化以救援列车、救援队、救援班为主体的救援抢险网络，合理配置救援资源；采用先进的救援装备和安全防护器材，制订各类救援起复专业技术方案；积极开展技能培训和演练，提高快速反应和救援起复能力。

6.3　交通运输保障

启动应急预案期间，事发地人民政府和铁路运输企业按管理权限调动管辖范围内的交通工具，任何单位和个人不得拒绝。根据现场需要，由地方人民政府协调地方公安交通管理部门实行必要的交通管制，维持应急处置期间的交通运输秩序。

6.6　物资保障

铁路运输企业要按规定备足必需的应急抢险路料及备用器材、设施，专人负责，定期检查。

五、《国家突发公共卫生事件应急预案》

2006 年 2 月 26 日，国务院办公厅印发《国家突发公共卫生事件应急预案》。摘要如下。

4 突发公共卫生事件的应急反应和终止

4.2 应急反应措施

4.2.1 各级人民政府

（2）根据突发公共卫生事件处理需要，调集本行政区域内各类人员、物资、交通工具和相关设施、设备参加应急处理工作。涉及危险化学品管理和运输安全的，有关部门要严格执行相关规定，防止事故发生。

6 突发公共卫生事件应急处置的保障

6.2 物资、经费保障

6.2.1 物资储备

各级人民政府要建立处理突发公共卫生事件的物资和生产能力储备。发生突发公共卫生事件时，应根据应急处理工作需要调用储备物资。卫生应急储备物资使用后要及时补充。

六、《国家地震应急预案》

2012 年 8 月 28 日，国务院办公厅印发《国家地震应急预案》。摘要如下。

5 应急响应

5.3 安置受灾群众

开放应急避难场所，组织筹集和调运食品、饮用水、衣被、帐篷、移动厕所等各类救灾物资，解决受灾群众吃饭、饮水、穿衣、住处等问题；在受灾村镇、街道设置生活用品发放点，确保生活用品的有序发放；根据需要组织生产、调运、安装活动板房和简易房；在受灾群众集中安置点配备必要的消防设备器材，严防火灾发生。救灾物资优先保证学校、医院、福利院的需要；优先安置孤儿、孤老及残疾人员，确保其基本生活。鼓励采取投亲靠友等方式，广泛动员社会力量安置受灾群众。

8 保障措施

8.3 物资与资金保障

国务院有关部门建立健全应急物资储备网络和生产、调拨及紧急配送体系，保障地震灾害应急工作所需生活救助物资、地震救援和工程抢险装备、医疗器械和药品等的生产供应。县级以上地方人民政府及其有关部门根据有关法律法规，做好应急物资储备工作，并通过与有关生产经营企业签订协议等方式，保障应急物资、生活必需品和应急处置装备的生产、供给。

七、《国家核应急预案》

2013 年 6 月 30 日，国务院办公厅印发《国家核应急预案》。摘要如下。

6 应急准备和保障措施

6.3 物资保障

国家、省核应急组织及核设施营运单位建立健全核应急器材装备的研发、生产和储备体系，保障核事故应对工作需要。国家核应急协调委完善辐射监测与防护、医疗救治、气象监测、事故抢险、去污洗消以及动力、通信、交通运输等方面器材物资的储备机制和生产商登记机制，做好应急物资调拨和紧急配送工作方案。省核应急委储备必要的应急物资，重点加强实施场外应急所需的辐射监测、医疗救治、人员安置和供电、供水、交通运输、通信等方面物资的储备。核设施营运单位及其所属集团公司（院）重点加强缓解事故、控制事故、工程抢险所需的移动电源、供水、管线、辐射防护器材、专用工具设备等储备。

6.5 通信和运输保障

国家、省核应急组织、核设施营运单位及其所属集团公司（院）加强核应急通信与网络系统建设，形成可靠的通信保障能力，确保核应急期间通信联络和信息传递需要。交通运输、公安等部门健全公路、铁路、航空、水运紧急运输保障体系，完善应急联动工作机制，保障应急响应所需人员、物资、装备、器材等的运输。

八、《国家突发环境事件应急预案》

2014年12月29日，国务院办公厅印发《国家突发环境事件应急预案》。摘要如下。

6 应急保障

6.2 物资与资金保障

国务院有关部门按照职责分工，组织做好环境应急救援物资紧急生产、储备调拨和紧急配送工作，保障支援突发环境事件应急处置和环境恢复治理工作的需要。县级以上地方人民政府及其有关部门要加强应急物资储备，鼓励支持社会化应急物资储备，保障应急物资、生活必需品的生产和供给。环境保护主管部门要加强对当地环境应急物资储备信息的动态管理。

突发环境事件应急处置所需经费首先由事件责任单位承担。县级以上地方人民政府对突发环境事件应急处置工作提供资金保障。

6.3 通信、交通与运输保障

地方各级人民政府及其通信主管部门要建立健全突发环境事件应急通信保障体系，确保应急期间通信联络和信息传递需要。交通运输部门要健全公路、铁路、航空、水运紧急运输保障体系，保障应急响应所需人员、物资、装备、器材等的运输。公安部门要加强应急交通管理，保障运送伤病员、应急救援人员、物资、装备、器材车辆的优先通行。

九、《国家城市轨道交通运营突发事件应急预案》

2015年4月30日，国务院办公厅印发《国家城市轨道交通运营突发事件应急预案》。摘要如下。

6 保障措施

6.3 装备物资保障

城市轨道交通所在地城市及以上地方人民政府和有关部门、运营单位要加强应急装备物资储备，鼓励支持社会化储备。城市轨道交通运营主管部门、运营单位要加强对城市轨道交通应急装备物资储备信息的动态管理。

6.5 交通运输保障

交通运输部门要健全道路紧急运输保障体系，保障应急响应所需人员、物资、装备、器材等的运输，保障人员疏散。公安部门要加强应急交通管理，保障应急救援车辆优先通行，做好人员疏散路线的交通疏导。

十、《国家大面积停电事件应急预案》

2015 年 11 月 13 日，国务院办公厅印发《国家大面积停电事件应急预案》。摘要如下。

3 监测预警和信息报告

3.2.2 预警行动

预警信息发布后，电力企业要加强设备巡查检修和运行监测，采取有效措施控制事态发展；组织相关应急救援队伍和人员进入待命状态，动员后备人员做好参加应急救援和处置工作准备，并做好大面积停电事件应急所需物资、装备和设备等应急保障准备工作。

4 应急响应

4.2.3 保障居民基本生活

组织生活必需品的应急生产、调配和运输，保障停电期间居民基本生活。

6 保障措施

6.2 装备物资保障

电力企业应储备必要的专业应急装备及物资，建立和完善相应保障体系。国家有关部门和地方各级人民政府要加强应急救援装备物资及生产生活物资的紧急生产、储备调拨和紧急配送工作，保障支援大面积停电事件应对工作需要。鼓励支持社会化储备。

6.3 通信、交通与运输保障

交通运输部门要健全紧急运输保障体系，保障应急响应所需人员、物资、装备、器材等的运输；公安部门要加强交通应急管理，保障应急救援车辆优先通行；根据全面推进公务用车制度改革有关规定，有关单位应配备必要的应急车辆，保障应急救援需要。

十一、《国家自然灾害救助应急预案》

2016 年 3 月 10 日，国务院办公厅印发《国家自然灾害救助应急预案》。摘要如下。

3 灾害预警响应

气象、水利、国土资源、海洋、林业、农业等部门及时向国家减灾委办公室和履行救灾职责的国家减灾委成员单位通报自然灾害预警预报信息，测绘地信部门根据需要及时提供地理信息数据。国家减灾委办公室根据自然灾害预警预报信息，结合可能受影响地区的自然条件、人口和社会经济状况，对可能出现的灾情进行预评估，当可能威胁人民生命财产安全、影响基本生活、需要提前采取应对措施时，启动预警响应，视情采取以下一项或多项措施：

（3）通知有关中央救灾物资储备库做好救灾物资准备，紧急情况下提前调拨；启动与交通运输、铁路、民航等部门和单位的应急联动机制，做好救灾物资调运准备。

5 国家应急响应

5.1.3 响应措施

（4）根据地方申请和有关部门对灾情的核定情况，财政部、民政部及时下拨中央自然灾害生活补助资金。民政部紧急调拨生活救助物资，指导、监督基层救灾应急措施落实和救灾款物发放；交通运输、铁路、民航等部门和单位协调指导开展救灾物资、人员运输工作。

7 保障措施

7.2 物资保障

7.2.1 合理规划、建设中央和地方救灾物资储备库，完善救灾物资储备库的仓储条件、设施和功能，形成救灾物资储备网络。设区的市级以上人民政府和自然灾害多发、易发地区的县级人民政府应当根据自然灾害特点、居民人口数量和分布等情况，按照布局合理、规模适度的原则，设立救灾物资储备库（点）。救灾物资储备库（点）建设应统筹考虑各行业应急处置、抢险救灾等方面需要。

7.2.2 制定救灾物资储备规划，合理确定储备品种和规模；建立健全救灾物资采购和储备制度，每年根据应对重大自然灾害的要求储备必要物资。按照实物储备和能力储备相结合的原则，建立救灾物资生产厂家名录，健全应急采购和供货机制。

7.2.3 制定完善救灾物资质量技术标准、储备库（点）建设和管理标准，完善救灾物资发放全过程管理。建立健全救灾物资应急保障和征用补偿机制。建立健全救灾物资紧急调拨和运输制度。

十二、《国家森林草原火灾应急预案》

2020年10月26日，国务院办公厅印发《国家森林草原火灾应急预案》。摘要如下。

6 应急响应

6.3.4.2 响应措施

国家森林草原防灭火指挥部组织各成员单位依托应急部指挥中心全要素运行，由总指挥或者党中央、国务院指定的负责同志统一指挥调度；火场设国家森林草原防灭火指挥部火场前线指挥部，下设综合协调、抢险救援、医疗救治、火灾监测、通信保障、交通保障、社会治安、宣传报道等工作组；总指挥根据需要率工作组赴一线组织指挥火灾扑救工作，主要随行部门为副总指挥单位，其他随行部门根据火灾扑救需求确定。采取以下措施：

（2）增调应急航空救援飞机等扑火装备及物资支援火灾扑救工作；

（3）根据省级人民政府或者省级森林（草原）防（灭）火指挥机构的请求，安排生活救助物资，增派卫生应急队伍加强伤员救治，协调实施跨省（自治区、直辖市）转移受威胁群众；

（4）指导协助抢修通信、电力、交通等基础设施，保障应急通信、电力及救援人员和物资交通运输畅通。

7 综合保障

7.1 输送保障

增援扑火力量及携行装备的机动输送，近距离以摩托化方式为主，远程以高铁、航空方式投送，由铁路、民航部门下达输送任务，由所在地森林（草原）防（灭）火指挥机构、国家综合性消防救援队伍联系所在地铁路、民航部门实施。

7.2 物资保障

应急部、国家林草局会同国家发展改革委、财政部研究建立集中管理、统一调拨，平时服务、战时应急，采储结合、节约高效的应急物资保障体系。加强重点地区森林草原防灭火物资储备库建设，优化重要物资产能保障和区域布局，针对极端情况下可能出现的阶段性物资供应短缺，建立集中生产调度机制。科学调整中央储备规模结构，合理确定灭火、防护、侦通、野外生存和大型机械等常规储备规模，适当增加高技术灭火装备、特种装备器材储备。地方森林（草原）防（灭）火指挥机构根据本地森林草原防灭火工作需要，建立本级森林草原防灭火物资储备库，储备所需的扑火机具、装备和物资。

十三、《国家防汛抗旱应急预案》

2022年5月30日，国务院办公厅印发《国家防汛抗旱应急预案》。摘要如下。

3 预防和预警机制

3.2.1 预防准备工作

（5）物资准备。按照分级负责的原则，储备必需的防汛抗旱抢险救援救灾物资。在防汛重点部位应储备一定数量的抢险物资，以应急需。

4 应急响应

4.2.2 一级应急响应行动

（1）国家粮食和储备局按照国家防总办公室要求为灾区紧急调运防汛抗旱物资；铁路、交通运输、民航部门为防汛抗旱物资提供运输保障。

4.3.2 二级应急响应行动

（1）根据灾区请求及时调派抢险救援队伍、调拨防汛抗旱物资支援地方抢险救灾。

4.11 社会力量动员与参与

4.11.2 必要时可通过当地人民政府广泛调动社会力量积极参与应急突发事件处置，紧急情况下可依法征用、调用交通工具、物资、人员等，全力投入抗洪抢险和抗灾救灾。

5 应急保障

5.2.4 交通运输保障

5.2.7 物资保障

财政、应急管理、粮食和储备部门应按国家有关规定依照各自职责，加强衔接配合，做好防汛抗旱物资规划计划、资金保障、储备管理、调拨使用等工作，优化收储轮换及日常管理，提高物资使用效率。

（1）物资储备。

a. 国家粮食和储备局负责中央防汛抗旱物资的收储、轮换和日常管理，根据国家防总办公室的动用指令承担调出和运送任务。重点防洪工程管理单位以及受洪水威胁的其他单位应按规范储备防汛抢险物资。各级防汛抗旱指挥机构要做好应急抢险物资储备和保障有关工作，了解掌握新材料、新设备、新技术、新工艺的更新换代情况，及时调整储备物资品种，提高科技含量。

b. 中央防汛抗旱物资主要用于解决遭受特大洪水和特大干旱灾害地区防汛抢险和抗旱应急物资不足，保障大江大河（湖）及其重要支流、重要防洪设施抗洪抢险、防汛救灾以及严重干旱地区抗旱减灾需要。

c. 洪涝灾害频发地区可通过政府购买服务方式解决空中、水上应急抢险救援大型设备（装备）需求，承接主体应当具有国家相关专业资质。

d. 地方各级防汛抗旱指挥机构根据规范储备的防汛抢险物资品种和数量，由各级防汛抗旱指挥机构结合本地抗洪抢险具体情况确定。

e. 抗旱物资储备。干旱频繁发生地区县级以上地方人民政府应当储备一定数量的抗旱物资，由本级防汛抗旱指挥机构负责调用。

f. 抗旱水源储备。严重缺水城市应当建立应急供水机制，建设应急供水备用水源。

（2）物资调拨。

a. 中央防汛抗旱物资调拨在坚持就近调拨和保证抢险需求的同时，应优先调用周边仓库接近储备年限的物资，尽量避免或减少物资报废。当有多处申请调用中央防汛抗旱物资时，应优先保证重点地区的防汛抗旱抢险应急物资需求。

b. 中央防汛抗旱物资调拨程序：中央防汛抗旱物资的调用，由流域防总或省级防汛抗旱指挥机构向国家防总提出申请，经批准后，由国家防总办公室向国家粮食和储备局下达调令。

c. 当储备物资消耗过多，不能满足抗洪抢险和抗旱需要时，应及时启动防汛抗旱物资生产流程和生产能力储备，紧急调运、生产所需物资，必要时可向社会公开征集。交通运输部门主要负责优先保证防汛抢险人员、防汛抗旱救灾物资运输；蓄滞洪区分洪时，负责群众安全转移所需车辆、船舶的调配；负责分泄大洪水时河道航行安全；负责大洪水时用于抢险、救灾车辆、船舶的及时调配；负责防御台风海上搜救有关工作。

附录一　中国应急物流大事记

2014 年

3 月 28 日，国务院安委会办公室发布《关于加强危险化学品道路运输和公路隧道安全工作的紧急通知》，强调严格落实危险化学品道路运输企业安全生产主体责任。

8 月 3 日，云南鲁甸"8.03"地震救灾中，招商局慈善基金会、中外运物流联合推出的救灾应急物流品牌——招商局"灾急送"灾害应急专业物流平台，为壹基金、中国扶贫基金会、中国红十字基金会等 20 余家公益机构超过 4000 吨各类救援物资提供无偿物流服务。

9 月 12 日，国务院印发《物流业发展中长期规划（2014—2020 年）》，提出重点工程"应急物流工程"。建立统一协调、反应迅捷、运行有序、高效可靠的应急物流体系，建设集满足多种应急需要于一体的物流中心，形成一批具有较强应急物流运作能力的骨干物流企业。加强应急仓储、中转、配送设施建设，提升应急物流设施设备的标准化和现代化水平，提高应急物流效率和应急保障能力。建立和完善应急物流信息系统，规范协调调度程序，优化信息流程、业务流程和管理流程，推进应急生产、流通、储备、运输环节的信息化建设和应急信息交换、数据共享。

11 月 23 日，国务院印发《国务院关于鲁甸地震灾后恢复重建总体规划的通知》，提出加快现有公路修复与重建进程，强化交通应急与抗灾能力等。

12 月 12 日，国家发展改革委印发《促进物流业发展三年行动计划（2014—2020年）》，明确"完善应急物流体系"等重点工程。鼓励建设集满足多种应急需要为一体的物流中心，形成一批具有较强应急物流运作能力的骨干物流企业。加强应急仓储、中转、配送设施建设，提升应急物流设施设备的标准化和现代化水平，提高应急物流效率和应急保障能力。

12 月 24 日，国务院办公厅印发《关于加快应急产业发展的意见》，提出加强应急仓储、中转、配送设施建设，提高应急产品物流效率等。

12 月 27 日，中国物流与采购联合会应急物流专业委员会、北京邮电大学、普天物流技术有限公司在北京联合举办了"2014 应急物流国际研讨会"。来自国内外应急物流领域的专家、学者以及企业代表，围绕着应急物流的相关话题进行了交流与研讨。

12 月 31 日，国家质量监督检验检疫总局、国家标准化管理委员会发布《应急物资投送包装及标识》（GB/T30676—2014）《应急物资投送包装及标识》（GB/T30676—2014）。2015 年 7 月 1 日实施。

2015 年

4 月 7 日，国家发展改革委办公厅印发《应急保障重点物资分类目录（2015 年）》。

8 月 3 日，国家发展改革委发布《关于加快实施现代物流重大工程的通知》，明确"应急物流工程"重点建设项目，重点是建设应急仓储、中转、配送设施，提升应急物流设施设备的标准化和现代化水平。

8 月 7 日，第七届军事物流与应急物流研讨会在贵阳召开。会议围绕应急产业与应急物流、物联网（大数据）与物流、军事行动与军事物流等专题，结合尼泊尔地震救援、海外撤侨、埃博拉病毒防治，以及国家"一带一路"、长江经济带等发展战略对应急物流的需求与影响等热点问题进行研讨交流。

8 月 28 日，国务院印发《关于推进国内贸易流通现代化建设法治化营商环境的意见》，要求完善市场应急调控管理体系，完善商品应急储备体系，增强市场应急保供能力等。

11 月 3 日，国家标准化管理委员会等单位印发《物流标准化中长期发展规划（2015—2020 年）》，提出在标准制修订重点领域，重点开展应急物流标准制修订等。

2016 年

6 月 23 日，江苏盐城发生特别重大龙卷风冰雹灾害，截至 25 日下午 4 时，已造成 99 人遇难。江苏省政府启动自然灾害救助应急 I 级响应，紧急调运救灾帐篷 350 顶，帐篷应急灯 700 盏支援灾区。国家减灾委、民政部紧急启动国家 III 级救灾应急响应。

7 月 20 日，科学技术部下达"应急物流关键技术研究及应用示范"8 个子课题国家重点研发计划项目课题任务书，由普天物流技术有限公司为牵头承担单位。

10 月 20 日，第八届军事物流与应急物流研讨会在河南省漯河市召开。会议重点围绕军事（应急）物流理论和技术创新、军事（应急）物流军民融合发展等专题展开研讨交流。

12月7日，交通运输部、国家发展改革委印发《推进物流大通道建设行动计划(2016—2020年)》，要求根据任务分工和部门职责，协调解决通道建设中的规划、投资、便利通行、通关、安全应急管理等重大问题。

12月19日，中共中央、国务院发布《中共中央　国务院关于推进防灾减灾救灾体制机制改革的意见》。

2017 年

1月12日，国务院办公厅印发《国家突发事件应急体系建设"十三五"规划》。明确完善应急物资保障体系，提高紧急运输保障能力等主要任务。建立健全应急物流体系，充分利用国家储备现有资源及各类社会物流资源，加强应急物流基地和配送中心建设，逐步建立多层级的应急物资中转配送网络；大力推动应急物资储运设备集装单元化发展，加快形成应急物流标准体系，逐步实现应急物流的标准化、模块化和高效化。充分利用物流信息平台和互联网、大数据等技术，提高应急物流调控能力。

7月10日，工业和信息化部印发《应急产业培育与发展行动计划（2017—2019年)》。提出培育国家应急产业示范基地、培育应急产业骨干力量，建设30家左右国家应急物资生产能力储备基地等。

8月8日，四川省阿坝州九寨沟县发生7.0级强震。苏宁、圆通、韵达、申通、百世等菜鸟联盟成员物流企业为政府及社会救灾物资调度提供了应急运力支持。

2018 年

3月13日，十三届全国人大一次会议表决通过了关于国务院机构改革方案的决定。方案明确组建应急管理部。

6月26日至27日，由国防大学联合勤务学院、中国物流与采购联合会应急物流专业委员会、顺丰集团等军地单位联合主办的第九届军事（应急）物流研讨会在深圳举行。会议以"现代物流技术在战场（应急）物流保障中的应用"为主题，旨在响应党和国家关于经济建设和国防建设融合发展战略部署，深入贯彻创新驱动发展战略，持续推动军事（应急）物流军民融合深度发展。

7月16日，国家发展改革委发布《应急物流仓储设施设备配备规范》（WB/T 1072—2018）《应急物流服务成本构成与核算》（WB/T 1099—2018）。2018年8月1日实施。

12月21日，国家发展改革委、交通运输部发布《国家物流枢纽布局与建设规划》（发改经贸〔2018〕1886号）。明确发挥国家物流枢纽网络功能和干线转运能力优势，构建应对突发情况能力强、保障效率和可靠性高的应急物流服务网络。优化存量应急物资储备设施布局，完善枢纽综合信息平台应急功能，提升统一调度、信息共享和运行协调能力。研究制定枢纽应急物流预案，建立制度化的响应机制和协同机制，确保应急物流运行迅速、精准、顺畅。

2019 年

5月13日，由中国交通运输协会主办的"2019中国智慧物流大会"在上海召开。会上，中储智运发布了应急物流调度系统——"智援"应急物流调度系统。

9月19日，中共中央、国务院印发《交通强国建设纲要》。要求强化交通应急救援能力，建立健全综合交通应急管理体制机制、法规制度和预案体系，加强应急救援专业装备、设施、队伍建设，积极参与国际应急救援合作。强化应急救援社会协同能力，完善征用补偿机制。

12月1日至2日，由国防大学联合勤务学院、中国物流与采购联合会、中国（海南）改革发展研究院等军地单位联合主办的第十届军事（应急）物流研讨会在海口举行。会议以"加快推进现代军事（应急）物流体系建设"为主题，在装备物资编目、标准化工程、智能供应链、集装化保障、军地合作平台建设等方面，形成了一系列新见解、新成果。

2020 年

1月23日，湖北省应急管理厅下发文件，湖北全省应急系统进入战时状态。10时起，武汉全市公交地铁、轮渡、长途客运停运，机场、火车站离汉通道暂时关闭。

1月26日，"灾急送"启动一级响应，中国外运积极响应，全线备勤，为社会各界支援湖北防疫救援物资免费提供应急运输和仓储支持。

1月27日，中国物流与采购联合会应急物流专业委员会发出《防控新型冠状病毒肺炎疫情应急物流保障倡议书》，并会同公路货运分会联合开设"抗疫通"——应急运输需求与运力资源共享平台，组织应急物资运输需求对接与援助，完成超过数万项全国运力的调配。

2月1日，交通运输部下发明电《关于切实保障疫情防控应急物资运输车辆顺畅通行的紧急通知》，要求各地切实保障疫情防控应急物资运输车辆顺畅通行，并公布了全国应急物资运输电话。

2月4日，国家发展改革委协调交通运输部联合湖北省设置的进鄂应急物资五大中转调运站开始运行。

2月5日，教育部物流管理与工程类专业教学指导委员会、中国物流与采购联合会、中国物流学会联合发起，邀请国内43名知名物流管理、供应链管理专家举行"抗击新型冠状病毒疫情物流与供应链对策研讨会"。

2月6日，财政部、税务总局发布《关于支持新型冠状病毒感染的肺炎疫情防控有关税收政策的公告》，提出对疫情防控重点保障物资的生产企业及运输企业提供税收优惠。

2月14日，中央全面深化改革委员会第十二次会议强调，要健全统一的应急物资保障体系，把应急物资保障作为国家应急管理体系建设的重要内容，要优化重要应急物资产能保障和区域布局，要健全国家储备体系，要建立国家统一的应急物资采购供应体系等。

4月8日0时，武汉市解除离汉离鄂通道管控措施。至此，武汉封城历经76天、1814个小时。

4月27日，中央全面深化改革委员会第十三次会议审议通过了《关于健全公共卫生应急物资保障体系的实施方案》。会议指出，提高公共卫生应急物资保障能力，要加强顶层设计、优化部门协同，按照集中管理、统一调拨、平时服务、灾时应急、采储结合、节约高效的要求，围绕打造医疗防治、物资储备、产能动员"三位一体"的物资保障体系，完善应急物资储备品种、规模、结构，创新储备方式，优化产能保障和区域布局，健全公共卫生应急物资保障工作机制，确保重要应急物资关键时刻调得出、用得上。

5月20日，国务院办公厅转发国家发展改革委、交通运输部《关于进一步降低物流成本实施意见》，明确加强应急物流体系建设，完善应急物流基础设施网络，整合储备、运输、配送等各类存量基础设施资源，加快补齐特定区域、特定领域应急物流基础设施短板，提高紧急情况下应急物流保障能力。

5月31日，国家发展改革委发布《应急物流数据交换通用要求》（WB/T 1114—2021）《应急物流数据交换格式》（WB/T 1113—2021）。2021年7月1日实施。

6月29日至30日，国防大学联合勤务学院在北京组织召开了国家重点研发计划项目"应急物流关键技术研究及应用示范"子课题"应急物流技术体系研究""应急物流标准体系研究"课题评审会，研究报告及课题通过评审。

7月2日，应急管理部救援协调和预案管理局与顺丰集团签订协议，将按照救援救灾任务需求，利用顺丰集团航空、铁路、公路等物流联运手段，为应急物资装备及时运达灾区提供保障。

7月22日，中国物流与采购联合会应急物流专业委员会拟发通知，征集河南洪灾应急物流保障建议和事迹。

8月20日，国家市场监督管理总局、国家标准化管理委员会发布《应急物流公共标识代码编制规则》（GB/T 40413—2021）。2022年3月1日实施。

9月9日，中央财经委员会第八次会议强调，要加快建立储备充足、反应迅速、抗冲击能力强的应急物流体系等。

10月18日，应急管理部救援协调和预案管理局致函中国物流与采购联合会，商请提供部分重点物流企业信息。中国物流与采购联合会应急物流专业委员组织推选领先应急物流企业，录入全国重点应急资源信息管理系统。

10月，应急管理部与京东集团签署战略合作框架协议，将在国家应急物资保障、国家应急资源管理平台、应急仓储物流重点实验室、人才联合培养、应急物资管理智库等方面展开合作。

10月，应急管理部与阿里巴巴集团签署战略合作框架协议，将在国家综合防灾减灾救灾智能化应用、灾害事故信息社会化报送网络与奖励机制、应急智慧大脑、人才联合培养等方面展开合作，加快实现应急管理信息化跨越发展。

2021 年

1月7日，交通运输部发布《关于切实做好河北省石家庄和邢台地区疫情防控应急运输保障工作的通知》，明确应急物资运输保障工作有关问题，规范应急物资运输车辆通行证格式，简化办理手续。

1月13日，交通运输部、公安部、国家邮政局《关于科学精准做好河北、北京等地应急物资运输和交通保障工作的紧急通知》，要求全力保障河北省应急物资运输车辆顺畅通行、加快在石家庄周边设立物资中转调运站等。

1 月 16 日至 18 日，河北省先后设立 3 个应急物资中转调运站，并备用 2 个中转调运站，为外省区市及省内其他城市对石家庄市和邢台市所需应急物资运输提供中转调运服务等。

1 月 25 日，交通运输部、国家卫生健康委、海关总署、国家药品监督管理局通知印发《新冠病毒疫苗货物道路运输技术指南》，对疫苗货物的前期准备环节、运输环节、应急响应环节相关工作予以规范。

2 月 8 日，中国民航局成立新冠病毒疫苗航空运输保障专班，指导、协调行业相关单位做好疫苗航空运输保障工作，及时解决疫苗航空运输中的问题，并开辟航班计划审批绿色通道，对涉及疫苗运输航班予以重点保障。

2 月 24 日，中共中央、国务院印发《国家综合立体交通网规划纲要》。要求推进安全发展，提升安全保障能力，提高交通基础设施安全水平，完善交通运输应急保障体系等。

3 月 11 日，十三届全国人大四次会议表决通过《中华人民共和国国民经济和社会发展第十四个五年规划和 2035 年远景目标纲要》，明确提出"加快建立储备充足、反应迅速、抗冲击能力强的应急物流体系"。

5 月 13 日，国家发展改革委经济运行调节局在哈尔滨召开全国应急物流体系建设现场交流会，贯彻落实中共中央、国务院关于健全我国应急物流体系的决策部署，推动应急物流有关文件落实。

7 月 17 日，河南连续遭遇极端强降雨天气，交通中断、人员被困、停水停电。京东、顺丰、韵达、阿里菜鸟、中通、申通、圆通、极兔、德邦等物流企业迅速组织调配运输力量和生活物资，参与应急救援和保障工作。

7 月 20 日，中国外运紧急启动招商局"灾急送"公益应急物流平台，迅速协调旗下外运物流西北公司、湖南公司、天津公司启动西安、长沙、天津 3 个备灾仓运作，全力支援郑州抗灾，调运壹基金救灾温暖箱、卫生包、睡袋 6000 件，救灾帐篷 204 顶，家庭救灾箱（日用品）10000 套。

7 月 21 日，河南省物流与采购联合会发出"关于物流行业众志成城抗洪救灾的倡议书"。中国物流与采购联合会应急物流专业委员会发出"关于征集河南洪灾应急物流保障建议和事迹"的通知，动员会员企业和有关单位为抗洪应急物流保障献计献策，及时发布河南、山西灾区救灾急需物资捐助信息，协调对接相关供需资源。

8 月 12 日，天津市应急管理局、市粮食和物资局与京东集团签订《完善应急管理保障体系战略合作框架协议》，将在应急物资资源、仓储物流资源、信息和技术资源等方面开展合作。

8月30日，中央全面深化改革委员会第二十一次会议强调，要加快健全统一的战略和应急物资储备体系等。

9月2日，贵州省发布《"十四五"应急体系建设规划》，强化物资储备、应急物流等方面的政企协同，发挥多种运输方式与应急物流的有效衔接，逐步实现应急物流的标准化、模块化和高效化。

10月27日，北京市印发《关于加快推进韧性城市建设的指导意见》，构建京津冀区域协同的应急物流体系，完善各类应急运力储备与调运机制，建立交通运输应急保障队伍和紧缺物资运输快速通道，提升极端情况下人员快速疏散和物资快速运输能力。

10月29日，山西省印发《"十四五"现代物流发展规划》，要基本建成储备充足、反应迅速、抗冲击能力强的应急物流体系，加强应急物流、逆向物流等短板领域的标准制定。

11月3日，湖南省印发《"十四五"应急体系建设规划》，加强应急物流基础设施建设，提高应急物流配送效率。

12月30日，国务院通知印发《"十四五"国家应急体系规划》（国发〔2021〕36号）。提出强化应急物资准备，完善中央、省、市、县、乡五级物资储备布局；强化紧急运输准备，建立涵盖铁路、公路、水运、民航等各种运输方式的紧急运输储备力量，健全社会紧急运输力量动员机制；实施应急物资装备保障建设工程，建设综合应急物资储备库、综合性国家储备基地、综合应急物资物流基地，完善国家应急资源管理平台和应急物资保障数据库等。

2022 年

1月13日，国家发展改革委印发《"十四五"现代流通体系建设规划》（发改经贸〔2022〕78号）。《规划》从"建立健全应急物流快速响应机制""提高物流体系韧性"两个方面，明确部署了"加强高效应急物流体系建设"重点任务等。

2月18日，针对深港跨境陆路运输运力大幅下降的问题，中国物流集团研发的"粤港跨境通"平台上线，打造了"深圳蛇口—香港屯门、青衣"供港物资水运新通道，通过"陆转水"方式，使流程效率提升了70%。截至3月底，平台已发送货物2.9万余吨，有力保障了香港的防疫及生活物资供应。

2月21日，香港疫情期间，为了助港抗疫，深圳港全面开通"大铲湾码头—香港现代货箱码头""妈湾码头—屯门内河码头""盐田国际码头—香港国际集装箱码头" 3条供港生活生产、防疫抗疫物资定时定点驳船专用航线。截至3月2日，深圳港"海上供港快线"累计开航74班次，运输供港物资5892标箱（38996.8吨）。

3月3日，国务院联防联控机制综合组印发《关于统筹做好道路货运疫情防控和重点物资运输保障工作的紧急通知》，要求在严密防范疫情通过道路运输环节传播扩散的同时，全力做好应对疫情医疗防控物资、鲜活农产品、重点生产生活物资、农业生产资料（化肥、农药、种子等）、能源物资、邮政快递等各类重点物资运输保障工作。

3月，乌克兰危机以来，中国红十字会将1000份赈济家庭包分三批提供给乌克兰红十字会分进行紧急援助。第一批援助物资于3月9日从北京启运，这些家庭包主要包括毛毯、防潮垫、毛巾、餐具、水桶、手电等物资。第二批援助物资于3月12日启运，包括食品、睡袋和防潮垫等。第二批援助物资则于3月14日启运，主要包括儿童奶粉和棉被等。

4月7日，中共中央政治局常委、国务院总理李强主持召开专家和企业家座谈会，要求保障交通主干线、港口等骨干网络有序运行，促进国际国内物流畅通，维护产业链供应链稳定。

4月7日，交通运输部召开物流保障协调工作机制会议，研究部署做好货运物流保通保畅工作，提出严禁在高速公路主线和服务区设置防疫检测点、严禁擅自关停高速公路服务区，建立统一格式、全国互认的通行证制度，不得层层加码、"一刀切"以及加密设置核酸检测点、确保货车司机服务措施到位和管控信息互联共享等五条举措，确保"一断三不断"。

4月11日，国务院联防联控机制发布《关于切实做好货运物流保通保畅工作的通知》。从全力畅通交通运输通道、优化防疫通行管控措施、全力组织应急物资中转、切实保障重点物资和邮政快递通行、加强从业人员服务保障、着力纾困解难维护行业稳定、精准落实疫情防控举措等七个方面明确了具体要求。

4月18日，全国保障物流畅通促进产业链供应链稳定电视电话会议部署十项重要举措，要求足量发放使用全国统一通行证，不得以等待核酸结果为由限制通行，努力实现"民生要托底、货运要畅通、产业要循环"。截至4月底，全国24个省份启用了全国统一式样的通行证。

4月19日，国务院物流保通保畅工作领导小组召开总指挥（全体）第一次会议，审议了《国务院物流保通保畅工作领导小组工作规则》《物流供应链重点企业跟踪保障及"一事一协调"工作规范》《关于保障物流畅通促进产业链供应链稳定的若干措施》等。

4月，上海疫情暴发期间，商务部组织了11省区对上海市开展联保联供。辽宁省海事部门专门开辟水上"绿色通道"，上海市、浙江省、江苏省陆续开通投运长三角重要物资应急保供中转站，打通长三角区域货运"血管"，实现产业链供应链物资跨区域互联。国铁、中外运、京东、顺丰、邮政、申通、中通、苏宁、盒马、美团、饿了么等多家物流企业全力保供。

4月29日，中共中央政治局召开会议，对确保交通物流畅通，确保重点产业链供应链做出工作部署，强调"要坚持全国一盘棋，确保交通物流畅通，确保重点产业链供应链、抗疫保供企业、关键基础设施正常运转。"

5月6日，中国物流与采购联合会、中国物流学会举办应对突发事件物流保通保畅稳产稳链网络论坛（即"双保双稳"网络论坛），30位行业智库、院校专家和重点物流企业高管，为建立和完善常态化应急物流体系积极建言献策，产生了一批基础性、应用性、创新性、前瞻性较强的核心观点。

6月16日，国家发展改革委发布《应急物流基础信息分类与代码》（WB/T 1122—2022）《应急物流基础数据元》（WB/T 1123—2022）《应急物流公共数据模型》（WB/T 1124—2022）。2022年7月1日实施。

8月7日至8日，普天物流技术有限公司北京组织召开国家重点研发计划项目"应急物流关键技术研究及应用示范"8个子课题验收评审会。

9月2日，中国物流与采购联合会应急物流专业委员会会同四川省现代物流协会，共同发起"共克时艰、支援抗疫、发展经济"的倡议，并积极协调菜鸟网络等头部物流企业开放仓储资源、捐赠运力，对接政府相关部门，为四川省、成都市抗疫提供应急物流支援。

10月11日，应急管理部、国家发展改革委、财政部、国家粮食和物资储备局印发《"十四五"应急物资保障规划》。《规划》围绕"健全统一的应急物资保障体系"总要求，明确了"十四五"时期应急物资保障体系建设的指导思想、基本原则、建设目标，5个方面主要任务和6个重点建设项目工程。

11月10日，中央政治局常委会召开会议，听取新冠疫情防控工作汇报，研究部署进一步优化防控工作的二十条措施。11日，国务院联防联控机制综合组印发《关于进一步优化新冠肺炎疫情防控措施 科学精准做好防控工作的通知》予以发布并明确要求。

12月7日，国务院联防联控机制综合组印发《关于进一步优化落实新冠肺炎疫情防控措施的通知》。据此，8日，交通运输部印发《关于进一步优化落实新冠肺炎疫情防控交通运输工作的通知》，明确优化核酸检测查验措施、保障运输服务有序、确保交通物流畅通等措施。

12月15日，国务院印发《"十四五"现代物流发展规划》（国办发〔2022〕17号）。提出提升产业链供应链韧性和安全水平，提升现代物流安全应急能力，提升应急物流发展水平，应急物流保障工程等。

12月30日，交通运输部办公厅印发《交通运输安全应急标准体系（2022年）》。

2023 年

2月13日，国家粮食和物资储备局、应急管理部、财政部印发《中央应急抢险救灾物资储备管理暂行办法》。

3月8日，习近平主席在解放军和武警部队代表团全体会议上重点强调，巩固提高一体化国家战略体系和能力，加快构建大国储备体系。

4月25日至27日，由中国物流与采购联合会、中共重庆市委军民融合发展委员会办公室、重庆市人民政府口岸和物流办公室、陆军勤务学院、昆船智能技术股份有限公司、中国邮政集团重庆市分公司等军地单位联合举办的第十一届军事物流与应急物流研讨会在重庆召开，并举行了战"疫"应急物流保障优秀论文（案例）颁奖。会议以"贯彻国防（应急）要求、畅通军事（应急）物流"为主题，在提高一体化国家战略体系和能力、构建大国储备体系、物流智能化技术应用等方面，形成了一系列新见解、新成果。新华社评论，"已成为业界引领理论创新、促进军地交流，协同推进中国式现代物流体系和现代军事物流体系建设高质量发展的重要平台"。

7月7日，国家发展改革委发布《企业应急物流服务能力评估指标》（WB/T 1133—2023）。2023年8月1日实施。

7月14日，国务院常务会议审议通过了《关于积极稳步推进超大特大城市"平急两用"公共基础设施建设的指导意见》。会议指出，在超大特大城市积极稳步推进"平急两用"公共基础设施建设，是统筹发展和安全、推动城市高质量发展的重要举措。

11月3日，重庆市印发《重庆市推进应急物流体系建设三年行动计划（2023—2025年）》。提出到2025年基本形成应急物流通道畅行高效、设施功能明确、装备技术智能、队伍响应快速、信息传达及时、运行响应精准的应急物流体系。

12月23日，由湖北省应急管理厅、省标准院编制的地方标准《应急物资储备库建设规范》（DB42/T 2151—2023）发布。

12月29日，应急管理部、工业和信息化部发布《关于加快应急机器人发展的指导意见》。强调强化重点领域应急机器人研制，研制险情侦察类、生命搜索类、物资保障类、消防灭火类、高危场景作业类、复杂场景救援抢险类、生命通道构建类、通信保障类等机器人装备。

12月30日，国家发展改革委印发《城郊大仓基地建设实施方案》（发改经贸〔2023〕1813号）。提出以平时服务、急时应急、快速转换为导向，补齐城郊大仓基地设施短板和功能缺口，健全应急服务功能，强化平台调度能力，打造外集内配、平急结合、数智共享的城市消费物流组织平台和生活物资应急调配中心。

2024 年

1月20日，国务院办公厅印发《国家自然灾害救助应急预案》。

1月31日，国务院办公厅印发《突发事件应急预案管理办法》。

3月1日，交通运输部发布《公路交通应急装备物资储备中心技术规范》，作为公路工程推荐性行业标准，自2024年6月1日起施行。

6月28日，第十四届全国人民代表大会常务委员会第十次会议修订颁发《中华人民共和国突发事件应对法》，自2024年11月1日起施行。

（作者：西安邮电大学　山红梅　樊庆爽　杜凯鑫　成育红　张太毅　谭鹏宇韩红霞）

附录二　应急物流相关标准

　　目前，我国应急物流相关国家标准、行业标准有《应急物资投送包装及标识》《应急物资包装单元条码标签设计指南》《应急物流公共标识代码编制规则》，《应急物流仓储设施设备配置规范》《应急物流服务成本构成与核算》《应急物流数据交换格式》《应急物流数据交换通用要求》《应急物流基础信息分类与代码》《应急物流基础数据元》《应急物流公共数据模型》《企业应急物流服务能力评估指标》等 10 余项，见下表。

应急物流相关标准列表

标准类型	标准编号	标准名称	发布日期	实施日期
国家标准	GB/T 30676—2014	应急物资投送包装及标识	2014.12.31	2015.7.1
	GB/T 40413—2021	应急物流公共标识代码编制规则	2021.8.20	2022.3.1
	GB/T 41916—2022	应急物资包装单元条码标签设计指南	2022.10.14	2023.5.1
行业标准	WB/T 1072—2018	应急物流仓储设施设备配置规范	2018.7.16	2018.8.1
	WB/T 1099—2018	应急物流服务成本构成与核算	2018.7.16	2018.8.1
	WB/T 1113—2021	应急物流数据交换格式	2021.5.31	2021.7.1
	WB/T 1114—2021	应急物流数据交换通用要求	2021.5.31	2021.7.1
	WB/T 1122—2022	应急物流基础信息分类与代码	2022.6.16	2022.7.1
	WB/T 1123—2022	应急物流基础数据元	2022.6.16	2022.7.1
	WB/T 1124—2022	应急物流公共数据模型	2022.6.16	2022.7.1
	WB/T 1133—2023	企业应急物流服务能力评估指标	2023.7.7	2023.8.1